中華古籍保護計劃

ZHONG HUA GU JI BAO HU JI HUA CHENG GUO

·成果·

（宋）孟元老　撰　佚名　撰

元本東京夢華録
元本三輔黄圖

國家圖書館出版社

圖書在版編目(CIP)數據

元本東京夢華録/(宋)孟元老撰. 元本三輔黄圖/佚名撰.—北京:國家圖書館出版社,2018.1(2024.10 重印)
(國學基本典籍叢刊)
ISBN 978-7-5013-6174-8

Ⅰ.①元…②元… Ⅱ.①孟… ②佚… Ⅲ.①開封-地方史-史料-北宋②長安(歷史地名)-歷史地理 Ⅳ.①K296.13②K928.6

中國版本圖書館 CIP 數據核字(2017)第 189052 號

書　　名 元本東京夢華録　元本三輔黄圖
著　　者 (宋)孟元老　撰　佚名　撰
責任編輯 王　曉
重印編輯 張珂卿
封面設計 徐新狀

出版發行 國家圖書館出版社(北京市西城區文津街 7 號　100034)
(原書目文獻出版社　北京圖書館出版社)
010-66114536　63802249　nlcpress@nlc.cn(郵購)
網　　址 http://www.nlcpress.com
印　　裝 河北三河弘翰印務有限公司
版次印次 2018 年 1 月第 1 版　2024 年 10 月第 2 次印刷

開　　本 880×1230　1/32
印　　張 8.25
書　　號 ISBN 978-7-5013-6174-8
定　　價 28.00 圓

《國學基本典籍叢刊》編委會

《國學基本典籍叢刊》前言

國家圖書館出版社(原名書目文獻出版社 北京圖書館出版社)成立三十多年來,出版了大量的中國傳統文化典籍。由於這些典籍的出版往往采用叢書的方式或綫裝形式,供公共圖書館和大學圖書館典藏使用,普通讀者因價格較高、部頭較大,不易購買使用。爲弘揚優秀傳統文化,滿足廣大普通讀者的需求,現將經、史、子、集各部的常用典籍,選擇善本,分輯陸續出版單行本。每書之前均加簡要説明,必要者加編目録和索引,總名《國學基本典籍叢刊》。歡迎讀者提出寶貴意見和建議,以使這項工作逐步完善。

國家圖書館出版社

二〇一六年四月

出版説明

《東京夢華録》是一部記述宋徽宗崇寧至宣和（一一〇二—一一二五）年間北宋都城東京（又稱汴京、汴梁，今河南開封）城市風貌的專書，宋孟元老撰。孟元老，本名鉞，生卒不詳，元老、幽蘭居士蓋是其號。本書前有作者自序，稱宋徽宗崇寧二年（一一〇三）時隨父宦游入京，於靖康元年（一一二六）南徙避難。後追憶昔日汴京『節物風流，人情和美』，『恐浸久，論其風俗者失於事實』，乃『編次成集，庶幾開卷得睹當時之盛』。孟氏一生，既見汴梁之繁盛，又逢國家之艱難，去國懷鄉，蓋爲撰書緣起。

全書共分十卷。卷一記載了北宋東都外城、舊京城及大内（皇城）城池結構，以及河道、内諸司、外諸司等；卷二、三記載了大内前的幾條重要街道、店鋪、酒樓、飲食、夜市、早市、雜賣、防火等；卷四、五主要描述了皇太子納妃、公主出降等儀仗及民間娶婦、育子等習俗，還有肉行、魚行等各種行市以及市井娛樂活動等；卷六至十，作者按照時間順序，叙述了正月、立春、元宵、十六日、清明節、四月八日、端午、七夕、中元節、中秋、重陽、立冬、冬至、除夕等節日活動，以及一年之中的重大皇家禮儀，諸如元旦朝會、祭祀太廟、南郊祭天、下赦等。

全書文字通俗簡練，敘述條理清楚，時雜方言，城垣宮室、街巷坊市、時令節日、民俗風情、飲食起居、歌舞百戲等無所不包，無愧是文字版的《清明上河圖》。本書開創了以筆記描述城市風土人情、掌故名物的新體裁，對後世影響甚大。在編撰體例和敘述方式上，之後的《都城紀勝》《武林舊事》等同類著作都有所借鑒。另外，後世不少著作中涉及北宋時期的禮儀制度、節令民俗及伎藝表演等内容時，也常引用此書。尤其關於北宋末年汴梁勾欄瓦肆中的説唱、雜劇與雜技雜耍表演等情形，《東京夢華録》中的記述幾乎是唯一可以利用的資料，具有極其珍貴的文獻價值。

本書最早刊行於南宋孝宗淳熙十四年（一一八七），惜已失傳。此次影印之元刊本，原題『幽蘭居士東京夢華録』，乃此書現存之最早刻本。此本竹紙印造，部分書葉版印略有模糊。鈐有『東吴毛氏圖書』『佞宋』『克文』『寒雲鑒賞之鉩』『褒存歡喜』『寒雲秘笈珍藏之印』『侍兒文雲掌記』等印記。今藏中國國家圖書館。

《三輔黄圖》，又名《西京黄圖》，簡稱《黄圖》，我國古代歷史地理著作，作者不可考。

關於初本成書的年代和作者，宋苗昌言定爲漢魏間人所作，宋晁公武《郡齋讀書志》中推測作者爲南朝梁、陳間人，宋程大昌《雍録》則提出由唐肅宗以後的人所撰，清孫星衍則認爲撰者當屬漢末人。諸多考證各執一端，尚無定論。可以確定的是，成書年代不會晚於南北朝，蓋漢魏時草創，其後遞有增補，亦不著遞補者何人。

所謂三輔，原指漢代治理京畿地區的三個職官，後亦指代這三位官員所轄郡級政區，即京兆尹、左馮翊、右扶風。這三個地區從三面拱衛輔佐都城長安，被稱爲三輔之地。而《三輔黄圖》便是記載描述三輔地區街市、宫觀、苑囿、陵廟、明堂、辟雍等内容的書。各項建築，皆指出名稱、方位、制度，間及周秦古迹，條理清晰，記載詳備，是研究漢代都城和關中歷史地理的重要資料。書本有圖有記，圖久佚，文字部分經後人輯録增益，雜見唐代地名及晋以後諸書雜説。

《隋書·經籍志》《新唐書·藝文志》及《宋史·藝文志》著録《三輔黄圖》均爲一卷，而晁公武《郡齋讀書志》則著録爲三卷，陳振孫《直齋書録解題》著録爲二卷，可知此書進入宋代，分卷開始有了歧异。本書爲六卷本，形成現在六卷本的格局，可能始自元刊本。此次影印之元致和元年(一三二八)余氏勤有堂刻本，保存完好，成爲現存此書的最早刻本。此本目録後鎸有『致和戊辰夏五余氏勤有堂刊』牌記，鈐有『羅振玉印』『涵芬樓藏』等印記。今藏中國國家圖書館。

王曉

二〇一八年一月

目録

元本東京夢華録

(宋)孟元老 撰 元刻本

元本三輔黄圖

佚名 撰 元致和元年(一三二八)

余氏勤有堂刻本

（宋）孟元老　撰

元本東京夢華録

元刻本

據國家圖書館藏元刻本影印原書版框高二十二厘米寬十六點三厘米

幽蘭居士東京夢華録十卷

汲古閣舊藏秘本　乙卯秋寒雲續收

乾隆年仿澄心堂紙

宋刊東京夢華錄十卷

高麗女史吳孝媛

宣德二年
内造庫紙

夢華録序

僕從先人宦游南北崇寧癸未到京師卜居於州西金梁橋西夾道之南漸次長立正當輦轂之下太平日久人物繁阜垂髫之童但習鼓舞班白之老不識干戈時節相次各有觀賞燈宵月夕雪際花時乞巧登高教池游苑舉目則青樓畫閣繡戶珠簾雕車競駐於天街寶馬爭馳於御路金翠耀目羅綺飄香新聲巧笑於柳陌花衢按管調絃於茶坊酒肆八荒爭湊万國咸通集四海之珍奇皆歸市易會寰區之異味悉在庖廚花光滿路何限春遊簫鼓喧空幾家夜宴伎巧則驚人耳目侈奢則長人精神瞻天表則元夕教池拜郊孟享頻觀公主下降皇子納妃修造則創建明堂冶鑄則立成鼎鼐觀妓籍則府曹衙罷內省宴回看變化則舉子唱名武人換授僕數十年爛賞疊遊莫知厭足一旦兵火靖康丙午之明年出京南來避地江左

情緒牢落漸入桑榆暗想當年節物風流人情和美但成悵恨近与親戚會面談及曩昔後生往往妄生不然僕恐浸久論其風俗者失於事實誠爲可惜謹省記編次成集庶幾開卷得覩當時之盛古人有夢遊華胥之國其樂無涯者僕今追念回首悵然豈非華胥之夢覺哉目之曰夢華録然以京師之浩穰及有未嘗經從處得之於人不無遺闕倘遇鄉黨宿德補綴周備不勝幸甚此録語言鄙俚不以文飾者蓋欲上下通曉爾觀者幸詳焉紹興丁卯歲除日幽蘭居士孟元老序

幽蘭居士東京夢華録目録

卷第四

卷第五

幽蘭居士東京夢華錄卷之一

東都外城

東都外城方圓四十餘里城壕曰護龍河闊十餘丈濠之
內外皆植楊柳粉牆朱戶禁人往來城門皆甕城三層屈
曲開門唯南薰門新鄭門新宋門封丘門皆直門兩重蓋
此係四正門皆留御路故也新城南壁其門有三正南門
曰南薰門城南一邊東南則陳州門傍有蔡河水門西南
則戴樓門傍亦有蔡河水門蔡河正名惠民河為通蔡州
故也東城一邊其門有四東南曰東水門乃汴河下流水
門也其門跨河有鐵裹窗門遇夜如閘垂下水面兩岸各
有門通人行路出楊子城夾岸百餘丈次則曰新宋門次
曰新曹門又次曰東北水門乃五丈河之水門也西城一
邊其門有四從南曰新鄭門次曰西水門汴河上水門也
次曰萬勝門又次曰固子門又次曰西北水門乃金水河

水門也北城一邊其門有四從東曰陳橋門（乃大遼人使驛路）次曰封丘門（北郊御路）次曰新酸棗門次曰衛州門（諸門名皆俗呼其正名如西水門曰利澤鄭門本順天門固子門本金耀門）新城每百步設馬面戰棚密置女頭旦暮修整望之聳然城裏牙道各植榆柳成陰每二百步置一防城庫貯守禦之器有廣固兵士二十指揮每日修造泥飾專有京城所提總其事

舊京城

舊京城方圓約二十里許南壁其門有三正南曰朱雀門左曰保康門右曰新門東壁其門有三從南汴河南岸角門子河北岸曰舊宋門次曰舊曹門西壁其門有三從南曰舊鄭門次汴河北岸角門子次曰梁門北壁其門有三從東曰舊封丘門次曰景龍門（乃大內城角寶籙宮前也）次曰金水門

河道

穿城河道有四南壁曰蔡河自陳蔡由西南戴樓門入京

城遼繞自東南陳州門出河上有橋十一自陳州門裏曰觀橋（在五嶽觀後門）從北次曰宣泰橋次曰雲騎橋次曰橫橋子（在彭婆婆宅前）次曰高橋次曰西保康門橋次曰龍津橋（正對內前）次曰新橋次曰太平橋（高殿前宅前）次曰糶麥橋次曰第一座橋次曰宜男橋出戴樓門外曰四里橋中曰汴河自西京洛口分水入京城東去至泗州入淮運東南之糧凡東南方物自此入京城公私仰給焉自東水門外七里至西水門外河上有橋十三從東水門外七里曰虹橋其橋無柱皆以巨木虛架飾以丹艧宛如飛虹其上下土橋亦如之次曰順成倉橋入水門裏曰便橋次曰下土橋次曰上土橋投西角子門曰相國寺橋次曰州橋（正名天漢橋）正對於大內御街其橋與相國寺橋皆低平不通舟船唯西河平船可過其柱皆青石為之石梁石笋楯欄近橋兩岸皆石壁雕鐫海馬水獸飛雲之狀橋下密排石柱蓋車駕御路也州

橋之北岸御路東西兩闕樓觀對聳橋之西有方淺船二隻頭置巨幹鐵鎗數條岸上有鐵索三條遇夜絞上水面蓋防遺火舟船矣西去曰浚儀橋次曰興國寺橋（亦名馬軍衙橋）次曰太師府橋（蔡相宅前）次曰金梁橋次曰西浮橋（舊以船為之橋今皆用木石造矣）次曰西水門便橋門外曰横橋東北曰五丈河来自濟鄆般輓京東路糧斛入京城自新曹門北入京河上有橋五東去曰小横橋次曰廣備橋次曰蔡市橋次曰青暉橋染院橋西北曰金水河自京城西南分京索河水築堤從汴河上用木槽架過從西北水門入京城夾墻遮擁入大内灌後苑池浦矣河上有橋三曰白虎橋横橋五王宮橋之類又曹門小河子橋曰念佛橋蓋内諸司輦官親事官之類軍營皆在曹門侵晨上直有聲者在橋上念經求化得其名矣

大内

大内正門宣德樓列五門門皆金釘朱漆壁皆磚石間甃鐫鏤龍鳳飛雲之狀莫非雕甍畫棟峻桷層榱覆以琉璃瓦曲尺朶樓朱欄彩檻下列兩闕亭相對悉用朱紅杈子入宣德樓正門乃大慶殿庭設兩樓如寺院鐘樓上有太史局保章正測驗刻漏逐時刻執牙牌奏每遇大禮車駕齋宿及正朔朝會於此殿殿外左右橫門曰左右長慶門内城南壁有門三座係大朝會趨朝路宣德樓左曰左掖門右曰右掖門左掖門裏乃明堂右掖門裏西去乃天章寶文等閣宮城至北廊約百餘丈入門東去街北廊乃樞密院次中書省次都堂（宰相朝退治事於此）次門下省次大慶殿外廊橫門北去百餘步又一橫門每日宰執趨朝此處下馬餘侍從臺諫於第一橫門下馬行至文德殿入第二橫門東廊大慶殿東偏門西廊中書門下後省次修國史院次南向小角門正對文德殿（常朝殿也）殿前東西大街東出東華

門西出西華門近裏又兩門相對左右嘉肅門也南去左右銀臺門自東華門裏皇太子宮入嘉肅門街南大慶殿後門東西上閤門街北宣祐門南北大街西廊面東曰凝暉殿乃通會通門入禁中矣殿相對東廊門樓乃殿中省六尚局御廚殿上常列禁衛兩重時刻提警出入甚嚴近裏皆近侍中貴殿之外皆知省御藥幕次快行親從官輦官車子院黃院子內諸司兵士祗候宣喚及宮禁買賣進貢皆由此入唯此浩穰諸司人自賣飲食珍奇之物市井之間未有也每遇早晚進膳自殿中省對凝暉殿禁衛成列約攔不得過往省門上有一人呼喝謂之撥食家次有紫衣裹腳子向後曲折幞頭者謂之院子家托一合用黃繡龍合衣籠罩左手擎一紅羅繡手巾進入於此約十餘合繼托金瓜合二十餘面進入非時取喚謂之泛索宣祐門外西去紫宸殿（正朔受朝於此）次曰文德殿（常朝所御）次曰垂拱殿

次曰皇儀殿次曰集英殿（御宴及試舉人於此）後殿曰崇政殿保和殿內書閣曰睿思殿後門曰拱辰門東華門外市井最盛蓋禁中買賣在此凡飲食時新花果魚鰕鱉蟹鶉兔脯腊金玉珍玩衣着無非天下之奇其品味若數十分客要一二十味下酒隨索目下便有之其歲時果瓜蔬茹新上市并茄瓠之類新出每對可直三五十千諸閤分爭以貴價取之

內諸司

內諸司皆在禁中如學士院皇城司四方館客省東西上閤門通進司內弓劍鎗甲軍器等庫翰林司（茶酒局也）內侍省入內內侍省內藏庫奉宸庫景福殿庫延福宮殿中省六尚局（尚藥　尚食　尚輦　尚醞　尚舍　尚衣）諸閤分內香藥庫後苑作翰林書藝局醫官局天章等閣明堂頒朔布政府

外諸司

外諸司左右金吾街仗司法酒庫內酒坊牛羊司乳酪院儀鸞司（帳設局也）車輅院供奉庫雜物庫雜賣務東西作坊萬全（造軍器所）修內司文思院上下界綾錦院文繡院軍器所上下竹木務箔場車營致遠務騾務駞坊象院作坊物料庫東西窰務內外物庫油醋庫京城守具所鞍轡庫養馬曰左右騏驥院天駟十監河南北十炭場四熟藥局內外柴炭庫軍頭引見司架子營（樓店務店宅務）榷貨務都茶場大宗正司左藏大觀元豐宣和等庫編估局打套所諸米麥等自州東虹橋元豐倉順成倉東水門裏廣濟裏河折中外河折中富國廣盈萬盈永豐濟遠等倉陳州門裏麥倉子州北夷門山五丈河諸倉約共有五十餘所日有支納下卸即有下卸指揮兵士支遣即有袋家每人肩兩石布袋遇有支遣倉前成市近新城有草場二十餘所每遇冬月諸鄉納粟稈草牛車闐塞道路車尾相銜數千萬量不絕場

内堆積如山諸軍打請　嘗在州北即徙州南倉不許雇人
般擔並要親自肩来　祖宗之法也

幽蘭居士東京夢華録卷之一

幽蘭居士東京夢華録卷之二

御街

坊巷御街自宣德樓一直南去約闊二百餘步兩邊乃御廊舊許市人買賣於其間自政和間官司禁止各安立黑漆杈子路心又安朱漆杈子兩行中心御道不得人馬行往行人皆在廊下朱杈子之外杈子裏有磚石甃砌御溝水兩道宣和間盡植蓮荷近岸植桃李梨杏雜花相間春夏之間望之如繡

宣和樓前省府宮宇

宣德樓前左南廊對左掖門爲明堂頒朔布政府秘書省右廊南對右掖門近東則兩府八位西則尚書省御街大內前南去左則景靈東宮右則西宮近南大晟府次曰太常寺州橋曲轉大街面南曰左藏庫近東鄭太宰宅青魚市內行景靈東宮南門大街以東南則唐家金銀鋪溫州

漆器什物鋪大相國寺直至十三間樓舊宋門自大內西
廊南去即景靈西宮南曲對即報慈寺街都進奏院百鍾
圓藥鋪至浚儀橋大街西宮南皆御廊杈子至州橋投西
大街乃果子行街北都亭驛(大遼人使驛也)相對梁家珠子鋪餘
皆賣時行紙畫花果鋪席至浚儀橋之西即開封府御街
一直南去過州橋兩邊皆居民街東車家炭張家酒店次
則王樓山洞梅花包子李家香鋪曹婆婆肉餅李四分茶
至朱雀門街西過橋即投西大街謂之麴院街街南遇仙
正店前有樓子後有臺都人謂之臺上此一店最是酒店
上户銀缾酒七十二文一角羊羔酒八十一文一角街北
薛家分茶羊飯熟羊肉鋪向西去皆妓館舍都人謂之院
街御廊西即鹿家包子餘皆羹店分茶酒店香藥鋪居民

朱雀門外街巷

出朱雀門東壁亦人家東去大街麥稭巷狀元樓餘皆妓

館至保康門街其御街東朱雀門外西通新門瓦子以南殺豬巷亦妓館以南東西兩教坊餘皆居民或茶坊街心市井至夜尤盛過龍津橋南去路心又設朱漆杈子如內前東劉廉訪宅以南太學國子監過太學又有橫街乃太學南門街南熟藥惠民南局以南五里許皆民居又東去橫大街乃五嶽觀後門大街約半里許乃看街亭尋常車駕行幸登亭觀馬騎於此東至貢院什物庫禮部貢院車營務草場街南葆真宮直至蔡河雲騎橋御街至南薰門裏街西五嶽觀最為雄壯自西門東去觀橋宣泰橋柳陰牙道約五里許內有中太一宮佑神觀街南明麗殿奉靈園九成宮內安頓九鼎近東即迎祥池夾岸垂楊菰蒲蓮荷鳧鴈遊泳其間橋亭臺榭棊布相峙唯每歲清明日放萬姓燒香遊觀一日龍津橋南西壁鄧樞密宅以南武學巷內曲子張宅武成王廟以南張家油餅明節皇后宅西去大街

曰大巷口又西曰清風樓酒店都人夏月多乘涼於此以西老鵶巷口軍器所直接第一座橋自大巷口南去延真觀延接四方道民於此以南西去小巷口三學院西去直抵宜男橋小巷南去即南薰門其門尋常士庶殯葬車輿皆不得經由此門而出謂正與大內相對唯民間所宰猪須從此入京每日至晚每群萬數止十數人驅逐無有亂行者

州橋夜市

出朱雀門直至龍津橋自州橋南去當街水飯爊肉乾脯王樓前貛兒野狐肉脯雞梅家鹿家鵝鴨雞兔肚肺鱔魚包子雞皮腰腎雞碎每箇不過十五文曹家從食至朱雀門旋煎羊白腸鮓脯爒凍魚頭薑豉剌子抹臟紅絲批切羊頭辣脚子姜辣蘿蔔夏月麻腐雞皮麻飲細粉素簽沙糖冰雪冷元子水晶皂兒生淹水木瓜藥木瓜雞頭穰沙糖菉豆甘草冰雪涼水荔枝膏廣芥瓜兒醎菜杏片梅子

薑萵苣筍芥辣瓜兒細料餶飿兒香糖果子間道糖荔枝越梅鋸刀紫蘇膏金絲黨梅香棖元皆用梅紅匣兒盛貯冬月盤兔旋炙猪皮肉野鴨肉滴酥水晶鱠煎夾子猪臟之類直至龍津橋須腦子肉止謂之雜嚼直至三更

東角樓街巷

自宣德東去東角樓乃皇城東南角也十字街南去薑行高頭街北去從紗行至東華門街晨暉門寶籙宮直至舊酸棗門最是鋪席要鬧宣和間展夾城牙道矣東去乃潘樓街街南曰鷹店只下販鷹鶻客餘皆眞珠疋帛香藥鋪席南通一巷謂之界身並是金銀綵帛交易之所屋宇雄壯門面廣闊望之森然每一交易動即千萬駭人聞見以東街北曰潘樓酒店其下每日自五更市合買賣衣物書畫珍玩犀玉至平明羊頭肚肺赤白腰子妳房肚胘鶉兔鳩鴿野味螃蟹蛤蜊之類訖方有諸手作人上市買賣零

碎作料飯後飲食上市如酥蜜食棗餾澄砂團子香糖果子蜜煎雕花之類向晚賣何婁頭面冠梳領抹珍玩動使之類東去則徐家瓠羹店街南桑家瓦子近北則中瓦次裏瓦其中大小勾欄五十餘座內中瓦子蓮花棚牡丹棚裏瓦子夜叉棚象棚最大可容數千人自丁先現王團子張七聖輩後來可有人於此作場瓦中多有貨藥賣卦喝故衣探搏飲食剃剪紙畫令曲之類終日居此不覺抵暮

潘樓東街巷

潘樓東去十字街謂之土市子又謂之竹竿市又東十字大街曰從行裹角茶坊每五更點燈博易買賣衣物圖畫花環領抹之類至曉即散謂之鬼市子以東街北趙十萬宅街南中山正店東榆林巷西榆林巷北鄭皇后宅東曲首向北墻畔單將軍廟乃單雄信墓也上有棗樹世傳乃

棗樹發芽生長成樹又謂之棗冢子巷又投東則舊曹門
街北山子茶坊內有仙洞仙橋仕女往往夜遊喫茶於彼
又李生菜小兒藥鋪仇防禦藥鋪出舊曹門朱家橋瓦子
下橋南斜街北斜街內有泰山廟兩街有妓館橋頭人煙
市井不下州南以東牛行街下馬劉家藥鋪看牛樓酒店
亦有妓館一直抵新城自土市子南去鐵屑樓酒店皇建
院街得勝橋鄭家油餅店動二十餘爐直南抵太廟街高
陽正店夜市尤盛土市北去乃馬行街也人煙浩鬧先至
十字街曰鷯兒市向東曰東雞兒巷向西曰西雞兒巷皆
妓館所居近北街曰楊樓街東曰莊樓今改作和樂樓樓
下乃賣馬市也近北曰任店今改作欣樂樓對門馬鐺家
羹店

酒樓

凡京師酒店門首皆縛綵樓歡門唯任店入其門一直主

廊約百餘步南北天井兩廊皆小閤子向晚燈燭熒煌上下相照濃粧妓女數百聚於主廊槏面上以待酒客呼喚望之宛若神仙北去楊樓以北穿馬行街東西兩巷謂之大小貨行皆工作伎巧所居小貨行通雞兒巷妓館大貨行通牋紙店白礬樓後改為豐樂樓宣和間更修三層相高五樓相向各有飛橋欄檻明暗相通珠簾繡額燈燭晃耀初開數日每先到者賞金旗過一兩夜則已元夜則每一瓦隴中皆置蓮燈一盞內西樓後來禁人登眺以第一層下視禁中大抵諸酒肆瓦市不以風雨寒暑白晝通夜駢闐如此州東宋門外仁和店姜店州西宜城樓藥張四店班樓金梁橋下劉樓曹門蠻王家乳酪張家州北八仙樓戴樓門張八家園宅正店鄭門河王家李七家正店景靈宮東墻長慶樓在京正店七十二戶此外不能遍數其餘皆謂之腳店賣貴細下酒迎接中貴飲食則第一白廚

州西安州巷張秀以次保康門李慶家東雞兒巷郭廚鄭皇后宅後宋廚曹門甎筒李家寺東骰子李家黃胖家九橋門街市酒店綵樓相對繡斾相招掩翳天日政和後来景靈宮東牆下長慶樓尤盛

飲食果子

凡店內賣下酒廚子謂之茶飯量酒博士至店中小兒子皆通謂之大伯更有街坊婦人腰繫青花布手巾綰危髻為酒客換湯斟酒俗謂之焌糟更有百姓入酒肆見子弟少年輩飲酒近前小心供過使令買物命妓取送錢物之類謂之閑漢又有向前換湯斟酒歌唱或獻果子香藥之類客散得錢謂之廝波又有下等妓女不呼自来筵前歌唱臨時以些小錢物贈之而去謂之劄客亦謂之打酒坐又有賣藥或果實蘿蔔之類不問酒客買與不買散與坐客然後得錢謂之撒暫如此處處有之唯州橋炭張家乳

酪張家不放前項人入店亦不賣下酒唯以好淹藏菜蔬賣一色好酒所謂茶飯者乃百味羹頭羹新法鵪子羹三脆羹二色腰子蝦蕈雞蕈渾砲等羹旋索粉玉棊子群仙羹假河魨白渫虀貨鱖魚假元魚决明兜子决明湯虀肉醋托胎襯腸沙魚兩熟紫蘇魚假蛤蜊白肉夾面子茸割肉胡餅湯骨頭乳炊羊肫羊閙廳羊角炙腰子鵞鴨排蒸荔枝腰子還元腰子燒臆子入爐細項蓮花鴨簽酒炙肚胘虛汁垂絲羊頭入爐羊羊頭簽鵞鴨簽雞簽盤兔炒兔葱潑兔假野狐金絲肚羹石肚羹假炙獐煎鵪子生炒肺炒蛤蜊炒蟹渫蟹洗手蟹之類逐時旋行索喚不許一味有闕或別呼索變造下酒亦即時供應又有外來托賣炙雞燠鴨羊脚子點羊頭脆筋巴子薑蝦酒蟹獐巴鹿脯從食蒸作海鮮時菓旋切萵苣生菜西京筍又有小兒子着白虔布衫青花手巾挾白磁缸子賣

辣菜又有托小盤賣乾菓子乃旋炒銀杏栗子河北鵝梨梨條梨乾梨肉膠棗棗圈梨圈桃圈核桃肉牙棗海紅嘉慶子林檎旋烏李李子旋櫻桃煎西京雨梨夫梨甘棠梨鳳栖梨鎮府濁梨河陰石榴河陽查子查條沙苑榅桲回馬孛萄西川乳糖獅子糖霜蜂兒橄欖温柑綿棖金橘龍眼荔枝召白藕甘蔗漉梨林檎乾枝頭乾芭蕉乾人面子巴覽子榛子榧子蝦具之類諸般蜜煎香藥菓子罐子黨梅柿膏兒香藥小元兒小臘茶鵬沙元之類更外賣軟羊諸色包子猪羊荷包燒肉乾脯玉板鮓䰾鮓片醬之類其餘小酒店亦賣下酒如煎魚鴨子炒雞兔煎㷮肉梅汁血羹粉羹之類每分不過十五錢諸酒店必有廳院廊廡掩映排列小閤子吊窗花竹各垂簾幕命妓歌笑各得穩便

幽蘭居士東京夢華錄卷之二

幽蘭居士東京夢華錄卷之三

馬行街北諸醫鋪

馬行北去乃小貨行時樓大骨傳藥鋪直抵正係舊封丘門兩行金紫醫官藥鋪如杜金鈎家曹家獨勝元山水李家口齒咽喉藥石魚兒班防禦銀孩兒栢郎中家醫小兒大鞋任家産科其餘香藥鋪席官員宅舍不欲遍記夜市比州橋又盛百倍車馬闐擁不可駐足都人謂之裏頭

大内西右掖門外街巷

大内西去右掖門祅廟直南浚儀橋街西尚書省東門至省前横街南即御史臺西即郊社省南門正對開封府後墻省西門謂之西車子曲史家瓠羹萬家饅頭在京第一次曰吴起廟出巷乃大内西角樓大街西去踊路街南太平興國寺後門北對啓聖院街以西殿前司相對清風樓無比客店張戴花洗面藥國太丞張老兒金龜兒醜婆婆

藥鋪唐家酒店直至梁門正名閶闔出梁門西去街北建
隆觀觀內東廊于道士賣齒藥都人用之街南蔡太師宅
西去州西瓦子南自汴河岸北抵梁門大街亞其裏瓦約
一里有餘過街北即舊宜城樓近西去金梁橋街西大街
荊筐兒藥鋪棗王家金銀鋪近北巷口熟藥惠民西局西
去甕市子乃開封府刑人之所也西去蓋防禦藥鋪大佛
寺都亭西驛相對京城守具所自甕市子北去大街班樓
酒店以北大三橋子至白虎橋直北即衛州門

大內前州橋東街巷

大內前州橋之東臨汴河大街曰相國寺有橋平正如州
橋與保康門相對橋西賈家瓠羹孫好手饅頭近南即保
康門潘家黃耆圓延寧宮禁女道士觀人罕得入街西保
康門瓦子東去沿城皆客店南方官員商賈兵級皆於此
安泊近東四聖觀襪袎巷以東城角定力院內有朱梁高

祖御容。出保康門外，新建三尸廟、德安公廟。南至橫街西去通御街，曰麥稍巷。口以南太學東門、水櫃街、餘家染店。以南街東法雲寺，又西去橫街張駙馬宅，寺南佑神觀後門。

相國寺內萬姓交易

相國寺每月五次開放萬姓交易。大三門上皆是飛禽猫犬之類，珍禽奇獸，無所不有。第三門皆動用什物，庭中設綵幙露屋義鋪，賣蒲合、簟席、屏幃、洗漱、鞍轡、弓劍、時果、臘脯之類。近佛殿，孟家道冠、王道人蜜煎、趙文秀筆及潘谷墨，占定兩廊，皆諸寺師姑賣繡作、領抹、花朵、珠翠頭面、生色銷金花樣幞頭帽子、特髻冠子、絛線之類。殿後資聖門前，皆書籍、玩好、圖畫及諸路罷任官員土物香藥之類。後廊皆日者貨術傳神之類。寺三門閣上并資聖門，各有金銅鑄羅漢五百尊、佛牙等，凡有齋供，皆取旨方開。三門左右有兩瓶琉璃塔。寺內有智海、惠林、寶梵、河沙東西塔院角院舍各有住持僧官每遇齋會凡飲食茶果動使器皿雖三五百分莫不咄嗟而辦大殿兩廊皆國朝名公筆跡左壁畫熾盛光佛降九曜鬼百戲右壁佛降鬼子母揭盂殿庭供獻樂部馬隊之類大殿朵廊皆壁隱樓殿人物莫非精妙

寺東門街巷

寺東門大街皆是幞頭腰帶書籍冠朵鋪席丁家素茶寺南即錄事巷妓館繡巷皆師姑繡作居住北即小甜水巷巷內南食店甚盛妓館亦多向北李慶糟薑鋪直北出景靈宮東門前又向北曲東稅務街高頭街姜行後巷乃脂皮畫曲妓館南北講堂巷孫殿丞藥鋪靴店出界身北巷口宋家生藥鋪鋪中兩壁皆李成所畫山水自景靈宮東門大街向東街北舊乾明寺沿火改作五寺三監以東向南曰第三條甜水巷以東熙熙樓客店都下著數以東街

□高陽正店向北入隔行向東街北曰車輅院南曰第二甜水巷以東審計院以東桐樹子韓家直抵太廟前門南往觀音院乃第一條甜水巷也太廟北入榆林巷通曹門大街不能遍數也

上清宮

上清宮在新宋門裏街北以西茆山下院醴泉觀在東水門裏觀音院在舊宋門後太廟南門景德寺在上清宮背寺前有桃花洞皆妓館開寶寺在舊封丘門外斜街子內有二十四院惟仁王院最盛天清寺在州北清暉橋興德院在金水門外長生宮在鹿家巷顯寧寺在炭場巷北婆臺寺在陳州門裏兜率寺在紅門道地踴佛寺在州西草場巷街南十方靜因院在州西油醋巷洛案院在第三條甜水巷福田院在舊曹門外報恩寺在御鹽巷太和宮女道士在州西洪橋子大街洞元觀女道士在班樓北瑤華

宫在金水門外萬壽觀在舊酸棗門外十王宫前

馬行街鋪席

馬行北去舊封丘門外祅廟斜街州北瓦子新封丘門大街兩邊民戶鋪席外餘諸班直軍營相對至門約十里餘其餘坊巷院落縱橫萬數莫知紀極處處擁門各有茶坊酒店勾肆飲食市井經紀之家往往只於市店旋買飲食不置家蔬北食則礬樓前李四家段家爊物石逢巴子南食則寺橋金家九曲子周家最為屈指夜市直至三更盡纔五更又復開張如要鬧去處通曉不絕尋常四梢遠靜去處夜市亦有燋酸豏豬胰胡餅和菜餅獾兒野狐肉果木翹羹灌腸香糖果子之類冬月雖大風雪陰雨亦有夜市剌子薑豉抹臟紅絲水晶膾煎肝臟蛤蜊螃蟹胡桃澤州餳奇豆鵝梨石榴查子榲桲糍糕團子鹽豉湯之類至三更方有提瓶賣茶者蓋都人公私榮幹夜深方歸也

般載雜賣

東京般載車大者曰太平上有箱無蓋箱如枸欄而平板壁前出兩木長二三尺許駕車人在中間兩手扶捉鞭綏駕之前列騾或驢二十餘前後作兩行或牛五七頭拽之車兩輪與箱齊後有兩斜木脚拖夜中間懸一鐵鈴行即有聲使遠来者車相避仍於車後繫驢騾二頭遇下峻險橋路以鞭謼之使倒坐縋車令緩行也可載數十石官中車惟用驢差小耳其次有平頭車亦如太平車而小兩輪前出長木作轅木梢横一木以獨牛在轅内項負横木人在一邊以手牽牛鼻繩駕之酒正店多以此載酒梢桶矣梢桶如長水桶面安靨口每梢三斗許一貫五百文又有宅眷坐車子與平頭車大抵相似但椶作蓋及前後有枸欄門垂簾又有獨輪車前後二人把駕兩旁兩人扶枴前有驢拽謂之串車以不用耳子轉輪也般載竹木瓦石但無

前轅止一人或兩人推之此車往往賣糕及餻糜之類人用不中載物也平盤兩輪謂之浪子車唯用人拽又有載巨石大木只有短梯盤而無輪謂之癡車皆省人力也又有駞騾驢馱子或皮或竹為之如方匾竹筵兩搭背上斛㪷則用布袋馳之

都市錢陌

都市錢陌官用七十七街市通用七十五魚肉菜七十二陌金銀七十四珠珎雇婢妮買虫蟻六十八文字五十六陌行市各有短長使用

雇覔人力

凡雇覔人力幹當人酒食作匠之類各有行老供雇覔女使即有引至牙人

防火

每坊巷三百步許有軍巡鋪屋一所鋪兵五人夜間巡警

及領公事又於高處磚砌盖望火樓常有人單望下有官屋数間屯駐軍百餘人及有救火家事大小桶洒麻搭斧鋸梯子火叉帯索鉄猫之類每遇有遺火去處則有馬軍奔報馬步軍殿前三衛開封府各領軍汲水撲滅不勞百姓

天曉諸人入市

每日交五更諸寺院行者打鉄牌木魚循門報曉各分地分日間求化趍朝入市之人聞此而起諸行門店多點灯燭沽賣每分錢不過二十文并湯藥者直至天明殺猪羊人檐及拖車上市動即百數如果木亦集朱雀門外為之果子行紙畫兒亦在彼處行販不絶用太平車或驢馬馱之入城貨賣更有御街州橋至南内前趍朝賣藥及飲食者吟叫百端

諸色雜賣

若養馬則有兩人日供切草養犬供餇養貓供食小魚鍋路釘鉸箍桶修整動使仈鞋刷腰帶修幞頭帽子補䚡角冠子日打香印者沿街市賣打水者各有地分坊巷及有使漆打鉸鏁大斧斫柴有洗氈淘井者舉意皆在或軍營停放樂人就坊巷引小兒婦女觀看街市賣如宅舍宫院前則有就門買賣有諸般物件惟小居民每日賣蒸梨藥黄羔麋宿蒸餅牙豆之類官差人在城收買出入照管也

幽蘭居士東京夢華錄卷之三

軍頭司

軍頭司每旬休按閱內等子相撲手劍棒手格鬬諸軍營繫前指揮使直在禁中有左右班內殿直散員散都頭散直散指揮御龍左右直係打御從物御龍骨朵子直弓箭直弩直習馭直騎御馬鈞容直招箭班金鎗班銀鎗班殿侍諸軍東西五班常入祗候每日教閱野戰每遇諸路解到武藝人對御格鬬天武捧日龍衛神衛各二十指揮謂之上四軍不出戍驍騎雲騎拱聖龍猛龍騎各十指揮殿前司步軍司有虎翼各二十指揮虎翼水軍宣武各十五指揮神勇廣勇各十指揮飛山林子弩雄武廣固等指揮諸司則宣效六軍武肅武和街道司諸司諸軍指揮動以百數諸宮觀宅院各有清衛廟軍禁軍剩員十指揮其餘工匠修內司八作司廣固作坊後苑作坊書藝局綾錦院文繡院

内酒坊法酒庫牛羊司油醋庫儀鸞司翰林司喝探武嚴輦官車子院皇城官親從官親事官上下宮皇城黃皂院子滁除各有指揮記省不盡

皇太子納妃

皇太子納妃鹵部儀仗宴樂儀衛妃乘厭翟車車上設紫色團盖四柱維幕四垂大帶四馬駕之

公主出降

公主出降亦設儀仗行幕步障水路凡親王公主出則有之皆係街道司兵級數十人各執掃具鍍金銀水桶前導灑之名曰水路用檐床數百鋪設房卧並紫衫卷脚幞頭天武官擡舁又有宮嬪數十皆真珠釵插吊朵玲瓏簇羅頭面紅羅銷金袍帔乘馬雙控雙搭青盖前導謂之短鐙前後用紅羅銷金掌扇遮簇乘金銅檐子覆以剪棕朱紅梁脊上列滲金銅鑄雲鳳花朵檐子約高五尺許深八尺闊四

尺許內容六人四維垂繡額珠簾白藤間花匡箱之外兩壁
出欄檻皆縷金花裝雕木人物神仙出隊兩竿十二人竿
前後皆設緑絲條金魚勾子勾定

皇后出乘輿

皇太后皇后出乘者謂之輿比檐子稍增廣花樣皆龍前
後簷皆剪棱儀仗與駕出相似而少仍無駕頭警蹕耳士
庶家與貴家婚嫁亦乘檐子只無脊上銅鳳花朵左右兩軍
自有假賃所在以至從人衫帽衣服從物俱可賃不須借措餘
命婦王宮士庶通乘坐車子如檐子樣製亦可容六人前
後有小勾欄底下軸貫兩挾朱輪前出長轅約七八尺獨
牛駕之亦可假賃

雜賃

若凶事出殯自上而下凶肆各有體例如方相車轝結絡
綵帛皆有定價不須勞力尋常出街市幹事稍似路遠倦

行遂坊巷橋市自有假賃鞍馬者不過百錢

修整雜貨及齋僧請道

儻欲修整屋宇泥補墻壁生辰忌日欲設齋僧尼道士即早辰橋市街巷口皆有木竹匠人謂之雜貨工匠以至雜作人夫道士僧人羅立會聚候人請喚謂之羅齋竹木作料亦有鋪席磚瓦泥匠隨手即就

筵會假賃

凡民間吉凶筵會椅卓陳設器皿合盤酒檐動使之類自有茶酒司管賃喫食下酒自有厨司以至托盤下請書安排坐次尊前執事歌説勸酒謂之白席人總謂之四司人欲就園館亭榭寺院遊賞命客之類舉意便辦亦各有地分承攬排備自有則例亦不敢過越取錢雖百十分廳館整肅主人只出錢而已不用費力

●會仙酒樓

如州東仁和店新門裏會仙樓正店常有百十分廳館動使各各足備不尚少闕一件大抵都人風俗奢侈度量稍寬凡酒店中不問何人止兩人對坐飲酒亦須用注碗一副盤盞兩副菓菜楪各五片水菜椀三五隻即銀近百兩矣雖一人獨飲盌遂亦用銀盂之類其菓子菜蔬無非精潔若別要下酒即使人外買軟羊龜背大小骨諸色包子玉板鮓生削巴子瓜薑之類

食店

大凡食店大者謂之分茶則有頭羹石髓羹白肉胡餅軟羊大小骨角炙犒腰子石肚羹入爐羊罨生軟羊麪桐皮麪薑潑刀回刀冷淘棊子寄爐麪飯之類喫全茶饒虀頭羹更有川飯店則有插肉麪大燠麪大小抹肉淘煎燠肉雜煎事件生熟燒飯更有南食店魚兜子桐皮熟膾麪煎魚飯又有瓠羹店門前以枋木及花樣沓結縛如山棚上

掛成邊猪羊相間三二十邊近裏門面窗戶皆朱綠裝飾謂之驩門每店各有廳院東西廊稱呼坐次客坐則一人執筯紙遍問坐客都人侈縱百端呼索或熱或冷或溫或整或絕冷精澆臕澆之類人人索喚不同行菜得之近局次立從頭唱念報與局內當局者謂之鐺頭又曰着案訖須臾行菜者左手杈三椀右臂自手至肩馱疊約二十碗散下盡合各人呼索不容差錯一有差錯坐客白之主人必加叱罵或罰工價甚者逐之吾輩入店則用一等琉璃淺稜椀謂之碧椀亦謂之造羹菜蔬精細謂之造虀每碗十文麪與肉相停謂之合羹又有單羹乃半箇也舊只用匙今皆用筯矣更有插肉撥刀炒羊細物料碁子餛飩店及有素分茶如寺院齋食也又有菜麪胡蝶虀肐䏫及賣隨飯荷包白飯旋切細料餶飿兒瓜虀蘿蔔之類

肉行

坊巷橋市皆有肉案列三五人操刀生熟肉從便索喚闊切片批細抹頓刀之類至晚即有燠曝熟食上市凡買物不上數錢得者是數

餅店

凡餅店有油餅店有胡餅店若油餅店即賣蒸餅糖餅裝合引盤之類胡餅店即賣門油菊花寬焦側厚油碢髓餅新樣滿麻每案用三五人捍劑卓花入爐自五更卓案之聲遠近相聞唯武成王廟前海州張家皇建院前鄭家最盛每家有五十餘爐

魚行

賣生魚則用淺抱桶以柳葉間串清水中浸或循街出賣每日早惟新鄭門西水門萬勝門如此生魚有數千檐入門冬月即黃河諸遠處客魚來謂之車魚每斤不上一百文

幽蘭居士東京夢華録卷之四

幽蘭居士東京夢華錄卷之五

民俗

凡百所賣飲食之人，裝鮮淨盤合器皿，車檐動使奇巧可愛，食味和羹不敢草略。其賣藥賣卦，皆具冠帶。至於乞丐者，亦有規格，稍似懈怠，衆所不容。其士農工商諸行百户衣裝，各有本色，不敢越外。謂如香鋪裹香人，即頂帽披背；質庫掌事，即着皂衫角帶不頂帽之類。街市行人，便認得是何色目。加之人情高誼，若見外方之人為都人淩欺，衆必救護之。或見軍鋪收領到闘争公事，横身勸救，有陪酒食檐官方救之者，亦無憚也。或有從外新來鄰左居住，則相借措動使，獻遺湯茶，指引買賣之類。更有提茶瓶之人，每日鄰里互相支茶，相問動静。凡百吉凶之家，人皆盈門。其正酒店户，見脚店三兩次打酒，便敢借與三五百兩銀器。以至貧下人家，就店呼酒，亦用銀器供送。有連夜飲者

次日取之諸妓館只就店呼酒而已銀器供送亦復如是
其闊略大量天下無之也以其人烟浩穰添十數萬衆不
加多減之不覺少所謂花陣酒池香山藥海別有幽坊小
巷燕館歌樓舉之萬數不欲繁碎

京瓦伎藝

崇觀以來在京瓦肆伎藝張廷叟孟子書主張小唱李師
師徐婆惜封宜奴孫三四等誠其角者嘌唱弟子張七七
王京奴左小四安娘毛團等教坊減罷并溫習張翠蓋張
成弟子薛子大薛子小俏枝兒楊總惜周壽奴稱心等般
雜劇枝頭傀儡任小三每日五更頭回小雜劇差晚看不
及矣懸絲傀儡張金線李外寧藥發傀儡張臻妙溫奴哥
真箇强沒勃臍小掉刀筋骨上索雜手伎渾身眼李宗正
張哥毬杖踢弄孫寬孫十五曾無黨高恩李孫講史李
慥楊中立張十一徐明趙世亨賈九小說王顏喜蓋中

寶劉名廣散樂張真奴舞旋楊望京小兒相撲雜劇掉刀蠻牌董十五趙七曹保義朱婆兒沒困駝風僧哥俎六姐影戲丁儀瘦吉等弄喬影戲劉百禽弄蟲蟻孔三傳耍秀才諸宮調毛詳霍伯醜商謎吳八兒合生張山人說諢話劉喬河北子帛遂胡牛兒達眼五重明喬駱駝兒李敦等雜班外入孫三神鬼霍四究說三分尹常賣五代史文八娘叫果子其餘不可勝數不以風雨寒暑諸棚看人日日如是教坊鈞容直每遇旬休按樂亦許人觀看每遇內宴前一月教坊內勾集弟子小兒習隊舞作樂雜劇節次

娶婦

凡娶媳婦先起草帖子兩家允許然後起細帖子序三代名諱議親人有服親田產官職之類次檐許口酒以絡盛酒瓶裝以大花八朵羅絹生色或銀勝八枚又以花紅繳檐上謂之繳檐紅與女家女家以淡水二瓶活魚三五箇

筯一雙悉送在元酒瓶内謂之回魚筯或下小定大定或相
媳婦與不相若相媳婦即男家親人或婆往女家看中即
以釵子插冠中謂之插釵子或不入意即留一兩端綵段
與之壓驚則此親不諧矣其媒人有數等上等戴蓋頭着
紫背子說官親宮院恩澤中等戴冠子黄包髻背子或只
繫裙手把青凉傘兒皆兩人同行下定了即旦望媒人傳
語遇節序即以節物頭面羊酒之類追女家隨家豐儉女
家多回巧作之類次下財禮次報成結日子次過大禮先
一日或是日早下催粧冠帔花粉女家回公裳花幞頭之
類前一日女家先來掛帳鋪設房卧謂之鋪房女家親人
有茶酒利市之類至迎娶日兒家以車子或花檐子發迎
客引至女家門女家管待迎客與之綵段作樂催粧上車
檐從人未肯起炒咬利市謂之起檐子與了然後行迎客先
回至兒家門從人及兒家人乞覓利市錢物花紅等謂之

欄門。新婦下車子，有陰陽人執斗，內盛穀豆錢菓草節等，呪祝望門而撒，小兒輩爭拾之，謂之撒穀豆，俗云厭青羊等殺神也。新人下車檐，踏青布條或氈席，不得踏地，一人捧鏡倒行，引新人跨鞍驀草及秤上過，入門，於一室內當中懸帳，謂之坐虛帳；或只徑入房中，坐於床上，亦謂之坐富貴。其送女客急三盞而退，謂之走送。眾客就筵三盃之後，婿具公裳，花勝簇面，於中堂昇一榻，上置椅子，謂之高坐。先媒氏請，次姨氏或妗氏請，各斟一盃飲之；次丈母請，方下坐。新人門額用綵一段，碎裂其下，橫抹掛之，婿入房，即眾爭撦小片而去，謂之利市繳門紅。婿於床前請新婦出，二家各出綵段，綰一同心，謂之牽巾，男掛於笏，女搭於手，男倒行出，面皆相向，至家廟前參拜畢，女復倒行，扶入房講拜，男女各爭先後對拜畢，就床，女向左，男向右坐，婦女以金錢綵菓散擲，謂之撒帳。男左女右留少頭髮，二家出疋段釵子木梳頭鬚之類謂之合髻然後用兩盞以綵結連之互飲一盞謂之交盃酒飲訖擲盞并花冠子於床下盞一仰一合俗云大吉則衆喜賀然後掩帳訖宫院中即親隨人抱女婿去已下人家即行出房叅謝諸親復就坐飲酒散後次日五更用一卓盛鏡臺鏡子於其上望堂展拜謂之新婦拜堂次拜尊長親戚各有綵段巧作鞋襪等為獻謂之賞賀尊長則復換一疋回之謂之答賀婿復叅婦家謂之拜門有力能趣辦次日即往謂之復面拜門不然三日七日皆可賞賀亦如女家之禮酒散女家具鼓吹從物迎婿還家三日女家送綵段油蜜蒸餅謂之蜜和油蒸餅其女家來作會謂之煖女七日則取女歸或送綵段頭面與之謂之洗頭一月則大會相慶謂之滿月自此以後禮數簡矣

育子

凡孕婦入月於初一日父母家以銀盆或錂或綵畫盆盛粟稈一束上以錦繡或生色帕複蓋之上插花朵及通草帖羅五男二女花樣用盤合裝送饅頭謂之分痛并作眠羊卧鹿羊生菓實取其眠卧之義并牙兒衣物繃籍等謂之催生就蓐分娩訖人爭送粟米炭醋之類三日落臍灸顖七日謂之一臘至滿月則生色及綳繡錢貴富家金銀犀玉為之并菓子大展洗兒會親賓盛集煎香湯於盆中下菓子綵錢葱蒜等用數丈綵繞之名曰圍盆以釵子攪水謂之攪盆觀者各撒錢於水中謂之添盆盆中棗子直立者婦人爭取食之以為生男之徵浴兒畢落胎髮遍謝坐客抱牙兒入他人房謂之移窠生子百日置會謂之百晬至來歲生日謂之周晬羅列盤琖於地盛菓木飲食官誥筆研筭秤等經卷針線應用之物觀其所先拈者以為徵兆謂之試晬此小兒之盛禮也

幽蘭居士東京夢華録卷之五

幽蘭居士東京夢華錄卷之六

正月

正月一日年節開封府放關撲三日士庶自早互相慶賀坊巷以食物動使菓實柴炭之類歌叫關撲如馬行潘樓街州東宋門外州西梁門外踊路州北封丘門外及州南一帶皆結綵棚鋪陳冠梳珠翠頭面衣着花朵領抹靴鞋玩好之類間列舞場歌館車馬交馳向晚貴家婦女縱賞關賭入場觀看入市店飲宴慣習成風不相笑訝至寒食冬至三日亦如此小民雖貧者亦須新潔衣服把酒相酬爾

元旦朝會

正旦大朝會車駕坐大慶殿有介冑長大人四人立于殿角謂之鎮殿將軍諸國使人入賀殿庭列法駕儀仗百官皆冠冕朝服諸路舉人解首亦士服立班其服二量冠白

袍青緣諸州進奏吏各執方物入獻諸國使人大遼大使頂金冠後簷尖長如大蓮葉服紫窄袍金蹀躞副使展裹金帶如漢服大使拜則立左足跪右足以兩手着右肩為一拜副使拜如漢儀夏國使副皆金冠短小樣製服緋窄袍金蹀躞弔敦背叉手展拜高麗與南番交州使人並如漢儀回紇皆長髯高鼻以疋帛纏頭散披其服于闐皆小金花氈笠金絲戰袍束帶并妻男同来乗駱駝氈兜銅鐸入貢三佛齊皆瘦脊纏頭緋衣上織成佛面又有南蠻五姓番皆椎髻烏氈並如僧人禮拜入見旋賜漢裝錦襖之類更有真臘大理大石等國有時来朝貢其大遼使人在都亭驛夏國在都亭西驛高麗在梁門外安州巷同文館回紇于闐在禮賓院諸番國在瞻雲館或懷遠驛唯大遼高麗就館賜宴大遼使人朝見訖翌日詣大相國寺燒香次日詣南御苑射弓朝廷旋選能射武臣伴射就彼賜宴

三節人皆與焉先列招箭班十餘於垛子前使人多用弩子射一襲無脚小幞頭子錦襖子遼人踏開弩子舞旋搭箭過與使人彼窺得端正止令使人發牙例本朝伴射用弓箭中的則賜闊裝銀鞍馬衣着金銀器物有差伴射得捷京師市井兒遮路爭獻口號觀者如堵翌日人使朝辭朝退內前燈山已上綵其速如神

立春

立春前一日開封府進春牛入禁中鞭春開封祥符兩縣置春牛於府前至日絕早府僚打春如方州儀府前左右百姓賣小春牛往往花裝欄坐上列百戲人物春幡雪柳各相獻遺春日宰執親王百官皆賜金銀幡勝入賀訖戴歸私第

元宵

正月十五日元宵大內前自歲前冬至後開封府絞縛山

棚立木正對宣德樓游人已集御街兩廊下奇術異能歌舞百戲鱗鱗相切樂聲嘈雜十餘里擊丸蹴踘踏索上竿趙野人倒喫冷淘張九哥吞鐵劍李外寧藥法傀儡小健兒吐五色水旋燒泥丸子大特落灰藥榾柮兒雜劇温大頭小曹嵇琴党千簫管孫四燒煉藥方王十二作劇術鄒遇田地廣雜扮蘇十孟宣築毬尹常賣五代史劉百禽蟲蟻楊文秀鼓笛更有猴呈百戲魚跳刀門使喚蜂蝶追呼螻蟻其餘賣藥賣卦沙書地謎奇巧百端日新耳目至正月七日人使朝辭出門燈山上綵金碧相射錦繡交輝面北悉以綵結山沓上皆畫神仙故事或坊市賣藥賣卦之人橫列三門各有綵結金書大牌中曰都門道左右曰左右禁衛之門上有大牌曰宣和與民同樂綵山左右以綵結文殊普賢跨獅子白象各於手指出水五道其手搖動用轆轤絞水上燈山尖高處用木櫃貯之逐時放下如瀑

布狀又於左右門上各以草把縛成戲龍之狀用青幕遮籠草上密置燈燭數萬盞望之蜿蜒如雙龍飛走自燈山至宣德門樓橫大街約百餘丈用棘刺圍遶謂之棘盆內設兩長竿高數十丈以繒綵結束紙糊百戲人物懸於竿上風動宛若飛仙內設樂棚差衙前樂人作樂雜戲并左右軍百戲在其中駕坐一時呈拽宣德樓上皆垂黄緣簾中一位乃御座用黄羅設一綵棚御龍直執黄盖掌扇列於簾外兩朵樓各掛燈毬一枚約方圓丈餘內燃椽燭簾內亦作樂宮嬪嬉笑之聲下聞於外樓下用枋木壘成露臺一所綵結欄檻兩邊皆禁衛排立錦袍幞頭簪賜花執骨朵子面此樂棚教坊鈞容直露臺弟子更互雜劇近門亦有內等子班直排立萬姓皆在露臺下觀看樂人時引萬姓山呼

十四日車駕幸五嶽觀

正月十四日車駕幸五嶽觀迎祥池有對御（謂賜群臣宴也）至晚還內圍子親從官皆頂毬頭大帽簪花紅錦團荅戲獅子衫金鍍天王腰帶數重骨朵天武官皆頂雙卷脚幞頭紫上大搭天鵝結帶寬衫殿前班頂兩脚屈曲向後花裝幞頭著緋青紫三色撚金線結帶望仙花袍跨弓劍乘馬一扎鞍轡纓紼前導御龍直一脚指天一脚圈曲幞頭著紅方勝錦襖子看帶束帶執御從物如金交椅唾盂水罐菓壘掌扇纓紼之類御椅子皆黃羅珠蹙背座則親從官執之諸班直皆幞頭錦襖束帶每常駕出有紅紗帖金燭籠二百對元宵加以琉璃玉柱掌扇燈快行家各執紅紗珠絡燈籠駕將□則圍子數重外有一人捧月樣兀子錦覆於馬上天武官十餘人簇擁扶策喝曰看駕頭次有吏部小使臣百餘皆公裳執珠絡毬杖乘馬聽喚近侍餘官皆服紫緋綠公服三衙太尉知閤御帶羅列前導兩邊皆內等子

選諸軍膂力者著錦襖頂帽握拳顧望有高聲者捶之流血教坊鈞容直樂部前引駕後諸班直馬隊作樂駕後圍子外左則宰執侍從右則親王宗室南班官駕近則列橫門十餘人擊鞭駕後有曲柄小紅繡傘亦殿侍執之於馬上駕入燈山御輦院人員輦前喝隨竿媚來御輦團轉一遭倒行觀燈山謂之鵓鴿旋又謂之踏五花兒則輦官有喝賜矣駕登宣德樓遊人奔赴露臺下

十五日駕詣上清宮

十五日詣上清宮亦有對御至晚回內

十六日

十六日車駕不出自進早膳訖登門樂作捲簾御座臨軒宣萬姓先到門下者猶得瞻見天表小帽紅袍獨卓子左右近侍簾外傘扇執事之人須臾下簾則樂作縱萬姓遊賞兩朵樓相對左樓相對鄆王以次綵棚幕次右樓相對

蔡太師以次執政戚里幕次時復自樓上有金鳳飛下諸
幕次宣賜不輟諸幕次中家妓競奏新聲與山棚露臺上
下樂聲鼎沸西條樓下開封尹彈壓幕次羅列罪人滿前
時復決遣以警愚民樓上時傳口勑特令放罪於是華燈
寶炬月色花光霏霧融融動燭遠近至三鼓樓上以小紅
紗燈毬緣索而至半空都人皆知車駕還內矣須臾聞樓
外擊鞭之聲則山樓上下燈燭數十萬盞一時滅矣於是
貴家車馬自內前鱗切悉南去遊相國寺寺之大殿前設
樂棚諸軍作樂兩廊有詩牌燈云天碧銀河欲下來月華
如水照樓臺并火樹銀花合星橋鐵鎖開之詩其燈以木
牌爲之雕鏤成字以紗絹羃之於內密燃其燈相次排定
亦可愛賞資聖閣前安頓佛牙設以水燈皆係宰執戚里
貴近占設看位最要鬧九子母殿及東西塔院惠林智海
寶梵競陳燈燭光彩爭華直至達旦其餘宮觀寺院皆放

萬姓燒香如開寶景德大佛寺等處皆有樂小棚作樂燃燈惟禁宮觀寺院不設燈燭矣次則葆真宮有玉柱玉簾窗隔燈諸坊巷馬行諸香藥鋪席茶坊酒肆燈燭各出新奇就中蓮華王家香鋪燈火出群而又命僧道場打花鈸弄椎鼓遊人無不駐足諸門皆有官中樂棚萬街千巷盡皆繁盛浩鬧每一坊巷口無樂棚去處多設小影戲棚子以防本坊遊人小兒相失以引聚之殿前班在禁中右掖門裏則相對右掖門設一樂棚放本班家口登皇城觀看官中有宣賜茶酒粧粉錢之類諸營班院於法不得夜遊各以竹竿出燈毬於半空遠近高低若飛星然阡陌縱橫城闉不禁別有深坊小巷繡額珠簾巧製新粧競誇華麗春情蕩颺酒興融怡雅會幽歡寸陰可惜景色浩鬧不覺更闌寶騎駸駸香輪轆轆五陵年少滿路行歌萬户千門笙簧未徹市人賣玉梅夜蛾蜂兒雪柳菩提葉科

頭圓子拍頭焦䭔唯焦䭔以竹架子出青傘上裝綴梅紅縷金小燈籠子架子前後亦設燈籠敲鼓應拍團團轉走謂之打旋羅街巷處處有之至十九日收燈五夜城闉不禁嘗有旨展日宣和年間自十二月於酸棗門二名景龍門上如宣德門元夜點照門下亦置露臺南至寶籙宮兩邊關撲買賣晨暉門外設看位一所前以荊棘圍繞周回約五七十步都下賣鵪鶉骨飿兒圓子䭔拍白腸水晶鱠科頭細粉旋炒栗子銀杏鹽豉湯雞段金橘橄欖龍眼荔枝諸般市合團圞密擺準備御前索喚以至尊有時在看位內門司御藥知省太尉悉在簾前用三五人弟子祗應槪盞照耀有同白日仕女觀者中貴邀住勸酒一金盃令退直至上元謂之預賞惟周待詔瓠羹貢餘者一百二十文足一箇其精細果別如市店十文者

收燈都人出城探春

收燈畢都人爭先出城探春州南則玉津園外學方池亭榭玉仙觀轉龍灣西去一丈佛園子王太尉園奉聖寺前孟景初園四里橋望牛岡劍客廟自轉龍灣東去陳州門外園館尤多州東宋門外快活林勃臍陂獨樂岡硯臺蜘蛛樓麥家園虹橋王家園曹宋門之間東御苑乾明崇夏尼寺州北李駙馬園州西新鄭門大路直過金明池西道者院院前皆妓館以西宴賓樓有亭榭曲折池塘鞦韆畫舫酒客税小舟帳設遊賞相對祥祺觀直至板橋有集賢樓蓮花樓乃之官河東陝西五路之別館尋常餞送置酒於此過板橋有下松園王太宰園杏花岡金明池角南去水虎翼巷水磨下蔡太師園南洗馬橋西巷內華嚴尼寺王小姑酒店北金水河兩浙尼寺巴婁寺養種園四時花木繁盛可觀南去藥梁園童太師園南去鐵佛寺鴻福寺東西栢榆村州北模天坡角橋至倉王廟十八壽聖尼寺

孟四翁酒店州西北元有庶人園有創臺流盃亭榭數處放人春賞大抵都城左近皆是園圃百里之内並無閒地次第春容滿野暖律暄晴萬花争出粉墻細柳斜籠綺陌香輪暖輾芳草如茵駿騎驕嘶杏花如繡鶯啼芳樹燕舞晴空紅粧按樂於寶榭層樓白面行歌近畫橋流水舉目則鞦韆巧笑觸處則蹴踘踈狂尋芳選勝花絮時墜金樽折翠簪紅蜂蝶暗隨歸騎於是相繼清明節矣

幽蘭居士東京夢華録卷之六

幽蘭居士東京夢華錄卷之七

清明節

清明節尋常京師以冬至後一百五日爲大寒食前一日
謂之炊熟用麪造棗䭉飛燕柳條串之插於門楣謂之子
推燕子女及笄者多以是日上頭寒食第三節即清明日
矣凡新墳皆用此日拜掃都城人出郊禁中前半月發宮人
車馬朝陵宗室南班近親亦分遣詣諸陵墳享祀從人皆
紫衫白絹三角子青行纏皆係官給節日亦禁中出車馬
詣奉先寺道者院祀諸宮人墳莫非金裝紺幰錦額珠簾
繡扇雙遮紗籠前導士庶闐塞諸門紙馬鋪皆於當街用
紙袞疊成樓閣之狀四野如市往往就芳樹之下或園囿之
間羅列杯盤互相勸酬都城之歌兒舞女遍滿園亭抵暮
而歸各攜棗䭉炊餅黃胖掉刀名花異果山亭戲具鴨卵
雞雛謂之門外土儀轎子即以楊柳雜花裝簇頂上四垂

遊映自此三日皆出城上墳但一百五日最盛節日坊市賣稠餳麥餻乳酪乳餅之類緩入都門斜陽御柳醉歸院落明月梨花諸軍禁衛各成隊伍跨馬作樂四出謂之摔脚其旗旄鮮明軍容雄壯人馬精鋭又别為一景也

三月一日開金明池瓊林苑

三月一日州西順天門外開金明池瓊林苑每日教習車駕上池儀範雖禁從士庶許縱賞御史臺有榜不得彈劾池在順天門外街北周圍約九里三十步池西直徑七里許入池門内南岸西去百餘步有面北臨水殿車駕臨幸觀爭標錫宴於此往日旋以綵幄政和間用土木工造成矣又西去數百步乃仙橋南北約數百步橋面三虹朱漆闌楯下排鴈柱中央隆起謂之駱駝虹若飛虹之狀橋盡處五殿正在池之中心四岸石甃向背大殿中坐各設御幄朱漆明金龍床河間雲水戲龍屏風不禁游人殿上下

回廊皆關撲錢物飲食伎藝人作場勾肆羅列左右橋上
兩邊用瓦盆內擲頭錢關撲錢物衣服動使遊人還往荷
蓋相望橋之南立欞星門門裏對立綵樓每爭標作樂列
妓女於其上門相對街南有磚石甃砌高臺上有樓觀廣
百丈許曰寶津樓前至池門闊百餘丈下瞰仙橋水殿車
駕臨幸觀騎射百戲於此池之東岸臨水近牆皆垂楊兩
邊皆綵棚幕次臨水假賃觀看爭標街東皆酒食店舍博
易場戶藝人勾肆質庫不以幾日解下只至閉池便典沒
出賣北去直至池後門乃汴河西水門也其池之西岸亦無
屋宇但垂楊蘸水烟草鋪堤遊人稀少多垂釣之士必於
池苑所買牌子方許捕魚遊人得魚倍其價買之臨水斫
膾以薦芳樽乃一時佳味也習水教罷繫小龍船於此池
岸正北對五殿起大屋盛大龍船謂之奧屋車駕臨幸往
往取二十日諸禁衛班直簪花披錦繡撚金線衫袍金帶

勒帛之類結束競逞鮮新出内府金鎗寶裝弓劒龍鳳繡旗紅纓錦轡萬騎爭馳鐸聲震地

駕幸臨水殿觀爭標錫宴

駕先幸池之臨水殿錫燕羣臣殿前出水棚排立儀衛近殿水中橫列四綵舟上有諸軍百戲如大旗獅豹棹刀蠻牌神鬼雜劇之類又列兩船皆樂部又有一小船上結小綵樓下有三小門如傀儡棚正對水中樂船上參軍色進致語樂作綵棚中門開出小木偶人小船子上有一白衣人垂釣後有小童舉棹划船遼遶數回作語樂作釣出活小魚一枚又作樂小船入棚繼有木偶築毬舞旋之類亦各念致語唱和樂作而已謂之水傀儡又有兩畫船上立鞦韆船尾百戲人上竿左右軍院虞候監教鼓笛相和又一人上蹴鞦韆將平架筋斗擲身入水謂之水鞦韆水戲呈畢百戲樂船並各鳴鑼鼓動樂舞旗與水傀儡船分兩壁退去

有小龍船二十隻上有緋衣軍士各五十餘人各設旗鼓銅鑼船頭有一軍校舞旗招引乃虎翼指揮兵級也又有虎頭船十隻上有一錦衣人執小旗立船頭上餘皆著青短衣長頂頭巾齊舞棹乃百姓卸在行人也又有飛魚船二隻綵畫間金最為精巧上有雜綵戲衫五十餘人間列雜色小旗緋傘左右招舞鳴小鑼鼓鐃鐸之類又有鰍魚船二隻止容一人撐划乃獨木為之也皆進花石朱緬所進諸小船競詣奧屋牽拽大龍船出詣水殿其小龍船爭先團轉翔舞迎導于前其虎頭船以繩牽引龍舟大龍船約長三四十丈闊三四丈頭尾鱗鬣皆雕鏤金飾楻版皆退光兩邊列十閤子充閤分歇泊中設御座龍水屏風楻板到底深數尺底上密排鐵鑄大銀樣如卓面大者壓重庶不欹側也上有層樓臺觀檻曲安設御座龍頭上人舞旗左右水棚排列六槳宛若飛騰一至水殿艤之一邊水殿前至仙橋預以紅旗插於水中標識

地分遠近所謂小龍船列於水殿前東西相向虎頭飛魚等船布在其後如兩陣之勢須臾水殿前水棚上一軍校以紅旗招之龍船各鳴鑼鼓出陣划棹旋轉共為圓陣謂之旋羅水殿前又以旗招之其船分而為二各圓陣謂之海眼又以旗招之兩隊船相交互謂之交頭又以旗招之則諸船皆列五殿之東面對水殿排成行列則有小舟一軍校執一竿上掛以錦綵銀盌之類謂之標竿插在近殿水中又見旗招之則兩行舟鳴鼓並進捷者得標則山呼拜舞并虎頭船之類各三次爭標而止其小船復引大龍船入奧屋內矣

駕幸瓊林苑

駕方幸瓊林苑在順天門大街面北與金明池相對大門牙道皆古松怪栢兩傍有石榴園櫻桃園之類各有亭榭多是酒家所占苑之東南隅政和間捌築華觜岡高數十丈上有橫觀層樓金碧相射下有錦石纏道寶砌池塘柳

鎖虹橋花縈鳳舸其花皆素馨末莉山丹瑞香含笑射香等閩廣二浙所進南花有月池梅亭牡丹之類諸亭不可悉數

駕幸寶津樓宴殿

寶津樓之南有宴殿駕臨幸嬪御車馬在此尋常亦禁人出入有官監之殿之西有射殿殿之南有橫街牙道柳徑乃都人擊毬之所西去苑西門水虎翼巷橫道之南有古桐牙道兩傍亦有小園圃臺榭南過畫橋水心有大撮焦亭子方池柳步圍繞謂之蝦蟆亭亦是酒家占尋常駕未幸習旱教於苑大門御馬立於門上門之兩壁皆高設綵棚許士庶觀賞呈引百戲御馬上池則張黃蓋擊鞭如儀每遇大龍船出及御馬上池則遊人增倍矣

駕登寶津樓諸軍呈百戲

駕登寶津樓諸軍百戲呈於樓下先列鼓子十數輩一人

搖雙鼓子近前進致語多唱青春三月驀山溪也唱訖鼓
笛舉一紅巾者弄大旗次獅豹入場坐作進退奮迅舉止
畢次一紅巾者手執兩白旗子跳躍旋風而舞謂之撲旗
子及上竿打筋斗之類訖樂部舉動琴家弄令有花粧輕
健軍士百餘前列旗幟各執雉尾蠻牌木刀初成行列拜
舞互變開門奪橋等陣然後列成偃月陣樂部復動蠻牌
令數內兩人出陣對舞如擊刺之狀一人作奮擊之勢一
人作僵仆出場凡五七對或以鎗對牌劍對牌之類忽作一
聲如霹靂謂之爆仗則蠻牌者引退煙火大起有假面披
髮口吐狼牙煙火如鬼神狀者上場着青帖金花短後之
衣帖金皂袴跣足攜大銅鑼隨身步舞而進退謂之抱鑼
遶場數遭或就地放煙火之類又一聲爆仗樂部動拜新
月慢曲有面塗青碌戴面具金睛飾以豹皮錦繡看帶之
類謂之硬鬼或執刀斧或執杵棒之類作腳步蘸立為驅

捉視聽之狀又爆仗一聲有假面長髯展裹綠袍鞾簡如
鍾馗像者傍一人以小鑼相招和舞步謂之舞判繼有二
三瘦瘠以粉塗身金睛白面如髑髏狀繫錦繡圍肚看帶
手執軟杖各作魁諧趨蹌舉止若排戲謂之啞雜劇又爆
仗響有煙火就湧出人面不相覩煙中有七人皆披髮文身
著青紗短後之衣錦繡圍肚看帶內一人金花小帽執白
旗餘皆頭巾執真刀互相格鬥擊刺作破面剖心之勢謂之
七聖刀忽有爆仗響又復煙火出散處以青幕圍繞列數
十輩皆假面異服如祠廟中神鬼塑像謂之歇帳又爆仗
響卷退次有一擊小銅鑼引百餘人或巾裹或雙髻各着
雜色半臂圍肚看帶以黃白粉塗其面謂之抹蹌各執木
蕳刀一口成行列擊鑼者指呼各拜舞起居畢喝喊變
陣子數次成一字陣兩兩出陣格鬥作奪刀擊刺之態百
端訖一人棄刀在地就地擲身背著地有聲謂之板落如

是數十對訖復有一裝田舍兒者入場念誦言語訖有一裝村婦者入場與村夫相值各持棒杖互相擊觸如相毆態其村夫者以杖背村婦出場畢後部樂作諸軍繳隊雜劇一段繼而露臺弟子雜劇一段是時弟子蕭住兒丁都賽薛子大薛子小掦總惜崔上壽之輩後來者不足數合曲舞旋訖諸班直常入祗候子弟所呈馬騎先一人空手出馬謂之引馬次一人磨旗出馬謂之開道旗次有馬上抱紅綉之毬繫以紅綿索擲下於地上數騎追逐射之左曰仰手射右曰合手射謂之拖綉毬又以柳枝插於地數騎以剗子箭或弓或弩射之謂之䙚柳枝又有以十餘小旗遍裝輪上而背之出馬謂之旋風旗又有執旗挺立鞍上謂之立馬或以身下馬以手攀鞍而復上謂之騗馬或用手握定鐙袴以身從後鞦來往謂之跳馬忽以身離鞍屈右脚掛馬鬃左脚在鐙左手把鬃謂之獻鞍又曰弃鬃

姚玄

背坐或以兩手握鐙袴以肩著鞍橋雙脚直上謂之倒立
忽擲脚著地倒拖順馬而走復跳上馬謂之拖馬或留左
脚著鐙右脚出鐙離鞍橫身在鞍一邊右手捉鞍左手把
鬃存身直一脚順馬而走謂之飛仙膊馬又存身拳曲在
鞍一邊謂之鐙裏藏身或右臂挾鞍足著地順馬而走謂
之趕馬或出一鐙墜身著鞦以手向下綽地謂之綽塵
或放令馬先走以身追及握馬尾而上謂之豹子馬或橫
身鞍上或輪弄利刃或重物大刀雙刀百端訖有黃衣老
兵謂之黃院子數輩執小繡龍旗前導宫監馬騎百餘謂
之妙法院女童皆妙齡翹楚結束如男子短頂頭巾各著
雜色錦繡撚金絲番段窄袍紅綠弔敦束帶莫非玉羈金
勒寶鐙花韉艷色耀日香風襲人馳驟至樓前團轉數遭
輕簾鼓聲馬上亦有呈驍藝者中貴人許畋押隊招呼成
列鼓聲一齊擲身下馬一手執弓箭攬韁子就地如男子

儀鸞舞山呼訖復聽鼓聲驟馬而上大抵禁庭如男子裝者便隨男子禮起居復馳驟團旋分合陣子訖分兩陣兩兩出陣左右使馬直背射弓使番鎗或草棒交馬野戰呈驍騎訖引退又作樂先設綵結小毬門於殿前有花裝男子百餘人皆裹角子向後拳曲花幞頭半着紅半着青錦襖子義襴束帶絲鞋各跨雕鞍花鞔驢子分為兩隊各有朋頭一名各執綵畫毬杖謂之小打一朋頭用杖擊弄毬子如綴毬子方墜地兩朋爭占供與朋頭左朋擊毬子過門入孟為勝右朋向前爭占不令入孟互相追逐得籌謝恩而退續有黃院子引出宮監百餘亦如小打者但加之珠翠裝飾玉帶紅靴各跨小馬謂之大打人人乘騎精熟馳驟如神雅態輕盈妍姿綽約人間但見其圖畫矣呈訖

駕幸射殿射弓

駕詣射殿射弓垛子前列招箭班二十餘人皆長脚幞頭

紫繡抹額紫寛衫黄義襴鴈翅排立御箭去則齊聲招舞合而復開箭中的矣又一人口銜一銀盌兩肩兩手共五隻箭來皆能承之射畢駕歸宴殿

池苑内縱人關撲遊戲

池苑内除酒家藝人占外多以綵幕繳絡鋪設珍玉奇玩疋帛動使茶酒器物關撲有以一笏撲三十笏者以至車馬地宅歌姬舞女皆約以價而撲之出九和合有名者任大頭快活三之類餘亦不數池苑所進奉魚藕果實宣賜有差後苑作進小龍船雕牙縷翠極盡精巧随駕藝人池上作場者宣政間張藝多渾身眼宋壽香丑士安小樂器李外寧水傀儡其餘莫知其數池上飲食水飯涼水菉豆螺螄肉饒梅花酒查片杏片梅子香藥脆梅旋切魚膾青魚鹽鴨卵雜和辣菜之類池上水教罷貴家以雙纜黒漆平船紫帷帳設列家樂遊池宣政間亦有假賃大小船子

許士庶遊賞其價有差

駕回儀衛

駕回則御裹小帽簪花乘馬前後從駕臣寮百司儀衛悉
賜花大觀初乘驄馬至太和宮前忽宣小烏其馬至御前
拒而不進左右曰此願封官勑賜龍驤將軍然後就轡蓋
小烏平日御愛之馬也莫非錦綉盈都花光滿目御香拂
路廣樂喧空寶騎交馳綵棚夾路綺羅珠翠戶戶神仙畫
閣紅樓家家洞府遊人士庶車馬萬數妓女舊日多乘驢
宣政間惟乘馬披涼衫將蓋頭背繫冠子上少年狎客往
往隨後亦跨馬輕衫小帽有三五文身惡少年控馬謂之
花褪馬用短繮促馬頭刺地而行謂之鞅韁呵喝馳驟競
逞駿逸遊人往往以竹竿挑掛終日關撲所得之物而歸
仍有貴家士女小轎插花不垂簾幙自三月一日至四月八
日閉池雖風雨亦有遊人略無虛日矣

是月季春萬花爛熳牡丹芍藥棣棠木香種種上市賣花者以馬頭竹籃鋪排歌叫之聲清奇可聽晴簾靜院曉幙高樓宿酒未醒好夢初覺聞之莫不新愁易感幽恨懸生最一時之佳況諸軍出郊合教陣隊

幽蘭居士東京夢華録卷之七

幽蘭居士東京夢華録卷之八

四月八日

四月八日佛生日十大禪院各有浴佛齋會煎香藥糖水相遺名曰浴佛水迤邐時光晝永氣序清和榴花院落時聞求友之鶯細柳亭軒乍見引雛之燕在京七十二戶諸正店初賣煮酒市井一新唯州南清風樓最宜夏飲初嘗青杏乍薦櫻桃時得佳賓觥酧交作是月茄瓠初出上市東華門爭先供進一對可直三五十千者時菓則御桃李子金杏林檎之類

端午

端午節物百索艾花銀樣鼓兒花花巧畫扇香糖果子糭子白團紫蘇菖蒲木瓜並皆茸切以香藥相和用梅紅匣子盛裹自五月一日及端午前一日賣桃柳葵花蒲葉佛道艾次日家家鋪陳於門首與糭子五色水團茶酒供養

又釘艾人於門上士庶遞相宴賞

六月六日崔府君生日二十四日神保觀神生日

六月六日州北崔府君生日多有獻送無盛如此二十四日州西灌口二郎生日最爲繁盛廟在萬勝門外一里許勑賜神保觀二十三日御前獻送後苑作與書藝局等處製造戲玩毬杖彈弓弋射之具鞍轡銜勒樊籠之類悉皆精巧作樂迎引至廟於殿前露臺上設樂棚教坊鈞容直作樂更互雜劇舞旋太官局供食連夜二十四盞各有節次至二十四日夜五更爭燒頭爐香有在廟止宿夜半起以爭先者天曉諸司及諸行百姓獻送甚多其社火呈於露臺之上所獻之物動以萬數自早呈拽百戲如上竿趯弄跳索相撲鼓板小唱鬬雞說諢話雜扮商謎合笙喬筋骨喬相撲浪子雜劇叫果子學像生倬刀裝鬼砑鼓牌棒道術之類色色有之至暮呈拽不盡殿前兩幡竿高數十

丈左則京城所右則修內司搭材分占上竿呈藝解或竿尖立橫木列於其上裝神鬼吐煙火甚危險駭人至夕而罷

是月巷陌雜賣

是月時物巷陌路口橋門市井皆賣大小米水飯炙肉乾脯萵苣筍芥辣瓜兒義塘甜瓜衛州白桃南京金桃水鵝梨金杏小瑤李子紅菱沙角兒藥木瓜水木瓜冰雪涼水荔枝膏皆用青布繖當街列床凳堆垛冰雪惟舊宋門外兩家最盛悉用銀器沙糖菉豆水晶皂兒黃冷團子雞頭穰冰雪細料餶飿兒麻飲雞皮細索涼粉素簽成串熟林檎脂麻團子江豆硇兒羊肉小饅頭龜兒沙餡之類都人最重三伏蓋六月中別無時節往往風亭水榭峻宇高樓雪檻冰盤浮瓜沉李流盃曲沼苞鮓新荷遠邇笙歌通夕而罷

七夕

七月七夕潘樓街東宋門外瓦子州西梁門外瓦子北門外南朱雀門外街及馬行街内皆賣磨喝樂乃小塑土偶耳悉以雕木彩裝欄座或用紅紗碧籠或飾以金珠牙翠有一對直數千者禁中及貴家與士庶爲時物追陪又以黄蠟鑄爲鳬鴈鴛鴦鸂鶒龜魚之類彩畫金縷謂之水上浮又以小板上傅土旋種粟令生苗置小茅屋花木作田舍家小人物皆村落之態謂之穀板又以瓜雕刻成花様謂之花瓜又以油麪糖蜜造爲笑靨兒謂之果食花様竒巧百端如捺香方勝之類若買一斤數内有一對被介胄著如門神之像盖自來風流不知其從謂之果食將軍又以菉豆小豆小麥於磁器内以水浸之生芽數寸以紅籃綵縷束之謂之種生皆於街心綵幙帳設出絡貨賣七夕前三五日車馬盈市羅綺滿街旋折未開荷花都人善假做雙頭蓮取玩一時提携而歸路人往往嗟愛又小兒須

買新荷葉執之蓋效顰磨喝樂兒童輩特地新粧競誇鮮麗至初六日七日晚貴家多結綵樓於庭謂之乞巧樓鋪陳磨喝樂花瓜酒炙筆硯針線或兒童裁詩女郎呈巧焚香列拜謂之乞巧婦女望月穿針或以小蜘蛛安合子內次日看之若網圓正謂之得巧里巷與妓館往往列之門首爭以侈靡相尚磨喝樂本佛經摩睺羅今通俗而書之

中元節

七月十五日中元節先數日市井賣冥器靴鞋襆頭帽子金犀假帶五綵衣服以紙糊架子盤遊出賣潘樓并州東西瓦子亦如七夕要鬧處亦賣果食種生花果之類及印賣尊勝目連經又以竹竿斫成三脚高三五尺上織燈窩之狀謂之盂蘭盆掛搭衣服冥錢在上焚之構肆樂人自過七夕便般目連救母雜劇直至十五日止觀者增倍中元前一日即賣練葉享祀時鋪襯卓面又賣麻穀窠兒亦

是繫在卓子脚上乃告祖先秋成之意又賣雞冠花謂之洗手花十五日供養祖先素食纔明即賣穄米飯巡門叫賣亦告成意也又賣轉明菜花花油餅餕豏沙豏之類城外有新墳者即往拜掃禁中亦出車馬詣道者院謁墳本院官給祠部十道設大會焚錢山祭軍陣亡歿設孤魂之道場

立秋

立秋日滿街賣楸葉婦女兒童輩皆剪成花樣戴之是月瓜果梨棗方盛京師棗有數品靈棗牙棗青州棗亳州棗雞頭上市則梁門裏李和家最盛中貴戚里取索供賣內中泛索金合絡繹士庶買之一裹十文用小新荷葉包糝以麝香紅小索兒繫之賣者雖多不及李和一色揀銀皮子嫩者貨之

秋社

八月秋社各以社糕社酒相賫送貴戚宮院以猪羊肉腰子妳房肚肺鴨餅瓜薑之屬切作棊子片樣滋味調和鋪於飯上謂之社飯請客供養人家婦女皆歸外家晚歸即外公姨舅皆以新葫蘆兒棗兒爲遺俗云宜良外甥市學先生預斂諸生錢作社會以致雇倩祇應白席歌唱之人歸時各攜花籃果實食物社糕而散春社重午重九亦是如此

中秋

中秋節前諸店皆賣新酒重新結絡門面綵樓花頭畫竿醉仙錦旆市人爭飲至午未間家家無酒拽下望子是時螯蟹新出石榴榅勃梨棗栗孛萄弄色棖橘皆新上市中秋夜貴家結飾臺榭民間爭占酒樓翫月絲篁鼎沸近內庭居民夜深遙聞笙竽之聲宛若雲外閭里兒童連宵嬉戲夜市駢闐至於通曉

重陽

九月重陽都下賞菊有數種其黃白色蕊若蓮房曰萬齡菊粉紅色曰桃花菊白而檀心曰木香菊黃色而圓者曰金鈴菊純白而大者曰喜容菊無處無之酒家皆以菊花縛成洞戶都人多出郊外登高如倉王廟四里橋愁臺梁王城硯臺毛駝岡獨樂岡等處宴聚前一二日各以粉麪蒸糕遺送上插剪綵小旗摻飣果實如石榴子栗子黃銀杏松子肉之類又以粉作獅子蠻王之狀置於糕上謂之獅蠻諸禪寺各有齋會惟開寶寺仁王寺有獅子會諸僧皆坐獅子上作法事講說遊人最盛下旬即賣冥衣靴鞋席帽衣段以十月朔日燒獻故也

幽蘭居士東京夢華錄卷之八

十月一日

十月一日宰臣已下受衣著錦襖三日（今五日）士庶皆出城饗墳禁中車馬出道者院及西京朝陵宗室車馬亦如寒食節有司進煖爐炭民間皆置酒作煖爐會也

天寧節

初十日天寧節前一月教坊集諸妓閱樂初八日樞密院率修武郎以上初十日尚書省宰執率宣教郎以上並詣相國寺罷散祝聖齋筵次赴尚書省都廳賜宴

宰執親王宗室百官入內上壽

十二日宰執親王宗室百官入內上壽大起居（搢笏舞蹈）樂未作集英殿山樓上教坊樂人效百禽鳴內外肅然止聞半空和鳴若鸞鳳翔集百官以下謝坐訖宰執禁從親王宗室觀察使已上并大遼高麗夏國使副坐於殿上諸卿少

百官諸國中節使人坐兩廊軍校以下排在山樓之後皆
以紅面青墩黑漆矮偏釘每分列環餅油餅棗塔爲看盤
次列果子惟大遼加之猪羊雞鵝兔連骨熟肉爲看盤皆
以小繩束之又生葱韭蒜醋各一楪三五人共列漿水一
桶立杓數枚教坊色長二人在殿上欄干邊皆諢裹寬紫
袍金帶義襴看盞斟御酒看盞者舉其袖唱引曰綏御酒
聲絕拂雙袖於欄干而止宰臣酒則曰綏酒如前教坊樂
部列於山樓下綵棚中皆裹長脚幞頭隨逐部服紫緋綠
三色寬衫黃義襴鍍金凹面腰帶前列柏板十串一行次
一色畫面琵琶五十面次列箜篌兩座箜篌高三尺許形
如半邊木梳黑漆鏤花金裝畫下有臺座張二十五絃一
人跪而交手擘之以次高架大鼓二面綵畫花地金龍擊
鼓人背結寬袖別套黃窄袖垂結帶金裹鼓棒兩手高舉
互擊宛若流星後有羯鼓兩座如尋常番鼓子置之小桌

子上兩手皆執杖擊之杖鼓應焉次列鐵石方響明金彩畫架子双垂流蘇次列簫笙塤篪觱篥龍笛之類兩旁對列杖鼓二百面皆長脚幞頭紫繡抹額背繫紫寬衫黃窄袖結帶黃義襴諸雜劇色皆諢裹各服本色紫緋綠寬衫義襴鍍金帶自殿陛對立直至樂棚每遇舞者入場則排立者叉手舉左右肩動足應拍一齊群舞謂之挼曲子（挼字奴回反）

第一盞御酒歌板色一名唱中腔一遍訖先笙與簫笛各一管和又一遍衆樂齊舉獨聞歌者之聲宰臣酒樂部起傾杯百官酒三臺舞旋多是雷中慶其餘樂人舞者諢裹寬衫唯中慶有官故展裹舞曲破攛前一遍舞者入場至歇拍續一人入場對舞數拍前舞者退獨後舞者終其曲謂之舞末

第二盞御酒歌板色唱如前宰臣酒慢曲子百官酒三臺

舞如前

第三盞左右軍百戲入場一時呈拽所謂左右軍乃京師坊市兩廂也非諸軍之軍百戲乃上竿跳索倒立折腰弄盌注踢瓶筋斗擎戴之類即不用獅豹大旗神鬼也藝人或男或女皆紅巾綵服殿前自有石鐫柱窠百戲入場旋立其戲竿　凡御宴至第三盞方有下酒肉鹹豉爆肉雙下駝峰角子

第四盞如上儀舞畢發譚子參軍色執竹竿拂子念致語口號諸雜劇色打和再作語勾合大曲舞下酒榼炙子骨頭索粉白肉胡餅

第五盞御酒獨彈琵琶宰臣酒獨打方響凡獨奏樂並樂人謝恩訖上殿奏之百官酒樂部起三臺舞如前畢參軍色執竹竿子作語勾小兒隊舞小兒各選年十二三者二百餘人列四行每行隊頭一名四人簇擁並小隱士帽著

緋綠紫青生色花衫上領四契義襴束帶各執花枝排定先有四人裹卷脚幞頭紫衫擎一綵殿子內金貼字牌擂鼓而進謂之隊名牌上有一聯謂如九韶翔綵鳳八佾舞青鸞之句樂部舉樂小兒舞步進前直叩殿陛參軍色作語問小兒班首近前進口號雜劇人皆打和畢樂作群舞合唱且舞且唱又唱破子畢小兒班首入進致語勾雜劇入場一場兩段是時教坊雜劇色鼈膨劉喬侯伯朝孟景初王顏喜而下皆使副也內殿雜戲為有使人預宴不敢深作諧謔惟用群隊裝其似像市語謂之拽串雜戲畢參軍色作語放小兒隊又群舞應天長曲子出場下酒群仙炙天花餅太平畢羅乾飯縷肉羹蓮花肉餅駕興歇座百官退出殿門幕次須臾追班起居再坐

第六盞御酒笙起慢曲子宰臣酒慢曲子百官酒三臺舞左右軍築毬殿前旋立毬門約高三丈許雜綵結絡留門

一尺許左軍毬頭蘇述長脚幞頭紅錦襖餘皆卷脚幞頭
亦紅錦襖十餘人右軍毬頭孟宣并十餘人皆青錦衣樂
部哨笛杖鼓斷送左軍先以毬團轉衆小築數遭有一對
次毬頭小築數下待其端正即供毬与毬頭打大㬋過毬
門右軍承得毬復團轉衆小築數遭次毬頭亦依前供毬
与毬頭以大㬋打過或有即便復過者勝勝者賜以銀盌
錦綵拜舞謝恩以賜錦共披而拜也不勝者毬頭喫鞭仍
加抹搶下酒假黿魚密浮酥捺花
第七盞御酒慢曲子宰臣酒皆慢曲子百官酒三臺舞訖
參軍色作語勾女童隊入場女童皆選兩軍妙齡容艶過
人者四百餘人或戴花冠或仙人髻鵶霞之服或卷曲花
脚幞頭四契紅黃生色銷金錦繡之衣結束不常莫不一
時新粧曲盡其妙杖子頭四人皆裹曲脚向後指天幞頭
簪花紅黃寬袖衫義襴執銀裹頭杖子皆都城角者當時

乃陳奴哥俎姐哥李伴奴双奴餘不足數亦每名四人簇擁多作仙童丫髻仙裳執花舞步進前成列或舞采蓮則殿前皆列蓮花檻曲亦進隊名參軍色作語問隊杖子頭者進口號且舞且唱樂部斷送采蓮訖曲終復群舞唱中腔畢女童進致語勾雜戲入場亦一場兩段訖參軍色作語放女童隊又群唱曲子舞步出場比之小兒節次增多矣下酒排炊羊胡餅炙金腸

第八盞御酒歌板色一名唱踏歌宰臣酒慢曲子百官酒三臺舞合曲破舞旋下酒假沙魚獨下饅頭肚羹

第九盞御酒慢曲子宰臣酒慢曲子百官酒三臺舞曲如前左右軍相撲下酒水飯簇飣下飯駕興

御筵酒盞皆屈卮如菜盌樣而有手把子殿上純金廊下純銀食器金銀錂漆盌楪也宴退臣僚皆簪花歸私第呵引從人皆簪花並破官錢諸女童隊出右掖門少年豪俊

爭以寶貝供送飲食酒果迎接各乘駿騎而歸或花冠或作男子結束自御街馳驟競逞華麗觀者如堵省宴亦如此

立冬

是月立冬前五日西御園進冬菜京師地寒冬月無蔬菜上至宮禁下及民間一時收藏以充一冬食用於是車載馬駝充塞道路時物薑豉𠜂子紅絲末臟鵝梨榲桲蛤蜊螃蟹

幽蘭居士東京夢華録卷之十

冬至

十一月冬至京師最重此節雖至貧者一年之間積累假借至此日更易新衣備辦飲食享祀先祖官放關撲慶賀往來一如年節

大禮預教車象

遇大禮年預於兩月前教車象自宣德門至南薰門外往來一遭車五乘以代五輅輕重每車上置旗二口鼓一面駕以四馬挾車衛士皆紫衫帽子車前數人擊鞭象七頭前列朱旗數十面銅鑼鼙鼓十數面先擊鑼二下鼓急應三下執旗人紫衫帽子每一象則一人裹交脚幞頭紫衫人跨其頸手執短柄銅钁尖其刃象有不馴擊之象至宣德樓前團轉行步數遭成列使之面北而拜亦能唱喏諸戚里宗室貴族之家勾呼就私第觀看贈之銀綵無虛日

御街遊人嬉集觀者如織賣撲土木粉捏小象兒并紙畫
看人携歸以爲獻遺

車駕宿大慶殿

冬至前三日駕宿大慶殿殿庭廣闊可容數万人盡列法
駕儀仗於庭不能周徧有兩樓對峙謂之鍾鼓樓上有太
史局生測驗刻漏每時刻作雞唱鳴鼓一下則一服綠者
執牙牌而奏之每刻曰某時幾棒鼓一時則曰某時正宰
執百官皆服法服其頭冠各有品從宰執親王加貂蟬籠
巾九梁從官七梁餘六梁至二梁有差臺諫增廌角也所
謂梁者謂冠前額梁上排金銅葉也皆絳袍皂緣方心曲
領中單環佩雲頭履鞋隨官品執笏餘執事人皆介幘緋
袍亦有等差惟閤門御史臺加方心曲領爾入殿祗應人
給黃方號繫黃長號緋方長號各有所至去處儀仗車輅
謂信幡龍旗相風烏指南車木輅象輅革輅金輅玉輅之

類自有三禮圖可見更不縷縷排列殿門內外及御街遠近禁衛全裝鐵騎數万圍繞大內是夜內殿儀衛之外又有裹錦緣小帽錦絡縫寬衫兵士各執銀裹頭黑漆杖子謂之喝探兵士十餘人作一隊聚首而立凡數十隊各一名喝曰是与不是衆曰是又曰是甚人衆曰殿前都指揮使高俅更互喝叫不停或如雞叫又置警場於宣德門外謂之武嚴兵士畫鼓二百面角稱之其角皆以綵帛如小旗脚衤衣結其上兵士皆小帽黃繡抹額黃繡寬衫青窄襯衫日晡時三更時各奏嚴也每奏先鳴角角罷一軍校執一長軟藤條上繫朱拂子擂鼓者觀拂子隨其高低以鼓聲應其高下也

駕行儀衛

次日五更攝大宗伯執牌奏中嚴外辦鐵騎前導番衮自三更時相續而行象七頭各以文錦被其身金蓮花座安

其背金纓籠絡其腦錦衣人跨其頸次第高旗大扇畫戟長矛五色介冑跨馬之士或小帽錦繡抹額者或黑漆圓頂幞頭者或以皮如兜鍪者或漆皮如戽斗而籠巾者或衣紅黃罨畫錦繡之服者或衣純青純皂以至鞋褲皆青黑者或裹交脚幞頭者或以錦為繩如蛇而繞繫其身者或數十人唱引持大旗而過者或執大斧者胯劍者執銳牌者持鐙棒者或持竿上懸豹尾者或持短杵者其矛戟皆綴五色結帶銅鐸其旗扇皆畫以龍或虎或雲彩或山河又有旗高五丈謂之次黃龍駕詣太廟青城並先到立齋宮前叉竿舍索旗坐約百餘人或有交脚幞頭胯劍足靴如四直使者千百數不可名狀餘諸司祗應人皆錦襖諸班直親從親事官皆帽子結帶紅錦或紅羅上紫團答戲獅子短後打甲背子執御從物御龍直皆真珠結絡短頂頭巾紫上雜色小花繡衫金束帶看帶絲鞋天武官皆

頂朱漆金裝笠子紅上團花背子三衙并帶御器械官皆小帽
背子或紫繡戰袍誇馬前導千乘萬騎出宣德門由景靈宮太廟

駕宿太廟奉神主出室

駕乘玉輅冠服如圖畫間星官之服頭冠皆北珠裝結頂
通天冠又謂之卷雲冠服絳袍執元圭其玉輅頂皆縷金
大蓮葉攢簇四柱欄檻鏤玉盤花龍鳳駕以四馬後出旗
常輅上御座惟近侍二人一從官傍立謂之執綏以備顧
問挾輅衛士皆裹黑漆團頂無脚幞頭著黃生色寬衫青
窄襯衫青袴繫以錦繩輅後四人擎行馬前有朝服二人
執笏面輅倒行是夜宿太廟喝探警嚴如宿殿儀至三更
車駕行事執事皆宗室宮架樂作主上在殿上東南隅西
面立有一朱漆金字牌曰皇帝位然後奉神主出室亦奏
中嚴外辦逐室行禮畢甲馬儀仗車輅番袞出南薰門

駕詣青城齋宮

駕御玉輅詣青城齋宮所謂青城舊來止以青布幕爲之晝砌甃之文旋結城闕殿宇宣政閣悉用土木蓋造矣鈇騎圍齋宮外諸軍有紫巾緋衣素隊約千餘羅布郊野每隊軍樂一火行宮巡檢部領甲馬來往巡邏至夜嚴警唱探如前

駕詣郊壇行禮

三更駕詣郊壇行禮有三重壝墻駕出青城南行曲尺西去約一里許乃壇也入外壝東門至第二壝裏面南設一大幕次謂之大次更換祭服平天冠二十四旒青衮龍服中單朱舄純玉佩二中貴扶侍行至壇前壇下又有一小幕殿謂之小次内有御座壇高三層七十二級壇面方圓三丈許有四踏道正南曰午階東曰卯階西曰酉階北曰子階壇上設二黄褥位北面南曰昊天上帝東南面曰太祖皇帝惟兩矮桌上設禮料有登歌道士十餘人列鐘磬

二架餘歌色及琴瑟之類三五執事人而已壇前設宫架
樂前列編鍾玉磬其架有如常樂方響增其高大編鍾形
稍褊上下兩層掛之架兩角綴以流蘇玉磬狀如曲尺繫
其曲尖処亦架之上下兩層掛之次列數架大鼓或三或
五用木穿貫立於架座上又有大鍾曰景鍾曰節鼓有琴
而長者如箏而大者截竹如簫管兩頭存節而橫吹者有
土燒成如圓彈而開竅者如笙而大者如簫而增其管者
有歌者其聲清亮非鄭衛之比宫架前立兩竽樂工皆冪
介幘如籠巾緋寬衫勒帛二舞者頂紫色冠上有一橫板
皂服茶褐襪樂作初則文舞皆手執一紫囊盛一笛管結
帶武舞一手執短稍一手執小牌比文舞加數人擊銅鐃
響盞叉擊如銅竈突者又兩人共攜一銅甕就地擊者舞
者如擊刺如乘雲如分手皆舞容矣樂作先擊柷以木爲
之如方壺畫山水之狀每奏樂擊之內外共九下樂止則

擊敔如伏虎脊上如鋤齒一曲終以破竹刮之禮直官奏請皇帝登壇前導官皆躬身側引至壇止惟大禮使登之先正北一位拜跪酒盞卄臨東向一拜進爵盞再拜興復詣正東一位纔登壇而宮架聲止則壇上樂作降壇則宮架樂復作武舞上復歸小次亞獻終獻上亦如前儀當時燕越王為亞終獻也第二次登壇樂作如初跪酒畢中書舍人讀冊左右兩人舉冊而跪讀降壇復歸小次亞終獻如前再登壇進玉爵盞皇帝飲福矣亞終獻畢降壇駕小次前立則壇上禮料幣帛玉冊由酉階而下南壝門外去壇百餘步有燎爐高丈許諸物上臺一人點唱入爐焚之壇三層回踏道之間有十二龕祭十二宮神內壝外祭百星執事与陪祠官皆面北立班宮架樂罷鼓吹未作外內數十万衆肅然惟聞輕風環佩之聲一贊者喝曰贊一拜皆拜禮畢

郊畢駕回

駕自小次祭服還大次惟近侍椽燭二百餘條列成圍子至大次更服袞冕登大安輦輦如玉輅而大無輪四垂大帶輦官服色亦如挾路者纔纔升輦教坊在外壝東門排列鈞容直先奏樂一甲士舞一曲破訖教坊進口號樂作諸軍隊伍鼓吹皆動聲震天地回青城天色未曉百官常服入賀賜茶酒畢而法駕儀仗鐵騎鼓吹入南薫門御路數十里之間起居幕次貴家看棚華綵鱗砌無空閑去處

下赦

車駕登宣德樓樓前立大旗數口内一口大者与宣德樓齊謂之蓋天旗旗立御路中心不動次一口稍小隨駕立謂之次黃龍青城太廟隨逐立之俗亦呼為蓋天旗亦設宮架樂作須臾擊柝之聲旋立雞竿約高十數丈竿尖有一大木盤上有金雞口銜紅幡子書皇帝万歲字盤底有

綵索四條垂下有四紅巾者爭先緣索而上捷得金雞紅幡則山呼謝恩訖樓上以紅綿索通門下一綵樓上有金鳳啣赦而下至綵樓上而通事舍人得赦宣讀開封府大理寺排列罪人在樓前罪人皆緋縫黃布衫獄吏皆簪花鮮潔聞鼓聲疎枷放去各山呼謝恩訖樓下鈞容直樂作雜劇舞旋御龍直裝神鬼斫真刀倬刀樓上百官賜茶酒諸班直呈拽馬隊六軍歸營至日晡時禮畢

駕還擇日詣諸宮行謝

駕還內擇日詣景靈東西宮行恭謝之禮三日第三日詣郎游幸別宮觀或大臣私第是月壽鷀鶉兎方盛

十二月

十二月街市盡賣撒佛花韭黃生菜蘭芽勃荷胡桃澤州餳初八日街巷中有僧尼三五人作隊念佛以銀銅沙羅或好盆器坐一金銅或木佛像浸以香水楊枝灑浴排門

教化諸大寺作浴佛會并送七寶五味粥与門徒謂之臘八粥都人是日各家亦以果子雜料煮粥而食也臘日寺院送面油与門徒却入疏教化上元燈油錢閤巷家一互相遺送是月景龍門預賞元夕於寶籙宮一方燈火繁盛二十四日交年都人至夜請僧道看經備酒果送神燒合家替代錢紙帖竈馬於竈上以酒糟塗抹竈門謂之醉司命夜於床底點燈謂之照虛耗此月雖無節序而豪貴之家遇雪即開筵塑雪獅裝雪燈雪燈以會親舊近歲節市井皆印賣門神鍾道桃板桃符及財門鈍驢回頭鹿馬天行帖子賣乾茄瓠馬牙菜膠牙餳之類以備除夜之用自入此月即有貧者三數人為一火裝婦人神鬼敲鑼擊鼓巡門乞錢俗呼為打夜胡亦驅祟之道也

除夕

至除日禁中呈大儺儀並用皇城親事官諸班直戴假面

繡畫色衣執金鎗龍旗教坊使孟景初身品魁偉貫全副金鍍銅甲裝將軍用鎮殿將軍二人亦介冑裝門神教坊南河炭醜惡魁肥裝判官又裝鍾馗小妹土地竈神之類共千餘人自禁中驅祟出南薰門外轉龍彎謂之埋祟而罷是夜禁中爆竹山呼聲聞于外士庶之家圍爐團坐達旦不寐謂之守歲

凡大禮与禁中節次但嘗見習按又不知果為如何不無脫畧或改而正之則幸甚

幽蘭居士東京夢華録十卷終

祖宗仁厚之德涵養生靈幾二百年至宣政間太平
極矣禮樂刑政史冊具在不有傳記小說則一時風
俗之華人物之盛詎可得而傳焉宋敏求京城記載
坊門公府宮寺第宅為甚詳而不及巷陌店肆節物
時好幽蘭居士記錄舊所經歷為夢華錄其間事
關宮禁典禮得之傳聞者不無謬誤若市井遊觀歲
時物貨民風俗尚則見聞習熟皆得其真余頃侍先
大父與諸耆舊親承謦欬校之此錄多有合處今甲
子一周故老淪沒舊聞日遠後余生者尤不得而知
則西北寓客絕談矣因鋟木以廣之使觀者追念故
都之樂當共起風景不殊之歎淳熙丁未歲十月朔
旦浚儀趙師俠介之書于坦菴

乙卯八月獲于日下海王邨文德堂書肆

幽蘭居士東京夢華錄十卷即汲古閣珍藏秘本書目所載宋板東京夢華錄一本字畫古雋確為宋刻惟印本遲後而寬簾麻楮亦必出於元季黃蕘翁所藏元本即自此覆刊此原刊小黑口下有刻工姓名覆刊大黑口無刻工姓名後歸皕宋樓其藏書志已詳言之沅叔亦藏一本與皕宋所收正同字體荒率確為元明間覆刊精定去此遠甚或有因此本摹印不佳而疑為元刊者是未能詳審此本刻畫況以毛氏鑒別之精宋本印決不輕鈐既證以宋本印又攷諸書目所定可斷然矣今夏聞某故家持此書付文友堂重裝並求價而沽沅叔受經皆見之以價昂不能立畢章又睹其首葉亟歸述於予比持重值往購已為原主收回矣隨發然而罷旋聞為蔣某購去益增悵恨今閏五月又已置之忽書估韓估泉持來謂自蔣某處諉出知予之繾綣也隨以七百圓償之喜其終屬予也

佚名　撰

元本三輔黄圖

元致和元年（一三二八）余氏勤有堂刻本

據國家圖書館藏元致和元年（一三二八）余氏勤有堂刻本影印原書版框高十八點六厘米寬十一點九厘米

三輔黄圖　東

三輔黃圖序

易曰上古穴居而野處後世聖人易之以宮室上棟下宇以待風雨蓋取諸大壯三代盛時未聞宮室過制秦穆公居西秦以境地多良材始大宮觀戎使由余適秦穆公示以宮觀由余曰使鬼爲之則勞神矣使人爲之則苦人矣是則穆公時秦之宮室已壯大矣惠文王初都咸陽取岐雍巨材新作宮室南臨

渭北踰涇至於離宮三百復起阿房未成而亡至始皇并滅六國憑藉富彊益為驕侈殫天下財力以事營繕項羽入關燒秦宮闕三月火不滅漢高祖有天下始都長安寔曰西京欲其子孫長安都於此也長安本秦之鄉名高祖作都至孝武皇帝承文景菲薄之餘恃邦國阜繁之資土木之役倍秦越舊斤斧之聲畚鍤之勞歲月不息蓋騁其邪心以奪天下也昔孔

子作春秋築一臺新一門必書于經謹其廢
農時奪民力也今裒採秦漢以來宮殿門闕
樓觀池苑在關輔者著于篇曰三輔黃圖云
東都不與焉

右三輔黃圖撫州州學刻也是書載秦
漢宮室苑囿爲甚備顏師古漢書彩注
多取焉然不載撰著名氏唐書藝文志
有三輔黃圖一卷列於地理類之首然

不云何人作也吾閒多用應劭漢書集
解劭後漢建安時人至魏人如淳注漢
書後引此圖以為據以此考之的非漢
魏閒人所作邪世無板刻傳寫多魯魚
之謬凡得數本以相參校其或未有證
據疑以傳疑不敢斷以臆說云時紹興
癸酉七月朔旦左迪功郎州學教授苗
昌言題

三輔黃圖目録

○卷之一

長安九市
長安八街
長安城中閭里
漢宮
長樂宮　未央宮　建章宮
桂宮　北宮　甘泉宮
〇卷之三
長樂宮
鴻臺殿　臨華殿　温室殿
長信宮
未央宮

宣室殿　温室殿　清涼殿
宣明殿　廣明殿　昆德殿
玉堂殿　麒麟殿　金華殿
承明殿　掖庭宫　椒房殿
昭陽殿　飛翔殿　增成殿
合歡殿　蘭林殿　披香殿
鳳凰殿　鴛鴦殿　安處殿
常寧殿　茝若殿　椒風殿
發越殿　蕙草殿　高門殿
非常殿　織室　凌室
暴室　弄田　内謁者署

金馬門　路軨廄

建章宮

駘蕩宮　馺娑宮　天梁宮

枍詣宮　奇華殿　鼓簧宮

神明臺

北宮

壽宮　明光宮

太子宮中甲觀畫堂

甘泉宮

鉤弋宮　昭臺宮　長定宮

長門宮　永信宮　中安宮

儲元宮　大臺宮　葡萄宮
步壽宮　梁山宮　黃山宮
回中宮　三良宮　集靈宮
集仙宮　存仙殿　存神殿
望仙臺　望仙觀　棠梨宮
竹宮　宜春宮　扶荔宮
五柞宮　宣曲宮　鼎湖宮
思子宮　萬歲宮　首山宮
明光宮　池陽宮　養德宮
日華宮　曜華宮此二宮不在三輔

○卷之四

苑囿

周靈囿　漢上林苑　甘泉苑
御宿苑　思賢苑　博望苑
西郊苑　三十六苑　樂游苑
宜春下苑　梨園

池沼

周靈沼　漢昆明池　鎬池
滄池　太液池　唐中池
百子池　十池在上林苑　佽飛外池
秦酒池　影娥池　琳池
鶴池　冰池

○卷之五

臺榭

周辟廱　漢辟廱

明堂

周明堂　漢明堂

圜丘

太學

宗廟

太上皇廟　高祖廟　高園

原廟　惠帝廟　文帝廟

景帝廟　武帝廟　昭帝廟

宣帝廟　元帝廟　成帝廟

寢廟園　新室九廟

南北郊

天郊　地郊　甘泉圜丘

后土汾陰

社稷

官社　官稷

觀 樓館

豫章觀　飛廉觀　繭玉觀

青梧觀　射熊觀　石闕觀

封巒觀　白楊觀　長平觀

龍臺觀　涿沐觀　細柳觀

成山觀　僊人觀　霸昌觀

蘭池觀　安臺觀　淪沮觀

禁觀　董賢觀　蒼龍觀

當市觀　旗亭樓　馬伯騫樓

麒麟館　朱雀館　龍興館

含章館

○卷之六

閣

石渠閣　天祿閣　麒麟閣

未央宮堯閣　白虎閣　屬車閣

署

虎威　章溝　八瑩

庫

武庫　靈金內府

倉

大倉　細柳倉　嘉倉

廐

未央大廐　六廐　九廐

霸昌馬廐　都廐　中廐

圈

秦獸圈　漢獸圈　虎圈

橋

横橋　渭橋　霸橋

三輔黃圖目錄畢

致和戊辰夏五

余氏勤有堂刊

三輔黃圖 南

三輔黃圖卷之一

三輔沿革

禹貢九州舜置十二牧雍其一也古豐鎬之地平王東遷以岐豐之地賜秦襄公至孝公始都咸陽（秦孝公十二年於渭北作咸陽徙都之）咸陽在九嵕山渭水北山水俱在南故名咸陽秦并天下置内史以領關中項籍滅秦分其地爲三以章邯爲雍王都廢丘（今興平縣地）司馬欣爲塞王都櫟陽董翳爲翟王都高奴（今延州金明縣）謂之三秦漢高祖入關定三秦元年更爲渭南郡九年罷郡復爲内史五年高帝在洛陽婁敬説曰夫秦地被山帶河四塞以爲固卒然有急百萬衆可立具因秦之故資甚美膏腴之地此所

謂天府陛下入關而都之山東雖亂秦故地可全而有也又田肯賀高帝曰陛下治秦中秦形勢之國帶河阻山持戟百萬秦得百二焉地勢便利其以下兵於諸侯猶居高屋之上建瓴水也自是漢始都之景帝分置左右内史武帝太初元年改内史為京兆尹與左馮翊右扶風謂之三輔其理俱在長安古城中

三輔治所

京兆在故城南尚冠里（京大也天子曰兆民公羊曰京大也師衆也天子所居）

馮翊在故城内太上皇廟西南（馮憑也翊輔也翊輔京師也其地今同州）

扶風在夕陰街北（扶持也助也言風化今岐州）

三輔者謂主爵中尉及左右内史漢武帝改曰京兆尹

左馮翊右扶風共治長安城中是爲三輔三輔郡皆有都尉如諸郡京輔都尉治華陰左輔都尉治高陵右輔都尉治郿王莽分長安城旁六鄉置帥各一人分三輔爲六都尉渭城安陵以西北至栒邑義渠十縣屬京尉大夫府居故長安寺高陵以北十縣屬師尉大夫府居故廷尉府新豐以東至湖十縣屬翊尉大夫府居城東霸陵杜陵以東至藍田西至武功郁夷十縣屬光祿大夫府居城西茂陵槐里以西至汧十縣屬扶尉大夫府居城西長陵池陽以北祋祤十縣屬列尉大夫府居後漢光武之後扶風出治槐里馮翊出治高陵案百官表顔師古注引黄圖云京兆在尚冠前街東入故中尉府馮翊在太上皇廟西入右扶風在夕陰街北入故主爵府長安以

東爲京兆長陵以北爲左馮翊渭北以西爲右扶風

咸陽故城 在今咸陽東二十里

自秦孝公至始皇帝胡亥並都此城案孝公十二年作咸陽築冀闕從都之始皇二十六年徙天下高貲富豪於咸陽十二萬戶諸廟及臺苑皆在渭南秦每破諸侯徹其宮室作之咸陽北坂上南臨渭自雍門以東至涇渭殿屋複道周閣相屬所得諸侯美人鍾鼓以充之二十七年作信宮渭南已而更命信宮爲極廟象天極自極廟道通驪山作甘泉前殿築甬道自咸陽屬之始皇窮極奢侈築咸陽宮因北陵營殿端門四達以制紫宮象帝居引渭水灌都以象天漢橫橋南渡以法牽牛橋

廣六丈南北二百八十步六十八間八百五十柱二百
一十二梁橋之南北隄繳立石柱咸陽北至九嵕甘泉
南至鄠杜東至河西至汧渭之交東西八百里南北四
百里離宮別館相望聯屬木衣綈繡土被朱紫宮人不
移樂不改懸窮年忘歸猶不能徧

宮馳道閣

萯陽宮秦文王所起在今鄠縣西南二十三里

棫陽宮秦昭王所作在今岐州扶風縣東北

西垂宮文公元年居西垂宮

平陽封宮武公元年伐彭戲氏至于華山下居於平陽
封宮

橐泉宮皇覽曰秦穆公冢在橐泉宮祈年觀下

步高宮在新豐縣亦名市丘城

步壽宮在新豐縣步高宮西

虢宮秦宣大后起在今岐州虢縣界

長楊宮在今盩厔縣東南三十里本秦舊宮至漢修飾之以備行幸宮中有垂楊數畝因爲宮名門曰射熊觀秦漢游獵之所

蘄年宮穆公所造廟記曰蘄年宮在城外秦始皇本紀蘄年宮在雍

梁山宮始皇幸梁山在好畤

信宮亦曰咸陽宮解在前

興樂宮秦始皇造漢修飾之周回二十餘里漢太后常居之

朝宮始皇三十五年以咸陽人多先王之宮庭小曰吾聞周文王都豐武王都鎬豐鎬之間帝王之都也乃營朝宮於渭南上林苑庭中可受十萬人車行酒騎行炙千人唱萬人和收天下兵（古以銅為兵）聚之咸陽銷以為鍾鐻高三丈鍾小者皆千石也銷鋒鏑以為金人十二以弱天下之人立於宮門（三輔舊事云鑄金狄人立阿房殿前）坐高三丈銘其後曰皇帝二十六年初兼天下改諸侯為郡縣一法律同度量大人來見臨洮其大五丈足跡六尺銘李斯篆蒙恬書董卓悉椎破銅人銅臺以為小錢英雄記曰

昔大人見臨洮而銅人鑄臨洮生卓而銅人毀天下大亂卓身滅抑有以也餘二人魏明帝欲徙詣洛陽清明門重載至霸城重不可致便留之

阿房宮亦曰阿城惠文王造宮未成而亡始皇廣其宮規恢三百餘里離宮別館彌山跨谷輦道相屬閣道通驪山八十餘里表南山之顛以爲闕絡樊川以爲池作阿房前殿東西五十步南北五十丈上可坐萬人下建五丈旗以木蘭爲梁以磁石爲門磁石門乃阿房北闕門也門在阿房前悉以磁石爲之故專其目令四夷朝者有隱甲懷刃入門而脅止以示神亦曰郤胡門周馳爲複道度渭屬之咸陽以象太極閣道抵營室也阿房宮未成欲更擇令名名之作宮阿基旁故天下謂之阿房宮隱

宮徒刑者七十餘萬人乃分作阿房宮
或作驪山蘭池宮始皇三十一年爲微行咸陽與武士
四人俱夜出逢盜蘭池注渭城縣有蘭池宮
鍾宮在鄠縣東北二十五里始皇收天下兵銷爲鍾鐻
此或其處也
馳道案秦本紀始皇二十七年治馳道注曰馳道天子
道也蔡邕曰馳道天子所行道也今之中道然漢書賈
山傳曰秦爲馳道於天下東窮燕齊南極吳楚江湖之
上濱海之觀畢至道廣五十步三丈而樹厚築其外隱
以金椎樹以青松漢令諸侯有制得行馳道中者行旁
道無得行中央三丈也不如令沒入其車馬

雲閣二世所造起雲閣欲與南山齊

望夷宮在涇陽縣界長平觀道東北臨涇水以望北夷以爲宮名

林光宮胡亥所造從廣各五里在雲陽縣界

漢長安故城

漢之故都高祖七年方修長安宮城自櫟陽徙居此城本秦離宮也初置長安城本狹小至惠帝更築之按惠帝元年正月初城長安城三年春發長安六百里內男女十四萬六千人三十日罷城高三丈五尺下闊一丈五尺六月發徒隸二萬人常役至五年復發十四萬五千人三十日乃罷九月城成高三丈五尺下闊一丈五

尺上闊九尺雉高三坂周回六十五里城南為南斗形北為北斗形至今人呼漢京城為斗城是也漢舊儀曰長安城中經緯各長三十二里十八步地九百七十三頃八街九陌三宮九府三廟十二門九市十六橋地皆黑壤今赤如火堅如石父老傳云盡鑿龍首山土為城水泉深二十餘丈樹宜槐與榆松柏茂盛焉城下有池周繞廣三丈深二丈石橋各六丈與街相直

秦漢風俗

漢志曰秦有四塞之固昔后稷封斄公劉處豳大王徙岐文王作豐武王治鎬其民有先王遺風好稼穡本業故豳詩言農桑衣食之業甚備秦都咸陽從天下豪富

十二萬戶漢高帝都長安徙諸齊田楚屈昭景及諸功臣於長陵後世世徙吏二千石高貲富人及豪傑兼并之家於諸陵強本弱末以制天下是故五方錯雜風俗不一貴者崇侈靡賤者薄仁義富強則商賈爲利貧窶則盜賊不禁閭里嫁娶尤尚財貨送死過度故漢之京輔號爲難理古今之所同也

都城十二門

長安城東出南頭第一門霸城門民見門色青名曰青城門或曰青門門外舊出佳瓜廣陵人邵平爲秦東陵侯秦破爲布衣種瓜青門外瓜美故時人謂之東陵瓜廟記曰霸城門亦曰青綺門漢書曰王莽天鳳二年霸城

門災莽更霸城門曰仁壽門無疆亭
長安城東出第二門曰清明門一曰籍田門以門內有籍田倉一曰凱門漢書平帝元始四年東風吹屋瓦且盡即此門也漢宮殿疏曰第二門名城東門莽更名曰宣德門布恩亭
長安城東出北頭第一門曰宣平門民間所謂東都門漢書曰成帝建始元年有白蛾群飛蔽日從東都門至枳道又疏廣太傅受少傅上疏乞骸骨歸公卿大夫爲設祖道供張東都門外即此門也其郭門亦曰東都即逢萌掛冠處也王莽更名春王門正月亭東都門至外郭亭十三里

長安城南出東頭第一門曰覆盎門一號杜門廟記曰覆盎門與洛門相去十三里二百一十步門外有魯班輸所造橋工巧絶世長樂宫在城中近東直杜門其南有下杜城漢書集註云故杜陵之下聚落也故曰下門又曰端門北對長樂宫漢書曰戾太子所斫覆盎門出莽湖王莽更名曰永清門長茂亭

長安城南出第二門曰安門亦曰鼎路門北對武庫王莽更名曰光禮門顯樂亭

長安城南出第三門曰西安門北對未央宫一曰便門即平門也古者平便皆同字武帝建元二年初作便門橋跨渡渭水上以趨茂陵其道易直三輔決録曰長安城

西門曰便橋橋北與門對因號便橋王莽更名曰信平門誠正亭

長安城西出南頭第一門曰章城門漢宮殿疏曰章城門漢城西面南頭第一門三輔舊事曰章門亦曰光華門又曰便門漢書成帝元延元年章城門牡自亡顔師古注一云牡所以下閉者也亦以鐵爲之王莽改曰萬秋門億年亭

長安城西出第二門曰直城門漢宮殿疏曰西出南頭第二門也亦曰故龍樓門門上有銅龍本名直門王莽更曰直道門端路亭

長安城西出北頭第一門曰雍門本名西城門王莽改曰章義門著義亭其水北入有函里民呼曰函里門

長安城北出東頭第一門曰洛城門又曰高門漢宫殿疏曰高門長安北門也又名鸛雀臺門外有漢武承露盤在臺上

長安城北第二門曰廚城門長安廚在門内因爲門名王莽更名建子門廣世亭

長安城北出西頭第一門曰横門漢書虒上小女陳持弓走入光門即此門也門外有橋曰横橋漢書作走入横城門如淳曰横音光

漢城門皆有候門候主候時謹啓閉也三輔決録曰長安城面三門四面十二門皆通達九逵以相經緯衢路平正可竝列車軌十二門三塗洞闢隱以金椎周以林

木左右出入爲往來之徑行者升降有上下之别班固
西都賦云披三條之廣路立十二之通門又張衡西京
賦云城郭之制則旁開三門參塗夷庭方軌十二街衢
相經是也

三輔黄圖卷之一

長安九市

廟記云長安市有九各方二百六十六步六市在道西三市在道東凡四里爲一市致九州之人在突門夾横橋大道市樓皆重屋又曰旗亭樓在杜門大道南又有當市樓有令署以察商賈貨財買賣貿易之事三輔都尉掌之直市在富平津西南二十五里即秦文公造物無二價故以直市爲名張衡西京賦云郭開九市通闤帶闠旗亭重立俯察百隧是也又案郡國志長安大俠萬子夏居柳市司馬季主卜於東市晁錯朝服斬於東市西市在醴泉坊

長安八街九陌

有香室街夕陰街尚冠前街三輔舊事云長安城中八街九陌漢書劉屈氂妻梟首華陽街京兆尹張敞走馬章臺街陳湯斬郅支王首縣藁街張衡西京賦云參塗夷庭街衢相經廛里端直甍宇齊平是也

長安城中閭里

長安閭里一百六十室居櫛比門巷脩直有宣明建陽昌陰尚冠修城黃棘北煥南平等里漢書萬石君奮徙家長安戚里宣帝在民間時常在尚冠里劉向列女傳節女長安大昌里人也

宮

長樂宮本秦之興樂宮也高皇帝始居櫟陽七年長樂宮成徙居長安城三輔舊事宮殿疏皆曰興樂宮秦始皇造漢修飾之周回二十里前殿東西四十九丈七尺兩杼中三十五丈深十二丈長樂宮有鴻臺有臨華殿有溫室殿有信宮長秋永壽永寧四殿高帝居此宮後太后常居之孝惠至平帝皆居未央宮漢書宣帝元康四年神爵五采以萬數集長樂宮五鳳二年鸞鳳集長樂宮東闕中樹上王莽改長樂宮爲常樂室在長安中近東直杜門

未央宮漢書曰高祖七年蕭何造未央宮立東闕北闕闕門觀也劉熙釋名曰闕在門兩旁中央闕然爲道也門闕天子號令賞罰所由出也未央宮殿金鋪南向而立

書奏事謁見之徒皆在北闕焉是則以北闕爲正門而又有東闕東門至於西南兩面無門闕矣蕭何立未央宮以厭勝之術理然乎前殿武庫藏兵器之處也太倉廩粟所在一百二十楹在長安城外東南上見其壯麗太甚怒曰天下匈匈勞苦數歲成敗未可知是何治宮室過度也何對曰以天下未定故可因以就宮室且天子以四海爲家非令壯麗無以重威無令後世有以加也上悅自櫟陽徙居焉未央宮周回二十八里前殿東西五十丈深十五丈高三十五丈前殿曰路寢見諸侯羣臣處也營未央宮因龍首山以制前殿山長六十里頭入渭水尾達樊川秦時有黑龍從南山出飲渭水其行道因成土山疏山爲臺殿不假板築高出長安城西京賦所謂疏龍首以抗前殿此也至孝武以木蘭爲棼橑木蘭香木棼橑棟椽文杏爲梁柱杏木之有文者金鋪玉戶金鋪鋪首上有金華中作獸及龍蛇鋪首以銜環也玉戶以玉飾戶也

華榱璧璫雕楹玉碣（楹柱也碣柱下石也）重軒鏤檻青瑣丹墀（青瑣窗也墀殿階也）左墄右平（右乘車上故使之平左以人上故為之階級墄階級也）黃金為壁帶間以和氏珍玉風至其聲玲瓏然也未央宮有宣室麒麟金華承明武臺鉤弋等殿又有殿閣三十有二有壽成萬歲廣明椒房清涼水延玉堂壽安平就宣德東明飛雨鳳凰通光曲臺白虎等殿廟記云未央宮有增成昭陽殿漢宮殿疏曰未央宮有麒麟閣天祿閣有金馬門青鎖門玄武蒼龍二闕朱鳥堂畫堂甲觀非常室又有鉤盾署弄田三輔決録曰未央宮有延年殿合歡殿四車殿又漢宮閣記云未央宮有宣明長年温室昆德四殿又有玉堂增盤閣宣室閣三輔舊事云武帝

於未央宮起高門武臺殿漢武故事云神明殿在未央宮王莽改未央宮曰壽成室前殿曰王路堂如路寢也按舊圖漸臺織室凌室皆在未央宮○建章宮武帝太初元年栢梁殿災粵巫勇之曰粵俗有火災即復起大屋以厭勝之帝於是作建章宮度爲千門萬户宮在未央宮西長安城外帝於未央宮營造日廣以城中爲小乃於宮西跨城池作飛閣通建章宮構輦道以上下輦道爲閣道可以乘輦而行宮之正門曰閶闔閶闔天門也宮門名閶闔者以象天門也高二十五丈亦曰璧門左鳳闕闕上有金鳳高丈餘漢書集注曰今長安故城西俗呼貞女樓即建章闕也高二十五丈右神明臺言臺高神明可居其上門内北起別風闕在閶闔門内以其出宮垣識風所何處來以爲闕名也高五十丈對

峙井幹樓高五十丈輦道相屬焉連閣皆有罘罳（連閣曲閣也以覆重刻垣墉[illegible]殿翎之處畫以雲氣鳥獸其形罘罳然）前殿下視未央其西則廣中殿受萬人三輔舊事云建章周回三十里東起別風闕高二十五丈乘高以望遠又於宮門北起圓闕高二十五丈上有銅鳳凰赤眉賊壞之西京賦云圓闕聳以造天若雙碣之相望是也廟記云建章宮北門高二十五丈建章北闕門也又有鳳凰闕漢武帝造高七十丈五尺鳳凰闕一名別風闕又云嶕嶢闕在圓闕門內二百步繁欽建章序云秦漢規模廓然泯毀惟建章鳳闕聳然獨存雖非象魏之制亦一代之巨觀古歌云長安城西有雙闕上有雙銅雀一鳴五穀熟再鳴五穀熟按

銅雀即銅鳳凰也楊震關輔古語云長安民俗謂鳳凰闕爲貞女樓司馬相如賦云豫章貞女樹長千仞大連抱冬夏常青未嘗凋落若有貞節故以爲名漢書曰建章宮南有玉堂璧門三層臺高三十丈玉堂內殿十二門階陛皆玉爲之鑄銅鳳高五尺飾黃金棲屋上下有轉樞向風若翔椽首薄以璧玉因曰璧門建章有駘蕩馺娑枍詣天梁奇寶鼓簧等宮又有玉堂神明堂疏圃鳴鑾奇華銅柱函德二十六殿太液池唐中池

桂宮漢武帝造周回十餘里漢書曰桂宮有紫房複道通未央宮關輔記云桂宮在未央北中有明光殿土山複道從宮中西上城至建章神明臺蓬萊山三秦記未

央宮漸臺西有桂宮中有明光殿皆金玉珠璣爲簾箔處處明月珠金陛玉階晝夜光明又西京雜記云武帝爲七寶牀雜寶桉廁寶屏風列寶帳設於桂宮時人謂爲四寶宮長安記曰桂宮在未央宮北亦曰北宮

北宮在長安城中近桂宮俱在未央宮北周回十里高帝時制度草創孝武增修之中有前殿廣五十步珠簾玉户如桂宮漢書曰呂太后崩孝惠皇后廢處北宮又曰哀帝崩貶皇太后趙氏爲孝成皇后退居北宮皇后薄氏退居桂宮

甘泉宮一曰雲陽宮史記秦始皇二十七年作甘泉宮及前殿築甬道築垣牆如街巷自咸陽屬之關輔記曰林光宮

一曰甘泉宫秦所造在今池陽縣西故甘泉山宫以山爲名（或曰高泉山蓋習俗語訛尔）宫周匝十餘里漢武帝建元中增廣之周十九里去長安三百里望見長安城黄帝以來圜丘祭天處（漢志雲陽縣有休屠金人徑路神祠三所音義云匈奴祭天處本雲陽甘泉山下秦奪其地徙休屠右地郊祀志云徑路神祠祭休屠王處）遁甲開山圖云雲陽先生之墟也武帝造闕於南以象方色於甘泉宫更置前殿始造宫室有芝生甘泉殿邊房中（房中樂有芝草之歌）漢舊儀云芝有九莖（芝草歌曰九莖連葉）芝金色緑葉朱實夜有光乃作芝之房之歌帝又起紫殿雕文刻鏤黼黻以玉飾之成帝永始四年行幸甘泉郊泰畤神光降於紫殿今按甘泉谷北岸有槐樹今謂玉樹根幹盤峙三二百年木也楊震

關輔古語云耆老相傳咸以謂此樹即楊雄甘泉賦所謂玉樹青葱也甘泉有高光宮又有林光宮有長定宮竹宮通天臺通靈臺武帝作迎風館於甘泉山後加露寒儲胥二館皆在雲陽甘泉中西廂起彷徨觀築甘泉苑建元中作石闕封巒鳷鵲觀於苑垣內宮南有昆明池苑南有棠梨宮

漢未央長樂甘泉宮四面皆有公車（公車主受章疏之處）司馬門凡言司馬者宮垣之內兵衛所在司馬主武事故謂宮之外門爲司馬門按漢宮衛令諸出入殿門公車司馬門者皆下不如令罰金四兩王莽改公車司馬門曰王路四門分命諫大夫四人受章疏以通下情（百官

表衞尉屬官有公車司馬令丞漢官儀云公車司馬掌殿司馬門夜徼宮中天下上事及闕下凡所徵召皆總領之令秩六百石

三輔黃圖卷之二

三輔黃圖 西

三輔黄圖卷之三

長樂未央建章北宫甘泉宫中宫室臺殿

鴻臺秦始皇二十七年築高四十丈上起觀宇帝嘗射飛鴻于臺上故號鴻臺漢書惠帝四年長樂宫鴻臺災

臨華殿在長樂宫前殿後武帝建漢書成帝永始四年長樂宫臨華殿災温室殿按漢宫殿疏在長樂宫又漢宫閣記在未央宫

長信宫漢太后常居之按通靈記太后成帝母也后宫在西秋之象也秋主信故宫殿皆以長信長秋爲名又永壽永寧殿皆后所處也
成帝母王太后居長信宫

右長樂宫

宣室温室清凉皆在未央宫殿北宣明广明皆在未央
殿东昆德玉堂皆在未央殿西
宣室未央前殿正室也淮南子曰周武王殺紂於宣室
漢取舊名也漢書曰文帝受釐宣室夜半前席賈生問
鬼神之事即此也又王莽地皇四年城中少年朱弟張
魚等燒宮莽避火宣室前殿火輒隨之
温室殿武帝建冬處之温暖也西京雜記曰温室以椒
塗壁被之文繡香桂爲柱設火齊屏風鴻羽帳規地以
罽賓氍毹漢書曰孔光爲尚書令歸休與兄弟妻子燕
語終不及朝省政事或問温室省中樹何木光不應漢書
京房奏考功課吏法上令公卿朝臣會議温室

清涼殿夏居之則清涼也亦曰延清室漢書曰清室則中夏含霜即此也董偃常卧延清之室以畫石爲牀文如錦紫琉璃帳以紫玉爲盤如屈龍皆用雜寶飾之侍者於外扇偃偃曰玉石豈須扇而後涼邪又以玉晶爲盤貯氷於膝前玉晶與氷同潔侍者謂氷無盤必融濕席乃拂玉盤墜氷玉俱碎玉晶千塗國所貢也武帝以此賜偃

麒麟殿未央宫有麒麟殿漢書哀帝燕董賢父子於麒麟殿視賢曰吾欲法堯禪舜如何王閎曰天下乃高皇帝天下非陛下之天下也陛下奉承宗廟當傳之無窮安可妄有所授帝業至重天子無戲言上黙然不悦

金華殿未央宮有金華殿漢書曰成帝初方向學召鄭寬中張禹說尚書論語於金華殿中

承明殿未央宮有承明殿著述之所也班固西都賦序云內有承明著作之庭即此也漢書武帝謂嚴助曰君厭承明之廬又成帝鴻嘉二年雉飛集承明殿屋

蒼龍白虎朱雀玄武天之四靈以正四方王者制宮闕殿閣取法焉

掖庭宮在天子左右如肘腋

椒房殿在未央宮以椒和泥塗取其溫而芬芳也武帝時後宮八區有昭陽飛翔增成合歡蘭林披香鳳皇鴛鴦等殿後有增修安處常寧茝若椒風發越蕙草等殿

為十四位成帝趙皇后居昭陽殿（號飛燕以體輕也）以有女弟俱
為婕妤貴傾後宮昭陽舍蘭房椒壁其中庭彤朱而庭
上髹漆切皆銅沓（切門限也）黃金塗白玉階壁帶往往為黃
金釭函藍田璧明珠翠羽飾之自後宮未嘗有焉班婕
妤居增成舍（後宮八區增成第三區也）哀帝時董賢女弟為昭儀居
舍號曰椒風
高門殿漢書曰汲黯請見高門注曰未央宮高門殿也
又哀帝時鮑宣諫曰陛下擢臣巖穴誠冀有益毫毛豈
欲臣美食大官重高門之地
非常室漢書曰成帝綏和二年鄭通里人王褒絳衣小冠
帶劍入北司馬門殿東門上前殿至非常室中（殿上室名也）解

帷組結佩之召前殿署長業等曰天帝令我居此業等收縛考問乃故公車大誰卒病狂易不自知入宮下獄死大誰者主問非常之人誰以誰何稱因用爲官名有大誰長令也此卒者長所領士卒也狂易謂病狂而變易其常也

織室在未央宮又有東西織室織作文繡郊廟之服有令史

凌室在未央宮藏氷之所也豳詩七月篇曰納于凌陰周官凌人職掌藏氷大祭祀飲食則供氷漢書惠帝四年織室凌室災

暴室主掖庭織作染練之署謂之暴室取暴曬爲名耳有嗇夫官屬

弄田在未央宫弄田者燕遊之田天子所戲弄耳漢書昭帝紀曰始元元年上耕于鉤盾弄田應劭注云帝時年九歲未能親耕帝籍鉤盾宦者近署故往試耕爲戲弄成帝建始二年小女陳持弓年九歲闌入尚方掖門至未央殿鉤盾禁中

内謁者署在未央宫屬少府續漢書云掌宫中步帳褻物丁孚漢官云令秩千石

金馬門宦者署武帝時大宛馬以銅鑄像立於署門因以爲名東方朔主父偃嚴安徐樂皆待詔金馬門即此

路軨廐在未央宫中掌宫中輿馬亦曰未央廐漢書曰武帝時期門郎上官桀遷爲未央廐令

右未央宮

駘蕩宮春時景物駘蕩滿宮中也

馺娑宮馺娑馬行疾貌馬行迅疾一日之間遍宮中言宮之大也

枍詣宮枍詣木名宮中美木茂盛也

天梁宮梁木至於天言宮之高也四宮皆在建章宮

奇華殿在建章宮旁四海夷狄器服珍寶火浣布切玉刀巨象大雀師子宮馬充塞其中

鼓簧宮漢宮閣疏云鼓簧宮周匝一百三十步在建章宮西北

神明臺漢書曰建章有神明臺廟記曰神明臺武帝造

祭仙人處上有承露盤有銅仙人舒手捧銅盤玉杯以承雲表之露以露和玉屑服之以求仙道長安記仙人掌大七圍以銅爲之魏文帝徙銅盤折聲聞數十里

右建章宫

壽宫北宫有神仙宫壽宫張羽旗設供具以禮神君神君來則肅然風生帷帳皆動

明光宫武帝太初四年秋起在長樂宫後南與長樂宫相連屬漢書元后傳曰成都侯商嘗疾欲避暑從上借明光宫盖即此王莽建國元年改明光宫爲安館安定太后居之

太子宫甲觀太子宫有甲觀畫堂漢書注曰甲者甲乙丙丁之次也漢

書曰孝成皇帝元帝太子也母曰王皇后元帝在太子宮生甲觀畫堂元后傳曰見於丙殿此其例也畫堂謂宮殿中彩畫之堂

右北宮

鉤弋宮列仙傳曰鉤弋夫人姓趙氏河閒人少好酒病臥六年右手鉤卷飲食少望氣者云東北有貴人推而得之見召姿色佳麗武帝反其手得玉鉤而手展有寵生昭帝姙娠十四月上曰聞昔堯十四月而生太子鉤弋亦然乃命所生門曰堯母門所居曰鉤弋宮自夫人加婕妤後得罪掖庭獄死及殯香一月昭帝即位追尊爲皇太后更葬之發六十二萬人起陽陵其棺櫬但有彩

獲丁卫褭雲陽記曰鈎弋夫人從至甘泉而卒尸香聞十餘里葬雲陽武帝思之起通靈臺於甘泉宫有一青烏集臺上往來至宣帝時乃不至漢武故事曰鈎弋宫在直門之南

昭臺宫在上林苑中孝宣霍皇后立五年廢處昭臺宫後十二歲徙雲林館乃自殺

長定宫林光宫中有長定宫二輔決録曰后從帝行幸於甘泉宫居長定宫孝成許皇后廢處昭臺宫歲餘徙長定宫

長門宫離宫在長安城孝武陳皇后得幸頗妬居長門宫

永信宮孝哀帝尊恭皇太后曰帝太太后稱永信宮
中安宮孝哀帝尊恭皇太后曰帝太后稱中安宮
儲元宮在長安城西漢書外戚傳曰信都太后與信都
王俱居儲元宮
犬臺宮在上林苑中長安西二十八里漢書江充召見
犬臺宮
葡萄宮在上林苑西漢哀帝元壽二年單于來朝以太
歲厭勝所舍之此宮
步壽宮秦亦有步壽宮今按其地與秦異則秦漢各有
步壽宮耳漢祋祤宮宣帝神爵二年爲鳳凰集祋祤縣鳳
凰集處得玉寶乃起步壽宮

梁山宮梁山好畤界即禹貢云壺口治梁及岐又古公踰梁山于岐下及秦立梁山宮皆北山下也史記秦本紀始皇三十二年幸梁山宮即此也

黃山宮在興平縣西三十里武帝微行西至黃山宮即此也

回中宮史記秦始皇二十七年廵隴西北地出雞頭過回中漢書文帝十四年匈奴入蕭關殺都尉燒回中宮候騎至雍武帝元狩四年幸雍通回中道遂北出蕭關又有三良宮相近

集靈宮集仙宮存仙殿存神殿望仙臺望仙觀俱在華陰縣界皆武帝宮觀名也華山記及三輔舊事云昔有

太元真人茅盈内記始皇三十一年九月庚子盈曾祖
父濛於華山乘雲駕龍白日昇天先是邑人謠曰神仙
得者茅初成駕龍上昇入太清時下玄州戲赤城繼世
而往在我盈帝若學之臘嘉平漢武帝内傳曰魯女生
長樂人初餌胡麻乃求絶穀八十餘年少壯色如桃華
一日與親知故人別入華山後五十年先識者逢女於
廟前乘白鹿從王母人因識之謝其鄉里而去又神仙
傳曰中山衛叔卿常乘雲車駕白鹿見漢武帝將臣之
叔卿不言而去武帝悔求得其子度令追其父登華岳
見父與數人坐於石上敕度令還又華山記弘農鄧紹
八月曉入華山見童子執五綵囊盛栢葉露食之武帝

即其地造宮殿歲時祈禱焉漢書云華陰縣有集靈宮

又有望仙觀在華陰縣

棠梨宮在甘泉苑垣外雲陽南三十里

竹宮甘泉祠宮也以竹爲宮天子居中漢舊儀云竹宮

去壇三里

宜春宮本秦之離宮在長安城東南杜縣東近下杜

扶荔宮在上林苑中漢武帝元鼎六年破南越起扶荔

宮（宮以荔枝得名）以植所得奇草異木菖蒲百本山薑十本甘

蕉十二本留求子十本桂百本蜜香指甲花百本龍眼

荔枝檳榔橄欖千歲子甘橘皆百餘本上木南北異宜

歲時多枯瘁荔枝自交趾移植百株于庭無一生者連

年猶移植不息後數歲偶一株稍茂終無華實帝亦珍惜之一旦萎死守吏坐誅者數十人遂不復蒔矣其實則歲貢焉郵傳者疲斃於道極爲生民之患至後漢安帝時交趾郡守極陳其弊遂罷其貢

五柞宮漢之離宮也在扶風盩厔宮中有五柞樹因以爲名五柞皆連抱上枝覆蔭數畝

宣曲宮在昆明池西孝宣帝曉音律常於此度曲因以爲名

鼎湖宮在湖城縣界又一說在藍田有亭昔黃帝採首山銅以鑄鼎鼎成有龍下迎帝仙去小臣攀龍髯而上者七十二人漢武帝於此建宮

思子宫武帝寵戾太子無辜被殺作思子宫爲歸來望思之臺於湖

萬歲宫武帝造汾陰有萬歲宫宣帝元康四年幸萬歲宫神爵翔集以元康五年爲神爵紀元

首山宫漢武帝元封元年封禪後夢高祖坐明堂朝羣臣於是祀高祖於明堂以配天還作首山宫以爲高靈館

明光宫武帝求仙起明光宫發燕趙美女二千人充之率取二十以下十五以上年滿三十者出嫁之掖庭令揔其籍時有死出者隨補之

池陽宫在池陽南上原之阪有長年阪去長安五十里

養德宮趙王如意年幼未能就外傅戚姬使舊趙王內傅趙媪傅之號其室曰養德宮

右甘泉宮

日華宮河間獻王德築日華宮置客館二十餘區以待學士自奉養甚薄不踰賓客

曜華宮梁孝王好營宮室苑囿之樂作曜華宮築兔園園中有百靈山有膚寸石落猿巖棲龍岫又有鴈池池間有鶴洲鳬渚其諸宮觀相連延亘數十里奇果異樹珍禽怪獸畢有王日與宮人賓客弋釣其中

右日華曜華宮營構不在三輔然皆漢之諸王所建以附宮室篇末

漢畿內千里並京兆治之內外宮館一百四十五所班固西都賦云前乘秦嶺後越九嵕東薄河華西涉岐雍宮館所歷百有餘區秦離宮三百漢武帝往往修治之

三輔黄圖卷之三

三輔黃圖卷之四

苑囿

周靈囿文王囿也詩曰王在靈囿麀鹿攸伏麀鹿濯濯
白鳥翯翯毛萇注云囿所以域養禽獸也天子百里諸
侯四十里靈者言文王之有靈德也靈囿言道行於苑
囿也孟子曰文王之囿方七十里芻蕘者往焉雉兎者
往焉與民同其利也文王靈囿在長安縣西四十二里
漢上林苑即秦之舊苑也漢書云武帝建元三年開上
林苑東南至藍田宜春鼎湖御宿昆吾旁南山而西至
長楊五柞北繞黃山瀕渭水而東周袤三百里離宫七
十所皆容千乘萬騎漢宫殿疏云方三百四十里漢舊

儀云上林苑方三百里苑中養百獸天子秋冬射獵取
之帝初修上林苑群臣遠方各獻名果異卉三千餘種
植其中亦有製爲美名以標奇異茂陵富民袁廣漢藏
鏹鉅萬家僮八九百人於北山下築園東西四里南北
五里激流水注其中構石爲山高十餘丈連延數里養
白鸚鵡紫鴛鴦犛牛青兕奇獸珍禽委積其間積沙爲
洲嶼激水爲波濤致江鷗海鶴孕雛產鷇延漫林池奇
樹異草靡不培植屋皆徘徊連屬重閣脩廊行之移晷
不能徧也廣漢後有罪誅沒入爲官園鳥獸草木皆移
入上林苑中上林苑有昆明觀武帝置又有繭觀平樂
觀遠望觀燕昇觀觀象觀便門觀白鹿觀三爵觀陽祿

觀陰德觀鼎郊觀樛木觀椒唐觀魚鳥觀元華觀走馬
觀柘觀上蘭觀郎池觀當路觀皆在上林苑又舊儀曰
上林有令有尉禽獸簿記其名數又有上林詔獄主治
苑中禽獸宫館之事屬水衡又上林苑中有六池市郭
宫殿魚臺犬臺獸圈

甘泉苑武帝置緣山谷行至雲陽三百八十一里西入
扶風凡周回五百四十里苑中起宫殿臺閣百餘所有
仙人觀石闕觀封巒觀鳷鵲觀

御宿苑在長安城南御宿川中漢武帝爲離宫别館禁
禦人不得入往來遊觀止宿其中故曰御宿三秦記云
御宿園出栗十五枚一勝大梨如五勝落地則破其取

梨先以布囊承之號曰含消此園梨也

思賢苑孝文帝爲太子立思賢苑以招賓客苑中有堂室六所客館皆廣廡高軒屏風幃褥甚麗廣陵王胥有勇力常於別囿學格熊後遂能空手搏之莫不絕脰後爲獸所傷陷腦而死

博望苑武帝立子據爲太子爲太子開博望苑以通賓客漢書曰武帝年二十九乃得太子甚喜太子冠爲立博望苑使之通賓客從其所好又云博望苑在長安城南杜門外五里有遺址

西郊苑漢西郊有苑囿林麓藪澤連亘繚以周垣四百餘里離宮別館三百餘所

三十六苑漢儀注大僕牧師諸苑三十六所分布北邊西邊以郎爲苑監官奴婢三萬人養馬三十萬疋養鳥獸者通名爲苑故謂之牧馬處爲苑

樂遊苑在杜陵西北宣帝神爵三年春起

宜春下苑在京城東南隅（元帝紀注東南隅曲池是）

梨園雲陽宮記曰雲陽車箱坂下有梨園一頃梨數百株青翠繁密望之如車蓋

池沼

周文王靈沼在長安西三十里詩曰王在靈沼於牣魚躍

漢昆明池武帝元狩四年穿在長安西南周回四里西南夷傳曰天子遣使求身毒國市竹（身毒國即天竺也漢書曰張騫言使

大夏時見蜀布邛竹杖問所從來曰從東來身毒國可數千里得蜀賈人市而爲昆明所閉

天子欲伐之越巂昆明國有滇池方三百里故作昆明

池以象之以習水戰因名曰昆明池漢書曰元狩三年減隴西北地上郡戍卒之半及吏弄法者謫之穿此池食貨志曰時越欲與漢用舩戰逐水戰相逐服乃大修昆明池也三輔舊事曰昆明池地三百三

十二頃中有戈舩各數十樓舩百艘舩上建戈矛四角

悉垂幡旄葆麾蓋照燭涯涘圖曰上林苑有昆明池周

匝四十里廟記曰池中後作豫章大舩可載萬人上起

宮室因欲遊戲養魚以給諸陵祭祀餘付長安厨三輔

故事又曰池中有豫章臺及石鯨刻石爲鯨魚長三丈

每至雷雨常鳴吼鬣尾皆動一說甘泉宮南有昆明池

池中有靈波殿皆以桂爲殿柱風來自香又曰池中有龍首船常令宮女泛舟池中張鳳蓋（紡鳳爲飾）建華旗作櫂歌（櫂歌櫂發歌也又曰櫂歌謳舡人歌也）雜以鼓吹帝御豫章觀臨觀焉關輔古語曰昆明池中有二石人立牽牛織女於池之東西以象天河張衡西京賦曰昆明靈沼黑水玄址牽牛立其右織女居其左今有石父石婆神祠在廢池疑此是也武帝初穿池得黑土帝問東方朔東方朔曰西域胡人知乃問胡人胡人曰劫燒之餘灰也三秦記曰昆明池中有靈沼名神池云堯時治水嘗停船於此池通白鹿原原人釣魚綸絕而去夢於武帝求去其鈎三日戲於池上見大魚啣索帝曰豈不穀昨所夢邪乃取

鈎放之閒三日帝復遊池池濱得明珠一雙帝曰豈昔魚之報邪

鎬池在昆明池之北即周之故都也廟記曰長安城西有鎬池在昆明池北周匝二十二里溉地三十三頃史記曰秦始皇帝三十六年使者從關東夜至華陰縣平舒道有人持璧遮使者曰爲吾遺鎬池君因言曰今年祖龍死使者問其故忽不見置其璧去使者奉璧具以聞始皇默然良久曰山鬼不過知一歲事退言曰祖龍者人之先也（祖始也龍者人主之象謂始皇也）使御府視璧乃二十八年渡江所沉璧也

滄池在長安城中舊圖云未央宮有滄池言池水蒼色

故曰滄池

太液池在長安故城西建章宮北未央宮西南太液者言其津潤所及廣也關輔記云建章宮北有池以象北海刻石爲鯨魚長三丈漢書曰建章宮北治大池名曰太液池中起三山以象瀛洲蓬萊方丈刻金石爲魚龍奇禽異獸之屬瀛洲一名魂洲亦曰環洲有樹名影木月中視之如列星万歲一實食之輕骨上有枝葉如華蓋群仙以避風雨有金鑾之觀飾以環玉直上於雲中有青瑶瓦覆之以雲紈之素刻碧玉爲倒龍之狀懸火精爲日刻黑玉爲烏以水精爲月青瑶爲蟾兎於地下爲機戾以測昏明不虧弦望有香風泠然而至有草名芸苗狀如菖蒲食葉則醉食根則醒有鳥如鳳身紺翼丹名曰藏珠每鳴翔而吐珠累斛仙人以珠飾仙裳蓋輕而耀於日月也蓬萊山亦名防丘亦名雲来高二万里廣七万里水淺有細石如金玉得之不加陶冶自然光浄仙者服之東有鬱夷国時有金霧諸仙說此上常浮轉低仰有如山上架樓室向明以開

户牖及霧歇咸户皆向北有浮雲之幹葉青莖紫子大如珠有青鸞集其上下有砂礫細如粉柔風至葉條翻起拂細砂如雲霧仙者來觀而戲焉風吹竹葉声如鍾磬方丈之山一名巒維東方龍場方千里瑶玉爲林雲色皆紫上有通霞臺西王母常遊於其上常有鸞鳳鼓舞如琴瑟和鳴三山統名昆丘亦曰神山上有不死之藥食之輕舉武帝信仙道取少君欒大妄誕之語多起樓觀故池中立三山以象蓬萊瀛洲方丈 廟記曰建章宫北池名太液周回十頃有採蓮女鳴鶴之舟又按三輔舊事云日出暘谷浴於咸池至虞淵即暮此池象之也昭帝始元元年春黄鵠下建章宫太液池成帝常以秋日與趙飛燕戲於太液池以沙棠木爲舟沙棠木造舟不沉溺以雲母飾於鷁首一名雲舟又刻大桐木爲虬龍彫飾如真夾雲舟而行以紫桂爲柁枻及觀雲棹之玩擷菱蕖帝每憂輕蕩以驚飛燕命佽飛之士以金鎖

纜雲舟於波上每輕風時至飛燕殆欲隨風入水常以翠纓結飛燕之裾常恐曰妾微賤何復得預結纓裾之遊今太液池尚有避風臺即飛燕結裾之處

唐中池周回十二里在建章宮太液池之南

百子池戚夫人侍兒賈佩蘭後出爲扶風人段儒妻說在宮內時見戚夫人侍高祖嘗以趙王如意爲言而高祖思之幾半日不言歎息悽愴而未知其術使夫人擊筑高祖歌大風以和之七月七日臨百子池作于闐樂樂闋以五色縷相羈謂之相連愛八月四日出彫房北户竹下圍棊勝者終年有福負者終年疾病取絲縷就北斗星辰求長命乃免正月上辰出池邊盥濯食蓬餌

以祓妖邪三月上巳張樂於池上
十池上林苑有初池麋池牛首池蒯池積草池東陂池
西陂池當路池大臺池郎池牛首池在上林苑中西頭
蒯池生蒯草以織席西陂池郎池皆在古城南上林苑
中陂郎二水名因爲池積草池中有珊瑚樹高一丈二
尺一本三柯上有四百六十二條南越王趙佗所獻號
爲烽火樹至夜光景常煥然
少府佽飛外池漢儀注佽飛具繒繳以射鳧鴈給祭祀
故有池
秦酒池在長安故城中廟記曰長樂宫中有魚池酒池
池上有肉炙樹秦始皇造漢武行舟於池中酒池北起

臺天子於上觀牛飲者三千人又曰武帝作以夸羌胡飲以鐵盃重不能舉皆抵牛飲西征賦云酒池監於商辛追覆車而不悟

影娥池武帝鑿池以翫月其旁起望鵠臺以眺月影入池中使宫人乘舟弄月影名影娥池亦曰眺蟾臺

琳池昭帝元始元年穿琳池廣千步池南起桂臺以望遠東引太液之水池中植分枝荷一莖四葉狀如駢蓋日照則葉低蔭根莖若葵之衛足名曰低光荷實如玄珠可以飾佩花葉難萎芬馥之氣徹十餘里食之令人口氣常香益脉治病宫人貴之每遊燕出入必皆含嚼或剪以爲衣或折以障日以爲戲弄帝時命水嬉遊燕

永日士人進一豆槽帝曰桂楫松舟其猶重朴況乎此槽可得而乘耶乃命以文梓爲船木蘭爲柂刻飛燕翔鷁飾於船首隨風輕漾畢景忘歸起商臺於池上

鶴池在長安城西盤池在西北並廢

氷池在長安西舊圖云西有彪池亦名聖女泉蓋氷彪聲相近傳說之訛也

三輔黃圖卷第四

三輔黃圖 朔

臺榭

周文王靈臺在長安西北四十里詩序曰靈臺民始附也文王受命而人樂其有靈德以及鳥獸昆蟲焉鄭玄注云天子有靈臺者所以觀祲象察氛祥也文王受命而作邑于豐立靈臺詩曰經始靈臺庶民子來經之營之不日成之劉向新序云周文王作靈臺及爲池沼掘得死人之骨吏以聞于文王文王曰更葬之吏曰此無主矣文王曰有天下者天下之主有一國者一國之主寡人者死人之主又何求主遂令吏以衣棺更葬之天下聞之皆曰文王賢矣澤及枯骨又況於人乎周靈臺

高二丈周回百二十步漢靈臺在長安西北八里漢始
曰清臺本爲候者觀陰陽天文之變更名曰靈臺郭延
生述征記曰長安宮南有靈臺高十五仞上有渾儀張
衡所制又有相風銅烏遇風乃動一曰長安靈臺上有
相風銅烏千里風至此烏乃動又有銅表高八尺長一
丈三尺廣尺二寸題云太初四年造
栢梁臺武帝元鼎二年春起此臺在長安城中北闕內
三輔舊事云以香栢爲梁也帝嘗置酒其上詔群臣和
詩能七言詩者乃得上太初中臺災漸臺在未央宮太
液池中高十丈漸浸也言爲池水所漸又一說漸臺
星以爲臺名未央宮有滄池池中有漸臺王莽死於此

神明臺見建章宮

通天臺武帝元封二年作甘泉通天臺漢舊儀云通天者言此臺高通于天也漢武故事築通天臺於甘泉去地百餘丈望雲雨悉在其下望見長安城武帝時祭泰乙上通天臺舞八歲童女三百人祠祀招仙人祭泰乙云令人升通天臺以候天神天神既下祭所若大流星乃舉烽火而就竹宮望拜上有承露盤仙人掌擎玉杯以承雲表之露元鳳間自毀椽桷皆化爲龍鳳從風雨飛去西京賦云通天眇而竦峙徑百常而莖擢上瓣華以交紛下刻陗其若削亦曰候神臺又曰望仙臺以候神明望神仙也

涼風臺在長安故城西建章宮北關輔記曰建章宮北作涼風臺積木爲樓

長樂宮有魚池臺酒池臺秦始皇造又有著室臺鬬雞臺走狗臺壇臺漢韓信射臺又未央有果臺東西山二臺未央宮有鉤弋臺通靈臺（見宮門）望鵠臺眺蟾臺桂臺商臺避風臺（並見池沼門）

長楊榭在長楊宮秋冬較獵其下命武士搏射禽獸天子登此以觀焉（臺上有木曰榭）

辟雍

周文王辟雍在長安西北四十里亦曰璧雍如璧之圓雍之以水象教化流行也詩曰於論鼓鐘於樂辟雍毛

萇注云論思也水旋丘如辟廱以節觀者鄭玄注云文王作靈臺而知人之歸附作靈沼靈囿而知鳥獸之得其所以爲音聲之道與政通故合樂以詳之

漢辟廱在長安西北七里漢書河間獻王來朝獻雅樂武帝對之三雍宫即此禮樂志曰成帝時犍爲郡水濱得古磬十六枚劉向説帝宜興辟廱焉

明堂

周明堂明堂所以正四時出教化天子布政之宫也黄帝曰合宫尭曰衢室舜曰總章夏后曰世室殷人曰陽館周人曰明堂先儒舊説其制不同或曰明堂在國之陽大戴禮云明堂九室一室有四户八牖凡三十六户

七十二牖以茅蓋屋上圓下方援神契曰明堂上圓下
方八窻四牖考工記云明堂五室稱九室者取象陽數
也八牖者陰數也取象八風三十六户牖取六甲之爻
六六三十六也上圓象天下方法地八窻即八牖也四
闥者象四時四方也五室者象五行也皆无明文先儒
以意釋之耳禮記明堂位曰朝諸侯于明堂之位天子
負斧依南鄉而立明堂也者明諸侯之尊卑也制禮作
樂頒度量而天下服知明堂是布政之宫也又孝經曰
宗祀文王於明堂以配上帝則周有明堂也明矣
漢明堂在長安西南七里漢書曰武帝初即位鄉儒術
以文學爲本議立明堂於城南以朝諸侯應劭注云漢

武帝造明堂王莽修飾令大漢書武帝建元元年議立明堂遣使者安車蒲輪束帛加璧徵魯申公又郊祀志初天子封泰山泰山東北阯古時有明堂處處險不敞上欲治明堂奉高帝未曉其制度濟南人公玉帶上黃帝時明堂圖明堂中有四殿四面無壁以茅蓋通水水圜宫垣爲複道上有樓從西南入名曰崑崙天子從之入以拜祀上帝焉於是上令奉高作明堂汶上如帶圖及是歳修封則祀太乙五帝於明堂上坐合高皇帝祠坐對之祠后土於下房以二十大牢天子從崑崙道入始拜明堂如郊祀是歳元封五年也本紀元封二年秋作明堂于泰山下五年春三月至泰山增封甲子祠高祖于明堂以配上帝大初元年冬十月行幸泰山十一月甲子朔旦冬至祀上帝于明堂

圜丘

漢圜丘在昆明故渠南有漢故圜丘今按高二丈周回百二十步

大學

漢太學在長安西北七里董仲舒策曰太學賢士之關教化之本原也王莽作宰衡時建弟子舍萬區起市郭上林苑中三輔舊事云漢太學中有市有獄

宗廟

宗尊也廟貌也所以髣髴先人尊貌也漢立四廟祖宗廟異處不序昭穆大上皇廟在長安西北長安故城中香室街南鴻翔府北關輔記曰在酒池北

高祖廟在長安西北故城中關輔記曰秦廟中鍾四枚皆在漢高祖廟中三輔舊事云高廟鍾重十二萬斤漢舊儀云高祖廟鍾十枚各受十石撞之聲聞百里漢書文帝時盜取高廟玉環故事又云光武至長安宮闕以

宗廟燒蕩爲墟乃徙都洛陽取十廟合於高廟作十二室太常卿一人別治長安主知高廟事高廟有便殿凡言便殿便室便坐者皆非正大之處所以就便安也○高園於陵上作之既有正寢以象平生正殿路寢也又立便殿於寢側以象休息閑宴之處也○孝惠更於渭北建高帝廟謂之原廟○惠帝廟在高帝廟後

文帝廟號顧成廟孝文四年作顧成廟在長安城南文帝自爲廟制度逼狹若顧望而成猶文王靈臺不日成之故曰顧成也

景帝廟號德陽宮景帝中四年造德陽宮盖帝自作之諱不言廟故号爲宮故事云景帝造德陽宮

武帝廟號龍淵今長安西茂陵東有其處作銅飛龍故

以冠名（武帝元光四年河决濮陽發卒十万救河决起龍淵之宫取此爲名武帝廟不言宫）

昭帝廟號徘徊

宣帝廟號樂遊（在杜陵西北神爵三年宣帝立廟於曲池之北号樂遊按其處則今呼樂遊園是也因樂遊苑得名）

元帝廟號長壽

成帝廟號陽池

太上皇（高祖父也）有寢廟園原廟昭靈后（高祖母也）武哀王（高祖兄也）昭哀后（高祖嫂也）皆有園孝惠皇帝有寢廟園孝文太后孝昭太后皆有寢園衛思后（戾太子母）皇祖悼考皆有廟園（宣帝父史皇孫）廟曰奉明

元成之世祖宗廟在郡國者六十八合百六十七所京

師自高祖至宣帝與大上皇悼皇考各自居陵旁立廟并爲百七十六又園中各有寢便殿日祭於寢月祭於便殿時祭於便殿寢日四上食廟歲二十五祠便殿四歲祠又月一遊衣冠四時祭宗廟用大牢列侯皆獻酎金以助祭（諸侯王及列侯歲時皆詣京師侍祠助祭）漢儀諸侯王歲以戶口酎黃金於漢廟皇帝臨受獻金金不如斤兩色惡王削縣侯免國注云因八月嘗酎會諸侯廟中出金助祭謂之酎金酎正月旦作酒八月成三重釀醇酒也味厚故以薦宗廟金黃金也不如法者奪爵又冊封諸王必於祖廟冊命之示不敢專也（武帝元狩六年夏四月乙巳立皇子閎爲齊王旦燕王胥廣陵王於廟中冊命）漢制封皇子爲王者其實古諸侯也周末諸侯

或稱王而漢天子自以皇帝爲稱故以王號加之揔名
爲諸侯王
新莽壞徹城西苑中建章承光包陽大臺儲元宮及平
樂當路陽祿館凡十餘所取其材瓦以起九廟莽曰予
卜波水之北郎池之南惟玉食予又卜金水之南明堂
之西亦惟玉食予將親築於是遂營長安城南提封百
頃莽又親舉築三下九廟一黃帝二虞帝三陳胡王四
齊敬王五濟北愍王六濟南悼王七元城孺王八陽平
頃王九新都顯王殿皆重屋大初祖廟東西南北各四
十丈高十七丈餘廟半之爲銅欂櫨飾以金銀琱文窮
極百工之巧帶高增下功費數百鉅萬卒徒死者數萬

南北郊

天郊在長安城南地郊在長安城北所屬掌治壇壝郊宫歲時供張以奉郊祀武帝定郊祀之事祠大一於甘泉圜丘取象天形就陽位也祀后土於汾陰澤中方丘取象地形就陰位也至成帝徙泰畤后土于京師始祀上帝于長安南郊祀后土于長安北郊

社稷

漢初除秦社稷立漢社稷其後又立官社配以夏禹而不立官稷至平帝元始三年始立官稷於官社之後後漢祭祀志云黄圖載元始儀甚悉今本無合入元始四年宰衡莽奏曰帝天之義莫大於承天承天之序莫重於郊祀祭天於南就陽位祠地於北就陰位圓丘象天方澤象地圓方因躰南北從位燔燎升氣瘞埋就類牲欲

繭栗味尚清玄器成匏勺貴誠因質天地神所統故類乎上則禋于六宗望秩山川班於羣神皇天后土隨王所在而事佑焉并泉大陽河東少陽咸失厥位不合礼制聖王之制必上當天心下合地意中孜人事故曰愷悌君子求福不回回而求福厥路不通正月泰卦乾坤合躰天地交通萬物聚出其律大簇天子親郊天地先祖配天先妣配地陰陽之別以日冬至祀天夏至祀后土君不省方而使有司六宗日月星山川海星則北辰川即河山岱宗三光衆明山阜百川衆流渟汙阜澤以類相屬各数秩望相序於是定郊祀祀長安南北郊罷甘泉河東祀

觀　漢博士劉熹釋名曰觀觀也於上觀望也

豫章觀武帝造在昆明池中亦曰昆明觀又一說曰上林苑中有昆明池觀蓋武帝所置桓譚新論云元帝被疾遠求方士漢中送道士王仲都詔問所能對曰能忍寒乃以隆冬盛寒日令袒載駟馬於上林昆明池上環

以氷而御駟者厚衣狐裘寒戰而仲都無變色臥於池上矘然自若即此也

飛廉觀在上林武帝元封二年作飛廉神禽能致風氣者身似鹿頭如雀有角而蛇尾文如豹武帝命以銅鑄置觀上因以爲名班固漢武故事曰公孫卿言神人見於東萊山欲見天子上於是幸緱氏登東萊留數日無所見惟見大人跡上怒公孫卿之無應卿懼誅乃因衛青白上云仙人可見而上往遽以故不相值今陛下可爲觀於緱氏則神人可致且仙人好樓居不極高顯神終不降也於是上於長安作飛廉觀高四十丈於甘泉作延壽觀亦如之後漢明帝永平五年至長安悉取飛

廉并銅馬置之西門外爲平樂觀董卓悉銷以爲錢
屬玉觀在扶風屬玉水鳥似鵁鶄以名觀也又曰屬玉
似鴨而大長頸赤目紫紺色宣帝甘露二年十二月行幸萯陽宮屬玉觀
青梧觀在五柞宮之西觀亦有三梧桐樹下有石麒麟
二枚刋其脇文字是秦始皇驪山墓上物也頭高一丈
三尺東邊者前左脚折處有赤如血父老謂其有神皆
含血屬筋焉
射熊觀在長楊宮武帝好自擊熊司馬相如從至上林作賦諫楊雄亦作長楊賦
石闕觀封巒觀雲陽宮記云宮東北有石門山岡巒糾
紛干霄秀出有石巖容數百人上起甘泉觀甘泉賦云
封巒石關弭迤乎延屬

白楊觀在昆明池東

長平觀在池陽宮臨涇水

龍臺觀在豐水西北近渭

涿木觀在上林苑

細柳觀在長安西北三輔舊事曰漢文帝大將軍周亞夫軍於細柳今呼古徼是也

成山觀成王在東萊不夜縣於其上築宮闕以爲觀成山觀不在三輔劒見宮室門

仙人觀霸昌觀蘭池觀安臺觀淪沮觀在城外又有禁觀董賢觀蒼龍觀當市觀旗亭樓馬伯騫樓在城内

麒麟朱鳥龍興含章皆館名

三輔黄圖卷之五

三輔黃圖卷之六

閣

石渠閣蕭何造其下礲石爲渠以導水若今御溝因爲閣名所藏入關所得秦之圖籍至於成帝又於此藏秘書焉三輔故事曰石渠閣在未央宮殿北藏秘書之所

天祿閣藏典籍之所漢宮殿疏云天祿麒麟閣蕭何造以藏秘書處賢才也劉向於成帝之末挍書天祿閣專精覃思夜有老人著黃衣植青藜杖叩閣而進見向暗中獨坐誦書老父乃吹杖端煙然因以見向授五行洪範之文恐詞說繁廣忘之乃裂裳及紳以記其言至曙而去請問姓名云我是太乙之精天帝聞卯金之子有

博學者下而觀焉乃出懷中竹牒有天文地圖之書曰
余略授子焉至子歆從授其術向亦不悟此人焉

麒麟閣廟記云麒麟閣蕭何造漢書宣帝思股肱之美
乃圖霍光等十一人於麒麟閣

三秦記云未央宫有堯閣廟記云未央宫有白虎閣屬
車閣

署

虎威章溝皆署名漢有長水中壘屯騎虎賁越騎步兵
射聲胡騎八營宿衛王宫周廬直宿處

庫

武庫在未央宫蕭何造以藏兵器

靈金內府太上皇微時佩一刀長三尺上有銘字難識
傳云殷高宗伐鬼方時所作也上皇遊豐沛山中寓居
窮谷有人治鑄上皇息其旁問曰鑄何器工者笑曰爲
天子鑄劒愼勿言曰得公佩劒雜而治之即成神器可
克定天下昴星精爲輔佐木衰火盛此爲異兆上皇解
匕首投爐中劒成殺三牲以釁祭之工問何時得此上
皇曰秦昭襄王時余行陌上一野人授余云是殷時靈
物工即持劒授上皇上皇以賜高祖高祖佩之斬白蛇
是也及定天下藏於寶庫守藏者見白氣如雲出户狀
若龍蛇呂后改庫曰靈金藏惠帝即位以此庫貯禁兵
器名曰靈金內府

倉

太倉蕭何造在長安城外東南文景節儉大倉之粟紅腐而不可食

細柳倉嘉倉在長安西渭水北古徼西有細柳倉城東有嘉倉

廐

未央大廐在長安故城中漢官儀曰未央宮六廐長樂承華等廐令皆秩六百石

𨍏華廐大輅廐果馬廐軛梁廐騎馬廐大宛廐胡河廐騊駼廐皆在長安城外

霸昌觀馬廐在長安城外

都廄天子車馬所在

中廄皇后車馬所在

圈

秦獸圈列士傳云秦王召魏公子無忌不行使朱亥奉璧一雙詣秦秦王怒使置亥於獸圈中亥瞋目視獸眥血濺於獸面獸不敢動

漢獸圈九彘圈一在未央宮中文帝問上林尉及馮媛當熊皆此處獸圈上有樓觀

橋

橫橋三輔舊事云秦造橫橋漢承秦制廣六丈三百八十步置都水令以掌之號爲石柱橋漢末董卓燒之

渭橋秦始皇造渭橋重不能勝乃刻石作力士孟賁等像祭之乃可動今石人在渭橋在長安北三里跨渭水為橋

霸橋在長安東跨水作橋漢人送客至此橋折柳贈別王莽時霸橋災數千人以水沃救不滅更霸橋為長存橋

便門橋武帝建元三年初作此橋在便門外跨渭水通茂陵長安城西門曰便門此橋與門對直因號便橋

飲馬橋在宣平城門外

陵墓漢諸陵先總屬太常今各依其地界屬三輔

漢太上皇陵高帝葬太上皇於櫟陽北原因置萬年縣於櫟陽大城內以為奉陵邑其陵在東者太上皇西者昭靈后也高祖初居櫟陽故太上皇因在櫟陽十年太上皇崩葬北原

高祖長陵在渭水北去長安城三十五里按高祖本紀十二年四月甲辰崩于長樂宫五月葬長陵長陵山東西廣一百二十步高十三丈長陵城周七里百八十步因爲殿垣門四出及便殿掖庭諸官寺皆在中

呂后陵在高祖陵東按史記外戚世家高后合葬長陵注云漢帝后同塋則爲合葬不合陵也

惠帝安陵去長陵十里按本紀惠帝七年八月戊寅崩于未央宫葬安陵在長安城北三十五里安陵有果園鹿苑云

文帝霸陵在長安城東七十里因山爲藏不復起墳就其水名因以爲陵號

景帝陽陵在長安城東北四十五里按景帝五年作陽陵起邑陽陵山方百二十步高十丈

武帝茂陵在長安城西北八十里建元二年初置茂陵邑（武帝自作陵也）本槐里縣之茂鄉故曰茂陵周回三里三輔舊事云武帝於槐里茂鄉徙戶一萬六千置茂陵高一十四丈一百步茂陵園有白鶴觀（戶一万六千本作六万一千）

昭帝平陵在長安西北七十里去茂陵十里帝初作壽陵令流水而已石槨廣一丈二尺長二丈五尺無得起墳陵東北作廡長三丈五步外爲小廚裁足祠祝萬年之後掃地而祭

宣帝杜陵在長安城南帝在民間時好遊鄠杜閒故葬此

元帝渭陵在長安北五十六里

成帝延陵在扶風去長安六十二里一曰成帝於霸陵北步昌亭起壽陵即武帝之廢陵也王莽時遣使壞渭陵延陵園門罘罳曰毋使民復思也又以墨色洿其周垣

安帝義陵在扶風渭城西北原上去長安四十六里

平帝康陵在長安北六十里興平原口

文帝母薄姬南陵在霸陵南故曰南陵即今所謂薄陵也

昭帝母趙婕妤雲陵在雲陽甘泉宮南今人呼爲女陵

李夫人墓東西五十步南北六十步高八丈在茂陵西北一里俗名英陵亦云集僊臺一曰高二十丈周回三百六十步

王莽妻死葬渭陵長壽園僞謚曰孝穆皇后僭號億年

陵舊本云億年陵王莽妻死謚曰孝穆皇后葬渭城長壽園西陵曰億年

雜録

漢宮中謂之禁中謂宮中門閤有禁非侍衛通籍之臣不得妄入通籍謂記名於門通出入禁門也籍者爲二尺竹牒記其年紀名字物色縣宮門案省相應乃得入行道豹尾中亦視禁中謂天子出行道中則有儀衛豹尾至孝元皇后父名禁避之改曰省中省察也言出入禁中皆當省察不可妄也

鹵簿天子出車駕次第謂之鹵簿有大駕有法駕有小駕大駕則公卿奉引大將軍參乘太僕御屬車八十一乘古者諸侯二車九乘秦滅六国兼其車服漢依秦制故大駕八十一乘屬者言相聯屬不絕也作三行尚書御史乘之備千乘萬騎出長安出祠天於甘泉

備之百官有其儀注名曰甘泉鹵簿法駕京兆尹奉引侍中參乘奉車郎御屬車三十六乘北郊明堂則省副車小駕祠宗廟用之

清道謂天子將出或有齋祠先令道路掃灑清淨

静室天子出入警蹕舊典行幸所至必遣静室令先按行清淨殿中以虞非常蔡邕獨斷曰天子所至曰幸幸者宜幸也世俗謂車駕所至臣民被其澤以僥倖故曰幸也

離宫天子出遊之宮也

行在所天子以四海爲家不以京師宮室居處爲常則當乘車輿以行天下天子至尊臣下不敢媟瀆言之故託之於乘輿或謂之車駕車輿所至奏事皆曰行在

陛下陛所由陞堂也天子必有近臣執兵階陛以戒不虞臣下與天子言不敢指斥天子故呼在殿陛下以告之故稱陛下因卑達尊之意也上書亦如之如羣臣士庶相與語曰閤下足下之屬

繭館漢宮闕䟽云上林苑有繭館蓋蠶繭之所也

蠶室行腐刑之所也司馬遷下蠶室

鍾室在長樂宮高祖縛韓信置鍾室中

作室上方工作之所

長安御溝謂之楊溝謂植高楊於其上也

闕觀也周置兩觀以表宮門其上可居登之可以遠觀故謂之觀人臣將朝至此則思其所闕

塾門外舍也臣來朝君至門外當就舍更熟詳所應對之事塾之言熟掖門在兩旁如人臂掖也

闈闥宮中小門也

永巷永長也宮中之長巷幽閉宮女之有罪者武帝時改為掖庭置獄焉列女傳周宣王姜后脫簪珥侍罪永巷

蠻夷邸在長城內藁街藁街街名蠻夷邸在此街若今鴻臚館

關中八水皆出入上林苑○霸水出藍田谷西北入渭○滻水亦出藍田谷北至霸陵入霸○涇水出定安涇陽开頭山東至陽陵入渭○渭水出隴西首陽縣鳥鼠同穴山東北至華陰入河○豐水出鄠南山豐谷北入渭○鎬水在昆明池北○牢水出鄠縣西南入潦谷北

流入渭○滈水在杜陵從皇子陂西北流經昆明池入渭

三輔黃圖卷之六

（清）曹雪芹 著

脂硯齋重評石頭記庚辰本

第四册

國家圖書館出版社

第四册目録

石頭記

第三十回　至四十回

脂硯齋凡四閱評過

撕扇子作千金一笑　因麒麟伏白首雙星

訴肺腑情迷活寶玉　含耻辱情烈死金釧

手足眈〻小動唇舌　不肖種〻大承笞撻

情中情因情感妹〻　錯裡錯以錯勸哥〻

白玉釧親嘗蓮葉羹　黃金鶯巧結梅花絡

綉鴛鴦夢兆絳芸軒　識分定情悟梨花院

秋爽齋偶結海棠社　蘅蕪苑夜擬菊花題

林瀟湘魁奪菊花詩　薛蘅蕪諷和螃蟹詠

村嫽〻是信口開河合　情哥〻偏尋根究底

史太君兩宴大觀園　金鴛鴦三宣牙牌令

脂硯齋重評石頭記

撕扇子是以不知情之物供姣嗔不知情時之人一笑所謂情不情

金玉姻緣已定又寫一金麒麟是間色法也何顰兒為其所惑故顰兒謂情情

脂硯齋重評石頭記巻之

第三十一回

撕扇子作千金一咲　因麒麟伏白首雙星

話説襲人見了自己吐的鮮血在地也就冷了半截想着往日常听人説少年吐血年月不保縱然命長終是廢人了想起此言不覺將素日想着後来争榮誇耀之心尽皆灰了眼中不覺滴下淚来宝玉見他哭了也不覺心酸起来因問道你心裡覺的怎広様襲人勉強咲道好〻的覺怎広呢宝玉的意思即刻便要叫人盪黄酒要山羊血黎洞丸来襲人拉了他的手咲道你這一鬧不大緊鬧多少人来到抱怨我輕狂分明人不知道到鬧的人知道了你也不好我也不好正經明兒你打發小子問〻王太医去弄点子藥吃〻就好了人不知

鬼不覺的可不好宝玉听了有理也只得罷了向案上斟了茶来給襲人漱了口襲人知宝玉心内是不安穩的待要不叫他伏侍他又未必不依二則定要驚動別人不如由他去罷因此只在榻上由宝玉去伏侍一交五更宝玉也顧不的梳洗忙穿衣出来將王濟仁叫来親自確問王濟仁問其原故不過是傷損便説了個丸藥的名子怎庅服怎庅敷宝玉記了回園依方調治不在話下這日正是端陽佳節蒲艾簪門虎符繫背午間王夫人治了酒席請薛家母女等賞午宝玉見宝釵淡淡的也不和他説話自知是昨兒的原故王夫人見宝玉沒精打彩也只當是為金釧兒昨日之事他沒好意思的越發不里他林代玉見宝玉懶懶的只當是他因為得罪了宝釵的原故心中不自在形容也就懶懶的鳳姐昨日晚間王夫人就告訴了他宝玉金釧的事知道王夫人不自在自

已如何敢說咲也就隨着王夫人的氣色行事便覺淡〻的賈迎春姊妹見衆人無意思也都無意思了因此大家坐了一坐就散了林代玉天性喜散不喜聚他想的也有個道理他說人有聚就有散聚時欢喜到散時豈不清冷既清冷則生傷感所以不如到是不聚的好比如那花開時令人愛慕謝時則增惆悵所以到是不開的好故此人以為喜之時他反以為悲那宝玉的情性只願常聚生怕一時散了添悲那花只愿常開生怕一時謝了沒趣只到筵散花謝虽有萬種悲傷也就無可如何了因此今日之筵大家無興散了林代玉到不覺得到是宝玉心中悶〻不樂回至自己房中長吁短嘆偏生晴雯上来換衣服不妨又把扇子失了手跌在地上將股子跌折宝玉因嘆道蠢才〻〻將来怎麼樣明日你自己當家立事難道也是這麼顧前不顧後的晴雯冷咲道二爺

近来氣大的狠行動就給臉子瞧前兒連襲人都打了今兒又来尋我們的不
是要踢要打憑爺去就是跌了扇子也是平常的事先時連那庅樣的玻璃缸
瑪瑙碗不知弄坏了多少也沒見个大氣兒這会子一把扇子就這庅着了何
苦来要嫌我们就打發我们再挑好的使好离好散的到不好宝玉听了這些
話氣的渾身乱战因説道你不用忙将来有散的日子襲人在那边早已听見
忙赶過来向宝玉道好〻的又怎庅了可是我説的一時我不到就有事故兒
晴雯听了冷嘆道姐〻既会説就該早来也省了爺生氣自古一来就是你一
个人伏侍爺的我们原没伏侍過因為你伏侍的好昨日纔挨窝心脚我们不
会伏侍的到明兒还不知是个什庅罪呢襲人听了這話又是惱又是愧待要
説几句話又見宝玉已経氣的黄了臉少不得自己忍了性子推晴雯道好妹

妹你出去逛逛原是我們的不是晴雯听他說我們兩个字自然是他和宝玉了不覺又添了酸意冷哏几声道我到不知道你們是誰別教我替你們害臊了便是你們鬼鬼崇崇幹的那事兒也瞞不過我去那里就稱起我們来了明公正道連个姑娘还沒挣上去呢也不過和我似的那里就稱上我們了襲人羞的臉紫脹起来想一想原来是自己把話說錯了宝玉一面說你們氣不忿我明兒偏抬舉他襲人忙拉了宝玉的手他一个糊塗人你和他分証什麼况且你素日又是有担待的比這大的過〔事〕去了多少今兒是怎麼了晴雯冷笑道我原是糊塗人那里配和我說話呢襲人聽說道姑娘到是和我辯嘴呢是和和二爺辯嘴呢要是心里惱我你只和我說不犯着當着二爺吵要是惱二爺不該這們吵的萬人知道我纔也不過為了事進来劝開了大家〔安静〕保重姑娘到

尋上我的晦氣又不像是惱我又不像是惱二爺夾槍帶棒終久是个什広主意我就不多說讓你說去說着便往外走宝玉向晴雯道你也不用生氣我也猜着你的心事了我回太〻去你也大了打發你出去好不好晴雯听見了這話不覺又傷起心來含淚說道為什広我出去要嫌我〔變〕着法兒打發我出去也不能彀宝玉道我何曾経過這个吵鬧一定是你要出去了不如回太〻打發你去罢說着站起來就要走襲人忙回身攔住咲道往那里去宝玉道回太太去襲人咲道好沒意思真个的去回你也不怕燥了便是他認真的要去也䒭把這氣下去了䒭無事中說話兒回了太〻也不遲這会子急〻的當作一件正經事去回豈不叫太〻犯疑宝玉道太〻必不犯疑我只明說是他鬧着要去的晴雯哭道我多早晚鬧着要去了饒生了氣还拿話壓派我只管去回

我一頓磞死了也不出這門兒宝玉道這也奇了你又不去你又鬧些什庅我經不起這吵不如去了到干浄説着一定要去回襲人見攔不住只浔跪下了碧痕秋紋麝月等衆丫環見吵鬧都鴉雀無聞的在外頭听消息這会子听見襲人跪下央求便一齊進来都跪下了宝玉忙把襲人扶起来嘆了一声在床上坐下叫衆人起去向襲人道叫我怎庅樣纔好這个心使碎了也沒人知道説着不覺滴下淚来襲人見宝玉流下淚来自己也就哭了晴雯在傍哭着方欲説話只見林代玉進来便出去了林代玉咲道大節下怎庅好々的哭起来了难道是為争粽子吃争惱了不成宝玉和襲人嗤的一咲代玉道二哥々不告訴為我々問你就知道了一面説一面拍着襲人的肩咲道好嫂子你告訴我必定是你两个辦了嘴了告訴妹々替你们和勸々々襲人推他道林姑娘你

鬧什庅我們一个丫頭姑娘只是混說代玉咲道你說你是丫頭我只拿你當嫂子待宝玉道你何苦来替他招罵名兒饒這庅着还有人說閑話还擱的住你来說他襲人咲道林姑娘你不知道我的心事除非一口氣不来死了到也罷了林代玉咲道你死了別人不知怎庅樣我就先哭了宝玉咲道你死了我作和尚去襲人咲道你老實些罷何苦还說這些話林代玉道把兩个指頭一伸抿嘴咲道作了兩个和尚了我從今已後都記着你作和尚的遭数兒宝玉听得知道是他点前兒的話自己一咲也就罷了一時代玉去後就有人說薛大爺請宝玉只得去了原來是吃酒不能推辭只得尽席而散晚間回来已帶了几分酒踉蹌來至自已院内只見院中早把乘凉枕榻設下榻上有个人睡着宝玉只當是襲人一面在榻沿上坐下一面推他問道疼的好些了只見那人

翻身起来說何苦来又招我宝玉一看原来不是襲人却是晴雯宝玉將他一拉〻在身傍坐下咲道你的性子越發慣嬌了早起就是跌了扇子我不過說了那兩句你就說上那些話說我也罷了襲人好意来劝你又拮上他你自己想〻該不該晴雯道怪熱的拮〻扯〻作什庅叫人来看見作什庅我這身子也不配坐在這裡宝玉咲道你既知道不配為什庅睡着呢晴雯沒的話嗤的又咲了說你不来便使得你来了就不配了起来讓我洗澡去襲人麝月都洗了澡我叫了他們来宝玉咲道我纔又吃了好些酒还得洗一洗你既沒有洗拿了水来偺們兩个洗晴雯搖手咲道罷〻我不敢惹爺还記得碧痕打發你洗澡足有兩三个時辰也不知道作什庅呢我們也不好進去的後来洗完了進去瞧〻地下的水淹着床腿連蓆子上都汪着水也不知是怎庅洗了咲了

几天我也没那工夫収什也不用同我洗去今兒也凉快那会子洗了可也不用我到舀一盆水来你洗〻臉通〻頭纔剛鴛央送了好些菓子都湃在那水晶缸里呢叫他们打發你呢宝玉咲道既這庅着你也不許洗去只洗〻手来拿菓子来吃罢晴雯咲道我慌張的狠連扇子还跌折了那里还配打發吃菓子倘或再打破了盤子还更了不得呢宝玉咲道你愛打就打這些東西原不過是借人所用你愛這樣我愛這樣各自性情不同比如那扇子原是搧的你要撕着頑也可以使的只是不可生氣時拿他出氣就如盃盤原是盛東西的你喜听那声响就故意的碎了也可以使得只是別在生氣時拿他出氣這就是愛物了晴雯听了咲道既這庅說你就拿了扇子来我撕我最喜欢撕的宝玉听了便咲着遞与他晴雯果然接過来嗤的一声撕了兩半接着嗤〻又听

几声宝玉在傍咲着説响的好再撕响些正説只見麝月走過来咲道少作些孽罢宝玉赶上来一把将他手里的扇子也奪了遞与晴雯〻〻接了也撕了几半子二人都大咲麝月道這是怎庅説拿我的東西開心兒宝玉咲道打開扇子匣子你揀去什庅好東西麝月道既這庅説就把匣子搬了出来讓他儘力的撕豈不好宝玉咲道你就搬去麝月道我可不造這孽他也没折了手叫他自己搬去晴雯咲着倚在床上説道我也乏了明兒再撕罢宝玉咲道古人云千金难買一笑几把扇子能值几何一面説着一面叫襲人〻〻纔換了衣服走出来了頭佳蕙過来拾去破扇大家乘涼不消細説至次日午間王夫人薛宝釵林代玉衆姊妹正在賈母房内坐着就有人回史大姑娘来了一時果見史湘雲帶領衆多了环媳婦走進院来宝釵代玉等忙迎至堦下相見青年姊

妹間經月不見一旦相逢其親密自不必細說一時進入房中請安問好都見過了賈母因說天熱把外頭的衣服脫〻罢史湘雲忙起來寬衣王夫人因笑道也没見穿上這些作什広史湘雲笑道都是二嬸子叫穿的誰愿意穿這些宝釵一傍笑道姨娘不知他穿衣裳还更愛穿别人的衣裳可記得旧年三月里他在這里住着把宝兄弟的袍子穿上靴子也穿上額子也勒上猛一瞧到像是宝兄弟就是多兩个墜子他站在那椅子後边哄的老太太只是叫宝玉你過来仔細那上頭掛的灯穗子招下灰来迷了眼他只是笑也不過去後来大家掌不住笑了老太〻纔笑了說到扮上男人好看了林代玉道這算什広惟有前年正月里接了老娘来了没兩日就下起雪来老太〻和旧母那日想是纔拜了影回来老太〻的一个新〻的大紅猩〻毡斗篷放在那里誰知眼錯不

見他就披了又大又長他就拿了个汗巾子攔腰繫上和丫頭們在後院子撲
雪人兒去一跤栽到溝跟前弄了一身泥水說着大家想着前情都咲了宝釵
咲向那周奶媽道周媽你們姑娘还是那庅淘氣不淘氣了周奶娘也咲了迎
春笑道淘氣也罷了我就嫌他愛說話也沒見睡在那里还是咭咭呱呱咲一
陣說一陣也不知那里來的那些話王夫人道只怕如今好了前日有人家來
相着眼見有婆婆家了还是那們着賈母因問今兒还是住着还是家去呢周
奶娘咲道老太太沒有看見衣服都帶了來可不住两天史湘雲問道宝玉哥
哥不在家庅宝釵咲道他再不想着別人只想宝兄弟两个人好憨的（癖性好頑都合式）這可見
还沒改了淘氣賈母道如今你們大了別提小名兒了剛只說着只見宝玉來
了咲道雲妹妹來了怎庅前兒打發人接你去怎庅不來王夫人道這里老太

太總說這一个他又來提名道姓的了林代玉道你哥〻得了好東西寺着你呢史湘雲道什庅好東西宝玉咲道你信他呢几日不見越發高了湘雲咲道襲人姐〻好宝玉道多謝你記罣湘雲道我給他帶了好東西來了說着拿出手帕子來挽着一个吃踏宝玉道什庅好的你到不如把前兒送來的那種絳紋石的戒指兒帶兩个給他湘雲咲道這是什庅說着便打開眾人看時果然就是上年送來的那絳紋戒指一包四个林代玉咲道你們瞧〻他這主意前兒一般的打發人給我們送了來你就把他的也就帶來豈不省事今兒巴〻的自已帶了來我當又是什庅新奇東西原來还是他真〻你是糊塗人史湘雲咲道你才糊塗呢我把這理說出來太家評一評誰糊塗給你們送東西就是使人來不用說話拿進來一看自然就知是送姑娘們的了若帶他們的東西這得

我先告訴來人這是那一个丫頭的那是那一个丫頭的那使來的人明白还好再糊塗些丫頭的名字他也不記得混鬧胡說的反連你們的東西都攪糊塗了若是打發个女人素日知道的还罢了偏生前兒又打發小子來可怎広說丫頭們的名字呢横豎我來給他們帶來豈不清白說着把四个戒指放下說道襲人姐ゝ一个鴛鴦姐ゝ一个金釧兒姐ゝ一个平兒姐ゝ一个這到是四个人的难到小子們也記得這們清白衆人听了都咲道果然明白宝玉咲道还是這広会說話不讓人林代玉听了冷咲道他不会說話他的金麒麟会說話一面說着便起身走了幸而諸人都不曾听見只有薛宝釵抿嘴一咲宝玉ゝ听見了到自己後悔又說錯了話忽見宝釵一咲由不得也咲了宝釵見宝玉ゝ咲了忙起身走開找了林代玉去說話賈母向湘雲道吃了茶歇一歇瞧ゝ

你的嫂子们去園里也凉快同你姐〻们去逛逛湘雲荅應了將三个戒指兒色上歇了一歇便起身要瞧鳳姐等人去衆奶娘丫頭跟着到了鳳姐那里說咲了一回出来便往大观園来見過了李宫裁少坐片時便往怡紅院来找襲人因回頭說道你们不必跟着只管瞧你们的朋友親戚去留下翠縷伏侍就是了衆人听了自去尋姑覔嫂早剩下湘雲翠縷兩个人翠縷道這荷花怎広还不開史湘雲道時候没到翠縷道這也合咱们家池子里的一樣也是樓子花嗎湘雲道他们這个还不如咱们的翠縷道他们那边有顆石榴接連四五枝真是樓子上起樓子這也難為他長史湘雲道花草也是同人一樣氣脉充足長的就好翠縷道我不信這話若說同人一樣我怎広不見頭上又長出一个頭来的人湘雲听了由不得一咲說道我說你不用說話你偏好說這叫人怎広好

答言天地間都賦阴阳二氣所生或正或邪或奇或怪千变萬化都是阴阳順逆多少一生出來人罕見的就奇究竟理还是一樣翠縷道這広説起来従古至今開天闢地都是阴阳了湘雲咲道糊塗東西越説越放屁什広都是些阴阳难道还有个阴阳不成阴阳两个字还只是一字阳盡了就成阴〻盡了就成阳不是阴尽了又有个阳生出來阳尽了又有个阴生出来翠縷道這糊塗死了我什広是个阴阳没影没形的我只问姑娘這阴阳是怎広个樣兒湘雲道阴阳有什広樣兒不過是个氣器物賦了成形比如天是阳地就是阴水是阴火就是阳日就是阳月就是阴翠縷听了咲道是了〻〻我今兒可明白了怪道人都管着日頭叫太阳呢筭命的管着月亮叫什広太阴星就是這个理了湘雲咲道阿弥陀佛剛〻的明白了翠縷道這些大東西有阴阳也罷了难

到那些蚊子虼蚤蠓虫兒花兒草兒瓦片兒磚頭兒也有陰陽不成湘雲道怎広有没陰陽的呢比如那一个樹葉兒还分陰陽呢那边向上朝陽的便是陽這边背陰覆下的便是陰翠縷听了点頭咲道原来這樣我可明白了只是偺们這手里的扇子怎広是陽怎広是陰呢湘雲道這边正面就是陽那边反面就為陰翠縷又点頭笑了还要我几件東西问因想不起来了什広来猛低頭就看見湘雲宮絛上繫的金麒麟便提起来笑道姑娘這个难道也有陰陽湘雲道走獸飛禽雄為陽雌為陰牝為陰牡為陽怎広没有呢翠縷道這是公的到底是母的呢湘雲道這連我也不知道翠縷道這也罢了怎広東西都有陰陽偺们人到没有陰陽呢湘雲照臉啐了一口道下流東西好生走罢越问越问出好的来了翠縷咲道這有什広不告訴我的呢我也知道了不用难我湘雲

咲道你知道什庅翠縷道姑娘是阳我就是阴説着湘雲拿手帕子握着嘴呵

呵的咲起来翠縷道説是了就笑的這様了湘雲道狠是〻〻翠縷道人規矩

主子為陽奴才為陰我連這大道理也不懂得湘雲咲道你狠懂得一面説一

面走剛到薔薇架下湘雲道你瞧那是誰吊的首飾金晃〻在那里翠縷听了

忙赶上拾在手里攥着咲道可分出阴阳来了説着先拿史湘雲的麒麟瞧湘

雲要他揀的瞧翠縷只管不放手咲道是件宝貝姑娘瞧不得這是從那里来

的好奇怪我沒来在這里沒見有人有這个湘雲道拿来我看翠縷將手一撒

咲道請看湘雲舉目一驗却是文彩輝煌的一个金麒麟比自巳配的又大又

有文彩湘雲伸手擎在掌上只是默〻不語正自出神忽見宝玉從那边来了

咲問道你两个在這日頭底下作什庅呢怎庅不找襲人去湘雲連忙將那麒

麟藏起道正要去呢偺们一處走說着大家進入怡紅院來襲人正在堦下倚
檻追風忽見湘雲來了連忙迎下來携手咲說一向別情况一时進來歸坐宝
玉因咲道你該早來我淂了一件好東西専等你呢說着一面在身上摸掏々
了半天呵呀了一声便问襲人那个東西你収起來了庅襲人道什庅東西宝
玉道前兒淂的麒麟襲人道你天々帶在身上的怎庅问我宝玉听了將手一
拍說道這可丢了往那里我去就要起身自己尋去湘雲听了方知是他遺落
的便咲问道你几时又有了麒麟了宝玉道前兒好容易得的呢不知多早晚
丢了我也糊塗了湘雲咲道幸而是頑的東西还是這庅慌張說着將手一撒
你瞧々是這个不是宝玉一見猶不淂欢喜非常因說道不知是如何且听下
回分解

後数十回若蘭在射圃所佩之麒麟正此麒麟也提綱伏于此回中所謂草蛇灰線在千里之外

脂硯齋重評石頭記

前明顯祖湯先生有怀人詩一截讀之堪合此回故録之以待知音

無情無尽却情多　情到無多得尽庅

解到多情々尽處　月中無樹影無波

脂硯齋重評石頭記卷之

第三十二回

訴肺腑心迷活宝玉　含耻辱情烈死金釧

話説宝玉見那麒麟心中甚是欢喜便伸手来拿咲道虧你揀着了你是那里揀的史湘雲咲道幸而是這个明兒倘或把印也丢了难到也就罢了不成宝玉咲道到是丢了印平常若丢了這个我就該死了襲人斟了茶来与史湘雲吃一面咲道大姑娘听見前兒你大喜了史湘雲紅了臉吃茶不荅襲人道這会子又害燥了你还記得十年前偺们在西边煖阁住着晚上你同我説的話兒那会子不害燥這会子怎広又害燥了史湘雲咲道你还説呢那会子偺们那広好後来我们太〻没了我家去住了一程子怎広就把你派了跟二哥〻

我来了你就不像先待我了襲人咲道你还説呢先姐〻長姐〻短哄着我替
你梳頭洗臉作這个美那个如今大了就拿出小姐的款来(兒)你既拿(出)小姐的款(来)
我怎敢親近呢史湘雲道阿弥陀佚寃枉寃哉我要這様就立刻死了你瞧〻
這広大熱天我来了必定赶(着)来先瞧〻你不信你问〻縷兒我在家時〻刻〻
那一回不念你幾声話未(説)了忙的襲人和宝玉都劝道頑話你又認真了还是
這広性急史湘雲道你不説你的話噎人到説人性急一面説一面打開手帕
子將戒指遞与襲人〻〻感謝不尽因咲道你前兒送你(姑娘)姐〻们的我已得了
今兒你親自又送来可見是沒忘了我只這个就試出你来了戒指兒能值多
少可見你的心真史湘雲道是誰給你的襲人道是宝姑娘給我的湘雲咲道
我只當是林姐〻給你的原来是宝釵姐〻給了你我天〻在家裡想着這些

姐〻们再沒一个比宝姐〻好的可惜我们不是一个娘養的我但凡有這広个親姐〻就是沒了父母也是沒方碍的說着眼睛圈兒就紅了宝玉道罢〻罢不用題這个話史湘雲道題了便怎広我知道你的心病恐怕你的林妹〻听見又怪嗔我讚了宝姐〻可是為這个不是襲人在傍唵的一咲說道雲姑娘你如今大了越發心直口快了宝玉咲道我說你们這几个人難說話果然不錯史湘雲道好哥〻你不必說話教我悪心只会在我们跟前說話見了你林妹〻又不知怎広了襲人道且别說話正有一件事还要求你呢史湘雲便问什広事襲人道有一双鞋摳了墊心子我這两日身上不好不得做你可有工夫替我做〻史湘雲咲道這又奇了你家放着這些巧人不算还有什広針線上的裁剪上的怎広教我做起來你的活計叫誰做誰不好意不做呢襲人

咲道你又糊塗了你難道不知道我们這屋里的針線是不要那些針線上的人做的史湘雲听了便知是宝玉的鞋了因咲道既這庅說我就替你做了罢只是一件你的我纔作別人的我可不能襲人咲道又来了我是个什庅就煩你做鞋了實告訴你可不是我的你別管是誰的橫竪我領情就是了史湘雲道論理你的東西也不知煩我做了多少了今兒我到不做了的原故你必定也知道襲人道到也不知道史湘雲冷咲道前兒我听見把我做的扇套子拿着和人家比賭氣又鉸了我早就听見了你还瞞我這会子又叫我做我成了你们的奴才了宝玉忙笑道前兒的那事本不知是你做的襲人也咲道他本不知是你做的是我哄他的話說是新近外頭有个会做活的女孩子說扎的出奇的花我叫他拿了一个扇套子試〻看好不好他就信了拿出去給這个瞧

給那个嗇的不知怎庅又惹惱了林姑娘鉸了兩段回来他还叫着〔再〕做去我纔說了是你作的他後悔的什庅似〔是〕的史湘雲道越發奇了林姑娘他也犯不上生氣他既会剪〔鉸〕就叫他做襲人道他可不作呢饒这庅着老太〻还怕他勞碌着了大夫又說好生静養纔好誰还煩他做旧年好一年的工夫做了个香袋兒今年半年还沒見拿針線呢正說着有人来回說興隆街的大爺来了老爺叫二爺出去會〔見〕宝玉听了便知是賈雨村来了心中好不自在襲人忙去拿衣服宝玉一面蹬着靴子一面抱怨道有老爺和他坐着就罢了回〻定要見我史湘雲一边搖着扇子咲道自然你能会賓接客老爺纔叫你出去呢宝玉道那里是老爺都是他自己要請我去見的湘雲咲道主雅客来勤自然你有些警他的好處他纔只要会你宝玉道罢〻我也不敢稱雅俗中又俗的一个人

並不愿意同這些人往来湘雲咲道还是這个情性不改如今大了你就不愿讀書去考舉人進士的也該常々的会々這些為官做宰的人們談々講々些仕途經濟的學问也好將来應酬世務日後也有个朋友沒見你成年家只在我們隊里攪些什麽宝玉听了道姑娘請別的姊妹屋里坐々我這里仔細汚了你知經濟學问的襲人道雲姑娘快別說這話上回也是宝姑娘也說過一回他也不管人臉上過的去過不去他就咳了一声拿起脚来走了這里宝姑娘的話也沒說完見他走了登時羞的臉通紅說又不是不說又不是幸而是宝姑娘那要是林姑娘不知又鬧到怎麽樣哭的怎麽樣呢提起這个話来真々的宝姑娘叫人敬重自己趣了一会子去了我到過不去只當他惱了誰知過後还是照旧一樣真々有涵養心地寬大誰知這一个反到同他生分了那林

姑娘見你賭氣不理他你淂賠多少不是呢宝玉道林姑娘從来説過這些混賬話我早和他生分了襲人和湘雲都点頭咲道這原是混賬話原来林代玉知道史湘雲在這裡宝玉又赶来一定説麒麟的原故因此心下忖度着近日宝玉弄来的外傳野史多半才子佳人都因小巧玩物上撮合或有鴛鴦或有鳳凰或玉环金珮或鮫帕鸞縧皆由小物而遂終身今忽見宝玉亦有麒麟便恐此生隙同史湘雲也做出那些風流佳事来因而悄悄走来見机行事以察二人之意不想剛走来正听見史湘雲説經濟事宝玉又説林妹妹不説這樣混賬話若説這話我也和他生分了林代玉听了這話不覺又喜又驚又悲又嘆所喜者果然自己眼力不錯素日認他是個知己果然是個知己所驚者他在人前一片私心称揚于我其親熱厚密不避嫌疑所嘆者你既為我之知己自然

我亦可為你之知己矣既你我為知己則又何必有金玉之論哉既有金玉之論亦該你我有之則又何必来一宝釵哉所悲者父母早逝虽有銘心刻骨之言無人為我主張况近日每覺神思恍惚病已漸成医者更云氣弱血虧恐致劳怯之症你我虽為知己但恐自不能久待你縱為知己奈我薄命何想到此間不禁滚衣淚来待進去相見自覺無味便一面拭淚一面抽身回去了這里宝玉忙忙的穿了衣裳出来忽見林代玉在前面慢慢的走着似有拭淚之狀便忙赶上来咲道妹妹往那里去怎庅又哭了又是誰得罪了你林代玉回頭是宝玉便勉強咲道好好的我何曾哭了宝玉咲道你瞧瞧眼睛上的淚珠子未乾还撒謊呢一面說一面禁不住抬起手来替他拭淚林代玉忙向後退了几步說道你又要死了作什庅這庅動手動脚的宝玉咲道說話忘了情不覺

的動了手也就顧不的死活林代玉道你死了到不值什么只是丢下了什么金又是什么麒麟可怎么樣呢一句話又把宝玉說急赶上来问道你还說話到底是咒我还是氣我呢林代玉見问方想起前日的事来遂自悔自已又說造次了忙咲道你别着急我原說錯了這有什么的筋都暴起来急的一臉汗一面說一面禁不住近前伸手替他拭面上的汗宝玉瞅了半天方說道你放心三个字林代玉听了怔了半天方說道我有什么不放心的我不明白這話你到說說怎么放心不放心宝玉嘆了一口氣问道你果不明白這話难到我素日在你身上的心都用錯了連你的意思若体貼不着就难怪你天天為我生氣了林代玉道果然我不明白放心不放心的話宝玉嘆頭嘆道好妹妹你别哄我果然不明白這話不但我素日之意白用了且連你素日待我之意也

都辜負了你皆因總是不放心的原故纔弄了一身病但凡寬慰些〻這病也不
得一日重似一日林代玉听了這話如轟雷掣電細〻思之竟比自己肺腑中
掏出来的还覔懇切竟有萬句言語滿心要説却是半个字也不能吐却怔〻
的望着他此時宝玉心中也有萬句言語不知從那一句上説起却也怔〻的
望着代玉兩个人怔了半天林代玉只咳了一声兩眼不覺滚下泪来回身便
要走宝玉忙上前説道好妹〻且畧站住我説一句話再走林代玉一面拭泪一
面將手推開説道有什庅可説的你的話我早知道了口里説着却頭也不回
竟去了宝玉站着只管發起獃来原来方纔出来慌忙不曾帶得扇子襲人怕
他熱忙拿了扇子赶来送与他忽抬頭見了林代玉和他站着一時代玉走了
他还站着不動因而赶上來説道你也不帶了扇子去虧我看見赶了送来宝

玉出了神見襲人和他說話並未看出是何人來便一把拉住說道好妹〻我

的這心事從來也不敢說今兒我大胆說出來死也甘心我為你也弄了一身

的病這(了)里又不敢告訴人只好掩着只等你的病好了只怕我的病纔得好呢

睡里夢里也忘不了你襲人听了這話嚇得魄消魂散只教神天菩薩坑死我

了便推他道這是那里的話敢是中了邪还不快去宝玉一時醒過方知是襲

人送扇子来羞的滿面紫漲奪了扇子便忙〻的抽身跑了這里襲人是(見)他去

了自思方才之言一定是代玉而起如此看来將来难免不才之事令人可驚

可畏想到此间也不覺怔〻(的)滴下淚来心下暗度(想)如何處治(置)方免此醜禍正裁

疑(度)间忽有宝釵從那边走来咲道大毒日頭地下出什庅神呢襲人見問忙咲

道那边兩个雀兒打架到也好頑我就看住了宝釵道宝兄弟這会子穿了衣

服忙〻的那去了我纔〻看見走過去到要叫住问他呢他如今說話越發沒了
經緯我故此沒叫他了由他過去罷襲人道老爺叫他出去寶釵听了忙道噯
喲這麼黄天署熱的叫他做他麼别是想起什麼来生了氣叫出去教訓一塲
襲人咲道不是這个想是有客要会寶釵咲道這个客也沒意思這麼熱天不
在家里涼快还跑些什麼襲人咲道到是你說〻罷寶釵因而问道雲丫頭在
你们家做什麼呢襲人咲道纔說了一會子閑話你瞧我前兒粘的那雙鞋明
兒叫他做去寶釵听見這話便兩边回頭看無人来往便咲道你這麼个明白
人怎麼一時半刻的就不会體人情我近来看着雲丫頭神情再風里言風里
語的听起来那雲丫頭在家里竟一点兒作不得主他们家嫌費用大竟不用
那些針線上的人差不多的東西多是他们娘兒们動手為什麼這几次他来

了他和我説話兒見沒人在跟前他就説家里累的狠我再问他兩句家常過日子話他就連眼圈紅了口里含々糊々待説不説的想其形景来自然從小兒沒爹娘的苦我看着他也不覺的傷起心来襲人見説這話將手一拍説是了々々怪道上月我煩他打十根蝴蝶結子過了那些日子纔打發人送来还説打的粗且在別處能着使罢要匀凈的等明兒来住着再好生打罢如今听宝姑娘這話想来我们煩他々不好推辞不知他在家里怎庅三更半夜的做呢可是我也糊塗了早知是這樣我也不煩他了宝釵道上次他就告訴我在家里做活做到三更天若是替別人做一点半点他家的那些奶々太々们还不受用呢襲人道偏々我们那牛心的小爺憑着小的大的活計一槩不要家里這些活計上的人作我又丢不開這些宝釵咲道你里他呢只管叫人做

去只說是你做的就是了襲人道那里哄的信他〻纔是認得出來呢說不得
我只好慢〻的累去罢了宝釵咲道你不必忙我替你作些如何襲人咲道當
真的這樣就是我的福了晚上我親自送過來一句話未了忽見一个老婆子
忙〻走來說道這是那里說起金釧兒姑娘好〻的投井死了襲人唬了一跳
忙问那个金釧兒那老婆子道那里还有两个金釧兒呢就是太〻屋里的前
兒不知為什庅攆他出去在家里哭天哭地的也都不理会他誰知找他不見
了剛纔打水的人在那東南角上井里打水見一个尸首赶着叫人打捞起来
說（纔）知是他〻們家里还只管乱着要救活那里中用了宝釵道這也奇了襲人
听說点頭讚嘆想素日同氣之情不覺流下淚來宝釵听見這話忙向王夫人
處來道安慰這里襲人回去不提却說宝釵來至王夫人處只見鴉雀無闻独

有王夫人在里间房内坐着垂淚宝釵便不好提這事只得一傍坐了王夫人便问你從那里来宝釵道從园里来王夫人道你從园里来可見你宝兄弟宝釵道纔到着見了他穿了衣服出去了不知那里去王夫人点頭哭道你可知道一樁奇事金釧兒忽然投井死了宝釵見說道怎么好〻的投井這也奇了王夫人道原是前兒他把我一件東西弄壞了我一時生氣打了他几下攆了他下去我只說氣他兩天还叫他上来誰知他這么氣性大就投井死了豈不是我的罪過宝釵嘆道姨娘是慈善人故然這么想據我看来他並不是賭氣投井多半他下去住着或是在井跟前憨[貪]頑失了脚吊下去的他在上頭拘束慣了這一出去自然要到各處去頑〻逛〻豈有這樣大氣的理縱然有這樣大氣也不過是了糊塗人也不為可惜王夫人点頭嘆道這話雖然如此說到底

我心不安宝釵嘆道姨娘也不必念〻于茲十分過不去不過多賞他几两銀子發送他也就盡主僕情了王夫人道剛纔我賞了他娘五十两銀子原要还把你妹〻們的新衣服拿两套兒給他粧裹誰知鳳丫頭說可巧都沒什麼新做的衣服只有你林妹〻作生日的两套我想你林妹〻那孩子素日是个有心的況且他也三災八难的既說了給他過生日這会子又給人粧裹去豈不忌諱因為這麼樣我現叫裁縫赶两套給他要是别的丫頭賞他几两銀子也就完了只是金釧兒虽然是丫頭素日在我跟前比我的女兒也差不多口里說着不覺淚下宝釵忙道姨娘這会子又何用叫裁縫赶去我前兒到做了两套拿来給他豈不省事況且他活着的時候也穿過我的旧衣服身量又相對王夫人道虽然這樣难道你不忌諱宝釵笑道姨娘放心我從来不計較這些

一面説一面起身就走王夫人忙叫了兩个人来跟宝姑娘去一時宝釵取了衣服回来只見宝玉在王夫人傍边坐着垂泪王夫人正纔説他因宝釵来了却掩了口不説了宝釵見此光景察言覌色早知覺了八分于是將衣服交割明白王夫人將他母親叫来拿了去再着下回便知

脂硯齋重評石頭記卷之

第三十三回

手足眈〻小動唇舌　不肖種〻大承笞撻

却說王夫人喚他母親上来拿几件簪环當面賞与(他)又吩咐請几衆僧人念經超度他母親磕頭謝了出去原来宝玉会過雨村回来听見了便知金釧兒含羞賭氣自盡心中早又五分摧傷(感)進来被王夫人数落教訓也無可回說(答)見宝釵進来方得便出来茫然不知何往背着手低頭一面感嘆一面慢〻的走着信步来至廳上剛轉過屏門不想對面来了一人正往里走可巧兒撞了個滿懷只听那一人喝了一声站住宝玉唬了一跳抬頭一看不是别人却是他父親不覺的倒抽了一口氣只得垂手一傍站了賈政道好端〻的你垂頭喪氣嗐(咳)

些什庅方才雨村来了要見你那半天你纔出来了既出来全無一点慷慨揮洒談吐仍是葳ミ㽔ミ我看你臉上一團思欲愁悶氣色這会子又咳声嘆氣你那些还不足还不自在無故這様却是為何宝玉素日虽是口角伶俐只是此时一心總為金釧兒感傷恨不得此时也身亡命殞跟了金釧兒去如今見了他父親説這些話究竟不曽听見只是怔呵ミ的站着賈政見他惶悚應對不似往日原本無氣的這一来生了三分氣方欲説話忽有回事人来回忠順親王府里有人来要見老爺賈政听了心下疑惑暗ミ思忖道素日並不和忠順府来往為什庅今日打發人来一面想一面令快請急走出来看时却是忠順府長史官忙接進廳上坐了獻茶未及叙談那長史官先就説道下官此来並非擅造潭府皆因奉王命而来有一件事相求看王爷面上敢煩老大人作

主不但王爷知情且連下官輩亦感謝不盡賈政听了這話抓不住頭脳忙陪
咲道身請问道大人既奉王命而来不知有何見諭望大人宣明學生好遵諭承
辦那長史府官便冷咲道也不必承辦只用大人一句話就完了我们府裡有一个
做小旦的琪官一向好〻在府里如今竟三五日不見回去各處去找又摸不
着他的道路因此各處訪察這一城内十停人到有八停人都説他近日和啣
玉的那位令郎相与甚厚下官輩等听了尊府不比別家可以擅入索取因此
啟明王爺〻〻亦云若是別的戲子呢一百个也罢了只是這琪官随机應達
謹甚老誠甚合我老人家的心竟断〻少不得此人故此求老爺轉諭令郎請
將琪官放回一則可慰王爷諄〻奉懇二則下官輩也可免操劳求覔之苦説
畢忙打一躬賈政听了這話又驚又氣即命喚宝玉来宝玉也不知是何原故

忙赶来时賈政便问談死的奴才你在家不讀書也罢了怎么又做出這些無法無天的事来那琪官現是忠順王爷駕前承奉的人你是何等草芥無故引逗他出来如今禍及于我宝玉听了唬了一跳忙回道寔在不知此事究竟連琪官两个字不知為何物起更又加引逗二字説着便哭了賈政未及開言只見那長史官冷笑道公子也不必掩飾或隱藏在家或知其下落早説了出来我们也少受些辛苦起（豈）不念公子之德宝玉連説不知恐是訛傳也未見得那長史官冷笑道現有據証何必还賴必定當着老大人説了出来公子起（豈）不吃虧既云不知此人那紅汗巾子怎么到了公子腰里宝玉听了這話不覺轟去魂魄目瞪口呆心下自思这話他如何得知他既連這樣机密事都知道了大約别的瞞他不過不如打發他去了免的再説出别的事来因説道大人既知

他的底細如何連他置買房舍這樣大事到不曉得了听得說他如今在東郊离城二十里有个什庅紫檀堡他在那里置了几畝田地几间房舍想是在那里也未可知那長府史官听了笑道這樣說一定是在那里我且去找一回若有了便罢若沒有还要來請教說着便忙忙走了賈政此時氣的目瞪口歪一面送那長府史官一面回頭命宝玉不許動回來有話问你一直送那官員去了才回身忽見賈环帶着几个小厮一陣乱跑賈政喝令小厮快打快打賈环見了他父親唬的骨軟筋酥忙低頭站住賈政便问你跑什庅帶着你的那些人都不管你不知往那里逛去由你野馬一般喝令叫跟上學的人來賈环見他父親盛怒便乘机說道方才原不曾跑只因從那井边一過那井里淹死了一个丫頭我看人頭這樣大身子這樣粗泡的實在可怕所以才赶着跑了過來賈政

听了驚疑问道好端〻的誰去跳井我家從無這樣事情自祖宗以来皆是寛
柔以待下人大約我近年於家務踈懶自然执事人操尅奪之权致使出這暴
殄輕生的禍患若外人知道祖宗顏面何在喝令快叫賈璉賴大來興小厮们
答应了一声方欲叫去賈环忙上前拉住賈政的袍襟貼膝跪下道父親不用
生氣此事除太〻房里的人別人一点也不知道我听見我母親說〻道這里
便回頭四顧一看賈政知意將眼一看衆小厮小厮们明白都往两边後面
退去賈环便悄〻說道我母親告訴我說宝玉哥〻前日在太〻屋里拉着太〻
的丫頭金釧兒強奸不遂打了一頓那金釧兒便賭氣投井死了話未說完把
个賈政氣的面如金紙大喝快拿宝玉来一面說一面便往里边書房里去喝
令今日再有人劝我〻把這冠帶家私一应交与他与宝玉過去我免不淂做

个罪人把這几根煩惱鬢毛剃去尋个干淨去處自了也免得上辱先人下生逆子之罪衆门客僕從見賈政這个形景便知又是為宝玉了一个〻都是咬指咬舌連忙退出那賈政喘吁〻直挺〻坐在椅子上滿面涙痕一叠声拿宝玉拿大棍拿索子捆上把各门都関上有人傳信在里頭去立刻打死衆小厮们只得齊声答應有几个来找宝玉那宝玉听見賈政吩咐他不許動早知多凶少吉那里承望賈环又添了許多的話正在廳上乾轉怎得个人来往里頭去稍信偏生沒个人連焙茗也不知在那里正盼望时只見一个老姆〻出来宝玉如得了珎宝便赶上来拉他說道快進去告訴老爺要打我呢快去〻〻要緊〻〻宝玉一則急了說話不明二則老婆子偏生又聾竟不曾听見是什庅話把要緊二字只听見跳井二字便咲道跳井讓他跳去二爺怕什庅宝玉見

是丫鬟子便着急道你出去叫我的小厮来罢那婆子道有什麽不了的事老
早的完了太〻又賞了衣服又賞了銀子怎麽不了事的宝玉急的跺脚正沒
抓尋處只見賈政的小厮走来逼着他出去了賈政一見眼都紅紫也不暇問
他在外流蕩優伶表贈私物在家荒疎学業淫辱母婢等語只喝令堵起嘴来
着實打死小厮们不敢違拗只得將宝玉按在凳上舉起大板打了十来下賈
政猶嫌打輕了一脚踢開長板的自己奪過来咬着牙狠命蓋了三四十下衆
门客見打的不祥了忙上前奪劝賈政那里肯听說道你們問〻他幹的勾當
可饒不可饒素日皆是你们這些人把他釀壞了到這步田地还来解劝明日
釀到他弑君殺父你们纔不劝不成衆人听這話不好听知道氣急了忙又退
出只得覓人進去給信王夫人不敢先回賈母只得忙穿衣出来也不顧有人

沒人忙〻赶往書房中來慌的衆门客小廝䒭避之不及王夫人一進房來賈政更如火上澆油一般那板子越發下去的又狠又快按宝玉的兩个小廝忙鬆了手走開宝玉早已動彈不得了賈政还欲打时早被王夫人抱住板子賈政道罢了〻〻今日必定要氣死我纔罢王夫人哭道宝玉虽然該打老爺也要自重況且炎天暑日的老太〻身上也不大好打死宝玉事小倘或老太〻一時不自在了豈不事大賈政冷笑道到休提這話我養了這不肖的孽障已經不孝教訓他一番又有衆人護持不如趂今日一發勒死了亦絕將來之患說着便要繩索來勒死王夫人連忙抱住哭道老爺虽然應當管教兒子也要看夫妻分上我如今已將五十歲的人只有這个孽障必定苦〻的以他為法我也不敢深劝今日越發要他死豈不是有意絕我既要勒死他快拿繩子來先

批得是 綺園

勸死我再勸死他我们娘兒们不敢含怨到底在陰司里得(也)个依靠

未喪母者來細玩既喪母者來痛哭

說畢爬在宝玉身上大哭起來賈政听了此話不覺長嘆一声向椅上坐了淚如雨下王夫人抱着宝玉只見他面白氣弱底下穿着一條綠紗小衣皆是血漬(清)禁不住解下汗巾看由臀至脛或青或紫或整或破竟無一点好處不覺失声大哭起來苦命的兒吓因哭出苦命兒來又想起賈珠來便叫着賈珠哭道若有你活着便死一百个我也不管了此时里面的人聞得王夫人出來那李宮裁王熙鳳与迎春姊妹早已出來了王夫人哭着賈珠的名子別人还可惟有宮裁禁不住也放声哭了賈政听了那淚珠更似滾瓜一般滾了下來正沒開交處忽听了环來說老太〻來了一句話未了只听窗外頗嵬〻的声氣說道先打死我再打死他豈不干淨了賈政見他母親來了又急又痛連

忙迎接出来只見賈母扶着丫頭喘吁ㄈ的走来賈政上前躬身陪咲道大暑
热天母親有何生氣親自走来有話只、該(吽)了兒子進去吩咐賈母听説便止住
步喘息一回厲声説道你原来是和我説話(呢嗎)我到有話吩咐只是可怜我一生
没養个好兒子却教我和誰説去賈政听這話不像忙跪下含涙説道為兒的
教訓兒子也為的是光宗耀祖母親這話我做兒的如何禁得起賈母听説便
啐了一口説道我説一句話你就禁不起你那様下死手的板子难道宝玉就
禁得起了你説教訓兒子是光宗耀祖當初你父親怎庅教訓你来説着不覺
就滚下涙来賈政又陪咲道母親也不必傷感皆是作兒的一時性起從此以
後再不打他了賈母便冷咲道你也不必和我使性子賭氣的你的兒子我也
不該管你打不打我猜着你也厭煩我们娘兒们不如我们趂早兒离了你大

家干净説省便令人去看轎馬我和你太太宝玉立刻回南京去家下人只得
干荅應省賈母又叫王夫人道你也不必哭了如今宝玉年紀小你疼他〻將来
長大成人為官作宰的也未必想着你是他母親了你如今到不要疼他只怕
將来还少生一口氣呢賈政听説忙叩頭哭道母親如此説賈政無立足之地賈
母冷笑道你分明使我無立足之地你反説起你来只是我們回去了你心里
干净看有誰来許你打一面説一面只令快打点行李車轎回去賈政苦〻叩
求認罪賈母一面説話一面又記罣宝玉忙進来看时只見今日這頓打不比
往日又是心疼又是生氣也抱着哭个不了王夫人与鳳姐荅解劝了一会方
漸〻的止住早有丫鬟媳婦荅上来要攙宝玉鳳姐便罵道糊塗東西也不睁
開眼瞧〻打的這庅了樣兒还要攙着走还不快進去把那籐屉子春橙抬出

来呢衆人听説連忙進去果然抬出春凳来将宝玉抬放凳上随着賈母王夫人等進去送至賈母房中彼時賈政見賈母氣未全消不敢自便也跟了進去看〻宝玉果然打重了再看〻王夫人兒一声肉一声你替珠兒早死了留着珠兒免你父親生氣我也不白操這半世的心了這会子你倘或有个好歹丢下我叫我靠那一個数落一塲又哭不争氣的兒賈政听了也就灰心自悔不該下毒手打到如此地歩先劝賈母〻〻含涙你不出去还在這里做什広难道於心不足还要眼看看他死了纔去不成賈政听説方退了出来此时薛姨媽同宝釵香菱襲人史湘雲也都在這里襲人滿心委屈只不好十分使出見衆人圍着灌水的灌水打扇的打扇自己插不下手去便越性走出来到二门前令小厮们找了焙茗来細问方纔好端〻的為什広打起来你也不早来透

了信兒焙茗急的説偏生我沒在跟前打到半中间我總听見了忙打听原故却是為琪官金釧姐〻的事襲人道老爷怎庅得知道的焙茗道那琪官的事多半是薛大爷素日吃醋沒法兒出氣不知在外頭唆挑了誰来在老爷跟前下的火那金釧兒的事是三爷説的我也是听見老爷的人説的襲人听了這两件事都对景心中也就信了八九分然後回来只見衆人都替宝玉療治調停完備賈母令好生抬到他房内去衆人答應七手八脚忙把宝玉送入怡紅院内自己床上卧好又乱了半日衆人漸〻散去襲人方進前来經心扶侍问他端的且听下回分解

脂硯齋重評石記卷之

第三十四回

情中情因情感妹〻　錯里錯以錯劝哥〻

話説襲人見賈母王夫人等去後便走来宝玉身边坐下含淚问他怎広就打到這步田地宝玉嘆氣説道不過為那些事问他做什広只是下半截疼的狠你瞧〻打壞了那里襲人听説便輕〻伸手進去將中衣褪下宝玉畧動一動便咬着牙叫嗳喲襲人連忙停住手如此三四次總褪了下来（与）襲人咬（瞧）看只見腿上半段青紫都有四指寬的僵痕高了起来襲人咬着牙説道我的娘怎広下般的這広狠手你但凡听我一句話也不得到這佡（步田）地步幸而没動筋骨倘或打出了残疾来可叫人怎広樣呢正説着只〻听了环們説宝姑娘来了襲人

听見知道穿不及中衣便拿了一床袷紗被替宝玉盖了只見宝釵手里托着
一丸藥走進來向襲人説道晚上把這藥用酒研開替他敷上把那淤血的熱
毒散開可以就好了説畢遞与襲人又问道這会子可好些宝玉一面道謝説
好了又讓坐宝釵見他睁開眼説話不像先时心中也寬慰了好些便点頭嘆
道早听人一句話也不至今日別説老太〻〻〻心疼就是我們看着心里也
疼劉説了半句又忙咽住自悔説的話急了不覺的就紅了臉低下頭來宝玉
听得這話如此親切稠密迴大有深意忽見他又咽住不往下説紅了臉低下
頭只管弄衣帶那一種姣羞怯〻非可形容得出者不覺心中大暢將疼痛早
丢在九宵雲外心中自思我不過捱了几下打他們一个〻就有這些憐惜悲
感之態露出令人可玩可觀可怜可敬假若我一时竟遭殃横死他們还不知

是何苦悲感呢既是他们這樣我便一時死了得他们如此一生事業縱然尽
付東流亦無足嘆息冥々之中若不怡然自得亦可謂糊塗鬼崇矣想着只听
宝釵问襲人道怎么好々的動了氣就打起来了襲人便把焙茗的話說了出
来宝玉原来还不知道賈环的話見襲人說出方才知道因又拉上薛蟠惟恐
宝釵沉心忙又止住襲人道薛大哥々從来不這樣的你们混裁度不可宝釵
听說便知道是怕他多心用話相攔襲人因心中暗々想道打的這个形像疼
还顧不過来还是這樣細心怕得罪了人可見在我们身上也算是用心了你
既這樣心何不在外頭大事上做工夫老谷也欢喜了也不能吃這樣亏但你
固然怕我沉心所以攔襲人的話难道我就不知我的哥々素日恣心縱欲毫
無防犯的那種心性當日為一个秦鍾还闹的天翻地覆自然如今比先又更

利害了想畢因咲道你們也不必怨這个怨那个據我想到底宝兄弟素日不
正肯和那些人來往老爺纔生氣就是我哥〻說話不防頭一时說出宝兄弟
來也不是有心調唆一則也是本來的寔話二則他原不理論這些防嫌小事
襲姑娘從小兒只見宝兄弟這庅樣細心的人你何嘗見過天不怕地不怕心
里有什庅口里就說的人襲人因說出薛蟠來見宝釵如此說更覺羞愧無言
宝玉又听宝釵這番話一半堂皇正大一半是去己疑心更覺比先暢快了方
欲說話时只見宝釵起身說道明兒再來看你〻好生養着罷方才我拿了藥
來交給襲人晚上敷上管就好了說着便走出门去襲人趕着送出院外說姑
娘到費心了改日宝二爺好了親自來謝宝釵回頭咲道有什庅謝處你只劝
他好生靜養別胡思乱想的就好了不必驚動老太〻太〻衆人倘或吹到老

爷耳躲里虽然彼时不怎広様将来対景終是要吃虧的説着一面去了襲人抽身回来心内着実感激宝釵進来見宝玉沉思黙〻似睡非睡的模様因而退出房外自去櫛沐宝玉黙〻的倘在床上無奈豚上作痛如針挑刀挖一般更又热如火炙暑展轉时禁不住噯喲之声那时天色将晩因見襲人去了却有三两个了环伺候此时並無呼喚之事因説道你们且去梳洗等我叫时再来衆人听了也都退出這里宝玉昏〻黙〻只見蒋玉菡走了進来訴説忠順府拿他之事又見金釧兒進来哭説為他投井之事宝玉半夢半醒都不在意忽又覚有人推他恍〻忽〻听得有人悲戚之声宝玉従夢中驚醒睜眼一看不是别人却是林代玉宝玉猶恐是夢忙又将身子欠起来向臉上細〻一認只見两个眼睛腫的桃兒一般満面涙光不是代玉却是那个宝玉还欲看时

怎奈下半截疼痛难忍支持不住便嗳哟一声仍就倒下嘆了一声說道你又做什庅跑来虽說太陽落下去那地上的餘熱未散走兩盪又要受了暑我虽然捱了打並不覺疼痛我這个樣兒只粧出来哄他们好在外頭佈散与老爷听其寔是假的你不可認真此时林代玉虽不是嚎啕大哭然越是這毋無声之泣氣噎喉堵更觉利害听了宝玉這番話心中虽然有萬句言詞只是不能說得半句方抽ㄟ噎ㄟ的說道你從此可都改了罢宝玉听說便長嘆一声道你放心別說這樣話就便為這些人死了也是情愿的一句話未了只見院外人說二奶ㄟ来了林代玉便知是鳳姐来了連忙立起身說道我從後院子去罢回来再来宝玉一把拉住道這可奇了好ㄟ的怎庅怕起他来林代玉急的跺脚悄ㄟ的說道你瞧ㄟ我的眼又該他取咲洞心呢宝玉听說赶忙的放手

代玉三步兩步轉過床後出後院而去鳳姐從前頭已進來了問宝玉可好些了想什庅吃叫人往我那里取去接着薛姨娘又來了一时賈母又打發了人来至掌灯时分宝玉只喝了兩口湯便昏〻沉〻的睡去接着周瑞媳婦吳龍登媳婦鄭好时媳婦這几个有年紀常往來的听見宝玉捱了打也都進來襲人忙迎出來悄〻的唉道嬸〻子們來遲了一步二爺纔睡着了說着一面帶他們到那边房里坐了倒茶与他們吃那几个媳婦子都悄〻的坐了一回向襲人說等二爷醒了你替我們說罢襲人荅應了送他們出去剛要回來只見王夫人使了婆子來口称太〻叫一个跟二爷的人呢襲人見說想了一想便回身悄〻告訴晴雯麝月檀雲秋紋等說太〻叫人你們好生在房里我去了就来說畢同那婆子一逕出了园子來至上房王夫人正坐在涼榻上搖着芭蕉

扇子見他來了説不管叫个誰來也罷了你又丢下他來了誰扶侍他呢襲人見説連陪咲説道二爺纔睡安穩了那裡有四五个了頭呢如今也好了会扶侍二爺了太〻請放心恐怕太〻有什庅話分付打發他們來一时听不明白到耽悮了王夫人道也没甚話白问〻他這会子疼的怎庅樣襲人道宝姑娘送去的藥我給二爺敷上了比先好些了先疼的淌不穩這会子都睡沉了可見好些了王夫人又问吃了什庅没有襲人道老太〻給的一碗湯喝了兩口只嚷乾渴要吃酸梅湯我想着酸梅是个収歛的東西纔剛捱了打又不許叫喊自然急的那热毒热血未免不存在心里倘或吃下這个去激在心里再弄出大病來可怎庅樣呢因此我劝了半天纔没吃只拿那糖醃的玫瑰滷子和了吃〻了半碗又嫌吃絮了不香甜王夫人道噯喲你不該早來和我説前兒有人送

了兩瓶子香露來原要給他点子的我怕他胡遭遢了就沒給既是他嫌那些
玫瑰膏子絮煩把這个拿兩瓶子去一碗水里只用挑一茶匙兒就香的了不
得呢說着就喚彩雲來把前兒的那几瓶香露拿了來襲人道只拿兩瓶來罢
多了也白遭遢等不殼再要再來取也是一樣彩雲听說去了半日果然拿了
兩瓶來付与襲人〻〻看时只見兩个玻璃小瓶却有三寸大小上面螺絲銀
蓋鵞黃箋上寫着木樨清露那一个寫着玫瑰清露襲人笑道好金貴東西這
庅个小瓶兒能有多少王夫人道那是進上的你沒看見鵞黃箋子你好生替
他収着別遭遢了襲人荅應着方要走时王夫人又叫站着我想起一句話來
问你襲人忙又回來王夫人見房內無人便问道我恍惚听見宝玉今兒捱打
是环兒在老爷跟前說了什庅話你可听見這个了你要听見告訴我听〻我

也不吵出来教人知道是你說的襲人道我到沒听見這話為二爷霸占着戲子人家来和老爷要為這个打的王夫人摇頭説道也為這个还有别的原故襲人道别的原故實在不知道了我今兒在太〻跟前大胆説句不知好歹的話論理説了半截忙又嚥住王夫人道你只管説襲人咲道太〻别生氣我就説了王夫人道我有什么生氣的你只管説来襲人道論理我們二爺也須得老爷教訓两頓若老爺再不管将来不知做出什么事来呢王夫人一聞此言便合掌念声阿弥陀佛由不的赶着襲人叫了一声我的兒虧了你也明白這話和我的一様我何曾不知道管兒子先时你珠大爷在我是怎么様管他难道我如今到不知管兒子了只是有个原故如今我想我已徃快五十歲的人通共剩了他一了他又長的单弱况且老太〻寶貝似的若管緊了他倘或再

有个好歹或是老太〃氣坏了那时上下不安豈不到坏了所以就縱坏了他
我常〃掰着口兒劝一陣説一陣氣的罵一陣哭一陣彼时他好過後兒还是
不相干端的吃了虧纔罷了若打坏了將来我靠誰呢説着由不得滚下泪来
襲人見王夫人這般悲感自己也不覺傷了心陪着落淚又道二爺是太〃養
的豈不心疼便是我们做下人的扶侍一塲大家落了平安也算是造化了要
這樣起来連平安都不能了那一日那一时我不劝二爷只是再劝不醒偏生
那些人又肯親近他也怨不得他這樣總是我们劝的到不好了今兒太〃提
起這話来我还記罣着一件事每要来回太〃討太〃个主意只是我怕太〃
疑心不但我的話白説了且連葬身之地都沒了王夫人听了這話内有因忙
问道我的兒你有話只管説近来我因听見衆人背前背後都誇你我只説你

不過是在寶玉身上留心或是諸人跟前和氣這些〻小意好好所以將你合老姨娘一體行事誰知你方纔和我說的話全是大道理正和我的想頭一樣有什麽只管說什麽只別教別人知道就是了襲人道我也沒什麽別的說我想着討太〻一了示下怎麽变个法兒已後竟还教二爷般出園外來住就好了王夫人听了吃一大驚忙拉了襲人的手问道寶玉難到和誰作怪了不成襲人連忙回道太〻別多心並沒有這話這不過是我的小見識如今二爷也大了里頭姑娘们也大了况且林姑娘寶姑娘又是兩姨表姊妹雖說是姊妹们到底是男女之分日夜一處起坐不方便由不得叫人懸心便是外人看着也不像一家子的事俗語說的沒事常思有事世上多少無頭惱的事多半因為無心中做出有心人看見當作有心事反說坏了只是預先不防着斷然不

好二爷素日性格太太是知道的他又偏好在我们隊里閙倘或不防前後錯
了一点半点不論真假人多口襍那起小人的嘴有什庅避諱心順了說的比
菩薩还好心不順就貶的連畜牲不如二爺將來倘或有人說好不過大家直過
沒事若要叫人說出一个不好字來我[奴才]们不用說粉身碎骨罪有萬重都是平
常小事但後來二爷一生的声名品行豈不完了二則太〻也难見老爷俗語
又說君子防不然不如這会子防避的為是太〻事情多一時固然想不到我[奴才]
们想不到則可既想到了若不囬明太〻罪越重了近來我[奴才]為這事日夜悬心
又不好說与人惟有灯知道罷了王夫人听了這話如雷轟電掣的一般正觸
了金釧兒之事心內越發感愛襲人不盡忙笑道我的兒你竟有這个心胸想
的這樣週全我何曾又不想到這里只是這几次有事就忘了你今兒這一番

話提醒了我难為你成全我娘兒两个声名体面真〻我竟不知道你這樣好
罢了你且去罢我自有道理只是还有一句話你今日旣說了這樣的話我就把
他交給你了好歹留心保全了他就是保全了我〻自然不辜負了你襲人連
連答應着去了回来正值宝玉睡醒襲人回明香露之事宝玉喜不自禁即令
調来嚐試果然香妙非常因心下記罣着代玉滿心里要打發人去只是怕襲
人便設一法先使襲人往宝釵那里去借書襲人去了宝玉便命晴雯来（前文晴雯放肆原有把柄所恃也）
分付道你到林姑娘那里看〻他做什庅呢他要问我只說我好
了晴雯道白眉赤眼做什庅去呢到底說句話兒也像一件事宝玉道沒有什
庅可說的晴雯道若不然或是送件東西或是取件東西不然我去了怎庅搭
赸呢宝玉想了一想便伸手拿了两條手帕子撂与晴雯笑道也罢就說我叫

你送這个給他去了晴雯道這又奇了他要這半新不旧的两條手帕子他又要惱了說你打趣他宝玉笑道你放心他自然知道晴雯听了只得拿了帕子往瀟湘館来只見春纖正在欄杆上晾手帕子見他進来忙摆手兒說睡下了晴雯走進来滿屋魆黑並未点灯代玉已睡在床上问是誰晴雯忙答道晴雯代玉道做什麽晴雯道二爺叫我送手帕子来給姑娘代玉听了心中發悶做什麽送手帕子来給我因问這帕子是誰送他的必是上好的叫他留着送別人罢我這会子不用這个晴雯笑道不是新的就是家常旧的林代玉听見越發悶住着寔細心搜求思忖一时方大悟過来連忙說放下去罢晴雯听了只得放下抽身回去一路盤算不解何意這里林代玉体貼出手帕子的意思来不覺神魂馳蕩宝玉這番苦心能領会我這番苦意又令我可喜我這番意思不知將

来如何又令我悲忽然好〻的送两塊旧帕子来若不是領我深意单看了這帕子又令我可咲再想令人私相傳遞与我可懼我自己每〻好哭想来也無味又令我可愧如此左思右想一時五内沸然炙起代玉由不得餘意綿纏令掌灯也想不起嫌疑避諱等事便向案上研墨蘸筆便向那两塊旧帕上題筆寫道

眼空蓄淚〻空垂　暗洒閑抛却為誰
尺幅鮫綃勞解贈　叫人焉得不傷悲

其二

抛珠滚玉只偷潸　鎮日無心鎮日閑
枕上袖边难拂拭　任他点〻与斑〻

其三

彩線难収面上珠　湘江旧跡已糢糊
窓前亦有千竿竹　不識香痕漬也無

林代玉还要往下寫时覺得渾身火热面上作燒走至鏡台揭起錦袱一照只見腮上通紅自羡壓倒桃花却不知病由萌起一时方上床睡去猶拿着那帕子思索不在話下却説襲人来見宝釵誰知宝釵不在园内往他母親那里去了襲人便空手回来等至二更宝釵方回来原来宝釵素知薛蟠情性心中已有一半疑薛蟠調唆了人来告宝玉的誰知又听襲人説出来越發信了究竟襲人是焙茗説的那焙茗也是私心窺度一半據寔竟認准是他説的那薛蟠都因素日有這个名声其寔這一次却不是他幹的被人生生的一口咬死是他

有口难分這日正從外頭吃了酒回来見过母親只見宝釵在這里說了几句閑話因问听見宝兄弟吃了虧是為什麼薛姨媽正為這个不自在見他问时便咬着牙道不知好歹的東西都是你闹的你还有臉来问薛蟠見說便怔了忙问道我何嘗闹什麼薛姨媽道你还粧憨呢人〻都知道是你說的还賴呢薛蟠道人〻說我殺了人也就信了罢薛姨媽道連你妹〻都知道是你說的难道他也賴你不成宝釵忙劝道媽和哥〻且別叫喊消〻停〻的就有个青紅皂白了因向薛蟠道是你說的也罢不是你說的也罢事情也過去了不必較証到把小事兒弄大了我只劝你從此以後在外頭少去胡闹少管別人的事天〻一處大家胡逛你是个不防頭的人过後兒沒事就罢了倘或有事不是你幹的人〻都也疑惑若是你幹的不用說別人我就先疑惑薛蟠本是个

心直口快的人一生見不得這樣藏頭露尾的事又見宝釵劝他不要逛去他母親又説他犯舌宝玉之打是他治的早已急的乱跳賭身發誓的分辯又罵衆人誰這樣贓派我〻把那囚攮的牙敲了纔罷分明是為打了宝玉沒的献勤兒拿我来作幌子难道宝玉是天王他父親打他一頓一家子定要鬧几天那一回為他不好姨爹打了他両下子過後老太〻不知怎么知道了説是珍大哥〻治的好〻的叫了去罵了一頓今兒越發拉上我了既拉上我也不怕越性進去把宝玉打死了我替他償了命大家干净一面嚷一面抓起一根门闩来就跑慌的薛姨媽一把抓住罵道作死的孽障你打誰去你先打我来薛蟠急的眼似銅鈴一般嚷道何苦来又不叫我去又好〻的賴我將来宝玉活一日我担一日的口舌不如大家死了清静宝釵忙也上前劝道你忍耐些兒

罢媽急的這个樣兒你不説來勸媽你还反閙的這樣別説是媽便是傍人來劝你也為你好到把你的性子劝上來了薛蟠道這会子又説這話都是你説的宝釵道你只怨我説再不怨你顧前不顧後的形景薛蟠道你只会怨我顧前不顧後你怎庅不怨宝玉外頭招風惹草的那个樣子別説多的只拿前兒琪官的事比給你们听那琪官我们見過十來次的我並未和他説一句親熱話怎庅前兒他見[纔]了連姓名还不知道就把汗巾子給他了难道這也是我説的不成薛姨媽和宝釵急的説道还提這个可不是為這个打他呢可見是你説的了薛蟠道真真的氣人了賴我説的我不惱我只為一个宝玉閙的這樣天翻地覆的宝釵道誰閙了你先持[拿]刀動杖的閙起來到説別人閙薛蟠見宝釵説的話句句有理难以駁政比毋親的話反难回苔因此便要設法拿話堵

回他去就無人敢攔自己[的]話了也因正在氣頭上未曾想話之輕重便說道好妹〻你不用和我鬧我早知道你的心了從先媽和我說你這[有]金要揀有玉的總可[是]正配你留了心見宝玉有那撈什骨子你自然如今行動護着他話未說了把了宝釵氣怔了拉着薛姨媽哭道媽〻你听哥〻說的是什庅話薛蟠見妹〻哭了便知自己冒撞了便堵氣走到自己房里安歇不提這里薛姨媽氣的乱戰一面又劝宝釵道你素日知[道]那孽障說話沒道里明兒[我叫]教他給你陪不是宝釵滿心[的]委屈氣忿待要怎樣又怕他母親不安少不得含淚別了母親各自回來到房里整哭了一夜次日早起来也無心梳洗胡乱整理〻〻便出来瞧母親可巧遇見林代玉獨立在花陰之下问他那里去薛宝釵因說家去口里說着便只管走代玉見他無精打彩的去了又見[他]眼上有哭泣之狀大非往

日可比便在後面哭道姐〻也得自保重些兒就是哭出兩缸眼淚來也医不好

棒瘡不知宝釵如何答對且听下回分解

脂硯齋重評石頭記卷之

第三十五回

白玉釧親嘗蓮葉羹　黄金鶯巧結梅花絡

話說宝釵分明听見林代玉尅薄他因記罣着母親哥々並不回頭一逕去了這里林代玉还自立於花陰之下遠々的却向紅怡院內坐着只見李宮裁迎春探春惜春並各項人等都向紅怡院內去過之後一起々々的散尽了只不見鳳姐兒來心里自己盤算道如何他不來瞧宝玉便是有事纏住了他必定也是要來打个花胡哨討老太々和太々的好兒纔是今兒這早晚不來必有原故一面猜疑一面抬頭再看时只見花々簇々一群人又向紅怡院內來了定睛看时只見賈母搭着鳳姐兒的手後頭邢夫人王夫人跟着周姨娘並了

姊媳婦等人都進院去了代玉看了不覺點頭想起有父母的人的好處来早

又泪珠滿面少頃只見宝釵薛姨娘等也進入去了忽見紫鵑從背后走来說

道姑娘吃藥去罢閙水又冷了代玉道你到底要怎麽樣只是催我吃不吃管

你什麽相干紫鵑笑道咳嗽的才好了些又不吃藥了如今虽然是五月里天

氣热到底也該还小心些大清早起在這个潮地方站了半日也該回去歇息

歇息了一句話提醒了代玉方覚得有点腿酸呆了半日方慢々的扶着紫鵑

回瀟湘館来一進院门只見滿地下竹影參差苔痕濃淡不覺又想起西廂記

中所云幽僻處可有人行点蒼苔白露泠々二句来因暗々的嘆道双文々々

誠為命薄人矣然你虽命薄尚有孀母弱弟今日林代玉之命薄一併連孀母

弱弟俱無古人云佳人命薄然我又非佳人何命薄勝于双文哉一面想一面

只管走不防廊上的鸚哥見林代玉来了嘎的一声撲了下来到嚇了一跳因說道作死的又搧了我一頭灰那鸚哥仍飛上架去便叫雪雁快掀簾子姑娘来了代玉便止住步〔脚〕以手扣架道添了食水不曾那鸚哥便長嘆一声竟大似林代玉素日吁嗟音韻接着念道儂今葬花人咲痴他年葬儂知是誰試看春尽花漸落便是紅顔老死时一朝春尽紅顔老花落人亡两不知代玉紫鵑听了都笑起来紫鵑咲道這都是素日姑娘念的难為他怎麼記了〔得〕代玉便令將架〔子〕摘下来另掛在月洞窗〔户〕外的鉤上〔子〕于是〔進〕了屋子在月洞窗〔户〕内坐了吃畢藥只見窗〔户〕外竹影映入紗〔窗〕来满屋内陰陰翠润几簟生凉代玉無可釋悶便隔着紗窗調逗鸚哥作戲又將素日所喜的詩詞也教与他念這且不在話下且說薛宝釵来至家中只見母親正自〔在〕梳頭呢一見他来了便說道你大清早起跑

来作什厶宝釵道我瞧〻媽身上好不好昨兒我去了不知他可又過来鬧了沒有一面說一面在他母親身傍坐了由不哭將起来薛姨媽見他一哭自已掌不住也就哭了一塲一面又劝他我的兒你别委曲了你等我處分他你有亇好歹我指望那一亇来薛蟠在外边听見連忙跑了過来對着宝釵左一亇揖右一亇揖只說好妹〻恕我這一次罷原是我昨兒吃了酒回来的晚了路上撞客着了来家未醒不知胡說了什厶連自已也不知道怨不㝵你生氣宝釵原是掩面哭的听如此說由不㝵又好咲了遂指頭向地下啐了一口說道你不用做這些像生兒我知道你的心里多嫌我们娘兒兩亇是要変着法兒呌我们离了你〻就心净了薛蟠听說連忙咲道妹〻這話從那里說起来的這様我連立足之地都沒了妹〻從来不是這様多心說歪話的人薛姨媽忙

又接着道你只会听見你妹ゝ的歪話难道昨兒晚上你説的那話就應該的不成當真是你發昏了薛蟠道媽也不必生氣妹ゝ也不用煩惱從今以後我再不同他们一處吃酒闲逛如何宝釵咲道這不明白過来了薛姨媽道你要有這个横勁那龍也下蛋了薛蟠道我若再和他们一處逛妹ゝ听見了只管啐我再叫我畜生不是人如何ゝゝ苦來為一个人娘兒两个天ゝ操心媽為我生氣还有可恕若只管叫妹ゝ為我操心我更不是人了如今父親没了我不能多孝順媽多疼妹ゝ反教娘生氣妹ゝ煩惱真連个畜生也不如了口里説着眼睛里禁不起也滚下淚来薛姨媽本不哭了听他一説又勾起傷心来宝釵勉強咲道你闹够了這会子又招着媽哭起来了薛蟠听説忙収了泪咲道我何曾招媽哭来罢ゝゝ丢下這个别提了叫香菱来到茶妹ゝ吃宝釵道我也不

吃茶哥媽洗了手我们就進去了薛蟠道妹〻的項圈我瞧〻只怕該炸一炸
去了宝釵道黄澄〻的又炸他作什么薛蟠又道妹〻如今也該添補些衣裳
了要什么顏色花様告訴我宝釵道連那些衣服我还沒穿遍了又做什么一
时薛姨媽換了衣裳拉着宝釵進去薛蟠方出去了這里薛姨媽和宝釵進园
來瞧宝玉到了紅怡院中只見抱厦里外迴廊上許多丫环老婆站着便知賈
母等都在這里母女兩个進來大家見过了只見宝玉淌在榻上薛姨媽问他
可好些宝玉忙欲欠身口里荅應着好些〻又說只管姨娘姐〻我禁不起薛姨
娘忙扶他睡下又问他想什么只管告訴我宝玉笑道我想起來自然和姨娘
要去的王夫人又问你想什么吃回來好給你送來的宝玉笑道也到不想什
么吃到是那一回做的那小荷葉兒小蓮蓬兒的湯还好些鳳姐一傍笑道听

听味道不算高貴只是太磨牙了巴巴的想這个吃了賈母便一叠声的叫人做去鳳姐兒笑道老祖宗别急等我想一想這模子誰收着呢因回頭分付个婆子去问管厨房的要去那婆子去了半天来回說管厨房的說四付湯模子都交上来了鳳姐兒听說想了一想道我記得交給誰了多半在茶房里一面又遣人去问管茶房的也不曾收次後还是管金銀器皿的送了来薛姨娘先接過来瞧时原来是个小匣子里面裝着四付銀模子都有一尺多長一寸見方上面鑿着有豆子大小也有菊花的也有梅花的也有蓮蓬的也有菱角的共有三四十樣打的十分精巧因笑向賈母王夫人道你们府上也都想絕了吃碗湯还有這些樣子若不說出来我見了這个也不認得這是作什麽用的鳳姐兒也不等人說話便笑道姑媽那里曉得這是旧年備膳他们想的法兒不知

美些什庅麪印出来借点新荷葉的清香全仗肴好湯究竟没意思誰家常吃他了那一回呈樣的作了一回他今日怎庅想起来了說肴接了過来遞与了婦人分付廚房里立刻拿几支雞另外添了東西做出十来碗来王夫人道要這些做什庅鳳姐兒笑道有个原故這一宗東西家常不大作今兒宝兄弟提起来了單做給他吃老太〻姑媽太〻都不吃似乎不大好不如借勢兒美些大家吃托賴連我也上个儉兒賈母听了笑道猴兒把你乖的拿着官中的錢你做人說的大家笑了鳳姐也忙笑道這不相干這个小東道我还孝敬的起便回頭吩咐婦人說給廚房里只管好生添補肴做了在我的賬上来領銀子婦人答應肴去了宝釵一傍笑道我来了這庅几年留神肴起来鳳了頭憑他怎庅巧巧不過老太〻去賈母听說便答道我如今老了那里还巧什庅當日

我像鳳姐兒這広大年紀比他还来得呢他如今雖說不如我们也就筭好了
比你姨娘强遠了你姨娘可怜見的不大說話和木頭是的在公婆跟前就不
大顯好鳳兒嘴乖怎広怨得人疼他宝玉咲道若這広說不大說話的就不疼
了賈母道不大說話的又有不大說話的可疼之處嘴乖的也有一宗可嫌的
到不如不說話的好宝玉咲道這就是了我說大嫂子到不大說話呢老太〻
也是和鳳姐〻的一樣看待若是单是会說話的可疼這些姉妹里頭也只是
鳳姐〻和林妹〻可疼了賈母道提起姉妹不是我當着姨太〻的面奉承
真萬真從我们家四丫女孩兒筭起全不如宝丫頭薛姨媽听說忙咲道這話
是老太〻說偏了王夫人忙又咲道老太〻時常背地里和我說宝丫頭好這
到不是假話宝玉勾着賈母原為讚林代玉的不想反讚起宝釵来到也意出

望外便看着宝釵一咲宝釵早扭过頭去和襲人説話去了忽有人来請吃飯賈母方立起身来命宝玉好生養着又把丫頭們囑咐了一回方扶着鳳姐兒讓着薛姨媽大家出房去了因问湯好了不曾又问薛姨媽等想什庅吃只管告訴我〻〻有本事叫鳳丫頭弄了来偺們吃薛姨媽咲道老太〻也会慪他的时常他弄了東西孝敬究竟又吃不了多少鳳姐兒咲道姑媽到别這樣説我們老祖宗只是嫌人肉酸若不嫌人肉酸早已把我还吃了呢一句話没説了引的賈母衆人都哈〻的笑起来宝玉在房里也掌不住笑了襲人咲道真〻的二奶〻的這嘴怕死人宝玉伸手拉着襲人咲道你站了這半日可乏了一面説一面拉他身傍坐了襲人咲道可是又忘了趁宝姑娘在院子里你和他説煩他鶯兒来打上几根絡子宝玉咲道亏你提起来説着便仰頭向窓外道

宝姐〻吃過飯叫鶯兒来煩他打几根絛子可得闲兒宝釵听見回頭道怎庅不得闲兒一会叫来就是了賈母等尚未听真都止步问宝釵〻〻說明了大家方明白賈母又說道好孩子叫他来替你兄弟作几根你要無人使喚我那里闲着的丫頭多呢你喜欢誰只管叫了来使喚薛姨媽宝釵等都笑道只管叫他来作就是了有什庅使喚的去處他天〻也是闲着淘氣大家說着往前過步正走忽見史湘雲平兒香菱等在山石边掐鳳仙花呢見了他们走来都迎上来了少頃至园外王夫人恐賈母乏了便欲讓至上房内坐賈母也覔腿酸便点頭依允王夫人便令丫頭忙先去鋪設坐位那时趙姨媽推病只有周姨娘与衆婆娘丫頭们忙着打簾子立靠背鋪褥子賈母扶着鳳姐兒進来与薛姨娘分賓主坐了薛宝釵史湘雲坐在下面王夫人親捧了茶奉与賈母李

宫裁奉与薛姨媽賈母向王夫人道讓他们小妯娌伏侍你在那里坐了好説話兒王夫人方向一張小杌子上坐下便吩咐鳳姐兒道老太ゝ的飯在這里放添了東西来鳳姐兒答應出去便令人去賈母那边告訴那边的婆娘忙往外傳了ゝ頭们忙都赶過来王夫人便令請姑娘们去請了半天只有探春惜春兩ゝ来了迎春身上不奈煩不吃飯林代玉自不消説平素十頓飯只好吃五頓衆人也不着意了少頃飯至衆人調放了棹子鳳姐兒用手巾果着一把牙筯站在地下笑道老祖宗和姑媽不用讓还听我説就是了賈母咲向薛姨娘道我们就是這様薛姨媽咲着應了于是鳳姐放了四双上面兩双是賈母薛姨媽兩边是薛宝釵史湘雲的王夫人李宫裁等都站在地下看着放菜鳳姐先忙着要干淨家伙来替宝玉揀菜少頃荷葉湯来賈母看過了王夫人回頭

見玉釧兒在那边便令玉釧与宝玉送去凤姐道他一个人拿不去了可巧鶯兒和喜兒都来了宝釵知道他们已吃了飯便向鶯兒道宝兄弟正叫你去打絛子你们两个一同去罢鶯兒答應同着玉釧兒出来鶯兒道這么遠怪热的怎么端了去玉釧笑道你放心我自有道理說着便令一个婆子来将湯飯等物放在一个捧盒里令他端了跟着他两个却空着手兒走一直到了怡紅院门内玉釧兒方接了過来同鶯兒進入宝玉房中襲人麝月秋紋三个人正和宝玉頑笑呢見他倆来了都忙起来笑道你倆怎么来的這么碰巧一齊来了一面說一面接了下来玉釧便向一張杌子上坐了鶯兒不敢坐下襲人便忙端了了脚踏来鶯兒还不敢坐宝玉見鶯兒来了却到十分欢喜忽見了玉釧兒便想到他姐〻金釧兒身上又是傷心又是慚愧便把鶯兒丢下且和玉釧兒說

話襲人見把鶯兒不理恐鶯兒沒好意思的又見鶯兒不肯坐便拉了鶯兒出
来到那边房里去吃茶說話兒去了這里麝月等預備了碗筯来伺候吃飯宝
玉只是不吃问玉釧兒道你親身子好玉釧兒滿臉怒色正眼也不看宝玉半
日方說了一了好字宝玉便覺沒趣半日只得又陪咲问道誰吽你給我送来
的玉釧兒道不過是奶〻太〻们宝玉見他还是這樣哭喪便知他是為金釧
兒的原故待要虛心下氣模轉他又見人多不好下氣的因兒便盡方法將人
都支出去然後又陪问長问短那玉釧兒先雖不喜只管見宝玉一些性子沒
有憑他怎沒喪謗他还是溫存和氣自已到不好意思的了臉上方有分喜色
宝玉便咲求他好姐〻你把那湯拿了来我嚐〻玉釧兒道我從不会喂人東
西等他们来了再吃宝玉咲道我不是要你喂我〻因為走不動你遞給我吃

了你好趕早兒回去交代了你好吃飯的我只管耽悮時候你豈不餓坏了你要懶待動我少不了我忍了疼下去取来說着便要下床来扎挣起来禁不住噯喲之声玉釧兒見他這般忍不住起身說道渦下罷那世里造了来的業這会子現世現報教我那一个眼睛看的上一面說一面哧的一声又咲了端過湯来宝玉咲道姐〻你别要生氣只管在這里坐罷見了老太〻太〻可放和氣些若还這樣你就又要捱罵了玉釧兒道吃罷〻〻不用和我甜嘴蜜舌的我可不信這樣話說着催宝玉喝了两口湯宝玉故意說不好吃不吃了玉釧兒道阿弥陀佛這还不好吃什么好吃呢宝玉道一点味兒也沒有你不信嚐一嚐就知道了玉釧兒真就賭氣嚐了一嚐宝玉咲道這可好吃了玉釧兒听說方解過意来原是宝玉哄他吃一口便說道你既說不好吃這会子說好吃也不給你

吃了宝玉只管央求陪哭要吃玉釧兒又不給他一面又叫人打發吃飯了頭
方進来時忽有人来回話傅二爺家的兩个嬷〻来請安来見二爺宝玉听說
便知是通判傅試家的嬷〻来了那傅試原是賈政的门生歷年来都賴賈家
的名勢淂意賈政也着実看待故与别个门生不同他那里常遣人来走動宝
玉素習最厭男男蠢女的今日却如何又令兩个婆子過来其中原来有个原
故只因那宝玉闻淂傅試有个妹子名喚傅秋芳也是个瓊閨秀女常人傳說
才貌俱全雖自未親覩然遐思遥爱之心十分誠敬不命他每進来恐薄了傅
秋芳因此連忙命讓進来那傅試原是暴發的因傅秋芳有几分姿色聦
明過人那傅試安心仗着妹〻要与豪门貴族結姻不肯輕意許人所以躭悞
到如今目今傅秋芳年已二十三歲尚未許人争奈那些豪门貴族又嫌他穷

酸根基淺薄不肯求配那傅試与賈家親密也自有一段心事今日遣来的兩个婆子偏生是極無知識的聞得宝玉要見進来只剛问了好說了沒兩句話那玉釧見生人来也不和宝玉厮鬧了手里端着湯只顧听話宝玉又只顧和婆子說話一面吃飯一面伸手去要湯兩个人的眼睛都看着人不想伸猛了手便將碗撞落將湯潑了宝玉手上玉釧兒到不曾燙着唬了一跳忙笑了這是怎麽說慌的丫頭们忙上来接碗宝玉自己燙了手到不覺的却只管问玉釧兒燙了那里了疼不疼玉釧兒和衆人都笑了玉釧兒道你自己燙了只管问我宝玉听說方覺自己燙了衆人上来連忙収拾宝玉也不吃飯了洗手吃茶又和那兩个婆子說了兩句話然後兩个婆子告辭出去晴雯等送至橋边方回那兩个婆子見沒人了一行走一行談論這一个笑道怪道有人說他家

宝玉是外像好里頭糊塗中看不中吃的果然有些獃氣他自己燙了手到問人疼不疼這可不是了獃子那一个又咲道我前一回来听見他家里許多人抱怨千真萬真的有些獃氣大雨淋的水雞似的他反告訴別人下雨了快避雨去罢你説可咲不可咲时常沒人在跟前就自哭自咲的看見燕子就和燕子説話河里看見了魚就和魚説話見了星星月亮不是長吁短嘆就是咕咕噥噥的且是連一点剛性也沒有連那些毛了頭的氣都受的愛惜東西連了線頭兒都是好的遭塌起来那怕值千值萬的都不管了兩个人一面説一面走出园来辭別都人回去不在話下[宝玉之為人非此一論亦描寫不盡宝玉之不肖非此一鄙亦形容不到試問作者是醜宝玉乎是讚宝玉乎試問観者是喜宝玉乎是惡宝玉乎]如今且説襲人見人去便攜了鶯兒過来問宝玉打什庅絡子宝玉咲向鶯兒才知頋説話就忘了你煩你不為別的却

為替我打几根絡子鶯兒道裝什庅的絡子宝玉見问便咲道不管裝什庅的
你都樣打几个罢鶯兒拍手咲道這还了得要這樣十年也打不完了宝玉咲
道好姐〻你闲着也沒事都替我打了罢襲人咲道那里一时都打得完如今
先揀要緊的打两个罢鶯兒道什庅要緊不過是扇子香墜兒汗巾子宝玉道
汗巾子就好鶯兒道汗巾子是什庅顏色的宝玉道大紅的鶯兒道大紅的須
是黑絡子才好看的或是石青的才壓的住顏色宝玉道松花色配什庅鶯兒
道松花配桃紅宝玉咲道這才姣艷再要雅淡之中帶些姣艷鶯兒道葱緑柳
黄是我最爱的宝玉道也罢了也打一條桃紅再打一條葱緑鶯兒道什庅花
樣呢宝玉道共有几樣花樣鶯兒道一柱香朝天凳象眼塊方勝連环梅花柳
葉宝玉道前兒你替三姑娘打的那花樣是什庅鶯兒道那是攢心梅花宝玉

道就是那様好一面説一面叫襲人剗拿了線来窓外婆子説姑娘的飯都有了宝玉道你們吃飯去快吃了来罷襲人咲道有客在這里我們怎好去的鶯兒一面理線一面咲道這話又打那里説起正經快吃了来罷襲人听説方去了只留下兩个小了頭听呼喚宝玉一面看鶯兒打絡子一面説閑話因問他十几歳了鶯兒手里打着一面荅話説十六歳了宝玉道你本姓什広鶯兒道姓黄宝玉咲道這个名姓到对了果然是个黄鶯兒〻〻咲道我的名字本来是兩个字叫作金鶯姑娘嫌拗口就单叫鶯兒如今就叫開了宝玉道宝姐〻也算疼你了明兒宝姐〻出閣少不得是你跟去了鶯兒抿嘴一咲宝玉咲道我常〻和襲人説明兒不知那一个有福的消受你們主子奴才兩个呢鶯兒咲道你还不知道我們姑娘有几様世人都沒有的好處呢模様兒还在次宝

玉見鶯兒姣憨婉轉語笑如痴早不勝其情了那更提起宝釵來便問他道好
處在那里好姐々細々告訴我听鶯兒笑道我告訴你々可不許又告訴他去
宝玉笑道這个自然的正說着只听外頭說道怎麽這樣靜悄々的二人回頭
看时不是別人正是宝釵來了宝玉忙讓坐宝釵坐了因問鶯兒打什麽呢一
面問一面向他手裡去瞧才打了半截宝釵笑道這有什麽趣兒到不如打个
絡子把那々玉絡上呢一句話提醒了宝玉便拍手笑道到是姐々說得是我就忘
了只是配个什麽顏色才好宝釵道若用雜色的斷然使不得大紅又犯了色黄
的又不起眼黑的又過暗等我想个法兒把那金線拿來配着黑珠兒線一根
々々的拈上打成絡子這才好看宝玉听說喜之不尽一疊声便叫襲人來取
金線正值襲人端了兩碗菜走進來告訴宝玉道今兒奇怪才剛太々打發人

給我送了兩碗菜來宝玉咲道必定是今兒菜爲送來給你们大家吃的襲人道不是指名給我送來还不叫我過去磕頭這可是奇了宝釵咲道給你的你就吃了這有什庅應猜疑的襲人咲道從來沒有的事到叫我不好意思的宝釵抿嘴一咲說道這就不好意思了明兒比這个更叫你不好意思的还有呢襲人听了話内有因素知宝釵不是輕嘴薄舌奚落人的自己方想起上日王夫人的意思來便不再提將菜与宝玉看了說洗了手來拿線說畢便一直的出去了吃過飯洗了手進來拿金線与鶯兒打絡子此时宝釵早被薛蟠遣人來請出去了這里宝玉正看着打絡子忽見邢夫人遣了兩个丫环送了兩樣菓子來与他吃问他可走淂了若走淂動叫哥兒明兒過來散〻心太〻着寔記罣着呢宝玉忙道若走淂了必請太〻的安去疼的比先好些請太〻放心

罢一面叫他两个坐下一面又叫秋紋来把才拿来的那菓子拿一般[盤]送与林姑娘去秋紋答應了剛欲去时只听代玉在院内説話宝玉忙叫快請要知端的且听下回分解

脂硯齋重評石頭記

絳芸軒夢兆是金針暗度法夾寫月錢是為襲人漸入金屋步位梨香院是明寫大家蓄戲不免奸淫之陋可不慎哉〻〻

脂硯齋重評石頭記卷之

第三十六回

繡鴛鴦夢兆絳芸軒　識分定情語梨花院

話説賈母自王夫人處回來見宝玉一日好似一日心中自是欢喜因怕將來賈政又叫他遂命人將賈政的親隨小厮頭兒喚來吩咐他已後倘有会人待客諸樣的事你老爷要叫宝玉你不用上來傳話就回他説我説了一則打重了得着寔將養几丁月才走得二則他的星宿不利祭了星不見外人過了八月才許出二门那小厮頭兒听了領命而去賈母又命李嬤〻襲人等來將此話説与宝玉使他放心那宝玉本就懶与士大夫諸男人接談又最厭峩冠礼服賀弔往还等事今日得了這句話越發得了意不但將親戚朋友一概杜絕

了而且連家庭中晨昏定省益發都隨他的便了日〻只在園中遊卧不過每日一清早到賈母王夫人處走〻就回來了却每〻甘心為諸丫嬛充役竟也得十分閑消日月或如宝釵輩有时見机導劝反生起氣來只說好〻的一个清淨潔白女兒也学的釣名沽譽入了國賊祿鬼之流這總是前人無故生事立言竪辞原為導後世的鬚眉濁物不想我生不幸亦且瓊閨綉閣中亦染此風真〻有負天地鍾靈毓秀之德因此禍延古人除四書外竟將别的書焚了衆人見他如此風顛也都不向他說這些正經話了獨有林代玉自幼不曾劝他去立身揚名等語所以深敬代玉閑言少述如今且說王鳳姐自見金釧死後忽見几家僕人常來孝敬他些東西又不时的來請安奉承自已到生了疑惑不知何意這日又見人來孝敬他東西因晚间無人时咲问平兒道這几家

人不大管我的事為什庅忽然這庅和我貼近平兒冷笑道奶〻連這个都想
不起來了我猜他们的女兒都必是太〻房里的丫頭如今太〻房里有四个
大的一个月一兩銀子的分例下剩的都是一个月几百錢如今金釧兒死了
必定他们要弄這[一]兩銀子的巧宗兒呢鳳姐听了笑道是了〻〻到是你提醒
了我看這些人也太不知足錢也賺够了苦事情又侵[派]不着弄个丫頭搪[子]塞身
子也就罷了又还想這个也罷了他们几家的錢容易也不能花到我跟前這
是他们自尋的送什庅來我就收什庅横竪我有主意鳳姐兒安下這个心所
以自管遷延着等那些人把東西送足了然後乘空方回王夫人這日午间薛
姨媽母女兩个与林代玉等正在王夫人房里大家吃東西呢鳳姐兒得便回
王夫人道自從玉[金]釧兒姐〻死了太〻跟前少着一个人太〻或看准了那个

了頭好就吩咐下月好發放月錢的王夫人听了想了一想道依我説什庅是
例必定四个五个的彀使就罷了竟可以免了罷鳳姐咲道論理太ゝ説的也
是這原是旧例别人屋里还有两个呢太ゝ倒不按例了况且省下一两銀子
也有限的王夫人听了又想一想道也罷這个分例只管関了来不用補人就把
這一两銀子給他妹ゝ玉釧兒罷他姐ゝ伏侍了我一塲没个好結果剩下他
妹ゝ跟着我吃个双分子也不為之過乎了风姐答應回頭找玉釧兒咲道大喜
ゝゝ玉釧兒過来磕了頭王夫人问道正要问你如今趙姨娘周姨娘的月利
多少风姐道那是定例每人二两趙姨娘有环兄弟的二两共是四两另外四
串錢王夫人道可都案数給他们风姐見问的奇怪忙道怎庅不按数給王夫
人道前兒我恍惚听見有人報怨説短了一吊錢是什庅原故风姐忙咲道姨

娘们的丫頭月例原是人各一吊從旧年他们外頭商議的姨娘们每位的丫頭分例減半人各五百錢每位两丫丫頭所以短了一吊錢這也報怨不着我〻到樂得給他们呢他们外頭又扣着难道我添上不成這丫事我不過是接手兒怎麽来怎麽去由不得我作主我到説了两三回仍旧添上這两分的他们説只有這丫項數叫我也难再説了如今在我手里每月連日子都不錯給他们呢先則時在外頭関那丫月不打飢荒何曾順〻溜〻的得過一遭兒呢王夫人听説也就罢了半日又問老太〻屋里几丫一两的风姐道八丫如今只有七丫那一丫是襲人王夫人道這就是了你宝兄弟也並沒有一两的丫頭襲人还算是老太〻房里的人风姐笑道襲人原是老太〻的人不過給了宝兄弟使他這一两銀子还在老太〻的丫頭分例上領如今説因為襲人是宝玉的人

裁了这一两子断然使不淂若說再添一了人給老太ゝ这了还可以裁他的若不裁他的須淂环兄弟屋里也添上一了才公道均匀了就是晴雯麝月等七了大丫頭每月人各月钱一吊佳蕙等八了小丫頭每月人各月钱五百还是老太ゝ的話别人如何惱淂氣淂呢薛姨娘咲道只听凤丫頭的嘴到像倒了核桃車子的只听他的賬也清楚理也公道凤姐咲道姑媽难道我說錯了不成薛姨媽咲道說的何嘗錯只是你慢些說豈不省力凤姐才要咲忙又忍住了听王夫人示下王夫人想了半日向凤姐兒道明兒挑一了好丫頭送去給老太ゝ使補襲人的數兒把襲人的一分子裁了把我每月的月例二十两銀子里拿出二两銀子一吊钱来給襲人已後凡事有趙姨娘周姨娘的也有襲人的只是襲人的这一分都從我的分例上匀出来不必動官中的就是了凤姐一ゝ的

荅應了咲推薛姨媽道姑媽听見了我素日說的話如何今兒果然應了我的
話薛姨媽道早就該如此模樣兒自然不用說的他的那一種行事大方說話
見人和氣里頭帶着劉硬要強这个寔在难淂王夫人含淚說道你们那里知
道襲人那孩子的好處（孩子二字愈見親熱故後文連呼二声我的兒）比我的宝玉強十倍（忽加我的宝玉四字
愈令人墮淚加我的二字者是明顯襲人是彼的然彼的何如此好我的何如此不好又氣又恨宝玉罪有萬重矣作者有多少眼泪寫此一句觀者又不知
有多少眼淚也）宝玉果然是有造化的能彀淂他長〻遠〻的伏侍他一輩子也就罷
了（真好文字此批淂出者）凤姐道既这庅樣就開了臉明放他在屋里豈不好王夫人道
那就不好了一則都年輕二則老爷也不許三則那宝玉見襲人是个丫頭總
有放縱的事倒能听他的劝如今作了他跟前人那襲人該劝的也不敢十分劝
了如今且渾着等再過二三年再說〻畢半日凤姐見無話便轉身出来劉姥

廊簷上只見有几个挑事的媳婦子正苛他（着）回事呢見他出来都咲道奶〻今兒回什麽事这半天可是要熱着了风姐把袖子挽了几挽跐着那角门的门檻子咲道這里過（堂）風到涼快吹一吹再走又告訴衆人道你們說我回了这半日的話太〻把二百年都想起来问我难道我不說罷又冷咲道我從今已後到要幹几樣尅毒事了報怨（給）凡太〻听我也不怕糊塗油蒙了心爛了舌頭不淂好死的下作東西別作娘的春夢明兒一裹腦子扣的日子还有呢如今裁了了頭的錢就報怨了偺們也不想一想（自己）是奴几也配使兩三个了頭一面罵一面方走了自去挑人回賈母話去不在話下却說王夫人苛这里吃畢西瓜又說了一回閑話各自方散去宝釵与代玉苛回至园中宝釵因約（了）代玉往藕香榭去代玉回說立刻要洗澡便各自散了宝釵独自行来順路進了怡紅

院意尋宝玉談講以解午倦不想一入院来鴉雀無聞一並两隻仙鶴在芭蕉
下都睡着了宝釵便順着遊廊来至房中只見外间床上横三竪四都是丫頭
們睡覔轉过十錦槅子来至宝玉的房内宝玉在床上睡着了襲人坐在身傍
手里做針線傍边放着一柄白犀麈宝釵走近前来悄〻的咲道也過于小心
了这个屋里那里还有蒼蝇蚊子还拿蝇帚子赶什庅襲人不防猛抬頭見是
宝釵忙放下針線起身悄〻咲道姑娘来了我到也不防唬了一跳姑娘不知
道虽然没有蒼蝇蚊子誰知有一種小虫子从这紗眼里鑽進来人也看不見
只睡着了咬一口就像螞蟻夾的宝釵道怨不得这屋子後頭又近水又都是
香花兒这屋子里頭又香这種虫子都是花心里長的聞香就撲說着一面又
瞧他手里的針線原来是个白綾紅裏的兜肚上扎着鴛鴦戲蓮的花樣紅蓮

緑葉五色鴛鴦宝釵道噯喲好鮮亮活計这是誰的也值的費这庅大工夫襲人向床上拟嘴兒宝釵咲道这庅大了还帶这了襲人咲道他原是不帶的所以特〻的做的好了叫他看見由不得不帶如今天氣热睡覺都不留神哄他帶上了便是夜裡總盖不嚴些兒也就不怕你說这一了就用了工夫还沒看見他身上現帶的那一了呢宝釵咲道也虧你奈煩襲人道今兒做的工夫大了脖子低的怪酸的又咲道好姑娘你略坐一坐我出去走〻就来說着便走了宝釵只顧看着活計便不留心一蹲身剛〻的也坐在襲人方才坐的所在因又見那活計寔在可愛不由的拿起針来替他代刺不想林代玉因遇見史湘雲約他来与襲人道喜二人来至院中見靜悄〻的湘雲便轉身先到廂房裡去找襲人林代玉却来至窓外隔着紗窓往里一看只見宝玉穿着銀紅紗衫子

随便睡着在床上宝釵坐在身傍做針線倚边放着蝇帚子林代玉見了这个景兒連忙把身子一藏手握着嘴不敢咲出来招手兒叫湘雲〻〻一見他这般景况只當有什庅新闻忙也来一看也要咲时忽然想起宝釵素日待他厚道便忙掩住口知道林代玉不讓人怕他言語之中取咲便忙拉過他来道走罢我想起襲人来他說午间要到池子里去洗衣裳想必去了偺们那里找他去林代玉心下明白冷咲了两声只得随他走了這里宝釵只剛做了两三个花瓣忽見宝玉在夢中喊罵說和尚道士的話如何信得什庅是金玉姻缘我偏說是木石姻缘宝釵听了这話不覺怔了忽見襲人走過来咲道还沒有醒呢宝釵摇頭襲人又咲道我才碰見林大姑娘史大姑娘他们可有進来宝釵道沒見他们進来因向襲人咲道他们沒告訴你什庅話襲人咲道左不過

是他们那些頑話有什么正緊(經)說的宝釵咲道他們說的可不是頑話我正要告訴你呢你又忙〻出去了一句話未完(說)只見凤姐兒打發人来叫襲人宝釵咲道就是為那話了襲人只浔喚起两个丫環来一同宝釵出怡紅院自往凤姐这里来果然是告訴他這話又叫他与王夫人叩頭且不必去見賈母到把襲人不好意思的見過(了不得)王夫人急忙回来宝玉已醒了問起原(緣)故襲人且含糊答應至夜间人静襲人方告訴宝玉喜不自禁又向他咲道我可看你回家去不去了那一回往家里走了一淌回来就說你哥〻要贖你又說在這里沒着落終久算什么說了那么些無情無義的生分話唬我[唬字妙尔果係明決男子何浔畏女子唬哉]從今已後我可看誰来敢叫你去襲人听了便冷咲道你到别这么說從此已後我是太太的人了我要走連你也不必告訴只回了太〻就走宝玉咲道就

便笑我不好你回了太〻竟去了叫別人听見説我不好你去了你也沒意思

襲人咲道有什庅沒意思难道作了強盗賊我也跟着罢再不然还有一个死

呢人活百歲横竪要死這一口氣不在听不見看不見就罢了宝玉听見這話

便忙握他的嘴説道罢〻〻不用説這些話了襲人深知宝玉性情古怪听見

奉承吉利話又厭虛而不實听了尽情實話又生悲感便悔自己説冒撞了連

忙咲着用話截開只揀那宝玉素喜談者问之先问他春風秋月再談及粉淡

脂瑩然後談到女兒如何好又談到女兒死襲人忙掩住口宝玉談至濃快时

見他不説了便咲道人誰不死只要死的好那些个鬚眉濁物只知道文死諫

武死戰這二死是大丈夫死名死節竟何如不死的好必定有昏君他方諫他

只顧邀名猛拚一死將來棄君于何地必定有刀兵他方戰猛拚一死他只顧

玉兄此論大覺痛快人心　綺園

圖汗馬之名將来奪国于何地所以這皆非正死襲人道忠臣良將出于不得已他才死宝玉道那武將不過仗血氣之勇疎謀少畧他自己無能送了性命这難道也是不得已那文官更不可比武官了他念两句書權在心里若朝廷少有疵瑕他就胡談乱劝只顧他邀忠烈之心濁氣一湧即时拚死這难道也是不得已还要知道那朝廷是受命于天他不聖不仁那天地斷不把這萬几重任与他了可知那些死的都是沽名並不知大義比如我此时若果有造化該死于此时的趂你們在我就死了再能殼你們哭我的眼淚流成大河把我的尸首漂起来送到那鴉雀不到的幽僻之處隨風化了自此再不要托生為人就是我死的得时了襲人忽見說出這些瘋話来忙說困了不理他那宝玉方合眼睡着至次日也就丢開了一日宝玉因各處遊的煩膩便想起牡丹亭

死時當知大義千古不磨之論　綺園

曲来自已看了两遍猶不愜怀因闻得梨香院的十二个女孩子中有小旦齡
官最是唱的好因着意出角门来找時只見宝官玉官都在院内見宝玉来了
都咲嘻々的讓坐宝玉因问齡官獨在那里衆人都告訴他説在他房里呢宝
玉忙至他房内只見齡官獨自倒在炕上見他進来文風不動宝玉素習与别
的女孩子頑慣了的只當齡官也同别人一様因進前来身傍坐下又陪笑央
他起来唱裊晴絲一套不想齡官見他坐下忙抬身起来躲避正色説道嗓子
啞了前兒娘々傳進我们去我还沒有唱呢宝玉見他坐正了再一細看原来
就是那日薔薇花下劃薔字那一个又見如此景况從来未經過這番被人棄
厭自己便訕々的紅了臉只得出来了宝官等不觧何故因问其所以宝玉便
説了遂出来宝官便説道只畧等一等薔二爺来了叫他唱是必唱的宝玉听

了心下納悶因問薔哥兒那去了宝官道才出去了一定还是齡官要什麼他去变美去了宝玉听了已為奇特少站（不一時）便見賈薔從外頭來了手里又提着個雀兒籠子上面扎着个小戲臺並一个雀兒興頭〻的往裡走着找齡官見了宝玉只得站住宝玉問他是个什麼雀兒会啣旂串戲臺賈薔咲道是个玉頂金豆宝玉道多少钱買的賈薔道一两八钱銀子一面説一面讓宝玉坐自己往齡官房里來宝玉此刻把听曲子的心都沒了且要看他和齡官是怎樣只見賈薔進去咲道你起來瞧这个頑意兒齡官起身問是什麼賈薔道買了雀兒你頑省得天〻悶〻的無个開心（的）我先頑个你看説着便拿些穀子哄的那个雀兒在戲台上乱串啣鬼臉旂幟衆女孩子都咲道有趣獨齡官冷咲了两声賭氣仍睡去了賈薔还只管陪咲問他好不好齡官道你們家把好〻的人

美了来閔在這牢坑里學這个牢什子还不算你這会子又美个雀兒来也偏生幹这个伓(你)分明是美了他来打趣形容我们还问我好不好賈薔听了不覺慌起来連忙賭身立誓又道今兒我那里的香脂油蒙了心費一二两銀子買他来原說解悶就沒有想道这上頭罢罢放了生免免你的災病說着果然將將雀兒放了一頓把將籠子拆了齡官还說那雀兒虽不如人他也有个老雀兒在窩里(瞞不說替我)你拿了他来美这个劳什子也忍得今兒我咳嗽出两口血来太太叫大夫来細问问你且美这个来取咲(兒)偏生我這沒人管沒人理的又偏病說着又哭起来賈薔忙道昨兒晚上我问了大夫他說不相干他說吃两剤藥後兒再瞧誰知今兒又吐了这会子請他去說着便要請去齡官又叫貼住这会子大都(毒)日頭地下你賭氣子去請了来我也不瞧賈薔听如此說只得又貼住

宝玉見了这般景況不覺痴了这才領会了劃薔深意自己站不住他抽身走了賈薔一心都在齡官身上也不顧送到是别的女孩子送了出来那宝玉一心裁奪盤算痴痴的回至怡紅院中正值林代玉和襲人坐着説話兒呢宝玉一進来就和襲人長嘆説道我昨晚上的話竟説錯了怪道老爷説我是管窺蠡測昨夜説你們的眼淚单葬我這就錯了我竟不能全得了从此後只是各人各得眼淚罷了襲人昨夜不過是些頑話已竟忘了不想宝玉今又提起来便笑道你可真真有些瘋了宝玉默默不对自此深悟人生情緣各有分定只是每每暗傷不知將来葬我洒泪者為誰此皆宝玉心中所懷也不可十分忘擬且説林代玉當下見了宝玉如此形像便知是又从那里着了魔来也不便多問因向他説道我才在旧母跟前听的明兒是薛姨娘的生日叫我順便来

问你出去不出去你打發人前頭説一声去宝玉道上回連大老爺的生日我也没去這会子我又去淌或磞見了人呢我一槪都不去这庅怪热的又穿衣裳我不去姨媽也未必惱襲人忙道這是什庅話他比不得大老爺這里又住的近又是親戚你不去豈不叫他思量你怕热只清早起到那里磕个頭吃鍾茶再〔就〕来趣〔豈〕不好看宝玉未説話代玉便先咲道你看着人家赶蚊子分上也該去走々宝玉不觧忙问怎庅赶蚊子襲人便将昨日睡覺無人作伴宝姑娘坐了一坐的話説了出来宝玉听了忙説不該我怎庅睡着了褻瀆了他一面又説明日必去正説着忽見史湘雲穿的齊々整々的走来辭説家里打發人来接他宝玉林代玉听説忙站起来讓坐史湘雲也不坐宝林兩个只得送他至前面那史湘雲只是眼泪汪々的見有他家人在跟前又不敢十分委曲少时

薛宝钗赶来愈覺缱綣難捨还是宝钗心内明白他家人若回去告訴了他嬸娘待他家去又恐受氣因此到催他走了衆人送至二门前宝玉还要往外送（每逢此时就忘却嚴父可知前云為你们尤忠情愿不假）到是湘雲攔住了一时回身又叫宝玉到跟前悄々的囑道便是老太々想不起我来你时常提着打發人接我去宝玉連々答應了眼看着他上車去了大家方才進来要知端的且听下回分解

脂硯齋重評石頭記

美人用別號亦新奇花樣且韻且雅呼去覺滿口生香起社出自

探春意作者已伏下回興利除獘之文也

此回絶放筆寫詩寫詞作扎着他詩復詩詞復詞扎又扎總

不相犯

湘雲詩客也前回寫之其今才起社後用不穿不離閑人數語

數句仍歸社中何巧活之筆如此

脂硯齋重評石頭記卷之

第三十七回

秋爽齋偶結海棠社　蘅蕪苑夜擬菊花題

這年賈政又点了學差擇于八月二十日起身是日拜过宗祠及賈母起身諸事宝玉諸子弟等送至洒泪亭却說賈政出门去後外面諸事不能多記单表宝玉每日在園中任意縱性的曠蕩真把光陰虛度歲月空添這日正無聊之際只見翠墨進来手里拿着一付花箋送与他宝玉因道可是我忘了才說要瞧瞧三妹妹去的可好些了你偏走来翠墨道姑娘好了今兒也不吃藥了不過是凉着一点兒宝玉听說便展開花箋看时上面寫道

娣探謹奉

二兄文几前夕新霽月色如洗因惜清景难逢詎忍就卧时漏已三轉猶徘徊于桐檻之下未防風露所欺致獲採薪之患昨蒙親劳撫囑復又数遣侍兒问切兼以鮮荔並真卿墨跡見賜何瘝痌惠愛之深哉今因伏几凭床處默之时因思及歷来古人中處名攻利敵之塲猶置一些山滴水之區遠招近揖投瞎攀轅務結二三同志盤桓于其中或豎詞壇或開吟社虽一时之偶興遂成千古之佳談娣虽不才窃同叨棲處于泉石之间而兼慕薛林之技風庭月榭惜未讌集詩人帘杏溪桃或可醉飛吟盞孰謂蓮社之雄才獨許鬚眉直以東山之推会讓余脂粉若蒙掉雪而来娣則掃花以待此謹奉

宝玉看了不覺喜的拍手笑道到是三妹々的高雅我如今就去商議一面説一面就走翠墨跟在後面剛到了沁芳亭只見园中後门上值日的婆子手里

拿着一个字帖走来見了宝玉便迎上去口内說道芸哥兒請安在後门只等着叫我送来的宝玉打開看時寫道是

不肖男　芸恭請

父親大人萬福金安男思自蒙天恩認于膝下日夜思一孝順竟無可孝順之處前因買辦花草上托大人金福竟認得許多花兒匠直欲噴飯真好新鮮文字並認得許多名园因忽見有白海棠一種不可多得故变盡方法只弄得两盆大人若視男是親男一般皆千古未有之奇文初讀令人不解思之則噴飯便留下賞玩因天氣暑熱恐园中姑娘们不便故不敢面見奉書恭啓並叩台安男芸跪書宝玉看了笑道独他来了还有什庅人婆子道还有两盆花兒宝玉道你出去說我知道了难為他想着你便把花兒送到我屋里去就是了一面說一面同翠墨往秋爽齋来只見

宝釵代玉迎春惜春已都在那里了却因芸之一字夫已将諸艶請来者却多少闲文不然必云如何請如何来則必至有犯宝玉終成重複之文矣衆人見他進來都咲說又來了一个探春咲道我不算俗偶然起个念頭寫了几个帖兒試一試誰知一招皆到宝玉咲道可惜遲了早該起个社的代玉道你们只管起社可别筭上我我是不敢的迎春咲道你不敢誰还敢呢必淂如此方是妙文○若也如宝玉說興頭說則不是代玉矣宝玉道這是一件正經大事大家鼓舞起來不要你謙我讓的各有主意自管說出來大家平章这是正經大事已妙且曰平章更妙宝姐姐也出个主意林妹妹也說个話兒的是宝玉的口角宝釵道你忙什么人还不全呢妙宝釵自有主見真不誣也一語未了李紈也來了進门咲道雅的緊要起詩社我自荐我掌壇前兒春天我原有个這意思的我想了一想我又不曽会作詩瞎乱些什么因而也忘了就沒有說淂既是三妹妹高興我就帮你作興起來看他又是一篇文字

分叙单傳之法也 代玉道既然定要起詩社偺们都是詩翁了先把這些姐妹叔嫂的字樣改了才不俗 肴他寫代玉真可人也 李紈道極是何不大家起个别号彼此稱呼則雅 未起詩社先起别号 我是定了稻香老農再無人占的 最妙一个花樣 探春咲道我就是秋爽居士罢宝玉道居士主人到底不恰且又瘰瀆這里梧桐芭蕉儘有或指梧桐芭蕉起个到好探春咲道有了我最喜芭蕉就稱蕉下客罢衆人都道别致有趣代玉咲道你们快牽了他去燉了脯子吃酒衆人不解代玉咲道古人曾云蕉葉覆鹿他自稱蕉下客可不是一隻鹿了快做了鹿脯来衆人听了都咲起来探春因咲道你别忙中使巧話来罵人我已替你想了个極當的美号了又向衆人道當日娥皇女英洒泪在竹上成斑故今斑竹又名湘妃竹如今他住的是瀟湘舘他又愛哭將来他想林姐夫那些竹子也是要变成斑竹的以後

都叫他作瀟湘妃子就完了大家听説都拍手叫妙林代玉抵了頭方不言語
妙極趣極所謂夫人必自侮然後人侮之看因一謔便勾出一笑号来何等妙文又另一花樣李紈咲道我替薛大妹〻也早
已想了个好的也只三个字惜春迎春都问是什麼妙文迎春惜春故不能答言然不便撕之不序故捕
他二人问試思近日諸豪宴集雄語偉辯之時座上或有一二愚夫不敢接談然偏好问亦真可厭之事李紈道我是封他蘅蕪君
了不知你们如何探春咲道這个封号極好宝玉道我呢你们也替我想一个
必有是问宝釵咲道你的号早有了無事忙三字恰當的狠真恰當容的尽形李紈道你还
是你的旧号絳洞花王就好妙極又点前文通部中從頭至末前文已过者恐去之冷落使人忘怀淂便一点未来者恐来之突
然或先伏一綫皆行文之妙訣也宝玉咲道小時候幹的營生还提他作什麼赧言如聞不知大时又有何營
生探春道你的号多的狠又起什麼我们愛叫你什麼你就答應着就是了更妙
若只管挨次一个一个乱起则成何文字另一花樣宝釵道还淂我送你个号罢有最俗的一个号却

於你最當天下难淂的是冨貴又难淂的是閑散這兩様再不兼有不想你兼〻
有了就叫你冨貴閑人也罢了宝玉咲道當不起〻〻〻到是随你们混叫去
罢李紈道二姑娘四姑娘起个什庅号迎春道我们又不大会詩作白起个号作
什庅假斯文守錢虜未看这句探春道虽如此也起个才是宝釵道他住的是紫蓤洲就
叫他蓤洲四丫頭在藕香榭就叫他藕榭就完了李紈道就是這様好但序齒
我大你们都要依我的主意管情說了大家合意我们七个人起社我和二姑
娘四姑娘都不会作詩湏淂讓出我们三个人去我们三个各分一件事探春
咲道已有了號还只管这様稱呼不如不有了以後錯了也要立个罰約才好
李紈道立定了社再定罰約我那裡地方大竟在我那里作社我虽不能作詩
這些詩人竟不厭俗客我作个東道主人我自然也清雅起來了于是要推我

作社長我一个社長自然不彀必要再請兩位副社長就請菱洲藕榭二位學
究来一位出題限韵一位謄録監塲亦不可拘定了我们三个人不作若遇見
容易些的題目韵脚我们也隨便作一首你们四个却是要限定的若如此便
起若不依我〻也不敢附驥了迎春惜春本性頼于詩詞又有薛林在前听了
這話便合已意二人皆説極是探春等也知此意見他二人悦服也不好強只
得依了因笑道这話也罷了只是自想好笑好〻的我起了个主意反叫你们
三个来管起我来了宝玉道既這樣偺们就往稲香村去李紈道都是你忙今
日不過商議了等我再請宝釵道也要議定几日一会才好探春道若只管会
的多又沒趣了一月之中只可兩三次才好宝釵点頭道一月只要兩次就彀
了擬定日期風雨無阻除這兩日外倘有高興的他情愿加一社的或情愿到

他那里去或附就了来亦可使得豈不活潑有趣衆人都道這个主意更好探春道只是原係我起的意我須得先作个東道主人方不負我這興李紈道既這様說明日你就先開一社如何探春道明日不如今日此刻就狠好你就出題菱洲限韵藕榭監場迎春道依我說也不必隨一人出題限韵竟是拈鬮公道李紈道方才我来时看見他们抬進两盆白海棠来到是好花你们何不就咏起他来（真正好題妙在未起詩社先得了題目）迎春道都还未賞先到作詩宝釵道不過是白海棠又何必定要見了才作古人的詩賦也不過都是寄興寫情耳若都是等見了作如今也沒這些詩了（真詩人語）迎春道既如此待我限韵說着走到書架前抽出一本詩来隨手一揭這首竟是一首七言律遞与衆人看了都該作七言律迎春掩了詩又向一个小丫頭道你隨口說一个字来那丫頭正倚门

立着便說了丫门字迎春咲道就是门字韵十三元了頭一丫韵定要這门字
說着又要了韵牌匣子過来抽出十三元一屜又命那小丫頭随手拿四塊那
了頭便拿了盆魂痕昏四塊来宝玉道这盆门两丫字不大好作呢侍書一様
預備下四分紙筆便都悄然各自思索起来独代玉或撫梧桐或看秋色或又
和丫环们嘲咲着他單寫代玉迎春又令丫环炷了一支夢甜香原来這夢甜香只有
三寸来長有灯草粗細以其易烬故以此烬為限如香烬未成便要罰好香當能撰此
新奇字樣一时探春便先有了自提筆寫出又改抹了一回遞与迎春因问宝釵蘅
蕪君你可有了宝釵道有却有了只是不好宝玉背着手在廻廊上踱来踱去
因向代玉說道你听他们都有了代玉道你别管我宝玉又見宝釵已謄寫出
来因說道了不淂香只剩了一寸了我才有了四句又向代玉道香就完了只

管蹲了在那潮地下作什広代玉也不理宝玉道可顧不淂你了好反也寫出来罢説着也走在案前寫了李紈道我们要看詩了若看完了还不交巻是必罰的宝玉道稲香老農虽不善作却善看又最公道理豈不去你就評阅優劣我们都服的衆人都道自然于是先看探春的稿上寫道是

咏白海棠限门盆魂痕昏

斜陽寒草帶重门苔翠盈鋪雨後盆玉是精神难比潔雪為肌骨易銷魂芳心一点嬌無力倩影三更月有痕莫謂縞仙能羽化多情伴我咏黄昏

次看宝釵的是

珍重芳姿晝掩门宝釵詩全是自寫身分諷刺時事只以品行為先才技為末纖巧流蕩之詞綺靡穠艷之語一洗皆盡非不能也屑而不為也最恨近日小説中一百美人詩詞語氣只淂一个艷稿自携手甕潅苔盆胭脂洗出秋堦影氷雪招来露砌魂看他清潔自厲終不肯作一輕浮語淡極始知花更艷好極高情巨眼能几人哉戓一鳥不鳴山更幽也愁多焉

淂玉無痕（看他諷刺林宝〻人省手）欲償白帝憑清潔（看他自已收到自上來是何等身分）不語婷〻日又昏

李紈咲道到的（底）是衡蕪君說着又看宝玉的道是

秋容淺淡映重门七節攢成雪滿盆出浴太真氷作影捧心西子玉為魂曉風不散愁千点（這句直是自已一生心事）宿雨还添泪一痕（妙在終不忘代玉）独倚画欄如有意清砧怨笛送黃昏（宝玉再細心作只怕还有好的只是一心望着代玉故手要不警也）大家看了宝玉說探春的好李紈才要推宝釵這詩有身分因又摧代玉〻〻道你們都有了李紈等着他寫道是

半捲湘簾半掩门（且不說花且說看花的人起的突然别致）碾氷為土玉為盆（極妙料定他自与别人不同）看了这句宝玉先喝起彩來只說從何處想來又看下面道

偷来梨蕊三分白借淂梅花一縷魂衆人看了也都不禁叫好說果然比别人

又是一樣心腸又看下面道是
月窟仙人縫縞袂秋閨怨女拭啼痕虚敲傍比真逸才也且不脫落自己嬌羞默默同誰訴倦倚
西風夜已昏看他終結道自己一人是一人口氣逸才仙品固讓顰兒温雅沉着終是宝釵今日之作宝玉自應居末衆人看
了都道是這首為上李紈道若論風流別致自是這首若論含蓄渾厚終讓蘅
稿探春道這評的有理瀟湘妃子當居第二李紈道怡紅公子是壓尾你服不
服宝玉道我的那首原不好了這評的最公話內細思則似有不服先評之意又笑道只是蘅
瀟二首还要斟酌李紈道原是依我評論不与你们相干再有多說者必罰宝
玉听說只得罷了李紈道從此後我定于每月初二十六這兩日開社出題限
韵都要依我這其间你们有高興的你们只管另擇日子補開那怕一个月每天
都開社我只不管只是到了初二十六這兩日是必往我那里去宝玉道到底

要起个社名才是探春道俗了又不好特新了又鑽古恠也不好可巧才是海棠詩開端就叫个海棠社罢虽然俗些因真有此事也就不碍了說畢大家又商議了一回略用些酒果方各自散去也有回家的也有往賈母王夫人處去的當下別人無話一路總不大寫薛林興頭可見他二人並不着意于此不寫薛林正是大手筆独他二人長于詩必使他二人為之則板腐矣全是錯綜法且說襲人忽然寫到襲人真令人不解看他如何終此詩社之文因見宝玉看了字帖兒便慌ヽ張ヽ的同翠墨去了也不知是何事後來又見後门上婆子送了兩盆海棠花來襲人问是那里來的婆子便將宝玉前一番緣故說了襲人听說便[illegible]擺好讓他们在下房里坐了自己走到自己房內秤了六錢銀子封好又拿了三百錢走來都遞与那兩个婆子道這銀子賞那抬花來的小子們這錢你們打酒吃罢那婆子們站起來眉開眼笑千恩萬謝的不肯受見襲人執意不收方領

了襲人又道後门上外頭可有該班的小子們婆子忙應道天〻有四个原預
備里面差使的姑娘有什庅差使我們吩咐去襲人咲道有什庅差使今兒宝
二爺要打發人到小侯爺家与史大姑娘送東西去可巧你們來了順便出去
叫後门小子們僱輛車來回來你們就往這里拿錢不用叫他們又往前頭混
磞去婆子答應着去了襲人回至房中拿碟子盛東西与史湘雲送去（線頭却牽出觀
者犹不理◎不知是何碟何物令人犯思夺）却見槅子上碟槽空着（妙極細極因此處係依古董式樣摳成槽子故無此件此槽遂
空若忘却前文此句不解）因回頭見晴雯秋紋麝月等都在一處做針黹襲人問道這一个
纏絲白瑪瑙碟子那去了衆人見問都你看我〻看你都想不起來半日晴雯
咲道給三姑娘送荔枝去的还沒送來呢襲人道家常送東西的傢伙也多巴〻
的拿這个去晴雯道我何嘗不也這樣説他説這个碟子配上鮮荔枝才好看

我送去三姑娘見了也說好看叫連碟子放着

自然好看原該如此可恨今之有一二好花者不背象景而用

就沒帶來你再瞧那隔子上頭的一對聯珠瓶还沒收來呢秋紋道提起瓶來我又想起笑話我們宝二爺說声孝心一動也孝敬到二十分因那日見園子里花折了兩枝原是自己要插瓶的忽然想起來說這是自己園里的才開的新鮮花不敢自己先頑巴〻的把那一对瓶拿下來親自灌水插好了叫个人拿着親自送一瓶進老太〻又進一瓶与太〻誰知他孝心一動連跟的都得了福了可巧那日是我拿去的老太〻見了这樣喜的無可無不可見人就說到底是我的宝玉孝順我連一枝花兒也想的到別人还只報怨我疼他你們知道老太〻素日不大同我說話的有些不入他老人家的眼的那日竟叫人拿几百錢給我說我可怜見的生的单弱这可是再想不到的福氣几百錢是小事

难浔这个臉面及至到了太〻那里太〻正和二奶〻趙姨奶〻周姨奶〻好
些人翻箱子找太〻當日年輕的顏色衣裳不知給那一个一見了連衣裳也
不找了且看花兒又有二奶〻在傍边湊趣兒誇宝玉又是怎庅孝敬又是怎
樣知好歹有的沒的話了兩車話當着衆人太太自為又增了光堵了衆人的
嘴太〻越發喜欢了現成的衣裳就賞了我兩件衣裳也是小事年〻橫豎也
浔却不像这个彩頭晴雯哭道呸沒見識面的小蹄子那是把好的給了人挑
剩下的才給你〻还充有臉呢秋紋道憑他給誰剩的到底是太〻的恩典晴
雯道要是我〻就不要若是給別人剩下的給我也罷了一樣这屋里的人难
道誰又比誰高貴些把好的給他剩下的才給我〻寧可不要冲撞了太〻我
也不受这口軟氣秋紋忙问給这屋里誰的我因為前兒病了几天家去了不

知是給誰的好姐〻你告訴我知道〻〻晴雯道我告訴了你难到你这会子退还太〻去不成秋紋咲道胡説我白听了喜欢〻〻那怕給这屋里的狗剩下的我只領太〻的恩典也不犯管别的事衆人听了都咲道罵的巧可不是給了那西洋花点子哈吧兒了襲人咲道你们这起爛了嘴的淂了空就拿我取咲打牙兒一个〻〻不知怎庅死呢秋紋咲道原来姐〻淂了我寔在不知道我陪个不是罢襲人咲道少輕狂罢你们誰取了碟子来是正緊〔經〕着他忽然夾寫女兒喁〻一段總不脱落正事所謂此書一回是兩段〻〻中却有無限事体或有一語透至一回者或有叉補上回者錯綜穿揷從不一氣直起真瀉至終為了麝月道那瓶淂空兒也該収来了老太〻屋里还罢了太〻屋里人多手雜别人还可以趙姨奶〻一夥的人見是这屋里的東西又該使黑心弄坏了才罢太〻也不大管这些不如早些収来正緊〔經〕晴雯听説便擲下針黹道这話到是

等我取去秋紋道还是我取去罢你取你的碟子去晴雯咲道我偏取一遭兒
去是巧踪兒你們都淂了难道不許我淂一遭兒麝月咲道通共秋丫頭淂了
一遭兒衣裳那里今兒又巧你也遇見找衣裳不成晴雯冷咲道虽然碰不見我
衣裳或者太々看見我勤謹一个月也把太々的公費里分出二兩銀子来給
我也定不淂說着又咲道你們别和我粧神弄鬼的什麽事兒我不知道一面說
一面往外跑了秋紋也同他出来自去探春那里取了碟子来襲人打点齊偹
東西叫過本處的一个老宋媽々来宋送也随事生文妙向他說道你先好生梳洗了換
了出门的衣裳来如今打發你与史姑娘送東西去那宋媽々道姑娘只管交
給我有話說与我々收拾了就好一順去的襲人听說便端過兩个小掐絲盒
子来先揭開一个里面装的是紅菱和鷄頭妙兩樣鮮菓子又那一个是一碟子

桂花糖蒸新栗粉糕又説道这都是今年偺们这里園里新結的果子宝二爺
送来与姑娘嚐〻再前日姑娘説这瑪瑙碟子好姑娘就留下頑罢妙隐这一件公案余
想襲人必要瑪瑙碟子盛去何必驕奢輕蕟如是耶固有此一案則去帖矣这絹色兒里頭是姑娘上日吽我作的活
計姑娘別嫌粗糙能着罢替我们請安替二爺问好就是了宗嬷〻道宝二爷
不知还有什庅説的姑娘再问〻去回来又別説忘了襲人因问秋紋方才可
見在三姑娘那里秋紋道他们都在那里商議起什庅詩社呢又都作詩想来
没話你只去罢宗嬷〻听了便拿了東西出去另外穿帶了襲人又囑咐他从
後門出去有小子和車㝵着呢宗媽去後不在話下宝玉回来先忙着看了一
回海棠至房内告訴襲人起詩社的事襲人也把打發宗媽〻与史湘雲送東
西去的話告訴了宝玉〻〻听了拍手道偏忘了他我自覺心里有件事只是

想不起來虧你提起來正要請他去這詩社里若少了他还有什庅意思襲人劝道什庅要緊不過頑意兒他比不淂你們自在家里又作不淂主兒告訴他他要來又不淂他來他不來他又牽腸掛肚的沒的叫他不受用宝玉道不妨事我回老太〻打發人接他去正說着宗媽〻已經回來回復道生受与襲人道乏又說問二爺作什庅呢我說和姑娘們起什庅詩社作詩呢史姑娘說他們作詩也不告訴他去急的了不的宝玉听了立身便往賈母處來立逼着叫人接去賈母因說今兒天晚了明日一早再去宝玉只淂罢了回來悶〻的次日一早便又往賈母處來催逼人接去直到午後史湘雲才來宝玉方放了心見面时就把始末原由告訴他又要与他詩看李紈等因說道且別給他詩看先說与他韵他後來先罰他和了詩若好便請入社若不好还要罰他一个東道

再説史湘雲道你們忘了請我〻還要罰你們呢就拿韵來我雖不能只得勉強出醜容我入社掃地焚香我也情愿衆人見他这般有趣越發喜欢都埋怨昨日怎麽忘了他遂忙告訴他韵史湘雲一心興頭等不得推敲删改一面只管和人説着話心内早已和成即用隨便的紙筆録出（可見起是好文字不管怎樣就有了越用工夫越講究筆墨終成塗雅）先笑説道我却依韵和了兩首（更奇想前四律已將形容盡矣一首猶恐重犯不知二首又從何處着筆）好多我却不知不過應命而已説着遞与衆人〻〻道我們四首也算想絕了再一首也不能了你到弄了兩首那里有許多話説必要重了我們一面説一面看时只見那兩首詩寫道　其一

神仙昨日降都門（落想便新奇不落彼四套）種得藍田玉一盆（好盆字押得更穩總不落彼三套）自是霜娥偏愛冷（又不脱自己將來形景）非関倩女亦離魂秋陰捧出何方雪（拍案叫絕壓倒羣芳在此一句）

雨漬添来隔宿痕却喜詩人吟不倦豈令寂寞度朝昏 真好 其二 蘅芷階
通蘿薜门也宜墻角也宜盆 更好 花因喜潔难尋偶人為悲秋易断魂玉燭滴
乾風里泪晶簾隔破月中痕幽情欲向嫦娥訴無奈虛廊夜色昏 二首真可壓卷 詩是好
詩文是奇〻恠〻之文總令人想不到忽有二首未壓卷 衆人看一句驚訝一句看到了讚到了都説这
个不枉作了海棠詩真該要起海棠社了史湘雲道明日先罰我个東道就讓
我先邀一社可使得的衆人道这更妙了因又将昨日的詩与他評論了一回至晚
宝釵将湘雲邀往蘅蕪苑安歇去湘雲灯下計議如何設東擬題宝釵听他説
了半日皆不妥當 却于此刻方写宝釵 因向他説道既開社便要作東虽然是頑意兒也
要瞻前顧後又要自己便宜又要不得罪了人然後方大家有趣你家里你又
作不得主一个月通共那几串錢你还不勾盤纏呢这会子又幹这没要緊的

事你嬸子听見了越發報怨你了況且你就都拿出来做这个東道也是不勾难道為这个家去要不成还是往这里要呢一夕話提醒了湘雲到躊躕起来宝釵道这个我已經有个主意我們當舖里有个夥計他家田上出的狠好的肥螃蠏前兒送了几斤来現在这里的人從老太〻起連上園里的人有多少半都是愛吃螃蠏的前日姨娘还說要請老太〻在園里賞桂花吃螃蠏因為有事还沒有請呢你如今且把詩社別題起只管普通一請等他們散了咱們有多少詩作不湏的我和我哥〻說要几簍極肥極大的螃蠏来再往舖子里取上几罈好酒再備上四五棹菓碟子豈不又省事又大家熱鬧了湘雲听了心中自是感服極讃他想的週到宝釵又咲道我是一片真心為你的話你千萬別多心想着我小看了你咱們两个就白好了你若不多心我就好叫他們辦

去的湘雲忙咲道好姐〻你这様說到（是你）多心待我了凴他怎庅糊塗連个好歹
也不知还成个人了我若不把姐〻當作親姐〻一様看上回那些家常話煩
难事也不肯尽情告訴你了宝釵听說便吽一个婆子来出去和大爺說依前
日的大螃蠏要几簍来明日飯後請老太〻姨娘賞桂花你說大爺好歹别忘
了我今兒已請下人了（必淂如此叮嚀阿獃兄方記淂）那婆子出去說明回来無話这里宝釵
又向湘雲道詩題也不要過于新巧了你看古人詩中那些刁鑽古怪的題目
和那極險的韻了若題（目過）過于新巧韻過于險再不淂有好詩終是小家氣（子）詩固
然怕說熟話更不可過于求生只要頭一件立意清新自然措詞就不俗了究
竟这也算不淂什庅还是紡績針黹是你我的本等一時闲了到是于你我深
有益的書看几章是正經湘雲只〻答應着因咲道我如今心里想着昨日作了

海棠詩我如今要作个菊花詩如何宝釵道菊花到也合景只是前人太多了
湘雲道我也是如此想着恐怕落套宝釵想了一想說道有了如今以菊花為
賓以人為主竟擬出几个題目來都是兩个字一个虚字一个实字〻〻便用
菊字虚字就用通用[人事双]関的如此又是詠菊又是賦事前人也沒作過也不能落
套賦景詠物兩関着又新鮮又大方湘雲咲道這却狠好只是不知用何等虚
字才好你先想一个我听〻宝釵想了一想咲道菊夢就好湘雲咲道果然好
我也有一个菊影可使得宝釵道也罢了只是也有人作過若題目多這个也
真[莫]的上我又有了一个湘雲道快說出來宝釵道问菊如何湘雲拍案叫妙因
接說道我也有了[一个]訪菊如何宝釵也讚有趣因說道越性擬出十个來寫上再
來說着二人研墨蘸筆湘雲便寫宝釵便念一时湊了十个湘雲看了一遍又

咲道十个还不成幅越性凑成十二个便全了也如人家的字画册頁一樣宝釵听説又想了两个一共凑成十二个又説道既这樣越性編出他个次序先後来湘雲道如此更妙竟実成个菊譜了宝釵道起首是憶菊憶之不得故訪第二是訪菊訪之既得便種第三是種菊種既盛開故相對而賞第四是对菊相對而興有餘故折来供瓶為玩第五是供菊既供而不吟亦覚菊無彩色第六便是咏菊既入詞章不可不供筆墨第七便是画菊既為菊如是碌碌究竟不知菊有何妙处不禁有所问第八便是问菊菊如解語使人狂喜不禁第九便是簪菊如此人事虽尽犹有菊之可詠者菊影菊夢二首續在第十第十一末卷便以殘菊総収前題之盛这便是三秋的妙景妙事都有了湘雲依説將題目録出又看了一回又问該限何韵宝釵道我平生最不喜限韵的分明有好

詩何苦爲韵所縛偺们别学那小家派只出題不拘韵原爲大家偶得了好句取樂並不爲奈邦难人湘雲道这話狠是这樣大家的詩还進一層但只偺们五个人这十二个題目难道每人作十二首不成宝釵道那也太难人了將这題目謄好都要七言律明日貼在牆上他们看了誰作那一个就作那一个有力量者十二首都作也可不能的一首不成也可高才捷足者爲尊若十二首已全便不許他後赶着又作罰他就完了湘雲道这到也罢了二人商議妥貼方才息灯安寢要知端的且听下回分解

脂硯齋重評石頭記

題曰菊花詩螃蟹詠偏自太君前阿凤若許詼諧中不失体夗央平兒寵婢中多少放肆〻迎合取樂寫来似难入題却輕〻用弄水戲魚〻看花等遊玩事及王夫人云这里風大一句收住入題並無纖毫牽强此重作輕抹法又妙極好看煞

脂硯齋重評石頭記卷之

第三十八回

林瀟湘魁奪菊花詩　薛蘅蕪諷和螃蟹咏

話説宝釵湘雲二人計議已妥一宿無話湘雲次日便（旁改：請）賈母等賞桂花賈母等都説道是他有興頭須要擾（旁改：領）他這雅興（若在世俗小家則云你是客在我們舍下怎麼反擾你的呢一何可笑）至午果然賈母帶了王夫人鳳姐兼請薛姨媽等進園來賈母因問那一位（旁改：處[?]地方）好（必如此問方好）王夫人道憑老太太愛在那一處就在那一處（必是王夫人必如此答方妙）鳳姐道藕香榭已經擺下了那山坡下兩顆桂花開的又好河里的水又碧清坐在河當中亭子上豈（旁添：不）敞亮看看水眼也清亮（智者樂水豈其然乎）賈母听了説這話狠是説着就引了衆人往藕香榭來原來這藕香榭盖在池中四面有窗左右有曲廊可通

亦是跨水接岸後面又有曲折竹橋暗接衆人上了竹橋凤姐忙上来攙着賈母口里說老祖宗只管邁大步走不相干的这竹子橋規矩是咯吱咯喳的如見其勢如臨其上非走過者必形容不到一時進入榭中只見欄杆外另放着兩張竹案一个上面設着杯筯酒具一个上頭設着茶筅茶盂各色茶具那边有兩三个丫頭煽風炉煮茶这一边另外几个丫頭也煽風炉燙酒呢賈母喜的忙問这茶想的到且是地方東西都干净湘雲笑道这是宝姐姐帮着我預偹的賈母道我說这个孩子細致凡事想的妥當一面說一面又看見柱上掛的黑漆嵌蚌的对子命人念湘雲念道

芙蓉影破歸蘭槳　菱藕香深寫竹橋

妙極此處忽又補出一處不入賈政試才一回皆錯綜其事不作一直筆也

賈母听了又抬頭看匾因回頭向薛姨媽道我先小時家里也有这広一个亭子叫做什広枕霞閣我那也只像他们这広大年紀时同姊妹们天〻頑去那日誰知我失了脚掉下去几乎没淹死好容易就了上来到底被那木釘把頭碰破了如今这鬓角上那指頭頂大一塊窩兒就是那残破了衆人都怕經了水又怕冒了風都説話不得了誰知竟好了凤姐不等人説先咲道那时要活不得如今这大福可叫誰享呢可知老祖宗從小兒的福壽就不小神差鬼使碰出那个窩兒来好盛福壽的寿星老兒頭上原是一个窩兒因為萬福萬寿盛滿了所以到凸高出些来了未及説完賈母与衆人都咲軟了

看他忽用賈母数語閑〻又補出此書之前似已有一部十二釵的一般令人遐憶不能一見余則將歎補出枕霞閣中十二釵来豈不又添一部新書

賈母咲道这猴兒慣的了不得了只管拿我取咲起来恨的我撕你那油嘴凤

姐咲道回来吃螃蟹恐積了冷在心里討老祖宗咲一咲開〻心一高興多吃兩个就無妨了賈母咲道明兒叫你日夜跟着我〻到常咲〻覺的開心不許回家去王夫人咲道賈老太〻因為喜欢他才慣的他这樣还这樣説他明兒越發無理了賈母咲道我喜欢他这樣况且他又不是那不知高底的孩子家常沒人娘兒們原該这樣横竪礼體不錯就罢沒的到叫他從神兒似的作什広（近之暴發專講理法竟不知礼法此似無礼而礼法井〻所謂整瓶不動半瓶搖又曰習慣成自然真不謬也）説着一斉進入亭子献過茶风姐忙着搭棹子要盃筯上面一棹賈母薛姨媽宝釵代玉宝玉東边一棹史湘雲王夫人迎探惜西边靠门一棹李紈和风姐的虚設坐位二人皆不敢坐只在賈母王夫人兩棹上伺候风姐吩咐螃蟹不可多拿来仍旧放在蒸籠里拿十个来吃了再拿一面又要水洗了手站在賈母跟前剥蟹肉頭次讓

薛姨娘〻〻〻道我自己掰[剥]着吃香甜不用人讓凤姐便奉与賈母二次的便与宝玉又說把酒燙的滚热的拿來又命小丫頭们去取菊花葉兒桂花蕊薰的菉豆面子來預備洗手史湘雲陪着吃了一个就下坐來讓人又出至外頭令人盛兩盤子与趙姨娘周姨娘送去又見凤姐走來道你不慣張羅你吃你的去我先替你張羅等散了我再吃湘雲不肯又令人在那边廊上擺了兩棹讓妃央琥珀彩霞彩雲平兒去坐妃央因向凤姐笑道二奶〻在这里伺候我们可吃去了凤姐兒道你们只管去都交給我就是了說着史湘雲仍入了席凤姐和李紈也胡乱應个景兒凤姐仍是下來張羅一时出至廊上妃央等正吃的高興見他來了妃央等站起來道奶〻又出來作什么讓我们也受用一会子凤姐笑道妃央小蹄子越發坏了我替你當差到不領情还報怨我还不

快斟一鍾酒来我喝呢鴛央咲着忙斟了一杯酒送至凤姐唇边凤姐一揚脖子吃了琥珀彩霞二人也斟上一杯送至凤姐唇边那凤姐也吃了平兒早剔了一壳黄子送来凤姐道多到些薑醋一面也吃了咲道你们坐着吃罢我可去了鴛央咲道好没臉吃我们的東西凤姐兒咲道你和我少作怪你知道你璉二爺爱上了你要和老太〻討了你作小老婆呢鴛央道啐这也是作奶〻説出来的話我不拿腥手抹你一臉筭不得説着赶来就要抹凤兒央道好姐〻饒我这一遭兒罷琥珀咲道鴛丫頭要去了平丫頭还饒他你们看〻他没有吃了兩个螃蟹到喝了一碟子醋他也筭不会攪酸了平兒手里正剥了个滿黄的螃蟹听如此奚落他便拿着螃蟹照着琥珀臉上抹来口内咲罵我把你这嚼舌根的小蹄子琥珀也咲着往傍边一躲平兒使空了往前一撞正恰

恰的抹在凤姐兒腮上凤姐兒正和夗央嘲咲不妨唬了一跳嗳哟了一声衆
人掌不住都哈〻的大咲起来凤姐也禁不住咲罵道攮（瞎）娼婦吃離了眼了混
抹你娘的平兒忙赶過来替他擦了親自去端水夗央道阿弥陀佛这是个報
應賈（母）那边听見一叠声问見了什広这樣樂告訴我们也咲〻夗央等忙高声
咲回道二奶〻来搶螃蟹吃平兒惱了抹了他主子一臉的螃蟹黄子主子奴
才打架呢賈母和王夫人等听了也咲起来賈母咲道你们看他可憐見的把
那小腿子臍子給他点子吃也就完了夗央等咲着荅應了高声又説道这滿
棹子的腿子二奶〻只管吃就是了凤姐洗了臉走来又伏侍賈母等吃了一
回代玉独不敢多吃只吃了一点兒夹子肉就下来了賈母一时不吃了大家
方散都洗了手也有看花的也有弄水看魚的遊玩了一回王夫人因回賈母

説这里風大才又吃了螃蟹老太〻还是回房去歇〻罷了若高興明日再来逛〻贾母听了笑道正是呢我怕你们高興我走了又怕掃了你们的興既这広說偺们就都去罷回頭又嘱咐湘雲别讓你宝哥〻林姐〻多吃了湘雲荅應着又嘱咐湘雲宝釵二人說你两个也别多吃那東西虽好吃不是什広好的吃多了肚子疼二人忙應着送出園外仍旧回来令將残席収什了另摆宝玉道也不摆罷偺们且作詩把那大團圓桌就放在當中酒菜都放着也不必拘定坐位有愛吃的大家去吃不爱的散坐豈不便宜宝釵道这話極是湘雲道虽如此說还有别人因又命另摆一桌揀了热螃蟹来請襲人紫鵑司棋侍書入画鶯兒翠墨等一處共坐山坡桂樹底下鋪下两條花毡命荅應的婆子並小了頭等也都坐了只管随意吃喝等使喚再来湘雲便取了詩題用針綰在墻上

衆人看了都說新奇固新奇只怕作不出來湘雲又把不限韵的原故說了一番宝玉道這才是正理我也㝡不喜限韵林代玉因不大吃酒又不吃螃蟹自令人掇了一个綉墩倚欄杆坐着拿着釣杆釣魚宝釵手里拿着一枝桂花玩了一回俯在窓檻上掐了桂蕊擲向水面引的遊魚浮上來唼喋湘雲出一回神又讓一回襲人等又招呼山坡下的衆人只管放量吃探春和李紈惜春立在垂柳中看鷗鷺迎春又独在花陰下拿着花針穿茉莉花（看他各人各式亦如画家有孤聳独出則有攢三聚五疎疎密密直是一幅百美圖）宝玉又看了一回代玉釣魚一回又俯在宝釵傍边說笑兩句一回又看襲人等吃螃蟹自己也陪他飲兩口酒襲人又剥了一壳肉給他吃代玉放下釣杆走至座間拿起那烏銀梅花自斟壺來（寫壺非寫壺乃寫代玉）揀了一个小小的海棠凍石蕉葉杯（不妙杯兆寫杯乃寫代玉揀字有神理益代玉不善飲此任冊之）丫环看見

知他要飲酒忙自走上来斟代玉道你们只管吃去讓我自斟這才有趣兒說着便斟了半盏看时却是黄酒因說道我吃了一点子螃蟹觉得心口微〻的疼須得热〻的喝口燒酒宝玉忙道有燒酒便令將那合欢花浸的酒燙一壺来（傷哉作者猶記矮頗舫前以合欢花釀酒乎屈指二十年矣）代玉也吃了一口便放下了宝釵也走過来另拿了一支杯来也飲了一口便蘸筆至墻上把頭一个憶菊勾了底下又贅了一个蘅字（妙極韻極）宝玉忙道好姐〻第二个我已經有了四句了你讓我作罢宝釵咲道我好容易有了一首你就忙的這樣代玉也不說話接過筆来把第八个問菊勾了接着把第十一个菊夢也勾了也贅一个瀟字（這兩个妙題料定代玉必喜豈讓人作去哉）宝玉也拿起筆来將第二个訪菊也勾了也贅上一个絳字探春走来看〻道竟沒有人作簪菊讓我作這簪菊又指着宝玉咲道才宣過總不許帶

出閨閣字樣来你可要留神説着只見史湘雲走来将第四第五對菊供菊一連兩个都勾了也贅上一个湘字探春道你也該起个号湘雲咲道我們家里如今虽有几處軒館我又不住着借了来也没趣（近之不讀書暴發戶偏愛起一别号一咲）宝釵咲道方才老太〻説你們家也有这个水亭叫秋露（桃霞）閣难道不是你的如今虽没了你到底是旧主人衆人都道有理宝玉不待湘雲動手便代将湘字抹了改了一个霞字又有頓飯工夫十二題已全各自謄出来都交与迎春另拿了一張雪浪箋過来一併謄録出来某人作的底下贅明某人的号李紈等從頭看到

憶菊　蘅蕪君（真用此号拙極）

悵望西風抱悶思蓼紅葦白斷腸詩空籬旧圃秋無跡瘦月清霜夢有知念〻

心隨歸雁遠寥〻坐听晚砧痴誰憐為我黃花病慰語重阳会有期

訪菊　怡紅公子

闲趁霜晴試一遊酒杯藥盞莫淹留霜前月下誰家種檻外籬边何處秋蠟屐

遠來情得〻冷吟不尽興悠〻黃花若解憐詩客休負今朝掛杖頭

種菊　怡紅公子

携鋤秋圃自移來籬畔庭前故〻栽昨夜不期經雨活今朝猶喜帶霜開冷吟

秋色詩千首醉酹寒香酒一杯泉溉泥封勤護惜好知井逕絕塵埃

對菊　枕霞旧友

別圃移來貴比金一叢淺淡一叢深蕭疏籬畔科頭坐清冷香中抱膝吟數去

更無君傲世看來惟有我知音秋光荏苒休辜負相对原宜惜寸陰

供菊　枕霞旧友

彈琴酌酒喜堪儔几案婷〻点綴幽隔座香分三逕露拋書人对一枝秋霜清
紙帳来新夢圃冷斜陽憶旧遊傲世也因同氣味春風桃李未淹留

咏菊　瀟湘妃子

無賴詩魔昏曉侵遶籬欹石自沉音毫端運秀臨霜冩口齒噙香對月吟滿紙
自憐題素怨片言誰解訴秋心一從陶令平章後千古高風説到今

画菊　蘅蕪君

詩餘戲筆不知狂豈是丹青費較量聚葉潑成千点墨攢花染出几痕霜淡濃
神会風前影跳脱秋生晚底香莫認東籬閑採掇粘屏聊以慰重陽

问菊　瀟湘妃子

欲訊秋情衆莫知喃々負手叩東籬孤標傲世偕誰隠一様花開為底遅圃露
庭霜何寂寞鴻帰蛩病可想思休言舉世無談者解語何妨片語时

簪菊　蕉下客

瓶供籬栽日々忙折来休認鏡中粧長安公子因花癖彭澤先生是酒狂短髮
冷沾三徑露葛巾香染九秋霜高情不入時人眼拍手凴他咲路傍

菊影　枕霞旧友

秋光疊々復重々潜度偷移三逕中窓隔疎灯描遠近籬篩破月鎖玲瓏寒芳
留照魂應駐霜印傳神夢也空珍重暗香休踏碎凴誰酔眼認朦朧

菊夢　瀟湘妃子

籬畔秋酣一覚清和雲伴月不分明登仙非慕荘生蝶憶旧还尋陶令盟睡去

依〻随雁断驚廻故〻惱蛩鳴醒时幽怨同誰訴衰草寒烟無限情

残菊　蕉下客

露凝霜重漸傾欹宴賞才过小雪时蒂有餘香金淡泊枝無全葉翠離披半床落月蛩声病萬里寒雲雁陣遲明歲秋風知再会暫时分手莫相思

衆人看一首讃一首彼此稱揚不已李紈咲道等我从公評来通篇看来各有各人的警句今日公評咏菊第一問菊第二菊夢第三題目新詩也新立意更新惱不淂要推瀟湘妃子為魁了然後簪菊对菊供菊画菊憶菊次之宝玉听說喜的拍手叫極是極公道代玉道我那首也不好到底傷于纖巧些李紈道巧的却好不露堆砌生硬代玉道据我看来頭一句好到底是圃冷斜阳憶旧遊这句背面傳粉抛書人对一枝秋已經妙絶將供菊說完没処再說故翻回来

想到未折未供之先意思深透李紈咲道固如此說你的口齒噙香句也敵的
过了探春又道到底要寔蘅蕪君沉肴秋無迹夢有知把个憶字竟烘染出来
了宝釵咲道你的短鬢冷沾葛巾香染也就把簪菊形容的一个縫兒也沒了
湘雲道偕誰隱為底遲真个把个菊花问的無言可对李紈咲道你的科頭坐
抱膝吟竟一时也不能別開菊花有知也必膩煩了說的大家都咲了宝玉咲
道我又落第难到誰家種何処秋蠟屐遠来冷吟不尽都不是訪昨夜雨今朝
霜都不是種不成但恨敵不上口齒噙香对月吟清冷香中抱膝吟短鬢葛巾
金淡泊翠離披秋無迹夢有知这几句就是逗題了（総寫宝玉不及妙絕）又道明兒闲了我一
个人作出十二首来李紈道你的也好只是不及这几句新巧就是了大家又
評了一回復又要了熱蟹来就在大圓桌子上吃了一回宝玉咲道今日持螯

賞桂亦不可無詩（全是他忙全是他不及妙極）我已吟成誰还敢作呢說着便忙洗了手提筆寫出（且莫看詩只看他偏于如許一大回詩後又寫一回詩豈是人想的到的）衆人看道

持螯更喜桂陰凉潑醋擂薑興欲狂饕餮王孫應有酒横行公子却無腸腑间積冷饞忘忌脂上沾腥洗尚香原為世人美口腹坡仙罵咲一生忙

代玉咲道这樣的詩要一百首也有（看他这一說）宝玉咲道你这会子才力已尽不能作了还貶人家代玉听了并不答言也不思索提起筆来一揮已有了一首

衆人看道

鉄甲長戈死未忘堆盤色相喜先嚐螯封嫩玉双々滿殼凸紅脂塊々香多肉更怜卿八足助情誰劝我千觴对斟佳品酹佳節桂拂清風菊带霜

宝玉看了正喝彩代玉便一把撕了令人燒去因咲道我的不及你的我燒了

他你那个狠好比方才的菊花詩还好你由着他給人看宝釵接着咲道我也

勉强了一首未必好寫出来取咲兒罢說着也寫了出来大家看时寫道是

桂靄桐陰坐舉觴長安涎口盼重陽眼前道路無經緯皮裡春秋空黑黄

看到這里衆人不禁叫絶宝玉道寫得痛快我的詩也該燒了又看底下道

酒未敵腥还用菊性妨積冷定須薑于今落釜成何益月浦空餘禾黍香

衆人看畢都說这是食螃蟹絶唱这些小題目原要寓大意才筭是大才只是

諷刺世人太毒了些說着只見平兒復進园来不知作什麽且听下回分解

脂硯齋重評石頭記卷之

第三十九回

村姥〻是信口開河合　情哥〻偏尋根究底

話説衆人見平兒来了都説你們奶〻作什麽呢怎麽不来了平兒咲道他那里得空兒来因爲説没有好生吃得又不得来所以叫我来問还有没有叫我要几个拿了家去吃罢湘雲道有多着呢忙令人拿了十个極大的平兒道多拿几个團臍的衆人又拉平兒坐平兒不肯李紈拉着他咲道偏要你坐拉着他身傍坐下端了一杯酒送到他嘴边平兒忙喝了一口就要走李紈道偏不許你去顛見得只有鳳丫頭就不听我的話了説着又命嬷〻們先送了盒子去就説我留下平兒了那婆子一時拿了盒子回来説二奶〻説叫奶〻和姑

娘们别咲説要嘴吃这个盒子里是方才旧太〻那里送来的菱粉糕和鷄油
捲兒給奶〻姑娘们吃的又向平兒道説使你来你就貪住頑不去了劝你少
喝一杯兒罢平兒咲道多喝了又把我怎庅様一面説一面只管喝又吃螃蟹
李紈攬着他咲道可惜这庅个好體面模様兒命却平常只落得屋里使唤不
知道的人誰不拿你當作奶〻太〻看平兒一面和宝釵湘雲等吃喝一面回
頭咲道奶〻别只摸的我怪癢的李氏道嗳喲這硬的是什庅平兒道鑰匙李
氏道什庅鑰匙要緊梯己東西怕人偷了去却帶在身上我成日家和人説咲
有个唐僧取經就有个白馬来馱他刘智遠打天下就有个瓜精来送盔甲有
个凤丫頭就有个你〻就是你奶〻的一把總鑰匙还要这鑰匙作什庅平兒
咲道奶〻吃了酒又拿了我来打趣着取咲兒了宝釵咲道这到是真話我们

没事評論起人来你们这几个都是百个里頭挑不出一个来的妙在各人有各
人的好處李紈道大小都有个天理比如老太太屋里要没那个夗央如何使
淂泛太太起那一个敢駁老太太的回現在他敢駁回偏老太太只听他一个
人的話老太太那些穿的帶的别人不記淂他都記淂要不是他經管省不知叫
人誆騙了多少去呢那孩子心也公道虽然这様到常替人說好話兒还到不
依勢欺人的惜春咲道老太太昨兒还說呢他比我们还强呢平兒道那原是
个好的我们那里比的上他宝玉道太太屋里的彩霞是个老寔人探春道可
不是外頭老寔心里有数兒太太是那庅佛爷似的事情上不留心他都知道
凡百一應事他提省太太行連老爷在家出外去的一應大小事他都知道太
太忘了他背地里告訴太太李紈道那也罢了指省宝玉道这一个小爷屋里

要不是襲人你们度量到个什庅田地风丫頭就是楚霸王也淂这两支膀子
好拳千斤嘚他不是這个丫頭就淂这庅週到了平兒笑道先时賠了四个丫頭
死的死去的去只剩下我一个孤鬼了李紈道你到是有造化的风丫頭也是
有造化的想當初你大爷在日何曾也没两个人你们看我还是那容不下人
的天〻只見他两个不自在所以你珠大爷一没了趂年輕我都打發了若有
一个守淂住我到有个膀背說着滴下淚来衆人都道又何必傷心不如散了
到好說着便都洗了手大家約往賈母王夫人处问安衆婆子丫頭打掃亭子
収拾杯盤襲人和平兒同往前去讓平兒到房里坐〻便问道这个月的月錢
為什庅还不放平兒見问忙悄〻說道遲两天就放了这个月的月錢我们奶
〻早已支了放給人使了等利錢収齊了才放呢你可不許告訴一个人去襲

人咲道難道他还短錢使何苦还操这心平兒咲道这几年拿着这一項銀子他的月例公費放出去利錢一年不到上千的銀子呢襲人咲道拿着我们的錢你们主子奴才賺利錢哄的我们獃ゝ的等着平兒道你又説沒良心的話你难道还少錢使襲人道我虽不少只是我也沒地方使去就只預備我们那一个平兒道你倘若有要緊的事用錢使時我那里还有几两銀子你先拿来使明兒我扣下你的就是了襲人道此时也用不着怕一时要用起来不彀了我打發人去取就是了平兒答應着一逕出了园门来至家内只見凤姐兒不在房里忽見上回来打抽豐的那刘姥ゝ和板兒又来了坐在那边屋里还有張材家的周瑞家的陪着又有两三个丫頭在地下倒口袋里的枣子倭瓜並些野菜衆人見他進来都忙站起来了（妙文上回是先見平兒後見凤姐此則先見凤姐後見平兒也何錯綜巧妙得）

情浔理之至耶　刘姥〻因上次来过知道平兒的身分忙跳下地来问姑娘好又說
家里都问好早要来請姑奶〻的安看姑娘来的因為庄家忙好容易今年多
打了两石粮食瓜菓菜蔬也豐盛这是頭一起摘下来的並沒敢賣呢留的尖
兒孝敬姑奶〻姑娘们嚐〻姑娘们天〻山珍海味的也吃膩了这个吃个野
意兒也筭是我们的窮心平兒忙道多謝費心又讓坐自己也坐了又讓張嬸
子周大娘坐着又令小丫頭子到茶去周瑞張材两家的因咲道姑娘今兒臉上
有些春色眼圈兒都紅了平兒咲道可不是我原是不吃的大奶〻和姑娘们
只是拉着死灌不淂已喝了两鍾臉就紅了張材家的咲道我到想着要吃呢
又沒人讓我明兒再有人請姑娘可待了我去罢說着大家都咲了周瑞家的道
早起我就看見那螃蟹了一斤只好秤两个三个这么三大簍想是有七八十

斤呢周瑞家的道若是上〻下〻只怕还不勾罷平兒道那里勾不过都是有名
兒的吃兩个子那些散衆的也没有摸着吃的也少刘姥〻道这様螃蟹今年
就值五分一斤十斤五錢五〻二兩五三五一十五再搭上酒菜一共到有二
十多兩銀子阿弥陀佛这一頓的錢勾我們庄家人过一年了平兒因問想是
見过奶〻了（寫平兒伶俐小此）刘姥〻道見过了叫我們等着呢説着又往窗外看天
氣（是八月中当開窗时細緻〻甚）説道天好早晚了我們也去罷别出不去城才是飢荒呢周
瑞家的道这話到是我替你瞧〻去説着一逕去了半日方來咲道可是你老
的福來了竟投了这兩个人的緣了平兒等問怎庅様周瑞家的咲道二奶〻
在老太〻的跟前呢我原是悄〻的告訴二奶〻刘姥〻要家去呢怕晚了赶
不出城去二奶〻説大遠的难為他扛了那些沉東西來晚了就住一夜明兒

再去这可不是投上二奶々的緣了这也罢了偏生老太々听見了又問刘姥々是誰二奶々便回明白了老太々説我正想个積古的老人家説話兒請了來我見一見這可不是想不到天投上緣分了説着摧刘姥々下來前去刘姥々道我这生像兒怎好見的好嫂子你就説我去了罢平兒道你快去罢不相干的我们老太々最是惜老憐貧的比不得那个狂三詐四的那些人想是你怯上我和周大娘送你去説着同周瑞家的引了刘姥々往賈母这边來二门口該班的小厮们見了平兒出來都站起來了又有兩个跑上來赶着平兒叫姑娘

想这一个姑娘非下称上之姑娘也按北俗以姑母曰姑々南俗曰娘々此姑娘定是姑々娘々之称每見大家風俗多有小童称少主妾曰姑々娘々者按此書中若干人説話語氣及動用前照飲食諸賴皆東西南北互相兼用此姑娘之称亦南北相兼而用無疑矣

平兒問又説什麼那小厮咲道这会子也好早晚了我媽病了等着我去請大

夫好姑娘我討半日假可使的平兒道你們到好都商議定了一天一个告假又不回奶〻只和我胡纏前兒住兒去了二爺偏生叫他叫不着我應起來了还說我作了情你今兒又來了分明几回沒寫到賈璉今忽閑中一語便補得賈璉這边天〻鬧热令人却如看見听見一般所謂不寫之寫也刘姥〻眼中耳中又一番識面奇妙之甚

周瑞家的道當真的他媽病了姑娘也替他應着放了他罷平兒道明兒一早來听着我还要使你呢再睡的日頭晒着屁股再來你這一去帶个信兒給旺兒就說奶〻的話問着他那剩的利錢明兒若不交了上來奶〻也不要了就越性送他使罷交代过襲人的話看他如此說真比凤姐又甚一層李紈之語不謬也不知阿凤阿哥福淂此一人那小厮欢天喜地答應去了平兒等來至賈母房中彼时大观園中姊妹們都在賈母前承奉妙極連宝玉一併算入姊妹隊中了刘姥〻進去只見滿屋里珠圍翠繞花枝招展並不知都係何人只見一張榻上歪着一位老婆〻身

是村庄中人一語若謂於賈母特增一稱呼反失却作者寫田野老嫗面目矣
鑑堂

後坐着一个紗羅裹的美人一般的一个丫嬛在那里搥腿凤姐兒站着正説咲奇々怪々文章在刘姥々眼中以為阿凤至尊至貴普天下人独該站着説阿凤独坐才是如何今見阿凤独站哉真妙文字刘姥々便知是賈母了忙上來陪着咲道了萬福口里説請老壽星安更妙賈母之号何其多耶在諸人口中則曰老太々在阿凤口中則曰老祖宗在僧尼口中則曰老菩薩在刘姥々口中則曰老壽星者却似有數人想去則皆賈母難淂如此各尽其妙刘姥々亦善應接賈母亦欠身問好又命周瑞家的端过椅子來坐着那板兒仍是怯人不知問候仍字妙蓋有上文故也不知教訓者来看此句賈母道老親家你今年多大年紀了神妙之極看官至此必愁賈母以何相稱誰知公然曰老親家何等現成何等大方何等有情理若云作者心中編出余斷々不信何也蓋編淂出者斷不能有这等情理刘姥々忙立身答道我今年七十五了賈母向衆人道这庅大年紀了还这庅健壮比我大好几歲呢我要到這庅大年紀还不知怎庅動不淂呢刘姥々咲道我们生來是受苦的人老太々生來是享福的若我们也这様那

些庄家活也沒人作了賈母道眼睛牙齒都还好刘姥ㄟ道都还好就是今年
左边的槽牙活動了賈母道我老了都不中用了眼也花耳也聾記性也沒了
你们这些老親戚我都不記得了親戚们来了我怕人咲我ㄟ都不会不过嚼
的動的吃两口睡一覺悶了时和这些孫子孫女兒頑咲一回就完了刘姥ㄟ咲
道这正是老太ㄟ的福了我们想这么着也不能賈母道什么福不过是个老廢
物罢了說的大家都咲了賈母又咲道我才听見凤哥兒說你帶了好些瓜菜
来叫他快着收拾去了我正想个地里現擷的瓜兒菜兒吃外頭買的不像你们
田地里的好吃刘姥ㄟ咲道这是野意兒不过吃个新鮮依我们想魚肉吃只就
吃不起賈母又道今兒既認着了親别空ㄟ兒的就去不嫌我这里就住一两
天再去我们也有个園子ㄟ ㄟ里頭也有菓子你明日也嚐ㄟ帶些家去你也

笑看親戚一淌凤姐兒見賈母喜欢也忙留道我们这里虽不比你们的場院
大空屋子还有两间你住两天罢把你们那里的新闻故事兒説些与我们老
太〻听〻賈母笑道凤了頭别会（合）他取笑兒他是鄉屯里的人老實那里搁的
住你打趣他説着又命人去先抓菓子与板兒吃板兒見人多了又不敢吃賈
母又命拿些錢給他叫小么兒们帶他外頭頑去刘姥〻吃了茶便把些鄉村
中所見所闻的事情説与賈母〻〻亦發得了趣味正説着凤姐兒便令人来
請刘姥〻吃晚飯賈母又將自己的菜揀了几樣命人送過去与刘姥〻吃凤
姐知道合了賈母的心吃了飯便又打發过来鸳鸯忙令老婆子帶了刘姥〻
去洗了澡自己挑了两件随常的衣服令給刘姥〻換上（一段鸳鸯身分權势心机口寫賈母也）
那刘姥〻那里見过这般行事忙換了衣裳出来坐在賈母榻上又搜尋些話

出来説彼时宝玉姊妹们也都在這里坐着他们何曽听見过这些話自覺比
那些瞽目先生説的書还好听那刘姥々虽是个村野人却生来的有些見識
況且年紀老了世情上經歷過的見頭一个賈母高興第二見这些哥兒姐兒
们都愛听便没了説的也編出些話来講因説道我们村庄上種地種菜每年
每日春夏秋冬風里雨里那有个坐着的空兒天々都是在那地頭子上作歇
馬凉亭什広奇々怪々的事不見呢就像去年冬天接連下了几天雪地下壓
了三四尺深我那日起的早还没出房门只听外頭柴草响我想着必定是有
人偷柴草来了我爬着窓戸眼兒一瞧却不是我们村庄上的人賈母道必定
是过路的客人们冷了見現成的柴抽些烤火去也是有的刘姥々咲道也並
不是客人所以説来奇怪老壽星當个什広人原来是一个十七八歲的極標

纖的一个小姑娘梳着溜油光的（頭）穿着大紅襖兒白綾（子）裙子（刘姥姥口氣如此）劉說道

這里忽听外面人吵嚷起来又說不相干的別嚇着老太太賈母等听了忙问

怎庅了了鬟回說南院馬棚里走了水不相干已經救下去了賈母最胆小的

听了這个話忙起身扶了人出至廊上来瞧只見東南上火光猶亮賈母嚇的

口内念佛忙命人去火神跟前燒香王夫人等也忙都过来請安又回說已經

下去了老太太請進房去罷賈母足（直等）的看着火光息了方領衆人進来（一段為後回作

引然偏于宝玉愛听時截住）宝玉且忙着问刘姥姥那女孩兒大雪地作什庅抽柴草倘或

凍出病来呢賈母道都是才說抽柴草惹出火来了你还问呢別說這个了再

說別的罷宝玉听說心内虽不樂也只得罷了刘姥姥便又想了一篇說道我

们庄子東边庄上有个老奶奶子今年九十多歲了他天天吃齋念佛誰知就

感動了观音菩薩夜里来托夢説你这様虔心原来你該絶後的如今奏了玉
皇給你个孫子原来这老奶〻只有一个兒子这兒子也只一个兒子好容易
养到十七八歲上死了哭的什庅似的後果然又養了一个今年才十三四歲
生的雪團兒一般聪明伶俐非常可見这些神佛有的这一夕話寔合了賈母
王夫人的心事連王夫人也都听住了宝玉心中只記罣着抽柴的故事因悶〻
的心中籌畫探春因他問昨日擾了史大妹〻偺们回去商議着邀一社又还了
席也請老太〻賞菊花何如宝玉咲道老太〻説了还要摆酒还史妹〻的席
叫偺们坐陪呢等着吃了老太〻的偺们再請不遅探春道越往前去越冷了
老太〻未必高興宝玉道老太〻又喜欢下雨下雪的不如偺们等下頭場雪
請老太〻賞雪豈不好偺们雪下吟詩也更有趣了林代玉忙咲道偺们雪下

吟詩依我説还不如奚(美)一梱柴火雪下抽柴还更有趣兒呢説着宝釵等都咲了宝玉瞅了他一眼也不答話一时散了背地里宝玉足(到底)的拉了刘姥姥細问那女孩兒是誰刘姥姥只得編了告訴他道那原是我们庄北沿地埂子上有一个小詞堂里供的不是神佛當先有个什麽老爷説着又想名姓宝玉道不拘什麽名姓你不必想了只説原故就是了刘姥姥道这老爷没有兒子只有一位小姐名叫茗玉小姐知書識字老爷太太爱如珍宝可惜这茗玉小姐生到十七歲一病死了宝玉听了跌足嘆惜又问後来怎麽樣刘姥姥道因為老爷太太思念不尽便盖了这祠堂塑了这茗玉小姐的像派了人燒香撥火如今日久年深的人也没了庙也爛了那个像就成了精宝玉忙道不是成精規矩这樣人是虽死不死的刘姥姥道阿弥陀佛原来如此不是哥兒説我们都

此從還魂記套來未免可惜　鑑堂

當他成精他时常变了人出来各村庄店道上闲逛我才説这抽柴火的就是
他了我们村庄上的人还商議着要打了这塑像平了廟呢宝玉忙道快别如
此若平了廟罪過不小刘姥々道幸亏哥兒告訴我々明兒回去告訴他们就
是了宝玉道我们老太々太々都是善人合家大小也都好善喜捨最爱修庙
塑神的我明兒做一个疏頭替你化些佈施你就做香頭攢了錢把这廟脩盖
再粧潢了泥像每月給你香火錢燒香豈不好刘姥々道若这樣我托那小姐
的福也有几个錢使了宝玉又问他地名庄名来往遠近坐落何方刘姥々便
順口胡謅了出来宝玉信以為真回至房中盤筭了一夜次日一早便出来給
了茗烟几百錢按着刘姥々説的方向地名着茗烟去先踏着明白回来再做
主意那茗烟去後宝玉左等也不來又等也不來急的热鍋上的螞蟻一般好

容易等到日落方見茗烟興〻頭〻的回来宝玉忙問可有廟了茗烟咲道爷听的不明白叫我好找那地名坐落不似爷說的一樣所以找了一日我到東北上田埂子上才有一个破廟宝玉听說喜的眉開眼咲忙說道刘姥〻有年紀的人一时錯記了也是有的你且說你見的茗烟道那廟门却道是朝南開的也是稀破的我找的正沒好氣一見这个我說可好了連忙進去一看泥胎唬的我跑出来了活似真的一般宝玉喜的咲道他能变化人了自然有些生氣茗烟拍手道那里有什庅女孩兒竟是一位青臉紅髮的瘟神爺宝玉听了啐了一口罵道真是一个無用的殺才这点子事也幹不来茗烟道二爺又不知看了什庅書或者听了誰的混話信真了把这件沒頭脳的事派我去碰頭怎庅說我沒用呢宝玉見他急了忙安慰他道你别急改日閑了你再找去若是

瘟神〻說作者舊邑中人也故不云耳　鑑堂

他哄我们呢自然沒了若真是有的你豈不也積了陰隲我必重〻的賞你正

説着只見二门上的小廝来老太〻房里的姑娘们站在二门口找二爺呢

脂硯齋重評石頭記卷之

第四十回

史太君两宴大觀園　金夗央三宣牙牌令

話說宝玉听了忙進来看时只見琥珀站在屛風跟前說快去罢立等你說話呢宝玉来至上房只見賈母正和王夫人家姊妹商議給史湘雲还席宝玉因說道我有个主意既沒有外客吃的東西也别定了樣数誰素日愛吃的揀樣兒做几樣也不要按桌席每人跟前擺一張高桌各人愛吃的東西一两樣再一个什錦攢心盒子自斟壺豈不別致賈母听了說狠是忙命傳与厨房明日就揀我们愛吃的東西作了按着人数再裝了盒子来早飯也擺在園里吃商議之间早又掌灯一夕無話次日清早起来可喜这日天氣清朗李紈侵晨先

起来看着老婆子丫頭們掃那些落葉是八月尽並擦抹棹椅預備茶酒器皿只見
豊兒帶了刘姥々板兒進来說大奶々到忙的緊李紈笑道我說你昨兒去不成
只忙着要去刘姥々笑道老太々留下我叫我也熱鬧一天去豊兒拿了几把
大小鑰匙說道我們奶々說了外頭的高几恐不𣪍使不如開了樓把那收着
的拿下来使一天罢奶々原該親自来的因和太々說話呢請大奶々開了帶
着人搬罢李氏便令素雲接了鑰匙又令婆子出去把二门上的小厮叫几个
来李氏站在大观楼下往上看令人上去開了綴錦閣一張々々往下抬小厮
老婆子丫頭一齊動手抬了二十多張下来李紈道好生着別慌々張々鬼赶
来似的仔細碰了牙子又回頭向刘姥々笑道姥々你也上去瞧々刘姥々听
說巴不得一声兒便拉了板兒登梯上去進里面只見烏壓々的堆着些圍屏

忘了眼拳
佛法妙
鑑重

此揀大紅者
喻賈母正在
垂灼時也決
知
鑑重

棹椅大小花灯之類虽不大認淂只見五彩炫耀各有奇妙念了几声佛便下
来了然後鎖上门一齊纔下来李紈道恐怕老太〻高興越性把舡上划子篙
槳遮陽幔子都搬了下来預備着衆人答應復又開了色〻的搬了下来令小
厮傳駕娘們到舡塢里撑出两支船来正乱着安排只見賈母已帶了一群人
進来了李紈忙迎上去咲道老太〻高興到進来了我只當还沒梳頭呢纔擷
了菊花要送去一面説一面碧月早捧过一个大荷葉式的翡翠盤子来里面盛
着各色的折枝菊花賈母便揀了一朶大紅的簪于鬢上因回頭看見了刘姥
〻忙咲道过来帶花兒一語未完风姐便拉过刘姥〻来咲道讓我打扮你説
着將一盤子花横三竖四的給他插了一頭賈母和衆人咲的不住刘姥〻咲道我
这頭也不知修了什庅福今兒这樣體面起来衆人咲道你还不拔下来摔到

他臉上呢把你打扮的成了个老妖精了刘姥〻〻咲道我虽老了年輕时也風
流爱个花兒粉兒的今兒老風流纔好說咲之间已来至沁芳亭子上丫妚们
抱了一个大錦褥子来鋪在欄干榻板上賈母倚柱坐下命刘姥〻〻也坐在傍
边因问他这园子好不好刘姥〻〻念佛說道我们鄉下人到了年下都上城来
買画兒貼时常闲了大家都說怎庅淂也到画兒上去逛〻想着那个画兒也
不过是假的那里有这个真地方呢誰知我今兒進这园里一瞧竟比那画兒
还強十陪怎庅淂有人也照着这个園子画一張我帶了家去給他们見〻死
了也淂好處賈母听說便指着惜春咲道你瞧我这个小孫女兒他就会画等
明兒叫他画一張如何刘姥〻〻听了喜的忙跑过来拉着惜春說道我的姑娘
你这庅大年紀兒又这庅个好模樣还有这个能幹别是个神仙脫生的罢賈母

才說嘴〻就打嘴小閱感爲者不能道鑑堂

少歇一回自然領着刘姥〻都見識〻〻先到了瀟湘館一進门只見兩边翠竹夹路土地下蒼苔佈滿中间羊腸一條石子漫的路刘姥〻讓出路来与賈母衆人走自已却遂趂土地琥珀拉着他說道姥〻你上来走仔細蒼苔滑了刘姥〻道不相干的我们走熟了的姑娘们只管走罷可惜你们的那綉鞋别沾贓了他只顧上頭和人說話不妨底下果蹅滑了咕咚一跤跌倒衆人拍手都哈〻的笑起来賈母笑罵道小蹄子们还不攙起他来只站着笑說話时刘姥〻已爬了起来了自已也笑了說道才說嘴就打了嘴賈母问他可扭了腰了不曾叫了頭们搥一搥刘姥〻道那里說的我这庅嬌嫩了那一天不跌兩下子都要搥起来还了得呢紫鵑早打起湘簾賈母等進来坐下林代玉親自用小茶盤捧了一盖碗茶来奉与賈母王夫人道我们不吃茶姑娘不用倒了林

代玉听説便命一個丫頭把自己窓下常坐的一張椅子挪到下首請王夫人坐了刘姥々因見窓下案上設着筆硯又見書架上落着滿々的書刘姥々道这必定是那位哥兒的書房了賈母咲指代玉道这是我这外孫女兒住的屋子刘姥々留神打量了代玉一番方咲道这那像个小姐的繡房竟比那上等的書房还好賈母因问宝玉怎庅不見衆丫頭們答應説在池子里舡上呢賈母道誰又預備下舡了李紈忙回説纔開楼拿几我恐怕老太々高興就預備下了賈母听了方欲説話时有人回説姨太々來了賈母等剛站起來只見薛姨媽早進來了一面帰坐咲道今兒老太々高興这早晚就來了賈母咲道我才説來遲了的要罰他不想姨太々就來遲了説咲一会賈母因見窓上紗的顏色旧了便和王夫人説道这个紗新糊上好看过了後來就不翠了这个院子里頭又沒

有个桃杏樹这竹子已是綠的再拿这綠紗糊上反不配我記得咱们先有四五樣顏色糊窗的紗呢明兒給他把这窗上的換了凤姐兒忙道昨兒我開庫房看見大板箱里还有些是銀紅蟬翼紗也有各樣折枝花樣的也有流雲卍福花樣的也有百蝶穿花〻樣的顏色又鮮紗又輕軟我竟沒見过这樣的拿了兩疋出來作兩床綿紗被想來一定是好的賈母听了咲道呸人〻都說你沒有不經过不見过連这个紗还不認得呢明兒还說嘴薛姨媽等都咲說凭他怎麼經过見过如何敢比老太〻呢老太〻何不教道了他我们也听〻凤姐兒也咲說好祖宗教給我罷賈母咲向薛姨媽眾人道那个紗比你们的年紀还大呢怪不得他認作蟬翼紗原也有些像不知道的都認作蟬翼紗正經名子叫作軟烟羅凤姐兒道這个名兒也好听只是我这麼大了紗羅也見过

劉姥姥之諺乃作者嘆醒不知物力艱難之子孫也　鑑堂

几百樣從沒听見过这个名色賈母咲道你能彀活了多大見过几樣沒処放的東西就説嘴来了那个軟烟羅只有四樣顏色一樣雨过天晴一樣秋香色一樣松綠的一樣就是銀紅的若是做了帳子糊了窓屜遠遠的看着就似烟霧一樣所以叫作軟烟羅那銀紅的又叫作霞影紗如今上用的府紗也沒有这樣軟厚輕密的了薛姨媽咲道別説凤丫頭沒見連我也沒听見过凤姐兒一面説早命人取了一疋来了賈母説可不是这个先时原不过是糊窓屜後来我们那（拿）这个作被作帳子試試也竟好明兒就找出几疋来拿銀紅的替他糊窓子凤姐答應着衆人都看了稱賛不已刘姥姥也覷着眼看个不了念佛説道我们想他作衣裳也不能拿着糊窓子豈不可惜賈母道倒是做衣裳不好看凤姐忙把自己身上穿的一件大紅綿紗袄子襟兒拉了出来向賈母薛

姨媽道看我的这袄兒賈母薛姨娘都説这也是上好的了这是如今的上用
内造的竟比不上这个凤姐兒道这个薄片子还説是上用内造呢竟連官用
的也比不上了賈母道再找一找只怕还有青的若有时拿出來送这刘親家
兩疋做一个帳子我掛剩的添上里子做些夾背心子給丫頭們穿白収着
霉坏了凤姐忙荅應了仍令人送去賈母起身笑道这屋里窄再往别處逛去
刘姥姥念佛道人人都説大家子住大房昨兒見了老太太正房配上大箱大
櫃大棹子大床果然威武那櫃子比我們那一間房子还大还高怪道後院子
里有个梯子我想並不上房晒東西預備个梯子作什庅後來我想起來定是
為開頂櫃収放東西非离了那梯子怎庅得上去呢如今又見了这小屋子更
比大的越發齊整了滿屋里的東西都只好看都不知叫什庅我越看越捨不

淂离了这里风姐道还有好的呢我都带你去瞧々々説着已經離了瀟湘館遠々望見池中一群人在那里撑舡賈母道他们既預俻下船偺们就坐一面説着便向紫菱洲蓼溆一带走来未至池前只見几个婆子手里都捧着一色捏絲戧金五彩大盒子走来风姐忙问王夫人早飯在那里摆王夫人道问老太々説在那里就在那里摆罷了賈母听説便回頭説你三妹々那里就好你就带了人摆去我们从这里坐了舡去风姐听説便回身同了探春李紈夗央琥珀带着端飯的人等超着近路到了秋爽齋就在曉翠堂上調開桌椅夗央笑道天々偺们説外頭老爺们吃酒吃飯都有一个篾片相公拿他取笑兒偺们今兒也淂了一个女篾片了李紈是个厚道人听了不解风姐兒却知是説的是刘姥々了也笑説道偺们今兒就拿他取个笑兒二人便如此这般的商議李紈笑

勸道你们一点好事也不做又不是个小孩兒还这庅淘氣仔細老太〻說鴛鴦咲道恨不与你相干有我呢正說着只見賈母等來了各自隨便坐下先着了環端過兩盤茶來大家吃畢凤姐手裡拿着西洋布手巾裹着一把烏木三廂銀箸故敪人位按席擺下賈母因說把那一張小楠木棹子抬过來讓刘親家近我这边坐着衆人听說忙抬了过來凤姐一面遞眼色与夗央〻〻便拉了刘姥〻出去悄〻的嘱咐了刘姥〻一夕話又說这是我们家的規矩若錯了我们就咲話呢調停已畢然後归坐薛姨媽是吃過飯來的不吃只坐在一边吃茶（妙若只管寫薛姨媽來則吃飯則成何文理）賈母带着宝玉湘雲代玉宝釵一棹王夫人带着迎春姊妹三个人一棹刘姥〻傍着賈母一棹賈母素日吃飯皆有小丫环在傍边拿着漱盂麈尾巾帕之物如今夗央是不當这差使的了今日夗央偏接过

塵尾来拂着了妚們知道他要撮弄刘姥〻便躲開讓他妃央一面侍立一面
悄问刘姥〻說道别忘了刘姥〻道姑娘放心那刘姥〻入了坐拿起箸来沉
甸〻的不伏手原是凤姐和妃央商議定了单拿一双老年四㩳象牙廂金的
快子与刘姥〻刘姥〻見了說道這叉爬子比俺那里鉄掀还沉那里犟的过
他說的衆人都咲起来只見一个媳婦端了一个盒子站在當地一个了妚上
来揭去盒盖里面盛着兩碗菜李紈端了一碗放在賈母卓上凤姐兒偏揀了
一碗鴿子蛋放在刘姥〻棹上賈母這边說声請刘姥〻便站起身来高声說
道老刘〻〻食量大似牛吃一个老母猪不抬頭自己却鼓着腮不語衆人先
是發証後来一听上〻下〻都哈〻的大咲起来史湘雲掌不住一口飯都噴
了出来林代玉咲岔了氣伏着棹子噯喲宝玉早滚了賈母怀里賈母咲的摟

着宝玉叫心肝王夫人咲的用手指着凤姐兒只説不出話来薛姨媽也掌不住口里茶噴了探春一裙子探春手里的飯碗都合在迎春身上惜春离了坐位拉着他奶母叫揉一揉腸子地下的人無一个不湾腰屈背也有躲出去蹲着咲去的也有忍着咲上来替他姊妹换衣裳的独有凤姐夗央二人掌着还只管讓刘姥々々々々拿起箸来只覔不听使又説道这里的鷄兒也俊下的这蛋也小巧怪俊的我且肏攮一个众人方住了咲听見这話又笑起来賈母咲的眼泪出来琥珀在後搥着賈母咲道这定是凤了頭促扨鬼兒鬧的快别信他的話了那刘姥々正誇鷄蛋小巧要肏攮一个凤姐兒咲道兩兩良子一个呢你快嚐々罢那冷了就不好吃了刘姥々便伸箸子要夾那里夾的起来满碗里鬧了一陣好的好容易撮起一个来纔伸着脖子要吃偏又滑下来滚在地

下忙放下箸子要親自去揀早有地下的人揀了出去了刘姥〻嘆道一两良
子也沒听見响声兒就沒了衆人已沒心吃飯都看着他咲賈母又説這会子
又把那个快子拿了出来又不請客擺大筵席都是凤丫頭支使的还不换了
呢地下的人原不曾預備這牙箸本是凤姐和夗央拿了来的听如此説忙收
了过去也照樣换上一双烏木廂良的刘姥〻道去了金的又是良的到底不
及俺們那个伏手凤姐兒道菜里若有毒這銀子下去了就試的出来刘姥〻
道這个菜里若有毒俺們那菜都成了砒霜了那怕毒死了也要吃尽了賈母
見他如此有趣吃的又香甜把自己的也都端过来与他吃又命一个老嬷〻
来将各樣的菜給板兒夾在碗上一时吃畢賈母等都往探春卧室中去説闲
話這里収拾过残棹又放了一棹刘姥〻看着李紈与凤姐兒对坐着吃飯嘆

道別的罢了我只愛你們家这行事怪道說礼出大家凤姐兒忙咲道你可別
多心才剛不过大家取咲兒一言未了夗央也進来咲道姥〻別惱我給你老
人家賠个不是刘姥〻咲道姑娘說那里話偺們哄着老太〻開个心兒可有
什庅惱的你先嘱付我〻就明白了不过大家取个咲兒我要心里惱也就不
說了夗央便罵人為什庅不倒茶給姥〻吃刘姥〻道剛才那个嫂子倒了茶
来我吃过了姑娘也該用飯了凤姐兒便拉夗央你坐下和我們吃了罢省的
回来又鬧夗央便坐下了婆子們添上碗箸来三人吃畢刘姥〻咲道我看你
們这些人都只吃这一点兒就完了亏你們也不餓怪只道風兒都吹的倒夗
央便问今兒剩的菜不少都那去了婆子們道都还沒散呢在这里等着一齊
散与他們吃夗央道他們吃不了这些挑兩碗給二奶〻屋里平丫頭送去凤

姐兒道他早吃了飯了不用給他夗央道他不吃了喂你們的猫婆子听了忙
揀了两樣拿盒子送去夗央道素雲那去了李紈道他們都在这里一処吃又
找他作什么夗央道這就罷了凤姐兒道襲人不在这里你到是吽人送两樣
給他去夗央听説便命人也送两樣去後夗央又问婆子們回来吃酒的攢盒
可裝上了（没有）婆子道想必还得一（会）回子夗央道催着些〻兒婆子應喏了凤姐兒等
来至探春房中只見他娘兒們正笑探春素喜闊朗這三間屋子並不曾隔断
當地放着一張花梨大理石大案〻上磊着各種名人法帖並數十方宝硯各
色筆筒筆海内揷的筆如樹林一般那一边設着斗大的一个汝窑花囊揷着
滿〻的一囊水晶球兒的白菊西墻上當中掛着一大幅米襄陽烟雨圖左右
掛着一付对聯乃是顏魯公墨跡其詞云

烟霞闲骨格　　泉石野生涯

案上設着大鼎左边紫檀架上放着一个大观窑的大盘〻内盛着数十个嬌黄玲瓏大佛手右边洋漆架上悬着一个白玉比目磬傍边掛着小鎚那板兒畧熟了些便要摘那鎚子要擊了妳们忙攔住他〻又要佛手吃探春揀了一个与他説頑罢吃不淂的東西東边便設着卧榻拔步床上悬着葱緑双綉花卉草蟲紗帳板兒又跑過来看説这是蟈〻这是螞蚱刘姥〻忙打了他一巴掌駡道下作黄子没干没浄的乱闹到叫你進来瞧〻就上臉了打的板兒哭起来衆人忙劝解方罢賈母因隔着紗窓往後院内看了一回説道後廊簷下的梧桐也好了就只細些正説話忽一陣風过隱〻听淂鼓樂之声賈母问是誰家娶親呢这里臨街到近王夫人笑回道街上的那里听的見这是偺们

的那十几丫女孩子們演習吹打呢賈母便咲道既是他們演何不叫他們進
来演習他們也挺一挺咱們可又樂了凤姐听説忙命人出去叫来又一面分
付擺下條棹鋪上紅毡子賈母道就鋪排在藕香榭的水亭子上借着水音更
好听回来咱們就在綴錦閣底下吃酒又寬濶又听的見衆人都説那里好賈母
向薛姨媽咲道咱們走罷他們姊妹們都不大喜欢人来坐着怕臓了屋子咱
們別没眼色正經坐一回子船喝酒去説着大家起身便走探春咲道这是那
里的話求着老太太姨太太來坐坐还不能呢賈母咲道我的这三丫頭却好
只有兩丫玉兒可惡因説来吃醉了咱們偏往他們屋裡鬧去説着衆人都咲
了一齊出来走不多遠已到了荇葉渚那姑蘇選来的几丫駕娘早把两支棠
木舫撑来衆人扶了賈母王夫人薛姨媽刘姥姥夗央玉釧兒上了这一支落

後李紈也跟上去凤姐兒也上去立在舡頭上也要撐舡賈母在艙内道不是
頑的虽不是大河里也有好深的你快着給我進来凤姐兒咲道怕什庅老祖宗
只管放心説着便一篙点開到了池當中舡小人多凤姐只覺乱恍忙把篙子
遞与鴛娘方蹲下了然後迎春姊妹等並宝玉上了那支随後跟来其餘老嬷〻
散衆了妚俱沿河随行宝玉道这些破荷葉可恨怎庅还不叫人来拔去宝釵
咲道今年这几月何曾饒了这园子閑了天〻逛那里还有叫人来収拾的工
夫林代玉道我最不喜欢李義山的詩只喜他这一句留得残荷听雨声偏你
們又不留着残荷了宝玉道果然好句已後咱們就别叫人拔去了説着已到
了花溆的蘿港之下覺得陰森透骨两滩上衰草残菱更助秋情賈母因見岸
上的清厦曠朗便问这是薛姑娘的屋子不是衆人道是賈母忙命攏岸順着

雲步石梯上去一同進了蘅蕪苑只覺異香撲鼻那些奇草仙藤愈冷愈蒼翠都結了實似珊瑚豆子一般纍垂可愛及進了房屋雪洞一般一色玩器全無案上只有一个土定瓶中供着数支菊花並兩部書茶奩茶杯而已床上只吊着青紗帳幔衾褥也十分朴素賈母嘆道这孩子太老實了你沒有陳設何妨和你姨娘要些我也不理論也沒想道你們的東西自然在家里沒帶了來說着命夗央去取些古董來又嗔着鳳姐兒不送些玩器來与你妹々这樣小器王夫人鳳姐兒等都笑回說他自己不要的我們原送了來他都退回去了薛姨媽也笑說他在家里也不大弄这些東西的賈母搖頭道使不得雖然他省事倘或來一个親戚看着不像二則年輕的姑娘們房里这樣素淨也忌諱我們这老婆子越發該住馬圈去了你們听那些書上戲上說的小姐們的繡房

精緻的还了得呢他们姊妹们虽不敢比那些小姐们也不要狠离了格兒有現成的東西為什麽不擺若狠愛素淨少兒樣到使得我最会收拾屋子的如今老了没有这些閑心了他们姊妹们也还学着收拾的好只怕俗氣有好東西也擺坏了我看他们还不俗如今讓我替你收拾包管又大方又素淨我的梯已两件收到如今没給宝玉看見过若經了他的眼也没了說着叫过鴛鴦来親吩咐道你把那石頭盆景兒和那架紗桌屏还有个墨烟凍石鼎这三樣擺在这案上就勾了再把水墨字画白綾帳子拿来把这帳子也换了鴛鴦答應着笑道这些東西都擱在東樓上的不知那个箱子里还得慢慢找去明兒再拿去也罢了賈母道明日後日都使得只别忘了說着坐了一回方出来一逕来至綴錦閣下文官等上来請过安因問演習何曲賈母道只揀你们生的演

習几套罣文官等下來往藕香榭去不提这里凤姐兒已代省人摆設整齊上
面左右兩張榻〻上都鋪省錦裀蓉簟每一榻前有兩張雕漆几也有海棠式
的也有梅花式的也有荷葉式的也有葵花式的也有方的也有圓的其式不
一乙丁上面放省炉瓶一分攢盒一丁上面空設省預備放人所喜食物上面
二榻四几是賈母薛姨媽下面一椅兩几是王夫人的餘者都是一椅一几東
边是刘姥〻刘姥〻之下便是王夫人西边便是史湘雲第二便是宝釵第三
便是代玉第四迎春探春惜春挨次下去宝玉在末李紈凤姐二人之几設于
三層欄內二層紗廚之外攢盒式樣亦隨几之式樣每人一把烏銀洋鏨自斟
壺一丁十錦琺瑯杯大家坐定賈母先笑道偺們先吃兩杯今日也行一ヤ令才
有意思薛姨娘等笑道老太〻自然有好酒令我們如何会呢安心要我們醉

二二〇

了我們都多吃兩杯就有了賈母咲道姨太〻今兒也过謙起来想是厭我老了薛姨媽咲道不是謙只怕行不上来倒是咲話了王夫人忙咲道便說不上来就便多吃一杯酒醉了睡覺去还有誰咲話偺们不成薛姨娘点頭咲道依令老太〻到底吃一杯令酒才是賈母咲道这个自然說着便吃了一盃凤姐兒忙走至當地咲道既行令还叫夗央姐〻来行更好衆人都知賈母所行之令必得夗央提着故听了这話都說狠是凤姐兒便拉了夗央过来王夫人咲道既在令内沒有跕着的理回頭命小丫頭子端一張椅子放在你二位奶〻的席上夗央也半推半就謝了坐便坐下也吃了一鍾酒咲道酒令大如軍令不論尊卑惟我是主違了我的話是要受罰的王夫人等都咲道一定如此快些說来夗央未開口刘姥〻便下了席摆手道别这樣捉弄人家我家去了衆人

都咲道這却使不得鴛鴦喝令小丫頭子們拉上席去小丫頭子們也咲着果然拉入席中刘姥〻只叫饒了我罢鴛鴦道再多言的罰一壺刘姥〻方住了声鴛鴦道如今我説骨牌付兒從太〻起順領説下去至刘姥〻止比如我説一付兒將這三張牌折開先説頭一張次説第二張再説第三張説完了合成這一付兒的名子無論詩詞歌賦成語俗話比上一句都要叶韵錯了的罰一杯衆人咲道這丫令好就説出来鴛鴦道有了一付了左边是張天賈母道頭上有青天衆人道好鴛鴦道當中是丫五与六賈母道六橋梅花香徹骨鴛鴦道剩得一張六与幺賈母道一輪紅日出雲霄鴛鴦道湊成便是丫蓬頭鬼賈母道這鬼抱住鍾馗腿説完大家咲説極妙賈母飲了一杯鴛鴦又道有了一付左边是丫大長五薛姨娘道梅花朶〻風前舞鴛鴦道右边还是丫大五長

薛姨媽道十月梅花嶺上香妃央道當中二五是雜七薛姨媽道織女牛郎会七夕妃央道湊成二郎遊五岳薛姨娘道世人不及神仙樂説完大家稱賞飲了酒妃央又道有了一付左边長么两点明湘雲道双懸日月照乾坤妃央道右边長么两点明湘雲道閑花落地听無声妃央道中间还淂么四来湘雲道日边紅杏倚雲栽妃央道湊成櫻桃九熟湘雲道御園却被鳥啣出説完飲了一杯妃央道有了一付左边是長三宝釵道双双燕子語梁间妃央道右边是三長宝釵道水荇牽風翠帶長妃央道當中三六九点在宝釵道三山半落青天外妃央道湊成鉄鎖練孤舟宝釵道處處風波處處愁説完飲畢妃央又道左边一个天代玉道良辰美景奈何天宝釵听了回頭看着他代玉只顧怕罰也不理論妃央道中间錦屏顏色俏代玉道紗窓也沒有紅娘報妃央道剩了

二六八点着代玉道双瞻玉座朝儀夗央道湊成藍子好採花代玉道仙仗香
桃芍藥花說完飲了一口夗央道左边四五成花九迎春道桃花帶雨濃衆人
道該罰錯了韵而且又不像迎春咲着飲了一口原是凤姐兒和夗央都要听
刘姥〻的咲話故意都令說錯都罰了至王夫人夗央代說了个下便該刘姥
〻刘姥〻道我們庄家人闲了也常会几个人弄这个但不如說的这庅好听
少不得我也試一試衆人都咲道容易說的不相干只管說夗央咲道左边四
〻是个人刘姥〻听了想了半日說道是个庄家人罢衆人閧堂咲了賈母咲
道說的好就是这樣說刘姥〻也咲道我們庄家人不过是現成的本色衆位
別咲夗央道中间三四綠配紅刘姥〻道大火燒了毛〻虫衆人咲道這是有
的还說你的本色夗央道右边么四真好看刘姥〻道一个蘿蔔一頭蒜衆人

又咲了妃央咲道湊成便是一枝花刘姥〻两隻手比肴説道花兒落了結了

大倭瓜衆人大咲起来只听外面乱嚷

脂硯齋重評石頭記庚辰本

第三册

（清）曹雪芹 著

國家圖書館出版社

第三册目録

石頭記 第二十一回至三十回 脂硯齋凡四閱評過

賢襲人嬌嗔箴宝玉　俏平兒軟語救賈璉
听曲文宝玉悟禅机　製灯謎賈政悲讖語
西廂記妙詞通戲語　牡丹亭艷曲警芳心
醉金剛輕財向義俠　痴女兒遺帕惹相思
魘魔法姊弟逢五鬼　紅樓夢通灵遇双真
蜂腰橋設言傳心事　瀟湘館春困發幽情
滴翠亭楊妃戲彩蝶　埋香塚飛燕泣残紅
蔣玉函情贈茜香羅　薛宝釵羞籠紅麝串
享福人福深还禱福　斟情女情重愈斟情
宝釵借扇机帶双敲　椿灵劃薔痴及局外

脂硯齋重評石頭記卷之

第二十一回

賢襲人嬌嗔箴宝玉（当得起）　俏平兒軟語救賈璉

話說史湘雲跑了出來怕林代玉赶上宝玉在後忙說仔細絆跌了那里就赶上了林代玉赶到門前被宝玉叉手在門框上攔住笑劝道饒他這一遭罷林代玉搬着手說道我若饒過雲兒在（再）不活着湘雲見宝玉攔住門料代玉不能出來（寫得湘雲与宝玉又親厚之極却不見踈遠代玉、是何情思耶）便立住脚笑道好姐〻饒我這一遭罷恰至宝釵来在湘雲身後也笑道我劝你兩個看宝兄弟分上都丢開手罷（好極妙極玉顰雲三人已難解難分插入宝釵云我劝你兩個看宝玉兄弟分上話只一句便将四人一齊籠住不知孰遠孰近孰親孰疎真好文字·）代玉道我不依你們是一氣的都戲弄我不成（話是顰兒口吻雖屬尖利真实堪愛堪憐）宝玉劝道誰敢美戯你〻不打趣他〻焉敢說你（好二你字連二他字華灼之至）四人正难分觧（好前三人今忽四人俱是書中正眼不可少矣）有人來請吃飯方往前边來（好文章正是闺中女兒口角之事若只管誇〻不已則成何文矣）那天早又掌灯時分王夫人李紈鳳姐迎探惜等都往賈母这边來大家閑話了一回各自歸寢湘雲仍往代玉房中安歇（前文代玉未來時湘雲宝玉則随賈母今湘雲已去代玉既來年歲漸成宝玉各自有房代玉亦各有房故湘雲自應同代玉一処也）宝玉送他二人回到房那天已二更多時襲人來推了几次方回自己房中來睡次日天明時便披衣靸鞋往代玉房中來時不見紫鵑翠縷二人只見他姊妹兩個尚卧在衾内那林代玉（寫代玉身分嚴嚴密密）裹着一幅杏子紅綾被安穩合目而睡（一個睡態）那湘雲却一把青絲拖于枕畔被只齊胸一灣雪白的膀子掠于被外又帶着兩個金鐲子（又一个睡態寫代玉之睡態儼然就是嬌弱女子可憐湘雲之態則儼然是个嬌態女兒可愛真是人〻俱尽人〻俱尽丫〻活跳吾不知作者胸中埋伏多少裙釵）

宝玉見了嘆道（嘆字奇除玉卿外世人見之自曰喜也）睡覺还是不老实回来風吹了又嚷肩窩疼了一面說一面輕〻的替他盖上林代玉早已醒了覺得有人就猜着定是宝玉因翻身一看果中其料因說道这庅早晚就跑過来作什庅宝玉咲道這天还早呢你起来瞧〻代玉道你先出去讓我們起来宝玉听了轉身出至外边代玉起来叫醒湘雲二人都穿了衣服宝玉復又進来坐在鏡台傍边只見紫鵑雪雁進来伏侍梳洗湘雲洗了面翠縷便拿殘水要潑宝玉道站着我趂勢洗了就完了省得又過去費事說着便走過来湾腰洗了兩把紫鵑遞付過香皂去宝玉道這盆里的就不少不用搓了再洗了兩把便要手巾翠縷道还是這個毛病兒多早晚纔改宝玉也不理忙〻的要過青塩擦了牙漱了口完畢見湘雲已梳完了頭便走過来咲道好妹〻替我梳上頭罷湘雲道这可不能

（朱批：不醒不是代玉了）

（朱批：一絲不亂）

（朱批：妙在兩把）

（朱批：在怡紅何其麼事多〻）

（朱批：冷眼人憎点一絲不漏）

忘了二字在娇憨口中自是应声而出捉笔人却从何處設想而成此天然对荅　壬午九月

到便宜他四字与忘了二字是一氣而來將一侯府千金描矣　畸笏

了宝玉笑道好妹妹你先時怎麽替我梳了呢湘雲道如今我忘了怎麽梳呢

宝玉道横竪我不出門又不帶冠子勒子不過打几根散辮子就完了說着又

千妹妹萬妹妹的央告湘雲只得扶他的頭來一一梳篦在家不帶冠並不總

角只將四圍短髮編成小辮往頂心髮上歸了總編一根大辮紅絛結住自髮

頂至辮稍一路四顆珍珠下面有金墜脚湘雲一面編着一面說道這珠子只

梳頭亦有文字前已叙述今將珠子一穿插却天生有是事

三顆了這一顆不是的我記得是一樣的怎麽少了一顆宝玉道丢了一顆湘雲

道必定是外頭去掉下來不妨被人揀了去倒便宜他

妙談道到便宜他四字是大家千金口吻近日多用可惜了的四字今失一珠不聞此四字妙極是極

代玉一傍盥手冷笑道也不知是真丢了也不知

純用画家烘染法

是給了人廂什麽帶去了宝玉不荅

有神理有文章

因鏡台兩边俱是粧奩等物順手

拿起來賞玩

何賞玩也寫來奇特

不覺又順手拈了胭脂意欲要往口边送

是襲人勸後餘文

因又怕史湘雲說（好極的是宝玉也）正犹豫間湘雲果在身後看見一手掠着鬂子便伸手来拍的一下從手中將胭脂打落說道這不長進的毛病兒多早晚纔改（前翠緌之言並非白）[寫]過一語未了只見襲人進來看見這般光景[已]只是梳洗過了只得回来自已梳洗忽見宝釵走來因問宝兄弟那去了襲人含笑道宝兄[弟]那里还有在家里的工夫宝釵听說心中明白又听襲人嘆道姊妹們和氣也有個分寸礼節也沒個黑家白日鬧的憑人怎麽劝都是耳傍風宝釵听了心中暗忖道到別看錯了这個了頭听[他]說話到有些識見（此是宝卿初試已下漸成知已蓋宝卿從此心察得襲人果賢女子也）宝釵便在炕上坐了（好逐回细看宝卿待人接物不疎不親不遠不近厭之人亦未見醴密之情形諸声色今日便在炕上坐了蓋深取襲卿矣二人文字此回為始祥披于此諸公請記之）慢慢的閑言中套問他年紀家鄉等語留神窺察其言語志量深可敬愛（四字包罗許多文章筆墨不似近之開口便云非請女子之可比者此句大坏然襲人故佳矣不書此句是大手眼）

一時宝玉來了宝釵方出去（奇文寫得釵玉二人形景較諸人皆近何也宝玉心凡女子前不論貴賤皆親密之至豈于宝釵前反生遠心哉盖宝釵之行止端肅恭嚴不可輕犯宝玉欲近之而恐一時有瀆故不敢狎犯也宝釵待下愚尚且和平親密何況于兄弟前有遠心哉盖宝玉之形景已泥于閨閣近之則恐不遜反成遠离之端也故二人之遠実相近之至也至顰兒于宝玉実近之至矣却遠之至也不然後文如何反較勝角口諸事皆出于顰哉以及宝玉砸玉顰兒之泪枯種〻孽障種〻憂忿皆情之所陥更何辯哉）

（此一回將宝玉襲人釵顰雲等行止大槩一描已啓後大观园中文字也今詳批于此後久不忍矣）

（釵与玉遠中近顰与玉近中遠是要緊兩大船不可粗心看過）

宝玉便問襲人道怎么宝姐〻和你說的这么熱鬧見我進来就跑了問一聲不荅再問時襲人方道你問我么我那里知道你們的原故宝玉听了这話見他臉上氣色非往日可比便咲道怎么動了真氣（宝玉如此）襲人冷咲道我那里敢動氣只是從今已後別進这屋子了橫竖有人伏侍你再別来支使我〻仍旧还伏侍老太〻去一面說一面便在炕上合眼

倒下（醋妒妍憨假態至矣尽矣观者但莫認真此態為幸）宝玉見了這般景况深為駭異（好可知未嘗見襲人之如此技藝也）

禁不住赶来劝慰那襲人只管合了眼不管（与顰兒前番妶態如何愈竟可愛猶甚）宝玉無了主意因見麝月進来（偏麝月来好文章）便問道姐姐怎么了（如見如聞）麝月道我知道么問你自己便明白了（又好麝月）宝玉听說呆了一回自竟無趣便起身嘆道不理我罷我也睡去說着便起身下炕到自己床上歪下襲人听他半日無動靜微々的打鼾料他睡着便起身拿一領斗蓬来替他剛壓上只听忽的一聲宝玉便掀過去也仍合目粧睡（寫得爛熳）襲人明知其意便点頭冷笑道你也不用生氣從此後我只當啞子再不說你一聲兒如何宝玉禁不住起身問道我又怎么了你又劝我你劝我也罷了絕剛又沒見你劝我一進来你就不理我賭氣睡了我还摸不着是什么這會子你又說我惱了我何嘗听見你劝我什么話了襲人

真乎詐乎

吾不忍也

文是好文唐突我襲卿

這是委曲了石兒

石頭記每用囫圇語處無不精絶奇絶且總不覔相犯　壬午九月　畸笏

道你心里还不明白还等我說呢（亦是囫圇語却從有生以来肺腑中出千斤重）正鬧着賈母遣人来叫他吃飯方往前边来胡乱吃了半碗仍回自己房中只見襲人睡在外頭炕上麝月在傍边抹骨牌宝玉素知麝月與襲人親厚一並連麝月也不理揭起軟簾自往里間来麝月只得跟進来宝玉便推他出去說不敢驚動你們麝月只得笑着出来喚了兩個小丫頭進来宝玉拿一本書歪着看了半天因要茶擡頭只見兩個小丫頭在地下站着一個大些些兒的生得十分水秀（二字奇絶多少姣態包括一今古野史中無有此文也）宝玉便問你叫什麽名字那丫頭便說叫蕙香（好也）宝玉便問是誰起的蕙香道我原叫芸香的（原俗）是花大姐姐改了叫蕙香宝玉道正經該叫晦氣罷了什麽蕙香呢（好極趣極）又問你姊妹几個蕙香道四個宝玉道你是第几個的蕙香道我是第四個的宝玉道明兒就叫四兒不必什麽蕙香蘭氣的那一個配比這些花

沒的玷辱了好名好姓（花襲人三子在內說的有趣）一面說一面命他到了茶来吃襲人和麝月在外間听了抿嘴而笑〔一絲不漏好精神〕這一日宝玉也不大出房（此是襲卿第一功劳也）也不和姊妹丫頭等厮鬧（此是襲卿第二功劳也）自己悶悶的只不過拿自書解悶或弄筆墨（此雖未必成功較往日終有微補小益所謂襲卿有三大功也）也不使喚衆人只叫四兒答應誰知四兒是個聰敏乖巧不過的丫頭（又是一個有害無益者作者一生為此所悮批者一生亦為此所悮于開卷凡見如此人世人故為喜余犯抱恨蓋四字悮人甚矣被悮者深感此批）見宝玉用他他変尽方法籠絡宝玉（他好但不知襲卿之心思何如）至晚飯後宝玉因吃了兩杯酒眼餳耳熱之際若往日則有襲人等大家喜咲有興今日却冷清清的一人对灯好沒興趣待要赶了他們去又怕他們得了意已後越来劝（宝玉惡劝此是第一大病也）若拿出做上的規矩来鎮唬似乎無情太甚（宝玉重情不重礼此是第二大病也）說不得橫心只當他們死了橫竪自然也要過的便权當他們

死了毫無牽掛反能怡然自悅此意却好但襲卿輩不應如此棄也宝玉之情今古無人可比固矣然宝玉有情極之毒亦世人莫忍為者看至後半部則洞明矣此是宝玉三大病也宝玉看此世人莫忍為之毒故後文方能懸崖撒手一回若他人得宝釵之妻麝月之婢豈能棄而僧哉玉一生偏僻処　正看至外篇一胠篋一則其文曰故絕聖棄知大盜乃止擿玉毀珠小盜不起焚符破璽而民朴鄙剖斗折衡而民不爭殫殘天下之聖法而民始可與論議擢亂六律鑠絕竽瑟塞瞽曠之耳而天下始人含其聦矣滅文章散五采膠雜（離朱）之目而天下始人含其明矣毀絕鉤繩而棄規矩攦工倕之指而天下始人有其巧矣此上語本莊子　看至此意趣洋洋趁着酒興不禁提筆續曰焚花散麝而閨閣始人含其動（勸）矣奇戕宝釵之仙姿灰黛玉之灵竅喪減情意而閨閣之美惡始相類矣彼含其動（勸）則無參商之虞矣戕其仙姿無戀愛之心矣灰其灵竅無才思之情矣彼釵玉花麝者皆張其羅而穴其隧所以迷眩纏陷天下

趁着酒興不禁而續是非者自站地步處謂余何人耶

敢續莊子因奇極怪極之筆從何設想怎不令人叫絶 己卯冬夜

這亦暗露玉兄閑窓淨几不寂不離之工業 壬午孟夏

者也（直似莊老奇甚怪甚）續畢擲筆就寢頭剛着枕便忽[就]睡去一夜竟不知所之直至天明方醒（此犹是襲人餘功也想每日每夜宝玉自是心忙身忙口忙之極今則怡然自適雖此一刻於身心無所補益能有一時之閑〻自若亦豈非襲卿之所便也）翻身看時只見襲人和衣睡在衾上（神極之筆試思襲人不來同卧亦不成文字來同卧更不成文字却云和衣衾上正是來同卧不來同卧之間何神奇文妙絕矣好襲人真好石頭記得真〻好述者錯不錯真好批者批得出）宝玉將昨日的事已付與意[肚]外（更好可見玉卿的是天真爛熳之人也近之所謂歡公子又曰老好人又曰無心道人是也除不知尚古淳風）便推他說道起来好生睡看涼着了原来襲人見他無曉夜和姊妹們廝鬧若直劝他料不能改故用柔情以警之料他不過半日片刻仍復好了不想宝玉一旦夜竟不回轉自己反不得主意直一夜没生睡得今忽見宝玉如此料他心意回轉便越性不採他宝玉見他不應便伸手替他觧衣剛觧開了鈕子被襲人將手推開又自扣了（好看煞）宝玉無法只得拉[住]他的手笑道你到底怎

趙香梗先生秋樹根偶譚內兖州少陵台有子美詞爲郡守毁爲已詞先生嘆子美生遭喪亂奔走無家孰料千百年後數椽片瓦猶遭貪吏之毒手甚矣才人之厄也固改公茅屋爲秋風所破歌數句爲

麼了連問几聲襲人睁眼說道我也不怎麼你睡醒了你自過那边房里去梳洗再遲了就赶不上（說得好通快）宝玉道我過那里去（問得更好）襲人冷咲道你問我〻知道你爱往那里去就往那里去從今咱們两個丢開手省得鷄声鵝鬪叫别人笑（三字如闻）横竖那边膩了過来这边又有個什麼四兒五兒伏侍我們这起東西可是白玷辱了好名好姓的宝玉笑道你今还記着呢襲人道一百年还記着呢（非渾一絶犁那能至此）比不得〔你〕拿着我的話当耳傍風夜里說了早起就忘了（這方是正文直勾起花解語一回文字）宝玉見他娇嗔滿面情不可禁便向枕边拿起一根玉簪来一跌兩段說道我再不听你說就同这個一樣（又用幻筆瞞過看官）襲人忙的拾了簪子說道大清早起这是何苦来听不听什麼要緊也值得这種様子（已留後文地步）宝玉道你心里那〔里〕知道我心里急襲人咲道（自此方咲）你也知道着急麼可知我心里怎麼樣快起来洗臉去罷說着二人方（結得一星渣汁全無且合怡）

少陸解嘲少陵遺像太守欺無力忍能對面爲盜賊公然折克非已祠傍人有口呼不得夢歸来兮閒嘆息白日無光天地黑安得曠宅千萬官太守取之不盡生欽顔公祠免毀安如山瀆

紅常事

起來梳洗宝玉往上房去後誰知代玉走來見宝玉不在房中因翻弄案上書看可巧翻出昨兒的莊子来看至所續之處不覺又氣又笑不禁也題筆續書一絶云

無端弄筆是何人　作踐南華莊子因
不悔自己無見識　却將醜語怪他人

寫畢也往上房来見賈母後往王夫人處来誰知鳳姐之女大姐病了正亂着罵得痛快非顰兒不可真好顰兒真好顰兒好詩若云知音者顰兒也至此方完箴玉半回不用宝玉見此詩若長若短亦是大手法請大夫来胗脉大夫便説替夫人奶奶們道喜姐兒發熱是見喜了並非别病在子嗣艰难化出王夫人鳳姐听了忙遣人問可好不好醫生回道病雖險却順到还不妨預備桑虫猪尾要緊鳳姐听了登時忙將起来一面打掃房屋供奉痘疹娘娘一面

之令人感慨悲憤心〻常耿〻壬午九月因索書甚迫姑誌于此非批石頭記也為續莊子因數句真是打破胭脂陣坐透紅粉關另開生面之文無可評處

又借阿顰詩自相鄙駁可見余前批不謬 己卯冬夜

傳與家人忌煎炒等物一面命平兒打点鋪蓋衣服與賈璉隔房一面又拿大紅尺頭與奶子了頭親近人等裁衣（几個一面寫得如見其景）外面又打掃淨室款留兩個醫生輪流斟酌診脉下藥十二日不放家去賈璉只得搬出外書房来斎戒鳳（此二字內）姐與平兒都隨着王夫人日〻供奉娘〻（生出許多事来）那個賈璉只离了鳳姐便要尋事獨寢了兩夜便十分难熬便暫將小廝們內有清俊的選来出火不想榮國府內有一個極不成器破爛酒頭厨子名喚多官（今是多〻也妙名）人見他懦弱無能都喚他作多渾虫（更好今之渾虫更多也）因他自小父母替他在外娶了一個媳婦今年方二十来往年紀生得有几分人才見者無不羨愛他生性輕浮最喜拈花惹草多渾虫又不理論只是有酒有肉有錢便諸事不管了所以榮寧二府之人都得入手因這個媳婦美貌異常輕浮無比衆人都呼他作多姑娘兒（更妙）如今賈

寶玉不見詩是後文餘步也石頭記得力所在 丁亥夏 畸笏叟

璉在外熬煎往日也曾見過這媳婦失過魂魄只是懼嬌妻外孌寵不曾下得手那多姑娘兒也曾有意于璉只恨沒空今聞賈璉挪在外書房來他便沒事走兩趟去招惹惹的賈璉似飢鼠一般少不得和心腹的小廝們討議合同掩遮謀求多以金帛相許小廝們爲有不允之理況都和這媳婦是好友一說便成是夜二鼓人定多渾虫醉昏在炕賈璉便溜了來相會進門一見其態早已魄飛魂散也不用情談款叙便寬衣動作起來誰知這媳婦有天生的奇趣一經男子挨身便覺遍身筋骨癱軟【淫極虧想得出】使男子如卧綿上【如此境界自勝西方蓬萊等處】

涼水灌頂之句

更兼淫態【摠爲後文寶玉一篇作引】浪言壓倒娼妓諸男子至此豈有惜命者哉那賈璉恨不得連身子化在他身上【親極之語趣極之談】

淫婦勾人慣加反語看官着眼

那媳婦故作浪語在下說道你家女兒出花兒供着娘娘你也該忌兩日到爲我髒了身子快離了我這里罷賈璉一面大

一部書中只有此一段醜極太露

云〻文字寫于賈璉身上恰極當極 己卯冬夜

看官熟思寫珍璉輩當以何等文方妥方恰也 壬午孟夏

此段係書中情之瘕疵寫為阿鳳生日潑醋回及一大風流宝玉情色看晴雯回作引伏線千里外之筆也 丁亥夏 畸笏

動一面喘吁〻答道你就是娘〻我那里管什麽娘〻（乱語不倫的是有之）（看服再從前看如何光景）那媳婦越浪賈璉越醜態畢露（可以噴飯）一時事畢兩個又海誓山盟難分難捨此後遂成相契（趣文相契作如此用相契掃地矣）一日大姐毒盡（好性兒子下）班同十二日後送了娘〻合家祭天祀祖還願焚香慶賀放賞已畢賈璉仍復搬進卧室見了鳳姐正是俗語云新婚不如遠別更有無限恩愛（隱得好）自不必煩絮次日早起鳳姐往上屋去後平兒收拾賈璉在外的衣服鋪蓋不承望枕套中（頭子裡）抖出一綹青絲來平兒会意忙拽在袖内（好極不料平兒大有襲卿之身分可謂何地無材蓋遺際有別耳）（也有今日）便走至這邊房内来拿出頭髮来向賈璉笑道這是什麽（好看之極）賈璉看見着了忙搶上来要奪平兒便跑被賈璉一把揪住按在炕上掰手要奪口内笑道小蹄子你不趁早拿出来我把你膀子撅了（無情太甚）平兒笑道你就是沒良心的我好意瞞着他来問你倒賭狠（利害）你只賭狠（利害）等他回来（有是語）我告訴他看你怎麽着（恐卿口不应）賈璉听說忙陪笑道好人（宝貝）賞我罷我再不賭狠了（利害）

好听 好看

之極迫不犯襲卿 一語未了只听鳳姐聲音進來了 驚天駭地之文如何不知下文怎樣了信使賈璉及觀者一齊喪膽 都

石頭記大法小法累累如是並不為厭

慌知道平兒剛起身鳳姐已走進來命平兒快開匣子替太太找樣子平兒忙

荅應了我時鳳姐見了賈璉忽然想起來便向平兒拿出去的東西都收進來

了么平兒道收進來了鳳姐道可少什么沒有平兒道我也怕丟下一兩件細

細的查了查也不少凤姐道不少就好只是別多出來罢 奇 平兒笑道不丟萬

看至此寧不拍案叫絕

可見二卿亦明知故說耳

幸誰还添出來呢鳳姐冷笑道這半個月难保干淨或者有相厚的丟下的東

西戒指汗巾香袋兒再至于頭髮指甲都是東西 好阿鳳令人胆寒 一夕話說的賈

余自

璉臉都黃了賈璉在鳳姐身後只望着平兒杀鴞抹脖使眼色兒平兒只粧

看二分主意

着看不見因笑道怎么我的心就和奶奶的心一樣我就怕有這此個留神搜了

一搜竟一點破綻也沒有奶奶不信時那些東西我还沒收呢奶奶親自翻尋 查點

一遍去好平兒遍天下悍內者未感謝鳳姐笑道傻了頭可嘆可笑不知誰傻竟他便有這些東西那

里就叫咱們翻着了好阿鳳好文字雖係閨中女兒口角小事讀之無不聰明得失痴心真假之感說自尋了樣子

又上去了平兒指着鼻子恍着頭笑道這件事怎么回謝我呢姣俏如見向不紀襲

好看煞

可見々々

不但賈兒癢々即批書人此刻几乎落筆試問看官此際若何光景

卿麝月一筆喜的個賈璉身癢难撓跑上來摟着心肝腸子肉乱叫乱謝平兒仍拿了

畢肖璉兒不分玉石但負我平姐奈何々々

頭髮笑道這是我一生的把病了好就好不好就抖出漏這事來賈璉笑道你

只好生收着罷千萬别叫他知道口里說着瞧他不妨便搶了過來笑道你拿

着終是禍患不如我燒了他完事了妙說使平兒再不致泄漏故仍用賈璉搶回後文遺失後过脉也一面說

着一面便塞于靴掖內平兒咬牙道沒良心的東西过了河就折橋明兒还想

我替你撒謊賈璉見他姣俏動情便摟着求欢被平兒奪手跑了急的賈璉

湾着腰恨道死促狹小淫婦一定浪上人的火來他又跑了醜態如見淫声如聞今古淫書未有之章法

平兒在窗外咲道我浪我的誰叫你動火了〔妙極之談直是理孝工夫所謂不可正照風月鑑也〕
难道圖你受用一回叫他知道了又不待見我〔阿平你字作牽强全不画押一笑〕〔鳳姐醋妒于平兒前猶如是況他人乎余為凤姐必是甚于諸
人觀者不信今平兒說出然乎否乎〕賈璉道你不用怕他等我性子上来把这醋礶子打个稀爛他
纔認得我呢他防我像防賊的只許他同男人說話不許我和女人說話我和
女人料(略)近些他就疑惑他不論小叔子侄兒大的小的說說咲咲就不怕我吃
醋了已後我也不許他見人〔無理之甚却是妙極趣談天下惧内者背後之談皆如此〕平兒道他醋你使得
你醋他使不得他原行的正走的正你行動便有個坏心連我也不放心別說
他了賈璉道你兩個一口賊氣都是你們行的是我凡行動都存坏心多早晚〔本是一路神祇〕
都死在我手里一句未了鳳姐走進院来因見平兒在窗外就問道要說話兩
個人不在屋里說怎么跑出一個來隔着窗子是什么意思賈璉在窗内接道

此等章法是在戲場上得來一笑　畸笏

你可問他到像屋里有老虎吃他呢（好）平兒道屋里一個人沒有我在他跟前作什麽鳳姐兒笑道正是沒人纔好呢平兒听說便說道這話是說我呢鳳姐笑道（笑字妙平兒反正色鳳姐反陪笑奇極意外之文）不說你說誰平兒道别叫我說出好話來了說着也不打簾子讓鳳姐自己先摔簾子進來往那边去了（若在屋裡何敢如此形景不要加上許多小心平兒平兒有你說嘴的）鳳姐自掀簾子進來說道平兒瘋魔了這蹄子認真要降伏我仔細你的皮要緊賈璉听了已跑跑到炕上拍手笑道我竟不知平兒這麽利害從此到伏他了（惧内形景寫盡了）鳳姐道都是你慣的他我只和你說賈璉听說忙道你兩個不卯又拿我來作人我躲開你們鳳姐道我看你躲到那里去賈璉道我就來鳳姐道我有話和你商量不知商量何事且听下回分解　收後淡雅之至

正是

淑女從来多抱怨

嬌妻自古便含酸

二語包尽古今萬〻世裙釵

脂硯齋重評石頭記

脂硯齋重評石頭記卷之

第二十二回

听曲文宝玉悟禅机　製灯謎賈政悲讖語

話說賈璉听鳳姐兒說有話商量因止步問是何話鳳姐道二十一是薛妹〻的生日（好）你到底怎麽樣呢賈璉道我知道怎麽樣你連多少大生日都料理過了這会子到沒了主意鳳姐道大生日料理不過是有一定的則例在那里如今他這生日大又不是小又不是所以和你商量（有心机人在此）賈璉听了低頭想了半日道你今兒糊塗了有比例（呀）那林妹〻就是比例往年怎麽給林妹〻過的如今也照依給薛妹〻（過）就是了（此例引的極是無怪賈政委以家務也）鳳姐听了冷笑道我難道連這個也不知道我原也這麽想定

将薛林作甄玉賈玉看書則不失執筆人本旨矣

丁亥夏　畸笏叟

了但昨兒听見老太〻說問起大家的年紀生日來听見薛大妹〻今年十五歲雖不是整生日也筭得将笄之年老太太說要替他作生日想來若果真替他作自然比往年與林妹〻的不同了賈璉道既如此比林妹〻的多增些鳳姐道我也這們想着所以討你的口氣我若私自添了東西你又怪我不告訴明白你了賈璉咲道罷〻這空頭情我不領你不盤察我就彀了我还怪你說着一竟去了不在話下

一段題綱寫得如見如聞且不失前篇俱內之旨最奇者代玉乃賈母溺愛之人也不聞為作生辰却云特慧与宝釵寔非人想得着之文也此書通部皆用此法瞞過多少見者余故云不寫而寫是也

且說史湘雲住了兩日因要回去賈母因說等过了你宝姐〻的生日看了戲再回去史湘雲听了只得住下又一面遣人回去将自己舊日作的兩色針線活計取來為宝釵生

辰之儀誰想賈母自見寶釵来了喜他穩重和平四字評倒代玉是以特從賈母眼中寫出寫出太君高興世家之常事耳

正值他纔過第一個生辰便自己蠲資二十兩

喚了鳳姐来交與他值〔置〕酒戲鳳姐湊趣笑道一個老宗祖給孩子們

作生日不拘怎樣誰还敢争又辦什広酒戲既高興要熱鬧就說不

得自已花上几兩巴〻的找出这霉爛〔了〕的二十兩銀子来作東西〔道〕这意

思还叫我陪上果然拿不出来也罢了金的銀的圆的匾的壓塌了箱

子底只是勒指我們举眼看〻誰不是兒女难道将来只有宝兄弟

頂了你老人家上五台山不成那些梯已只留于他我們如今雖不配使

別苦了我們这個彀酒的彀戲的〔話〕說的滿屋里都笑起来賈母亦笑

道你們听〻这嘴我也筭會說的怎広說不過这猴兒你婆〻也不敢強

前看鳳姐问璉作生日數語甚泛〻，此見賈母蠲資方知作者寫阿鳳心机無絲毫漏筆 己卯冬夜

陡然架起

家常話都是空中樓閣

小科諢解頤却為借当伏綫 壬午九月

嘴你和我啷〻的鳳姐笑道我婆〻也是一樣的疼宝玉我也沒處去訴寃到說我強嘴說着又引着賈母笑了一回賈母十分喜悅到晚間衆人都在賈母前定昏之餘大家娘兒姊妹等說笑時賈母因問宝釵愛听何戲愛吃何物等語寶釵深知賈母年老人喜熱鬧戲文愛吃甜爛之食便揔依賈母往日素喜者說了出来（看他寫宝釵比顰兒如何）賈母更加欢悅次日便先送過衣服玩物礼去王夫人鳳姐代玉等諸人皆有隨分不一不須多記至二十一日就賈母內院中搭了家常小巧戲台（另有大礼所用之戲台也侯門風俗斷不可少）定了一班新出小戲崑弋兩腔皆有（是賈母好熱鬧之故）就在賈母上房排了几席家晏酒席（是家晏非東閣盛設也非世代公子再想不及此）並無一個外客只有薛姨媽史湘雲宝釵是客餘者皆是自已人

正文在此一句

特代玉亦笑為自已人奇甚不可少也便到他房中来尋只見林代玉歪在炕上宝玉笑道起来吃飯去就開戲了你愛看那一齣我好点林代玉冷咲道你既这樣說你特叫一班戲来揀我愛听的唱給我看这会子犯不上呲着人借光兒問我好听之極令人絶倒宝玉咲道这有什么难的明兒就这樣行也叫他們借偺們的光兒一面說一面拉起他来携手出去吃了飯点戲時賈母一定先叫宝釵点宝釵推讓一遍无法只得点了一摺西遊記是順賈母之心也賈母自是欢喜然後便命鳳姐点鳳姐亦知賈母喜熱鬧更喜謔笑科諢寫淂週到想淂奇趣寔是必真有之便点了一

鳳姐点戲脂硯執筆事今知者聊聊矣不

怨夫

前批書者聊聊，今丁亥夏只剩朽物一枚，寧不痛乎

齣劉二當衣賈母果真更又喜欢然後便命代玉（先讓鳳姐點者是非待鳳先而後玉也蓋亦素喜鳳嘲咲謔之故今故命彼點彼亦自知並不推讓承命一點便合其意此篇是賈母取樂非禮筵大典故如此寫）代玉因讓薛姨媽王夫人等賈母道今日原是我特帶着你們取笑咱們只管咱們的别理他們我巴巴的唱戲擺酒為他們不成他們在这里白听白吃已經便宜还讓他們点呢說着大家都咲了代玉方点了一齣（不題何戲妙蓋代玉不喜看戲也正是与後文妙曲警芳心留地步正見此時不過草草隨衆而已非心之所愿也）然後宝玉史湘雲迎探惜李紈等俱各点了接齣扮演至上酒席時賈母又命宝釵点宝釵点了一齣魯智深醉閙五台山宝玉道只好点这些戲宝釵道你白听了这几年

的戲那里知道這齣戲的好處排場又好詞藻更妙宝玉道(我)从来怕这些、熱鬧宝釵咲道要說這一齣熱鬧你还筭不知戲呢

是極宝釵可謂博斈矣不似代玉只一牡丹亭便心身不自主矣真有斈问如此宝釵是也

你過来(我)告訴你这一齣戲熱鬧不熱鬧是一套北点降唇鏗鏘頓挫韻(音)律不用說是好的了只那詞藻中有一枝寄生草填的極妙你何曾知道宝玉見說的这般好便凑進来央告好姐、念手我听、宝釵便念道慢搵英雄泪相离処士家謝慈悲剃度在蓮台下没缘法轉眼分离乍赤條、来去無牽掛那里討烟簑雨笠捲单行一任俺芒鞋破鉢随缘化

此阕出自山门傳奇近之唱者将一任俺改為早辞却無理不通之甚必从一任俺三字則随缘二字方不脫落

宝玉听了喜的拍膝画圈稱(之)不已又讚宝釵無書不知林代玉道安静看戲罷还没唱山門你到(先唱)粧瘋了

趣極今古利口莫過于優伶此一詼諧優伶亦不得如此急速得趣可謂才人百技也一段醋

意可知

說的湘雲也笑了于是大家看戲至晚散席時賈母深愛那作小旦的
與一個作小丑的因命人帶進來细看時亦發可憐見（是賈母眼中之内之想）因問年紀
那小旦纔十一歲小丑纔九歲大家嘆息一回賈母令人另拿些肉菓与他
兩個又另外賞錢兩串鳳姐笑道这個孩子扮上活像一個人你們再看不（明明不叫人說出）
出來宝釵心里也知道便只一笑不肯說（宝釵如此）宝玉也猜着了亦不敢說
不敢少
史湘雲接着笑道到像林妹妹的模樣兒（口直心快無有不可說之事）宝（事無不可对人言）
玉听了忙把湘雲瞧了一眼使個眼色衆人却都听了这話留神细看
都笑起來了說果然不錯一時散了晚間湘雲更衣時便命翠縷把衣
包打開收拾都包了起來翠縷道忙什麽等去的日子再包不遲湘雲
道明兒一早就走在这里作什麽看人家的鼻子眼睛什麽意思（此是真惱）

湘雲探春二卿正事無不可对人言芳性 丁亥夏 畸笏叟

非顰兒之惱可比然錯怪宝玉矣亦不可不惱

宝玉听了這話忙赶近前拉他說道好妹〻你錯怪了我林妹〻是個多心的人別人分明知道不肯說出来也皆因怕他惱誰知你防頭就說了出来他豈不惱你我是怕你得罪了他所以纔使眼色你这会子惱我不但辜負了我而且反到委曲了我若是別人那怕他得罪了十個人与我何干呢湘雲摔手道你那花言巧語別哄我〻也原不如你林妹〻別人說他拿他取咲都使得只我說了就有不是我原不配說他他是小姐主子我是奴才了頭得罪了他使不得宝玉急的說道我到是為你反為出不是来了我要有外心（玉兄急了）立刻就化成灰（回護石兄）叫萬人踐踹千古未聞之誓懇切盡情宝玉此刻之心為如何湘雲道大正月里少信嘴胡說这些沒要緊的惡誓散話歪話

說給那些小性兒行動爱惱的人會轄治你的人听去別叫我啐（此人為誰）
你說着一逕至賈母里間忿忿的倘着去了宝玉沒趣只得又來
尋代玉剛到門檻前代玉便推出來將門関上宝玉又不解何意
在窻外只是吞聲叫好妹妹代玉揔不理他宝玉悶悶的垂頭
自審襲人早知端的當此時斷不能劝（宝玉在此時一劝必崩了襲人見机甚妙）
那宝玉只是呆呆的站在那里代玉只當他回房去了便起來
開門只見宝玉还站在那里代玉反不好意思不好再関只得抽身
上床倘着宝玉随進來問道凡事都有個原故說出來人也不
委曲好好的就惱了終是什么原故起的林代玉冷笑道問的
我到好我也不知為什么原故我原是給你們取笑的拿我比戲子取

此書如此等文章多々不能擬舉機括神思自從天分而有其毛錐寫人口氣傳神攝魄處怎不令人拍案稱奇叫绝 丁亥夏 畸笏叟

神工乎鬼工乎文思至此尽矣 丁亥夏 畸笏

是之也

咲宝玉道我並没有比你我並没咲為什庅惱我呢代玉道你还要比你还要咲你不比不咲比人比了咲了的还利害呢宝玉听説無可分辯不則一声（何便無言可辯真令人不解前文湘雲方来正言弹妬意一篇中顰玉角口後收至褂子一篇余已注明不解矣回思自心自身是玉顰之心則洞然可解否則無可解也身非宝玉則有辯有答若宝玉則再不能辯不能答何也揔在二人心上想来）代玉又道这一節还恕得再你為什庅又和雲兒使眼色這安的是什庅心莫不是他和我頑他就自輕自賤了他原是公侯的小姐我原是貧民的丫頭他和我頑設若我回了口豈不他自惹人輕賤呢是這主意不是這却也是你的好心只是那一个偏又不領你这好情一般也惱了（顰兒自知雲兒惱用心甚矣）你又拿我作情到説我小性兒（顰兒却又听見用心甚矣）行動肯惱你又怕他得罪了我惱他我惱他與你何干他得罪了我又與你何干（問的却極是但未必心應若能如此将来泪尽夭亡已化烏有世間亦無此一部紅樓夢矣）宝玉見説方纔與湘雲私談

可謂官斷十條路

他也听見了细想自已原為他二人怕生隙恼方在〔其〕中調和不想並未調〔停〕成功反已落了兩處的貶謗正與前日所看南華经上有巧者劳而智者憂無能者無所求飽食而遨遊汎若不繫之再〔舟〕又曰山木自寇按原注山木漆樹也精脉自出豈人所使之故云自寇言自相戕賊也源泉自盗等語源泉味甘然後人争取之自尋乾涸也亦如山木意皆寓人智能聰明多知之害也前前文無心云看南華经不过襲人等恼時無聊之甚偶以釋悶耳殊不知用于今日大解〔誤〕大覺迷之功甚矣市徒見此必云前日看的是外篇胠篋如何今日又知若許篇然則彼只曽看外篇数語乎想其理自然默默看过几篇適至外篇故偶觸其机方續之也若云只看了那几句續便則宝玉彼時之心是有意續莊子並非釋悶時偶續之也且更有見前所續則曰續〔的〕不通更可唉矣试思宝玉雖愚豈有安心立意与莊叟争衡哉且宝玉有生以来此身此心為諸女兒應酬不暇眼〔前〕多少現有益之事尚無暇去作豈忽然要分心於腐言糟粕之中哉可知除閨閣之外並無一事是宝玉立意作出来的大則天地陰陽小則功名荣枯以及吟篇琢句皆是随分觸情偶得之不喜失之不悲若当作有心鬱矣只看大观因題咏之文以筭平生得意之句得意之事矣然亦搃不見再吟一句再題一事據此可見矣然後可知前夜是無心順手拈了一本莊子在手且酒興醺醺芳愁默默順手不計工拙草草一續也若使順手拈一本近時鼓詞或如鐘無

艷赴会其太子走國䓁草也風耶之傳必亦續之矣观者試看此批然後謂余
不謬所以可恨者彼夜知不曾拈了山门一齣傳奇若使山门在案彼時捻着
又不知于寄生草後續出何䓁超凡入圣大覔大悞諸語録来
代玉一生是聪明所悞宝玉是多事者情之事也非世事也多情曰多事亦宗
莊筆而来蓋余亦偏矣可嘆阿鳯是机心所悞宝釵是博知所悞湘雲是自愛
所悞襲人是好勝所悞皆不能跳出莊叟言外悲亦甚矣再筆

因此越想越無趣再細想来目下不過这兩丁人尚未應酧妥協将来犹欲為何看他只这一筆寫得宝玉又如何用心于世道言閨中红粉尚不能週全何碌〻僣欲治世待人接物哉視閨中自然女兒戲視世道如虎狼矣誰云不然矣想到其間也無庸分辯回答自己轉身回房来顰兒云与你何干宝玉如此一回則曰与我何干可也口金未出心已悞矣但恐不常耳若常存此念無此一部書矣看他下文如何轉拆林代玉見他去了便知回思無趣賭氣去了一言也不曾發不禁自已越䕸添了氣只此一句又勾起波浪去則去来則来又何氣哉捴是断不了这根孽腸忘不了这亇衬害既無而又有也便說道這一去一倍子也别来也别說話宝玉不理此是極心死処将来如何回房倘在床上只是瞪〻的襲人深知原委不敢就說一說必崩

只得以他事来觧釋曰說道今兒看了戲又勾出几天戲来宝姑娘一定要还
席的宝玉冷笑道他还不还管誰什么相干 大奇大神之文此相干之語仍是近文与顰兒之語之相干也上文
来說終存于心却於宝釵身上發洩素厚者惟顰雲今為彼等尚存此心况于素不契者有不直言者乎情理筆墨無不尽矣
襲人見這話不是往日的口吻曰又笑道這是怎么說好〻的大正月里娘兒
们姊妹们都喜〻欢〻的你又怎么这个行景了宝玉冷笑道他們娘兒们姊
妹们欢喜不欢喜也与我無干 先及宝釵後及衆人皆一顰之衬流毒于衆人宝玉之心实僅有一顰乎 襲人笑道
他们既随和你也随和豈不大家彼此有趣宝玉道什么是大家彼此他们有大
家彼此我是赤條〻来去無牽掛 指桌叫好当此一嵗西方諸佛亦来听此棒喝参此語録 談及此句不覚
淚下 还是心中不淨不了斷不斷之故 襲人見此光景不肯再說宝玉細想这句趣味不禁大
哭起来 此是忘机大悟世人所謂疯顛是也 翻身起来至案遂提筆立占一偈云

你證我證　心證意證　是無有證　斯可云證　無可云證

是立足境（已悟已覔是好偈矣　宝玉悟禅亦由情讀書亦由情讀莊之亦由情可笑）

寫畢自雖解悟又恐人看此不解（自悮則自了又何用人亦解哉　此正是犹未正覔大悟也）因此亦填一支寄生草也寫在偈後（此処亦續寄生草余前批云不曾見續今却見之是意外之幸也盖前夜莊子是道悟此日是禅悟天花散漫之文也）

自已又念一遍自覺無掛碍中心自得便上床睡了（前夜已悟今夜又悟二次翻身不出故一世墮落無成也不寫出曲文何辞却每与宝釵眼中寫出是交代过節也）

誰想代玉見宝玉此番果斷而去故以尋襲人為由来視動靜（這又何必揔因蕙力不利未斬毒龍之故也大都如此嘆嘆）襲人咲回已經睡了代玉听說便要回去襲人咲道姑娘請站住有一个字帖兒瞧瞧是什庅話說着便将方纔那曲子与偈語悄悄拿来遞与代玉看代玉看了知是宝玉一時感忿而作不覺可咲可嘆（是个善知覺何不趂此大家一解斉証上乘甘心随落迷津哉）便向襲人道作的

是頑意兒無甚関係（代玉說無関係将来必無関係余正恐顰玉從此一悟則無妙文可看矣不想顰兒視之為漠然更曰無関係可知宝玉不能悟也余心稍慰蓋宝玉一生行為顰知最確故余聞顰語則信而又信不必定玉而後証之方信也余云恐他二人一悟則無妙文可看然歎為阻我怀為醒我目却愈他二人永墮迷津生出孽障余心甚不公矣世云損人利已者余此愈是矣試思之可歎一嘆今自呈于此亦可為後人一嘆以助茶前酒後之興耳而今後天地間豈不又添一趣談乎凡書皆以趣談讀去其理自明其趣自得矣）說畢便携了手回房去与湘雲同看（却不仝湘雲分崩有趣）次日又與宝釵看宝釵看其詞（出自宝釵目中正是大関鍵処）無我原非你從他不解伊肆行無碍憑來去茫茫着甚悲愁喜紛紛說甚親疏密從前碌碌却因何到如今回頭試思想真無趣（看此一曲試思作者当日發愿不作此書却立意要作傳奇則文不知有如何詞曲矣）看畢又看那偈語又嘆道这个人悟了都是我的不是都是我昨兒一支曲子惹出来的這些道書禪机最能移性（拍案叫绝此方是大悟徹語録非宝卿不能談此也）明兒認真說起这些瘋話来存了这个意思都是從我这一隻

用语妥当之极

曲子上来我成了个罪魁了說着便撕了个粉碎遞與丫頭們快烧了罢代玉笑道不該撕等我問他你們跟我来包管叫他收了這个痴心邪話三人果然都往宝玉屋里来一進来代玉便笑道宝玉我問你至貴者是宝至堅者是玉你有何貴你有何堅拍案叫绝大都尚来答此机锋想亦不能答也非顰兒第二人無此灵心慧性也宝玉竟不能荅三人拍手笑道这樣鈍愚还叅禪呢代玉又道你那偈末云無可云證是立足境固然好了只是据我看还未尽善我再續两句在後因念云無立足境是方干净拍案叫绝此又深一層也亦如諺云去年貧只立錐今年貧錐也無其理一也宝釵道实在这方悟徹当日南宗六祖惠能初尋師至韶州聞五祖弘忍在黄梅他便充役火頭僧五祖欲求法詞令徒弟諸僧各出一偈上座神秀說道身是菩提樹心如明鏡台時時勤拂拭莫使有塵埃彼時惠能在厨房碓米听了这偈說道美則美了了則未了因

自念一偈曰菩提本非樹明鏡亦非台本来無一物何処染塵埃五祖便将衣鉢傳他（出語録捴寫宝卿博学宏覽勝諸才人顰児却聡慧灵智非学力所致皆絶世絶倫之人也宝玉寧不愧杀）今児這偈語亦同此意了只是方才這句訊飆尚未完全了結這便丢開手不成代玉笑道彼時不能答就筭輸了这会子答上了也不為出奇只是以後再不許談禅了連我們兩个所知所能的你还不知不能呢还去参禅呢宝玉自己為竟悟不想忽被代玉一問便不能答宝釵又比出語録来此皆素日不見他們能者自已想了一想原来他们比我的知覺在先尚未解悟我如今自尋苦惱想畢便咲道誰又参禅不过一時頑話罷了說着四人仍復如旧（輕輕抹去也心浄难三字不謬）忽然人報娘娘差人送出一个灯謎児命你們大家去猜猜着了每人也作一个進去四人听說忙出去至賈母上房只見一个小太監拿了一盞四角平頭白紗灯專為

前以莊子為引故偈續之又借顰児詩一鄭駁並不寫着落以為瞞過看官矣此回用若許曲折仍用老莊引出一偈来再續

一寄生草可為大覺大悟已以之上承果位以後無書可作氣節又輕ゝ用代玉一問机鋒又續偈言二句並用宝釵講五祖六祖問答二寔偈子使宝玉党言可答仍将一大善知識始終

燈謎而製上面已有个衆人都争看乱猜小太監又下諭道衆小姐猜着了不要說出来每人只暗ゝ的寫在紙上一斉封進宮去娘ゝ自驗是否宝釵等听了近前一看是一首七言绝句並無甚新奇口中少不得稱讚只說难猜故意尋思其實一見就猜着了宝玉代玉湘雲探春（此処透出探春正是草蛇灰線後文方不突然）四个人也都解了各自暗ゝ的寫了半日一併将賈环賈蘭等傳来一斉各揣机心（寫猜謎人形景看他偏于兩次戒机出後寫此机心机事足見用意至深至遠）都猜了寫在帋上然後各人拈一物作成一謎恭楷寫了掛在灯上太監去至晚出来傳諭前娘ゝ所製俱已猜着惟二小姐与三爷猜的不是（迎春賈环也交錯有法）小姐們作的也有猜着了不知是否說着也将寫的拿出来也有猜着的也有猜不着的都胡乱說猜着了太監又将頒賜之物送与猜着之人每人一个宮製詩筒（詩筒身边所佩之物以待偶成之句草録暫收之其婦至窓前不致）

跃不出警幻之榜中作下回眉中四書真有机心遊說不則之機安得不叫絕且歷來小說中萬寫不到者 己卯冬夜

[有此也或茜牙成或琢香屑或以倭素為之不一想來奇特事惜不知也 二物極微極雅]一柄茶筅[破竹如帚以淨茶具之積也]独迎春賈环二人未得迎春自為頑耍小事並不介意[大家小姐]賈环便覺得沒趣且又听太監說三爺說的这个不通娘娘也沒猜叫我帶回问三爺是个什麽眾人听了都來看他作的什麽寫道是

大哥有角只八个　二哥有角只兩根　大哥只在床上坐

二哥愛在房上蹲[可發一笑真环哥之謎]

[諸卿勿笑難為了作者摹擬]眾人看了大發一笑賈环只得告訴太監說一个枕頭一个獸頭[虧他好才情怎麽想來]太監記了領茶而去賈母見元春这般有興自己越發喜樂便命速作一架小巧精致圍屏灯來設於当屋命他姊妹各自暗暗的作了寫出來粘于屏上然後預備下香茶細菓以及各色玩物為猜着之賀賈政朝罢見

賈母高興況在節間晚上也來承歡取樂設了酒菓備了玩物上房悬了綵灯請賈母賞灯取樂上面賈母賈政宝玉一席下面王夫人宝釵代玉湘雲又一席迎探惜三个又一席地下婆娘丫環站滿李宮裁王熙鳳二人在里间又一（细致）席賈政回不見賈蘭便问怎么不見蘭哥（看他透出賈政極愛賈蘭）地下婆娘忙進里间问李氏李氏起身笑着回道他說方纔老爺並沒去叫他他不肯来婆娘回覆了賈政衆人都笑說天生的牛心古怪賈政忙遣賈環与兩个婆娘将賈蘭喚来賈母命他在身傍坐了抓菓品与他吃大家說笑取樂往常间只有宝玉長（高）談闊論今日賈政在這里便惟唯唯而已（寫宝玉如此非世家曾经嚴父之訓者斷寫不出此一句）餘者湘雲虽係闺阁弱女却素喜談論今日賈政在席也自拑（緘）口禁言（非世家经明訓者斷不知此一句寫湘雲如此）代玉本性懶与人共原不肯多語（代玉如此与人多話則不肯向得与宝玉話更多哉）宝釵原不妄

言輕動便此時亦是坦然自若熊他寫宝釵真是又曾経嚴父慈母之明訓又是世府千金自己又天性從礼合節前三人之長並歸于一身前三人向有捏作之態故惟宝釵一人作坦然自若亦不見踰規踏矩也故此一席虽是家常取樂反見拘束不樂非世家公子断寫不及此想近時之家縱其兒女哭咲索飲長者文亦為樂其禮不法何如是耶賈母亦知因賈政一人在此所致之故这一句又明補出賈母亦是世家明訓之千金也不然斷想不及此酒过三巡便攆賈政去歇息賈政亦知賈母之意攆了自己去後好讓他们姊妹兄弟取樂的賈政忙陪咲道今日原听見老太太这里大設春灯雅謎故也備了綵礼酒席特来入会何疼孫子孫女之心便不略賜以兒子半点賈政如此余亦涙下賈母咲道你在這里他們都不敢說咲没的倒叫我悶你要猜謎時我便說一个你猜猜不着是要罸的賈政忙咲道自然要罸若猜着了也是要領賞的賈母道這个自然說着便念道

猴子身輕站樹稍 打一菓名 所謂樹倒猢猻散是也

賈政已知是荔枝的是賈母之謎便故意乱猜别的罰了許多東西然後方猜着也淂了賈母的東西然後也念一个与賈母猜念道

身自端方体自堅硬 虽不能言 有言必應 好極的是賈老之謎包藏賈府祖宗自身必字隱筆

字妙極妙極 打一用物 說畢便悄〻的說与宝玉〻〻意会又悄〻的告訴了賈母〻〻想了想果然不差便說是硯台賈政咲道到的是老太〻一猜就是

太君身分

回頭說快把賀彩送来地下婦女荅應一声大盤小盤一斉捧上賈母逐件看去都是灯節下所用所頑新巧之物甚喜遂命给你老爷斟酒宝玉執壷迎春送酒賈母因說你瞧〻〻那屏上都是他姊妹们做的再猜一猜我听賈政荅應起身走至屏前只見頭一个寫道是

此後破失俟再補

能使妖魔胆盡摧　身如束帛氣如雷
一声震得人方恐　回首相看已化灰

此元春之謎纔得侥倖奈寿不長可悲哉

賈政道这是炮竹吓宝玉答道是賈政又看道

天運人功理不穷　有功無運也难逢
因何镇日纷纷乱　只為陰陽数不同

此迎春一生遭際惜不得其夫何

賈政道是筭盘迎春咲道是又往下看是

階下兒童仰面時　清明妆點最堪宜
遊絲一断渾無力　莫向東風怨别離

此探春遠適之讖也使此人不遠去将来事敗諸子孫不至流散也悲哉傷哉

賈政道这是風筝探春咲道是又看道是

前身色相揔無成　不听菱歌听佛经

莫道此生沉黑海

性中自有大光明

此惜春為尼之讖也公府千金至緇衣乞食寧不悲夫

暫記宝釵製謎云

朝罷誰携兩袖烟　琴边衾裡揔無緣　曉籌不用人雞報

五夜無煩侍女添　焦首朝朝还暮暮　煎心日日復年年

光陰荏苒須当惜　風雨陰晴任变迁

此回未成而芹逝矣嘆嘆　丁亥夏畸笏叟

脂硯齋重評石頭記卷之

第二十三回

西厢記妙詞通戲語　牡丹亭艷曲警芳心

話説賈元春自那日幸大观園回宮去後便命將那日所有的題咏命探春依次抄録妥協自己編次叙其優劣又命在观園勒石為千古风流雅事因此賈政命人各處選拔精工名匠大观園磨玉鐫字賈珍率領蓉薔等監工因賈薔又管理着文官等十二个女戲並行頭等事不大得便因此賈珍又將賈菖賈菱喚来監工一日湯蠟釘硃動起手來这也不在話下且説那个玉皇廟並達摩庵兩処一班的十二个小沙弥並十二个小道士如今挪出大观園来賈政正想發到各庙去分住不想後街上住的賈芹之母周氏正盤筭着也要到

賈政这边謀一个大小事務与兒子管：也好委些銀錢使用可巧听見这件
事出便坐轎子來求鳳姐：：因見他不大拿班作势的便依允了想了几句
話便回王夫人說這些：小和尚道士万不可打發到外去一時娘：出來就要

一派心机

承應倘或散了花若再用時可是又費事依我的主意不如将他們竟送到咱
們家庙里鉄檻寺去月间不过派一个人拿几两銀子去買柴米就完了說声
用去叫來一点兒不費事咽王夫人听了便商之于賈政：：听了笑道到
是提醒了我就是这樣即時喚賈璉來当下賈璉正同鳳姐吃飯一聞呼喚不
知何事放下飯便走鳳姐一把拉住笑道你且站住听我說話若是别的事我
不管若是為小和尚們的事好歹依我这庅着如此这般教了一套話賈璉笑
道你有本事你說去鳳姐听了把頭一梗把快子一放腮上似笑不笑的瞅着

賈璉道你当真的是頑話賈璉咲道西廊下五嫂子的兒子芸兒来求了我兩三遭要个事情管我依了叫他等着好容易出来這件事你又奪了去鳳姐兒笑道你放心園子東北角子上娘々說了还叫多々的種松栢樹樓底下还叫種些花草等這件事出来我管保叫芸兒管这件工程賈璉道果这樣也罷了只是昨兒晚上我不过是要改个樣兒你就扭手扭脚的鳳姐兒听了嗤的一声咲了向賈璉啐了一口低下頭便吃飯賈璉已经咲着去了到了前面見了賈政果然是小和尚一事賈璉便依了鳳姐主意說道如今看来芹兒到大々的出息了这件事竟交与他去管辦横竪照在里頭的規矩每月叫芹兒支領就是了賈政原不理論这些事听賈璉如此說便如此依了賈璉回到房中告訴鳳姐兒鳳姐即命人去告訴了周氏賈芹便来見賈璉夫妻兩个感

（寫鳳姐風月之文如此總不脫漏）

（好章法）

大觀園原係十二釵栖止之所然工程浩大故借元春之名而起再用元春之命以安諸釵不見一丝扭捻　己卯冬夜

謝不盡鳳姐又作情央賈璉先支三个月的叫他冩領子賈璉批票画了押登
時發了对牌出去銀庫上按数發出三个月的工給來白花花二三百貫芹隨
手拈一塊撂与掌平的人叫他們吃了茶罢于是命小厮拿回家与母親商議
登時僱了大脚驢自己騎上又僱了几輛車至榮國府角門喚出二十四个人
來坐上車一逕往城外鉄檻寺去了当下無話如今且說賈元春因在宮中自
編大观園題咏之後忽想起那大观園中景致自己幸过之後賈政必定敬謹封
鎖不敢使人進去騷擾豈不寥落况家中現有几个能詩会賦的姊妹何不命
他們進去居住也不使佳人落魄花柳無顏却又想到宝玉自幼在姊妹叢中
長大不比別的兄弟若不命他進去只怕他冷清了一時不大暢快未免賈母
王夫人愁慮須得也命他進園居住方妙想畢遂命太監夏忠到榮國府來下

韵人行韵事

很　撑去声

一道諭命宝釵等只管在園中居住不可禁約封錮命宝玉仍隨進去各処收拾打掃安設簾幔床帳别人听了还自由可惟宝玉听了這諭喜的無可不可正和賈母盤算要這个要那个忽見丫环來說老爺叫宝玉〻〻听了好似打了个焦雷登時掃去興頭臉上轉了顔色便拉着賈母扭的好似扭股兒糖殺死不敢去賈母只得安慰他道好宝貝你只管去有我呢他不敢委曲了你况且你又作了那篇好文章想是娘〻叫你進去住他吩咐你几句不過不教你在裡頭淘氣他說什麽你只好生答應着就是了一面安慰一面換了两个老嬷〻來吩咐好生帶了宝玉去别唬他老子唬着他老嬷〻答應了宝玉只得前去一步挪不了三寸蹭到这边來可巧在王夫人房中商議事情金釧兒彩雲彩霞綉鸞綉鳳等衆丫环都在廊簷底下站着呢一見宝玉來抿着嘴咲金

多大力量寫此句余亦驚駭况宝玉乎

回思十三時亦曾有是病來想時不再至不禁泪下

釧一把拉住宝玉悄〻的咲道我這嘴上是纔擦的香浸胭脂你這会子可吃
不吃了彩雲一把推開金釧咲道人家正心里不自在你还奚落他趂这会子
喜欢快進去罢宝玉只得挨進門去原來賈政和王夫人都在里间呢趙姨娘
打起簾子宝玉躬身進去只見賈政和王夫人对面坐在炕上说话地下一溜
椅子迎春探春惜春賈环四个人都坐在那里一見他進来惟有探春和惜
春賈环站了起來賈政一舉目見宝玉站在跟前神彩飄逸秀色奪人看〻賈
环人物委鎖舉止荒疎忽又想起賈珠來又看〻王夫人只有这一个親生的
兒子素爱如珍自己的鬍鬚将已蒼白因這几件上把素日嫌悪処分宝玉之心
不覺減了八九半晌说道娘〻吩咐說你日〻外頭嬉遊漸次疎懶如今叫禁
管同你姊妹在園里讀書寫字你可好生用心習學再如不守分安常你可仔

有是事有是人

活像活現

消氣散用的好

批至此几乎失声哭出

寫宝玉可入園用禁管二字得体理之至 壬午九月

細宝玉連連的荅應了几个是王夫人便拉他在身傍坐下他姊弟三人依旧
坐下王夫人摸娑着宝玉的脖項說道前兒的丸藥都吃完了宝玉荅道还有
一丸王夫人道明兒再取十丸来天天臨睡的時候叫襲人伏侍你吃了再睡
宝玉道只從太太吩咐了襲人天天晚上想着打發我吃賈政問道襲人是何
大家細細听去活似小兒口氣
人王夫人道是个了頭賈政道了頭不管叫个什麼罷了是誰这様刁鑽起这
様的名子王夫人見賈政不自在了便替宝玉掩飾道是老太太起的賈政道
老太太如何知道这話一定是宝玉宝玉見瞞不过只得起身回道因素日讀
詩會記得古人有一句詩云花氣襲人知晝暖因這个了頭姓花便隨口起了這
几乎改去好名
個王夫人忙又道宝玉你回去改了罷老爷也不用為这小事動氣賈政道究
竟也無碍又何用改只是可見宝玉不務正專在這些濃詞艷賦上作工夫說

畢断喝一声【好収什】作業的畜生还不出去王夫人也忙道去罢只怕老太〻等你吃
飯呢宝玉答應了慢〻的出去向金釧兒咲着伸〻舌頭帶着两个嬷〻一溜
烟去了剛至穿堂門前（妙這便是鳳姐掃雪拾玉之処一絲不乱）只見襲人倚门立在那里一見【等坏了愁坏了訴以就説】
【有推下笑来問。話】宝玉平安回来堆下咲来向道呌你作什庅宝玉告訴他沒有什庅不过怕我
【大話畢首〻云】進園去淘氣分付〻〻一面説一面回至賈母跟前回明原委只見林代玉正
在那里宝玉便問他你住那一処好林代玉正心里盤筭这事忽見宝玉问他【顰兒亦有盤筭事揀擇】
【清幽處耳未知擇隣否一笑】便咲道我心里想着瀟湘館好愛那几竿竹子隱着一道曲欄比别的（處）更覺幽
静宝玉听了拍手咲道正和我的主意一樣我也要呌你住这里呢我就住怡
【擇鄰出于玉兒所謂真知已】紅院偺們两个又近又都清幽二人正計較就有賈政遣人来回賈母説二月
二十二日子好哥兒姐兒们好搬進去的这几日内遣人進去分派收拾薛宝

釵住了蘅蕪院林代玉住了瀟湘館賈迎春住了綴錦樓探春住了秋掩齋惜春住了蓼風軒李氏住了稻香村宝玉住了怡紅院每一処添兩个老嬷々四個丫頭除各人奶娘親随丫环不筭外另有専管収拾打掃的至二十二日一斉進去登時園内花招綉帶柳拂香風（八字寫得滿園之内処々有人無一処不到）不似前番那背寂寞了閑言少叙且説宝玉自進花園以来心満意足再無別項可生貪求之心每日只和姊妹丫頭們一処或讀書或寫字或弾琴下棋作画吟詩以及描鸞刺鳳鬪草簪花低吟悄唱折字猜枚無所不至到也十分快樂他曾有几首即事詩虽不筭好却到是真情真景略記几首云

未必　有之

春夜即事云

霞綃雲幄任鋪陳　隔巷蟇更听未真　枕上輕寒窓外雨

眼前春色夢中人　盈盈燭淚因誰泣　點點花愁為我嗔
自是小鬟嬌懶慣　擁衾不耐咲言頻

夏夜即事云

倦繡佳人幽夢長　金籠鸚鵡喚茶湯　窗明麝月開宮鏡
室靄檀雲品御香　琥珀杯傾荷露滑　玻璃檻納柳風涼
水亭處處齊紈動　簾捲朱樓罷晚粧

秋夜即事云

絳芸軒里絕喧嘩　桂魄流光浸茜紗　苔鎖石紋容睡鶴
井飄桐露濕棲鴉　抱衾婢至舒金鳳　倚檻人歸落翠花
靜夜不眠因酒渴　沉烟重撥索烹茶

四詩作盡安福尊榮之貴介公子也 壬午孟夏

冬夜即事云

梅魂竹夢已三更　錦罽鸘衾睡未成　松影一庭惟見鶴
梨花滿地不聞鶯　女兒翠袖詩懷冷　公子金貂酒力輕
却喜侍兒知試茗　掃將新雪及時烹

因這幾首詩當時有一等勢利人見榮國府十二三歲的公子作的抄錄出来各處稱頌再有一等輕浮子弟愛上那風騷妖艷之句也寫在扇頭壁上不時吟哦賞贊因此竟有人來尋詩覓字倩画求題的宝玉亦發得了意鎮日家作這些外務誰想靜中生煩惱忽一日不自在起来這也不好出来那也不好進去只是悶悶的園中那些人多半是女孩兒正在混沌世界天真爛熳之時坐卧不避嬉笑無心那里知宝玉此時的心事那宝玉心內不自在便懶待在園內只在外頭

鬼混却又痴痴的（不進園去真不知何心事）茗烟見他這樣因想与他開心左思右想皆是宝玉頑煩了的不能開心惟有这件宝玉不曾看見過（書房伴讀累累如是余至今痛恨）想畢便走去到書房〔鋪子〕裡把那古今小說並那飛燕合德武則天楊貴妃的外傳与那傳奇角本買了許多來引宝玉看宝玉何曾見过这些書一見看了便如得了珎宝茗烟又囑咐他不可拿進園去若叫人知道了我就吃不了兜着走呢宝玉那里捨的不拿進去踟躕再三单把那文理细密的揀了几套進去放在床頂上無人時自己密看那粗俗过露的都藏在外面書房里那一日正當三月中浣早飯後宝玉携了一套会真記走到沁芳閘桥边桃花底下一塊石上坐着展開會真記從頭细玩正看到落红成陣只見一陣風过（好一陣凑趣風）把樹頭上桃花吹下一大半来落的滿身滿書滿地皆是宝玉要抖将下來恐怕脚步践踏了（情不情）只得兜了那

此圖欲画之心久矣誓不過仙筆不寫恐襲我顰卿故也　己卯冬

丁亥春间偶識一浙省發其白描美人真神品物甚合余意奈彼因宦緣所纏

花瓣來至池边抖在池内那花瓣浮在水面飄飄蕩蕩竟流出沁芳閘去了回來只見地下还有許多宝玉正踟蹰只听背後有人說道你在这里作什么宝玉一回頭却是林代玉來了肩上担着花鋤上掛着紗囊手内拿着花帚（一幅採芝圖非葬花圖也）宝玉咲道好好來把这丁花掃起來（如見如聞）撂在那水里我纔撂了好些在那里呢林代玉道撂在水里不好你看這里的水干淨只一流出去有人家的地方贓的臭的混倒仍旧把花遭塌了那畸角上我有一個花塚（好名色新奇葬花亭里埋花人）如今把他掃了裝在這絹袋里拿土埋上日久不过随土化了（寧使香魂随土化）豈不干淨（寫代玉又勝宝玉十倍痴情）宝玉听了喜不自禁咲道待我放下書帮你來收拾代玉道什么書宝玉見問慌的藏之不迭（顧了这頭忘却那頭）便說道不過是中庸大學代玉咲道你又在我跟前弄鬼趂早兒給我瞧好多着呢宝玉道好妹妹若論你我是不怕的你看了好歹別告訴別人去真真这是好書

無暇且不能久留都下未幾南行矣余至今耿〻悵然之至恨與阿顰結一筆墨緣之難若此嘆〻　丁亥夏　畸笏叟

你这要看了連飯也不想吃呢一面說一面递了過去林代玉把花具且都放下接書来瞧從頭看去越看越愛看不頓飯工夫将十六出（齣）俱已看完自覚詞藻警人餘香（音）滿口雖看完了書却只管出神心内还默〻記詞宝玉笑道妹〻你說好不好林代玉笑道果然有趣宝玉笑道我就是多愁多病的身你就是那傾國傾城貌林代玉听了不覚帶腮連耳通紅登時直竪起似蹙的眉瞪两支似睁非睁的眼微腮带怒薄面含嗔指宝玉道你这該死的胡說好〻的把这淫詞艷曲美了来述（說）了这些混話来欺負我〻告訴旧〻旧母去說到欺負两個字上早又把眼睛圈兒紅了轉身就走宝玉着了急向前攔住說道好妹〻千万饒我这一遭原是我说錯了若有心欺負你明兒我吊在池子里教个癩頭元吞了去变个大忘八等你明兒做了一品夫人病老帰西的時候我往你

看官說宝玉忘情有之若認作

有心取笑則看不得石頭記

唬殺急殺

虽是混話一串却成了最新最奇的妙文

看官想用何等話令代玉一笑收科

坟上替你馱一輩子的碑去說的林代玉嗤的一声笑了揉着眼睛一面笑道一般嘴也的这个調兒还只管胡説呸原來是苗而不秀是个銀樣鑞鎗頭宝玉听了笑道你这个呢我也告訴去林代玉笑道你說你会过目成誦难道我就不能一目十行么宝玉一面收書一面笑道正經快把花埋了罢別提那个了二人便收拾落花正纔掩埋妥協只見襲人走來說道那里沒找到摸在这里來那边大老爷身上不好姑娘們都过去請安老太太叫打發你去呢快回去換衣裳去罢宝玉听了忙拿了書別了代玉同襲人回房換衣不提（一語度下）这里林代玉見宝玉去了又听見衆姊妹也不在房自己悶悶的（有原故）正欲回房剛走到梨香院墻角上只听墻内笛韻悠揚歌声婉轉（入正文者不牽強）林代玉便知是那十二个女孩子演習戲文呢只見（是）林代玉素習不大喜看戲文（妙法必云不大喜看）便

情小姐故以情小姐詞曲警之恰極當極　己卯冬

不留心只管往前走偶然兩句吹到耳内明：白：一字不落唱却一喜便揔不忘方見契淂緊道是原来姹紫嫣紅開遍似这般都付与断井頽垣林代玉听了到也十分感慨纏綿便止住步側耳細听又听唱道是良辰美景奈何天賞心樂事誰家院听了这兩句不覺点頭自嘆心下自思道原来戲上也有好文章可惜世人只知看戲未必能領畧这其中的趣味想畢又後悔不該胡想耽悞了听曲子又側耳時只听唱道則為你如花美眷似水流年林代玉听了这兩句上不覺心動神揺又听道你在幽閨自憐等句亦發如醉如痴站立不住便一蹲身坐在一塊山子石上細嚼如花美眷似水流年八个字的滋味忽又想起前日見古人詩中有水流花謝兩無情之句再又有詞中有流水落花春去也天上人間之句又兼方才所見西廂記中花落水流紅閑愁万種之句都一時想起

非不及釵係不曾于雜學上用意也

將進門便是知音

來湊趣在一処仔細忖度不覺心痛神痴眼中落泪正沒了鬧交忽覓背上擊
繫了一下及回頭看時原來是且听下回分解正是

粧晨绣夜心無矣　　對月臨風恨有之

前以會真記文後以牡丹亭曲加以有情有景消魂落
魄詩詞總是爭於令顰兒種病根也看其一路不跡不
離曲〻折〻寫來令觀者亦技難持况瘦怯〻之弱女
乎

脂硯齋重評石頭記

夾寫醉金剛一回是處中之大净場聊醉看官倦眼耳然亦書中必不可少之文必不可少之人今寫在市井俗人身上又加一俠字有則大深意存焉

脂硯齋重評石頭記

第二十四回

醉金剛輕財尚義俠　痴女兒遺帕惹相思

話說林代玉正自情思縈逗纏綿固結之時忽有人從背後擊了一掌說道你作什麼一个人在這里林代玉到唬了一跳回頭看時不是別人却是香菱林代玉道你這个傻丫頭唬我這麼一跳好的你這会子打那里來香菱嘻々的笑道我來尋我們的姑娘的找他總找不着你們紫鵑也找你呢說璉奶々送了什麼茶葉來給你的走罷回家去坐着一面說着一面拉着代玉的手回瀟湘館來了果然鳳姐兒送了兩小瓶上用新茶來林代玉和香菱坐了況他們有甚正事談講不過說些這一个綉的好那一个刺的精又下一回棋看兩句

此傻字加于香菱則有多少丰神跳於紙上其嬌憨之態可想而知

一絲不漏

是家去坐着之言是恐石上冷意

為學詩伏線

是書最好看如此等處係畫家山水樹

頸邸嶽偶倫東用濃淡墨点苔法也丁亥夏畸笏叟

書（棋不論盤書不論章皆是嬌憨女兒神理寫得不即不離似有若無妙極）香菱便走了不在話下如今且說宝玉因被襲人找回房果見鴛鴦歪在床上看襲人的針線呢見宝玉來了便說道你往那里去了老太〻等着你呢叫你过那边請大老爺的安去还不快換了衣服去呢襲人便進房去取衣服宝玉坐在床沿上褪（脱）了鞋等靴子的工夫回頭見鴛鴦穿着水紅綾子袄兒青緞子背心束着白縐紬汗巾兒臉向那边低着頭看針線脖子上帶着花領子宝玉便把臉湊在脖項间聞那香油氣兒不住用手摩挲其白膩不在襲人之下便猴上身去涎皮笑臉的道好姐〻把你嘴上的胭（胭脂是这樣吃法看官）（不向宝玉）（何经過否）脂賞我吃了罷一面說着一面扭股糖似的粘（粑）在身上鴛鴦便叫道襲人你出（說話又叫襲人鴛鴦右是幻情洞天也）來瞧〻你跟他一輩子也不劝〻还是这麼着襲人抱了衣服出來向宝玉道（此五字內有深意深心）左劝也不改右劝也不改你到底是怎麼樣你再这麼着这个地方可就难住

住了一边説一边催他穿了衣服同他央往前面来見賈母見过賈母出至外面人馬俱已齊備剛欲上馬只見賈璉請安回来了[一絲不漏]正下馬二人对面彼此问了兩句話只見[芸哥此處一現後文不見突然]傍边轉出一个人来請宝叔安宝玉看時只見这人容長臉長挑身材年紀只好十八九歲生得着实斯文清秀到也[大族人衆果真有]十分面善只是想不起[是理]是那一房的叫什庅名字賈璉笑道你怎庅發歎連他也不認得他是後廊上住的五嫂子的兒子芸兒宝玉笑道是了々々我怎庅就忘了因問他母親好這會子什庅勾當賈芸指賈璉道找〔合〕二叔説句話宝玉笑道你到比先越發[何嘗是十二三]出[歲小孩語]條了到像我的兒子賈璉笑道好不害臊人家比你大四五歲呢就替你作兒子了宝玉笑道你今年十几歲賈芸道十八歲原来這賈芸最伶俐乖覺听宝玉这様说便笑道俗語説的揺車〔裡〕的爷々拄拐〔杖〕的孫子雖然歲數大山高々

不過太陽只從（實是随機而應伶俐人之語余却傷心）我父親沒了这几年也無人照管教道如若宝叔不嫌姪兒蠢笨認作兒子就是我的造化了賈璉咲道你听見了（是兄凄弟趣可嘆）認（何其唐皇正大之語）兒子不是好開交的呢說着就進去了宝玉咲道明兒你閑了只管來找我別和他們鬼〻祟〻的这會子我不得閑兒明兒你在書房里來和你說天話兒我帶你園里頑耍去說着扳鞍上馬衆小廝圍随往賈赦这边來見了賈赦不过是偶感些風寒先述了賈母向的話然後自己請了安賈赦先站（一綵不亂）起來回了賈母話次後便喚人來帶哥兒進去太〻屋里坐着宝玉退出來至後面進入上房邢夫人見了他來先到（一絲不乱）站了起來請过賈母安宝玉方請安邢夫人拉他上炕坐了方问別人（好層次好礼）又命人倒（法誰家故事）茶來一鍾茶未吃完只見那賈綜來向宝玉好邢夫人道那里找活猴兒去你那奶媽子死絕了也不收拾〻〻你美的黑眉烏嘴的那里像大家子

念書的孩子正說着只見賈環賈蘭小叔侄兩個也來了請过安邢夫人便叫他兩個椅子上坐了賈環見宝玉同邢夫人坐在一個坐褥上邢夫人又百般（千里伏線）摸娑撫弄他早已心中不自在了坐不多時便和賈蘭使眼色兒要走賈蘭只得依他一同回身告辭宝玉見他們要走自也就起身要同回去邢夫人笑道你且坐着我还和你說話宝玉只得坐了邢夫人向他兩個道你們回去各人替我問你們各人母親好你们姑娘姐々妹々都在这里呢鬧的我頭暈今（明显薄情之至）兒不留你們吃飯了賈環等答應着便出來回家去了宝玉笑道可是姐々們都過來了怎麼不見邢夫人道他們坐了一會子都往後頭不知那屋里去了宝玉道大娘方纔說有話說不知是什麼話邢夫人笑道那里什麼話不过是叫你等着同你姊妹们吃了飯去还有一个好頑的東西給你帶回去頑娘兒兩個

說話不覺早又晚飯時節調開棹椅羅列杯盤母女姊妹們吃畢了飯宝玉去
了辭別賈赦同姊妹一同回家見过賈母王夫人等各自回房安値(息)不在話下
一段為五鬼魘魔法引脂硯 且說賈芸進去見了賈璉因打听可有什么事情賈璉告訴他
前兒到有一件事情出來偏生你嬸子再三求了我給了賈芹了他許了我（反說体面話惧内人累累如是）
說明兒園里还有几处要栽花木的地方等这個工程出來一定給你就是了
賈芸听了半晌說道既是这樣我就等着罷叔叔也不必先在嬸子跟前提我（已得了主意了）
今兒來打听的話到跟前再說也不遅賈璉道提他作什么我那里有这些工（已被芸哥瞞过了）
夫說閑話兒呢明兒一個五更还要到興邑去走一湯須得當日赶回來纔好
你先去等着後日起更的以後你來討信早了我不得閑說着便回後面換衣
服去了賈芸出了榮國府回家一路思量出一個主意來便一逕往他母舅卜

既云不是人如何肯共事想芸哥此来空了

世仁家來原來卜世仁現開香料鋪方總從鋪子裡來忽見賈芸進來彼此見過了因問他这早晚什么事跑了来賈芸道有件事求舅〻幫襯〻我有一件事用些冰片麝香使用好歹舅〻每樣賒四兩給我八月里按数送了艮子來（甥舅之談如此嘆〻）卜世仁冷笑道再休提賒欠一事（何如〻〻余言不謬）前兒也是我們鋪子里一个夥計替他的親戚賒几兩艮子的貨至今揔未还上因此我們大家賠上立了合同再不湏（許）替親友賒欠誰要賒欠就要罰他二十兩艮子的東道况且如今这個貨也短你說拿現艮子到我們这不三不四的鋪子里來買也还沒有这些（推脱之辭）只好倒辦兒去这是一二則你那里有正緊事不過賒了去又是胡鬧你只說舅〻見你一遭兒就派你一遭兒不是〻吃的我看着也喜欢賈芸笑道舅〻說的到干净我父親沒的時候我年紀又小不知事後來听見我母親說都还

虧舅〻們在我們家去[做]主意料理的喪事難道舅〻就不知道的還是有一畝
地兩間房子如今[在]我手里花了不成巧媳婦做不出没米的粥來叫我怎広樣
呢還虧是我呢要是別的死[涎]皮賴臉三日兩頭兒來纏着舅〻要三升米二升（芸哥亦善談井〻有理）（余二人亦不曾有是氣）
豆子的舅〻也就没有法呢卜世仁道我的兒舅〻要有還不是該的我天〻
和你舅母說只愁你没筭[計]兒你但凡立的起來到你大房里就是他們爺兒們
見不着便下個氣和他們的管家或者管事的人們嬉和〻〻也弄个事兒管（可憐可嘆余竟為之一哭）
管前[日]我出城去撞見了你們三房里的老四騎着大叫驢帶着五輛車有四五
十和尚道士（妙極寫小人口角羨慕之言加一倍畢肖却又是背面傅粉法）往家廟去了他那不亏能幹的[这]事
[就]到他了賈芸听他韶刀的不堪便起身告辭卜世仁道怎広急的這樣吃了飯（有志氣有果斷）
再去罷一句未完只見[他]娘子說道你又糊塗了說着没有米這里買了半斤麵（盡寫小人家濃細一吹一唱酷肖之至却是一氣逼出）

这一節对水

後文方不突然石頭記筆仗全在如此樣者

來下給你吃这会子还糚胖呢留下外甥挨餓不成卜世仁說再買半斤來添上就是了他娘子便叫女孩兒銀姐往對門王奶奶家去問有錢借二三十个明兒就送過來夫妻兩個說話那賈芸早說了几個不用費事去的無影無踪了不言卜家夫婦且說賈芸賭氣离了母舅家門一逕回帰旧路心下正自煩惱一边想一边低頭只管走不想一頭就碰在一個醉汗身上把賈芸唬了一跳听那醉汗罵道臊你娘的瞎了眼睛碰起我來了賈芸忙要躲身早被那醉汗一把抓住对面一看不是別人却是緊鄰倪二原來这倪二是个潑皮專放重利債在賭博場吃閑錢專管打降吃酒如今正從欠錢人家索了利錢吃醉回來不想被賈芸碰了一頭正没好氣掄拳就要打只听那人叫道老二住手是我沖撞了你倪二听見是熟人的語音将醉眼睜開看時見是賈芸忙把

有知識有果断人自是不同

可是一口氣否

自上看來

滸記楊志賣刀遇沒毛大蟲一回看覺好看多矣　己卯冬夜　脂硯

鬆了〔手〕趔趄着〔寫生之筆〕咲道原來是賈二卩我該死我該死这会子往那里去賈芸道告〔如此称呼可知芸哥素日行止是全盆鱼破分高〕

訴〔在也〕不得你平白的又討了个沒趣兒〔本無心之談也〕倪二道不妨不妨〔如聞〕有什庅〔不〕平的事告訴我

替你出氣这三街六巷平他是誰有人得罪了我醉金剛倪二的街坊管叫他〔寫得酷肖總是漸次逼出不見一絲勉強〕

人离家散賈芸道老二〔可是一順而來〕你且别氣听我告訴你这原故說着便把卜世仁一段

事告訴了倪二倪二听了大怒要不是令舅便罵不出好話來真真氣死我倪〔仗義人豈有不知禮者乎何常是破落户寃殺金〕

二〔剛了〕也罷你也不用愁煩我这里現有几兩良子你若用什庅只管拿去買辦但

只一件你我作了这些年的街坊我在外頭有名放賬你却從沒有和我張過

口也不知你厭惡我是个潑皮〔知己知彼之話〕怕瘸〔低〕了你的身分也不知是你怕我难纏利錢

重若說怕利錢这良子我是不要利錢的也不用寫文约若說怕低了你的身〔知己知彼〕

分〔之話〕我就不敢借給你了各自走開一面說一面果然從搭包里掏出一卷良子

來賈芸心下自思素日倪二虽然是潑皮無賴却因人而使頗〻的有義俠之名

四字是評難得〻〻非豪傑不

若今日不領他这情怕他燥了到恐生事不如借了他的改日加倍还他也到

可当

罢了想畢咲道老二你果然是個好汗我何曾不想着你和你張口但只是我

見你所相遇交結的都是些有胆量的有作為的人似我們这等無能無為的

芸哥亦善談好口齒

你到不理我若和你張口你豈肯借給我今日既蒙高情我怎敢不領回家

光棍眼内揉不下砂

按例寫了文約過来便是了倪二大咲道好会說話的人我却听不上这話既

如今単是親友言利不但親友即閨閣中亦然不但生意

說相與交結四个字如何放賬給他使他的利錢既把艮子借與他圖他的利錢

子是之也

便不是相與交結了閑話也不必講既肯青目这是十五两三錢有零的銀子

新發戶即大戶舊族頭〻有〻

便拿去治買東西你要寫什麼文契趂早把銀子还我讓我放給那些有指望

爽快人爽快話

的人使去賈芸听了一面接了艮子一面咲道我便不寫罢了有何着急的倪

〔眉批〕讀閱醉金剛一回務吃刘鉉丹家山查真丸一付咲余卅年来得遇金剛之樣人不少不及金剛者亦不少惜書上不便歷歷注上菩薩是余示

二哄道这不是話天氣黑了也不讓茶讓酒我还到那边有点事情去你竟請回去我还求你帶个信兒與舍下叫我们女兒明兒一早到馬販子王短腿家〔常起作家人輩〕來我我一面說一面趔趄着脚兒去了〔仍應前〕不在話下且說賈芸偶然碰了这件事心中也十分罕希想那倪二到果然有些意思只是还怕他一時醉中慷慨到明日加倍的要起来便怎处〔芸哥寔怕倪二並非以小人之心度君子也〕心内猶豫不决忽又想道不妨等那件事成了也可加倍还他想畢一直走到個錢鋪里將那艮子称一称十五兩三錢四分二厘賈芸見倪二不撒謊心下越發欢喜收了艮子来至家門先到隔壁將倪二的信稍了与他娘子知道方回来家見他母親自在炕上拈線見他進来便问那去了一日賈芸恐他母親生氣便不說起卜世仁的事来只說在西府里等〔孝子可敬此人後来榮府事敗必有一番作為〕璉二叔的問他母親吃了飯不曾他母親已吃过了說留的飯在那里小丫頭

是心事也

壬午孟夏

子拿过来與他吃那天已是掌灯時候賈芸吃了飯收拾歇息一宿無語次日一早起来洗了臉便出南門大香舖里買了冰麝便往榮國府来打听賈璉出了門賈芸便往後面来到賈璉院門前只見几個小厮拿着大高笤箒在那里掃院子呢忽見周瑞家的從門里出来叫小厮們先别掃奶〻出来了賈芸忙上前笑問二嬸〻那去周瑞家的道老太〻叫想必是裁什麽尺頭正說着只見一羣人擁着鳳姐出来了賈芸深知鳳姐是喜奉承尚排塲的忙把手逼着恭敬〻搶上来請安鳳姐連正眼也不看仍往前走着問他母親好怎麽不来我們这里逛〻賈芸道只是身上不大好到時常記罣着嬸子要来瞧〻又不能来鳳姐笑道可是会撒謊不是我提起他来你就不說他想我了賈芸笑道姪兒不怕雷打了就敢在長輩前撒謊昨兒晚上还提起嬸子来說嬸子身子

当家人有是派

那一个不喜奉承

自往卜世仁處去已安排下的芸哥可用
己卯冬夜

生的單弱事情又多虧嬸子好大精神竟料理的周周全全要是差一个兒的累的不知怎麼樣呢鳳姐听了滿臉是笑不由的便止了步問道怎麼好好的你娘兒們在背地里嘀咕起我來賈芸道有个原故只因我有个朋友家里有几个錢現開香舖只因他身上捐有个通判前兒選了雲南不知那一處連家眷一齊去把這香舖也不在這里開了便把賬物攢了一攢該給人的給人該賤發的賤發了像這細貴的貨都分着送與親朋他就一共送了我些冰片麝香我就和我母親商量若要轉賣不但賣不出原價來而且誰家拿這些銀子買這個作什麼便是很有錢的大家子也不過使个几分几錢就挺折腰了若說送人也沒个人配使這些到叫他一文不值半文轉賣了因此我就想起嬸子來往年間我還見嬸子大包的銀子買這些東西呢別說今年貴妃宮中就是這个

過下無痕天然而來文字

接得好何

隨口謊極妙

像得際何嘗撒謊

端陽節下不用說這些香料自然是比往常加上十倍去的因此想來想去只孝順嬸子一个人纔合式方不算遭塌這東西一边說一边將一個錦匣舉起來鳳姐正是要辦端陽的節礼採買香料藥餌的時節忽見賈芸如此一來听這一篇話心下又是得意又是欢喜便命豐兒接过芸哥兒的來送了家去

像个嬸子口氣好看煞

交給平兒因又說道看着你這樣好知好歹怪道你叔叔常提你說你說話兒也明白心里有見識（看官須知鳳姐所喜者是奉承之言打動了心不是見物而欢喜若說是見物而喜便不是阿鳳矣）賈芸听這話入了港便打進一步來故意問道原來叔叔也曾提我的鳳姐見問纔

的是阿鳳行事心机筆意

要告訴他與他管的事情那話便忙又止住心下想到我如今要告訴他那話到叫他看着我見不得東西似的為得了這點子香就混許他管事了今兒先別提起這事想畢便把派他監種花木工程的事都隱瞞的一字不提隨口說

了两句沒話（要緊的）便往賈母那里去了賈芸也不好提的只得回來因昨日見了宝玉叫他到外書房等着賈芸吃了飯便又進來到賈母那边仪門外綺霰斋書房里來只見焙茗鋤藥兩個小厮下象棋為奪車正辦嘴还有引泉（好名色）掃花挑雲伴鶴四五個又在房簷上掏小雀兒頑賈芸進入院内把脚一跺說道猴頭們淘氣我來了衆小厮看見賈芸進來都纔散了賈芸進入房内便坐在椅子上問宝二爺沒下來焙茗道今兒總沒下來二爺說什麽（五遁之外名曰哨探遁法）替你哨探〻去說着便出去了这里賈芸便看字画古玩有一頓飯工夫还不見來再看〻別的小厮都頑（躲）去了正是煩悶只听門前嬌声嫩語的叫了一声哥〻賈芸往外瞧時看是一個十六七歲的丫頭生的到也细巧干净那丫頭見了賈芸便抽身躲了過去恰至焙茗走來見那丫頭在門前便說道好〻（二好字是遮飾半句來不到語）正抓不着個信兒賈芸

見了焙茗也就趕了出來問怎麽樣焙茗道等了这一日也没個人兒過來这

就是宝二爷房里的好姑娘（人口氣極像）你進去帶个信兒就說廊下的二爷來了那了頭

听說方知是本家的爷們便不似先前那等回避下死眼把賈芸釘了兩眼听（一句礼當）

那賈芸說道什麽是廊上廊下的你只說是芸兒就是了半晌那了頭冷笑了（这句是情孽上生）（神情是深知房中）

一笑依我說二爺竟請回家去有什麽話明兒再來今兒晚上得空兒我回了（事的）

他焙茗道这是怎麽說那了頭道他今兒也没睡中覺自然吃的飯早晚上（一連兩个他字怡紅院中使得否則有假矣）

他又不下來难道只是要的二爺在这里等着捱餓不成不如家去明兒來是

正經便是回來有人帶信那都是不中用他不過口里應着他到給帶呢賈芸

听这了頭說話簡便俏麗待要問他的名子因是宝玉房里的又不便問只得

說道这話到是我明兒再來說着便往外走焙茗道我到茶去二爷吃茶再去（滑賊）

賈芸一面走一面回頭説不吃茶我还有事呢口里説話眼睛瞧那丫頭还站在
那里呢那賈芸一逕囬家至次日来至大門前可巧遇見鳯姐往那边去請安縂〻
也作的不像撒謊用心
上了車見賈芸来便命人喚住隔窓子咲道芸兒你竟有胆子在我的跟前弄
机人可怕是此等處
鬼怪道你東西給我原来你有事求我昨兒你叔〻縂告訴我説你求他賈芸
笑道求叔〻这事嬸子休提我昨兒正後悔呢早知这樣我竟一起頭求嬸子
这會子也早完了誰成望叔〻竟不能的鳯姐咲道怪道你那里没成兒昨兒
又来尋我賈芸道嬸子辜負了我的孝心我並没有这個意思若有这个意思
昨兒还不求嬸子如今嬸子既知道了我到要把叔〻丢下少不淂求嬸子好歹
曹操語
疼我一点兒鳯姐冷咲道你們要揀遠路兒走叫我也难説早告訴我一声兒
什麽不成的多大點子事耽悞到这会子那园子里还要種花我只想不出一

個人来早来不早完了賈芸笑道既這様嬸〻明兒就派我罷鳳姐半晌道这
個我看着不大好等明年正月里烟火灯烛那個大宗兒下来再派你罷賈芸
道好嬸〻先把这個派了我罷果然这個辦的好再派我那個鳳姐笑道你到
會拉長線兒罷了要不是你叔〻說我不管你的事我也不過吃了飯就过来
你到午錯的時候来領银子後兒就進去種樹說畢令人駕起香車一逕去了
賈芸喜不自禁来至綺霰斋打听宝玉誰知宝玉一早便往北靜王府里去了
賈芸便呆〻的坐到晌午打听鳳姐回来便寫個領票来領对牌至院外命人
通报了彩明走了出来单要了領票進去批了银数年月一並連对牌交与了
賈芸接了看那批上银数批了二百两心中喜不自禁番身走到银庫上交与
収牌票的領了银子回家告訴母親自是母子俱個歡喜次日一個五鼓賈芸

先找了倪二將前銀按數还他那倪二見賈芸有了銀子他便按數收回不在話下这里賈芸又拿了五十兩出西門找到花兒匠方椿家里去買樹不在話下〔至此便完種樹工程一者見得趲赶工程原非正文不过虛描盛時光景借此以出情文二者又為避难法若不如此了必曰其樹其價怎么買定几株豈不煩絮矣〕如今且說宝玉自那日見了賈芸曾說明日着他進來說話兒如此說【若是一个女孩兒可保】了之後【不忘的】他原是富貴公子的口角那里还把这個放在心上因而便忘懷了这日晚上從北靜王府里回來見过賈母王夫人等回至園內換了衣服正要洗澡襲人因被薛宝釵煩了去打結子秋紋碧痕兩個去催水檀雲又因他母親的生日接了出去麝月又現在家中養病虽还有几個作粗活听喚的丫頭估着叫不着他們都出去尋夥覓伴的頑去了不想这一刻的工夫〔妙必用一刻二字方是宝玉的房中見得時〻原有人的又有今一刻無人所謂凑巧具一也〕只剩了宝玉在房內偏生的〔三字不可少〕宝玉

要吃茶一連叫了兩三声方見兩三個老嫞〻走進來（妙文字細密一絲不落非批淂出者）宝玉見了他们連忙摇手兒說罷〻不用你们了（是宝玉口氣）老婆子们只淂退出（神龍變化之文）宝玉見沒了丫頭们只淂自己下來拿了碗向茶壺去到茶只听背後說道二爷仔細燙了手（人豈能測）讓我們來到一面說一面走上來早接了过去宝玉到唬了一跳問你在那里的忽然來了唬我一跳那丫頭一面遞茶一面回說我在後院子里纔從里間的後門進來难道二爷就沒听見脚步响宝玉吃茶一面（六个一面是神情並不竟厭）仔細打量那丫頭穿着几件半新不旧的衣裳到是一頭黒真〻的頭髮挽着个鬢容常臉面細巧身材却十分俏麗干淨（与賈芸目中所見不差）宝玉看了便笑問道（神情寫出）你也是我这屋里的人么（妙问必如此問方是龍絡前文）那丫頭道是的宝玉道既是这屋里的我怎么不認得那丫頭听說便冷笑了一声道（神理如画）認不得的也

怡紅細事俱用常筆白描是大章法也 丁亥夏 畸笏叟

多豈只我一個從來我又不遞茶遞水拿東拿西眼見（面前）的事一点兒不作那里
認得呢宝玉道你為什麽不作那眼見（面前）的事〔这是下情不能上達意語也〕那丫頭道这話我也难說〔不伏氣語况非宁可〕只是有
〔完故云难說〕一句話回二爺昨兒有个什麽芸兒來找二爺我想二爺不得空兒便叫焙茗
回他叫他今日早起來不想二爺又往北府里去了剛說道这句話只見秋紋
碧痕唏唏哈哈的說笑着進來兩个人共提着一桶水一手撩着衣裳趔趔趄
趄潑潑撒撒的那丫頭便忙迎去接〔好有眼色〕那秋紋碧痕对抱怨你濕了我的裙子那
个又說你踹了我的鞋忽見走一个人來接水二人看時不是別人原來是小
紅二人便都咤異將水放下忙進房來東瞧西望〔四字漸露大丫頭素日怕紅細事也〕並沒个別人只有宝玉便心
中大不自在只得預備下洗澡之物待宝玉〔清楚之至〕脫了衣裳二人便帶上門出來走
到那边房內便找小紅問他方纔在屋里說什麽小紅道我何曾在屋里的只

因我的手帕子不見了往後頭找手帕子去不想二爺要茶吃叫姐々們一個
沒有是我進去了纔到了茶姐々們便來了秋紋听了抖臉啐了一口罵道沒
难說小紅
臉的下流東西正經叫你催水去你說有事故到叫我們去你可等自做這個
妄心白寫
此句未
巧宗兒一里一里的這不上來了难道我們到跟不上你了你也拿鏡子照々
难說二句全在
配遞茶遞水不配碧痕道明兒我說給他們凡要茶要水送東送西的事偺們
都别動只叫他去便是了秋紋道這麼說不如我們散了单讓他在這屋里呢
二人你一句我一句正鬧着只見有個老嬷々進來傳鳳姐的話說明日有人
帶花兒匠來種樹叫你們嚴禁些々衣服裙子别混晒晾的那土山上一溜都攔
用秋紋問是暗透之法
着幃幙呢可别混跑秋紋便問明兒不知是誰帶進匠人來監工那婆子道說
可是
什麼後廊下的芸哥兒秋紋碧痕听了都不知道只管混問别的話那小紅听

[暗透法]見了心内却明白就知是時[昨]兒外書房所見那人了原來这小紅夲姓林(又是个林)小名紅玉(紅字切絳珠玉字則直通矣)只因玉字犯了林代玉宝玉(妙文)便都把这个字隱起來便都吽他小紅原是榮國府中世代的旧僕他父母現在收管各處房田事務這紅玉年方十六歲因分人在大观園的時節把他便分在怡紅院中到也清幽雅靜不想後來命人進來居住偏生这一所兒又被宝玉占了这紅玉虽然是个不諳事的丫頭却因他原有三分容貌(有三分容貌尚且不肯受屈况代玉等一干才貌者乎)心内着实妄想痴心的向上攀高(争奪者同來一看)[难説的原故在此]每每的要在宝玉面前現美美只是宝玉身边一干人都是能[伶]牙俐爪的那里又[挿]的下手去不想今兒纔有些消[余前批不謬]息又遭秋紋等一塲悪意心内早灰了一半(争名奪利者齊来一哭)正悶悶的忽然听見老嬷嬷説起賈芸來不覺心中一動便悶悶的回至房中睡在床上黯黯盤筭

凿来掉（覆）去正没个抓寻忽听窗外低〻的叫道红玉你的手帕子我拾在这里呢红玉听了忙走出来看不是别人正是贾芸红玉不觉的粉面含羞问道二爷在那里拾着的贾芸笑道你过来我告诉你一面说一面就上来拉他那红玉急回身一跑却被门槛绊倒要知端的下回分解

隆梦中当然一跑这方是怡红之奴

红楼梦写梦章法总不雷同此梦更写的新奇不见后文不知是梦

红玉在怡红院为诸婢所掩可谓生不遇时但看后四章供阿凤驱使可知

脂硯齋重評石頭記卷之

第二十五回

魘魔法姊弟逢五鬼　紅樓夢通靈遇双真

話說紅玉心神恍惚情思纏綿忽朦朧睡去遇見賈芸要拉他却回身一跑被門檻絆了一跤唬醒過来方知是夢因此畨来復去一夜無眠至次日天明方纔起来就有几个丫頭子来會他去打掃房子地面提洗臉水這紅玉也不梳洗向鏡中胡亂挽了一挽頭髮洗了洗手腰內束了一條汗巾子便来打掃房屋誰知宝玉昨兒見了紅玉也就留了心若要直點名喚他来使用一則怕襲人等寒心（是宝玉心中想不是襲人拈酸）二則又不知紅玉是何等行為若好还罢了（不知好字是如何講答曰在何等行為四字上看便知玉兒每情不情况有情者乎）若不好起来那時到不好退送的因此心下

悶〻的早起来也不梳洗只坐着出神一時下了窓子隔着紗屜子向外看的
真切只見好几个了頭在那里掃地都擦胭抹粉簪花插柳的（八字寫尽蠢妳是為襯紅
玉亦如用豪貴人家濃粧艷飾插金帶銀的襯宝釵代玉也）獨不見昨兒那一个宝玉便靸了鞋晃出了房
門只粧着看花兒这里瞧〻［文字有層次］那里望〻一抬頭只見西南角上遊廊底下欄杆
上似有一个人倚在那里却恨面前有一株海棠花遮着看不真切（余所謂此書之妙皆
從詩詞句中泛出者皆係此等筆墨也試問观者此非隔花人遠天涯近乎可知上几回非余妄擬）只得又轉了一步仔細一看
可不是昨兒那个了頭在那里出神待要迎上去又不好去的正想着忽見碧
痕來催他洗臉只得進去了不在話下却說紅玉正自出神忽見襲人招手叫
他（此処方寫出襲人来是襯貼法）只得走上前来襲人笑道我們这里的噴壶还沒有收什了
来呢你到林姑娘那里去把他們的借来使〻紅玉答應了便走出来往瀟湘

館去正走上翠烟橋抬頭一望只見山坡上高処都是攔着幃幙方想起今兒有匠役在里頭種樹因轉身一望只見那边遠遠一簇人在那里掘土賈芸正坐在那山子石上紅玉待要过去又不敢过去只得悶悶的向瀟湘館取了噴壶回来無精打彩自向房内倒着衆人只説他一時身上不爽快都不理論（文字到此一頓校滑之甚）矇眼过了一日（必云矇眼过了一日者是反襯紅玉挨一刻似一夏也知乎）原来次日就是王子騰夫人的壽誕那里原打發人来請賈母王夫人的王夫人見賈母不自在也便不去了（所謂一筆兩用也）到是薛姨媽同鳳姐兒並賈家四个姊妹宝釵宝玉一齊都去了至晚方回可巧王夫人見賈环下了李命他来抄个金剛咒唪誦唪（誦）那（用金剛咒引五鬼法）賈环正在王夫人炕（上）坐着命人点灯拿腔作勢的抄寫（小人乍得意者寄来一玩）一時又叫彩雲到杯茶来一時又叫玉釧兒来剪剪（夾）蠟花一時又説金釧兒挡了灯影衆

丫嬛們素日厭悪他都不荅理只有彩霞还和他合的来（暗中又伏風月之隙）一到了一鐘茶來遞与他因見王夫人和人說話他便悄ゝ的向賈环說道你安些分罢何苦討这个厭那个厭的賈环道我也知道了你别哄我如今你和宝玉好把我不荅理我也看出来了彩霞咬着嘴唇向賈环頭上戳了一指頭說道沒良心的狗咬洞賓不識好人心（風月之情皆係彼此業障所牽雖云惺惺惜惺惺但亦從業障而來蠢婦配才郎世間固不少然俏女慕村夫者猶多所謂業障牽魔不在才貌之論）兩人正說着只見鳳姐来了拜見过王夫人王夫人便一長一短的問他今兒是那几位堂客戲文好歹酒席如何等語說了不多几句話宝玉也來了進門見了王夫人不過規ゝ矩ゝ說了几句（是大家子弟模樣）便命人除去抹額脫了袍服拉了靴子便一頭滾在王夫人怀里王夫人便用手滿身滿脸摩娑撫弄他（普天下幼年喪母者齊來一哭）宝玉也攙着（王夫人的）脖子說長道短的王夫人道我的兒你

此等世俗之言亦因人而用妥極當極 壬午孟夏雨窗 畸笏

又吃多了酒臉上滚熱你还只是揉搓一會鬧上酒來还不在那里靜〻的倒
一會子呢說着便叫人拿个枕頭來宝玉听說下來在王夫人身後倒下又叫
彩霞來替他拍着宝玉便和彩霞說笑只見彩霞淡〻的不大答理兩眼睛只
向賈环處看宝玉便拉他的手笑道好姐〻你也理我理兒呢一面說一面拉
他的手彩霞奪手不肯便說再鬧我就嚷了二人正鬧着原來賈环听的見素
日原恨宝玉如今又見他和彩霞鬧心中越發按不下這口毒氣虽不敢明言
却每〻暗中筭計只是不得下手今見相离甚近便要用熱油燙瞎他的眼睛
因而故意粧作失手把那一盞油汪〻的蠟灯向宝玉臉上只一推只听宝玉
嗳哟了一声滿屋裡衆人都唬了一跳連忙将地下的檯灯挪过來又将里外
間屋的拿了三四盞看時只見宝玉滿臉滿頭都是油王夫人又急又氣一

面命人来替宝玉擦洗一面又罵賈环鳳姐三步两步的上炕去替宝玉收拾

着一面笑道老三还是这么慌脚鷄是的我說你上不得高抬板趙姨娘時常也（為下文跌一步）

該教道〃〃他一句話提醒了王夫人那王夫人不罵賈环便叫过趙姨娘来

罵道養出这樣黑心不知道理下流種子来也不管〃几番几次我都不理论

你們得了意了越發上来了那趙姨娘素日也虽然常怀嫉妬之心不忿鳳姐

宝玉两個也不敢露出来如今賈环又生了事受这場悪氣不但吞声承受而

且还要走去替宝玉收什只見宝玉左边臉上湯了一溜燎炮出来幸而眼睛

竟没動王夫人看了又是心疼又怕明日賈母問怎么回答急的又把趙姨娘

数落一頓（揔是為楔槊五鬼一回文字）然後又安慰了宝玉一回又命取敗毒消腫藥来敷

上宝玉道有些疼还不妨事明兒老太〃問就說是我自己湯的罢了鳳姐

為五鬼法作耳非泛文也　雨窗

笑（兩咲坏極）道便說是自己燙的也要罵人為什麼不小心看着叫你燙了橫豎有一場氣生的到明兒憑你怎麼說去罢（坏極揔是調唆口吻趙氏寧不覺乎）王夫人命人好生送了宝玉回房去後襲人等見了都慌的了不得林代玉見宝玉出了一天門就覺悶悶的沒個可說話的人至晚正打發人來問了兩三遍回來不曾這遍方纔回來又偏生燙了林代玉便赶着來瞧只見宝玉正拿鏡子照呢左边臉上滿滿的敷了一臉的藥林代玉只當燙的十分利害忙上來問怎麼燙了要瞧瞧宝玉見他來了忙把臉遮着摇手叫他出去不肯叫他看知道他的癖性喜潔見不得這些東西（寫宝玉文字此等方是正緊筆墨）林代玉自己也知道自己也有這件癖性（寫林代玉文字此等方是正緊筆墨故二人文字虽多如此等暗伏淡寫処亦不少觀者運運看不出者）知道宝玉的心內怕他嫌臟（將二人一並真真寫他二人之心玲瓏七竅）因咲道我瞧瞧燙了那里了有什麼

遮着藏着的一面說一面就湊上來强搬着脖子瞧了一瞧問他疼的怎麽樣

寶玉道也不狠疼養一兩日就好了林代玉坐了一回悶悶的回房去了一宿

無語次日寶玉見了賈母雖然自己承認是自己燙的不與別人相干免不得

那賈母又把跟從的人罵一頓（此原非正文故草草寫去）過了一日就有寶玉寄名的干娘

馬道婆進榮國府來請安見了寶玉唬一大跳問起原由說是燙的便點頭

嘆息一回向寶玉臉上用指頭畫了一畫口內嘟嘟嚷嚷的又持頌了一回說

（一段無倫無理信口開合的混話却句句都是耳聞目睹者並非杜撰而有作者與余實實經過）

道管保就好了這不過是一時飛災又向賈母道祖宗老菩薩那里知道那經

典佛法上說的利害大凡那王公卿相人家的子弟只一生長下來暗里便有

許多促狹鬼跟着他得空便擰他一下或掐他一下或吃飯時打下他的飯碗

來或走着推他一跤所以往往的那些大家子孫多有長不大的賈母聽如此

說便赶着問這有什麽佛法解釋没有呢馬道婆道這個容易只是替他多作些因果善事也就罢了再那经上還說西方有位大光明普照菩薩專管照耀陰暗邪祟若有善男子善女人虔心供奉者可以永佑兒孫康寧安靜再無驚恐邪祟撞客之災賈母道到不知怎麽個供奉这位菩薩馬道婆道也不值些〻什麽不過除香烛供養之外一天多添几斤香油點上个大海灯这海灯便是菩薩現身法像晝夜不敢息的賈母道一天一夜也得多少油明白告訴我〻也好作这件功德的馬道婆听如此說便笑道这也不拘随施主菩薩們随心像我家里就有好几処的王妃誥命供奉的南安郡王府里的太妃他許的多願心大一天是四十八斤油一斤灯草那海灯也只比缸略小些錦田侯的誥命次一等一天不过二十四斤油再还有几家也有五斤的三斤的一斤的都不拘

賊婆先用大鋪排試之

點頭思忖是量事之大小非吝諡也　壬午夏雨窗　畸笏

数那小家子窮人家捨不起這些〻就是四兩半斤也少不得替他點〻賈母听了點頭思忖馬道婆又道還有一件若是為父母尊親長上的多捨些〻不妨若是像老祖宗如今為宝玉若捨多了到不好還怕哥兒禁不起到折了福也不当家花〻的要捨大則七斤少則五斤也就是了

賊道婆是自太君思忖上来後用如此数語收之使太君必心悅誠服愿行賊婆〻費我作者許多心机摹寫也

賈母說既是這樣說你便一日五斤合準了每月打躉来関了去馬道婆念一声阿弥陀佛慈悲大菩薩賈母又命人来吩咐已後大凡宝玉出門的日子拿几串錢交給他小子們帶着遇見僧道窮苦好捨說畢那馬道婆又坐了一回便又往各院各房问安閒逛了一回一時来至趙姨娘房内二人見过趙姨娘命小丫頭倒了茶来与他吃馬道婆因見炕上堆着些零碎紬緞灣角趙姨娘正粘鞋呢馬道婆道可是我正沒了鞋面子了

見者有分是也

趙奶〻你有零碎緞子不拘什麼顏色的弄一双鞋面給我趙

姨娘听説便嘆口氣説道你瞧瞧那里頭还有那一塊是成樣的成了樣的東西也不能到我手里来有的没的都在這里你不嫌就挑兩塊子去馬道婆見説果真便挑了兩塊袖將起来趙姨娘問道前日我送了五百錢去藥王跟前上供你可收了没有馬道婆道早已替你上了供了趙姨娘嘆口氣道阿弥陀佛我手里但凡從容些些也時常的上個供只是心有餘力量不足馬道婆道你只管放心將来熬的环哥兒大了得個一官半職那時你要作多大的功德不能趙姨娘听説鼻子里哼了一声説道罷罷再别説起如今就是個樣兒我們娘兒們跟的上这屋里那一個兒也不是有了宝玉竟是得了活龍他还是小孩子家長的得人意兒大人偏疼他些些也还罷了我只不伏這個主兒一面説一面伸出兩個指頭兒来馬道婆會意便問道可是璉二奶奶趙姨娘嚇的忙

（趙嫗數語可知玉兒之身分况在背後之言　活像趙嫗）

（活現阿鳳）

摇手兒走到門前掀簾子向窗外看々無人方進来向馬道婆悄々說道了不
得了不得提起这個主兒这一分家私要不都叫他搬送到娘家去我也不是
【这是妬心正題目】
個人馬道婆見他如此說便探他口氣說道我还用你說难道都看不出來也
【有隟即入所謂賊婆是之極】
亏你們心里也不理論只憑他去到也妙趙姨娘道我的娘不憑他去难道誰
还敢把他怎庅樣呢馬道婆听說鼻子里一哄半晌說道不是我說句造孽的
【二哄】
【賊婆操必勝之權趙嫗已墮術中故發直出明】
話你們沒有本事也难怪別人明不敢怎樣暗里也就筭計了还等到这如今
趙姨娘聞听这話里有道理心内暗々的欢喜便說道怎庅暗里筭計我到有
【言可畏可怕】
这個意思只是沒这樣的能幹人你若教給我这法子我大々的謝你馬道婆
听說这話打攏了一處便又故意說道阿彌陀佛你快休問我々那里知道这
【遠一步却是近一步賊婆々々】
些事罪过々々趙姨娘道你又來了你是最肯濟困扶危的人難道就眼睜々

的看人家來擺布死了我們娘兒兩個不成難道还怕我不謝你馬道婆听說如此便唉道若說我不忍叫你娘兒們受人委曲还由可若說謝我的这兩個〔深謝礼輕重是這樣〕字可是你錯打筭盤了就便是我希圖你謝靠你有些什庅東西能打動我趙〔說法可怕 可畏〕姨娘听这話口氣松動了便說道你这庅個明白人怎庅糊塗起來了你若果然法子灵驗把他兩個絶了明日这家私不怕不是我环兒的那時你要什庅不得馬道婆听了低了頭半晌說道那時候事情妥了又無憑據你还理我呢趙姨娘道这又何難如今我虽手里沒什庅也零碎攢了几兩梯己还有几件衣服簪子你先拿些去下剩的我寫個欠艮子文契給你你〻要什庅保人也有那時我照數給你馬道婆道果然这樣趙姨娘道这如何还撒得謊說着便叫過一個心服婆子來耳根底下嘁〻喳〻說了几句話那婆子出去了一時回

来果然寫了個五百兩欠契来趙姨娘便印了手模走到厨櫃里將梯己拿了

所謂狐群狗黨是也大族所在不免看官省眼

出来與馬道婆看看白花花的一堆銀子又有欠契並不顧青紅皂白滿口里

並不顧三字寫得怕殺人細想如此現成想賊婆

應着伸手先去抓了銀子掖起来然後收了欠契又向褲腰里掏了半晌掏出

千萬件坏事皆從此三字上作来嘆嘆

十個紙鉸的青面白髮的鬼来並兩個紙人遞與趙姨娘又悄悄的教他道把

所害之人豈止宝玉阿鳳二人哉大家太君夫人誡之慎之

他兩個的年庚八字寫在这兩個紙人身上一並五個鬼都掖在他們各人的

床上就完了我只在家里作法自有效驗千万小心不要害怕正絕說着只見

王夫人的丫环進来找道奶奶可在这里太太等你呢二人方散了不在話下

却說林代玉因見宝玉近日湯火了臉揔不出門到時常在一處說說話兒这日

飯後看了兩遍書自覺無趣便同紫鵑雪雁做了一回針線更覺煩悶便倚着

房門出了一回神所謂閑倚繡房吹柳絮是也信步出来看堦下新迸出的稚笋不覺出

好好妙妙是笋根

宝玉係馬道婆寄名乾兒一樣下此毒手況阿鳳乎三姑六婆之為害如此即賈母之神明在所不免其他只知吃齋念佛之夫人太君豈能防慥得来此係老太君一大病作者一片婆

心不避嫌疑特為稚子無人見白也

寫出使看官再四思之慎之戒之戒之

二宝答言是補出諸艷俱領過之文

乙酉冬雪窓畸笏老人

了院門一望園中四顧無人惟見花光柳影鳥語溪声林代玉信步便往怡紅院中来只見几個丫頭舀水都在廻廊上圍着看画眉洗澡呢听見房內有咲聲（全用画家筆意寫法）（閨中女兒樂事）林代玉便入房中看時原来是李宮裁鳳姐宝釵都在这里呢一見他進来都咲道这不又来了一個林代玉咲道今兒齊全誰下帖子請来的鳳姐道前兒我打發了丫頭送了兩瓶茶葉去（有照應）你往那去了林代玉咲道哦可是到忘了（該云我亞看会真記呢一笑）多謝〻〻鳳姐兒又道你嚐了可还好不好沒有說完宝玉便說道論理可到罷了只是我說不大甚好也不知別人嚐着怎庅樣宝釵道味到輕只是顏色不大好些鳳姐道那是暹羅進貢来的我嚐着也沒什庅趣兒还不如我每日吃的呢林代玉道我吃着好不知你們的脾胃是怎樣宝玉道你果然愛吃把我这個你拿了去吃罷鳳姐咲道你要愛吃我那里还有呢林代玉道果真的

我就打發了頭取去了鳳姐道不用取去我打發人送來就是了我明兒還有一件事求你一同打發人送來林代玉听了笑道你們听〻這是吃了他們家一點子茶葉就來使喚人了鳳姐笑道到求你〻到說這些閑話吃茶吃水的你〔二玉之配偶在賈府上下諸人即觀者批者作者皆爲無疑故常〻有此等點題語我也要笑〕既吃了我們家的茶怎么還不給我們家作媳婦衆人听了一齊都笑起來林代玉紅了臉一声兒不言語便回過頭去了李宮裁笑向宝釵道真〻我們二〔好讚語他讚〕嬸子的詼諧是好的〔此句還要候查〕林代玉道什么詼諧不过是貧嘴賤舌討人厭惡罷了說着便啐了一口〔大〻瀉好接下文〕鳳姐笑道你別作夢你替我們家作了媳婦少什么指宝玉道你瞧〻人物兒門第配不上根基配不上家私配不上那一點還玷辱了誰呢林代玉抬身就走宝釵便叫顰兒急了還不回來坐着走了到沒意思說着便站起來拉住剛至房門前只見趙姨娘和周姨娘兩個人進來瞧宝玉李宮裁

（代玉念佛是吃茶之語在心故也然摹寫神妙一應不漏如此　己卯冬夜）

宝釵宝玉等都讓他兩個生獨鳳姐只和林代玉説咲正眼不看他們宝釵方欲説話時只見王夫人房内的丫頭来説舅太〻来了請奶〻姑娘們出去呢李宮裁听了連忙叫着鳳姐等走了趙周兩個忙辭了宝玉出去宝玉道我也不能出去你們好歹别叫舅母進来又道林妹〻你先略站一站我説一句話鳳姐听了回頭向林代玉咲道有人叫你説話呢説着便把林代玉往里一推和李紈一同去了這里宝玉拉着林代玉的袖子只是嘻〻的咲（此刻好看之至）心里有話只是口里説不出来（是〻已受鎮諕不出来勿得錯會了意）此時林代玉只是禁不住把臉紅漲了掙着要走宝玉道嗳喲好頭疼林代玉道該阿弥陀佛（自代玉看書起追閑〻一段寫来真無容針之空如夏日烏雲四起疾閃長雷不絶不知雨落何時忽然霹靂一声傾盆大注何快如之何樂如之真令人寧不叫絶）宝玉大叫一声我要死將身一縱离地跳有三四尺高口内乱嚷乱叫説起胡話来了林代玉並丫頭們都唬慌了忙去報知王夫人賈母等此時王子騰的夫人也在這里都一齊来時宝玉亦發拿

刀弄杖尋死覓活的鬧得天翻地覆賈母王夫人見了唬的抖衣而顫且兒一聲肉一聲放声慟哭于是驚動諸人連賈赦邢夫人賈珍賈政賈璉賈蓉賈芸賈萍薛姨娘薛蟠並周瑞家的一干家中上上下下里里外外衆媳婦丫頭等都來園內看視登时園内乱麻一般正沒個主見只見鳳姐手持一把明

（寫玉兄驚動若許人忙乱正寫太君一人之鍾愛耳看官勿）

（被作者瞞過）

晃晃鋼刀砍進園來見雞殺雞見狗殺狗見人就要殺人（此处焉用雞犬然煇煌富麗非处家之常也雞犬閑閑始為兜孫千年之業故于此处必用雞犬二字方是一簇騰騰大舍）衆人慌了周瑞媳婦忙帶着几個有力量的胆壯的婆娘上去抱住奪下刀來抬回房去平兒豐兒等哭的淚天淚地賈政等心中也有些煩难顧了这里丟不下那里别人慌張自不必講独有

（寫獃兄忙是躲煩碎文字法好想頭好筆力石頭記最得力處在此）

薛蟠更比諸人忙到十分去又恐薛姨媽被人擠倒又恐薛宝釵被人瞧見又恐香菱被人燥皮知道賈珍等是在女人身上做工夫的因此忙的不堪忽一

眼瞥見了林代玉風流婉轉已酥倒在那里（忙中寫閑真大手眼大章法）當下衆人七言八語有的説請端公送祟的有的説請巫婆跳神的有的又荐玉皇閣的張真人種〻宣騰不一也曾百般醫治祈禱問卜求神總皆無效驗堪〻日落王子騰夫人告辭去後次日王子騰也来瞧問接着小史侯家邢夫人弟兄輩並各親戚眷屬都来瞧看也有送符水的也有荐僧道的總不見效他叔嫂二人愈發糊塗不省人事睡在床上渾身火炭一般口内無般不説（叔卄的淨法正大）到夜晚間那些婆娘媳婦了頭們都不敢上前因此把他二人都抬到王夫人的上房内夜間派了賈芸帶着小厮們挨次輪班看守賈母王夫人邢夫人薛姨娘等寸地不离只圍着乾哭此時賈赦賈政又恐哭坏了賈母日夜熬油費火閙的人口不安（四字寫盡政老矣）也都没了主意賈赦还各处去尋僧覓道賈政見不灵效着實懊恼因阻賈赦道兒

女之数皆由天命非人力可強者他二人之病出于不意百般醫治不效想天讀書
意該（人自云如是）如此也只好由他們去罷賈赦也不理此話仍是百般忙乱那里見些效
驗看〻三日光陰那鳳姐和宝玉倘在床上亦發連氣都将沒了合家人口無
不慌都說沒了指望忙着将他二人的後世的衣履都治備下了賈母王夫人
賈璉平兒襲人这几個人更比諸人哭的忘飡廢寢覓死尋活趙姨娘賈
环等自是稱愿（補明赵嫗進怡紅為行法也）到了第四日早晨賈母等正圍着宝玉哭時
只見宝玉睜開眼說道（語不驚人死不休此之謂也）從今已後我可不在你家了快收拾了打發我走罷賈
母听了这話如同摘心去肝一般趙姨娘在傍劝道老太〻也（断不可少此句）不必過于悲痛
哥兒已是不中用了不如把哥兒的衣服穿好讓他早些回去也免些苦只管
捨不得他这口氣不斷他那世里也（大遂心人必有是語）受罪不安生这些話沒說完被賈母照臉

啐了一口唾沫罵道爛了舌頭的混帳老婆誰叫你來多嘴多舌的你怎麼知道他在那世里受罪不安生怎麼見得不中用了你願他死了有什麼好處你别做夢他死了我只和你們要命素日都不是你們調唆著逼他寫字念書（奇語）（所謂溺愛者不明然天生必有是一段文字的）把膽子唬破了見了他老子不像個避貓鼠兒都不是你們這起娼婦調唆的這會子逼死了你們遂了心我饒那一個一面罵一面哭賈政在傍听見这些話心里越發難過便喝退趙姨娘自己上来委婉解劝一時又有人来回説兩口棺槨（偏寫一頭不了又一頭之文真步步緊）都做齊了請老爺出去看賈母听了如火上澆油一般便罵是誰做了棺槨一疊声只叫把做棺材的拉来打死正鬧的天翻地覆沒個開交只聞得隱隱的木魚声响念了一句南無解冤孽菩薩有那（你看他不廢絲毫勉強輕輕收住數百言之文石頭記得力處全在如此以幻作真以真作幻看官亦要如此看法為幸）人口不利家宅顛傾或逢凶險或中邪祟者我們善能醫治賈母王夫人听

見這些話那里还耐得住便命人去快請進來賈政虽不自在耐賈母之言如何違拗想如此深宅何得听的这樣真切心中亦希罕命人請了進来衆人舉目看時原来是一個癩頭和尚與一個跛足道人（僧因鳳道因玉一絲不乱）見那和尚是怎的模樣

鼻如懸膽兩眉長　目似明星蓄寶光　破衲芒鞋無住跡
腌臢更有滿頭瘡

那道人又是怎生模樣

一足高來一足低　渾身帶水又拖泥　相逢若問家何處
却在蓬萊弱水西

賈政問道你道友二人在那廟焚修那僧笑道長官（避俗套法）不須多話因聞得府上

人口不利故特來醫治賈政道到有兩個人中那不知你們有何符水那道人笑道你家現有希世奇珎如何还問我們有符水賈政听這話有意思心中便動了因說道小兒落草時雖帶了一塊宝玉下來上面說能除邪祟（點題）誰知竟不灵驗那僧道長官你那里知道那物的妙用只因他如今被声色（棒喝之声）貨利所迷石皆能迷可知其害不小观者著眼方可讀石頭記故不灵驗了讀書者观之你今且取他出来待我們持頌持頌只怕就好了（「只怕」二字是不知此石肯听持誦否）賈政听說便向宝玉項上取下那玉来（正点題大荒山手捧时語）遞與他二人那和尚接了過来擎在掌上長嘆一聲道青硬以別朖眼已過十三載矣人世光陰如此迅速塵緣滿日若似彈指見此一句令人可嘆可驚不忍往後再看矣可羨你当时的那段好處

天不拘兮地不羈　心頭無喜亦無悲　却因煆煉通灵後

便向人間覓是非　所謂越不听明越快活是也

可歎你今日這番經歷

粉漬脂痕汚宝光　綺櫳晝夜困鴛鴦

寃孽償清好散塲　又是一番煅煉爲得不成佛作祖　沉酣一夢終須醒

念畢又摩弄一回說了些瘋話遞與賈政道此物已灵不可褻瀆懸于卧室上檻將他二人安一屋之內除親身妻母外不可使陰人冲犯三十三日之後包管身安病退復旧如初說着回頭便走了賈政赶着還說話讓二人坐了吃茶要送謝礼他二人早已出去了賈母等還只管着人去赶那里有個踪影少不得依言將他二人就安放在王夫人卧室之內將玉懸在門上王夫人親身守着不許別個人進來至晚間他二人竟漸漸醒來說腹中飢餓賈母王夫人如得

是要緊語　是不可不寫之套語

肯听持誦故有是灵

通灵玉除邪全部百回只此一見何得再言僧道蹤迹虛寔幻筆幻想寫幻人于幻文也　壬午孟夏雨窗

昊天罔極之恩如何得報哭殺幼而喪父母者

了珍宝一般旋熬了米湯来與他二人吃了精神漸長邪祟稍退一家子纔纔把心放下来李宫裁並賈府三艷薛宝釵林代玉平兒襲人等在外間听信息聞得吃了米湯省了人事别人未開口林代玉先就念了一聲阿弥陀佛薛宝

針対得病時一声

釵便回頭看了半日嗤的一声笑衆人都不會意賈惜春道宝姐姐好好的咲

这一句作正意看餘皆雅謔但此一謔抵犛兒半部之謔

什庅宝釵咲道我咲如来佛比人还忙又要講經説法又要普渡衆生這如今宝玉鳳姐姐病了又烧香还愿賜福消災今纔好些又管林姑娘的姻缘了你説忙的可笑不可笑林代玉不覚的红了臉啐了一口道你們这起人不是好人不知怎庅死再不跟着好人學只跟着鳳姐貧嘴爛舌的學一面説一面摔簾子出去了不知端詳且听下回分解

通靈玉听癩和尚二偈即刻靈应抵却前回若干藏子及語録譏餘偈子正所謂物各有主也嘆不能得見宝玉懸崖撒手文字為恨 丁亥夏 畸笏叟

此回書因才幹乖覔太露引出事来作者頗心為世之乖覔人為鑑

脂硯齋重評石頭記卷之

第二十六回

蜂腰橋設言傳心事　瀟湘館春困發幽情

話說宝玉養過了三十三天之後不但身体强壯亦且連臉上瘡痕平服仍回大觀園内去這也不在話下且説近日宝玉病的时節賈芸带着家下小厮坐更看守晝夜在這里那紅玉同衆丫嬛也在這里守着宝玉彼此相見多日都漸〻混熟了那紅玉見賈芸手里拿着手帕子到像是自己從前弔的待要問他又不好問的不料那和尚道士來過用不着一切男人賈芸仍種樹去了這件事待要放下心内又放不下待要問去又怕人猜疑正是猶豫不决神魂不

你看他偏不寫正文偏有許多閑文却是補遺

定之際忽听窗外問道姐〻在屋里没有紅玉聞听在窗眼内望外一看原來

此等細事是旧族大家閨中常情今特為暴發錢奴寫來作鑒一笑　壬午夏雨窗

是本院的個小丫頭名叫佳蕙的因答說在家里你進來罢佳蕙听了跑進來就坐在床上（前文有言）咲道我好造化〻〻剛在院子里洗東西宝玉叫往林姑娘那里送茶葉、（交代井〻有法）花大姐〻交給我送去可巧老太〻那里給林姑娘（是補寫否）送錢來正分給他們的丫頭們呢見我去了林姑娘就抓了兩把給我也不知多少你替我收着便把手帕子打開把錢到了出來紅玉替他一五一十的数了收起佳蕙道你這一程子心里到的覺怎庅樣依我說你竟家去住兩日請一個大夫來瞧〻吃兩剂藥就好了紅玉道那里的話好〻的家去作什庅佳蕙道我想起來了林姑娘生的弱时（是補寫否）常他吃藥你就和他要些來吃也是一樣（閑言中敘出代玉之弱草蛇灰線）（從傍人眼中口中出妙極）紅玉道胡說藥（如聞）也是混吃的佳蕙道你這也不是個長法兒又懶吃懶（此句令人氣噎總在無可奈何上來）喝的終久怎庅樣紅玉道怕什庅还不如早些兒死了到干净佳蕙道好〻的怎麽說這些〻話紅玉道你那里知道我心里的事佳蕙道我想了会子可也怨不得這个地方难站就像昨兒老太〻（是補文否）因宝玉病了這些〻日子就跟着伏侍的這些〻人都辛苦了如今身上好了各處還完了愿（是補寫否）叫把跟着的人都按着等兒（是補寫否）賞他們我們筭年紀小上不去我也不抱怨像你怎麽（道着心病）也不筭在里頭我心里就不服襲人那怕他得十分兒也不惱他原該的說良心話誰还敢比他呢（却論公論方見襲卿身分）别說他素日殷勤小心便是不殷勤小心也拚不得可氣晴雯綺霰他們這几個都筭在上等里去仗着老子娘的臉面衆人到捧着他去你說可氣不可氣紅玉道也不犯着氣他們俗語說的好千里搭長棚沒有個不散的筵席（此时寫出此等言語令人墮淚）誰守誰一輩子呢（不但佳蕙批書者亦淚下矣）不過三年五載各人幹各人的去了那时誰还管誰呢這兩句話不覺感動了佳蕙的心腸由不得眼睛紅了又不好意思好端的

玉一腔委曲怨憤係身在怡红不能遂志看官勿錯認爲芸兒害相思也 己卯冬

獄神廟回有茜雪红玉一大回文字惜迷失无稿嘆嘆 丁亥夏 畸笏叟

哭只得免強咲道你這話說的却是昨兒（還是補文）宝玉还說明兒怎庅樣收拾房子怎庅樣做衣裳到像有几百年的熬煎、却是小女兒口中無味之談寔是寫宝玉不如一嬛婢紅玉听了冷咲了兩声方要說話文字又一頓只見一個未留頭的小丫頭子走進來手里拿着些花樣子並兩張紙說道這是兩個樣子叫你描出來呢說着向紅玉擲下回身就跑了紅玉向外問道到是誰的也等不的說完就跑誰蒸下饅頭等着你怕冷了不成那小丫頭在窗外只說得一声是綺大姐姐的（又是不合式之言擢心語）抬起脚來咕咚（活跳活現之文）咕咚又跑了紅玉（如畫）便賭氣把那（何如）樣子擲在一边向抽屉内找筆找了半天都是禿了的因說道前兒（是補文否）一枝筆放在那里了（既在矮簷下怎敢不低頭）怎庅一时想不起來一面說着一面出神総是畫境想了一会方咲道是了前兒（还是補文）晚上鶯兒那〔拿〕了去了便向佳蕙道你替我取了來佳蕙道花大姐姐还等着我替他抬箱子呢你自己取去罷

紅玉道他等着你你还坐着閑打牙兒我不叫你取去他也不等着你了壞透（襲人身分）
了的小蹄子說着自己便出房来出了怡紅院一逕往宝釵院内来剛至沁芳（曲折再四方逼出正文来）
亭畔只見宝玉的奶娘李嬷〻從那边走来（奇文真令人不淂机関）紅玉立住笑問道李
奶〻你老人家那去了怎打這里來李嬷〻跕住將手一拍道你說〻好〻的
又看上象了那个種樹的什広雲哥兒雨哥兒的（奇文神文）这会子逼着我叫
了他來明兒叫上房里听見可又是不好紅玉笑道你老人家當真的就依了
他去叫了（是遂心語）李嬷〻道可怎広樣呢（妙的是老嫗口氣）紅玉笑道那一个要是
知道好歹就回不進来纔是（是私心語神妙）李嬷〻道他又不痴為什広不進来紅玉
道既是進来你老人家該同他一斉来回来叫他一个人乱碰可是不好呢（摠是私心語要直問又不敢只用这等語慢〻的套出有神理）李嬷〻道我有那樣些工夫和他走不過告訴了他

回来打發個小丫頭子或是老婆子帶進他来就完了說着拄着那拐仗一逕
去了紅玉听說便站着出神且不去取筆 總是不言神情另出花樣 一时只見一个小丫
頭子跑来見紅玉站在那里便問道林姐〻你在這里作什麽呢紅玉抬頭見
是小丫頭子墜兒 墜兒者贅也人生天地間已是贅疣况又生許多冤情孽債嘆〻 紅玉道那去墜兒道叫我帶
等的是這句話
進芸二爺來說着一逕跑了這里紅玉剛走至蜂腰橋門前只見那邊墜兒引
着賈芸来了 妙不說紅玉不走亦不說走只說剛走到三字可知紅玉有私心矣若說出必定不走必定走則文字死板亦且稜角過露非寫女兒之筆也
那賈芸一面走一面拿眼把紅玉一溜那紅玉只粧着和墜兒說話也把眼去
一溜賈芸四目恰相對时紅玉不覺臉紅了 看官至此須掩卷細想上三十回中篇篇句〻點紅字處可與此處想如何
一扭身往蘅蕪苑去了不在話下這里賈芸隨着墜兒逶迤來至怡紅院中墜
兒先進去回明了然後方領賈芸進去賈芸看时只見院内略〻有几點山石

種着芭蕉那边有两支仙鶴在松樹下剔翎一溜迴廊上吊着各色籠子各色
仙禽異鳥上面小小五間抱厦一色雕鏤新鮮花樣隔扇上面懸着一个匾額
四个大字題道是怡紅快緑賈芸想道怪道叫怡紅院原來匾上是恁樣四个
字（傷哉眼眼便紅稀緑瘦矣嘆嘆）正想着只听里面隔着紗窗子笑說道快進來罢我怎広（此文若從僧繇點睛之龍破壁飛矣焉得不拍案叫絕）
就忘了你两三個月賈芸听（見）的是宝玉的声音連忙進入房内抬頭一看只見（不能細覽之文）（不得細玩之文）
金碧輝煌（器皿）文章閃灼（陳設）却看不見宝玉在那里一回頭只見左边立着（武夷九曲之文）
一架大穿衣鏡從鏡後轉出两個一般大的十五六歲的丫頭來說請二爺裡
頭屋里坐賈芸連正眼也不敢看連忙荅應了又進一道碧紗厨只見小小一
張填漆床上懸着大紅銷金撒花帳子宝玉穿着家常衣服靸着鞋倚在床上（這是等芸哥看故作款式若果真看書在隔紗窗子說話时已放下了玉兄若見此批必云老貨他處處不放鬆我）
拿着本書看見他進來将書擲下早堆着笑立起身來賈芸忙上前請了安宝

回思將余比作釵顰等乃一知己余何幸也一笑

玉讓坐便在下面一張椅子上坐了宝玉笑道只從那个月見了你我叫你往書房里来誰知接ゝ連ゝ許多事情就把你忘了賈芸笑道揔是我没福偏ゝ又遇着叔ゝ身上欠安叔ゝ如今可大安了宝玉道大好了我到听見說你辛苦了好几天賈芸道也是該当的叔ゝ大安了也是我們一家子的造化說着（誰一家子可發一笑）只見有个丫𮫇端了茶来与他那賈芸口里和宝玉說着話眼睛却溜瞅那丫（此句是認人非前溜紅）（水滸文法用的恰）（玉之文）𮫇細挑身材容長臉面穿着銀紅襖兒青緞背心白綾細摺裙不是别个却是（当是芸哥眼中也）襲人那賈芸自從寶玉病了几天他在里頭混了兩日他都把那有名人口都記了一半（一路揔是賈芸是个有心人一絲不乱）他也知道襲人在宝玉房中比别个不同今見（何如可知前批非謬）他端了茶来宝玉又在傍边坐着便忙站起来笑道姐ゝ怎庅替我到起茶来我来到叔ゝ這里又不是客讓我自己到罢（揔寫賈芸乖覺一絲不乱）宝玉道你只管坐

看罢了頭們跟前也是這樣賈芸咲道雖如此說叔〻房里姐〻們我怎庅敢放肆呢一面說一面坐下吃茶那宝玉便和他說些沒要緊的散話（妙極是極况宝玉又有何正緊可說的）（此批被作者偏过了）又說道誰家的戲子好誰家的花園好又告訴他誰家的丫頭標緻誰家的酒席豐盛又是誰家有奇貨又是誰家有異物（几个誰家自北靜王公侯駙馬諸大家包括盡矣寫盡紈袴口角 脂硯齋再筆 对芸兒原無可說之話）那賈芸口里只得順着他說〻了一会見宝玉有些懶〻的了便起身告辭宝玉也不甚留只說你明兒閒了只管來仍命小丫頭子墜兒送他出去出了怡紅院賈芸見四顧無人便把脚慢〻停着些走口里一長一短和墜兒說話先問他几歲了名子叫什庅你父母在那一行上在宝叔房内几年了（漸〻入）一个月多少錢共總宝叔房内有几个女孩子那墜兒見問便一椿〻的都告訴他了賈芸又道纔剛那个與你說話的他可是

吽小紅墜兒笑道他到吽小紅你向他作什庅賈芸道方纔他向你什庅手帕子我到揀了一塊墜兒听了笑道他問了我好几遍可有看見他的帕子我有那庅大工夫管这些事今兒他又問我他說我替他找着了他还謝我呢纔（傳字正文此処方露）在衡蕪苑門口說的二爺也听見了不是我撒謊好二ㄗ你既揀了給我罷我看他拿什庅謝我原來上月賈芸進來種樹之時便揀了一塊羅帕便知是所在園內的人失落的但不知是那一個人的故不敢造次今听見紅玉問墜兒便知是紅玉的心內不甚（勝）喜幸又見墜兒追索心中早得了主意便向袖內將自己的一塊取了出來向墜兒笑道我給是給你你若得了他的謝礼不許瞞着我墜兒滿口里答應了接了手帕子送出賈芸回來找紅玉不在話下（至此一頓狡猾之甚）（原非書中正文之人寫來間色耳）

如今且說宝玉打發了賈芸去後意思懶ㄑ的歪在床上

似有朦朧之態襲人便走上來生在床沿上推他説道怎庅又要睡覺悶的狠你出去逛逛不是宝玉見説便拉他的手咲道我要去只是捨不得你襲人咲道快起來罢一面説一面拉了宝玉起來宝玉道可往那去呢怪膩膩煩煩的襲人道你出去了就好了只管这庅葳蕤越發心里煩膩宝玉無精打彩的只得依他愰出了房門在迴廊上調弄了一回雀兒出至院外順着沁芳溪看了一回金魚只見那边山坡上两隻小鹿箭也似的跑來宝玉不解其意正自納悶只見賈蘭在後面拿着一張小弓追了下來一見宝玉在前面便站住了咲道二叔二叔在家里呢我只當出門去了宝玉道你又淘氣了好好的射他作什庅賈蘭咲道這会子不念書閑着作什庅所以演習演習騎射宝玉道把牙栽了那时候不演呢説着順着脚一逕來至一个院門前只見鳳尾森森龍吟細

玉兒最得意之文起筆却

不答上文妙極

如此寫

此等文可是人能意料的

答的何其堂皇正大何其坦然之至

像画意

先用鳳尾森森龍吟細細八字一縷幽香自紗窗中暗暗透出細細的長嘆一声等句方引出每日家情思睡昏昏仙音妙音來非純化工夫之筆不能可見行文之難

細與後文落葉蕭蕭寒烟漠漠一對可傷可嘆舉目望门上一看只見匾上寫着瀟湘館三字宝玉原無意三字如此出足見真出無意信步走入只見湘簾垂地悄無人声走至窗前覺得一縷幽香從碧紗窗中暗暗透出宝玉便將臉貼在紗窗上往裡看时耳内忽听未曾看見先听見有神理得細細的長嘆了一声道每日家情思睡昏昏宝玉听了不覺心内癢將起來再看時只見代玉在床上伸懶腰有神理真真画出宝玉在窗外笑道為甚麽每日家情思睡昏昏一面說一面掀簾子進來了林代玉自覺忘情不覺紅了臉拿袖子遮了臉翻身向裡粧睡着了宝玉纔走上来要搬他的身子只見代玉的奶娘並兩个婆子却跟了進来说妹妹睡覺呢等醒来再請来刚说着代玉便翻身坐了起来笑道谁睡覺呢妙極可知代玉是怕宝玉去也那兩三个婆子見代玉起来便笑道我們只當姑娘睡着了说着便叫紫鵑说姑娘醒了進来伺候一面说一面都去了代

二玉這回文字作者亦在無意上寫來所謂信手拈來無不是〻也

玉坐在床上一面抬手整理鬢髮一面咲向宝玉道人家睡覺你進來作什麽宝玉見他星眼微餳香腮帶赤不覺神魂早蕩一歪身坐在椅子上咲道你幾説什麽代玉道我没説什麽宝玉咲道給你个榧子吃我都听見了二人正説話只見紫鵑進來宝玉咲道紫鵑把你們好茶到碗我吃紫鵑道那里是好的呢要好的只是等襲人來代玉道別理他你先給我舀水去罷紫鵑咲道他是客自然先到了茶來再舀水去説着到茶去了宝玉咲道好丫頭若共你多情小姐同鴛帳怎捨得疊被鋪床（真正無意忘情衝口而出之語）林代玉登時撂下臉來（我也要惱）説道二哥〻你説什麽宝玉咲道我何嘗説什麽代玉便哭道如今新興的外頭听了村話來也説給我听看了混書也來拿我取咲兒我成了爺們解悶的一面哭着一面下床來往外就走宝玉不知要怎樣心下慌了忙趕上來好妹〻我一时該死你別

方才見芸哥所拿之書一定見是西廂不然如何忘情至此

若無如此文字收什二玉寫顰無非至再哭慟笑玉只以陪盡小心軟求漫懇二人一笑而止且書内若此亦多〻矣未免有犯雷同之病故用險句結住使二玉心中不得不將現事抛却各懷一驚心意再作下文
壬午孟夏雨窗
畸笏

告訴去我再要敢嘴上就長个疔爛了舌頭正說着只見襲人走來說道快回（不止玉兄一驚即阿顰也不免一嚇作者只顧寫來收什二玉之文忘却顰兒也想作者亦似宝玉西厢之句忘情而出也呵呵）來穿衣服老爷叫你呢宝玉听了不覺打了个雷的一般也催不的別的疾忙回來穿衣服出園來只見焙茗在二門前等着宝玉问道你可知道叫我是為什么焙茗道爺快出來罷橫竪是見去的到那里就知道了一面說一面催着宝玉轉過大廳宝玉心里还自狐疑只听墻角边一陣呵呵大笑回頭只見薛蟠（非獃兄行不出此等戲美但作者有多少丘壑在胸中寫來酷肖）拍着手笑了出來笑道要不說姨夫叫你你那里出來的这么快焙茗也笑道爷（酷肖）別怪我忙跪下了宝玉怔了半天方解過來了是薛蟠哄他出來薛蟠連忙打恭作揖陪不是又求不要难為了小子都是我逼他去的宝玉也無法了只好笑因道你哄我也罷了怎么說我父親呢我告訴姨娘去評評这个理可使得么薛蟠忙道好兄弟我原為求你快些出來就忘了忌諱这句話改日

真々乱話

你也哄我說我的父親就完了寶玉道嗳々越發該死了又向焙茗道反叛肏
的还跪着作什麽焙茗連忙叩頭起来薛蟠道要不是我也不敢驚動只因明
兒五月初三日是我的生日誰知古董行的程日興他不知那里尋了来的這

如見如聞

麽粗這麽長粉脆的鮮藕这麽大的大西瓜这麽長一尾新鮮的鱘魚这麽大
的一个暹羅國進貢的靈栢香熏的暹猪你說他这四樣礼可难得不难得那
魚猪不過貴而难得这藕和瓜亏他怎麽種出来的我連忙孝敬了母親赶着

獃兄亦有此話批書人至此誦往生

給你們老太々姨父姨母送了些去如今留了些我要自己吃恐怕折福左思

咒至恒河沙數也　此語令人哭不得笑不得亦真心語也

右想除我之外惟有你还配吃所以特請你来可巧唱曲兒的小么兒又纔来了
我同你樂一天何如一面說一面来至他書房里只見詹光程日興胡思来单
聘仁等並唱曲兒的都在这里見他進来請安的問好的都彼此見過了吃了

茶薛蟠即命人摆酒来說猶未了衆小厮七手八脚摆了半天方纔停当归坐

又一个寫法

宝玉果見瓜藕新異因咲道我的壽礼还未送来倒先擾了薛蟠道可是呢

誰說的

明兒你送我什麽宝玉道我可有什麽可送的若論銀錢吃的穿的東西究竟

畢真酷肖

还不是我的惟有我寫一張字画一張画纔算是我的薛蟠咲道你提画兒我

非經過者方說得出嘆嘆

纔想起来昨兒我看人家一張春宮画的着實好上面还有許多的字也没细

阿獃兄所見之画也

看只看落的欵是庚黄画的真真的好的了不得宝玉听說心下猜疑道古今

字画也都見過些那里有个庚黄想了半天不覺咲将起来命人取過筆来在

手心里寫了兩个字又问薛蟠道你看真了是庚黄薛蟠道怎麽看不真宝

玉将手一撒与他看道别是这兩字罢其實与庚黄相去不遠衆人都看时

原来是唐寅兩个字都咲道想必是这兩字大爷一时眼花了也未可知薛蟠

閑事順筆將駡死不學之紈袴 壬午雨窗 畸笏

紫英豪俠小三段最爲金閨间色之文　壬午雨窗

寫倪二英湘蓮玉菡俠文皆各得傳真寫照之筆　丁亥夏　畸笏叟

寔心人

只覚沒意思咲道誰知他糖銀果銀的正說着小厮來回馮大爺來了宝玉便知是神武將軍馮唐之子馮紫英來了薛蟠哥一齊都叫快請說猶未了只見馮紫英一路說咲已進來了（如見如聞）衆人忙起席讓坐馮紫英咲道好呀也（如見其人于紙上）不出门了在家裡高樂罷宝玉薛蟠都咲道一向少會老世伯身上康健紫英答道家父到也托庇康健近來家母偶着了些風寒不好了兩天薛蟠見他面上有些青傷便咲道這臉上又和誰揮拳的（来）掛了幌子了馮紫英咲道從那一遭把仇都尉打傷了我就記了再不漚氣如何又揮拳这个臉上是前日打圍在鉄網山教兎虎捎一翅膀（如何看想新奇字樣）宝玉道几时的話紫英道三月二十八日去的前兒也就回來了宝玉道怪道前兒初三四兒我在沈世兄家赴席不見你呢我要问不知怎麼就忘了單你去了还是老世伯也去了紫英道可不是家父去我沒法兒

惜衛若蘭射圃文字迷失無稿嘆嘆　丁亥夏　畸笏叟

去罢了难道我闲疯了偺們几個人吃酒听唱的不樂尋那丁苦惱去這一次大不幸之中又大不幸薛蟠衆人見他吃完了茶都説道且入席有話慢〻的（伏文再述）説馮紫英听説便立起身來説道論理我該陪飲几杯纔是只是今兒有一件大〻要緊的事回去还要見家父面回寔不敢領薛蟠宝玉衆人那里肯依死拉着不放馮紫英咲道這（如聞如見）又奇了你〻我这些〻年那回兒有这个道理的果然不能尊命若必定叫我領拿大杯來（寫豪爽人如此）我領兩杯就是了衆人听説只得罷了薛蟠執壺宝玉把盞斟了兩大海那馮紫英站着一（寫快人如此令人羨煞）氣而尽宝玉道你到底把這个不幸之幸説完了再走馮紫英咲道今兒説的也不尽與我為这個还要特治一東請你们去细談一談一則还（寔心人如此絲毫形跡俱無令人痛快煞）有可懇之処説着執手就走薛蟠道越發説的人熱剌〻的丟不下多早晚纔請我们告訴了也免的人猶疑馮紫英道多

則十日少則八天一面說一面出门上馬去了衆人回來依席又飲了一回方
散宝玉回至園中襲人正記挂着他去見賈政不知是禍是福只見宝玉醉醺

下文伏線

醺的回來向其原故宝玉一一向他說了襲人道人家牽腸挂肚的等着你且
高樂去也到底打發人來給ㄗ信兒宝玉道我何嘗不要送信兒只因馮世兄
來了就混忘了正說只見寳釵走進來笑道偏了我們新鮮東西了宝玉笑道
姐〻家的東西自然先偏了我们了宝釵摇頭笑道昨兒哥〻到特〻的請我
吃我不吃叫他留着請人送人罷我知道我的命小福薄不配吃那ㄗ說着了
妚到了茶來吃茶說閑話兒不在話下却說那林代玉听見賈政叫了宝玉去
了一日不回來心中也替他憂慮至晚飯後聞听宝玉來了心里要找他問〻

這席東道是和事酒不是

是怎麽樣了一步〻行來見宝釵進宝玉的院内去了自己也便隨後走了來

刚到了沁芳橋只見各色水禽都在池中浴水也認不出名色來但見一个个

文彩炫燿好看異常因而站住看了一会再往怡紅院來只見院門関着代玉

避难法

便以手扣门誰知晴雯和碧痕正辯了嘴沒好氣忽見宝釵來了那晴雯正

把氣移在宝釵身上正在院内報怨說有事沒事跑了來坐着叫我们三更半

犯宝卿如此写法

写代玉如此犯不知人則明写

夜的不得睡覺忽听又有人叫門晴雯越發動了氣也並不向是誰便說道

指明人則暗写

都睡下了明兒再來罢林代玉素知了頭们的情性他们彼此頑耍慣了恐怕

恐怕院内的了頭沒听真是他的声音只當是别的了頭们來了所以不開门因

而又高声說道是我还不開広晴雯偏生还沒听出來便使性子說道憑你是

想代玉高声亦不过你我平常說話一樣耳況晴雯素昔浮燥多氣之人如何辨得出此

誰二爷分付的一槩不許放人進來呢林代玉听了不覺氣怔在门外待要

刻薄渉批書人唱大江東的喉嚨嚷着是我林代玉叫门方可又想若開门如何有後面許多好字樣好文章看觀者意為是否

高声向他逗起氣來自己又回思一番雖說是旧母家如同自己家一樣到

寄食者着眼况顰兒何等人乎

晴雯遷怒是常事耳写釵顰二卿身上与踏襲人之文令人于何处設想着筆

丁亥夏 畸笏叟

底是客邊如今父母雙亡無依無靠現在他家依栖如今認真淘氣也覺沒趣

一面想一面又滚下淚珠来正是回去不是站着不是正沒主意只听裡面一

陣唉語之声細听一听竟是宝玉宝釵二人林代玉心中亦發動了氣左思右

想忽然想起了早起的事來必竟是宝玉惱我要告他的原故但只我何嘗告你

了你也打听打听就惱我到這步田地你今兒不叫我進來难道明兒就不見

面了越想越傷感起来也不顧蒼苔露冷花逕風寒獨立墻角边花陰之下悲

悲戚戚嗚咽起来原來這林代玉秉絕代姿容具希世俊美不期這一哭那附

近柳枝花朶上的宿鳥栖鴉一闻此聲俱忒楞楞飛起遠避不忍再听真是花

沉魚落雁閉月羞花原來是哭了出來的一笑

魂默默無情緒鳥夢痴痴何處驚因有一首詩道

顰兒才貌世應希　獨抱幽芳出繡闈　嗚咽一聲猶未了

落花滿地鳥驚飛
那林代玉正自啼哭忽听吱嘍一聲院門開處不知是那一個出來要知端的
且听下囬分觧

脂硯齋重評石頭記

葬花吟是大觀園諸艷之歸源小引故用在餞花日諸艷畢集之期

餞花日不論其典與不典只取其韵耳

脂硯齋重評石頭記卷之

第二十七回

滴翠亭楊妃戲彩蝶　埋香塚飛燕泣残紅

話説林代玉正自悲泣忽听院門响處只見宝釵出來了宝玉襲人等一群人送了出來待要上去向着宝玉又恐當着衆人向羞了宝玉不便因而閃過一傍讓宝釵去了宝玉等進去関了門方轉過來猶望着门洒了几點淚（四字刻畫顰兒也）自覺無味方轉身回來無精打彩的卸了残粧（畫美人之秘訣）紫鵑雪鴈素日知道林代玉的情性無事悶坐不是愁眉便是長嘆且好端端的不知為了什麽常常的便自淚道不乾（補寫却是避繁文法）的先時还有人解劝怕他思父母想家鄉受了委曲用話自得寬慰解劝誰知後来一年一月的竟常常的如此把這個樣兒看慣也都不理論了所以也沒

所謂久病床前少孝子是也

人理由他去悶坐只管睡覺去了那林代玉倚着床攔杆兩手抱着膝眼睛含

前批得画美人秘訣今竟画出金閨夜坐圖

妻了

着淚好似木雕泥塑的一般直坐到二更多天方纔睡了一宿無話至次日乃

本是梅檀泥是金沙才用得

是四月二十六日原來這日未時交芒種節尚古風俗凡交芒種節的這日都

無論事之有無看去有理

要設擺各色礼物祭餞花神言芒種一過便是夏日了衆花皆卸花神退位須

要餞行然閨中更興這件風俗所以大觀園中之人都早起來了那些女孩子

們或用花瓣柳枝編成轎馬的或用綾錦紗羅疊成干旄旌幢的都用綵線繫

了每一顆樹上每一枝花上都繫了這些事物滿園里綉帶飄飖花枝招展更

數句抵省親一回文字反覺

閑閑有趣有本的鏡路

桃杏燕鶯是這樣用法

兼這些人打扮得桃羞杏讓燕妬鶯慚一時也到[道]不盡且說宝釵迎春探春惜

春李紈鳳姐等並巧姐大姐香菱與衆丫鬟們在園内頑耍獨不見林代玉迎

春因說道林妹妹怎麽不見好個懶丫頭這会子还睡覺不成宝釵道你們等

寫鳳姐隨大衆一筆不見紅玉一段則認為泛文矣何一丝不漏若此 畸笏

我去鬧了他來說着便丢下了衆人一直往瀟湘館來正走着只見文官等十【一人不漏】
二个女孩子也來了上來問了好說了一回閑話宝釵回身指道他们都在那里
呢你们找他们去罢我叫林姑娘去就來說着便逶迤往瀟湘館來忽然抬【是一張口難說兩家話也】【安插一処好写一処】
頭見宝玉進去了宝釵便站住低頭想了想宝玉和林代玉是從小兒一處長
大他兄妹间多有不避嫌疑之處嘲笑喜怒無常况且林代玉素習猜忌好弄【道盡二玉連日事】
小性兒的此刻自己也跟了進去一則宝玉不便二則恐代玉嫌疑罢了到是回
來的妙想畢抽身回來剛要尋别的姊妹去忽見前面一双玉色蝴蝶大如團【道盡代玉每每尖刺全不在宝釵心上】
扇一上一下迎風翩躚十分有趣宝釵意欲撲了來頑耍遂向袖中取出扇子【可是一味知書識理女夫子行止】【写宝釵無不相宜】
來向草地下來撲只見那一双蝴蝶忽起忽落來〻往〻穿花度柳將欲過河
去了到引的宝釵躡手躡脚的一直跟到池中滴翠亭上香汗淋漓嬌喘細細【若玉兄在必有許多張羅】

宝釵也無心撲了剛欲回来只听滴翠亭裡边嘁〻喳〻有人説話原来這亭子四面俱是遊廊曲橋蓋造在池中水上四面刁鏤隔子糊着纸宝釵在亭外听見説話便煞住脚往裡细听只听説道你瞧〻這手帕子果然是你丢的那塊你就拿着要不是就还芸二爷去又有一人説話可不是我那塊拿来給我罢又听道你拿什麽謝我呢难道白尋了来不成又答道我既許了謝你自然不哄你又听説道我尋了来給你自然謝我但只是揀的人你就不拿什麽謝他又回道你别胡説他是个爷们家揀了我的東西自然該还的我拿什麽謝他呢又听説道你不謝他我怎麽回他呢况且他再三再四的和我説了若沒謝的不許我給你呢半晌又听答道也罢拿我這个給他算謝他的罢你要告訢别人呢須説个誓来又听説道我要告訢一个人就長一个疔日後不得好

原是無可無不可

這椿風流案又一体寫法甚當

己卯冬夜

這是自難自法好極々々

慣用險筆如此

壬午夏雨窗

此節實借紅玉反寫寶釵也勿得認錯作者章法

死又听說道嗳呀偺們只顧說話看有人來悄々在外頭听見不如把這槅子（豈敢）

都推開了便是人見偺们在這裡他们只當我们說頑話呢若走到跟前偺们（賊起飛志不假）

也看的見就別說了寶釵在外面听見這話心中吃驚想道怪道從古至今（四字寫寶釵守身如此）

那些々奸媱狗盜的人心机都不錯這一鬧了見我在這里他们豈不燥了况纔々（道盡矣）

說話的語音大似寶玉房里的紅兒的言語他素昔眼空心大是个頭等刁鑽

古怪東西今兒我听了他的短兒一時人急遭（造）反狗急跳墻不但生事而且我

還沒趣如今便赶着躲了料也躲不及少不得要使个金蟬脫殼的法子猶未（閨中弱女机變如此之便如此之急）

想完只听咯吱一声寶釵便故意放重了脚步笑着嘆（說）道顰兒我看你往那里

藏一面說一面故意往前赶那亭內的紅玉墜兒剛一推窗只听寶釵如此說

着往前赶兩个人都唬怔了寶釵反向他二人笑道你们把林姑娘藏在那里（像極好煞妙煞焉得不）

（拍案叫绝）了墜兒道何曾見林姑娘了宝釵道我纔在河那边看着林姑娘在這里蹲着
弄水兒的我要悄悄的唬他一跳还沒有走到跟前他到看見我了朝東一繞
就不見了别是藏（像極是極）在這里頭了一面說一面故意進（像極）去尋了一尋抽身（是極）就走口
內說道一定是又鑽在山子洞里去了遇見蛇咬一口也罢了一面說一面走（宝釵身分）
心中又好笑这件事算遮过去了不知他二人是怎樣誰知紅玉見了宝釵的（真弄嬰兒輕便如此即余至此亦要發笑）（移東挪西任意寫去却是）
話便信以為真讓宝釵去遠便拉墜兒道了不得了林姑娘蹲在這里一定听（寔有这一句的）
了話去了墜兒听說也半日不言語紅玉又道这可怎麼樣呢墜兒道便是听（真有的）（二句係代玉身分）
了管誰筋疼各人幹各人就完了紅玉道若是宝姑娘听見还到罢了林姑娘（勉强話）
嘴里又愛尅薄人心里又细他一听見了倘或走露了風声怎麼樣呢二人正
說着只見文官香菱司棋侍書等上亭来了二人只得掩住這話且和他們頑

笑只見鳳姐兒站在山坡上招手呌紅玉連忙棄了衆人跑至鳳姐前堆着笑問奶
奶使換作什麽事鳳姐打諒了一打諒見他生的干凈俏麗説話知趣因笑道
我的丫頭今兒沒跟進我來我這会子想起一件事來要使換个人出去不知
你能幹不能幹説的齊全不齊全紅玉笑道奶奶有什麽話只管吩咐我説去
若説的（反以此問）不齊全悮了奶奶的事憑奶奶責罸就是了鳳姐笑道你是那位小姐
房里的我使你出去他回來找你（問那小姐屬此）我好替你説紅玉道我是宝二爷房里的
鳳姐听了笑道嗳喲你原來是宝玉房里的怪道（誇讚語也）呢也罷了等他問我替你説
你到我們家告訴你平姐姐外頭屋里桌子上汝窑盤子架兒底下放着一卷
銀子那是一百六十兩給繡匠的工價等張材家的來要當面稱給他瞧了再
給他拿（一件）去再里頭床頭間有一个小荷包（二件）拿了來紅玉听説徹身去了一回只

見鳳姐不在這山坡子上了因見司棋從山洞裏出来站着繫裙子便赶上来（小點綴一笑）問道姐姐不知道二奶奶往那里去了司棋道沒理論（妙極）紅玉听了抽身又往四下里一看只見那边探春宝釵在池边看魚紅玉上来陪笑问道姑娘们可知道二奶奶那去了探春道往你大奶奶院里找去紅玉听了纔往稻香村来頂頭（又一折）只見晴雯綺霰碧痕紫綃麝月待書入画鶯兒等一群人来了晴雯一見了紅玉便說道你只是瘋罢（必有此數句方引出稱心得意之語來）院子里花兒也不澆雀兒也不喂茶罏子也不爖就（再不用本院人見小紅）在外頭逛（此等只几乎遂心）紅玉道昨兒二爺說了今兒不用澆花過一日澆一回罢我喂雀兒的时候姐姐還睡覺呢碧痕道茶罏子呢紅玉道今兒不該我爖的班兒有茶沒茶别问我綺霰道你听听他的嘴你们别說了讓他逛去罢紅玉道你们再問問我逛了沒有二奶奶使唤我說話取東西的說着将荷包舉給他们看方（得意稱心如意在此一聲荷包）

沒言語了大家分路走開晴雯冷笑道怪道呢原來爬上高枝兒去了把我們不放在眼里不知說了一句話半句話名兒姓兒知道了不曾呢就把他興的這樣这一遭半遭兒的筭不得什麼過了後兒还得听呵有本事從今兒出了这園子長長遠遠的在高枝兒上纔筭得一面說着去了这里紅玉听說不便分証（争）只得忍着氣來找鳳姐兒到了李氏房中果見鳳姐兒在這里和李氏說話兒呢紅玉上來回道平姐姐說奶奶剛出來了他就把銀子收了起來纔張材家的來討當面稱了給他拿去了說着將荷包遞了上去又道平姐姐教我回奶奶纔旺兒進來討奶奶的示下好往那家子去平姐姐就把那話按着奶奶的主意打發他去了鳳姐笑道他怎麼按（着）我的主意打發去了紅玉道平姐姐說我們奶奶問這里奶奶好原是我們二爺不在家雖然遲了兩天只管請

（朱批：妄是醋語却与下逝痕）

（朱批：兩件完了）

奶奶放心等五奶奶好些我們奶奶还会了五奶奶来瞧奶奶呢五奶奶前兒打發了人来說舅奶奶帶了信来了问奶奶好还要和這里的姑奶奶尋兩丸延年神驗萬全丹若有了奶奶打發人来只管送在我们奶奶這里明兒有人去就順路給那边舅奶奶帶去的話未說完〔又一個色〕李氏道嗳喲喲這些語我就不懂了什庅奶奶爷爷的一大堆鳳姐道怨不得你不懂这是四門子的話呢說着又向紅玉笑道好孩子难為你說的齊全别像他們扭扭捏捏〔寫死假斯文〕的蚊子似的嫂子你不知道如今除了我随手使的几个丫頭老婆之外我就怕和他们說話他们必把一句話拉長了作兩三截兒咬文咬字拿着腔兒哼哼唧唧的急的我冒火他们那里知道先时我们平兒也是这庅着我就問着他难道必定粧蚊子哼哼就是美人了〔[illegible]殺罵殺〕說了几遭纔好些兒了李宫裁笑道都像你潑落户纔好鳳

姐又道這一个了頭就好方纔兩遭說話雖不多听那口声就简断說着又向紅玉笑道你明兒伏侍我去罢我認你作女兒我一調理你就出息了紅玉听了撲哧一笑鳳姐道你怎麼笑你說我年輕比你大几歲就作你的媽了你还作春夢呢你打听打听這些人頭比你大的大的赶着我叫媽我不理今兒抬舉了你呢紅玉笑道我不是笑這个我笑奶〻認諸了輩数了我媽是奶〻的女兒這會子又認我作女兒鳳姐道誰是你媽李宫裁笑道你原来不認得他他是林之孝之女鳳姐听了十分詫異說道哦原来是他的了頭又笑道林之孝兩口子都是錐子扎不出一声兒来的我成日家說他們到是配就了的一對夫妻一个天聾一个地啞那里承望養出這麼个伶俐丫頭来你十几歲了紅玉道十七歲了又問名子紅玉道原叫紅玉的因為重了宝二爷如今只叫

紅玉听見了应

紅玉此刻心内想可惜晴雯等不在傍

干

不做

了

們

还

还是我

哩

錯

晴雯說过

所以說比你大的〻〻

紅兒了鳳姐听說將眉一皺把頭一回說道討人嫌的很得了玉ㄟ的像他的你ㄟ（益[illegible]恩是）（又一下針）

也玉我也玉因說道既這麼着肯跟我還和他媽說賴大家的如今事多也不

知這府裡誰是誰你替我好ㄟ的挑兩个了頭我使他一般答應着他饒不挑

到把這女孩子送了別處去難道跟我必定不好李氏笑道你可是又多心了

他進來在先你說在後怎麼怨的他媽鳳姐道既這麼着明兒我和宝玉說叫

他再要人叫這了頭跟我去可不知本人愿意不愿意紅玉笑道愿意不愿意（有話）（提是追至紅玉十分心事）

我們也不敢說只是跟着奶奶我們也学些眉眼高低出入上下大小的事也（好答）（千愿意萬愿意之言）

得見識ㄟㄟ剛說着只見王夫人的了頭來請鳳姐便辭了李宮裁去了紅玉（截得真好）

回怡紅院去不在話下如今且說林代玉因夜間失寐次日起來遲了聞得衆（好接得更好）

姊妹都在園中作餞花会恐人笑他痴懶連忙梳洗了出來剛到了院中只見

姦邪婢豈是怡紅應答者故即逐之前良兒後篆兒便是卻証作者又不得可也　己卯冬夜

此係未見抄沒獄神廟諸事故有是批　丁亥夏畸笏

石頭記用截法岔法突然法伏線法由近漸遠法將繁改簡法重作輕抹法虛敲實應法種〻諸法摠在人意料之外且不曾見一絲牽強

宝玉進門来了笑道好妹妹你昨兒可告我了不曾教我懸了一夜心林代玉

明知無是事不可不作閑談

益不須告懸心

便回頭叫紫鵑道把屋子收拾了撂下一扇紗屜子来看那大燕子回来把簾子放

到像不曾听見的

下来拿獅子倚住燒了香就把炉罩上一面說一面就仍往外走宝玉見他這樣

畢真不錯

还認作是昨日中晌的事那知晚間的這段公案还打茶作揖的林代玉正眼

也不看各自出了院门一直找別的姊妹去了宝玉心中納悶自己猜疑看起

這个光景来不像是為昨日的事但只昨日我回来的晚了又沒有見他再沒

二玉文字豈是容易寫的

故有此截

有冲撞了他的去處了一面想一面由不得隨後追了来只見宝釵探春正再那

畢真不錯

边看鶴舞見代玉去了三个一同站着說話兒又見宝玉来了探春便笑道宝

哥〻身上好我整〻的三天沒見你了宝玉笑道妹〻身上好我前兒还在大

是移一処語

嫂子跟前問你呢探春道宝哥〻你往這里来我和你說話宝玉听說便跟了

所謂信手拈來無不是之也　己卯冬夜

若無此一岔二玉和合則成嚼臘文字石頭記得力處正此　丁亥夏　畸笏叟

他离了釵玉兩ケ到了一棵石榴樹下探春因説道這几天老爺可曾有叫你宝
玉笑道沒有叫探春説昨兒我恍惚听見説老爺叫你出去的宝玉笑道那想
是別人听錯了並沒叫的探春又笑道這几ケ月我又攢下有十來吊錢了你
还拿了去明兒出门逛去时候或是好字画好輕巧頑意兒替我帶些來宝
玉道我這庅城里城外大廟小庙的逛也沒見ケ新奇精致東西左不過是那
些金玉銅磁沒處擱的古董再就是綢緞吃食衣服了探春道誰要這些怎庅像
你上回買的那柳枝兒編的小籃子整竹子根摳的香盒兒膠泥垛的風炉兒
這就好了我喜欢的什庅似是的誰知他们都愛上了都當宝貝似是的搶了去了
宝玉笑道原來要這ケ這不值什庅拿五百錢出去給小子们管拉一車來探
春道小厮们知道什庅你揀那朴而不俗直而不作者這些東西你多々的替

老爺叫宝玉再無喜事故園中合宅皆知

怕文繁

不知物理艰难公子口氣也

是論物是論人看官着眼

我帶了来我还像上回的鞋作一雙（補遺法）你穿比那一雙还加工夫如何呢宝玉笑道你提起鞋来我想起个故事那一回我穿着可巧遇見了老爷〻〻就不受用问是誰作的我那里敢提三妹〻三个字我就回說是前兒我生日是舅母給的老爷听了是舅母給的総〻不好說什庅半日还說何苦来虚耗人力作践綾羅作這様的東西我回来告訴了襲人〻〻說這还罷了趙姨娘氣的報怨的了不得正經（指环哥）兄弟鞋搭拉襪搭拉的沒人看的見且作這些東西探春听說登時沉下臉来道這話糊塗到什庅田地怎庅我是該（作）作鞋的人庅环兒难道沒有分例之人一般的衣裳是衣裳鞋襪是鞋襪了頭老婆一屋子怎庅報（說）這些〻話給誰听呢我不過是闲着沒事兒作一雙半雙愛給那个哥〻兄弟随我的心誰敢管我不成这也是（白）他氣宝玉听了點頭笑道你不知道他心里自

这一節特為興利除弊一回伏線

然又有个想頭了探春听説亦發動了氣将頭一扭説道連你也糊塗了他那想頭自然是有的不過是那陰微鄙賤的見識他只管这広想我只管認得老爷太々兩个人別人我一槩不管就是姊妹弟兄跟前誰和我好我就和誰好什広偏的庶的我也不知道論理我不該説他但特昏憒的不像了还有笑話呢就是上回我給你那銭替我带那頑的東西过了兩天他見了我也是説没銭使怎広难我也不理論誰知後来丫頭们去了他就报怨起来説我攢的銭為什広給你使到不給环兒使呢我听見這話又好咲又好氣我就出来往太太跟前去了正説着只見宝釵那边笑道説完了来罢顯見的是哥々妹々了（截得好）丢下別人且説梯己去我们听一句兒就使不得広了説着探春宝玉二人方笑（兄妹話多久長心事搃未必歇接得好）着来了宝玉因不見了林代玉便知他躲了別處去了想了一想索性遲兩日

不因見落花宝玉如何突至埋香塚不至埋香塚如何寫葬花吟石頭記無閑文閑字正此
丁亥夏
畸笏叟

等他的氣消一消再去也罷了因低頭看見許多鳳仙石榴等各色落花錦重
重的落了一地因嘆道這是他心裡生了氣也不收拾這花兒來了待我送了（至理香塚方）
去（不牽强好情思）明兒再問着他說着只見寶釵約着他們往外頭去宝玉道我就來說畢等（收什淨千爭）
他二人去遠了（怕人說笑）便把那花兒兜了起來（新鮮）登山渡水过樹穿花一直奔了那日同林
代玉葬桃花的去處來將已（及）到了花塚猶未轉过山坡只听山坡那边有嗚咽
之聲一行數落着哭的好不傷感宝玉心下想道這不知是那房里的了頭受
了委曲跑到这个地方來哭一面想一面煞住脚步听他哭道是（詩詞文章試問有如此行筆者乎）

花謝花飛花滿天　紅消香斷有誰憐　遊絲軟繫飄春榭
落絮輕沾撲繡簾　閨中女兒惜春暮　愁緒滿懷無釋處
手把花鋤出綉簾　忍踏落花來復去　柳絲榆莢自芳菲

開生面立新場是書不正紅樓夢一回惟是回更生更新且讀去非阿顰無是且吟非石兄斷無是章法行文愧殺古今小說家也
畸笏

余讀葬花吟凡三閱其淒楚感慨令人身世兩忘舉筆再四不能加批先生想身寶玉何得而下筆即字字雙圈料難遂顰兒之意俟看玉兄後文再批噫嘻客亦石頭記化來之人故擲筆以待

不管桃飄與李飛　桃李明年能再發　明年閨中知有誰
三月香巢已壘成　樑間燕子太無情　明年花發雖可啄
卻不道人去樑空巢也傾　一年三百六十日　風刀霜劍嚴相逼
明媚鮮妍能幾時　一朝飄泊難尋覓　花開易見落難尋
堦前悶殺葬花人　獨把花鋤淚暗洒　洒上空枝見血痕
杜鵑無語正黃昏　荷鋤歸去掩重門　青燈照壁人初睡
冷雨敲窗被未溫　怪奴底事倍傷神　半為憐春半惱春
憐春忽至惱忽去　至又無言去未聞　昨宵庭外悲歌發
知是花魂與鳥魂　花魂鳥魂總難留　鳥自無言花自羞
願奴脅下生雙翼　隨花飛到天盡頭　天盡頭何處有香坵

未若錦囊收艷骨　一堆淨土掩風流　質本潔来还潔去
强扵污淖陷渠溝　尔今死去儂收葬　未卜儂身何日喪
儂今葬花人笑痴　他年葬儂知是誰　試看春残花漸落
便是紅顏老死時　一朝春尽紅顏老　花落人亡兩不知

宝玉听了不覚痴倒要知端詳且听下回分解

脂硯齋重評石頭記

茜香羅紅麝串寫于一回蓋琪官雖係優人後回與襲人供奉玉兄宝卿

得同終始者非泛〻之文也

自聞曲回以後回〻寫藥方是白描顰兒添病也

不言鍊句鍊字辭藻工拙只想景想情事想理反復推求悲感乃玉兄一生之天性真顰兒之知己玉兄外寔無之人想昨阻批葬花吟之客嫡是宝玉之化身

脂硯齋重評石頭記

第二十八回

蒋玉菡情贈茜香羅　薛宝釵羞籠紅麝串

話説林代玉只因昨夜晴雯不開门一事錯疑在宝玉身上至次日又可巧遇見餞花之期正是一腔無名正未發洩又勾起傷春愁思因把些殘花落瓣去掩埋由不得感花傷己哭了几声便随口念了几句不想宝玉在山坡上听見先不過點頭感嘆次後听到儂今葬花人笑痴他年葬儂知是誰一朝春盡紅顏老花落人亡兩不知等句不覺慟倒山坡之上懷裏兜的落花撒了一地试想林代玉的花顏月貌将来亦〔要〕到無可尋覓之时寧不心碎腸断既代玉終歸無可尋覓之时推之於他人如宝釵香菱襲人等亦可到無可尋覓之时矣

無移余幾作點金為鐵之人幸甚〻〻

宝釵終歸無可尋覓之時則自己又安在哉且自身尚不知何在何往則斯處斯園斯花斯柳又不知當屬誰姓巳因此一而二二而三反復推求了去真不知此時此際欲為何等蠢物杳無所知逃大造出塵網使可解釋這段悲傷正是花影不離身左右鳥声只在耳東西那林代玉正自傷感忽听山坡上也有悲声心下想道人〻都笑我有些痴病难道还有一个痴子不成想着抬頭一看見是宝玉林代玉看見便道啐我道是誰原来是這个狠心短命的剛説道短命二字又把口掩住長嘆了一声自己抽身便走了這里宝玉悲慟了一回忽然抬頭不見了代玉便知代玉看見他躲開了自己也覺無味抖〻土起来下山尋歸舊路往怡紅院来可巧看見林代玉在前頭走連忙赶上去説道你且站住我知你不理我我只説一句話從今後撂開手林代玉回頭看見是宝

百轉千回矣

非大善知識説不出這等語来

二句作禪語參

情〻

不忍也

哄人字眼

非此三字難留蓮步玉兄之機變如此

撂開手句起。此後總停怯生句止此

一段作者能替宝玉細訴受委曲後之衷腸。使代玉竟不能回答一語。其心里為何如。真令人嗟服。予曾親歷其境。竟至有相逢半句無之事。深悔之。閱此將委曲細陳。心身一如。作者之此用心得[illegible]不[illegible]

一節頌[illegible]辭在兄口中却是衷腸之語　己卯冬夜

玉待要不理他听他說只說一句話從此撂開手這話里有文章少不得站住

說道有一句話請說来宝玉笑道兩句話說了你听不听代玉听說回頭就走（相难尚遠用此句補空好近何颦）（走的是）

宝玉在身後面嘆道既有今日何必當初（自言自語真是一句話）林代玉听見這話猶不得站住回頭

道當初怎麽樣今日怎麽樣宝玉嘆道當初（此下乃答言非一句話也）姑娘来了那不是我陪着頑笑憑（何颦惱者在玉兄）

我心爱的姑娘要就拿去我爱吃的听見姑娘也愛吃連忙干〻淨〻收着等（寔摸頭不着不得不將自幼之苦心寔事一訴方明心以白今之故勿作閒文為幸）

姑娘吃一桌子吃飯一床上睡覚丫頭们想不到的我怕姑娘生氣我替丫頭

们想到了我心里想着姊妹们從小兒長大（反派不是）親也罢熱也罢和氣到了兒纔見（要緊語）

得比人好（心事）如今谁承望姑娘人大心大不把我放在眼睛里到把外四路的什

麽宝姐〻鳯姐〻（用此人瞞看官也）的放在心坎兒上到把我三日不理四日不見的我又沒个

親兄弟親姊妹雖然有兩个你难道不知道是和我隔母的我也和你是的独出

只怕同我的心一樣誰知我是白操了这个心弄的有寃無處訴說着不覺滴
下【玉兒淚不是容易有的】眼淚来代玉耳内听了這話眼内見了這形景心内不覺灰了大半也不覺
滴下眼淚来低頭不語宝玉見他這般形景遂又說道我也知道我如今不好
了但只憑着怎庅不好萬不敢在妹々跟前【有是語】有錯處便有一二分錯處你到是
或教道我戒我【可憐語】下次或罵我兩句打我兩下我都不灰心誰知【寔難為情】你總不理我叫
我摸着頭腦少魂失魄不知怎庅【真乃是事】樣纔好就便死了也是个屈死鬼任憑【又瞎着】高僧
高【官及批書人】道懺悔也不能超生还得你伸明了緣故我纔得托生呢代玉听了這个話
不覺将昨晚的【情々衷腸】事都忘在九霄雲外了便說道你既这庅說昨兒為什【正文該問】庅我去
了你不叫了頭開门宝玉詫異道這話從【宝々不知】那里說起我要是这庅樣立【真急了】刻就死
了林代玉啐【如聞】道大清早起死呀活的也不忌諱你說有呢就有沒有就沒有。起

什庅誓呢宝玉道寔在没有見你去就是宝姐〻坐了一坐就出来了〔不用兒言彼已親覩〕林代玉

想了一想笑道是了想必是你的了頭們懶待動丧声歪氣的也是有的宝玉

道想必是这丫頭原故等我回去問了是誰教訓〻〻〔玉兄口氣畢真〕他們就好了代玉道你的

那些〔不快活之稱〕姑娘們也該教訓〻〻〔照據的妙〕只是我論理不該說今兒得罪了我的事小倘或

明兒宝姑娘来〔也還一句的是心坎上人〕什庅貝姑娘来也得罪了事情不大了說着抿着嘴笑〔玉兄此心事全無矣〕宝玉听

了又是咬牙又是笑二人正說話只見了頭来〔收什得干淨〕請吃飯遂都往前頭来了王夫

人見了林代玉因問道大姑娘你吃那鮑太醫的藥可好些〻〔是新接了的口氣〕林代玉道也不过

这庅着老太〻还叫〔何如〕我吃王大夫的藥呢宝玉道太〻不知道林妹〻是内症

先天生的弱所以禁不住一點風寒不过吃兩剤煎藥就好了散了風寒还是

吃丸〔引下文〕藥的好王夫人道前兒大夫說了个丸藥的名子我也忘了宝玉道我知道

那些些丸藥不过叫他吃什庅人参養榮丸王夫人道不是宝玉又道八珍益母（奇文奇語）

丸左歸右歸再不就是麥味地黄丸王夫人道都不是我只記得有个金剛兩（寫玉兄亦是釋却心中一夜半日要事故大大一襯 己卯冬夜）

个字的宝玉扎手（慈母前放肆了）笑道從來沒听見有个什庅金剛丸若有了金剛丸自然（宝玉因代玉事完一心）

有菩薩丸了（無墨碍故不知不覺手之舞之足之蹈之）說的滿屋里人都笑了宝釵抿嘴笑道想是天王補心丹（慧心人自应知之）王夫人

笑道是这个名兒如今我也糊塗了宝玉道太太到不糊塗都是叫金剛菩薩（是語甚对余幼时）

支使糊塗了（聆聞之語合符哀哉傷哉）王夫人道扯你娘的燥又欠你老子搥你了（伏線）宝玉笑道我老子再（此言亦不假）

不為这个搥我的王夫人又道既有这个名兒明兒就叫人買些些來吃宝玉笑（前藥案是暗度顰卿病勢漸加此筆非泛泛閑文也）

道这些都不中用的太太給我三百六十兩銀子我替妹妹配一料丸藥包管

一料不完就好了王夫人道放屁什庅藥就这庅貴宝玉笑道當真的呢我這

个方子比别的不同那个藥名兒也古怪一時也說不清只講那頭胎紫河車（只聞名）

（亥夏 畸笏叟）

寫得不犯冷香丸方子

前玉生香回中顰云他有金你有玉他有冷香你豈不該有暖香是宝玉無藥可配矣今顰兒之剖若許材料皆係滋補熱性之藥兼有許多奇物而尚未擬名何不竟以暖香名之以代補宝玉之

人形帶葉參三百六十两不足龜大（听也不曾听过）何首烏千年松根茯苓胆諸如此類的藥都不筭為奇（还有奇的）只在群藥里筭那為君的藥說起來唬人一跳前兒薛大哥〻求了我一二年我纔給了他這方子他拿了方子去又尋了二三年花了有上千的銀子纔配成了太〻不信只問宝姐〻宝釵听說笑道摇手兒說我不知道也沒听見你别叫姨娘问我王夫人笑道到的是宝丫頭好孩子不撒謊宝玉跕在當地听見如此說一回身把手一拍說道我說的到是真話呢到說我撒謊口里說着忽一回身只見林代玉坐在宝釵身後（且不接宝玉文字妙）抿着嘴笑用手指頭在臉（好看煞在顰兒必有之）上画着羞他鳳姐因在里间屋里看着人放桌子听如此說便走來笑道宝兄弟不是撒謊這到是有的前日薛大哥親自和我來尋珍珠我向他作什么他說配藥他还报怨說不配也罢了如今那里知道这么費事我問他什么藥他

不足岂不三人一体矣　己卯冬夜

說是宝兄弟的方子說了多少藥我也沒工夫听他說不然我也買几顆珍珠了只是定要頭上帶过的所以来和我尋他說妹〻就沒散的花兒上也得掐[使]下来过後兒我揀好的再給妹〻串[穿]了来我沒法兒把兩枝珠花兒現折了給他还要了一塊三尺上用大紅紗去乳鉢乳了偶面子呢鳳姐說一句那宝玉念一句佛說太陽在屋子里呢鳳姐說完了宝玉又道太〻想这不过是將就呢正緊[經]按那方子这珍珠宝石定要在古墳里的有那古時富貴人家粧裹的頭面拿了来綫好如今那里為这个去拕坟掘墓所以只是活人帶过的也可不止阿鳳以使得王夫人道阿弥陀佛沒[不]當家花〻的就是坟里有这个人家死了几百圓謊今作者亦為圓謊了看此數則知矣年这会子翻尸盗骨的作了藥也不灵宝玉向林代玉說道你听見了沒有難道二姐〻也跟着我撒謊不成臉望着林代玉說話却拿眼睛飄着宝釵代玉

便拉王夫人道舅母听〻宝姐〻不替他圓謊他支吾着我王夫人也道宝玉
狠會欺服（負）你妹〻宝玉笑道太〻不知道這原故宝姐〻先在家里住着那薛
大哥〻的事他也不知道何况如今在里頭住着呢自然是越發不知道了林
（分晰的是不敢回犯）
妹〻繞在背後羞我打諒我撒謊呢正說着只見賈母房里的丫頭找宝玉林
代玉去吃飯林代玉也不叫宝玉便起身拉了那丫頭走那丫頭說等着宝玉
一塊兒走林代玉道他不吃飯了咱們走我先走了說着便出去了宝玉道我
今兒还跟着太〻吃罢王夫人道罢〻我今兒吃斋你正緊（經）你吃去罢宝玉道
我也跟着吃斋說着便叫那丫頭去罢自己先跑到桌子上坐了王夫人向宝
釵等笑道你们只管吃你们的由他去罢宝釵因笑道你正緊（經）去罢吃不吃陪
（淺文方知）
着林姑娘走一盪他心里打緊的不自在呢宝玉道理他呢过一会子就好了

一時吃过飯宝玉一則怕賈母記掛二則他記罣着林代玉忙〻的要茶漱口

探春惜春却笑道二哥〻你成家忙些〻什麽吃飯吃茶也是这麽忙碌碌的宝

冷眼人自然了〻

釵笑道你〻叫他快吃了瞧林代玉妹〻去罷叫他在這里胡羼些什麽宝玉吃

了茶便出来一直往西院来可巧走到鳳姐兒院門前鳳姐兒蹬着门檻子拿

也才吃了飯 是阿鳳身段

耳挖子剔牙看着十來个小廝们挪花盆呢見宝玉來了笑道你来的好進來

如聞

進來替我寫几个字兒宝玉只得跟了進来到了屋里鳳姐命人取过筆硯紙

来向宝玉道大紅粧緞四十疋蟒緞四十疋上用紗各色一百疋金項圈四个

宝玉道这算什麽又不是賬又不是礼物怎麽个寫法鳳姐兒道你只管寫上

有是語有是事

横竪我自己明白就罷了宝玉听說只得寫了鳳姐一面收起一面笑道还有

句話告訴你不知你依不依你屋里有个丫頭叫紅玉我要叫了来使喚明兒

我再替你挑几个可使得宝玉道我屋里的人也多的狠姐々喜欢誰只管叫了来何必问我鳳姐笑道既這麽着我就叫人帶他去了（又了却怡红孽冤一案）宝玉道只管帶去説着便要走鳳姐兒道你回来我还有一句話呢宝玉道老太々叫我呢（也非林妹々叫我呢一嘆）有話等我回来罢説着便来至賈母這边只見都已吃完飯了賈母因问他跟着你娘吃了什麽好的宝玉笑道也没什麽好的我到多吃了一碗飯因问林妹々在那（如何余言不謬）里賈母道里頭屋里呢宝玉進来只見地下一个了頭吹熨斗炕上两个了頭打粉線代玉湾着腰拿着剪子裁什麽呢宝玉走進来笑道哦這是作什麽呢纔吃了飯這麽空着頭一會子又頭疼了代玉並不理只管裁他的有一个了頭説道那塊紬子角兒还不好呢再熨他一熨代玉便把剪子一撂説道理他呢（有意無意）過一會子就好了（急脉合針对無怪玉兒納悶）宝玉听了只是悶只見宝釵探春等也来了和賈母説了一

連重兩遍前言是顰玉氣味相傚無非偶然暗合相符勿認作有意之小人也

回話寶釵也進来向林妹〻作什么呢因見林代玉裁剪因笑道妹〻越發能幹了連裁剪都會了代玉笑道這也不过是撒謊哄人罷了寶釵笑道我告訴你个笑話兒纔剛為那个藥我說了个不知道寶兄弟心里不受用了林代玉道理他呢过会子就好了寶玉向寶釵道老太〻要抹骨牌正没人呢你抹骨牌去罷寶釵听說便笑道我是抹骨牌纔来了說着便走了林代玉道你到是去罷這里有老虎看吃你說着又裁寶玉見他不理只得还陪笑說道你也出去頑〻再裁不遲林代玉總不理寶玉便问了頭們这是誰叫裁的林代玉見问了頭們便說道憑他誰叫我裁也不管二爷的事寶玉方欲說話只見有人進来回說外頭有人請寶玉听了忙撤身出来代玉向外頭說道阿弥陀佛赶你（何苦来余不忍听）回来我死了也罷了寶玉出来外面只見焙茗說道馮大爷家請寶玉听了知

若真有二事則不成石頭記文字矣作者得三昧在兹批書人得書中三昧亦在兹　壬午孟夏

此门請出玉兄来故信步

道是昨日的話便說要衣裳去自己便往書房里来焙茗一直到了二門前等

又至書房文人美筆虛點綴也

人只見一个老婆子出来了焙茗上去說道宝二爷在書房里等出门的衣裳

你老人家進去帶个信兒那婆子說放你娘的屁到好宝二爷如今在園里住

活現活跳

着跟他的人都在園里你又跑了来这里帶信兒来了焙茗听了笑道罵的是

我也糊塗了說着一逕往東边二門前来（上）可巧门上小廝在甬路底下踢球焙

茗將原故說了小廝跑了進去半日抱了一个包袱出来遞與焙茗回到書房

里宝玉換了命人備馬只帶着焙茗鋤藥雙瑞双壽四个小廝去了一逕到了

馮紫英家门口有人報與了紫英出来迎接進去只見薛蟠早已在那里久候

还有許多唱曲兒的小廝並唱小旦的蔣玉菡錦香院的妓女雲兒大家都見

过了然後吃茶宝玉擎茶笑道前兒所言幸與不幸之事我晝懸（思）夜想（放不下）今日

一聞呼喚即至馮紫英笑道你們令姑表兄弟到都心實前日不过是我的設辞誠心請你们一飲恐又推托故說下這句話今日一邀即至誰知都信真了说畢大家一笑然後擺上酒来依次坐定馮紫英先命唱曲兒的小厮過来讓酒然後命雲兒也来敬酒那薛蟠三杯下肚不覺忘了情拉着雲兒的手笑道你把那梯己新樣兒的曲子唱个我听我吃一鐘如何雲兒听說只得拿起琵琶来唱道

两个寃家都难丢下　想着你来又記挂着他　两个人形容俊俏都难描画　想昨宵幽期私訂在荼蘼架　一个偷情一个尋拿　拿住了三曹对案我也無回話　此唱一曲　為直刺宝玉

唱畢笑道你歛一鐘子罷了薛蟠听說笑道不值一鐘再唱好的来宝玉笑道

听我説来如此濫飲易醉而無味我先歃一大海發一新令有不尊者連罰十
大海逐出席外與人斟酒馮紫英蔣玉菡等都道有理々々宝玉拿起海来一
氣飲干説道如今要説悲愁喜樂四字却要説出女兒来还要註明這四字原
故説完了飲門杯酒面要唱一个新鮮時樣曲子酒底要席上生風一樣東西
或古诗舊对四書五经成語薛蟠未等説完先站起来攔道我不来别算我这
竟是捉弄我呢雲兒也站起来推他坐下笑道怕什麽这还亏你天々吃酒呢难
到你連我也不如我回来还説呢説是了罢不是了不过罰上几杯那里就醉
死了你如今一乱令到歃十大海下去斟酒不成衆人都拍手道妙薛蟠听説
無法只得坐了听宝玉説道
女兒悲青春已大守空閨　　女兒愁悔教夫婿覓封侯

大海飲酒西堂產九台靈芝日也批書至此寧不悲乎　壬午重陽日

與人無語

豈敢

有理

女兒喜对鏡晨粧顔色美　女兒樂鞦韆架上羅衫薄　一
衆人听了都説道説得有理薛蟠獨揚着臉摇頭説不好該罰衆人问如何該
罰薛蟠道他説的我痛（通）不懂怎庅不該罰雲兒便拧他一把笑道你悄々的想
你的罷回来説不出又該罰了于是拿琵琶听宝玉唱道
滴不盡相思血淚抛紅豆　開不完春柳春花滿画楼
睡不穏紗窓風雨黄昏後　忘不了新愁與舊愁　嚥不下玉粒金蓴
噎滿喉　照見菱花鏡里形容瘦　展不開眉頭　捱不明的更漏
呀　恰便似遮不住的青山隐隐　流不断的绿水悠悠
唱完大家齊声喝彩獨薛蟠説無板宝玉飲了门杯便拈起一片梨来説道
雨打梨花深闭门　完了　令下該馮紫英説道

女兒悲兒夫染病在垂危　女兒愁大風吹倒梳粧樓
女兒喜頭胎養了双生子　女兒樂私向花園掏蟋蟀
說畢端起酒来唱道
你是个可人　你是个多情　你是个刁鑽古怪鬼灵精　你是个
神仙也不灵　我說的話兒你全不信　只叫你去背地里細打听
纔知道我疼你不疼　唱完
飲了门杯说道鷄鳴茅店月令完下該雲兒〻〻便說道
女兒悲將来終身指靠誰　薛蟠嘆道我的兒有你薛大爷在你怕什
麼衆人都道別混他別混他雲兒又道　女兒愁媽〻打罵何时休
薛蟠道前兒我見了你媽还吩咐他不叫他打你呢衆人都道再多言者罰酒

十杯薛蟠連忙自己打了一个嘴巴子說道沒耳性再不許說了雲兒又道

女兒喜情郎不捨还家里　女兒樂住了簫管弄弦索　唱完

便唱道

荳蔻開花三月三　一个虫兒往里鑽　鑽了半日不得進

去爬到花兒上打鞦韆　肉兒小心肝我不開了你怎么鑽

薛蟠瞪了一瞪眼又説道女兒愁説了這句又不言語了衆人道怎么薛蟠道綉房攛出个大馬猴衆人呵ゝ笑道該罸ゝゝ這句更不通先还可恕説省便要篩酒宝玉笑道押韵就好薛蟠道令官都准了你们闹什么衆人听説方才罢了雲兒笑道下两句越發难説了我替你説罢薛蟠道胡説當真我就没好的了听我説罢女兒喜洞房花烛朝慵起衆人听了都诧異道这句何其太韵薛蟠又道　女兒樂一根𣰽𣯶往里戳衆人听了都回頭説道该死ゝゝ快唱了罢薛蟠便唱道　一个蚊子哼ゝゝ　衆人都怔了説這是个什么曲兒薛蟠还唱道　两个蒼蝇嗡ゝゝ　衆人都道罢ゝゝゝ薛蟠道爱听不听這是新鮮曲兒叫作哼ゝ韵你们要懶待听連酒底都免了我就不唱衆人都道免了罢ゝゝゝ到别躭悞了别人家于是蒋玉菡説道

女兒悲丈夫一去不囬歸　女兒愁無錢去打桂花油
女兒喜燈花並頭結双蕊　女兒樂夫唱婦隨真和合
說畢唱道
可喜你天生百媚嬌　恰便似活神仙離碧霄　度青春年正小
配鸞鳳真也著　呀　看天河正高　听樵楼鼓敲　剔銀燈同入鴛
幃悄
唱畢飲了門杯笑道这詩詞上我到有限幸而昨日見了一付對子可巧只記
得這句幸而席上還有这件東西說畢便干了酒拿起一朵木樨來念道花氣
襲人知晝煖眾人到都依了完令薛蟠又跳了起來喧嚷道了不得了不得該
罰該罰这席上又沒有宝貝你怎麼念起宝貝來將玉函怔了說道何曾有宝

雲兒知怡紅細事可想玉兄之風情意也　壬午重陽

用雲兒說出是章法

貝薛蟠道你还賴呢你在念来蔣玉函只得又念了一遍薛蟠道襲人可不是宝貝是什庅你们不信只问他說畢指着宝玉〻〻没好意思起来說薛大哥你該罰多少薛蟠道該罰〻〻說着拿起酒来一飲而盡馮紫英與蔣玉函等不知原故雲兒便告訴了出来蔣玉函忙起身陪罪衆人都道不知者不作罪少刻宝玉出席觧手蔣玉函便隨了出来二人站在廊簷下蔣玉函又陪不是宝玉見他嫵媚温柔心中十分留戀便緊〻的搭着他的手叫他閑了往我们那里去還有一句話借问也是你们貴班中有一个叫琪官的他在那里如今名馳天下我獨無緣一見蔣玉函笑道就是我的小名兒宝玉听說不覺欣然跌足笑道有幸〻〻果然名不虛傳今兒初会便怎亥樣呢想了一想向袖中取出扇子將一个玉玦扇墜觧下来遞與琪官道微物不堪略表今日之誼琪

官接了笑道無功受禄何以克當也罷我這里得了一件奇物今日早起方繫
上還是簇新聊可表我一点親熱之意說畢撩衣将繫小衣兒一條大紅汗巾
子解了下来遞與宝玉道這汗巾子是茜香國女國王所貢之物夏天繫着肌
膚生香不生汗漬昨日北靜王給我的今日纔上身若是別人我断不肯相贈
二爺請把自己繫的解下来給我繫着宝玉听說喜不自禁連忙接了将自己
一條松花汗巾解了下来遞與琪官二人方束好只听一声大叫我可拿住了
只見薛蟠跳了出来拉着二人道放着酒不吃两个人逃席出来幹什么快拿
出来我瞧瞧二人都道沒有什么薛蟠那里肯依还是馮紫英出来纔解開了
身上拿
于是復又帰坐飲酒至晚方散宝玉回至園中寬衣吃茶襲人見扇子上的墜
隨口謊言
兒沒了便问他往那里去了宝玉道馬上丢了睡覺時只見腰里一條血點似

的大紅汗巾子襲人便猜了八九分因說道你有了好的繫褲子把我那條还
我罢宝玉听說方想起那條汗巾子原是襲人的不該給人總是心里後悔口
里說不出来只得笑道我賠你一條罢襲人听了點頭嘆道我就知道又幹這
些事也不該拿着我的東西給那起混賬人去也难為你心里沒个筭計兒再
要說几句又恐慪上他的酒来少不得也睡了一宿無語至次日天明方纔醒
了只見宝玉笑道夜里失了盗也不曉得你瞧瞧褲子上襲人低頭一看只見
昨日宝玉繫的那條汗巾子繫在自己腰里呢便知是宝玉夜間換了忙一頓
把解下来我不希罕这行子趂早兒拿了去宝玉見他如此只得委婉解劝了
一回襲人無法只得繫在腰里過後宝玉出去終久解下来擲在个空箱子里
自己又換了一條繫着宝玉並未理論因问起昨日可有什么事情襲人便回

說二奶〻打發人叫了紅玉去了他原要等你來的我想什庅要緊我就作了
主打發他去了宝玉道狠是我已知道了不必等我[的狠是]罢了襲人又道昨兒貴妃
打發夏太監出來送了一百二十兩銀子叫在清虛觀初一到初三打三天平
安醮唱戲献供叫珍大爺領着衆位爺們跪香拜佛呢还有端午兒的節礼也
賞了說着命小丫頭子來將昨日的所賜之物取了出來只見上等宮扇兩柄
紅麝[色]香珠二串鳳尾羅二端芙蓉簟一領宝玉見了喜不自勝问別人的也都
是這个襲人道老太〻的多着一个香如意一个瑪瑙枕太太老爺姨太〻的
只多着一个如意你的同宝姑娘的一樣林姑娘同二姑娘三姑娘四姑娘只
单有扇子同数珠兒別人都没了大奶〻二奶〻他兩个是每人兩疋紗兩疋
羅兩个香袋兩个錠子藥宝玉听了笑道这是怎庅樣原故怎庅林姑娘的到

不同我的一様到是宝姐〻的同我一様別是傳錯了罢襲人道昨兒拿出來都是一分一分的寫着籤子怎庅就錯了你的是在老太〻屋里的我去拿了來了老太〻說了明兒叫你一个五更天進去謝恩呢宝玉道自然要走一遍說着便叫紫綃來拿了这个到林姑娘那里去就說是昨兒我得的愛什庅留下什庅紫綃答應了拿了去不一時回來說林姑娘說了昨兒也得了二爺留着罢宝玉听說便命人收了剛洗了臉出來要望賈母那里請安去只見林代玉頂頭來了宝玉赶上去笑道我的東西叫你揀你怎庅不揀林代玉昨日所惱宝玉的心事早又丢開只顧今日的事了因說道我沒这庅大福禁受比不得宝姑娘什庅金什庅玉的我們不過是草木之人宝玉听他提出金玉二字來不覺心動疑猜便說道除了別人說什庅金什庅玉我心里要有这个想頭

天誅地滅萬世不得人身林代玉听他这話便知他心里動了疑忙又笑道好
沒意思白〻的説什么誓管你什么金什么玉的呢宝玉道我心里的事也难
對你説日後自然明白除了老太〻老爷太〻這三个人第四个就是妹〻了
要有第五个人我也説个誓林代玉道你也不用説誓我狠知道你心里有妹
妹但只是見了姐〻就把妹〻忘了宝玉道那是你多心我再不的林代玉道
昨兒宝丫頭不替你圓謊為什么问着我呢那要是我你又不知怎么樣了正
説着只見宝釵從那边來了二人便走开了宝釵分明看見只粧看不見低着
頭过去了到了王夫人那里坐了一回然後到了賈母這边只見宝玉在这里
呢薛宝釵因往日母親对王夫人等曾提过金鎖是个和尚給的等日後有玉
的方可結為婚姻等語所以揔遠着宝玉昨兒見元春所賜的東西独與他宝

玉一樣心里越發沒意思起来幸亏宝玉被一个林代玉纏綿住了心〻念〻只記掛着林代玉並不理論这事此刻忽見宝玉便笑道宝姐〻我瞧〻你的紅麝串子可巧宝釵左腕上籠着一串見宝玉问他少不得褪了下来宝釵生的肌膚豐澤容易褪不下来宝玉在傍看着雪白一段酥臂不覺動了羨慕之心暗〻想道這个膀子要長在林妹〻身上或者还得摸一摸偏生長在他身上正是自恨沒福得摸忽然想起金玉一事来再看〻宝釵形容只見臉若銀盆眼似水杏唇不点而紅眉不画而翠比林代玉另具一種嫵媚風流不覺就獃了宝釵褪了串子来遞與他也忘了接宝釵見他怔了自己到不好意思的丢下串子回身纔要走只見林代玉蹬着门檻子嘴里咬着手帕子笑呢宝釵道你又禁不得風吹怎么又站在那風口里林代玉笑道何曾不是在屋里的只因

听見天上一聲吽喚出来瞧了瞧原来是个獃雁薛宝釵道雁在那里呢我也
瞧一瞧林代玉道我纔出来他就忒兒一聲飛了口里説着將手里的帕子一
甩向宝玉臉上甩来宝玉不防正打在眼上噯喲了一聲要知端的且听下回
分觧

脂硯齋重評石頭記

清虛觀賈母鳳姐原意大適意大快樂偏寫出多少不適意事來此亦天然至情至理必有之事

二玉心事此回大書是難了割却用太君一言以定是道悉通部書之大旨

脂硯齋重評石頭記

第二十九回

享福人福深還禱福　斟情女情重愈斟情

話說宝玉正自發怔不想代玉將手帕子甩了來正碰在眼睛上到唬了一跳問是誰林代玉搖着頭兒笑道不敢是我失了手因為宝姐〻要看獃雁我比給他看不想失了手宝玉揉着眼睛待要說什么又不好說的一時鳳姐兒來了因說起初一日在清虛观打醮的事來約着宝釵宝玉代玉等看戲去宝釵笑道罷〻怪熱的什么沒看过的戲我就不去了鳳姐兒道他們那里涼快兩边又有樓偺們要去我頭儿天打發人去把那些道士都赶出去把樓打掃干淨掛起簾子來一个閑人不許放進庙去纔是好呢我已经回了太〻了你們

不去我去這些〻日子也悶的很了家里唱動戲我又不得舒〻服〻的看賈母
听說笑道既这庅着我同你去鳳姐听說笑道老祖宗也去乾淨好了就只是
我又不得受用了賈母道到明兒我再正面樓上你傍边樓上你也不用到我
这边來立規矩可好不好鳳姐兒笑道这就是老祖宗疼〻我了賈母回而向宝
釵道你也去連你母親也去長天老日的在家里也是睡覺宝釵只得荅應着
賈母又打發人去請了薛姨媽順路告訢王夫人要帶了他们姊妹去王夫人
因一則身上不好二則預備着元春有人出來早已回了不去的听賈母如今
這樣說笑道還是這庅高興回打發人去到園里告訢有要逛的只管初一跟
了老太〻逛去這个話一傳開了别人都還可已只是那些〻丫頭们天〻不得
出门檻子听了這話誰不要去便是各人的主子懶怠去他也百般攛掇了去

因此李宮裁等都說去賈母越發心中喜歡早已分付人去打掃安置都不必細說單表到了初一這一日榮國府門前車輛紛紛人馬簇簇那底下凡執事人等聞得是貴妃作好事賈母親去拈香正是初一日乃月之首日況是端陽節間因此凡動用的什物一色都是齊全的不同往日少時賈母等出來賈母坐一乘八人大轎李氏鳳姐兒薛姨媽每人一乘四人轎寶釵代玉二人共坐一輛翠蓋珠纓八寶車迎春探春惜春三人共坐一輛朱輪翠蓋車然後賈母的丫頭鴛鴦鸚鵡琥珀珍珠林代玉的丫頭紫鵑雪雁春纖寶釵的丫頭鶯兒文杏迎春的丫頭司棋繡橘探春的丫頭待書翠墨惜春的丫頭入畫彩屏薛姨媽的丫頭同喜同貴外帶着香菱香菱的丫頭臻兒李氏的丫頭素雲碧月（雲碧）鳳姐兒的丫頭平兒豐兒小紅並王夫人兩個丫頭也要跟了鳳姐兒來金釧

彩雲奶子抱着大姐兒帶着巧姐兒另在一車还有兩个丫頭一共又連上各房的老妪〻奶娘並跟出门的家人媳婦子烏壓〻的占了一街的車賈母等已徑坐轎去了多遠這门前尚未坐完這个說我不同你在一處那个說你壓了我们奶〻的包袱那边車上又說蹭了我的花兒這边又說碰折了我的扇子咭〻呱〻說笑不絕周瑞家的走来过去的說道姑娘们这是街上看人笑話說了兩遍方覺好了前頭的全副執事擺開早已到了清虛觀了宝玉騎着馬在賈母轎前街上人都站在兩边將至觀前只听鐘鳴鼓响早有張法官執香披衣帶領衆道士在路傍迎接賈母的轎剛至山門以內賈母在轎内因看見有守门大帥並千里眼順風耳當方土地本境城隍各位泥胎聖像便命住轎賈珍帶領各子弟上来迎接鳳姐兒知道鴛鴦等在後面赶不上来攙賈母

自己下了轎忙要上来搀可巧有个十二三歲的小道士兒拿着剪筒照管剪
各處蠟花正欲得便且藏去不想一頭撞在鳳姐兒怀里鳳姐便一揚手照臉
一下把那小孩子打了一个觔斗罵道野牛肏的胡朝那里跑那小道士也不
顧拾燭剪爬起来往外還要跑正置宝釵等下車衆婆娘媳婦正圍随的風雨
不透但見一个小道士子滚了出来都喝声叫拿々々打々々賈母听了忙问
是怎庅了賈珎忙出来向鳳姐上去搀住賈母就回説一个小道士兒剪灯花
的没躲出去這会子混鑽呢賈母听説忙道快帶了那孩子来别唬着他小
門小户的孩子都是嬌生慣養的那里見的這个勢派倘或唬着他到怪可怜
見的他老子娘豈不疼的荒説着便叫賈珎去好生帶了来賈珎只得去拉了
那孩子来那孩子還一手拿着蠟剪跪在地下乱战賈母命賈珎拉起来叫他

别怕问他几歲了那孩子痛（通）說不出話来賈母還說可怜見的又向賈珍道珍哥兒帶他去罢给他些錢買菓子吃别叫人难為了他賈珍答應領他去了這里賈母帶着衆人一層〻〻的瞻拜观玩外面小厮们見賈母等進入二層山门忽見賈珍領了一个小道士出来叫人来帶去给他几百錢不要难為了他家人听說忙上来領了下去賈珍站在堦台砌上因问管家在那里底下站的小厮们見问都一齐喝声說叫管家登时林之孝一手整理着帽子跑了来到賈珍跟前賈珍道虽說這里地方大今兒不承望来这么些人你使的人你就帶了往你的那院里去使不着的打發到那院里去把小么兒们多挑几个在这二層门上同两边的角门上伺候着要東西傳話你可知道不知道今兒小姐奶〻们都出来一个闲人也到不了這里林之孝忙答應曉得又說了几个是賈珍道

去罢又問怎庅不見蓉兒一声未了只見賈蓉從鐘樓里跑了出来賈珎道你瞧〻他我這里也没〔還〕熱〔敢說〕他到乘凉去了喝命家人啐他那小厮们都知道賈珎素日的性子違拗不得有个小厮便上来向賈蓉臉上啐了一口賈珎又道问着他那小厮便问賈蓉道爺还不怕熱哥兒怎庅先乘凉去了賈蓉托着手一声不敢説那賈芸賈萍賈芹等听見了不但他們慌了亦且連賈璜〔瑞〕賈瓔等也都忙了一个〻〻從墻根下慢〻的溜下来賈珎又向賈蓉道你站着作什庅还不騎了馬跑到家里告訴你娘母子去老太〻同姑娘们都来了叫他们快来伺候賈蓉听説忙跑了出来一叠声要馬一面报怨道早都不知作什庅的这会子尋唓我一面又罵小子捆着手呢馬也拉不来要打發小子去又恐後来对出来説不淂親自走一盪騎馬去了不在話下且説賈珎方要抽身

進来只見張道士站在傍边陪笑說道論理我不比別人應該里頭伺候只因
天氣炎熱衆位千金都出来了法官不敢擅入請爺的示下恐老太〻問我要随
喜那里我只在這里伺候罷了賈珍知道这張道士雖然是當日榮國府國公
的替身曾经先皇御口親呼為大幻仙人如今現掌道録司印又是當今封為
終了真人現今王公藩鎮都稱他為神仙所以不敢輕慢二則他又常往兩个
府里去凡夫人小姐都是見的今見他如此說便笑道偺們自己你又說起這
話来再多說我把你這鬍子还撏了呢还不跟我進来那張道士呵〻大笑跟
了賈珍進来賈珍到賈母跟前控身陪笑說这張爺〻進来請安賈母听了忙
道攙〻他来賈珍忙去攙了過来那張道士先哈〻笑道無量壽佛老祖宗一向
福壽安康衆位奶〻小姐納福一向没到府里請安老太〻氣色越發好了賈母

笑道老神仙你好㤙道士笑道托老太〻萬福萬壽小道也还康健别的到
罢了只記掛着哥兒一向身上好前日四月二十六日我這里做遮天大王的聖
誕人也來的少東西也狠干净我說請哥兒來𨔼〻怎么說不在家賈母說道
果真不在家一面回頭呌宝玉誰知宝玉觧手去了纔来忙上前向張爷〻好
張道士忙抱住问了好又向賈母笑道哥兒越發〻福了賈母道他外頭好里
頭弱又搭着他老子逼着他念書生〻的把个孩子逼出病来了張道士道前
日我在好几處看見哥兒的字作的詩都好的了不得怎么老爺還抱怨說
哥兒不大喜歡念書呢依小道看来也就罢了又嘆道我看見哥兒的這个形
容身段言談舉動怎么就同當日國公爷一个槁子說着兩眼流下泪来賈母
听說也由不得滿臉泪痕說道正是呢我養这些兒子孫子也沒一个像他爷

爺的就只這玉兒像他爺爺那張道士又向賈珍道當日國公爺的模樣兒爺們一輩的不用說自然沒趕上大約連大老爺二老爺也記不清楚了說畢呵呵又一大笑道前日在一个人家看見一位小姐今年十五歲了生的到也好个模樣兒我想着哥兒也該尋親事了若論這个小姐模樣兒聰明智慧根基家當到也配的过但不知老太太怎么樣小道也不敢造次等請了老太太的示下纔敢向人去說賈母道上回有和尚說了這孩子命里不該早娶等再大一大兒再定罷你可如今打听着不管他根基富貴只要模樣配的上就好來告訴我便是那家子窮不过給他几兩銀子罷了只是模樣性格兒難得好的說畢只見鳳姐兒笑道張爺爺我們丫頭的寄名符兒你也不換去前兒虧你還有那么大臉打發人和我要鵞黃緞子去要不給你又恐怕你那老臉

上過不去張道士呵〻大笑道你瞧我眼花了也沒看見奶〻在這里也沒道多謝符早已有了前日原要送去的不指望娘〻来作好事就混忘了還在佛前鎮着待我取来說着跑到大殿上去一時拿了一个茶盤搭着大紅蟒緞經袱子托出符来大姐兒的奶子接了符張道士方欲抱过大姐兒来只見鳳姐笑道你就手里拿出来罷了又用个盤子托着張道士道手里不干不淨的怎麽拿用盤子潔淨些鳳姐兒笑道你只顧拿出盤子来到唬我一跳我不說你是為送符到像是和我們化布施来了衆人听說閧然一笑連賈珍也掌不住笑了賈母回頭道猴兒〻〻你不怕割舌頭下地獄鳳姐兒笑道我們爺兒們不相干他怎麽常〻的說我該積陰騭遲了就短命呢張道士也笑道我拿出盤子来一舉兩用却不為化布施到要將哥兒的這玉請了下来托出去给那些

遠来的道友並徒子徒孫們見識〻〻賈母道既這們着你老人家老天拔地的跑什麽就帶他去瞧了叫他進来豈不省事張道士道老太〻不知道看着小道是八十多歲的人托老太〻的福到也健壮二則外面的人多氣味难闻況是个暑熱的天哥兒受不慣倘或哥兒受了腌臢氣味到值多的賈母听説便命宝玉摘下通靈玉来放在盤内那張道士兢〻業〻的用蟒袱子墊着捧了出去這里賈母與衆人各處遊玩了一回方去上樓只見賈珎回説張爷〻送了玉来剛説着只見張道士捧了盤子走到跟前笑道衆人托小道的福見了哥兒的玉實在可罕都沒什麽敬賀之物這是他們傳道法器都愿意為敬賀之礼哥兒便不希罕只留着在房里頑耍賞人罢賈母听説向盤内看時只見也有金璜也有玉玦或有事〻如意或有歲〻平安皆是珠穿宝貫玉琢金

鏤共有三五十件因說道你也胡鬧他們出家人是那里來的何必這樣道不
能收張道士笑道這是他們一點敬心小道也不能阻擋老太太若不留下豈
不叫他們看着小道微薄不像是门下出身了賈母听如此說方命人接了宝
玉笑道老太太張爺爺既說又推辭不得我要這个也無用不如叫小子們捧
了這个跟着我出去散給窮人罷賈母笑道這到說的是張道士又忙攔道哥
兒虽要行好但這些東西虽說不甚希奇到底也是几件器皿若給了乞丐一
則與他們無益二則反到遭塌了這些東西要捨給窮人何不就散錢與他們
宝玉听說便命收下等晚间拿錢施捨罢了說畢張道士方退出去這里賈母
與衆人上了樓在正面樓上帰坐鳳姐等占了東樓衆丫頭等在西樓輪流伺
候賈珍一時来回神前點了戲頭一本白蛇記賈母问白蛇記是什麽故事賈

珎道是漢高祖斬蛇方起首的故事第二本是滿床笏賈母笑道這到是第二本上也罢了神佛要這樣也只得罢了又問第三本賈珎道第三本是南柯夢賈母听了便不言語賈珎退了下来至外边預備着伸表焚錢粮開戲不在話下且說宝玉在楼上坐在賈母傍边因呌个小丫頭子捧着方纔那一盤子賀物将自己的玉帶上用手番弄尋撥一件一件的挑與賈母看賈母因看見有个赤金點翠的其粦便伸手番弄拿了起来笑道这件東西好像我看見誰家的孩子也帶着这麼一个的宝釵笑道史大妹〻有一个比這个小些〻賈母道是雲兒有這个宝玉道他這麼往我们家去住着我也没看見探春笑道宝姐〻有心不管什麼他都記得林代玉冷笑道他在別的上还有限惟有這些〻人帶的東西上越發留心宝釵听說便回頭粧沒听見宝玉听見史湘雲有這件東

西自己便将那麒麟忙拿起来揣在懷里一面心里又想到怕人看見他听見史湘雲有了他就留這件因此手里揣着却拿眼睛飄人只見衆人都到不大理論惟有林代玉瞅着他點頭兒似有讃嘆之意宝玉不覺心里沒好意思起来又掏了出来向帯玉笑道這个東西到好頑我替你留着到了家穿上你帯林代玉将頭一扭說道我不希罕宝玉笑道你果然不希罕我少不得就拿着說着又揣了起来剛要說話只見賈珎賈蓉的妻子婆媳兩个来了彼此見过賈母方說你们又来做什庅我不过沒事來逛〻一句話沒說了只見人报馮将軍家有人來了原来馮紫英家听見賈府在廟里打醮連忙預備了猪羊香烛茶銀之類的東西送礼鳳姐兒听了忙赶过正楼来拍手咲道嗳呀我就不防這个只說偺们娘兒们来閑逛〻人家只當偺们大擺斋壇的来送礼都是

老太：闹的這又不得不預備賞封兒剛說了只見馮家的管家兩个娘子上樓来了馮家兩个未去接着趙侍郎也有礼来了：于是接二連三都听見賈府打醮女眷都在庙里凡一應遠親近友世家相遇都来送礼賈母纔後悔起来說又不是什庅正緊齋事我們不過閒逛：就想不到這礼上沒的驚動了人因此虽看了一天戲至下午便回来了次日便懶怠去鳳姐又說打墻也是動土已经驚動了人今兒樂得还去逛：那賈母因昨日張道士提起宝玉說親的事来誰知宝玉一日心中不自在回家来生氣嗔着張道士與他說了親口口声声說從今以後再不見張道士了別人也並不知為什庅原故二則林代玉作日回家又中了暑因此二事賈母便執意不去了鳳姐見不去自己帶了人去也不在話下且說宝玉因此見林代玉又病了心里放不下飯也懶待吃不

時来向林代玉又怕他有丁好歹因說道你只管看你的戲去在家里作什庅
宝玉因昨日張道士提親心中大不受用今听見林代玉如此說心里因想道
別人不知道我的心還可恕連他也奚落起我来因此心中更比往日的煩惱
加了百倍若是別人跟前斷不能動这肝火只是林代玉說了这話到比往日
別人說这話不同由不得立刻沉下臉来說道我白認得了你罢了〻〻林代
玉听說便冷咲了兩声白認得了我那里像人家有什庅配的上呢宝玉听了
便向前来支向到臉上你这庅說是安心咒我天誅地滅林代玉一時解不过
这丁話来宝玉又道昨兒还為这丁賭了几囬咒今兒你到底又准我一句我
便天誅地滅你又有什庅益處林代玉一闻此言方想起上日的話来今日原
自已說錯了又是着急又是羞愧便顫〻兢〻的說道我要安心咒你我也天

誅地滅何苦来我知道昨日張道士說親你怕阻了你的好姻緣你心里生氣
来拿我煞性子原来那宝玉自幼生成有一種下流痴病况從幼時和代玉耳
鬢廝磨心情相对及如今稍明時事又看了那些邪書僻傳凡遠親近友之家
所見的那些閨英闈秀皆不能稍有及林代玉者所以早存了一段心事只不
好說出来故每每或喜或怒变盡法子暗中試探那林代玉偏生也是个有些
痴病的也每用假情試探因你既将真心真意瞞了起来只用假意我也将真
心真意瞞了起来只用假意如此兩假相逢終有一真其间瑣瑣碎碎难保不
有口角之争即如此刻宝玉的心内想的是别人不知我的心还有可恕难道
你就不想我的心里眼里只有你你不能為我煩恼反来以這話奚落堵我可
見我心里一時一刻白有你你竟心里没我心里这意思只是口里說不出来

一個心弄成兩個心之句期望之情殷每有是事迨兄疑玉詩集中句云未形猜妬情狀俄皆雲嬌嗔處然真信不謬也 綺園

那林代玉心里想着你心里自然有我虽有金玉相对之說你豈是重这邪說不重我的我便時常提这金玉你只管了然自有無聞的方見得是待我重而毫無此心了如何我只一提金玉的事你就着急可知你心里时時有金玉見我一提你又怕我多心故意着急安心哄我看来两个人原本是一个心但都多生了枝葉反弄成两个心了 那宝玉心中又想着我不管怎么樣都好只要你随意我便立刻因你死了也情愿你知也罢不知也罢只由我的心可見你方和我近不知我遠那林代玉心里又想着你只管你你好我自好你何必為我而自失殊不知你失我自失可見是你不叫我近你有意叫我遠你了如此看来却都是求近之心反弄成疎遠之意如此之話皆他二人素習所存私心也难備述如今只述他们外面的形容那宝玉又听見他說好姻缘三个字越

發逆了已意心里乾噎口里說不出話来便賭氣向頸上抓下通灵宝玉咬牙恨命往地下一摔道什庅撈什骨子我砸了你完事偏生那玉堅硬非常摔了一下竟文風没動宝玉見没摔碎便回身找東西来砸林代玉見他如此早已哭起来說道何苦来你摔砸那啞吧物件有砸他的不如来砸我二人鬧着紫鵑雪雁等忙来解劝後来見宝玉下死砸玉忙上来奪又奪不下来見比往日鬧的大了少不得去叫襲人ゝゝ忙赶了来纔奪了下来宝玉冷笑道我砸我的東西与你们什庅相干襲人見他臉都氣黄了眼眉都变了從来没氣的这様便拉着他的手笑道你同妹ゝ辯嘴不犯着砸他倘或砸坏了叫他心里臉上怎庅过的去林代玉一行哭着一行听了這話說到自已心坎兒上来可見宝玉連襲人不如越發傷心大哭起来心里一煩惱方纔吃的香薷飲解暑湯

便受不住哇的一声都吐了出来紫鹃忙上来用手帕子接住登時一口一口的把一塊手帕子吐濕雪雁忙上来捶紫鹃道虽然生氣姑娘到的也該保重着些纔吃了藥好些這会子因和宝二爷辯嘴又吐出来倘或犯了病宝二爷怎庅过的去呢宝玉听了這話説到自己心坎兒上来可見代玉不如一紫鹃又見林代玉臉紅頭脹一行啼哭一行氣凑一行是淚一行是汗不勝怯弱宝玉見了這般又自己後悔方纔不該同他較証這会子他這様光景我又替不了他心里想着也由不的滴下泪来了襲人見他兩个哭由不得守着宝玉也心酸起来又摸着宝玉的手氷涼待要劝宝玉不哭罢一則又恐宝玉有什庅委曲悶在心里二則又恐薄了林代玉不如大家一哭就丢開手了因此也流下泪来紫鹃一面収拾了吐的藥一面拿扇子替林代玉輕輕的搧着見三个

人都鴉雀無声各人哭各人的也由不得傷心起來也拿手帕子擦泪四个人
都無言对泣一時襲人免強笑向宝玉道你不看别的你看〻這玉上穿的穗
子也不該同林姑娘辯嘴林代玉听了也不顧病赶來奪过去順手抓起一把
剪子來要剪襲人紫鵑剛要奪已经剪了几段林代玉哭道我也是白効力他
也不希罕自有别人替他再穿好的去襲人忙接了說道何苦來這是我纔多
嘴的不是了宝玉向林代玉道你只管剪我横竖不帶他也没什庅只顧里頭
鬧誰知那些老婆子们見林代玉大哭大吐宝玉又砸玉不知道要鬧到什庅
田地倘或連累了他们便一齊往前頭回賈母王夫人知道好不甘連了他们
那王夫人賈母見他們忙〻的作一件正緊事來告訴也都不知有了什庅
大禍便一齊進園來瞧他兄妹急的襲人抱怨紫鵑為什庅驚動了老太〻太

太紫鵑又只当是襲人去告訴的也報怨襲人那賈母王夫人進来見宝玉也無言林代玉也無話問起来又没為什麽事便将這禍移到襲人紫鵑兩个人身上説為什麽你們不小心伏侍這会子鬧起来都不管了因此将他二人連罵帶説教訓了一頓二人都没話只得听着还是賈母帶出宝玉去了方纔平服过一日至初三日乃是薛蟠生日家里擺酒唱戲来了賈府諸人宝玉因得罪了林代玉二人搃未見面心中正自後悔無精打彩的那里还有心腸去看戲因而推病不去林代玉不过前日中了些暑溽之氣本無甚大病听見他不去心里想他是好吃酒看戲的今日反不去自然是因為昨兒氣着了再不然他見我不去他也没心腸去只是昨兒千不該萬不該剪了那玉上的穗子管定他再不帶了还得我穿了他纔帶因而心中十分後悔那賈母見他兩个都

都生了氣只說趂今兒那边看戲他兩个見了也就完了不想又都不去老人家急的抱怨說我這老冤家是那世里孽障偏生遇見了這𠆤兩个不省事的小冤家沒有一天不叫我操心真是俗語說的不是冤家不聚頭几時我閉了這眼斷了這口氣憑着這兩个冤家鬧上天去我眼不見心不煩也就罷了偏又不嚥這口氣自己抱怨着也哭了這話傳入宝林二人耳内原来他二人竟是從未听見过不是冤家不聚頭的這句俗語如今忽然得了這句話好似參禪的一般都底頭細嚼這句的滋味都不覺潸然泣下虽不曾會面然一个在瀟湘館臨風洒泪一个在怡紅院對月長吁却不是人居兩地情發一心襲人因劝宝玉道千萬不是都是你的不是往日家里小厮们和他们的姊妹拌嘴或是兩口子分争你听見了你还罵小厮们蠢不能体貼女孩兒们的心今兒你

也這庅省了明兒初五大節下你们兩个再這们仇人似的老太〻越發要生氣一定弄的不安生依我劝你正緊下个氣陪个不是大家还是照常一樣這庅也好那庅也好那宝玉听見了不知依與不依要知端詳且听下回分觧

脂硯齋重評石頭記

指扇槁双玉是寫宝釵金蟬脫殼
銀釵画薔學是癡女夢中説夢
脚踢襲人是斷無是理竟有是事

脂硯齋重評石頭記卷之

第三十回

宝釵借扇機帶双敲　椿灵劃薔癡及局外

話説林代玉與宝玉角口後也自後悔但又無去就他之理因此日夜悶〻如有所失紫鵑度其意乃勸道若論前日之事竟是姑娘太浮躁了些别人不知宝玉那脾氣难道偺们也不知道的為那玉也不是鬧了一遭兩遭了代玉啐道你到来替人派我的不是我怎么浮燥了紫鵑笑道好〻的為什么又剪了那穗子豈不是宝玉只有三分不是姑娘到有七分不是我看他素日在姑娘身上就好皆因姑娘小性兒常要歪派他纔這么林代玉欲荅話只听院外叫門紫鵑听了一听笑道这是宝玉的声音想必是来賠不是来了林代玉听了

道不許開門紫鵑道姑娘又不是了這麼熱天毒日頭地下晒壞了他如何使得呢口裡說着便出去開门果然是宝玉一面讓他進來一面笑道我只當是宝二爷再不上我們這門了誰知這会子又來了宝玉笑道你們把極小的事到說大了好〻的為什麼不來我便死了魂也要一日來一百遭妹〻可大好了紫鵑道身上病好了只是心裏氣不大好宝玉笑道我曉得有什麼氣一面說着一面進來只見林代玉又在床上哭那林代玉本不曾哭听見宝玉來由不得傷了心止不住滾下淚來宝玉笑着走近床來道妹〻身上可大好了林代玉只顧拭淚並不答應宝玉因便挨在床沿上坐了一面笑道我知道妹〻不惱我但只是我不來叫傍人看着到像是咱們又拌了嘴的似的若等他們來劝咱们那時節豈不咱們到覺生分了不如這会子你要打要罵憑着你怎

麽樣千萬别不理我說着又把好妹妹吽了几萬声林代玉心里原是再不理
宝玉的這会子見宝玉說别吽人知道他們辯了嘴就生分了是的這一句話
又可見得比人原親近因又撑不住哭道你也不用哄我從今以後我也不敢
親近二爺〻〻也全當我去了宝玉听了咲道你往那去呢林代玉道我回家
去宝玉咲道我跟了你去林代玉道我死了宝玉道你死了我做和尚林代玉
一聞此言登時將臉放下來问道想是你要死了胡說的是什麽你家到有几
箇親姐〻親妹〻呢明兒都死了你几箇身子去作和尚明兒我到把這話告
訴别人去評〻宝玉自知這說的造次了後悔不來登時臉上紅脹起來低着
頭不敢則一声幸而屋里沒人林代玉直瞪〻的瞅了他半天氣的一声兒也
說不出來見宝玉鱉的臉上紫脹便咬着牙用指頭恨命的在他額顱上戳了

一下哼了一声咬牙説道你這剛説了兩箇字便又嘆了一口氣仍拿起手帕子來擦眼泪宝玉心里原有無限的心事又兼説錯了話正自後悔又見代玉戳他一下要説又説不出來自嘆自泣因此自己也有所感不覺滚下泪來要用帕子揩拭不想又忘了帶來便用衫袖去擦林代玉虽然哭着却一眼看見了見他穿着簇新藕合紗衫竟去拭淚便一面自己拭着泪一面回身將枕边搭的一方綃帕子拿起來向宝玉懷里一摔一語不發仍掩面自泣宝玉見他摔了帕子來忙接住拭了泪又挨近前些伸手拉了林代玉一隻手咲道我的五臟都碎了你还只是哭走罷我同你往老太：跟前去林代玉將手一摔道誰仝你拉：扯：的一天大似一天的还這庅涎皮賴臉的連个道理也不知道一句没説完只听喊道好了宝林二人不妨都唬了一跳回頭看是鳳姐兒跳了

進來笑道老太〻在那里抱怨天抱怨地只叫我來瞧〻你們好了沒有我説
不用瞧過不了三天他们自己就好了老太〻罵我説我懶我來了果然應了
我的話了也沒見你們兩个人有些什麼可辯的三日好了兩日惱了越大越
成了孩子了有這会子拉着手哭的昨兒[illegible]什麼又成了烏眼雞呢还不跟我
走到老太〻跟前叫老人家也放些〻心説着拉了林代玉就走林代玉回頭叫
了頭們一个也沒有鳳姐道又叫他們作什麼有我伏侍你呢一面説一面拉
了就走宝玉在後面跟着出了園門到了賈母跟前鳳姐笑道我説他們不用
人費心自己就会好的老祖宗不信一定叫我去説合我及至到那里要説合
誰知兩个人到在一處对賠不是了对笑对訴到像黄鷹抓住了鷂子的脚兩
個都扣了环了那里还要人去説合説的滿屋里都笑起来此时宝釵正在這

里那林代玉只一言不發挨着賈母坐下宝玉沒甚說的便向宝釵笑道大哥
哥好日子偏生我又不好了沒別的礼送連个頭也不得磕去大哥々不知我
病到像我懶推故不去的倘或明兒閙了姐々替我分辯々々宝釵笑道這也
多事你便要去也不敢驚動何况身上不好弟兄們日々一處要存這个心到
生分了宝玉又咳道姐々知道体諒我就好了又道姐々怎庅不看戲去宝釵
道我怕熱看了兩齣熱々的狠要走客又不散我少不得推身上不好就來了宝
玉听說自已由不得臉上沒意思只得又搭訕笑道怪不得他們拿姐々比楊
妃原來也体豊怯熱宝釵听說不由的大怒待要怎樣又不好怎樣囬思了一
囬臉紅起來便冷笑了兩声說道我到像楊妃只是沒一个好哥々好兄弟可
以作得楊國忠的二人正說着可巧小丫頭靛兒因不見了扇子和宝釵笑道

必是宝姑娘藏了我的好姑娘賞我罢宝釵指他道你要仔细我合你頑過你
再疑我和你素日嘻皮笑臉的那些些姑娘們跟前你該问他们去説的个靛兒
跑了宝玉自知又把話説造次了當着許多人更比纔在林代玉跟前更不好
意思便急回身又仝別人搭赸去了林代玉听見宝玉奚落宝釵心中着寔得
意纔要搭言也趂势兒取个笑不想靛兒因找扇子宝釵又發了两句話他便
改口咲道宝姐姐你听两齣什庅戲宝釵因見林代玉面上有得意之態一定
是听了宝玉方纔奚落之言遂了他的心愿忽又見问他這話便咲道我看的
是李逵罵了宗江後來又賠不是宝玉便咲道姐姐通今博古色色都知道怎
庅連這一齣戲的名子也不知道就説了這庅一串子這叫負荆请罪宝釵咲道
原來這叫作負荆請罪你们通今博古纔知道負荆請罪我不知道什庅是負

荆請罪一句話还未説完宝玉林代玉二人心里有病听了這話早把臉羞红了鳳姐於這些〻上虽不通達但只看他三人形景便知其意便也咲着向人道你们大暑天誰还吃生薑呢衆人不解其意便説道没有吃生薑鳳姐故意用手摸着腮咤異道既没人吃生薑怎庅這庅辣〻的宝玉代玉二人听見這話越發不好过了宝釵再要説话見宝玉十分討愧形景改变也就不好再説只得一咲收住别人捴未觧得他四丫人的言語因此付之流水一時宝釵鳳姐去了林代玉咲向宝玉道你也试着比我利害的人了谁都像我心拙口怜的由着人説呢宝玉正因宝釵多了心自己没趣又見林代玉来向着他越發没好氣起来待要説两句又恐林代玉多心説不得忍着氣無精打彩一直出来谁知目今盛暑之時又當早飯已过各處主僕人等多半都因日長神倦之時宝

玉背着手到一處〻〻鴉雀無聞從賈母这里出来往西走过了穿堂便是鳳姐的院落到他們院門前只見院門掩着知道鳳姐素日的規矩每到天熱午間要歇一个時辰的進去不便遂進角門来到王夫人上房内只見几个丫頭子手里拿着針線却打盹兒呢王夫人在裡間涼榻上睡着金釧兒坐在傍边搥腿也乜斜着眼乱恍宝玉輕〻的走到跟前把他耳上帶的墜子一摘金釧兒睁開眼見是宝玉〻〻悄〻的笑道就困的這広着金釧抿嘴一笑擺手令他出去仍合上眼宝玉見了他就有些〻恋〻不捨的悄〻的探頭瞧〻王夫人合着眼便自己向身边荷包裡帶的香雪潤津丹掏了出来便向金釧兒口裡一送金釧兒並不睁眼只管噙了宝玉上来便拉着手悄〻的笑道我明日和太〻討你咱們在一處罷金釧兒不答宝玉又道不然等太〻醒了我就討金

釧兒睁開眼将宝玉一推咲道你忙什庅金簪子吊在井里頭有你的只是有你的連這句話語难道也不明白我到告訴你个巧宗兒你往東小院子里拿环哥兒彩雲去宝玉咲道憑他怎庅去罢我只守着你只見王夫人翻身起来照金釧兒臉上就打了个嘴巴子指着罵道下作小娼婦好好的爺們都叫你教坏了宝玉見王夫人起来早一溜烟去了這里金釧兒半边臉火熱一声不敢言語登時衆了頭听見王夫人醒了都忙進来王夫人便叫玉釧兒把你媽叫来帶出你姐姐去金釧兒听說忙跪下哭道我再不敢了太太要打罵只管罰落别叫我出去就是天恩了我跟了太太十来年這会子攆出去我还見人不見人呢王夫人固然是个寬仁慈厚的人從來不曾打過了頭們一下今忽見金釧兒行此無耻之事此乃平生最恨者故氣忿不过打了一下罵了几

句虽金釧兒苦求亦不肯收留到底喚了金釧兒之母白老媳婦来領了下去
那金釧兒含羞忍辱的出去不在話下且説那宝玉見王夫人醒来自己没趣
忙進大观園来只見赤日當空樹陰合地滿耳蟬声静無人語剛到了薔薇花
架只听有人哽噎之声宝玉心中疑惑便站住細听果然架下那边有人如今
五月之際那薔薇正是花葉茂盛之際宝玉便悄悄的隔着篱笆洞兒一看只
見一个女孩子蹲在花下手里拿着根管頭的簪子在地下摳土一面悄悄的
流淚宝玉心中想到难道這也是个痴子又像顰兒来葬花不成因又自嘆道若
真也葬花可謂東施效顰不但不為新特且更可厭了想畢便要叫那女子説
你不用跟着那林姑娘学了話未出口幸而再看時這女孩子面生不是个侍
兒到像是那十二个学戲的女孩子之內的却辯不出他是生旦淨丑那一个角

色来宝玉忙把舌頭一伸将口掩住自己想道幸而不曽造次上兩次皆因造次了顰兒也生氣宝兒也多心如今在(再)得罪了他们越發没意思了一面想一面又恨認不得这个是誰再留神细看只見這女孩子眉蹙[illegible]眼顰秋水面薄腰纖裊裊婷婷大有林代玉之態宝玉早又不忍棄他相(回)去只管痴看只見他虽然用金簪劃地並不是掘土埋花竟是向土上画字宝玉用眼随着簪子的起落一直一画一點一勾的看了去数一数十八筆自己又在手心里用指頭按着他方才下筆的規矩寫了猜是个什么字寫成一想原来就是个蔷薇花的蔷字宝玉想到必定是他也要作詩填词這会子見了这花因有所感或者偶成了兩句一時興至恐忘在地下画着推敲也未可知且看他底下再寫什么一面想一面又看只見那女孩子还在那里画呢画来画去还是个蔷

字再看还是丁薔字裡面的原是早已痴了画完一丁又画一丁已经画了有
几千丁薔外面的不覺也看痴了兩丁眼睛珠兒只管随着簪子動心里却想
這女孩子一定有什庅話説不出来的大心事纔这樣個形景外面既是這丁
形景心里不知怎庅熬煎看他的模樣兒这般单薄心里那里还擱的住熬煎
可恨我不能替他分些过来伏中陰晴不定片雲可以致雨忽一陣凉風过了唰
唰的落下一陣雨来宝玉看着那女子頭上滴下水来纱衣裳登時溼了宝玉
想道这時下雨他这丁身子如何禁得驟雨一激囙此禁不住便説道不用寫
了你看下大雨身上都溼了那女孩子听说到嚇了一跳抬頭一看只見花外
一丁人叫他不要寫了下大雨了一則宝玉臉面俊秀二則花葉繁茂上下俱
被枝葉隱住剛露着半边臉那女孩子只當是丁了頭再不想是宝玉回咲道

多謝姐姐提醒了我難道姐〻在外頭有什么遮雨的一句提醒了宝玉嗳哟了一声纔覺淂渾身氷涼低頭一看自己身上也都湿了説声不好只淂一氣跑回怡红院去了心里却还記里有那女孩子没處避雨原来明日是端陽節那文官等十二个女子都放了假進園来各處頑耍可巧小生宝官正旦玉官兩个女孩子正在怡红院和襲人頑笑被大雨阻住大家把溝堵了水積在院内把些绿頭鴨花鸂鶒彩鴛鴦捉的捉赶的赶缝了翅膀放在院内頑耍将院門関了襲人等都在遊廊上嘻笑宝玉見関着门便以手扣门裡面諸人只顧笑那里听見叫了半日拍的门山响裡面方听見了估諒着宝玉这会子再不回来的襲人笑道谁这会子叫門叫人開去宝玉道是我麝月道是宝姑娘的声音晴雯道胡説宝姑娘这会子做什么来襲人道讓我隔着門缝兒瞧〻可

開就開要不可開叫他淋着去説着便順着遊廊到門前往外一瞧只見宝玉淋的雨打雞一般襲人見了又是着忙又是可笑忙開了门咲的彎着腰拍手道怎(这)么大雨(地)里跑什么那里知道爷回来了宝玉一肚子没好氣滿心里要把開門的踢几脚及開了门並不看真是谁还只當是那些小丫頭子們便抬腿踢在肋上襲人嗳喲了一声宝玉还罵道下流東西們我素日担待你們得了益一點兒也不怕越發拿我取咲兒了口里説着一低頭見是襲人哭了方知踢錯了忙咲道嗳喲是你来了踢在那里了襲人從来不曾受过大話的今兒忽見宝玉生氣踢他一下又當着許多人又是羞又是氣又是疼真一時置身無地待要怎么樣畧(料)着宝玉未必是安心踢他少不得忍着説道没有踢着还不換衣裳去宝玉一面進房来解衣一面咲道我長了这么大今是頭一遭兒

生氣打人不想就偏遇見了你襲人一面忍痛換衣一面㗒道我是个起頭兒的人不論事大事小事好事歹自然也該從我起但只是别說打了我明兒順了手也打起别人来宝玉道我纔也不是安心襲人道誰說是安心了素日開門関門都是那起小丫頭子们的事他们是憨皮慣了的早已恨的人牙癢癢他們也没个怕懼兒你當是他们踢一下子唬唬他們也好些纔剛是我淘氣不叫開门的說着那雨已住了宝官玉官也早去了襲人只覺肋下疼的心裡發鬧晚飯也不曾好生吃至晚間洗澡時脫了衣服只見肋上青了碗大一塊自己倒唬了一跳又不好声張一時睡下夢中作痛由不得噯喲之声從睡中哼出宝玉雖說不是安心因見襲人懶懶的也不安穩忽夜間听得噯喲便知踢重了自己下床悄悄的秉来照剛到床前只見襲人嗽了兩声吐出一口痰

来嗳呦一声睁開眼見了宝玉到唬了一跳道作什么宝玉道你夢里嗳呦必定踢重了我瞧瞧袭人道我頭上發暈嗓子里又腥又甜你到照一照地下罢宝玉听説果然持灯向地下一照只見一口鮮血在地宝玉慌了只説了不得了袭人見了也就心冷了半截要知端的且听下回分解

（清）曹雪芹　著

脂硯齋重評石頭記庚辰本

第七册

國家圖書館出版

第七册目録

石頭記

投鼠忌器宝玉情贜　判冤决獄平兒情權

憨湘雲醉眠芍藥裀　獃香菱情解石榴裙

壽怡紅群芳開夜宴　死金丹獨艷理親喪

賈二舍偷娶尤二姨　尤三姐思嫁柳二郎

情小妹恥情歸地府　冷二郎一冷入室（空）門

苦尤娘賺入大觀園　酸鳳姐大鬧寧國府

弄小巧用借劍殺人　覺大限吞生金自逝

林黛玉重建桃花社　史湘雲偶填柳絮詞

第六十一回　至七十回　内缺六十四 六十七回

脂硯齋凡四閱評過　庚辰秋月定本

脂硯齋重評石頭記卷之

第六十一回

投鼠忌器寶玉情贓　判冤决獄平兒情權

那柳家的笑道好猴兒崽子你親嬸子找野老兒去了你豈不多得一个叔〻有什広疑的別討我把你頭上的楇子蓋似的几根屄毛撏下來还不開門讓我進去呢這小厮且不開門且拉着笑說好嬸子你這一進去好歹偷些杏子出來賞我吃我這里老等你若忘了時日後半夜三更打酒買油的我不給你老人家開門也不荅你應随你乾叫去柳氏啐道發了昏的今年不比往年把這些東西都分給了衆奶〻了一个个的不像抓破了臉的人打樹底下一過兩眼就像那黛鷄似的不許動他的菓子昨兒我從李子樹下一走偏有一个蜜蜂

兒往臉上一過我一招手兒偏你那好舅母就看見了他离的遠看不真只當

我搗李子呢就厌声浪嗓喊起来說又是还不(誰)說(沒)供佛呢又是老太〻太 太不在家

还沒進鮮呢等進了上頭嫂子們都有分的到像誰害了饞癆等李子出汗呢

叫我也沒好話說搶白了他一頓可是你舅母姨娘兩三个親戚都管着怎不

和他們要的到和我來要這可是倉老鼠和老鴰去借粮守着的沒有飛着的

有小厮笑道噯喲〻沒有罷了說上這些閑話我看你老已後就用不着我了

就便是姐姐有了好地方將来便呼喚着的(我們)日子(也)多只要我們多答應他些就

有了柳氏听了笑道你這个小猴精又搗鬼弔(弔)白顛(的)你姐姐有什庅好地方了

那小厮笑道別哄我了早已知道了单是(你)他們有内牽難道我們就沒有内牽

不成我雖在這里听哈里頭却也有兩个姊妹成個體統的什庅事瞞了我們

正説着只听門内又有老婆子向外叫小猴兒們快傳柳嬸子去罷再不来可
就悮了柳家的听了不顧和小厮説話忙推門進去笑説不必忙我来了一
面来至厨房雖有几个同伴的人他們都不敢自專单等他来調停分派一
面問衆人五丫頭那去了衆人都説纔往茶房里找他們姊妹去了柳家听了
便将茯苓霜擱起且按着房頭分派菜饌忽見迎春房里小丫頭蓮花兒走来
（總是寫春景将残）
説司棋姐姐説了要碗鷄蛋頓的嫩嫩的柳家道就是這樣尊貴不
知怎的今年這鷄蛋短的狠十个錢一个还找不出来昨兒上頭給親戚家送
粥米去四五个買辦出去好容易纔凑了二千个来我那里找去你説給他改
日吃罷蓮花兒道前兒要吃豆腐你弄了些餿的叫他説了我一頓今兒要雞
蛋又没有了什麽好東西我就不信連雞蛋都没有了别叫我翻出来一面説

一面真个走来揭起菜箱一看只見里面果有十来個雞蛋說道這不是你就這庅利害吃的是主子的我們的分例你為什庅心疼又不是你下的蛋怕人吃了挪家的忙丟了手里的活計便上来說道你少滿嘴里混唚你娘纔下蛋呢通共留下這几个預備菜上的澆頭姑娘們不要还不肯做上去呢預備接急的你們吃了倘或一声要起來沒有好的連雞蛋都沒了你們深宅大院水来伸手飯来張口只知雞蛋是平常物件那里知道外頭買賣的行市呢別說这个有一年連草根子还沒了的日子还有呢我勸他們細米白飯每日肥雞大鴨子將就些兒也罷了吃膩了膈天天又鬧起故事来了雞蛋豆腐又是什庅麪筋醬蘿卜炸兒敢自倒換口味只是我又不是答應你們的一處要一樣就是十來樣我到別伺候頭層主子只預備你們二層主子了蓮花兒听了便

紅了臉喊道說天天要你什庅來你說上这兩車子[騾]話叫你來不是為便宜却
為什庅前兒小燕來說晴雯姐姐要吃蘆蒿你怎庅忙的还問肉炒雞炒小燕
說葷的因不好纔另叫你炒个麵觔的少擱油纔好你忙的到說自己發昏赶
着洗手炒了狗顛兒似的親捧了去今兒反到拿我作[扎]筏子說我給衆人听揶
家的忙道阿弥陀佛这些人眼見的別說前兒一次就從舊年一立廚房以來
凡各房里偶然間不論姑娘姐兒們要添一樣半樣誰不是先拿了錢來另買
另添有的沒的名声好听說我单管姑娘廚房省事又有剩頭兒筭起賬來
惹人惡心連姑娘帶姐兒們四五十人一日也只管[光]要兩隻雞兩隻鴨子十來個[斤]
肉一吊錢的菜蔬你們筭筭勾作什庅的連本項兩頓飯还撑持不住还擱的
住这个點这樣个[那]點那樣買來的又不吃又買別的去既这樣不如回了太太

多添些〻分例也像大厨房里預備老太太的飯把天下所有的菜蔬用水牌寫
了天天轉着吃〻到一個月現筭道好連前兒三姑娘和宝姑娘偶然商議
了要吃个油塩炒枸杞芽兒来現打發个姐兒拿着五百錢来給我〻到笑
起来了說二位姑娘就大是肚子弥勒佛也吃不了五百錢的这三二十
个錢的事还我預備的起赶着我送回錢去姑娘们到底不収說賞我打酒吃又說如
今厨房在里頭保不住屋里的人不去叨登一塩一醬那不是錢買的你不給又不
好給了你又没的賠你拿着这个錢全當还了他們素日叨登的東西窩兒这
就是明白体下的姑娘我們心里只替他念佛没的趙姨奶〻听了又氣不忿又
說太便宜了我隔不了十天也打發个小丫頭子来尋这樣尋那樣我到好笑
起来你們竟成了例不是这个就是那个我那里有这些〻賠的正乱時只見司棋

又打發人来催蓮花兒說他死在这里了怎庅就不回去蓮花兒賭氣回来便添
一篇話告訴了司棋司棋听了不免心頭起火此刻伺候迎春飯畢代了小了
頭們走来見了許多人正吃飯見他来的势頭不好都忙起身陪笑讓坐司棋
便喝命小了頭子動手凡箱櫃所有的菜蔬只管丢出来喂狗大家賺不成小
了頭子們扒不得一声七手八脚搶上一頓乱翻乱擲的衆人一面 拉勸一
面央告司棋說姑娘别悮听了小孩子的話柳嫂子有八个頭也不敢得罪姑
娘說雞蛋难買是真我們纔也說他不知好歹憑是什庅東西也少不得变法
兒去他已經悟過来了連忙蒸上了姑娘不信瞧那火上司棋被衆人一頓好
言方將氣勸的漸平小了頭們也沒得摔完東西便拉開了司棋連說帶駡鬧
了一回方被衆人勸去柳家的只好摔碗丢盤自己咕嘟了一回蒸了一碗鷄蛋

令人送去司棋全潑了地下了那人回來也不敢說恐又生事柳家的打發他
女兒喝了一回湯吃了半碗粥又將茯苓霜一節說了五兒听罢便心下要分
些贈芳官遂用紙另包了一半趁黃昏人稀之時自己花遮柳隱的來找芳官
且喜無人盤問一逕到了怡紅院門前不好進去只在一簇玫瑰花前站立遠
遠的望着有一盞茶時可巧小燕出來忙上前叫住小燕不知是那一個至跟
前方看真切因問作什庅五兒笑道你叫出芳官來我和他說話小燕悄笑道
姐〻太惟（性）急了橫竪等十來日就來了只管找他做什庅方才使了他往前頭
去了你且等他一等不然有什庅話告訴我等我告訴他恐怕你等不得只怕
關園門了五兒便將茯苓霜遞與了小燕又說這是茯苓霜如何吃如何補益
我得了些送他的轉煩你遞與他就是了說畢作辞回來正走蓼溆一帶忽見

迎頭林之孝家的帶着几个婆子走来五兒藏躲不及只得上来問好林之孝

問道我听見你病了怎庅跑到这里来五兒陪笑道因這兩日好些ゝ跟我媽進

来散ゝ悶纔因我媽使我到怡紅院送傢伙去林之孝家的說道這話岔了方

纔我見你媽出来我纔関門既是你媽使了你去他如何不告訴我說你在這

里呢竟出去讓我関門是何主意可知是你扯謊五兒听了没話回答說原是

我媽一早教我取去的我忘了挨到這時我纔想起来了只怕我媽錯當我先出去

了所以没和大娘說得林之孝家的听他辭鈍色虛又因近日玉釧兒說那边

正房内失落了東西几個丫頭對頼没主兒心下便起了疑可巧小蟬蓮花兒

並几个媳婦子走来見了這事便說道林奶ゝ到要審ゝ他這兩日他往這里

頭跑的不像鬼ゝ唧唧的不知幹些ゝ什庅事小蟬又道正是昨兒玉釧姐姐說

太太耳房里的櫃子開了少了好些零碎東西璉二奶奶打發平姑娘和玉釧
姐ゝ要些玫瑰露誰知也少了一罐子若不是尋露还不知道呢蓮花兒笑道
這話我没听見今兒我到看見一個露瓶子林之孝家的正因這些事没主兒
每日鳳姐兒使平姐兒催逼他一听此言忙問在那里蓮花兒便說在他們廚房
里呢林之孝家的听了忙命打了燈籠帶着衆人来尋五兒急的便說那原是
宝二爺屋里的芳官給我的林之孝家的便說不管你方官圓官現有了贜証
我只呈報了憑你主子前辯去一面說一面進入廚房蓮花兒帶着取出露瓶
恐还有偷的別物又細ゝ搜了一遍又得了一包茯苓霜一並拿了帶了五兒
来回李紈與探春那時李紈正因蘭哥兒病了不理事務只命去見探春探春
已歸房人回進去了嬛們都在院內納涼探春在內盥沐只有侍書回進去半

日出來說姑娘知道了叫你們找平兒回二奶々去林之孝家的只得領出來到鳳姐兒那边先找着了平兒平兒進去回了鳳姐鳳姐方纔歇下听見此事便吩咐將他娘打四十板子攆出去永不許進二門把五兒打四十板子立刻交給庄子上或賣或配人平兒听了出來依言吩咐了林之孝家五兒唬的哭啼々給平兒跪着細訴芳官之事平兒道这也不难等明日問了芳官便知真假但这茯苓霜前日人送了來还等老太太々太回來看了纔敢打動这不該偷了去五兒見問忙又將他舅々送的一節說了出來平兒听了笑道这樣說你竟是个平白無辜之人拿你來頂缸此時天晚奶奶纔進了藥歇下不便為这點子小事去絮叨如今且將他交給上夜的人看守一夜等明兒我回了奶々再做道理林之孝家的不敢違拗只得帶了出來交與上夜的媳婦們看

守自便去了这理五兒被人軟禁起来一步不敢多走又兼衆媳婦也有勸他說不該做这没行止之事也有報怨說正經更还坐不上来又弄個賊来給我們看倘或眼不見尋了死逃走了都是我們不是于是又有素日一干與柳家不睦的人見了这般十分趁愿都来奚落嘲戲他这五兒心内又氣又委屈竟無處可訴且本来怯弱有病这一夜思茶無茶思水無水思睡無睡梲嗚嗚咽咽直哭了一夜誰知和他母女不和的那些人巴不得一時攆出他們去惟恐次日有变大家先起了个清早都悄悄的来買轉平兒一面送些東西一面又奉承他辦事簡斷一面又講述他母親素日許多不好平兒一一的都應着打發他們去了却悄悄的来訪襲人問他可果真芳官給他露了襲人便說露却是給芳官芳官轉給何人我却不知襲人于是又問芳官芳官唬

天跳地忙應是自己送他的芳官便又告訴了寶玉寶玉也慌了說露雖有了若
勾起茯苓霜來他自然也寔供若听見了是他舅〻門上得的他舅〻又有了不
是豈不是人家的好意反被偺們陷害了因忙和平兒計議露的事 雖完然
這霜也是有不是的姐（好）〻好你叫他說是也是芳官給他的就完了平兒笑
道雖如此只是他昨晚已經同人說是他舅〻給的了如何又說你給的況且
那边所丢的露也是無主兒如今有贓証的白放了又去找誰〻还肯認衆人
也未必心服晴雯走來笑道太太那边的露再無別人分明是彩雲偷了給环
哥兒去了你們可瞎乱（望）說平兒笑道誰不知是這个原故但今玉釧兒急的哭
悄〻問着他〻應了玉釧也罷了大家也就混着不問了难道我們好意兜
攬這事不成可恨彩雲不但不應他还擠玉釧兒說他偷了去了兩个人窩里

發炮先炒的合府皆知我們如何粧沒事人少不得要查的除不知告失盜的就是賊又沒贓証怎庅說他宝玉道也罷這件事我也應起來就說是我唬他們頑的悄々的偷了太々的来了兩件事都完了襲人道也到是件陰隲事保全人的賊名兒只是太々听見又說你小孩子氣不知好歹了平兒笑道這也到是小事如今便從趙姨娘屋里起了贓来也容易我只怕又傷着一个好人的體面别人都别管這一个人豈不又生氣我可憐的是他不肯為打老鼠傷了玉瓶說着把三个指頭一伸襲人等听說便知他說的是探春大家都忙說可是這話竟是我們這里應了起来的為是平兒又笑道也須得把彩雲和玉釧兒兩个業障叫了来問準了他方好不然他們得了益不說為這个到像我沒了本事問不出来煩出這里来完事他們已後越發偷的不管的不

官了襲人等笑道正是也要你留个地步平兒便命人叫了他兩個來說道不用慌賊已有了玉釧兒先問賊在那里平兒道現在二奶〻屋里你問他什麽應什麽我心里明知不是他偷的可憐他害怕都承認這里宝二爺不過意要替他認一半我待要說出來但只是這做賊的意思又是和我好的一个姊妹窩主却是平常裡面有傷着一个好人的體面因此為難少不得央求宝二爺應了大家無事如今反要問他們兩个还是怎樣若從此已後大家小心存體面這便求宝二爺應了若不然我就回了二奶〻別寃屈了好人彩雲听了不覺紅了臉一時羞惡之心感發便說道姐〻放心也別寃了好人也別帶累了無辜之人傷体面偷東西原是趙姨奶〻央告我再三我拿了些與环哥是情真連太〻在家我們还拿過各人去送人也是常事我原說嚷過兩天就罷

了如今既冤屈了好人我心也不忍姐〻竟帶了我回奶〻去我一槩應了完事衆人听了這話一个〻都叱意他竟這樣有肝胆宝玉忙笑道彩雲姐〻果然是个正經人如今也不用你應我只說是我悄〻的偷的嚇你們頑如今鬧出事來我原該承認只求姐〻們以後省些事大家就好了彩雲道我幹的事為什麽叫你應死活我該去受平兒襲人忙道不是這樣說你一應了未免又叨登出趙姨奶〻來那時三姑娘听了豈不生氣竟不如宝二爺應了大家無事且除這几个人皆不得知道這事何等的干淨但只以後千萬大家小心些就是了要拿什麽好歹等到太〻到家那怕連這房子給了人我們就沒干係了彩雲听了低頭想了一想方依允于是大家商議妥貼平兒帶了他两个並芳官往前边來至上夜房中叫了五兒將茯苓霜一節也悄〻的教他說係芳

官所贈五兒感謝不尽平兒代他們來至自己這边已見林之孝家的帶領了
几个媳婦押解看榔家的等句多時林之孝家的又向平兒說今兒一早押了
他來恐園里沒人伺候姑娘們的飯我暫且將秦顯的女人派了去伺候姑
娘一併回明奶奶他到干淨謹慎以後就派他常伺候罷平兒道秦顯的女人是
誰我不大想熱(相熟)林之孝的道他是園里南角子上夜的白日里沒什麼事所以
姑娘不大相識高高孤拐大大的眼睛最干淨爽利的玉釧兒道是了姐姐你
怎麼忘了他是跟二姑娘的司棋的嬸娘司棋的父母雖是大老爺那边的人
他這叔叔卻是偺們這边的平兒听了方想起來笑道哦你早說是他我就
明白了又笑道也太派急了些如今這事八下里水落石出了連前兒太太屋里
丟的也有了主兒是寶玉那日過來和這兩個業障要什麼的偏這兩個業障

逼他須說太〻不在家不敢拿宝玉便聽他兩个不隄防的時節自己進去拿
了些〻什庅出來這兩个業障不知道就唬慌了如今宝玉所見帶累了別人
方給的告訴了我拿出東西来我瞧〻一件不差那茯苓霜是宝玉外頭得了的
也曾賞過許多人不独園内人有連媽〻子們討了出去給親戚們吃又轉
送人襲人也曾給過芳官之流的人他們私情各相来往也是常事前兒那兩
簍还擺在議事所上好〻的原封沒動怎庅就混賴起人来等我回了奶〻再說〻
畢抽身進了卧房將此事照前言回了鳳姐兒一遍鳳姐兒道雖如此說但宝
玉為人不管青紅皂白愛攬事情別人再求〻他去他又擱不住人兩句好
話給他个炭簍子帶上件什庅事他不應承咱們若信了將来若大事也如此
如何彼人还要細〻的追求總〻是依我的主意把太〻屋里的丫頭都拿來雖不

便擅加拷打只叫他們墊着磁瓦子跪在太陽地下茶飯也別給吃一日不說跪一日便是鐵打的一日也管招了又道是蒼蠅不抱沒縫的蛋雖然這柳家的沒偷到底有些影兒人纔說他雖不加賊刑也早出不用朝廷家原有掛悮的到也不算委屈了他平兒道何苦來操這心得放手時須放手什麼大不了的事樂得不施恩呢依我說縱在這屋裏操上一百分的心終久咱們是那边屋里去的沒的結些小人仇恨使人含怨況且自已又三災八難的好容易杯了一个哥兒到了六七个月还吊了焉知不是素日操劳太過氣惱傷着的如今乘早兒見一半不見一半的也到罷了一夕話説的鳳姐兒到笑了說道憑你這小蹄子發放去罷我纔精爽些了沒的淘氣平兒笑道這不是正經說畢轉身出來一一發放要知端的且听下回分解

脂硯齋重評石頭記卷之

第六十二回

憨湘雲醉眠芍藥裀　獃香菱情解石榴裙

話說平兒出來吩咐林之孝家的道大事化為小事小事化為沒事方是興旺之家若得不了一點子小事便揚鈴打鼓的亂折騰起來不成道理如今將他母女帶回照舊去當差將秦顯家的仍舊退回再不必提此事只是每日小心巡察要緊說畢起身走了柳家的母女忙朝上磕頭林家的帶回園中回了李紈探春二人皆說知道了能可無事很好司棋等人空興頭了一陣那秦顯家的好容易等了這個空子鑽了來只興頭上半天在廚房內正亂接收家伙米糧煤炭等物又查出許多虧空來說粳米短了兩石常用米又多支了一個月

的炭也欠着額数一面又打点送林之孝(家)的礼情々的備了一簍炭五百斤木
柴一担粳米在外边就遣了子姪送入林家去了又打点送賬房的礼又備
幾樣菜蔬請几位同事的人説我来了全仗列位扶持自今已(以)後都是一家人
了我有照顧不到的好歹大家照顧些正乱着忽有人来説與他(伺候)過这早飯
就出去罢柳嫂兒(子)原無事如今还交與他管了秦顯家的听了轟去魂魄垂
頭喪氣登時掩旗息鼓捲包而出送人之物白丢了許多自己倒要折变了賠
補虧空連司棋都氣了个倒仰無計挽回只得罷了趙姨娘正因彩雲私贈了許
多東西被玉釧兒吵出生恐查詰(考)出来每日捏一把汗打听信兒忽見彩雲来
誥(告)訴説都是宝玉應(了)從此無事趙姨娘方把心放下来誰知賈环听如此説
便起了疑心將彩雲凡私贈之物都拿了出来照着彩雲的臉摔了去説这两

面三刀的東西我不稀罕你不和宝玉好他如何肯替你應你既有担當給了
我原該不與一个人知道如今你既然告訴他如今我再要這个也没趣彩
雲見如此急的發身賭誓至於哭了百般解説賈环執意不信説不看你素
日之情去告訴二嫂子就説你偷來給我我不敢要你細想去説畢摔手出去了
急的趙姨娘罵没造化的種子蛆心業障氣的彩雲哭个泪乾腸斷趙姨娘百
般的安慰他好孩子他辜負了你的我看你的真讓我收起來过兩日他自然
回轉过来了説着便要收東西彩雲賭氣一頓包起来乘人不見時来至園中
都撇在河内順水沉的漂的漂自已氣的夜間在被内暗哭當下又值宝
玉生日已到原来宝琴也是這日二人相同因王夫人不在家也不曾像往年
鬧熱只有張道士送了四樣礼换的寄名符兒还有几處僧尼廟的和尚姑子

送了供尖兒并壽星紙馬疏頭并本命星官值年太歲週年換的鎖兒家中常走的男女先兒來上壽王子騰那邊仍是一套衣服一雙鞋襪一百壽桃一百束上用銀絲掛麪薛姨娘處減一等其餘家中人尤氏仍是一雙鞋襪鳳姐兒是一个宮製四面和合荷包裡面裝一个金壽星一件波斯国所製玩器各廟中遣人去放堂捨錢又另有宝琴之礼不能備述姊妹中皆隨便或有一扇的或有一字的或有一画的或有一詩聊復應景而已這日宝玉清晨起来梳洗已畢冠帶出来至前一所院中已有李貴等四五个人在那里設下天地香烛宝玉炷了香行畢礼奠茶焚紙後便至寧府中宗祀祖先堂兩處行畢礼出至月台上又朝上遥拜過賈母賈政王夫人等一順到尤氏上房行過礼坐了一回方回荣府先至薛姨媽處薛姨媽再三拉着然後又遇見薛蝌讓一回方進

園來晴雯麝月二人跟隨小丫頭夾着毡子從李氏起一一挨着所（比他）長的房中
到過復出二門至李趙張王四个奶媽家讓了一回方進來雖眾人要行礼也
不曾受回至房中襲人等只都來說一聲就是了王夫人有言不令年輕人受礼
恐折了福壽故皆不磕頭歇一時賈環賈蘭等來了襲人連忙拉住坐了一
坐便去了宝玉笑說走乏了便歪在床上方吃了半盞茶只听外面咭〻呱〻一
群丫頭笑進來原來是翠墨小螺翠楼入画邢岫烟的丫頭篆兒並奶
子抱巧姐兒彩鸞綉鸞八九个人都抱着紅毡笑着走來說拜壽的擠破了
門了快拿麪來我們吃剛進來時探春湘雲宝琴岫烟惜春也都來了宝玉
忙迎出來笑說不敢起動快預備好茶進入房中不免推讓一回大家歸坐襲人
等捧过茶來纔吃了一口平兒也打扮的花枝招展的來了宝玉忙迎出來笑

說我方才到鳳姐〻門上回了進去不能見我又打發人進去讓姐〻的平兒笑道我正打發你姐〻梳頭不得出來回你後來听見又說讓我〻那里禁當的起所以特敢來磕頭宝玉笑道我也經當不起襲人早在外間安了坐讓他坐平兒便福下去宝玉作揖不迭平兒便跪下去宝玉也忙还跪下襲人連忙攙起來又下了一福宝玉又还了一揖襲人笑推宝玉你再作揖宝玉道已經完了怎麼又作揖襲人笑道这是你來給你拜壽今兒也是你的生日你也該給他拜壽宝玉听了忙作下揖去就原來今兒也是姐〻的芳誕平兒还萬福不迭湘雲拉宝琴岫烟說你們四个人對拜壽直拜一天纔是探春忙問原來邢妹〻也是今兒我怎麼就忘了忙命丫頭去告訴二奶〻赶着補了一分礼去琴姑娘的一樣送到二姑娘屋里去丫頭答應着去了岫烟見湘雲直口說出

来少不得要到各房去讓讓探春笑道到有些些意思一年十二个月月月有几个
生日人多了便这等巧也有三个一日兩個一日的大年初一日也不白過大姐姐占了
去愿不得他福大生日比別人就占先又是太祖太爺的生日过了灯節就是老
太太和宝姐姐他們娘兒两个遇的巧三月初一日是太太初九日是璉二哥哥二月沒人
襲人道二月十二是林姑娘怎広沒人就只不是咱家的人探春笑道我这个記性是怎広
了宝玉笑指襲人道他和林妹妹是一日所以他記的探春笑原來你兩個到是一
日每年連頭也不給我們磕一个平兒的生日我們也不知道这也是纔
知道平兒笑道我們是那牌兒名上的人生日也沒拜壽的福又沒壽礼職
分可吵鬧什広可不悄悄的過過去今兒他又偏吵出来了等姑娘們回房我再
行禮去罷探春笑道也不敢驚動只是今兒到要替你过个生日我心里纔過得去

宝玉湘雲等一齊都説狠是探春便吩咐了丫頭去告訴他奶奶就説我們大
家説了今兒一日不放平兒出去我們也大家湊了分子過生日呢丫頭笑着去了
半日回来説二奶奶説了多謝姑娘們給他臉不知過生日給他些什麽吃只别
忘了二奶奶就不来絮聒他了衆人都笑了探春因説道可巧今兒里頭厨房不預備
飯一應下麺菓菜都是外頭收拾偺們就湊了錢就叫柳家的来攬了去只在偺們里
頭收拾到好衆人都説是極探春一面遣人去問李紈宝釵代玉一面遣人去傳柳家
的進来吩咐他内厨房中快收拾两棹酒席柳家的不知何意因説外厨房
都預備了探春笑道你原来不知道今兒是平姑娘的華誕外頭預備的是上頭的這如今我
們私下又湊了分子单為平姑娘預備两棹請他你只管揀新巧的菜蔬預備了来
開了賬和到我那里領錢柳家的笑道原来今日也是平姑娘的千秋我竟不知道

說着便向平兒磕下頭去慌的平兒拉起他来柳家的忙去預備酒這里探春又邀了宝玉同到厛上去吃麪等到李紈宝釵一齊來全又遣人去請薛姨媽与代玉因天氣和煖代玉之疾漸愈故也来了花園〔團〕錦簇擠了一所的人誰知薛蝌又送了巾扇香帛四色壽礼與宝玉宝玉于是过去陪他吃麪兩家皆治了壽酒互相酬送彼此同領至午間宝玉又陪薛蝌吃了兩杯酒宝釵带了宝琴过来與薛蝌行礼把盞畢宝釵因囑薛蝌家里的酒也不用送過那边去這虗套竟可收了你只請夥計們吃罷我們和宝兄弟進去还要待人去呢也不能陪你了薛蝌忙說姐姐兄弟只管請只怕夥計們也就好来了宝玉忙又告过罪方同他姊妹回来一進角門宝釵便命婆子將門鎖上把鑰匙要了自己拿着宝玉忙說這一道門何必關又沒多的人走况且姨娘姐姐妹妹都在裡

頭倘或家去取什庅豈不費事宝釵笑道小心沒過迂的你瞧〻你們那边這
几日七事八事竟沒有我們這边的人可知是這門閂的有功効了若是開着保
不住那起人圖順脚起路從這里走攔誰的是不如鎖了連媽和我也禁着
些〻大家别走縱丟了東西（与我們这边無干豈不省心）宝釵笑道你只知道玫瑰露和茯苓霜兩件乃因人命
及物若非因人你連這兩件还不知道呢除不知还有几件比這两件大的呢
大家别走可總有事就賴不着這边的人了宝玉笑道原來姐〻也知道我
若已後叨登不出來是大家的造化若叨登出來不知里頭連累多少人呢
你也是不管事的人我縂告訴你平兒是个明白人我前兒也告訴了他皆因他
奶〻不在外頭所以使他明白了若不出來大家樂得丟開手若犯出來他心
里已有稿子自有頭緒就寃屈不着平人了你只听我說已後留神小心就是

了這話也不可對第二个人講說着來到沁芳亭边只見襲人香菱侍書素雲

晴雯麝月芳官蕊官藕官等十來个人都在那里看魚作要（耍）見他們來了都

說芍藥欄里預備下了快去上席罷寶釵等隨携了他們同到了（芍）藥欄中紅香

圃三間小廠所內連尤氏已請過來了諸人都在那里只沒平兒原來平兒宻

有賴林諸家送了礼來連三接四上中下三等家人來拜壽送礼的不少平兒

忙着打發賞錢道謝一面又色色的回明鳳姐兒不过留下几樣也有不收的

也有收下即刻賞与人的忙了一回又直待鳳姐兒吃过麪方換了衣裳往園

里來剛進了園就有几个丫環來找（請）他一同到了紅香圃中只見筵開玳瑁褥

設芙蓉衆人都笑壽星全了上面四座定要讓他四个人座四人皆不肯薛姨

媽說我老天拔地又不合你們的群兒我到覺拘（束）的慌不如我到所上隨便躺

淌去到好我又吃不下什麽去又不大吃酒這里讓他們到便宜尤氏等執意
不從宝釵道這也罷了到是讓媽在厅上歪着自如些有愛吃的送些过去到
自在了罷哩且前頭沒人在那里又可照看了探春等笑道既這樣恭敬不如從
命因大家送了他到議事厅上眼看着命了頭們鋪了一个錦褥並靠背引
枕之類又囑咐好生給婆媽搥腿要茶要水別推三拉四的回來送了東西
婆媽吃了就賞你們吃只別离了這里出去小了頭們都答應了探春等方回
來終久讓宝琴岫烟二人在上平兒面西坐宝玉面東坐探春又接了鴛鴦
来二人並肩對面相陪西边一桌宝釵代玉湘雲迎春惜春一面又拉了香菱玉
釧兒二人打横三桌上尤氏李紈又拉了襲人彩雲陪坐四桌上便是紫鵑
鶯兒晴雯小螺司棋等人圍坐當下探春等还要把盞宝琴等四人都說這

一鬧一日都坐不成了方才罷了兩个女先兒要彈詞上壽衆人都說我們沒人要听那些野話你所去說給姨太〻解悶兒去罷一面又將各色吃食揀了命人送與薛姨媽（去）宝玉便說雅座無趣須要行令才好衆人有的說行這个令好那个又說行那个令好代玉道依我說拿了筆硯將各色全都寫了拈成鬮兒偺們抓出那个來就是那个衆人都道妙即拿了一付筆硯花箋香菱近日學了詩又天〻學寫字見了筆硯便圖不得連忙起（來）坐說我寫大家想了一回共得了十來个念着香菱一〻的寫了揉成鬮兒擲在一个瓶中間探春便命平兒揀平兒向內攪了一攪用箸拈了一个出來打開看上寫着射覆二字宝釵笑道把个酒令的祖宗拈出來射覆從古有的如今失了傳這是後人纂的比一切的令都難這里頭到有一半是不會的不如毀了另拈一个雅

俗共賞的探春笑道既拈了出來如何又毁如今再拈一个若是雅俗的便叫
他們行出(去)俗們行这个說着又着襲人拈了一个都(却)是拇战史湘雲笑着說
這个簡断爽利合了我的脾氣我不行这个射覆没的垂頭喪氣悶人我
只划拳去了探春道惟有他乱令宝姐〻快罰他一鍾宝釵不容分說便灌(了)湘雲
一杯探春道我吃一杯我是令官也不用宣只我(所)分派命取了令骰令盒來從
琴妹擲起挨下擲去对了点的二人射覆宝琴一擲是个三岫烟宝玉
等皆擲的不对直到香菱方擲了个三宝琴笑道只好室内生春
若說到外頭去(就)可太没頭绪了探春道自然三次不中者罰一杯你
覆他射宝琴想了一想說了个老字香菱原生于这令一时想不到
滿(座)說滿席都不見有与老字相連的成語湘雲先听了便也乱看

忽見門斗上貼着紅香圃三个字便知宝琴覆的是吾不如老圃的
圃字見香菱射不着衆人擊鼓又催便悄〻的拉香菱教他說藥
字代玉偏看見了說快罰他又在那里私相傳遞呢問的衆人都
知道了忙又罰了一杯恨的湘雲拿快子敲代玉的手于是罰了香菱一
杯下則宝釵和探春对了点子探春便射了一个人字宝釵笑道这个人字
泛的狠探春笑道添一字兩射一覆也不泛了說着便又說了一个窓字宝釵
一想因見席上又有鷄肉雞便覆着他是用雞窓雞人二典字因覆了一个塒字
探春知他覆着用了雞栖于塒的典二人一笑各飲一口门杯湘雲等不得
早和宝玉三五乱叫刬起拳來那边尤氏和鴛鴦隔着席也七八乱叫
刬起來平兒襲人也作了一對刬拳叮〻噹〻只听得腕上的鐲子

響音一時湘雲嬴了宝玉襲人嬴了平兒（尤氏嬴了鴛鴦）三个人限酒底酒面湘雲便說酒面要一句古文一句旧詩一句骨牌名一句曲牌名还要一句時憲書上的話共総湊成一句話酒底要関人事的菓菜名衆人听了都笑說惟有他的令也比人唠叨到也有意思便催宝玉快說宝玉笑道誰說过这个也等想一想兒代玉便道你多喝一鍾我替你說宝玉真个喝了酒听代玉說道落霞与孤鶩齊飛風急江天過雁哀却是一隻折足雁呌的人九迴腸这是鴻雁來賔說的大家笑了說这一串子到有些意思代玉又拈了一个榛穣說酒底道

榛子非関隔院砧　何來萬户擣衣声

令完鴛鴦襲人等皆說的是一句俗語都帶一个寿字的不能多贅大

家輸流乱劃了一陣这上面湘雲又和宝琴对了来李紈和岫烟对子点子
李紈便射了一个瓢字岫烟便覆了一个绿字二人會意各飲一口湘雲的拳
却輸了請酒面酒底宝琴咲道請君入甕大家咲起來說这个典用的當
湘雲便說道

奔騰澎湃　江间波浪兼天湧須要鉄鎖纜孤舟既遇着一江風不
宜出行說的衆人都咲了說好个謅斷了腸子的怪道他出这个令故意
惹人笑又听他說酒底湘雲吃了酒楝了一塊鴨肉呷口忽見碗内有半个鴨
頭遂楝了出来吃腦子衆人催他别只顧吃到底快說了湘雲便用筯子夅
着說道

这鴨頭不是那了頭　頭上那討桂花油

衆人越發𠯋起來引的晴雯螺翠鶯兒等一干人都走过來說雲姑娘會
閙心兒拿着我們取𠯋兒快罰一杯緩罢怎見得我們就該擦桂花油的到
得每人給一瓶子桂花油擦〻代玉笑道他到有心給你們一瓶子油又
怕挂誤着打竊盜的官司衆人不理論宝玉却明白忙低了頭彩雲
有心病不覺的紅了臉宝釵忙暗〻的瞅了代玉一眼代玉自悔失言
原是趣宝玉的就忘了趣着彩雲自悔不及忙一頓行令划拳岔開
了底下宝玉可巧和宝釵对了点子宝釵覆了一个宝字宝玉想了
一想便知是宝釵作戲指自己所佩通灵玉而有便𠯋道姐〻拿
我作雅謔我却射着了說出來姐〻別惱就是姐〻的諱釵字就
是了衆人道怎麽解宝玉道他說宝底下自然是玉了我射釵字

旧詩曾有敲断玉釵红燭冷豈不射着了湘雲說道這用时事却使不得两个人都該罰香菱忙道這不止时事這也有出处湘雲道宝玉二字並無出处不過是春聯上或有之詩書紀載並無等不得香菱道前日我讀岑嘉州五言律現有一句说此鄉多宝玉怎应你到忘了後来又讀李義山七言绝句又有一句宝釵無日不生塵我还笑說他两个名字都原来在唐詩上呢衆人咲說這一可问住了快罰一杯湘雲無語只得飲了大家又該对点的对点划拳的划拳這些人因賈母王夫人不在家没了管束便任意取樂呼三喝四喊七叫八滿厛中红飛翠舞玉動珠摇真是十分熱鬧頑了一回大家方起席散了一散倏然不見了湘雲只當想他外頭自便去了就來誰知越等越没了影響使人各處去

玉兄此時置身於红飛翠舞之中得不飄飄欲仙乎　綺園

我那里我得着接着林之孝家的同着几个老婆子来生恐有正事呼唤
二者恐了妳们年青乘王夫人不在家不服探春约束婆意痛飲
失了体统故来請问有事無事探春見他们来了便知其意忙笑道
你们又不放心来查我们来了我没有多吃酒不過是大家頑笑将酒
作个引子媽媽们别耽心李纨尤氏都也笑說你们歇着去罷我们也
不敢叫他们多吃了林之孝的等人笑說我们知道連老太太叫姑娘
吃酒姑娘们还不肯吃何况太太们不在家自然頑罢了我们怕有
事来打听打听二則天長了姑娘们頑一面子还該点補些小食兒素日
又不大吃雜東西如今吃一两杯酒若不多吃些東西怕受傷探春笑道
媽媽们說的是我们也正要吃呢回回頭命取点心来两傍了妳们答

應了忙去傳点心探春又笑讓你们歇着去罷或是姨媽那里說話兒去

我們即刻打發人送酒你们吃去林之孝家的等人笑回不敢領了又站

了一回方退了出來平兒摸着臉笑道我的臉都熱了也不好意思見

他们依我說竟收了罷別惹他们再來到没意思了探春笑道不相

干橫豎偺们不認真喝酒就罷了正說着只見一个小了頭笑嘻嘻

的走來姑娘们快瞧雲姑娘去吃醉了圖凉快在山子後頭一塊青板

石櫈上睡着了衆人听說都笑道快別吵嚷說着都走來看時果

見湘雲臥于山石僻處一个石櫈子上業經香夢沉酣四面芍藥花飛

了一身滿頭臉衣襟上皆是紅香散乱手[裡]的扇子在地下也半被落花

埋了一群蜂蝶鬧穰穰的圍着他又用鮫[鮹]帕包了一包芍藥花瓣枕着

衆人看了又見(是)爱又是笑忙上来推唤挽扶湘雲口内猶作睡語說酒令嘟
嘟々(嚷々)說泉香而酒冽玉盞盛來琥珀光直飲到梅稍月上醉扶归却為
宜會親友衆人笑推他說道快醒々兒吃飯去这潮凳上还睡出病來
呢湘雲慢起秋波見了衆人低頭看了一看自己方知是酔了原是来
納涼避静的不覺的(頭)因多罰了两杯酒姣嬝不勝便睡着了心中反覺自
愧連忙起身閙閙着同人来至紅(紅)香圃中用(漱)过水(口)又吃了两盞濃茶
探春忙命將醒酒石拿来給他啣在口内一時又命他喝了一些酸湯方
纔覺得好了些々當下又選了几樣菓菜与凤姐送去凤姐兒也送了几樣
來宝釵等吃过点心大家也有坐的也有立的也有在外雅(擷)花的也有扶
欄觀魚的各自取便說笑不一探春便和宝琴下棋宝釵岫烟觀局林

代玉和宝玉在一簇花下唧唧哝哝不知說些什庅只見林之孝家的和一群女
人帶了一个媳婦進来那媳婦愁眉苦臉也不敢進所只到了堦下便朝
上跪下了磞頭有声探春因一塊棋受了敵筭來筭去總得了两个眼便
折了官着两眼只瞅着棋枰一隻手却伸在盒内只管抓弄棋子作想林
之孝家的站了半天回回頭要茶時纔看見问什庅事林之孝家的
便指那媳婦說这是四姑娘屋里的小丫頭彩兒的娘現是园内伺侯
的人嘴狠不好纔是我听見了问着他他說的話也不必回姑娘要攆出
去纔是探春道怎庅不回大奶奶林之孝家的道方纔大奶奶都往
所上姨太太處去了頂頭看見我已回明白了叫回姑娘來探春道怎
庅不回二奶奶平兒道不回去也罢我回去說一声就是了既這庅看

就攆出他去等太〻來了再回定奪說畢仍又下棋這林之孝家的代
了那人去不提代玉和宝玉二人站在下花遥〻知意代玉便說道你家
三了頭到是个乖人雖然叫他管些事到地一步兒不肯多是差不多
的人就早作起威福來了宝玉道你不知道呢你病着時他幹了好几件事
這園子也分了人管如今多掐一草也不能了又蠲了几件事单拿我和
鳳姐〻作筏子禁別人最是心里有算計的人豈只乖而已代玉道要這
樣纔好偺們家里也太花費了我雖不管事心里每常闲了替你們一
算計出的多進的少如今若不省儉必致後手不接宝玉笑道憑他怎
庅後手不接也短不了偺們两个人的代玉听了轉身就往所上尋宝
釵說笑去了宝玉正欲走時只見襲人走來手內捧着一个小連环洋漆茶

盤裡面可式放着兩鍾新茶因问他往那去了我見你們兩个半日沒吃茶爬

爬的倒了兩鍾來他又走了宝玉道那不是他你給他送去說着自拿了一鍾

襲人便送了那鍾去他偏和宝釵在一處只得一鍾茶便那說位渴了那位先接

了我再倒去宝釵笑道我却不渴只要一口漱一漱就勾了說着先拿起來喝

了一口剩了半杯遞在代玉手内襲人笑說我再倒去代玉笑道你知道我

这病大夫不許我多吃茶这半鍾儘勾了难為你想的到說畢飲乾將杯

放下襲人又來接宝玉的宝玉因问这半日沒見芳官他在那里呢襲人回

顧一瞧說才在这里几个人閙草的这會子不見了宝玉听說便忙回至房

中果見芳官面向里睡在床上宝玉推他說道快別睡覓偺們外頭頑

去一回兒好吃飯的芳官道你們吃酒不理我教我悶了半日可不來睡覓

罷了宝玉拉了他起來笑道偺們晚上家里再吃回来我叫（你）襲人姐ミ帶了
你棹上吃飯何如芳官道藕官蕋官都不上去单我在那里也不好我也不慣
吃那个麪條子早幾（飯）也没好生吃幾剛餓了我已告訴了柳嫂子先給我做
一碗湯盛半碗粳米飯送來我这里吃了就完事若是晚上吃酒不許教
人管着我ミ要尽力吃勾了幾罷我先在家里吃二三斤（斤）好惠泉酒呢如
今學了这劳什子他們說怕坏嗓子这几年也没聞見乘今兒我是要開
齋了宝玉道这个容易說着只見柳家的果遣了人送了一个盒子來
小燕接着揭開裡面是一碗蝦丸（米子）雞皮湯又是一碗酒（黄香苋）釀清蒸鴨子一碟醃
的胭脂鵝脯还有一碟四个奶油松穰捲酥並一大碗热騰ミ碧熒ミ蒸的綠
畦香稲粳米飯小燕放在案上走去拿了小菜並碗箸过來撥了一碗飯芳

官便說油膩〻誰吃这些東西只將湯泡飯吃了一碗揀了兩塊醃鵝就不吃
了宝玉聞着到覺比往常之味有勝些〻似的遂吃了一个捲酥又命小燕也撥
了半碗飯泡湯一吃十分香甜可口小燕和芳官都笑了吃畢小燕便將剩
的要交回宝玉道你吃了罷若不勾再要些來小燕道不用要这就勾了方
纔麝月姐〻拿了兩盤子点心給我們吃了我再吃了这个儘不用再吃了
說着便站在棹傍一頓吃了又留下兩个捲酥說这个留着給我媽吃晚
上要吃酒給我兩碗酒吃就是了宝玉笑道你也愛吃酒等着偺們晚上
痛喝一陣你襲人姐〻和晴雯姐〻量也好也要喝只是每日不好意思今
兒大家開齋还有一件事想着囑咐你我竟忘了此刻纔想起來已後芳
官全要你照看他〻或有不到的去处你提他襲人照顾不过这些人來小

燕道我都知道都不用操心但这只五兒怎庅樣宝玉道你和柳家的說去明兒直叫他進來罢等我告訴他們一声就完了芳官听了咲道這到是正緊小燕又叫兩个小了頭進來伏侍洗手到茶自己叔了家伙交与婆子也洗手了便去我柳家的不在話下宝玉便去來仍往紅香圃尋衆姊妹芳官在後拿着巾扇剛出了院門只見襲人晴雯二人携手回来宝玉问你們做什庅襲人道擺下飯了等你吃飯呢宝玉便笑着將方纔吃的飯一節告訴了他兩个襲人笑道我說你是猫兒食聞見了香就好隔鍋飯兒香雖然如此也該上去陪他們多少應个景兒晴雯用手指戳在芳官額上說道你就是个狐媚子什庅空兒跑了去吃飯兩个人怎庅就約下了也不告訴我们一声兒襲人笑道不過是悞打悞撞的遇見了說約下了

可是沒有的事晴雯道既这应省要我们無用明兒我們都走了讓芳官一个人就彀使了襲人笑道我們都去了使得你却去不得晴雯道性有我是第一个要去又嬾又笨性子又不好又沒用襲人笑道倘或那孔雀褂子再燒个窟窿你去了誰可会補呢你到别和我拿三撇四的我煩你做个什应把你嬾的横針不拈竪線不動一般也不是我的私活煩你横竪都是他的就都不肯做怎应我去了几天你病的七死八活一夜連命也不顧給他做了出來这又是什应原故你到底說話别只佯憨和我笑也当不了什应大家說着来至所上薛姨媽也來了大家依序坐下吃飯宝玉只用茶泡了半碗飯應景而已一時吃畢大家吃茶閑話又隨便頑笑外面小螺和香菱芳官蕊官藕官荳官等四人个个人都滿园中頑了

一回大家採了此花草(草)來鬦看有生在花草堆中闹草这一个說我有難音
柳那一个說我有罗漢松那一个又說我有君子竹这一个又說我有美人蕉
这个又說我有星々翠那个又說我有月々紅这个又說我有牡丹亭那个(上的牡丹花)
又說我有琵琶記裡的枇杷菓荳官便說我有姊妹花衆人沒了香菱便
說我有夫妻蕙荳官說從沒听見有个夫妻蕙香菱道一箭一花為蘭
一箭數花蕙為凡蕙有兩枝上下結花者為兄弟蕙有並頭結花者為
夫妻蕙我这枝並頭的怎庅不是頭(荳)官沒的說了便起身笑道依你
說若是这兩枝一大一小就是老子兒子蕙了若兩枝背面開的就是
仇人蕙了你漢子去了大半年你想(着)夫妻了便扯上蕙也夫妻好不害羞
香菱听了紅了臉忙要起身擰他笑罵道我把你这个爛了嘴的小

蹄子滿嘴里汗㶆的胡說了荳官見他要勾來怎容他起來便忙連身將他壓倒衆人回頭笑說了不得了那是一窪子水可惜污了他的新裙子了荳官回頭看了一看果見傍边有一汪積雨香菱的半扇裙子都污濕了自己不好意思忙奪了手跑了衆人笑个不住怕香菱拿他們出氣也都閧笑一散香菱起身低頭一瞧那裙上猶滴滴点点流下綠水來正恨罵不絕可巧宝玉見他們鬥草也尋了些花草來湊戲忽見衆人跑了只剩了香菱一个低頭弄裙因问怎么散了香菱便說我有一枝夫妻蕙他們不知道反說我謅曰此鬧起來把我的新裙子也贜了宝玉笑道你有夫妻蕙我這里到有一枝並蒂菱口内說手内却真个拈着一枝並蒂菱花又拈了那枝夫妻蕙在手内香菱道什么夫妻不夫妻並蒂不並

蒂你瞧瞧这裙子宝玉方低頭一瞧便嗳呀了一声説怎庅就拖在泥里了
可惜这石榴红綾最不經染香菱道这是前兒琴姑娘帶了來的姑娘
做了一條我做了一條今兒才上身宝玉跌脚嘆道若你們家一日遭塌这
一百件也不值什庅只是頭一件既係琴姑娘帶來的你和宝姐姐每人
纔一件他的尚好你的先臟了豈不辜負他的心二則姨媽老人家嘴碎
饒这庅樣我还听見常説你們不知過日子只會遭塌東西不知惜福呢
这叫姨媽看見了又説一个不清香菱听了这話却碰心坎兒上反到
喜歡起來了因笑道就是这話了我雖有几條新裙子都不合这一
樣的趕着換了也就好了过後再説宝玉道你快休動只站着方好不
然連小衣兒膝褲鞋面都要拖臟我有个主意襲人上月做了一条

和这个一模一样的他回有孝如今也不穿竟送了你换下这个来如何香菱笑着摇頭說不好他们倘或听見了到不好宝玉道这怕什麼等他们孝满了他爱什麼难道不許你送他别的不成你若这樣还是你素日為人了(嗎)况且不事(是)瞞人的事只管告訴宝姐〻也可只不(過)怕姨媽老人家生氣罷了香菱想了一想有理便点頭笑道就是这樣罷了别辜負了你的心我等着你千定(萬)吋他親自送来纔好宝玉听了喜歡非常答應了忙〻的回來一壁里低頭心下暗筭可惜这麼一个人没父母連自己(的)本姓都忘了(不知道)被人拐出來〻壁里低頭心下暗筭这麼〻个人没父母連自己本姓都忘了被人拐出來偏又賣去(給)了这个霸王回又想起上日平兒也是意外想不到的今日更是意外之意外的事

了一壁胡思乱想（又下此四字）來至房中拉了襲人細ゝ告訴了他原故香菱之為人無（沒）人不憐愛的襲人又本是个手中撒漫的况与香菱素想（相）交好一聞此信忙就開箱（子）取了出來摺（褶）好隨了宝玉來尋着香菱他还站在那里等呢襲人笑道我說你太淘氣了足的（一定）了淘出个故事來纔罢香菱紅了臉笑說多謝姐ゝ了誰知那起促狎鬼使黑心說着接了裙子展開一看果然同自己的一樣又命宝玉背過臉去自己叉手向内觧下來将这條繫上襲人道把这贜了的交与我拿回去收拾了（好）再給你送來（去）你若拿回去看見了也是閙的香菱道好姐ゝ你拿去不倶（拘）給那个妹ゝ罷我有了这个不要他了襲人道你到大方的好香菱忙又萬福道謝襲人拿了贜裙便走香菱見宝玉蹲在地下将方纔的

夫妻蕙与並蒂菱用樹枝兒摳了一个坑先抓些落花來鋪墊了将这菱蕙安放好了又将些落花來掩了方撮土掩埋平服香菱拉他的手笑道这又叫做什庅怪知道人人說你慣會鬼鬼祟祟使人肉麻的事你瞧瞧你这手弄的泥烏苔滑的还不快洗去宝玉笑着方起身走了去洗手香菱也自走開二人已走遠了數步香菱復轉身回來叫住宝玉宝玉不知有何話扎着兩隻泥手笑嘻嘻的轉來问什庅香菱只顧笑因那边他的小丫頭臻兒走來說二姑娘等你說話呢香菱方向宝玉道裙子的事可別向你哥哥說纔好說畢即轉身走了宝玉笑道可不我瘋了往虎口里探頭兒去呢說着也回去洗手去了不知端詳且听下回分觧

脂硯齋重評石頭記卷之

第六十三回

壽怡紅群芳開夜宴　死金丹獨艷理親喪

話說宝玉回至房中洗手因与襲人商議晚間吃酒大家取樂不可拘泥如今吃什庅好早說給他們備辨去襲人咲道你放心我和晴雯射月秋紋四个人每人五錢銀子共是兩芳官碧痕小燕四兒四个人每人三錢銀子他們有假的不筭共是三兩二錢銀子早已交給了柳嫂子預備四十碟菓子我和平兒說了已徑抬了一罈好紹興酒藏在那边了我們八个人單替你过生日宝玉听了喜的忙說他们是那里的錢不該叫他们出纔是晴雯道他们沒錢难道我们是有錢的这原是各人的心那怕他偷的呢只管領他们的

情就是宝玉听了哭說你說的是襲人哭道你一天不挨他兩句硬話蠢你
你再过不去晴雯笑道你如今也學坏了常會家橋撥火兒說着大家都
哭了宝玉說関院門罷襲人哭道怪不得人說你是無事忙这會子関了門
人到疑惑起性再等一等宝玉点頭曰說我出去走走四兒舀水去小燕一个
跟我來罷說着走至外边回見無人便问五兒子事小燕道我總告訴了柳
嫂子他到喜歡的狠只是五兒那夜受了委屈煩惱回家去又氣病了那里
來得至等好了罷宝玉听了不免後悔長嘆曰又问这事襲人知道不
知道小燕道我沒告訴不知芳官可說了不曾宝玉道我却沒告訴过
他也罷等我告訴他就是了說畢復走進來故意洗手已是掌灯時分
听得院門前有一群人進來大家隔窓情視果見林之孝家的和几个

管事的女人走來前頭一人提着大灯籠晴雯悄咲道他們查上夜的人來
了这一出去咱們好関門了只見怡紅院凡上夜的人都迊了出去林之孝
家的看了不少林之孝家的吩咐不要錢吃酒放倒頭睡到大天亮我听
見是不依的眾人都笑說那里有大胆子的人林之孝家的又問宝二爺睡下
了沒有眾人都回不知道襲人忙推宝玉〻〻靸了鞋便迊出來笑道我还沒
睡呢媽〻進來歇〻又叫襲人倒茶來林之孝家的忙進來笑說还沒睡如
今天長夜短了該早些睡明兒起的方早不然到了明日起遲了人笑話說不
是个讀書上學的公子了倒像那起挑脚漢了說畢又笑宝玉忙笑道媽〻說
的是我每日都睡的早媽〻每日進來可都是我不知道的已經睡了今兒因
吃了麪怕停住食所以多頑一回林之孝家的又向襲人等笑說該滗些〻个蒲普

兒茶吃襲人晴雯二人忙笑説湛了一盃子女兒茶已經吃过兩碗了大娘也
嚐一碗都是現成的説着晴雯便倒了一碗來林之孝家的又笑道这些時我
听見二爺嘴里都換了字眼赶着这几位大姑娘們竟叫起名字來雖然在这
屋里到底是老太太太太的人还該嘴里尊重些纔是若一時半刻偶然叫一
声使得若只管叫起來怕已後兄弟姪兒照樣便惹人笑話説这家子的人
眼里没有長輩宝玉笑道媽媽説的是我原不过是一時半刻的襲人晴雯
都笑説这可别委屈了他直到如今他可姐姐没離了口不過頑的時候叫
一声半声名字若當着人却是和先一樣林之孝家的笑道这纔好呢这
纔是讀書知礼的越自己謙越尊重别説是三五代的陳人現從老太太
太太屋里撥过來的便是老太太太太屋里的猫兒狗兒輕易也傷他

不的这纔是受过調教的公子行事説畢吃了茶便説請安歇罢我們走了宝玉还説再歇歇那林之孝家的已帶了衆人又查别处去了这里晴雯等忙命関了门進來笑説这位奶奶那里吃了一杯來了嘮三叨四的又排場了我們一頓去了麝月笑道他也不是好意的少不得也要常提着些兒也隄防着怕走了大褶兒的意思説着一面擺上酒菓襲人道不用圍棹咱們把那張花梨圓炕棹子放在炕上坐又寬綽又便宜説着大家果然抬來射月和四兒那边去搬菓子用兩个大茶盤做四五次方搬運了來兩个老婆子蹲在外面火盆上篩酒宝玉説天熱咱們都脱了大衣裳纔好衆人笑道你要脱你脱我們还要輪流安席呢宝玉笑道这一安就安到五更天了知道我最这怕些俗套子在外人跟前

不得已的這會子还逼我就不好了衆人听了都説依你于是先不
上坐且忙着卸粧寬衣（吃酒從未先如此者此独抬红凤俗故王夫人云他行事從是与世人兩樣的知子莫過毋也）一
時將正装卸去頭上只随便挽着鬏兒身上皆是長裙短袄宝玉只穿
着大紅棉紗小袄子下面緑綾彈墨袷褲散着褲脚倚着一个各色致
瑰芍藥花瓣裝的玉色袷紗新枕頭和芳官兩个先划拳當時芳官
滿口嚷熱（余亦此时太熱了恨不得一冷既冷时思此熱果然一夢矣）只穿着一件玉色紅青酡絨三色
緞子斗的水田小夾袄束着一條柳緑汗巾底下是水紅撒花夾褲也
撒着褲腿頭上眉額編着一圈小辮總歸至頂心結一根鵞卵粗細
的總辮拖在腦後右耳眼内只塞着米粒大小的一个小玉塞子在耳
上单帶着一个白菓大小的硬红鑲金大墜子越顯的面如滿月猶

白眼如秋水还清引的衆人笑説他两个到像是双生的弟兄两个襲
人等工的斟了酒来説且等〻再划拳雖不安席每人在手里吃我們
一口罢了于是襲人為先端在唇上吃了一口餘依次下去一一吃過大家
方圓坐定小燕四兒因炕沿坐〻不下便端了两張椅子近炕放下那四
十个碟子皆是一色白粉定窑的不過只有小茶碟大里面不过是山
南海北中原外国或乾或鲜或水或陸天下所有的酒饌菓菜宝玉
因説偺们也該行个令才好襲人道斯文些的才好别大呼小呼惹人听見二
則我们不識字可不要那些文的射月笑道拿骰子偺们搶紅罢宝玉道
没趣不好偺们占花名兒好晴雯笑道正是早已想着這个頑意兒襲人
道这个頑意虽好人少了没趣小燕笑道依我説偺們竟悄〻的把宝

姑娘林姑娘請了來頑一回子到二更天再睡不遲襲人道又開門喝(合)
戶的鬧倘或遇見巡夜的問(呢)宝玉道怕什庅偺們三姑娘也吃酒再請
他一声纔好还有琴姑娘衆人都道琴姑娘罢了他在大奶〻屋里叨
登的大發了宝玉道怕什庅你們就快請去小燕四兒都得不了(得)一声
二人忙命開了门分頭去請晴雯射月襲人三人又說他兩个去請只
怕宝林兩个不肯來須得我們請去死活拉他來于是襲人晴雯忙
又命老婆子打个灯籠二人又(也)去果然宝釵說夜深了代玉說身上
不好他二人再三央求說好歹給我們一点体面畧坐〻再來探春听了
却也欢喜因想不請李紈倘或被他知道了到不好便命翠墨同
了小燕也再三的請了李紈和宝琴二人会齐先後都到了怡紅院

中襲人又死活拉了香菱來炕上又併了一張桌子方坐開了寳玉忙
說林妹〻怕冷过这边靠板壁坐又拿个靠背墊着些〻襲人等都端
了椅子在炕沿下一陪代玉却离桌(着)(子)遠〻的靠着靠背因笑向寳釵
李紈探春等道你們日〻說人夜聚(賭)飲博今兒我們自已也如此以後怎
広說人李紈笑道这有何妨一年之中不过生日節間如此並無夜〻如此
这到也不怕說着晴雯拿了一个竹雕的籤筒來里面装着家(象)牙花名
籤子搖了一搖放在当中又取过骰子來盛在盒内搖了一搖揭開一看里
面是五点数至寳釵〻〻便笑道我先抓不知抓出个什広來說着將筒(筒子)搖
了一搖伸手掣出一根大家一看只見籤上畫着一支牡丹題着艷貫群
芳四字下面又有鐫的小字一句唐詩道是

任是無情也動人

又注着在席共賀一杯此為群芳之貫隨意命人不拘詩詞雅謔道一則以優酒衆人看了都笑説巧的狠你也原配牡丹花説着大家共賀了一杯宝釵吃过便笑説芳官唱一枝我們听罷芳官道既这樣大家吃門杯好听的于是大家吃酒芳官便唱壽筵開處風光好衆人都道快打回去这會子狠不用你來上壽揀你極好的唱來芳官只得細〻的唱了一枝

賞花時　翠鳳毛翎紥帚叉　閑為仙人掃落花　您看那一風起玉塵沙
猛可的那一層雲霞　抵多少门外即天涯　您看那一風斬黃龍
一線兒差　再林向東老貧窮賣酒家　您與俺眼向雲霞 洞賓呵

遡淂了人可便早些兒回話若遲、呵錯教人唱恨碧桃花
纔罷宝玉却只管拿着那籤口内顛來倒去念任是無情也動人听、了
这曲子眼看着芳官不語湘雲忙一手奪了擲与宝釵、、又擲了一个
十六点数到探春咲道我还不知淂个什庅呢伸手掣了一根出來自己
一瞧便擲在地下紅了臉咲道这東西不好不該行这令这原是外頭男
人們行的令許多混話在上頭衆人不解襲人等忙拾了起來衆人看上
面是一枝杏花那紅字寫着瑤池仙品四字詩云

日边紅杏倚雲栽

註云淂此籤者必淂貴婿大家恭賀一杯共同飲一杯衆人笑道我說是什
庅呢这籤原是閨閣中取戲的除了这两三根有这話的並無雜話这

有何妨我們家已有了个王妃難道你也是王妃不成大喜〻〻說着大家來
敬探春那里肯飲却被史湘雲香菱李紈等三四个人死活灌了下去探
春只命蠲了這个再行別的衆人斷不肯依湘雲拿着他的手強擲了
个九點出來便該李氏掣李氏摇了一摇掣出一根來一看笑道好極你們
瞧〻這勞什子竟有些意思衆人瞧那籤上畫着一枝老梅是寫着霜
曉姿四字那一面舊詩是

竹籬茅舍自甘心

註云自飲一杯下家擲骰李紈笑道真有趣你們擲去罢我只自吃一杯
不問你們的廢與興說着便吃酒將骰過與代玉〻〻一擲是个十八点便該
湘雲掣湘雲笑着揎拳擄袖的伸手掣了一根出來大家看時一面畫着

一枝海棠題有香夢沉酣四字那面詩道是

只恐夜深花睡去

代玉笑道夜深两个字改石凉两个字衆人便知他趣白日间湘雲醉卧的事都笑道〔倒〕了湘雲笑指那自行船与代玉看又說快坐上那船家去罢别多話了衆人都笑了曰看註云既云香夢沉酣掣此籤者不便飲酒只令上下二家〔家〕各飲一杯湘雲拍手笑道阿弥陀佛真〻好籤恰好代玉是上家宝玉是下家〔給〕二人斟了两杯只得要飲宝玉先飲了半杯瞅人不見遞与芳官端起來便一揚脖代玉只管和人說話將酒全折在漱盂内了湘雲便綽起骰子来一擲个九点数去該射月〻〻便掣了一根出来大家看時這面上一枝荼蘼花題有照華勝極四字那边寫有一

句旧詩道是
開到荼蘼花事了
註云在席各飲三杯送春射月问怎庅講宝玉愁眉忙将籤藏了説
偺们且喝酒説着大家吃了三口以充三杯之数射月一擲个十九
点該香菱〻〻便掣了一根並蒂花題着聯春繞瑞那面冩着
一句詩道是
連理枝頭花正闹
註云共賀掣者三杯大家陪飲一杯香菱便又擲了个六点該代
玉掣代玉默〻的想道不知还有什庅好的被我掣着方好一面伸
手取了一根只見上面画着一枝芙蓉題着风露清愁四字那面

一句旧是詩道是
莫怨東風當自嗟
註云自飲一杯牡丹陪飲一杯衆人唉說这个好極除了他別人不配
作芙蓉代玉也自笑了于是飲了酒便擲了个二十点該有襲
人〻〻他伸手內取了一支出来却是一枝桃花題有武陵別
景四字那一面旧詩寫有道是
桃紅又是一年春
註云杏花陪一盞坐中同间庚者陪一盞同辰者陪一盞同姓者
陪一盞衆人笑道這一回热閙有趣大家算来香菱晴雯
宝釵二人皆与他同庚代玉与他同辰只無同姓者芳官忙

道我也姓花我也陪他一鍾于是大家斟了酒代玉曰相（向）探春笑道命中該有招貴婿的你是杏花快喝了我們好喝探春笑道這是个什麼大嫂子順手給他一下子李紈笑道人家不得貴婿反挨打我也不忍的説（的）衆人都笑了襲人纔要擲只听有人叫門老婆子忙出去問時原來是薛姨媽打發人來了接代玉的衆人因問几更了人回二更已後了鍾打过十一下了宝玉猶不信要過表來瞧了一瞧已是子初二刻十分了代玉便起身説我可掌不住了回去還要吃藥呢衆人説也都該散了襲人宝玉等還要留着衆人李紈宝釵等都説夜太探（深）了不像這已是破格了襲人道既如此每位再吃一杯再走説着晴

雯等已都斟满了酒每人吃了都命点灯袭人等直送过沁芳亭河那边方回来関了门大家後又行起令来袭人等又用大鍾斟了几鍾用盘攒了各样菓菜与地下的老嬷嬷们吃彼有此了三分酒便猜拳赢唱小曲儿那天已四更時分老嬷嬷们一面明吃一面暗偷酒缸已罄众人听了纳罕方収什盥漱睡觉芳官吃的两腮胭脂一般眉稍眼角越添了许多丰韵身子图不得便睡在袭人身上好姐姐心跳的狠袭人笑道谁许侭力灌起来小燕四儿也图不得早睡了晴雯还只管叫宝玉道不用叫了咱们且胡乱歇一歇罢自己便枕了那红香枕身子一歪便也睡着了袭人见芳官醉的狠恐闹他唾酒只得轻轻起来就将芳官扶

在宝玉之側由他睡了自己却在对面榻上倒下大家黑甜一覔不知所之及至天明襲人睜眼一看只見天色晶明忙説可遲了向对面床上瞧了一瞧只見芳官頭枕有炕沿上睡猶未醒連忙起来叫他宝玉已翻身醒了笑道可遲了因又推芳官起身那芳官坐起来猶發怔揉眼睛襲人笑道不害羞你吃瞧了怎庅也不揀地方兒亂挺下了芳官听了瞧了一瞧方知道和宝玉同榻忙笑的下地来説我什庅吃的不知道了宝玉笑道我竟也不知道了若知道給你臉上抹些黑墨説有了頭進来伺候梳洗宝玉笑道昨兒有擾今兒晚上我还席襲人笑道罢〻〻今兒可别閙了再閙就有人説話了宝玉道怕什庅不过纔两次罢了偺

们也筭是会吃酒了那一罈子酒怎庅就吃光了正是又趣偏又没了袭人笑道原要这樣纔有趣必至兴尽了反無後味了昨儿都好上了晴雯連燥也忘了我記得他还唱了一个四儿笑道姐〻忘了連姐〻还唱了一个呢在席的誰没唱过衆人听了俱红了臉用兩手握着笑个不住忽見平儿笑嘻〻的走来說親自来請昨日在席的人今儿我还東短一个也使不得衆人忙讓坐吃茶晴雯笑道可惜昨夜没他平儿忙问你们夜里做什庅来襲人便說告訴不得你昨儿夜里熱鬧非常連往日老太〻太〻带着衆人頑也不及昨儿这一頑一罈酒我们都鼓搗光了一个〻吃的把燥都丢了三不知的又都唱

起来四更多天纔横三竪四的打了一个盹兒平兒笑道好白和我要了酒来也不請我还説着給我听氣我晴雯道今兒他还席必来請你的等着罢平兒笑向道他是誰〻是他晴雯听了赶着笑打説道偏你这耳朶尖听得真平兒笑道这会子有事不知你説我幹事去了一回再打發人来請一个不到我是打上门来的宝玉等忙畄他已經去了这里宝玉梳洗了正吃茶忽然一眼看見硯台底下壓着一張紙因説道你們这隨便混壓東西也不好襲人晴雯等忙问又怎庅了誰又有了宝玉指道硯台下是什庅一定又是那位的樣子忘記了收的晴雯忙啓硯拿了出来却是一張字帖兒遞与宝

玉看時原來是一張粉箋子上面寫着檻外人妙玉恭肅遥叩芳辰

宝玉看畢直跳了起來（帖文亦蹈俗套之卧）忙问这是誰接了來的也不

告訴襲人晴雯等見了这般不知当是那个要緊的人送來

的帖子忙一齊问昨兒誰接了下了个帖子四兒忙飛跑進來

笑說昨兒妙玉並沒親手只打發个媽〻送來我就擱在那

里誰知一頓酒就忘了衆人听了道我当誰的这樣大驚小

怪这也不值的宝玉忙命快拿紙來当時拿了紙研了墨

看他下有檻外人三字自已竟不知回帖上回个什庅字樣

纔相敵只管提筆出神半天仍沒主意因又想若问宝釵去

他必又批評怪誕不如问代玉去想罷袖了帖兒逕來尋代

玉剛過了沁芳亭忽見岫烟顫々巍々的迎面走來宝玉忙
问姐々那里去岫烟笑道我找妙玉說話宝玉听了吒意說
道你為人孤癖不合時宜万人不入他目原來他推重姐々竟知姐
姐不是我們一流的俗人岫烟笑道他也未必真心重我但我和他
做過十年的鄰居只一墻之隔他在蟠香寺修煉我家原寒素賃
的是他廟里的房子住了十年無事到他廟里去作伴我所認的字
都是承他所授我和他又是貧賤之交又有半師之分因我們投親去
了聞得他因不合時宜權勢不容竟投到这里來如今又天緣湊合
我們得遇旧情竟未易承他青目更勝當日宝玉听了恍如听了焦
雷一般喜的笑道怪道姐々舉止言談超然如野鶴閒雲原來有本而

來正因他的一件事我為难要請教别人去如今遇見姐〻真是天緣巧合求姐〻指教說着便將拜帖取与岫烟看岫烟笑道他这脾氣竟不能改竟是生成这等放誕詭僻了從來沒見拜帖上下别號的这可是俗語說的僧不僧俗不俗女不女男不男成个什庅道理宝玉听說忙笑道姐〻不知道他原不在这些人中筭他原是世人意外之人因取我是个些微有知識的方給我这帖子我因不知回什庅字樣纔好竟沒了主意正要去问林妹〻可巧遇見了姐〻岫烟听了宝玉这話且只顧用眼上下細細的打諒了半日方笑道怪道俗語說的闻名不如見面又怪不得妙玉竟下这帖子給你又怪不得上年竟給你那些梅花既連他这樣少不得我告訴你原故他常說古人中自漢晋五代唐宋以来皆無好詩只有两句好說道

縱有千年鉄门檻　終須一個土饅頭
所以他自称檻外之人又常讚文是莊子的好故又或称為畸人他若
帖子上是自称畸人的你就还他个世人畸人者他自称是畸零之人你讓
自己乃世中擾擾之人他便喜了如今他自称檻外之人是自謂蹈于鉄
檻之外了故你如今只下檻内人便合了他的心了宝玉听了如醍醐
灌頂噯哟了一声方笑道怪道我們家廟說是鉄檻寺呢原来有这
一說姐姐就請讓我去寫回帖岫烟听了便自往櫳翠庵来宝玉回房
寫了帖子上面只寫檻内人宝玉薰沐謹拜几字親自拿了到櫳翠
庵只隔门縫兒投進去便回來了因又見芳官梳了頭挽起鬢來帶
了些花翠忙命他改粧又命將週圍的短髮剃了去露出碧青頭

次來當中分大頂又說冬天作大貂鼠卧兔兒帶脚上穿虎頭盤雲五彩小戰靴或散着褲腿只用淨襪厚底廂鞋又說芳官之名不好竟改了男名纔別致因又改作雄奴芳官十分称心又說既如此你出們也帶我出去有人問只說我和茗烟一樣的小廝就是了宝玉笑道到底人看的出來芳官笑道我說你是無才的（用芳官一罵有趣）咱家現有几家土番你就說我是个小土番兒況且人人說我打聯垂好看你想這話可妙宝玉听了喜出意外忙笑道這却很好我亦常見官員人等多有跟從外国獻俘之種圖其不畏風霜鞍馬便捷既這等再起个番名叫作耶律雄奴〻〻二音又與匈奴相通都是犬戎名姓況且這兩種人自堯舜時便為中華之患晉唐諸朝深受其害幸得咱們有福生在當今

之世大舜之正裔聖虞之功得仁孝赫赫格天同天地日月億兆不朽所以凡歷朝中跳梁猖獗之小醜到了如今竟不用一干一戈皆天使其拱手俛頭緣遠來降我們正該作踐他們為宦史生色芳官笑道既这樣有你該去操習弓馬學些武藝挺身出去拿几个反叛来豈不進忠効力了何必借何們你鼓唇搖的的自己開心作戲却說是稱功頌德呢宝玉笑道所以你不明白如今四海賓服八方寧靜千載百載不用武備咱們雖一戲一笑也該稱頌方不負坐享昇平了芳官听了有理二人自為妥貼甚宜宝玉便叫他耶律雄奴究竟賈府二宅皆有先人当年所獲之囚賜為奴隸只不過令其飼養馬匹皆不堪大用湘雲素習憨戲異常他也最喜武扮的每每自己束鑾帶穿

摺袖近見宝玉将芳官扮成男子他已将葵官也扮了个小子那葵官本是常
刮剔短髮好便于面〔上〕粉墨油彩手脚又伶便打扮了又省一層手李纨探春
見了也愛便将宝琴的荳官也就命他打扮了一个小童頭上两个丫髻
短袄紅鞋只差了塗臉便儼是戲上的一个琴童湘雲将葵官改了換作
大英因他姓韋便叫他作常大英方合自己的意思暗有惟大英雄餘〔能〕本
色之語何必塗硃抹粉〔纔〕是男子荳官身量年紀皆極小又極鬼靈
故曰荳官園中人也有喚他作阿荳的也有喚作炒豆子的宝琴反說
琴童書童等名太熟了竟是荳字别致便換作荳童因飯後平兒
还席說紅香圃太熱便在榆蔭堂中擺了几席新酒佳殽可喜尤氏又
代了佩鳳偕鴛二妾過來遊玩这二妾亦是青年姣憨女子不常过

来的今既入了这園再遇見湘雲香菱芳蕊一干女子所謂方以類聚
物以群分二語不錯只見他們說笑不了也不管尤氏在那里只凴了妚
们去伏侍且同衆人一二妾遊玩一時到了怡紅院忽听宝玉叫耶律雄
奴把佩鳳偕鸞香菱三个人笑在一處问是什庅語話大家也學着
叫这名子又叫錯了音韵或忘了字眼甚至于叫出野驢子来引的
合園中人凡听見無不笑倒宝玉又見人人取笑恐作賤了他忙又說海
西福朗思牙闻有金星玻璃宝石他本国番語以金星玻璃名為溫都
里納如今将你比作他就改名喚叫溫都里納可好芳官听了更喜說
就是这樣罷因此又喚了這名衆人嫌拗口仍番漢名就喚玻
璃

閑言少述且説当下众人都在榆蔭堂中以酒為名大家頑笑命女
先兒擊鼓平究採了一枝芍藥大家约二十来人傳花為令熱鬧了一
回因人回説甄家有两个女人送東西来了探春和李纨尤氏三人出
去議事所相見这里众人且出来散一散佩鳳偕鸞两个去打鞦韆頑
耍（大家千金不令作此戲故寫不及探春等人也）宝玉便説你两个上去讓我
送慌的佩鳳説罢了别替我们鬧乱子到是叫野驢子来送々使得
宝玉忙笑道説好姐々们别頑了没的叫人眼〔看〕着你们学〔説这个〕着罵他
偕鸞又説笑軟了怎庅打呢吊下来栽出你的黄子来佩鳳便赶
着他打正頑笑不绝忽見東府中几个人慌々張々跑来説老爷
殯天了众人听了唬了一大跳忙都説好々的並無疾病怎庅就没

了家下人說老爺天天修煉定是功行圓滿昇仙去了尤氏一聞此言又見賈珍父子並賈璉等皆不在家一時竟沒個着已的男子来未免忙了只得忙卸了粧飾命人先到玄真觀將所有的道士都鎖了起来等大爺来家審問一面忙忙坐車帶了賴昇一干老人媳婦出城又請太醫看視到底係何病大夫們見人已死何處胗脉来素知賈敬導氣之術總屬虛誕更至參星礼斗守庚申服靈砂妄作虛為过于勞神費力反因此傷了性命的如今虽死肚中堅硬似鉄面皮嘴唇燒的紫绛皺裂便向媳婦回說係玄教中吞金服砂燒脹而歿衆道士慌的回說原是老爺秘法新製的丹砂吃坏事小道們也曾劝說功行未到且服不得不承望老爺于今

夜守庚申時情〻的服了下去便昇仙了這恐是虔心得道已出若(苦)
海脫去皮囊自了去也尤氏也不听只命鎖着等賈珍来發放且
命人去飛馬報信一面看視這里窄狹不能停放橫豎也不能進
城的忙裝裹好了用軟轎指至鐵檻寺来停放掐指算来至早也
得半月的工夫賈珍方能来到(目)目今天氣炎熱實不(可)得相待遂
自行主持命天文生擇了日期入殮壽木已係早年備下寄在此
廟的甚是便宜三日後便開喪破孝一面且做起道場来等賈
珍榮府中鳳姐兒出不来李紈又照顧姊妹寶玉不識事体只
得(將)外頭之事暫託了几个家中二等管事人賈瑞(瑞)賈珖賈珩賈
瓔賈菖賈菱等各有执事尤氏不能回家便將他繼母接来在

寧府看家他這繼母只得將兩个未出嫁的小女帶來一並起居才放心〔原為放心而來終是放心而去妙甚〕且說賈珍聞了此信即忙告假並賈蓉是有職之品礼部見當今隆敦孝弟不敢自專具本請旨原來天子極是仁孝過天的且更隆重功臣之裔一見此本便詔問賈敬何職礼部代奏係進士出身祖職已蔭其子賈珍賈敬因年近多疾常養靜於都城之外玄真觀今因疾歿于寺中其子珍其孫蓉現因国喪隨駕在此故乞假歸殮天子听了忙下額外恩旨曰賈敬雖白衣無功于国念彼祖父之功追賜五品之職令其子孫扶柩由北下之門進都入彼私第殯殮任其子孫尽喪礼畢扶柩回籍外有光禄寺按上例賜祭朝中自王公以下准其祭弔欽此〻旨一下不但賈府中人謝恩連朝

中所有大臣皆嵩呼称頌不絶賈珍父子星夜馳回半路中又見賈瑞賈

珖二人領家子飛騎而来看見賈珍一齊滚鞍下馬請安賈珍忙问

作什庅賈瑞回说嫂子恐哥々和侄兒来了老太々路上無人呌我们

兩个来護送老太々的賈珍听了讚称不絶又问家中如何料理

賈瑞等便將如何拿了道士如何挪至家庙怕家内無人接了親

家母和兩个姨娘在上房住有賈蓉当下也下了馬听見兩个姨娘

来了便和賈珍一笑賈珍忙说了几声妥当加鞭便走店也不投連

夜換馬飛馳一日到了都门先奔入鉄檻寺那天已是四更天氣

坐更的闻知忙喝起衆人来賈珍下了馬和賈蓉放声大哭從大

门外便跪爬進来至棺前稽顙泣血直哭到天亮喉嚨都啞了

方住尤氏等都一齐見过賈珍父子忙按礼换了孝服在棺前俯伏
無奈自要理事竟不能目不視物耳不闻声少不得减些悲戚好指
揮衆人因将恩旨備述与衆親友听了一面先打發賈蓉家中料理停
靈之事賈蓉得不得一声兒先騎馬飛来至家忙命前厅收桌
椅下槅扇掛孝幔子门前起鼓手蓬牌樓等事又忙着進来看外
祖母两个姨娘原来尤老安人年高喜睡常歪着了他二姨娘三姨娘
都和了頭们作活计他来了都道煩惱賈蓉且嘻嘻的望他二姨娘
笑説二姨娘你又来了我们父親正想你呢尤二娘便红了臉罵道
蓉小子我过两日不罵你几句你就过不得了越發連个体統都沒了
还虧你是大家公子哥兒每日念書學礼的越發連那小家子瓢坎

的也跟不上说着順手拿起一个熨斗来摟頭就打嚇的賈蓉抱着頭滚到懷里告饒尤二姐便上来撕嘴又說等姐〻來家偺們告訴他賈蓉忙笑着跪在炕上求饒他两个又笑了賈蓉又和二姨搶砂仁吃尤三姐咬（嚼）了一嘴渣子吐了他一臉賈蓉用舌頭都舔着吃了衆丫頭看不過都笑說热孝在身上老娘纔睡了覺他两个雖小到底是姨娘家你太眼里没有奶〻了回来告訴爺你吃不了兜着走賈蓉撇下他姨娘便抱着丫頭們親嘴我的心肝你說的是偺們饞他两个了丫頭們忙推他恨的罵短命鬼兒你一般有老婆丫頭只和我們闹知道的說是頑（妙極之頑天下有是之頑亦有趣甚此語余亦親聞者非編有也）不知道的人再遇見那臟心爛肺的愛多管闲事咬（嚼）舌頭的人吵嚷的那府里誰不知道

谁不背地里嗳舌说偺們这边乱㬨賈蓉笑道各门另户谁管谁的事
都𣪘使的了從古至今連漢朝和唐朝人还说臟唐臭漢何况偺們
这宗人家谁家没風流事别討我说出来連那边大老爺这庅利
害連二叔还和那小姨娘不干净呢鳯姑娘那樣剛强瑞大叔还想他的
賬那一件瞞了我賈蓉只管信口開河胡言乱道之间只見他老娘醒
了請安问好又説難為老祖宗劳心又難為两位姨娘受委屈我們
爺兒們感戴不尽惟有等事完了我們合家大小登們去磕頭尤老
人点頭道我的兒到是你們會说話親戚們原是該的又问你父親
好几時得了信赶到的賈蓉笑道纔剛赶到的先打發我瞧你老人家
来了好歹求你老人家事完了再去说着又和他二姨剃眼那尤二姐

便悄悄咬牙含笑罵狠會咬舌頭的猴兒崽子留下我們給你爹作
娘不成賈蓉又戲他老娘道放心罷我父親日每為兩位姨娘操心
要尋兩个又有根基又富貴又年青又俏皮的兩位姨爹好聘嫁这
二位姨娘的这几年總没揀得可巧前日路上纔相准了一个尢老
只當真話㤺問是谁家的两个姊妹丢了活計一頭笑一頭赶着打说
媽別信这雷打的連了頭們都說天老爺有眼仔細雷要際又值
人來回話事已完了請哥兒出去看了回爺的話去那賈蓉方咲
嘻嘻的去了不知如何且听下回分解

脂硯齋重評石頭記卷之

第六十五回

賈二舍偷娶尤二姨　尤三姐思嫁柳二郎

話說賈璉賈珍賈蓉等三人商議事事妥貼至初二日先將尤老和三姐送入新房尤老一看雖不似賈蓉口內之言也十分齊備母女二人已称了心鮑二夫婦見了如一盆火赶着尤老一口一聲喚老娘又或是老太太赶着三姐喚三姨或是姨娘至次日五更天一乘素轎將二姐抬來各色香燭紙馬並鋪蓋以及酒飯早已備得十分妥当一時賈璉素服坐了小轎而來拜過天地焚了紙馬那老尤見二姐身上頭上煥然一新不是在家模樣十分得意攙入洞房是夜賈璉同他顛鸞倒凤百

献恩愛不消細説那賈璉越看越愛越瞧越喜不知怎生奉承这二姐乃命鮑二等人不許提三説二的直以奶奶称之自己也称奶奶竟将鳳姐一筆勾倒有時回家中只説在東府有事羈伴风姐輩曰知他和賈珍相得自然是有事商議也不疑心再家下人雖多都不管这些事便有那游手好閑專打听小事的人也都去奉承賈璉乘機討些便宜誰肯去露風於是賈璉深感賈珍不尽賈璉一月出五両銀子做天天的供給着不来時他母女三人一处吃飯着賈璉来了他夫妻二人一処吃他母女便回房自吃賈璉又将自己積年所有的梯己一併撇了与二姐收着又将风姐素日之為人行事枕边衾内尽情告訴了他只等一死便接他進去二姐听了自是愿意当下十来個人到也过起日子来十分

豐足眼見已是兩個月光景这日賈珍在鉄檻寺作完佛事晚间回家時回与他姊妹久别竟要去探望〻〻先命小廝去打听賈璉在与不在小廝回来說不在賈珍歡喜將左右一槩先遣回去只留兩個心腹小童牽馬一時到了新房已是掌灯時分悄〻入去兩個小廝將馬拴在圈内自往下房去听候賈珍進来屋内纔点灯先看过了尤氏母女然後二姐出見賈珍仍喚二姨大家吃茶說了一回閑話賈珍因笑說我作的这保山如何若錯过了打有灯燭還沒处尋过日你姐〻還備了礼来瞧你們呢說話之间尤二姐已命丫鬟預備下酒關起门来都是一家人原無避悔那鮑二来請安賈珍便說你還是個有良心的小子所以叫你来伏侍日後自有大用你之處不可在外頭吃酒生事我自然賞你倘或這里短了什么你璉二爺

事多那里人雜你只管去回我〻們弟兄不比别人鮑二爺應道是小
的知道名若小的不盡心除非不要這腦袋了賈珍點頭說要你知道当下
四人一処吃酒尤二姐知局便邀他母親說我怪怕的媽同我到那边走走
来尤老也会意便真個同他出来只剩小丫頭們賈珍便知和三姐挨肩擦
臉百般輕薄起来小丫頭子們看不过也都躲了出去憑他兩個自在取樂不
知作些什庅勾当跟的兩個小厮都在厨下和鮑二爺飲酒鮑二的女人上竈忽
見兩個丫頭也走了来嘲笑要吃酒鮑二因說姐兒們不在上頭伏侍也偷
来了一時叫起来没人又是事他女人罵道胡塗渾嗆了的忘八你撞
喪那黄湯罷撞喪醉了夾有你那膫子挺你的𡚸尸去叫不叫与你祕相干
一應有我承当風雨横竪洒不看到你頭上来这鮑二原因妻子發迹

的近日越發亏他自己除賺錢吃酒之外一槩不管賈璉等也不肯責備
他故他視妻如母百依百隨且吃句了便去睡覺这里鮑二家的陪着这
些丫嬛小厮吃酒討他們的好准備在賈珍前上好四人正吃的高興
忽听扣门之声鮑二家的忙出来開门看見是賈璉下馬问有事無
事鮑二女人便悄悄告他說大爺在这里西院里呢賈璉听了便回
至卧房只見尤二姐和他母親都在房中見他來了二人面上便有
些赸赸的賈璉反推不知只命快拿酒來㗂們吃兩杯好睡覺我
今日狠乏了尤二姐忙上來陪笑接衣奉茶问長问短賈璉喜的心
癢难受一時鮑二家的端上酒來二人对飲他丈母不吃自回房中睡
去了兩個小丫頭分了一個过來伏侍賈璉的心腹小童隆兒拴馬

去見已有了一匹馬細瞧一瞧知是賈珍的心下会意也来厨下只見喜兒壽兒兩個正在那里坐着吃酒見他来了也都会意故笑道你这会子来的巧我們因趕不上爺的馬恐怕犯夜往这里来借宿一休的隆兒便笑道有的是炕只管睡我是二爺使我送月銀的交給了奶々我也不回去了喜兒便說我們吃多了你来吃一鍾隆兒纔坐下端起杯来忽听馬棚内鬧將起来原来二馬同槽不能相容互相蹶踶起来隆兒等慌的忙放下酒杯出来喝馬好容易喝住另拴好了方進来鮑二家的笑說你三人就在这里罷茶也現成了我可去了說着帶門出去这里喜兒喝了几杯已是摆子眼了隆兒壽兒関了门回頭見喜兒直挺々的仰卧炕上二人便推他說好兄弟起来好

生睡只顧你一個人我们就苦了那喜兒便說道偺们今兒可要公ミ
道ミ的貼一炉子燒餅要有一个充正經的人我痛把他媽一肏陰兒
壽兒見他醉了也不必多說只得吹了灯將就睡下尤二姐听見馬閙心下
便不自安只管用言語混乱賈璉那賈璉吃了几杯春與發作便命
收了酒菓掩门寬衣尤二姐只穿着大紅小襖散挽烏雲滿臉春色比
白日更增了顏色賈璉摟着他笑道人ミ都說我们那夜叉婆齊整如
今我看来給你拾鞋也不要尤二姐道我虽標致却無品行看来
到底是不標致的好賈璉忙問道這話如何說我却不解尤二
姐滴泪說道你們拿我作愚人待什么事我不知我如今和你作
了兩个月夫妻日子虽浅我也知你不是愚人我生是你的人死是你

的児如今既作了夫妻我終身靠你豈敢瞞藏一字我筭是有靠將来我妹子却何如結果據我看来這個形景恐非長策要作長久之計方可賈璉听了笑道你且放心我不是拈酸吃醋之輩前事我已盡知你也不必驚慌你因妹夫倒是作兄的自然不好意思不如我去破了這例說有走了便往西院中来只見窓内灯燭輝煌二人正吃酒取樂賈璉便推门進去笑說大爷在這里兄弟来請安賈珍羞的無話只得起身讓坐賈璉忙笑道何必又作如此景象偺們弟兄從前是如何樣来大哥為我操心我今日粉身碎骨感激不尽大哥若多心我意何安從此以後还求大哥如昔方好不然兄弟能可絕後再不敢到此處來了說有便要跪下慌的賈珍連忙攙起只說兄

弟怎庅説我無不領命賈璉忙命人看酒来我和大哥吃兩杯又拉尤三姐説你过来陪小叔子一杯賈珍说笑的（着）说老二到底是你哥ゝ必要吃干这鍾说看一揚時尤三姐站在炕上指賈璉笑道你不用和我花馬吊嘴的清水下雜麵你吃我看見提看影戲人子上場好歹别戳破这層紙兒你别油蒙了心打諒我們不知道你府上的事这会子花了几个臭錢你們哥兒倆拿着我們姐兒兩個權当粉頭來取樂兒你們就打錯了筭盤了我也知道你那老婆太难纏如今把我姐姐拐了来做二房偷看（的）鑼（鼓）兒敲（打）不得我也要会ゝ那鳳奶ゝ去看他是几個腦袋几隻手若大家好取和便罷倘若有一点叫人过不去我、有本事先把你兩個的牛黄狗宝掏了出来再和那潑婦拚了这命也不筭是尤三姑奶〻喝酒怕什庅偺們就喝説着自己绰起壶来斟了一杯自己先喝了半杯摟过賈璉的脖子来就灌説我和你哥〻已经吃过了偺們来親香親香唬的賈璉酒都醒了賈珍也不承望尤三姐这等無恥老辣弟兄两个本是風月塲中耍惯的不想今日反被這闺女一夕話説住尤三姐一叠声又叫将姐〻請来要樂偺們四个一處同樂俗語説便宜不过当家他們是弟兄偺們是姊妹又不是外人只管上来尤二姐反不好意思起来賈珍得便就要一溜尤三姐那里肯放賈珍此時方後悔不承望他是这種為人与賈璉反不好輕薄起来这尤三姐鬆〻挽着頭髮大红袄子半掩半開露着葱绿抹胸一痕雪脯底下绿褲红鞋一对金蓮或翹或並没半刻

斯文两个墜子却似打鞦韆一般灯光之下越顯得柳眉籠翠霧檀口
点丹砂本是一双秋水眼再吃了酒又添了餳澁淫浪不独將他二姊壓
倒據珍璉評去所見过的上下貴賤若干女子皆未有此綽约风流者
二人已酥麻如醉不禁去招他一招他那淫態风情反將二人禁住
那尤三姐放出手眼来略试了一试他弟兄兩个竟全然無一点别識
别見連口中一句響亮話都没了不过是酒色二字而已自己高談
闊論任意揮霍洒落一陣拿他弟兄二人嘲咲取樂竟真是他嫖
了男人並非男人淫了他一時他的酒足興尽也不容他弟兄多坐攆
了出去自己関门睡去了自此後或略有丫鬟婆娘不到之處便將賈
璉賈珍賈蓉三個濫声厲言痛罵説他爺兒三個誆騙了他寡

婦孤女賈珍回去之後以後亦不敢輕易再来有時尤三姐自已高了興悄命小廝来請方敢去一会到了这里也只好随他的便誰知这尤三姐天生脾氣不堪伏有自已風流標致偏要打扮的出色另式作出許多万人不及的淫情浪態来哄的男子們垂涎落魄欲近不能欲遠不捨迷离顛倒他以為樂他母姊二人也十分相劝他反說姐姐糊塗咱們金玉一般的人白呌这两個現世宝沾污了去也筭無能而且他家有一個極利害的女人如今瞞着他〔呢〕不知〔道一日〕咱們方安〔静一日〕倘或一日他知道了豈〔有〕肯干休之理勢必有一塲大鬧不知誰生誰死趂如今我不拿他們取樂作踐准折到那時白落個臭名後悔不及因此一說他母女見不听劝也只得罷了那尤三姐天天挑揀穿吃打了銀的又要金的

有珠子又要宝石吃的肥鵞又宰肥鴨或不趁心連桌一推衣裳不如意不論綾緞新整便用剪刀子鉸碎了撕一條罵一句究竟賈珍等何曾隨意了一日反花了許多昧心錢賈璉來了只在二姐房内心中也悔上來無奈二姐到是個多情人以為賈璉是終身之主了凡事到还知疼肖癢若論起温柔和順凡事必商必議不敢恃才自專實較凤姐高十倍若論標致言談行事也勝五分雖然如今改过但已经失了脚有了一个淫字憑他有甚好處也不筭了偏这賈璉又说誰人無錯知过必改就好故不提已往之淫只取現今之善便如膠授漆似水如魚一心一計誓同生死那里还有鳯平二人在意了二姐在枕邊衾内也常劝賈璉说你和珍大哥商議〻〻揀个

熱的人把三了頭聘了罢留有他不是常法子終久要生出事来
怎庅處賈璉道前日我曾回过大哥的他只是捨不得我說是
塊肥羊肉只是燙的慌玫瑰花兒可愛刺大扎手咱們未必降的
住正經揀個人聘了罢他只意意思思就丢開手了你叫我有何法
二姐道你放心咱們明日先劝三了頭他肯了讓他自已鬧去鬧
的無法少不得聘他賈璉聽了說这話極是至次日二姐另備了
酒賈璉也不出門至午間特請他小妹过来与他母親上坐尤三
姐便知其意（全用醍醐灌頂全是大翻身大解悟法）酒过三巡不用姐姐
開口先便滴淚泣道（全用如是等語一洗孽障）姐姐今日請我自祇有一翻
大礼要說但妹子不是那愚人也不用絮絮叨叨提那從前醜

事我已尽知說也無益既如今姐〻也得了好處安身媽也有了安身
之处我也要自尋歸結法方是正礼但終身大事一生至一死非同兒
戲我如今改过守分只要我揀一個素日可心如意的人方跟他去
若凴你們揀擇雖是富比石崇才过子建貌比潘安的我心里進
不去也白过了一世賈璉笑道这也容易凴你說是誰就是誰一
衣綵礼都有我們置辦母親也不用操心尤三姐泣道姐〻知道
不用我說賈璉笑問二姐是誰二姐一時也想不起來大家想來
賈璉便道定是此人無移了便拍手笑道我知道了这人原不
差果然不錯好眼力二姐笑問是誰賈璉笑道别人他如何進得
去一定是宝玉二姐与尤老听了亦以為然尤三姐便啐了一口

道（奇不知何為）我們有姊妹十個也嫁你弟兄十個不成（有理之極）难道除了你家天下就没了好男子了不成（一罵反有理）衆人听了都意除去了他还有那一個（余亦如此想）尤三姐笑道别只在眼前想姐姐口在五年前想就是了（奇甚）正说有忽見跟賈璉的心腹小使子興兒走來请賈璉说老爺那边際等有叫爷呢小的答应往旧老爷那边去了小的連忙來请賈璉又忙问昨日家里没人问興兒道小的回奶奶说爺在家廟里同珍大爺商議作百日的事只怕不能來家賈璉忙命拉馬隆兒跟隨去了留下興兒答應人来事務尤二姐拿了两碟菜命拿大杯斟了酒就命興兒在炕沿下蹲着吃一長一短向他说话兒问他家里奶奶多大年紀怎麼個利害的

樣子老太〻多大年紀太〻多大年紀姑娘几個各樣家常等語與兒笑嘻〻的在炕沿下一頭吃一頭將榮府之事備細告訴他母女又說我是二门上该班的人我們共是兩班一班四个共是八个这八个人有几个是奶〻的心腹有几个是爺的心腹奶〻的心腹我們不敢惹爺的心腹奶〻的人就敢惹提起我們奶〻來心里歹毒口里尖快我們二爺也筭是个好的那里見得他到是二爺跟前的平姑娘為人狠好雖然和奶〻一氣他到背着奶〻常作些个好事小的們凡有了不是奶〻是容不過的只求〻他去就完了如今和家大小除了老太〻太〻兩个人沒有不恨他的只不过面子情兒怕他皆因他一時看的人都不及他只一味哄着老太〻太〻兩

个人喜欢他说一是一说二是二没人敢攔他又恨不得把銀子錢
省下来堆成山好叫老太〻太〻说他会过日子除不知苦了下人他
討好兒遇着有好事他就不等别人去說他先抓尖兒或有了不好
事或他自己錯了他便一縮頭推到別人身上来他还在傍边撥火兒
如今連他正經婆〻大太〻都嫌了他說他雀兒揀着旺处飛黑母鷄
一窩兒自家的事不管倒替人家去瞎張羅若不是老太〻在頭里早
叫过他去了尤二姐咲道你背着他这等说他將来你又不知怎庅
说我呢我又差他一層兒越發有的說了興兒忙跪下说道奶〻要
这樣說小的不怕雷打但凡小的們有造化起来先娶奶〻時若得
了奶〻这樣的人小的們也少挨些打罵也少提心吊胆的人如今

跟爺的这几个人谁不背前背後昍[讚]揚奶〻圣德憐下我們商量着叫二爺要出來情愿來呑應奶〻呢尤二姐笑道猴兒們的还不起來呢說句頑話就唬的那樣起來你們作怎[甚]庅來[呢]我还要[找]了你奶〻去呢與兒連忙摇手說奶〻千万不要去我告訴奶〻一輩子别見他才好嘴甜心苦両面三刀上頭一臉笑脚下使绊子是明一盆火暗是一把刀都占全了只怕三姨的这張嘴还說他不过好奶〻这樣斯文良善人那里是他的对手尤氏笑道我只以里[礼]待他〻敢怎庅樣與兒道不是小的吃了酒放肆胡說奶〻便有理讓他[他]肴見奶〻比他標致又比他得人心他怎肯干休善罢人家是醋罐子他是醋缸醋甕凡了頭們二爺多看一眼他有本事当有爺[二]打個爛羊頭虽然平姑娘在屋裡大

约一年二年之間兩个有一次到一处他还要口里掂本过子呢氣的
平姑娘性子發了鬧哭一陣说又不是我自己尋来的你又浪着劝
我：原不依你反說我反了这会子又这樣他一般的也罢了到央告平
姑娘尤二姐哭道可是扯谎这樣一个夜叉怎庅反怕屋裡的人呢
與兒道这就是俗語說的天下挑不过礼字去了这平兒是他自
幼的了頭陪了过来一共四个嫁人的嫁人死的死了只剩了这个心
腹他原為收了屋里一則显他賢良名兒二則又叫拴爺的心好不
外頭走邪道的又还有一段因果我們家的規矩凡爺們大了未娶
親之先都先放兩个人伏侍的二爺原有兩个誰知他来了没半
年都尋出不是来都打發出去了别人虽不好說自己臉上过不

去所以魚逼着平姑娘作了房裡人那平姑娘又是個正緊人從不
把这一件事放在心上也不会挑妻窩夫的到以為忠心赤胆伏侍他
纔容下了尤二姐哭道原来如此但我听見你們家还有一位寡婦奶
奶不知道我們家这位寡婦奶奶他的渾名叫作大菩薩第一個善
德人我們家的規矩又大寡婦奶奶們不管事只宜清淨守節妙在
姑娘又多只把姑娘們交給他看書寫字学針線学道理这是
他的責任除此问事不知說事不管只應这一向他病了事多这
大奶奶暫管几日究竟也無可管不過是按例而行不像他多事逞才
我們大姑娘不用說但凡不好也没这段大福了二姑娘的渾名是二木頭
戳一針也不知噯喲一声三姑娘的渾名是玫瑰花尤氏姊妹忙笑问何

意興兒笑道玫瑰花又紅又香無人不受(愛)的只是刺剌(札)手也是一位神道
可惜不是太〻養的老鴰窩里出鳳凰四姑娘小他正際(經)是珍大爺親
妹子因自幼無母老太〻命太〻抱过来養這(了)広大也是一位不晋事
的奶〻不知道我們家的姑娘不筭則(另)外有兩个姑娘真是天上少有
地下無雙一個是偺們姑太〻的女兒姓林小名兒叫什麼黛玉面龐身段和
三姨不差什麼一肚子文章只是一身多病這樣的天還穿夾的出来風兒一
吹就倒了我們這起没王法的嘴都叫他多病西施還有一位姨太〻的女兒
姓薛叫什麼宝釵竟是雪堆出来的每常出門或上車或一時院子裡聲(磞)見女(了)
[illegible]我們兒使神差見了他兩個不敢出氣兒尤二姐笑道你們大家規矩雖然
你們小孩子進的去然遇見小姐們原該遠〻藏開興兒搖手道不是〻〻那

正經大礼自然遠〻的藏開自不必說就藏開了自己不敢出氣是生怕這氣大了吹倒了姓林的氣煖了吹化了姓薛的說的滿屋里都笑起來了不知端詳且听下回分解

脂硯齋重評石頭記卷之

第六十六回

情小妹恥情歸地府　冷二郎一冷入空門

話說鮑二家的打他一下子笑道原有些真的叫你又編了這些混話越發沒了綑兒你到不像跟二爺的人這些混話到像是宝玉那邊的了好極之文將茗烟等已全寫出可謂一擊兩鳴法不寫之寫也尤二姐纔要又問忽見尤三姐笑問道可是你們家那宝玉除了上學他作些什麼柏案叫絕此處方問是何文情興兒笑道姨娘別問他說起來姨娘也未必信他長了這麼大獨他沒有上過正經學堂我們家從祖宗直到二爺誰不是寒牕十載偏他不喜讀書老太太的宝貝老爺先還管如今也不敢管了成天家瘋瘋癲癲的說的話人也不懂幹的事人也不知

外頭人〻看着好清俊模樣兒心里自然是聰明的誰知是外清而內濁見了人一句話也沒有所有的好處雖沒工夫學到難為他認得几個字每日也不習文也不學武又怕見人只愛在丫頭群里鬧再者也沒剛柔有時見了我們喜歡時沒上沒下大家亂頑一陣不喜歡各自走了他也不理人我們坐着卧着見了他也不理他也不責備因此沒人怕他只管隨便都過的去尤三姐笑道主子寬了你們又這樣嚴了又報怨可知難纏語情語情文至尤二姐道我們看他到好原來這樣可惜了一個好胎子尤三姐道姐〻信他胡說偺們也不是見了一面兩面他的行事言談吃喝原有些〻女兒氣那是只在里頭慣了的若說糊塗那些兒糊塗姐〻記得穿孝時偺們同在一處那日正是和尚們進來遶棺偺們都在那里站着他只站在頭里擋着人〻說他不知

礼又沒眼色過後他沒悄々的告訴偺們說姐々不知道我並不是沒眼色我想
和尚們髒恐怕氣味薰了姐々們接着他吃茶姐々又要茶那個老婆子就拿
了他的碗倒他趕忙說我吃髒了的另洗了再拿来這兩件上我冷眼看去原
来他在女孩子們前不曾怎樣都過的去只不大合外人的式所以他們不知道
尤二姐聽說笑道依你說你兩個已是情投意合了竟把你許了他豈不好三
姐見有興兒不便說話只低頭磕瓜子興兒笑道若論模樣兒行事為人到是
一對好的只是他已有了只未露形将来准是林姑娘定了的因林姑娘多病
二則都还小故尚未及此再過三二年老太々便一開言那是再無不准的了
大家正說話只見隆兒又来了說老爺有事是件机密大事要遣二爺往
平安州去不過三五日就起身来回也得半月工夫今日不能来了請老奶

奶早和二姨定了那事明日爺来好作定奪說着帶了興兒回去了這里尤二姐命掩了門早睡盤問他妹子一夜至次日午後賈璉方来了尤二姐因勸他說既有正事何必忙忙又来千万别為我悮事賈璉道也没甚事只是偏偏的又出来了一件遠差出了月就起身得半月工夫纔来尤二姐道既如此你只管放心前去這里一應不用你記罣三妹子他從不會朝更暮改的他已說了改悔必是改悔的他已擇定了人你只要依他就是了賈璉問是誰尤二姐笑道這人此刻不在這里不知多早纔来也難為他眼力自己說了這人一年不来他等一年十年不来等十年若這人死了再不来了他情願剃了頭當姑子去吃長斋念佛以了今生賈璉問到底是誰這樣動他的心二姐笑道說来話長五年前我們老娘家里做生日媽和我們到那

里與老娘拜壽他家請了一起串客里頭有個作小生的叫作柳湘蓮
千奇百怪之文
何至于此他看上了如今要是他纔嫁舊年我們聞得柳湘蓮惹了一個禍
逃走了不知可有來了不曾（下落沒有）賈璉聽了怪道呢我說是個什庅樣人原來是他
果然眼力不錯你不知道這柳二郎那樣一個標致人最是冷面冷心的差不
多的人都無情無義他最和宝玉合的來去年因打了薛獃子他不好意思見我
們的不知那里去了一向後來聽見有人說來了不知是真是假一問宝玉的
小子們就知道了倘或不來他萍踪浪跡知道几年纔来豈不白耽擱了尤
二姐道我們這三丫頭說的出来幹的出来他怎樣說只依他便了二人正
說之間只見尤三姐走來說道姐夫你只放心我們不是那心口兩樣的人說什
庅是什庅若有了姓柳的來我便嫁他從今日起我吃斋念佛只伏侍母親等

他来了嫁了他去若一百年不来我自己修行去了說着將一根玉簪擊作兩段一句不真就如这簪子說着回房去了真個竟非礼不動非礼不言起来賈璉無了法只得和二姐商議了一回家務復回家與鳳姐商議起身之事一面着人問茗烟〻〻說竟不知道大約沒来若来了必是我知道的一面又問他的街房也說沒来賈璉只得回復了二姐至起身之日已近前兩天便說起身却先住二姐这邊来住兩夜從这里再悄〻長行果見小妹竟又換了一個人又見二姐持家勤慎自是不消記掛是日一早出城就奔平安州大道曉行夜住渴飲飢飡方走了三日那日正走之間頂頭来了一羣馱子內中一夥主僕十来騎馬走的近来一看不是别人竟是薛蟠和柳湘璉来了賈璉深為奇怪（余亦為怪）忙伸馬近了上来大家一齊相見說些别後寒溫大家便入酒店歇

下叙談〻〻〻賈璉因笑説鬧過之後我們忙着請你两個和解誰知柳兄踪跡
全無怎庅你两個今日到在一處了薛蟠笑道天下竟有這樣奇事我同夥計
販了貨物自春天起身往回里走一路平安誰知前日到了平安州界遇一夥
强盗已將東西刼去不想柳二弟從那邊來了方把賊人赶散奪回貨物还救
了我們的性命我謝他又不受所以我們結拜了生死弟兄如今一路進京從
此後我們是親弟親兄一般到前面岔口上分路他就分路往南二百里有他
一個姑媽他去望候〻〻我先進京去安置了我的事然後給他尋一所宅子
尋一門好親事大家過起来賈璉聽了道原来如此到教我們懸了几日心
因又听道尋親又忙説道我正有一門好親事堪配二弟説着便將自己娶尤
氏如今又要發嫁小姨一節説了出来只不説尤三姐自择之語又屬薛蟠且

不可告訴家里等生了兒子自然是知道的薛蟠聽了大喜說早該如此這都
是舍表妹之過湘蓮忙笑說又忘情了還不住口薛蟠忙止住不語便說這等
這門親事定要做的湘蓮道我本有願定要一個絕色的女子如今既是
貴昆仲高誼顧不得許多了任憑裁奪我無不從命賈璉笑道如今口
說無憑等柳兄一見便知我這內娣的品貌是古今有一無二的了湘蓮聽了
大喜說既如此說等弟探過姑娘不過月中就進京的那時再定如何賈璉笑
道你我一言為定只是我信不過柳兄你乃是萍蹤浪跡倘然淹滯不歸豈
不悞了人家須得留一定礼湘蓮道大丈夫豈有失信之礼小弟素係寒貧况
且客何能有定礼薛蟠道我這里現成就備一分二哥代去賈璉笑道也不用
金帛之礼須是柳兄親身是有之物不論物之貴賤不過我帶去取信耳

湘蓮道既如此説弟無別物此劍防身不能解下囊中尚有一把夗央劍乃吾家傳代之寶弟也不敢擅用只隨身守藏而已賈兄請拏去為定弟縱係水流花落之性然亦斷不捨此劍者説畢大家又飲了幾杯方各自上馬作別起程正是將軍不下馬各自奔前程且説賈璉一日到了平安州見了節度完了公事因又囑他十月前後務要還來一次賈璉領命次日連忙取路回家先到尤二姐處探望誰知賈璉出門之後尤二姐操持家務十分謹肅每日關門闔戶一點外事不聞他小妹子果是個斬釘截鐵之人每日侍奉母姊之餘只安分守己隨分過活雖是夜晚間孤衾獨枕不慣寂寞奈一心丟了衆人只念柳湘蓮早早回來完了終身大事這日賈璉進門見了這般景况喜之不盡深念二姐之德大家叙些寒温之後賈璉便將路上相遇湘蓮一

事說了出来又将夗央劍取出遞與三姐三姐看時上面龍吞夔護珠宝晶

熒将靶一掣里面却是两把合体的一把上面鏨着一夗字一把上面鏨着一

央字冷颼颼明亮亮如两痕秋水一般三姐喜出望外連忙收了掛在自己

綉房床上每日望着劍自笑終身有靠賈璉住了两天回去復了父命回

回家合家相見那時鳳姐已大愈出来理事行走了賈璉又将此事告訴了

賈珍賈珍因近日又遇了新友将这事丢過不在心上任凴賈璉裁奪只怕

賈璉獨力不加少不得又給了他三十两銀子賈璉拿来交與二姐預備粧

奩誰知八月内湘蓮方進了京先来拜見薛姨媽又遇見薛蝌方知薛蟠不

慣風霜不服水土一進京時便病倒在家請醫調治聽見湘蓮来了請入

卧室相見薛姨媽也不念舊事只感新救恩母子們十分称謝又說起親事一

節凡
樓風一應東西皆已妥當只等擇日柳湘蓮也感激不盡次日又來見宝玉
二人相會如魚得水湘蓮因問賈璉偷娶二房之事宝玉笑道我聽一干人
說我那未見我也不敢多管我又听見茗烟說璉二哥〻着寔問你不知
有何話說湘蓮就將路上所有之事一概告訴宝玉〻〻笑道大喜〻〻難
得這個標致人果然是個古今絕色堪配你之為人湘蓮道既是這樣他那
里少了人物如何只想到我況且我又素日不甚和他厚他関切不至此路上
工夫忙〻的就那樣再三要來定礼難道女家反趕着男家不成我自
已疑惑起來後悔不該留下這劍作定所以後來想起你來可以細〻問
個底歷纔好宝玉道你原是個精細人如何既許了定礼又疑惑起來
你原說只要一個絕色便罷了何必再疑湘蓮道你既不知他娶如何

又知是絶色宝玉道他是珍大嫂子的継母帶来的兩位小姨我在那里和他們混了一個月怎庅不知真〻一对尤物可巧他又姓尤湘蓮听了跌足道这事不好断乎做不得了你們東府里除了那兩石頭獅子干淨只怕連猫兒狗兒都不干淨我不做这剩忘八（奇極之文極趣之文金瓶梅中有云把忘八的臉打綠了已奇之至此云剩忘八豈不更奇）宝玉聽說紅了臉湘蓮自慚失言連忙作揖說我該死胡說（忍用湘蓮提東府之事罵及宝玉可是人想得到的所謂一個人不曾放過）你好歹告訴我他品行如何宝玉笑道你既深知又来問我作甚庅連我也未必干淨了湘蓮笑道原是我自己一時忘情好歹別多心宝玉笑道何必再提这倒是有心了湘蓮作揖告辭出来若去找薛蟠一則他現卧病二則他又浮燥不如去索回定礼主意已定便一直的来找賈璉賈璉正在新房中聞得湘蓮

来了喜之不禁忙迎了出来讓到内室與尤老相見湘蓮只作揖稱老伯母自稱晚生賈璉聽了吒意吃茶之間湘蓮便說客中偶然忙促誰知家姑母于四月間訂了弟婦使弟無言可回若從了老兄背了姑母似非合理若係金帛之訂弟不敢索取但此劍係祖父所遺請仍賜回為幸賈璉聽了便不自在還說定者定也原怕返悔所以為定豈有婚姻之事出入隨意的還要斟酌湘蓮笑道雖如此說弟愿領責領罰然此事斷不敢從命賈璉還要饒舌湘蓮便起身說請兄外坐一敘此處不便那尤三姐在房明明聽見好容易等了他来今忽見反悔便知他在賈府中得了消息自然是嫌自己淫奔無耻之流不屑為妻今若容他出去和賈璉說退親料那賈璉必無法可處自己豈不無趣一聽賈璉要同他出去連忙摘下劍来將一股雌鋒隱在肘内出来

便說你們不必出去再議還你的定礼一面淚如雨下左手將劍並鞘送與湘蓮右手回肘只往項上一橫可憐揉碎桃花紅滿地玉山傾倒再難扶芳灵蕙性渺渺冥冥不知那邊去了當下唬的衆人急救不迭尤老一面嚎哭一面又罵湘蓮賈璉忙揪住湘蓮命人綑了送官尤二姐忙止淚反勸賈璉你太多事人家並沒威逼他死是他自尋短見你便送他到官又有何益反覺生事出醜不如放他去罷豈不省事賈璉此時也沒了主意便放了手命湘蓮快去湘蓮反不動身泣道我並不知是這等剛烈賢妻可敬可敬湘蓮反扶尸大哭一場等買了棺木眼見入殮又俯棺大哭一場方告辭而去出門無所之昏昏默默自想方才之事原來尤三姐這樣標致又這等剛烈自悔不及正走之間只見薛蟠的小使子尋他家去那湘蓮只管出神那小使子帶他到

新房之中十分齊整忽聽環珮叮噹尤三姐從外而入一手捧着鴛鴦劍一手捧着一卷册子向柳湘蓮泣道妾痴情待君五年矣不期君果冷心冷面妾以死報此痴情妾今奉警幻之命前往太虛幻境修注案中所有一干情鬼妾不忍一别故来一會從此再不能相見矣説着便走湘蓮不捨忙欲上来拉住問時那尤三姐便説来自情天去由情地前生悮被情惑今既耻情而覺與君两無干涉説畢一陣香風無踪無影去了湘蓮警覺似夢非夢睁眼看時那里薛家小童也非新室竟是一座破廟傍邊坐着一個跏腿道士捕虱湘蓮便起身稽首相問此係何方仙師仙名法號道士笑道連我也不知道此係何方我係何人不過暫来歇足而已柳湘蓮聽了不覺冷然如寒冰侵骨掣出那股雄劍將萬根煩惱絲一揮而盡便隨那

道士不知往那里去了後回便見

脂硯齋重評石頭記卷之

第六十八回

苦尤娘賺入大觀園　　俊鳳姐大鬧寧國府

話說賈璉起身去後偏至平安節度巡邊在外約一個月方回賈璉未得確信只得住在下處等候及至回來相見將事辦妥回程已是將兩個月的限了誰知鳳姐心下早已算定只待賈璉前脚走了回來便傳各色匠役收拾東廂房三間照依自己正室一樣粧飾陳設至十四日便回明賈母王夫人說十五日一早要到姑子廟進香去只帶了平兒豊兒周瑞媳婦旺兒媳婦四人未曾上車便將原故告訴了衆人又吩咐衆男人素衣素蓋一逕前來興兒引路一直到了二姐門前扣門鮑二家的開了興兒笑說快回二奶〻去大奶〻

来了鮑二家的聽了這句頂梁骨走了真魂忙飛進報與尤二姐尤二姐雖也一驚但已来了只得以礼相見於是忙整衣来迎了出来至門前鳳姐方下車進来尤二姐一看只見頭上皆是素白銀器身上白月緞襖青緞披風白綾素裙眉彎柳葉高吊兩梢目横丹鳳神凝三角俏麗若三春之桃清潔若九秋之菊周瑞旺兒二女人攙入院来尤二姐陪笑忙迎上来萬福張口便叫姐姐下降不曾遠接望恕倉促之罪說着便扶福了下来鳳姐忙陪笑還礼不迭二人携手同入室中鳳姐上座尤二姐命丫环拿褥子来便行礼說奴家年輕一從到了這里之事皆係家母和家姐商議主張今日有幸相會若姐姐不棄奴家寒微凡事求姐姐的指示教訓奴亦傾心吐胆只伏侍姐姐說着便行下礼去鳳姐兒忙下座以礼相還口内忙說皆因奴家婦人之見一味勸夫慎

重不可在外眠花臥柳恐惹父母担憂此皆是你我之癡心怎奈二爺錯會奴意眠花宿柳之事瞞奴或可今娶姐姐二房之大事亦人家大礼亦不曾對奴說奴亦曾勸二爺早行此礼事以偹已被生育不想二爺反以奴為那等嫉妬之婦私自行此大事並不說知使奴有寃難訴惟天地可表前於十日之先奴已風聞恐二爺不樂遂不敢先說今可巧遠行在外故奴家親自拜見過还求姐姐下體奴心起動大駕挪至家中你我姊妹同居同處彼此合心諫勸二爺慎慎重世務保養身体方是大礼若姐姐在外奴在內雖愚賤不堪相伴奴心又何安再者使外人聞知亦甚不雅觀二爺之名也要緊到是談論奴家奴亦不怨所以今生今世奴之名節全在姐姐身上那起下人小人之言未免見我素日持家太嚴背後加減些些言語自是常情姐姐乃何等樣人物豈可信真若我

寔有不好之處上頭三層公婆中有無數姊妹妯娌況賈府世代名家豈容我到今日今日二爺私娶姐〻在外若别人則怨我則以為幸正是天地神佛不忍我被小人們誹謗故生此事我今来求姐〻進去和我一樣同居同處同分同例同侍公婆同諫丈夫喜則同喜悲則同悲情似親妹和比骨肉不但那起小人見了自悔從前錯認了我就是二爺来家一見他作丈夫之人心中也未免暗悔所以姐〻竟是我的大恩人使我從前之名一洗無餘了若姐〻不隨奴去奴亦情愿在此相陪奴愿作妹子每日伏侍姐〻梳頭洗面只求姐〻在二爺跟前替我好言方便〻〻容我一席之地安身奴死也愿意說着便嗚嗚咽〻哭將起来尤二姐見了這般也不免滴下淚来二人對見了礼分序座下平兒忙也上来要見礼尤二姐見他打扮不凡舉止品貌不俗料定是平兒

連忙親身挽住只叫妹子快休如此你我是一樣的人鳳姐忙也起身哄說折死他了妹子只管受礼他原是偺們的丫頭已後快别如此說着又命周家的從包袱里取出四疋上色尺頭四對金珠簪環為拜礼尤二姐忙拜受了二人吃茶對訴已往之事鳳姐口内全是自怨自錯怨不得别人如今只求姐〻疼我等語尤二姐見了這般便認他作是個極好的人小人不遂心誹謗主子亦是常理故傾心吐胆叙了一回竟把鳳姐認為知已又見周瑞等媳婦在傍邊稱揚鳳姐素日許多善政只是吃虧心太癡了惹人怨又說已經預俻了房屋奶〻進去一看便知尤氏心中早已要進去同住方好今又見如此豈有不允之理便說原說跟了姐〻去只是這里怎樣鳳姐兒道這有何難姐〻的箱籠細軟只管着小厮搬了進去這些粗笨貨要他無用还叫人看着姐〻說

誰妥當就叫誰在這里尤二姐忙說今日既遇見姐〻這一進去凡事只憑姐
姐料理我也來的日子淺也不曾當過家世事不明白如何敢作主這几件
箱籠拿進去罷我也沒有什麼東西那也不過是二〻爺的鳳姐聽了便命周瑞
家的記清好生看管着抬到東廂房去于是催着尤二姐穿帶了二人攜
手上車又同坐一處又悄〻的告訴他我們家的規矩大這事老太〻一蓋字不
知倘或知二〻爺孝中娶你管把他打死了如今且別見老太〻太〻我們有一
個花園子極大姊妹住着容易沒人去的你這一去且在園里住兩天等我
設個法子回明白了那時再見方妥尤二姐道任憑姐〻裁處那些跟車的
小廝們皆是預先說明的如今不去大門只奔後門而來下了車趕散眾人鳳
姐便帶尤氏進了大觀園的後門來到李紈處相見了彼時大觀園中十停

人已有九停人知道了今忽見鳳姐帶了進來引動多人來看問尤二姐一一見過衆人見他標致和悅無不稱揚鳳姐一一的吩咐了衆人都不許在外走了風声若老太太太太知道我先叫你們死園中婆子丫环都素懼鳳姐的又係賈璉國孝家孝中所行之事知道關係非常都不管這事鳳姐悄悄的求李紈收養几日等回明了我們自然過去的李紈見鳳姐那邊已收拾房屋況在服中不好倡揚自是正理只得收下權住鳳姐又變法將他的丫頭一概退出又將自己的一個丫頭送他使喚暗暗吩咐園中媳婦們好生照着着他若有走失逃亡一概和你們算賬自己又去暗中行事合家之人都暗暗納罕的說看他如何這等賢惠起來了那尤二姐得了這個所在又見園中姊妹各各相好倒也安心樂業的自為得其所矣誰知三日之後丫頭

善姐便有些不服使喚起来尤二姐因說沒了頭油了你去回声大奶〻拿些
来善姐道二奶〻你怎庅不知好歹沒眼色我們奶〻天〻承應了老太〻又
要承應這邊太〻那邊太〻這些妯娌姊妹上下几百男女天〻起来都
等他的話一日少說大事也有一二十件小事还有三五十件外頭的從娘
〻筭起以及王公侯伯家多少人情客礼家里又有這些親友的調度銀子
上千錢上萬一日都從他一個手一個心一個口里調度那里為這点子小事
去煩瑣他我勸你能着些兒罷咱們又不是明媒正娶来的這是他亘古
少有一個賢良人纔這樣待你若差些兒的人聽見了這話吵嚷起来把你
丢在外死不死生不生你又敢怎樣呢一夕話說的尤氏垂了頭自為有
這一說少不得將就些罷了那善姐漸〻連飯他怕端来與他吃或早

一頓或晚一頓所拿來之物皆是剩的尤二姐說過兩次他反先亂叫起
來尤二姐又怕人笑他不安分少不得忍着隔上五日八日見鳳姐一面那
鳳姐却是和容悅色滿嘴里姐姐不離口又說倘有下人不到之處你
降不住他們只管告訴我我打他們又罵了頭媳婦說我深知你們軟的欺
硬的怕背開我的眼還怕誰倘或二奶奶告訴我一個不字我要你們的命尤
氏見他這般的好心既有他何必我又多事下人不知好歹也是常情我若
告了他們受了委屈反叫人說我不賢良因此反替他們遮掩鳳姐一面
使旺兒在外打听細事這尤二姐之事皆已深知原來已有了婆家的女
婿現在才十九歲成日在外嫖賭不理生業家私花盡父親攆他出來
現在賭錢廠存身父親得了尤婆十兩銀子退了親的這女婿尚不

知道原來這小廝子名叫張華鳳姐都一一盡知原委便封了二十兩銀子與旺兒悄悄命他將張華勾來養活着他寫一張狀子只管往有司衙門中告去就告璉二爺國孝家孝之中背旨瞞親仗財依勢強逼退親停妻再娶等語這張華也深知利害先不敢造次旺兒回了鳳姐鳳姐氣的罵癩狗扶不上墻的種子你細細的說給他便告我們家謀反也沒事的不過是借他一鬧大家沒臉若告大了我這里自然能勾平息的旺兒領命只得細說與張華鳳姐又吩咐旺兒他若告了你你就和他對詞去如此如此這般這般我自有道理旺兒聽了有他做主便又命張華狀子工添工自己說你只告我來往過付一應調唆二爺做的張華便得了主意和旺兒商議定了寫了一紙狀子次日便往都察院喊了冤察院

坐堂看狀是告賈璉的事上面有家人旺兒一人只得遣人去賈府傳旺兒來對詞青衣不敢擅入只命人代信那旺兒正等着此事不用人代信早在這條街上等候見了青衣反迎上去咲道起動衆位兄弟必是兄弟的事犯了說不得快来套上衆青衣不敢只說你老去罷别閙了于是来至堂前跪了察院命狀子與他看旺兒故意看了一遍磞頭說道這是小的盡知小的主人實有此事但這張華素與小的有仇故意攀扯小的在内其中還有别人求老爺再問張華磞頭雖還有人小的不敢告他所以只告他下人旺兒故意急的說糊塗東西還不快說出来這是朝廷公堂之上憑是主子也要說出来張華便說出賈蓉来察院聽了無法只得去傳賈蓉鳳姐又差了慶兒暗中打聽告了起来便忙將王信喚来告訴他此事

命他托察院只虚張声势警唬而已又拿了三百銀子與他去打點是夜王信到了察院私第安了根子那察院深知原委收了贓銀次日回堂只說張華無賴因拖欠了賈府銀兩枉捏虚詞誣賴良人都察院又素與王子騰相好王信也只到家說了一声况是賈府之人巴不得了事便也不提此事且都收下只傳賈蓉對詞且說賈蓉等正忙着賈珍之事忽有人來報信說有人告你們如此〻〻這般〻〻快作道理賈蓉慌了忙來回賈珍〻〻說我防了這一着只虧他好大胆子即刻封了二百銀子着人去打点察院又命家人去對詞正商議之間人報西府二奶〻來了賈珍聽了這個到吃了一驚忙要同賈蓉藏躲不想鳳姐進來了說好大哥〻帶着兄弟們幹的好事賈蓉忙請安鳳姐拉了他就進來賈珍还咲說好生伺候你姑娘吩咐他們殺牲口預

備飯說了忙命備馬躲往別處去了這里鳳姐兒帶着賈蓉走來到上房尤氏
正迎了出來見鳳姐氣色不善忙笑說什庅事情這等忙鳳姐照臉一口吐沫啐
道你尤家的丫頭沒人要了偷着只往賈家送難道賈家的人都是好的普
天下死絕了男人了你就愿意給也要三媒六証大家說明成個体統才是你
你痰迷了心脂油蒙了竅國孝家孝兩重在身就把個人送來了這會子被
人家告我們我又是個沒脚蟹連官場中都知道我利害吃醋如今指名提
我要休我〻來了你家幹錯了什庅不是你這等害我或是老太〻太〻有
了話在你心里使你們做這圈套要擠我出去如今偺們兩個一同去見官
分証明白回來偺們公同請了合族中人大家覿面說個明白給我休書我
就走路一面說一面大哭拉着尤氏只要去見官急的賈蓉跪在地下磞頭

只求姑娘嬸子息怒鳳姐兒一面又罵賈蓉天雷劈腦子五鬼分尸的沒良心的種子不知天有多高地有多厚成日家調三窩四幹出這些沒臉面沒王法敗家破業的营生你死了的娘陰靈也不容你祖宗也不容還敢來勸我哭罵着揚手就打賈蓉忙磕頭有声說嬸子別動氣仔細手讓我自己打嬸嬸子別生氣說着自己舉手左右開弓自己打了一頓嘴巴子又自己問着自己說已後可還再顧三不顧四的混管閑事了已後還單聽叔叔的話不聽嬸子的話了衆人又是勸又要笑又不敢笑鳳姐兒滚到尤氏懷里嚎天動地大放悲声只說給你兄弟娶親我不惱為什麼使他違旨背親將混賬名兒給我背着偺們只去見官省得捕快皂隸拿來再者偺們只過去見了老太太太太和衆族人大家公議了我既不賢良又不容丈夫娶親買妾只給我一紙休書我

就是你妹〻我也親身接來家生怕老太〻太〻生氣也不敢回現在三茶六飯金奴銀婢的住在園里我這里趕着收拾房子一樣和我的道理只等老太太知道了原說接過來大家安分守己的我也不提舊事了誰知又是有了人家的不知你們幹的什麼事我一概又不知道如今告我〻昨日急了縱然我出去見官也丟的是你賈家的臉少不得偷(自)把太〻的五百銀子去打点如今把我的人還鎖在那里說了又哭〻了又罵後來放声又哭起祖宗爺媽來又要尋死撞頭把個尤氏揉搓成一個麵團衣服工全是眼淚鼻涕並無別話只罵賈蓉孽障種子和你老子作的好事我就說不好的鳳姐兒聽說哭着兩手搬着尤氏的臉緊對相(有)問道你發昏了你的嘴里難到有茄子塞着不然他們給你嚼子啣上了為什麼你不告訴我去你若告訴了我這會子平安不

了怎得經官動府鬧到這步田地你這會子还怨他們自古說妻賢夫禍少
表壯不如裡壯你但凡是個好的他們怎得鬧出這些事来你又没才幹又
没口齒鋸了嘴子的葫芦就只會一味瞎小心圖賢良的名兒揔是他也不怕你
也不聽勸說着啐了几口尤氏也哭道何曾不是這樣你不信問〃跟的人我何
曾不勸的也得他們聽呌我怎庅樣呢怨不得妹〃生氣我只好聽着罷了衆
姬妾了环媳婦已是烏鴉跪了一地陪笑求說二奶〃最聖明的雖是我們奶〃
的不是奶〃也作踐的勾了當着奴才們奶〃們素日何等的好来如今还求
奶〃給留臉說着捧上茶来鳳姐也摔了一面止了哭挽頭髮又哭罵賈蓉
出去請大哥〃来我對面問他親大爺的孝纔五七侄兒娶親這個礼我竟
不知道我問〃也好學着日後教道子侄的賈蓉只跪着磕頭說這事原不

與父母相干都是兒子一時吃了屎調唆叔〻作的我父親也並不知道如今
我父親正要出殯嬸子若鬧起來兒子也是個死只求嬸子責罰兒子兒子
謹領這官司还求嬸子料理兒子竟不能幹這大事嬸子是何等樣人豈不知
俗語說的胳膊只折在袖子裡兒子糊塗死了既作了不肖的事就同那猫兒
狗兒一般嬸子既教訓就不和兒子一般見識的少不得还要嬸子費心費力
將外頭的壓住了纔好原是嬸子有這個不肖的兒子既惹了禍少不得委屈
还要疼兒子說着又磕頭不絕鳳姐見他母子這般也再難往前施展了只
得又轉過了一副形容言談来與尤氏反陪礼說我是年輕不知事的人一聽
見有人告訴了把我嚇昏了不知方纔怎么樣得罪了嫂子可是蓉兒說的胳
膊折了往袖子裡藏少不得嫂子要体量我還要嫂子轉替哥〻說了

先把这官司按下去纔好尤氏賈蓉一齊都說嬸子放心横竪一点兒連累不
着叔〻嬸子方纔說用過了五百兩銀子少不得我娘兒們打点五百兩銀子與
嬸子送過去補上的不然豈有反教嬸子又添上虧空之名越發我們該死了
但还有一件老太〻太〻們跟前嬸子还要週全方便別提这些話方好鳳姐
兒又冷笑道你們饒壓着我的頭幹了事这會子反哄着我替你們週全
我雖然是個獃子也獃不到如此嫂子的兄弟是我的丈夫嫂子既怕他絕後
我豈不更比嫂子更怕絕後嫂子的令妹就是我的妹子一樣我一聽見这話
連夜喜歡的連覺也睡不成趕着傳人收拾了屋子就要接進來同住到是奴
才小人的見識他們到說奶〻太好性了若是我們的意思先回了老太〻太〻
看是怎樣再收拾房子去接也不遲我聽了这話教我要打要罵的纔

得錢再娶他若說一定要人少不得我去勸我二姨叫他出来仍嫁他去若說要錢我們這里少不得給他鳳姐兒忙道雖如此說我斷捨不得你姨娘出去我也斷不肯使他去好侄兒你若疼我只能可多給他錢為是賈蓉深知鳳姐口雖如此心却是巴不得只要本人出来他却做賢良人如今怎麽說怎麽依鳳姐兒歡喜了又說外頭好處了家里終久怎麽樣你也同我過去回明了纔是尤氏又慌了拉鳳姐討主意如何撒謊纔好鳳姐冷笑道既沒這本事誰叫你幹這事了這會子又這個腔兒我又看不上待要不出個主意我又是個心慈面軟的人憑人撮弄我我還是一片癡心說不得讓我應起来如今你們只别露面我只領了你妹妹去與老太太太太們磕頭只說原係你妹妹我看上了很好正因我不大生長原說買兩個

人放在屋里的今既見你妹〻狠好而又是親上做親的我思意娶来
做二房皆因家中父母姊妹新近一概死了日子又艱難不能度日若等孝滿
之後無家無業實難等得我的主意接了進来已經廂房收拾了出
来暫且住着等滿了服再圓房仗着我不怕燥的臉死活賴去有了
不是也尋不着你們了你們母子想〻可使得尤氏賈蓉一齊咲說
到底是嬸子寬洪大量足智多謀等事妥了少不得我們娘兒們過
去拜謝尤氏忙命丫环們伏侍鳳姐梳粧洗臉又把酒飯親自遞酒揀
菜鳳姐也不多坐執意就走了進園中將此事告訴與尤二姐又說我
怎麽樣心打聽又怎麽設法子須得如此〻〻〻方救下衆人無罪少不
得我去拆去這魚頭大家才好不知端詳且聽下回分解

脂硯齋重評石頭記卷之

第六十九回

弄小巧用借劍殺人　覺大限呑生金自逝

話説尤二姐聽了又感謝不盡只得跟了他過去尤氏那邊怎好不過來的少不得也過來跟着鳳姐去回方是大礼鳳姐笑説你只別説話等我去説尤氏道这個自然但一有個不是是往你身上推的説着大家先来至賈母房中正值賈母和園中姊妹們説笑解悶忽見鳳姐帶了一個標致小媳婦進来忙覷着眼看説这是誰家的孩子好可憐見的鳳姐上来笑道老祖宗到細細的看看好不好説着忙拉二姐説这是太婆婆快磕頭二姐忙行了大礼展拜起来又指着衆姊妹説这是某人某人你先認

了太〻瞧過了再見礼二姐聽了一〻又從新故意的問過歪頭站在傍邊
賈母上下瞧了一遍因又咲問你姓什広今年十几了鳳姐忙又咲説老祖宗
且別問只説比我俊不俊賈母又帶了眼鏡叫鴛央琥珀把那孩子拉過来我瞧
瞧肉皮兒衆人都抿嘴兒咲着只得推他上去賈母細瞧了一遍又命琥珀拿
出他的手来我瞧〻鴛鴦又揭起裙子来賈母瞧畢摘下眼鏡来咲説道便是個齊全
孩子我着比你俊些鳳姐聽説咲着忙跪下將尤氏那邊所編之話一五一十
細〻的説了一遍少不得老祖宗發慈心先許他進来住一年後再圓房賈
母聽了道這有什広不是既你這麼賢良狠好只是一年後方可圓得房鳳姐
聽了叩頭起来又求賈母着兩個女人一同帶去見太〻們説是老祖宗的主
意賈母依允遂使二兩个人帶去見了邢夫人等王夫人正因他風声不雅深為憂

處見他今行此事豈有不樂之理於是尤二姐自此見了天日挪到廂房住
居鳳姐一面使人暗〻調唆張華只叫他要原妻這里還有許多賠送外還給
他銀子安家過話張華原無胆無心告賈家的後來又見賈蓉打發人來對
詞那人原說的張華先退了親我們皆是親戚接到家里住着是真並無偷
娶之說皆因張華拖欠了我們的債務追索不與方誣賴小的主人那些〻個察
院都和賈王兩處有瓜葛況又受了賄只說張華無賴以窮訛詐狀子也不收
打了一頓赶出來慶兒在外替他打点也沒打重又調唆張華親原是你家定
的你只要親事官必還斷給你于是又告王信那邊又透了消息與察院〻〻
便批張華所欠賈宅之銀令其限內按數交還其所定之親仍令其有力時娶
回又傳了他父親來當堂批准他父親亦係慶兒說明樂得人財兩進便去賈

賈家領人鳳姐兒一面嚇的來回賈母說如此這般都是珍大嫂子幹事不明並沒和那家退准卷人告了如此官斷賈母聽了忙喚了尤氏過來說他作事不妥既是你妹子從小曾與人指腹為婚又沒退斷使人混告了尤氏聽了只得說他連銀子都收了怎么沒准鳳姐在傍又說張華的口供上現說不曾見銀子也沒見人去他老子說原是親家母說過一次並沒應准親家母死了你們就接進去作二房如此沒有對証只說好由他去混說幸而璉二爺不在家沒曾圓房這還無妨只是人已來了怎好送回去豈不傷臉賈母道又沒圓房沒的強占人家有夫之婦名声也不好不如送給他去那里尋不出好人來尤二姐聽了又回賈母說我母親実于某年月日給了他十兩銀子退准的他因窮急了告又翻了口我姐姐原沒錯辦賈母聽了便說可見刁民難惹既

这樣鳳了頭去料理〻〻鳳姐聽了無法只得應着回来只命人去找賈蓉賈蓉深知鳳姐之意若要使張華領回成何体統便回了賈珍暗〻遣人去説張華你如今既有許多銀子何必定要原人若只管執定主意不怕爺們一怒尋出個由頭你死無葬身之地你有了銀子回家去什庅好人尋不出来你若走時还賞你些路費張華聽了心中想了一想这到是好主意和父親商議已定約共總也得了有百金他父子次日起個五更回原籍去了賈蓉打聽得真了来回了賈母鳳姐説張華父子妄告不實懼罪逃走官府亦知此情也不追究大事完畢鳳姐聽了心中一想若必定着張華帶回二姐去未免賈璉回来再花几個錢包占住不怕張華不依还是二姐不去自己相伴着还妥當且再作道理只是張華此去不知何往他倘或再將此事告訴了別人或日後

再尋出這由頭來翻案豈不是自己害了自己原先不該如此將刀靶付與
外人去的因此悔之不迭復又想了一條主意出來悄命旺兒遣人尋着了他
或說他作賊和他打官司將他治死或暗中使人筭計務將張華治死方剪
草除根保住自己的名譽旺兒領命出來回家細想人已走了完事何必如此
大作人命關天非同兒戲我且哄過他去再作道理因此在外躲了几日回來
告訴鳳姐只說張華是有了几兩銀子在身上逃去第三日在京口地界五更
天已被截路人打悶棍打死了他老子唬死在店房在那里驗尸掩埋鳳姐聽
了不信說你要扯謊我再使人打聽出來敲你的牙自此方丟過不題鳳姐
和尤二姐和美非常更比親姊親妹还勝十倍那賈璉一日事畢回來先到
了新房中已竟悄悄的封鎖只有一個看房子的老頭兒賈璉問他原故

老頭子細説原委賈璉只在鐙中跌足少不得来見賈赦與邢夫人将所究之事回明賈赦十分歡喜説他中用賞了他一百两銀子又将房中一個十七歲的丫环名喚秋桐者賞他為妾賈璉叩頭領去喜之不盡見了賈母合家中人回来見鳳姐未免臉上有些愧色誰知鳳姐兒他反不似往日容顔同尤二姐一同出迎叙了寒温賈璉将秋桐之事説了未免臉上有些得意之色驕矜之容鳳姐聽了忙命两個媳婦坐車到那邊接了来心中一刺未除又平空添了一刺説不得且吞声忍氣将好顔面拉出来遮掩一面又命擺酒接風一面帶了秋桐来見賈母與王夫人等賈璉心中也暗〻的吶罕那日已是臘月十二日賈珍起身先拜了宗祀然後過来辭拜賈母等人和族中人直送到洒淚亭方回獨賈璉賈蓉二人送出三日三夜方回一路上賈珍命他好生収心

治家等語二人口内荅應也說些大理套話不必煩叙且說鳳姐在家外面待尤二姐自不必說得只是心中又懷别意無人處只和尤二姐說妹々的声名狠不好聽連老太々太々們都知道了說妹々在家做女孩兒就不干净又和姐夫有些首尾没人要的了你揀了來还不休了再尋好的我聽見这話氣得倒仰查是誰說的又查不出來这日久天長这些個奴才們跟前怎樣說嘴我反弄了個魚頭來拆說了兩遍自己又氣病了茶飯也不吃除了平兒衆丫頭媳婦無不言三語四指桑說槐暗識刺秋桐自為係賈赦之賜無人僭他的連鳳姐平兒皆不放在眼裡豈肯容他張口是先姦後娶没漢子要的娼婦也來要我的強鳳姐聽了暗樂尤二姐聽了暗愧暗怒暗氣鳳姐既粧病便不和尤二姐吃飯了每日只命人端了菜飯到他房中去吃那茶飯

都係不堪之物平兒着不過自拏了錢出来美菜與他吃或是有時只說和
他園中去頑在園中廚內另做了湯水與他吃也無人敢回鳳姐只有秋桐一
時撞見了便去揀舌告訴鳳姐說奶：的名声生是平兒美壞了的這樣好
菜好飯浪着不吃卻往園里去偷吃鳳姐聽了罵平兒說人家養猫拏耗
子我的猫只到咬雞平兒不敢多說自此也要遠着了又暗恨秋桐難以出口
園中姊妹和李紈迎春惜春等人皆為鳳姐是好意然宝黛一干人暗為二姐
担心雖都不便多事惟見二姐可憐時常来了到還都憫恤他每日常無人
處說起話来尤二姐便淌眼抹泪又不敢抱怨鳳姐兒又並無露出一點壞形
来賈璉来家時見了鳳姐賢良也不便留心況素習已来因賈赦姬妾丫环
最多賈璉每懷不軌之心只未敢下手如這秋桐輩等人皆是恨老爺年

邁容慣貪多嚼不爛的由下这些人作什么因此除了几個知礼有耻的餘
者或有與二門上小幺兒們嘲戲的甚至於與賈璉眉来眼去相偷期的只
惧賈赦之威未曾到手这秋桐便和賈璉有舊從来来過一次今日天緣湊
巧竟賞了他真是一對烈火乾柴如膠投漆燕尔新婚連日那里拆的開那
賈璉在二姐身上之心也漸漸淡了只有秋桐一人是命鳳姐雖恨秋桐且喜
借他先可發脱二姐自已且抽頭用借劍殺人之法坐山觀虎鬥等秋桐殺
了尤二姐自已再殺秋桐主意已定沒人處常又私勸秋桐說你年輕不知事
他現是二房奶奶你爺心坎兒上的人我還讓他三分你去硬碰他豈不是
自尋其死那秋桐聽了这話越發惱了天天大口乱罵說奶奶是軟弱人那
等賢惠我也却做不来奶奶把素日的威風怎都沒了奶奶寬洪大量我却

眼裡揉不下沙子去讓我和他這淫婦做一回他纔知道呢鳳姐兒在屋里只
粧不敢出声兒氣的尤二姐在房里哭泣飯也不吃又不敢告訴賈璉次日賈
母見他眼紅〻的腫了問他又不敢說秋桐正是抓乖賣俏之時他便悄〻
的告訴賈母王夫人等說耑會作死好〻的成天家嚎喪背地里咒二奶〻
和我早死了他好和二爺一心一計的過賈母便說人太生嬌俏了可知心就
嫉妬鳳了頭倒好意待他〻倒這樣爭鋒吃醋的可是個賤骨頭因此漸次便
不大歡喜衆人見賈母不喜不免又往下踏踐起來弄得這尤二姐要死不
能要生不得还是虧了平兒時常背着鳳姐看他這般與他排解〻〻那
尤二姐原是個花為腸肚雪作肌膚的人如何經得這般磨折不過受
了一個月的暗氣便懨〻得了一病四肢懶動茶飯不進漸次黃瘦

下去夜来合上眼只見他小妹子手捧夗央宝劍前来説姐〻你一生為人心癡意軟終吃了這虧休信那妬婦花言巧語外作賢良内藏奸狡他發恨定要弄你一死方罷若妹子在世斷不肯令你進来即進来時亦不容他這様此亦係理數應然你我生前淫奔不才使人家喪倫敗行故有此報你依我將此劍斬了那妬婦一同歸至警幻案下聽其發落不然你則白〻的喪命且無人憐惜尤二姐泣道妹〻我一生品行既虧今日之報既係當然何必又生殺戮之寃随我去忍耐若天見憐使我好了豈不兩全小妹咲道姐〻你終是個癡人自古天網恢〻踈而不漏天道好还你雖悔過自新然已將人父子兄弟致于麀聚之乱天怎容你安生尤二姐泣道既不得安生亦是理之當然奴亦無怨小妹聽了長嘆而去尤二姐驚醒却是一夢等賈

璉來看時因無人在側便泣說我這病便不能好了我來了半年腹中也有身孕但不能預知男女倘天見憐生了下來還可若不然我這命就不保何況於他賈璉亦泣說你只放心我請明人來醫治於你出去即刻請醫生誰知王太醫亦謀幹了軍前効力回來好討蔭封的小廝們走去便請了個姓胡的太醫名叫君榮進來胗脉看了說是經水不調全要大補賈璉便說已是三月庚信不行又常作嘔酸恐是胎氣胡君榮聽了復又命老婆子們請出手來再看〻尤二姐少不得又從帳內伸出手來胡君榮又胗了半日說若論胎氣肝脉自應洪大然木盛則生火經水不調亦皆因由肝木所致醫生要大胆須得請奶〻將金面略露〻醫生觀〻氣色方敢下藥賈璉無法只得命將帳子掀起一縫尤二姐露出臉來胡君榮一見

魂魄如飛上九天通身麻木一無所知一時掩了帳子就陪他出來問是如
何胡太醫道不是胎氣只是迂血凝結如今只以下迂血通經脈要緊于是寫
了一方作辞而去賈璉命人送了藥礼抓了藥來調服下去只半夜尤二姐腹
痛不止誰知竟將一個已成形的男胎打(了)下來于是血行不止二姐就昏迷過
去賈璉聞知大罵胡君栄一面再遣人去請醫調治一面命人去打告(鬧)胡君栄
胡君栄聽了早已捲包逃走這里太醫院(太醫們)便說本來氣血生成虧弱受胎以來
想是着了些氣惱鬱結于中這位先生擅用虎狼之劑如今大人元氣十分傷
其八九一時难保就愈煎丸二藥並行还要一些閑言閑事不聞庶可望好
說畢而去急的賈璉查是誰請了姓胡的來(的)一時查了出來便打了々半死鳳姐
比賈璉更急十倍只說偺們命中無子好容易有了一個又遇見這樣沒本事

的大夫於是天地前燒香礼拜自己通陳禱告說或有病只求尤氏妹子身体大愈再得懷胎生一男子我願吃長齋念佛賈璉衆人見了無不称讚賈璉與秋桐在一處時鳳姐又做湯做水的着人送與二姐又罵平兒不是個有福的也和我一樣我因多病了你却無病也不見怀胎如今二奶〃這樣都因咱們無福或犯了什麼冲的他這樣因又叫人出去筭命打卦偏筭命的回来又說係屬兔的陰人冲犯大家筭將起来只有秋桐一人屬兔說他冲的秋桐近見賈璉請醫治藥打人罵狗為尤二姐十分盡心他心中早浸了一缸醋在内了今又聽見如此說他冲了鳳姐兒又勸他說你暫且別處去躲几個月再来秋桐便氣的哭罵道理那起瞎肏的混咬舌根我和他井水不犯河水怎麼就冲了他好個愛八哥兒在外頭什麼人不見偏来了就有人

冲了白眉赤臉那里来的孩子他不過指着哄我們那個綿花耳朵的爺
罷了總有孩子也不知姓張姓王奶〻希罕那雜種羔子我不喜歡老了誰不
成誰不會養一年半載養一個到还是一点換〻襍沒有的呢罵的衆人又要
笑〔又〕不敢笑可巧邢夫人過来請安秋桐便哭告邢夫人說二爺奶〻要攆我
回去我沒了安身之處太〻好歹開恩邢夫人聽說慌的數落鳳姐兒一陣又
罵道賈璉不知好歹的種子憑他〔怎麽〕不好是你父親給的為個外頭来
〔投了〕頭来的攆的〔到眼裡〕連老子都沒了你要攆他你不如还你父親去到好說
〔着〕賭氣去了秋桐更又得意越性走到他窓戶根底下大哭大罵起来尤二姐
不免更添煩惱晚間賈璉在秋桐房中歇了鳳姐已睡平兒過来瞧他又悄〻
勸他好生養病不要理那畜生尤二姐拉他哭道姐〻我從到了这里多

虧姐〻照應爲我姐〻也不知受了多少閙(悶)氣我若逃的出命來我必答報
姐〻的恩德只怕我逃不出命來也只好等來生罷平兒也不禁滴淚說道
想來都是我坑了你我原是一片痴心從沒瞞他的話既聽見你在外頭豈有
不告訴他的誰知生出這個(些)事來尤二姐忙道姐〻這話錯了若姐〻便不告
訴他〻豈有打聽不出來的不過是姐〻說的在先况且我也要一心(要)進來方
成個体統與姐〻何干二人哭了一回平兒又囑咐了几句夜已深了方去安
息這里尤二姐心下自思病已成勢日無所養反有所傷料定必不能好
况胎已打下無可懸心何必受這些零(碎)氣不如一死到還干淨常聽見人
說生金子可以墜死豈不比上吊自刎又干淨想畢拃挣起來打開
箱子找出一塊生金(子)也不知多重恨命含淚便吞入口中几次恨命直

脖子方嚥了下去于是赶忙將衣服首飾穿帶齊整上炕渦下了當下人不知鬼不覺到第二日早辰了㛑媳婦們見他不叫人樂得且自已去梳洗鳳姐便和秋桐都上去了平兒看不過說了頭們你們就只配那沒人心的打着罵着使也罷了一個病人也不知可憐〻〻他雖好性兒你們也該拿出個樣兒來別太過逾了牆倒衆人推了㛑聽了急推房門進来看時却穿帶的齊〻整〻死在炕上了于是方嚇慌了喊叫起来平兒進来看了不禁大哭衆人雖素習懼怕鳳姐然想尤二姐實在溫和憐下比鳳姐原強如今死去誰不傷心落淚只不敢與鳳姐看見當下閤宅皆知賈璉進来摟尸大哭不止鳳姐也假意哭狠心的妹〻你怎麼丟下我去了辜負了我的心尤氏賈蓉等也来哭了一場勸住賈璉〻〻便回了王夫人討了梨香院停放五日挪到鐵檻寺去王夫人依

允賈璉忙命人去開了梨香院的門收拾出正房来停靈賈璉嫌後門出靈
不像便对着梨香院的正墻上通街現開了一個大門兩邊搭棚安壇塲做佛
事用軟榻鋪了錦緞衾褥將二姐抬上榻去用衾單蓋了八個小廝和幾個媳
婦圍隨從內子墻一帶抬往梨香院来那里已請下天文生預備揭起衾單一
看只見這尤二姐面色如生比活着还美貌賈璉又摟着大哭只叫奶奶你死
的不明都是我坑了你賈蓉忙上来勸叔叔嘆着些兒我這個姨娘自己沒福
說着又向南指大觀園的界墻賈璉會意只悄悄跌脚說我忽畧了終久对出
来我替你報仇天文生回說奶奶卒于今日正卯時五日出不得或是三日或
是七日方可明日寅時入殮大吉賈璉道三日斷乎使不得竟是七日因家叔家
兄皆在外小喪不敢多停等到外頭还放五七做大道塲纔掩靈明年往南去

下莚天文生應諾寫了殃榜而去宝玉已早過来陪哭一塲衆族中人也都来了賈璉忙道去找鳳姐要銀子治辦棺槨喪礼鳳姐見抬了出去推有病回老太々太々說我病着忌三房不許我去因此也不出来穿孝且往大観園中来遶過群山至北界墻根下往外聽隐々綽々聽了一半言語回来又回賈母說如此这般賈母道信他胡說誰家痨病死的不燒了燒了一撒也認真的開喪破土起来既是二房一塲也是夫妻之分停五七日抬出来或一燒或乱垩地工理了完事鳳姐咲道可是这話我又不敢勸他正說着了妳来請鳳姐說二爺等着奶々拿銀子呢鳳姐只得来了便問他什庅銀子家里近来艱難你还不知道偺們的月例一月趕不上一月雞兒吃了過年粮昨兒我把兩個金項圈當了三百銀子你还做夢呢这里还有二三十兩銀子你要就拿去說着

命平兒拿了出來遞與賈璉指着賈母有話又去了恨的賈璉沒話可說只得開了尤氏箱櫃去拿自己的梯己及開了箱櫃一滴無存只有些折簪爛花並幾件半新不舊的細絹衣裳都是尤二姐素習所穿的不禁又傷心哭了起來自己用個包袱一齊包了也不命小廝丫嬛來拿便自己提着來燒平兒又是傷心又是好笑忙將二百兩一包的碎銀子偷了出來到廂房拉住賈璉悄遞與他說你只別作声纔好你要哭外頭多少哭不得又跑了這里來點眼賈璉聽說便說你說的是接了銀子又將一條裙子遞與平兒說這是他家常穿的你好生替我收着作個念心兒平兒只得掩了自己收去賈璉拿了銀子與衆人走來命人先去買板好的又貴中的又不要賈璉騎馬自去要瞧至晚間果抬了一幅好板進來價銀五百兩賒着連夜趕造一面分派了人口穿孝

守靈晚來上也不進去只在这里伴宿正是

脂硯齋重評石頭記卷之

第七十回

林代玉重建桃花社　史湘雲偶填柳絮詞

話說賈璉自在梨香院伴宿七日夜天天僧道不斷做佛事賈母喚了他去吩咐不許送往家廟中賈璉無法只得和時覺說了就在尤三姐之上点了一個穴破土埋葬那日送殯只不過族中人與王信夫婦尤氏婆媳而已鳳姐一應不管只憑他自去辦理因又年近歲逼諸物蝟集不算外又有林之孝開了一個人名單子來共有八個二十五歲的單身小廝應該娶妻成房等裡面有該放的丫頭們好求指配鳳姐看了先來問賈母和王夫人大家商議雖有几個應該發配的奈各人皆有原故第一個鴛鴦發誓不去自那日之

後一向未和宝玉說話也不盛粧濃飾衆人見他志堅也不好相強第二個琥珀又有病這次不能了彩雲因近日和賈環分崩也染了無醫之症只有鳳姐兒和李紈房中粗使的大丫頭出去了其年紀未足令他們外頭自娶去了原來這一向因鳳姐病了李紈探春料理家務不得閑暇接着過年過節出來許多雜事竟將詩社擱起如今仲春天氣雖得了工夫爭奈宝玉因冷遁了柳湘蓮劍刎了尤小妹金逝了尤二姐氣病了柳五兒連連接接閑愁胡恨一重不了一重添弄得情色若癡語言常乱似染怔忡之疾慌的襲人等又不敢回賈母只百般逗他頑笑這日清晨方醒只外間房内咭咭呱呱笑声不斷襲人因笑說你快出去解救晴文和麝月兩個人按住溫都里那隔肢呢宝玉聽了忙披上灰鼠袄子出來一瞧只見他三人被褥尚未叠起大衣也未穿

那晴雯只穿葱緑苑紬小袄紅小衣紅睡鞋披着頭髮騎在雄奴身上麝
月是紅綾林胸披着一身舊衣在那里抓雄奴的肋肢雄兒奴郝仰在炕上穿着
撒花緊身兒紅褲緑襪兩脚乱蹬咲的喘不過氣来宝玉忙上前咲說兩個大的
欺負一個小的等我助力說着也上床来膈肢晴雯〻〻觸癢咲的忙丢下雄
奴和宝玉对抓雄奴趁势又將晴雯按倒向他肋下抓動襲人咲說仔細凍着
了肴他四人裹在一處到好笑忽有李紈打發碧月来說昨兒晚上奶〻在
这里把塊手帕子忘了不知可在这里小燕說有〻〻我在地下拾了起来不
知是那一位的才洗了出来晾着还未乾呢碧月見他四人乱滚因咲道到
是这里熱鬧大清早起就咭〻呱〻的頑到一處宝玉咲道你們那里人也不
少怎庅不頑碧月道我們奶〻不頑把兩個姨娘和琴姑娘也賓住了如

今琴姑娘又跟了老太〻前頭去了更寂寞了兩個嬸娘今年過了到明年
冬天都去了又更寂寞呢你瞧宝姑娘那里出去了一個香菱就冷清了多少
把個雲姑娘落了单正說着只見湘雲又打發了翠縷來說請二爺快出去瞧
好詩宝玉聽了忙問那里的好詩翠縷笑道姑娘們都在沁芳亭上你去了便
知宝玉聽了忙梳洗了出來果見黛玉宝釵湘雲宝琴探春都在那里手裡拿
着一篇詩看見他來時都咲說这會子還不起來偺們的詩社散了一年也沒有
人作興如今正時（是）初春時節萬物更新正該鼓舞另立起來總好湘雲咲道一
起詩社時是秋天就不應發達如今却好萬物逢春皆主生盛況这首桃花
詩又好就把海棠社改作桃花社（起時是後有名此是先有名）宝玉聽着點頭說狠好且
忙着要詩看衆人都又說偺們此時就訪稻香老農去大家議定好起的說着

一齋起来都往稻香村来宝玉一壁走一壁看那紙上寫着桃花行一篇曰

桃花簾外東風軟　桃花簾內晨粧懶　簾外桃花簾內人
人與桃花隔不遠　東風有意揭簾櫳　花欲窺人簾不捲
桃花簾外開仍舊　簾中人比桃花瘦　花解憐人花也愁
隔簾消息風吹透　風透湘簾花滿庭　庭前春色倍傷情
閑苔院落門空掩　斜日欄杆人自凭　凭欄人向東風泣
茜裙偷傍桃花立　桃花桃葉亂紛紛　花綻新紅葉凝碧
霧裹烟封一萬株　烘樓照壁紅模糊　天机燒破夗央錦
春酣欲醒移珊枕　侍女金盆進水来　香泉影蘸胭脂冷
胭脂鮮艷何相類　花之顔色人之淚　若將人淚比桃花

淚自長流花自媚　淚眼觀花淚易乾　淚乾春盡花憔悴

憔悴花遮憔悴人　花飛人倦易黄昏　一聲杜宇春歸盡

寂寞簾櫳空月痕

宝玉看了並不稱讚却滚下淚来便知出自黛玉因此落下淚来又怕衆人看見又忙自己擦了因問你們怎庅得来宝琴咲道你猜是誰作的宝玉咲道自然是瀟湘子稿宝琴咲道現是我作的呢宝玉咲道我不信这声調口氣逈乎不像蘅蕪之体所以不信宝琴咲道所以你不通難道杜工部首首只作叢菊兩開他日淚之句不成一般的也有紅綻雨肥梅水荇牽風翠帶長之媚語宝玉咲道固然如此說但你不知道姐姐斷不許妹妹有此傷悼語句妹妹雖有此才是斷不肯作的比不得林妹妹曾經離喪作此哀音衆人聽説都咲了已

至稻香村中將詩與李紈看了自不必說稱賞不已說起詩社大家議定明日
乃三月初二日就起社便改海棠社為桃花社林代玉就為社主明日飯後齊
集瀟湘館因又大家擬題代玉便說大家就要桃花詩一百韻寶釵道使不得
從来桃花詩最多縱作了必落套比不得你這一首古風須得再擬正說着
人回舅太々来了姑娘們出去請安罷因此大家都往前頭来見王子騰的夫人陪
着說話吃飯畢又陪入園中来各處遊玩一遍至晚飯後掌灯方去次日乃是
探春的壽日元春早打發了兩個小太監送了几件玩器合家皆有壽儀自
不必說飯後探春換了礼服各處行礼代玉笑向衆人道我這一社開的又不
巧了偏忘了這兩日是他的生日雖不擺酒唱戲的少不得都要陪他在老太
太太々跟前頑笑一日如何能得閑空兒因此改至初五這日衆姊妹皆在房

房中侍早膳畢便有賈政書信到了宝玉請安將請賈母的安禀(帖)拆開念與賈
母聽上面不過是請安的話說六月中准進京等語其餘家信事務之帖自有
賈璉和王夫人開讀衆人聽說六七月回京都喜之不盡偏生近日王子騰之
女許與保寧之(侯)子為妻擇日於五月初十日過門鳳姐兒又忙着張羅常三
五日不在家这日王子騰的夫人又來接鳳姐兒一並請衆甥男甥娃(女)閒樂一
日賈母和王夫人命宝玉探春林代玉宝釵四人同鳳姐去衆人不敢違㧕(拗)只
得回房另粧飾了起來五人作辭去了一日掌灯方回宝玉進入怡紅院歇了
半刻襲人便乘机見景勸他收一收心閒時把書理一理預備着宝玉屈指筭
一筭說还早呢襲人道書是第一件字是第二件到那時你縱有了書你的字
寫的在那里呢宝玉笑道我時常也有寫的好些難道都沒收着襲人道

何曾没收着你昨儿不在家我就拿出来共算[總]数了一数纔有五六十篇这三四年的工夫難道只有这几張字不成依我説從明日起把别的心全収了起来天天快臨几張字補上雖不能按日都有也要大概看得過去宝玉聽了忙的自己又親檢了一遍寔在搪塞不去便説明日為始一天寫一百纔好説話時大家安下至次日起来梳洗了便在窓下研墨恭楷臨帖賈母因不見他只當病了忙使人来問宝玉方去請閙[安]便説寫字之故先將早起清晨的工夫儘了出来再作别的因此出来遲了賈母聽了便十分歡喜[叫]吩咐他已[以]後只管寫字念書不用出来也使得你去回你的太太去宝玉聽説便往王夫人房中来説明王夫人便説臨陣磨鎗也中用有这會子着急[的]天天寫寫念念有多少頑[完]不来[了]的这一赶又赶出来[病]纔罷宝玉回説不妨事这里賈母也説怕

急出病來探春寶釵等都笑説老太〻不用急書雖替他不得字却替得的我
們每人每日臨一篇給他塘塞過這一步就完了一則老爺到家不生氣二則
他也急不出病來賈母聽説喜之不盡原來林黛玉聞得賈政回家必問寶
玉的工課寶玉肯分心恐臨期吃了虧因此自己只粧作不耐煩把詩社便不
起也不以外事去勾引他探春寶釵二人每日也臨一篇楷書字與寶玉〻〻
自己每日也加功或寫二百三百不拘至三月下旬便將字又集湊出許多
來這日正筭再得五十篇也就混的過了誰知紫鵑走來送了一卷東西與
寶玉拆開看時却是一色老油竹紙上臨的鍾王蠅頭小楷字跡且與自己
十分相似喜的寶玉和紫鵑作了一個揖又親自來道謝着史湘雲寶琴
二人皆亦臨了几篇相送湊成雖不足工課亦足塘塞了寶玉放了心於是

将所有應讀之書又温理過几遍正是天〻用功可巧近海一帶海嘯又遭遢了
几處生民地方官題本奏聞奉旨就着賈政順路查看賑濟回来如此筭去至
冬底方回宝玉聽了便把書字又擱過一邊乃是照舊遊蕩時值暮春之際
史湘雲無聊因見柳花飄舞便偶成一小令調寄如夢令其詞曰
豈是繡絨殘吐　捲起半簾香霧　纖手自拈来　空使鵑啼燕
妒　且住　且住　莫使春光别去
自己作了心中得意便用一條紙兒寫好與宝釵看了又来找黛玉〻〻看畢
咲道好也新鮮有趣我却不能湘雲咲道偺們这几社總没有填詞你明日
何不起社填詞改個樣兒豈不新鮮些黛玉聽了偶然興動便說这話說的
極是我如今便請他們去說着一面吩咐預備了几色菓点之類一面就打

發人分頭去請衆人這里他二人便擬了柳絮之題又限出几個調来寫了綰
在壁上衆人来看時以柳絮為題限各色小調又都看了史湘雲的稱賞了
一回宝玉笑道這詞工我們平常少不得也要胡謅起来于是大家拈閹宝釵
便拈得了臨江仙宝琴拈得西江月探春拈得了南柯子黛玉拈得了唐多
令宝玉拈得了蝶戀花紫鵑炷了一支夢甜香香重建故又寫大家思索起来一
時黛玉有了寫完接着宝琴宝釵都有了他三人寫完互相看時宝釵便
笑道我先瞧完了你們的再看我的探春笑道噯呀今兒這香怎庅這樣快
已剩了三分了我纔有了半首因又問宝玉可有了宝玉雖作了些只是自已
嫌不好又都抹了要另作回頭看香已將燼了李紈笑道這算輸了蕉了頭的
半首且寫出来探春聽說忙寫了出来衆人看時却是先看沒作完的総是又变一格也

上面却只半首　南柯子　寫道是

空掛纖纖縷　徒垂络络丝　也难綰繫也难羈　一任東西南北各

分離

李紈笑道这也却好作何不續上宝玉見香沒了情愿認負不肯勉强塞責将

筆擱下来瞧瞧这半首見沒完時反到動了興開了机乃提筆續道是

落去君休惜　飛来我自知　鶯愁蝶倦晚芳時　縱是明春再見

隔年期

衆人笑道正經你分内的又不能这却偏有了縱然好也不算得說着看黛

玉的　唐多令

粉墮百花洲　香殘燕子樓　一團團逐对成毬　飄泊亦如人命

薄　空繾綣　說風流　草木也知愁　韶華竟白頭　嘆今生
誰拾誰收　嫁與東風春不管憑你去　忍淹留
衆人看見俱点頭感嘆說太作悲了好是固然好的因又看寶琴的是
西江月　漢苑零星有限　隋堤点綴無窮　三春事付東風
明月梅花一夢　几處落紅庭院　誰家香雪簾櫳　江南
江北一般同　偏是離人恨重
衆人都咲說到底是他的这調壯几處誰家兩句最妙寶釵咲道終不免過于
喪敗我想柳絮原是一件無根無絆的東西然依我的主意偏要把他說好了
纔不落套所以我謅了一首來未必合你們的意思衆人咲道不要太謙
我們且賞鑒自然是好的因看这一首　臨江仙　道是

白玉堂前春解舞　東風捲得均匀

湘雲先咲道好一個東風捲得均匀這一句就出人之上了又看底下道

蜂團蝶陣乱紛紛　几曾隨逝水　豈必委芳塵　萬縷千絲終不改　任他隨聚隨分　韶華休咲本無根　好風頻借力送我上青雲

衆人拍案叫絶都説果然翻得好氣力自然是這首為尊纏綿悲戚讓瀟湘妃子情致嫵媚却是枕霞小薛與蕉客今日落第要受罰的寶琴咲道我們自然受罰但不知付白卷子的又怎么罰李紈道不要忙這定要重重罰他下次為例一語未了只聽窓外竹子上一声响恰似窓屜子倒了一般衆人嚇了一跳丫嬛們出去瞧時簾外丫嬛嚷道一個大蝴蝶風箏掛在竹梢上了象

了姊咲道好一個齊整風箏不知是誰家放斷了繩拿下他来寶玉等聽了也
都出来着時寶玉笑道我認得這風箏這是大老爺那院里嬌紅姑娘放
的拿下来給他送過去罷紫鵑笑道难道天下没有一樣的風箏单他有這個
不成我不管我且婞起来探春道紫鵑也學小氣了你們一般的也有這会子
拾人走了的也不怕忌諱代玉咲道可是呢知道是誰放晦氣的快掉出去罷
把偺們的拿出来偺們也放晦氣紫鵑聽了敢命小丫頭們將這風箏送出
與園門上值日的婆子去了倘有人来找好與他們去的這里小丫頭們聽見
放風箏爬不得七手八脚都忙着拿出個美人風箏来也有搬高凳去的也
有綑剪子股的也有撥籰子的寶釵等都立在院門前命丫頭們在院外敞
地下放去寶琴咲道你這個不大好看不如三姐〻的那一個軟翅子大鳳凰

好宝釵咲道果然因回頭向翠墨咲道你把你們的拿来也放〻翠墨嘻咲
〻的果然也取去了宝玉又興頭起来也打發個小丫頭子家去說把昨兒
賴大娘送我的那個大魚取来小丫頭子去了半天空手回来笑道晴姑娘昨
兒放走了宝玉道我還沒放一遭兒呢探春咲道横竪是給你放晦氣罷了宝
玉道也罷再把那個大螃蟹拿来罷了頭去了同了几個人扛了一個美人並
籰子来說道襲姑娘說昨兒把螃蟹給了三爺了这一個是林大娘才送来的
放这一個罷宝玉細看了一回只見这美人做的十分精致心中歡喜便命叫
放起来此時探春的也取了来翠墨帶着几個小丫頭子們在那邊山坡
上已放了起来宝琴也命人将自己的一個大紅蝙蝠也取来宝釵也高興也
取了一個来却是一連七個大鴈的都放起来獨有宝玉的美人放不起

去宝玉説了頭們不會放自己放了半天只起房高便落下来了急的宝玉
頭上出汗衆人又笑宝玉恨的擲在地下指着風筝道若不是個美人我一
頓脚蹈跺個希爛代玉笑道那是頂線不好拿出去另使人打了頂線就好了
宝玉一面使人拿去打頂線一面又取一個来放大家都仰面而着天上這几
個風筝都起在半空中去了一時了奴們又拿了許多各色各樣的送飯
的来頑了一回紫鵑笑道這一回的勁大姑娘来放罷代玉聽説用手帕埊着
手頓了一頓果然風緊力大接過籰子来随着風筝的勢將籰手一鬆只
聽一陣豁剌剌響登時籰子線盡代玉因讓衆人都笑道各人都有你先請
罷代玉笑道這一放雖有趣只是不忍李紈道放風筝圖的是這一樂所以又
説放晦氣你更該多放些把你這病根兒都帶了去就好了紫鵑笑道我

們姑娘越發小氣了那一年不放几個子今忽然又心疼了姑娘不放等我放說着便向雪雁手中接過一把西洋小銀剪子來齊籰子根下寸系不留咯噔一声鉸斷咲道這一去把病根兒可都代〔帶〕了去了那風箏飄〻飄〻只管往後退了去一時只有鷄蛋大小展眼只剩了一点黑星再展眼便不見了衆人皆仰面睃〔睄看〕眼說有趣〻〻宝玉道可惜不知落在那里去了若落在有人烟處被小孩子得了還好若落在荒郊野外無人烟處我替他寂寞想起來把我這個放去教他兩個作伴兒罷于是也用剪子剪斷照先放去探春正要剪自己鳳凰見天上也有一個鳳凰因道這也不知是誰家的衆人皆笑說且別剪你的看他到像要來絞的樣兒說着只見那鳳凰漸逼近來遂與這鳳凰絞在一處衆人方要徃〔往〕下收線那一家也要收線正不

開交又見一個門扇大的玲瓏喜字帶響鞭在半天如鐘鳴一般也逼近來衆
人笑道這一個也來絞了且別收讓他三個絞在一處到有趣呢説着那喜字
果然與這兩個鳳凰絞在一處三下齊收乱頓誰知線都断了那三個風箏飄
飄颻〻都去了衆人拍手哄然一笑説到有趣可不知那喜字是誰家的忒促
狹了些黛玉説我的風箏也放去了我也乏了我也要歇〻去了寶釵説且
等我們放了去大家好散説着看他姊妹都放去了大家方散黛玉回房歪着
養乏要知端的下回便見

石頭記

嫌隙人有心生嫌隙　鴛鴦女無意遇夗央
王熙鳳恃強羞說病　來旺婦倚勢霸成親
瘋丫頭慣（悞）拾綉春囊　懦小姐不問纍金鳳
惑奸讒抄撿大觀園　矢孤介杜絕寧國府
開夜宴異兆發悲音　賞中秋新詞得佳讖
凸碧堂品笛感淒情　凹晶館聯詩悲寂寞
俏丫環抱屈夭風流　美優伶斬情歸水月
老學士閒徵姽嫿詞　痴公子杜撰芙蓉誄
薛文龍悔娶河東獅　賈迎春悞嫁中山狼

第七十一回　至八十回
庚辰秋定本
脂硯齋凡四閱評過

脂硯齋重評石記卷之

第七十一回

嫌隙人有心生嫌隙　　夗央女無意遇夗央

話説賈政回京之後諸事完畢賜假一月在家歇息因年景漸老事重身衰又近因在外几年骨肉離分今得晏然復聚於庭室自覺喜欣幸不盡一應大小事務一槩益發付於度外只是看書悶了便與請客們下棋吃酒或日間在裡面母子夫妻共叙天倫庭闈之樂因今歲八月初三日乃賈母八旬之慶又因親友全來恐筵宴排設不開便早同賈赦及賈珍賈璉等商議議定於七月二十八日起至八月初五日止榮寧兩處齊開筵宴寧國府中單請官客榮國府中單請堂客大觀園中収拾出綴錦閣並嘉蔭堂

等几處大地方來作退居二十八日請皇親駙馬王公諸公主郡主王妃国君
太君夫人等二十九日便是閤下都府督鎮及誥命等三十日便是諸官長及
誥命並遠近親友及堂客初一日是賈赦的家宴初二日是賈政初三日是賈
珍賈璉初四日是賈府中合族長幼大小共湊的家宴初五日是賴大林之孝
等家下管事人等共湊一日自七月上旬送壽礼者便絡繹不絕礼部奉旨欽
賜金玉如意一柄彩緞四端金玉環四个帑銀五百两元春又命太監送出金
壽星一尊沉香拐一隻茄楠珠一串福壽香一盒金錠一對銀錠四對彩緞十
二疋玉盃四隻餘者自親王駙馬以及大小文武官員之家凡所來往者莫
不有礼不能勝記堂屋內設下大桌案鋪了紅毡將凡所有精細之物都
擺在上請賈母過目賈母先一二日還高興過來瞧瞧後來煩了也不

過目只説吽鳳了頭収了改日悶了再瞧至二十八日兩府中俱懸灯結彩屏開
鸞鳳褥設芙蓉笙簫鼓樂之音通衢越巷寧府中本日只有北静王南安郡王
永昌駙馬樂善郡王並几個世交公侯應襲荣府中南安王太妃北静王妃
並几位世交公侯誥命賈母等俱是按品大粧迎接大家斯見先請入大观
園内嘉蔭堂茶畢更衣方出至荣慶堂上拜壽入席大家謙遜半日方
才上席上面兩席是南北王妃下面依叙便是众公侯誥命左邊下手
一席倍客是錦鄉侯誥命與臨昌伯誥命右手下手一席方是賈母主位
邢夫人王夫人帶領尤氏鳳姐並族中几個媳婦兩溜鴈翅跕在賈母身後
侍立林之孝賴大家的帶領众媳婦都在竹簾外面伺候上菜上酒周
瑞家的帶領几個丫環在圍屏後伺候呼喚凡跟來的人早又有人管别

處去了一時台上恭了場台下一色十二個未留髮的小廝伺候須臾一
小廝捧了戲單至堦下先遞與回事的媳婦這媳婦接了才遞與林之
孝家的用一小茶盤托上挨身入簾來遞與尤氏的侍妾配鳳配鳳接
了才奉與尤氏尤氏托着走至上席南安太妃謙讓了一回点了一齣吉慶戲
文然後又謙讓了一回北静王妃也点了一齣衆人又讓了一回命隨便揀好的唱罷
了少時菜已四獻湯始一道跟來各家的放了賞大家便更衣復入園來
另獻好茶南安太妃因問寶玉賈母笑道今日几處廟里念佛保安延寿
經他跪經去了又問衆小姐們賈母笑道他們姊妹的病弱的弱見人
腼腆所以叫他們給我看屋子去了有的是小戲子傳了一班在那邊
廳上陪着他嬸娘家姊們也看戲呢南安太妃咲道既這樣叫人請來

賈母回頭命鳳姐兒去把史薛林帶來再只叫你三妹〻陪着来罢鳳姐荅應了來至賈母這邊只見他姊妹們正吃菓子看戲宝玉也纔從廟里跪經回来鳳姐兒說了話宝釵姊妹與代玉探春湘雲五人来至園中大家見了不用請安問好讓坐等事衆人中也有見過的還有一兩家不曾見過的都齊聲誇讚不絕其中湘雲最熟南安太妃因笑道你在這里听見我来了還不出来還只等請去我明兒和你叔〻算賬回一手拉着探春一手拉着宝釵問几歲了又連聲誇讚因又鬆了他兩個又拉着代玉宝琴也着實細看極誇一回又笑道都是好你不是叫我誇那一個的是早有人將備用礼物打點出五分来金玉戒指各五個腕香珠五串南安太妃笑道你姊妹們別笑話留着賞了頭們罷五人忙拜謝過北靜王妃也有五

辭　此　下

樣礼物餘者不必細說吃了茶園中畧徃了一徃賈母等因又讓入席南安太妃便告辭說身上不快今日若不來實在使不得因此恕我竟先要告別了賈母等听說也不便強留大家又讓了一回送至園門坐轎而去接着北靜王妃畧坐一坐也就告辭了餘者也有終席的也有不終席的賈母勞乏了一日次日便不会人一應都是邢夫人王夫人管待有那些世家子弟拜壽的只到廳上行礼賈赦賈政賈珍等還礼管待至寧府坐席不在話下這幾日尤氏晚間也不回那府去白日間待客晚間在園內李氏房中歇宿這日晚間伏侍過賈母晚飯後賈母因說你們也乏了我也乏了早些尋一點子吃的歇歇去明兒還要起早鬧呢尤氏答應着退了出來到凤姐兒房里來吃飯凤姐兒在樓上看着人收送礼的新圍屏只有平兒在房裏

與凤姐兒叠衣服尤氏因問你們奶〻吃了飯了没有平兒𠯋道吃飯豈不請
奶〻去的尤氏𠯋道既这様我别處找吃的去餓的我受不的(得)了說着就走
平兒忙𠯋道奶〻請回来这點(里補)心且點補一點兒回来再吃飯尤氏𠯋道你們
忙的这様我園里和他姊妹們鬧去一面說一面就走平兒留不住只得罢
了且說尤氏一遲(逕)来至園中只見園中正門與各處角門 伏下文 仍未關循
吊着各色彩灯因回頭命小丫頭叫該班的女人那丫嬛走入班房中竟没
一個人影回来回了尤氏尤氏便命傳管家的女人这丫頭應了便出去到二
門外鹿頂内乃是管事的女人議事取齊之所到了这里只有兩個婆子
只顧分菓菜又听見是東府里的奶〻不大在心上因就回說管家奶〻們
纔散了小丫頭道散了你們家里傳他去婆子道我們只管看屋子不

管傳人姑娘要傳人再派傳人的去小丫頭听了道嗳呀嗳呀这可反了
怎麽你們不傳去你哄那新來了的怎麽哄起我來了素日你們不傳誰
傳去这会子打听了梯己信兒或是賞了那位管家奶奶的東西你們爭着
狗顛兒似的傳去的不知誰是誰呢璉二奶奶要傳人你們可也这麽回这兩個
婆子一則吃了酒二則被这丫頭揭挑着弊病便羞激怒了因回口道扯
你的燥我們的事傳不傳不與你相干你未曾揭挑我們你想想你那
老子娘在那邊管家爺們跟前比我們還更会溜呢什麽清水下雜麵
你吃我也見的事各家門另家戶你有本事排塲你們那邊人去我們这
邊你們還早些呢丫頭听了氣白了臉因說道好好这話說的好一面轉
身進來回話尤氏已早入園來因遇見了襲人宝琴湘雲三人同着地藏菴

的兩個姑子正說故事頑咲尤氏因說餓了先到怡紅院襲人粧了几樣葷素
点心出来與尤氏吃兩個姑子宝琴湘雲等都吃茶仍說故事那小了頭子
一遞找了来氣狠〻的把話都說了出来尤氏听了冷咲道這是兩個𤜵
庅人兩個所錯〻兩姑子笑推這了頭你這孩子好性氣那糊塗老嬷〻們
的話你也不該来回纔是咱們奶〻萬金之軀勞乏了几日黃湯辣水沒
吃咱們哄他歡喜一會還不得一半兒說這些話做什庅襲人也忙笑拉
出他去說好妹子你且出去歇〻我打發人叫他們去尤氏道你不要叫人你
去就叫這兩個婆子来到那邊把他們家的风叫来襲人笑道我請去
尤氏偏不要你兩個姑子忙立起身来笑說奶〻素日寬洪大量今日老
祖宗千秋奶〻生氣豈不惹人論宝琴湘雲二人也都笑勸尤氏道不為

老太太的千秋我不依且放着就是了說話之間襲人早又遺了一個丫頭
去到園門外找人可巧遇見周瑞家的这小丫頭子就把这話告訴周瑞家
的周家的雖不管事因他素日伏着王夫人的陪房原有些体面性心乖
滑專管各處献勤討好所以各處房里的主人都喜歡他々今日听了这話
忙的便跑入怡紅院来一面飛走一面口内說氣壞了奶々了可了不得我們
家里如今慣的太不堪了偏生我不在跟前且打給他們几個耳刮子再等
過了这几日算賬尤氏見了他也便笑道周姐々的来有個理的說々这早晚
門還大開着明灯蠟燭出入的人又襍倘有不防的是如何使的因此吽該班
的人吹灯関門誰知一個人牙兒也設有周瑞家的道这还了得前兒二奶々
還吩咐了他們說这几日事多人襍一晚就関門吹灯不是園里人不許放進

去今就淺了人這事過了這几日必要打几個總好尤氏又說不了頭子的話
周瑞家的道奶〻不要生氣等過了是我告訴管事的打他個臭死只問
他們誰叫他們說這各家門各家戶的話我已經叫他們吹了灯關上正門和
角門子正亂着只見鳳姐兒打發人來請吃飯尤氏道我也不餓了纔吃了几
個餑〻請的奶〻自吃罷一時周瑞家的得便出去便把方纔的事回了鳳姐
又說這兩婆子就是管家奶〻們時常我們臧他說話都似狠虫一般奶〻若
不戒飭大奶〻臉上過不去鳳姐道既這麼着記上兩人的明字等過了這几
日細了送到那府里憑大嫂子開發或是打几下子或是他開恩饒了他們
隨他去就是了什麼大事周瑞家的听了得不的一聲素日因與這几個人不
睦出来了便命一個小廝斷到林之孝家傳鳳姐的話立刻叫林之孝家的

進來見大奶〻一面又傳人立刻細起这兩個婆子來交到馬圈里派人看
守林之孝家的不知有什庅事此時已經點灯忙坐車進來先見凤姐至二門
上傳進話去了頭們出來說奶〻總歇了大奶〻在園里呌大娘見了大奶〻
就是了林之孝家的只得進園來到稻香村了嬛們回進去尤氏听了反過意
不去忙喚進他來因笑問他道我不過為找人找不着因問你〻既去了也
不是什庅大事誰又把你呌進來到要你白跑一遭不大的事已徑擱開手了
林之孝家的也咲道二奶〻打發人傳我說奶〻有話吩咐尤氏咲道这是那
里的話只當你沒去白問你这是誰又多事告訴了凤丫頭大約是周姐〻說的家
去歇着罷沒有什庅大事李紈又要說原故尤氏反攔住了林之孝家的見
如此只得便回身出園去可巧遇見趙姨娘姨娘因笑噯喲〻我的嫂子

这会子还不家去歇々还跑些々什么林之孝家的便笑說何曾不家去的如此这般進来了又是個齊頭故事趙姨娘原是好察听这些事的且素日又與管事的女人們搬原互相連絡好作首尾方纔之事已竟得八九听林之孝的如此說便恁般如此告訴了林之孝家的听了笑道原来是这事也值一個屁開恩呢就不理倫心窄些兒也不過打几下文就完了趙姨娘我道的嫂子事雖不大可見他們太張狂了些々爬々的傳進你来明々戲弄你頑耍你快歇々去明而还有事呢也不留的吃茶去說畢林之孝家的出来到了側門前就有方纔兩個婆子的女兒上来哭着求情林之孝家的笑道你这孩子好糊塗誰叫你娘吃酒混說了惹出事来連我也不知道二奶々打發人細他連我还有不是呢我替誰討情去这兩個小了頭子纔七八歲原不識事只管哭

啼求告纏的林之孝家的沒法因說道糊塗東西你放着門路不去卻纏我來你姐姐現給了那邊太太作陪房費大娘的兒子你走過去告訴你姐姐叫親家娘和太太一說什麽完不了的事提醒了一個那個求林之孝家的啐道糊塗攘的他過去一說自然都完了沒有個單放了他媽又只打你媽的理說畢上車去了這一個小丫頭果然過來告訴了他姐姐和費婆子說了這費婆子原是邢夫人的陪房起先也曾興過時只因賈母近來不大作興邢夫人的陪房起先也曾興過時只因賈母近來不大作興邢夫人所以連這邊的人也減了威勢凡賈政這邊有些體面的人那邊各各皆虎視眈眈這費婆子常倚老賣老仗着邢夫人常吃些酒嘴里胡罵亂怨的出氣如今賈母慶壽這樣大事干看着人家逞才賣技辦事呼么喝六弄手腳心中早已不自在指雞罵狗閑言閑語的乱鬧這边的人也不和他較量如今听

了周瑞他家的細了他親家越發火上澆油伏着酒興指着隅断的墻

細致之甚

大罵了一陣便走上来求刑夫人說他親家並没什広不是不過和那府里的大奶々的小了頭白鬧了兩句話周瑞家便調唆了偺家二奶々細到馬圈芋過了這兩日還要打求太々我那親家娘也是七八十歲的老婆子和二奶々說聲饒他這一次罷刑夫人自為要鴛鴦之後討了沒意思後來見賈毌越發吟淡了他鳳姐的體面反勝自已且前日南安太妃來了要見他姊妹賈毌又只吟探春出来迎春竟似有如無自已心内早以怨盆不樂只是使不出来又置這一干小人在側他們心内嫉妬挟怨之事不敢施展便背地里造言生事調撥主人先不過是告那边的奴才後来漸次告到鳳姐只哄自老太々喜觀了他好就中作威作福轄治着璉二爺調唆二太々把這邊的正緊太々倒

不放在心上後来又告到王夫人說老太〻不喜吹（歡）太〻都是二太〻和璉二
奶〻調唆的刑（邢）夫人総是鉄心銅胆的人婦女家終不免生些嫌隙之心近日因
此着寔恶（厭）絕鳳姐今聽了如此一篇話也不說長短至次日一早見過賈母衆
族中人到齊坐席開戲賈母高興又見今日無遠親都是自己族中子侄輩
只便衣常粧出来堂上受礼當中獨設一榻引枕靠背脚踏俱全自己歪在榻上
榻之前後左右皆是一色的小矮凳宝釵宝琴代玉湘雲迎春探春惜春姊
妹等圍繞因賈㻞之母也帶了女兒喜鸞（賈）璦之母也帶予（了）女兒四姐兒還有
几房的孫女兒大小共有二十来個賈母獨見喜鸞和四姐兒生得又好說話
行事與中（衆）不同心中喜觀（歡）便命他兩個也過来榻前同坐宝玉却在榻上脚
下與賈母槌（搥）腿首席便是薛姨媽下边兩溜皆順着房頭輩数下去簾

外兩廊都是族中男客也依次而坐先是那女客一起一起行礼方是男客礼賈
母歪在榻只命人說免了罷早行都行完了然後賴大等帶領衆人從儀
門直跪至大所上磕頭礼畢又是衆家下媳婦然後各房的了環足鬧鬧兩三
頓飯然後又抬了許多雀籠來在當院中放了生賈赦等焚過了天地寿星
紙方開戲飲酒直到歇了中臺賈母方進來歇息命他們取便因明鳳姐兒
留下喜鸞四姐兒頑兩日再去鳳姐兒出來便我他母親說他兩個母親素
日都承鳳姐的照顧也爬不得一聲兒他兩個也愿意在園内頑要至兩便
不回家了刑夫人直至晚間散是當着許多人陪笑和鳳姐求情說我聽見
昨晚兒晚上二奶奶生氣打周管家的娘子綑了兩個老婆子可也不知犯
了什麽罪論理我不該討情我箱老太太好日又發狠的還捨錢捨米週貧

濟老偺們家先到磨拆起来人家来了不看我的臉權且看老太太竟放了他
們罷說畢上車去了鳳姐聽了這話又當着許多人又羞又氣一時抓尋不着頭
腦憋得臉紫漲回頭向賴大家的笑道又寫笑妙凡凤直怒處必曰笑變〻不錯這是那里的話
昨兒因為這里的人得罪了那府里的大嫂子多心所以儘讓他發放並不為
得罪了我這又是誰的耳報神這庅快王夫人因問回說庅事鳳姐兒笑將
昨日的事說了尤氏也笑道連我並不知道的原也太多事了鳳姐兒道我為
你臉上過不去所以等你開發不過是個理就如我在你那里有人得罪了
我你自然送了來儘我憑他是什庅好奴才到底錯不過這個礼去這柰
知誰過去設的獻勤兒這也當作一件事情去說王夫人道你太太說的是
就是珍哥媳婦也不是外人也不用這些虛礼老太太的千秋要緊放了他

們為是說着回頭便命人去放了那兩個婆子鳳姐由不得越想越氣越愧不
覺的灰心轉悲滚下淚来因賭氣回房哭泣又不使人知覺偏是賈母打發了
琥珀來吽立等說話琥珀見了咤意道好〻的這是什庅原故那里立等你呢
鳳姐聽了忙擦乾了淚洗面另施了脂粉方同琥珀過来賈母因問道前兒這
些〻人家送礼來的共有几家有圍屏鳳姐兒道共有十六家有圍屏十二架大的
四架小的炕屏內中只有江南甄家 好一提○盖直事欲顯 甄事 假事將盡 一架大屏十二扇大紅
緞子緙絲滿床笏一面是泥金百寿圖的是頭等的還有粵海將軍鄔家一
架玻璃的還罷了賈母道既這樣這兩架别同好生擱着我要送人的呢
鳳姐兒答應了鴛鴦忽過来向鳳姐兒面上只管瞧引的賈母問說你
不認得他只管瞧什庅鴛鴦笑道怎庅他的眼腫〻的所以我詫意只管

看賈母听說便叫進前來也覷着眼看鳳姐笑道纔覺的一陣癢〻揉腫了
些〻鴛鴦笑道別又是受了誰的氣了不成鳳姐道誰敢給我氣受就是受了〻氣
老太〻好日子我也不敢哭的賈母道正是呢我正要吃晚飯你在这里打發我
吃剩下的你就和珍兒媳婦吃了你兩個在这里帮着兩個師傅替我揀佛豆
兒你們也積〻寿前兒你姊妹們和宝玉都揀了如今也叫你們揀〻別說我
偏心說話時先擺上一桌素的来兩個姑子吃了然後纔擺上葷的賈母吃畢
抬出外間尤氏鳳姐兒二人正吃賈母又叫把喜鸞四姐兒二人也叫来跟他二人吃
畢洗了手點上香捧過一升豆子来兩個姑子先念了佛偈然後一個一個的揀在
一個簸籮内每揀一個念一聲佛煮熟了令人在十字街結寿緣賈母歪着聽
兩個姑子又說些佛家的因果善事鴛鴦早已聽見琥珀說鳳姐哭之事

又和平兒前打聽得原故晚問人散時便回說二奶〻還是哭的那边大太太當着人給二奶〻設(沒)臉賈母因問為什麼原故鴛鴦便將原故說了賈母道這纔是風頭知禮處難道為我的生日由着奴才們把一族中的主子都得罪了也不管罷這是太太素日設(沒)好氣不敢發作所以今兒拿着這個作法(扎筏子)明是當着衆人給鳳兒設(沒)臉罷了正說着只見宝琴等進來也就不說了賈母因問的(你)在那里来宝琴道在园里林姐〻屋里大家說話的賈母忽想起一事来忙喚一個老婆子来吩咐他到園里各處女人們跟前囑咐〻〻留下的喜姐兒和四姐兒雖然窮也和家里的姑娘們是一樣大家照看經心些〻我知道偺們家的男〻女〻都是一個富貴心兩隻體面眼未必把他兩個放在眼里有人小看了他們我听見可不依婆子應了方要走時鴛鴦道我說去

罷他們那里聽他的話說自便一逕往園子来先到稻者村中李紈與尤氏都
不在這裡問了嬛們說都在三姑娘那里呢鴛鴦回身又來至曉翠堂果見
那園中人都在那里說笑見他來之都笑說的這會子又跑來做什庅
又讓他坐鴛鴦笑道不許我也逛〻庅于是把方絕的話說了一遍李紈忙起
身聽了就吽人把各處的頭兒喚了二個来令他們年輕力壯的人細五十個也赶
不上里紈頭鳳了頭仗自鬼聰明兒趕離腳踪兒的雖然是不能的了鴛鴦
道罷喲还提鳳了頭虎了頭呢他也可怜見兒的雖然這几年沒有在老太
太〻跟前有個錯縫兒暗里也不知得罪了多少人總而言之為人是
難作的若太老寔了設有個機变公婆又嫌太老寔了家里人也不怕若有
些〻機变未免又治一經損一經如今偺們家里更好新出来的这些底下奴字

那的奶奶們一個個心滿意足都不知要怎麽樣纔好少有不得意不是背地里咬舌根就是
挑三窩四的我怕老太太生氣一點兒也不肯說不然我告訴出來大家別過太平日子這不是我
當着三姑娘說老太太偏疼寶玉有人背地怨言還罷了算是偏心如今老太太偏疼你我聽
着也是不好這可笑不可笑探春笑道糊塗人多那里較量得許多我說到不如小人家人少
雖然寒素些些到是歡天喜地大家快樂我們這樣人家外頭看着我們不知千
金萬金小姐何等快樂殊不知我們這里說不出來的煩難更
利害寶玉道誰都像三妹妹好多心事事我常勸你揔別聽那些些俗語
想那俗事只管安富尊榮纔是比不得我們沒這清福是受濁鬧的尤
氏道誰都像你真是一心無罣碍只知道和姊妹們頑笑餓了吃困了
了睡再過几年不過還是這樣一點後事也不慮寶玉笑道我能彀和姊妹們

過一日是一日死了就完了什么後事不後事李紈等都笑道這可又是胡說就算
你是个護出了息的終老在這里難道他姊妹們都不出們你尤氏笑道怨不
得人都說他是假長了一個胎子究竟是個又傻又獃的宝玉笑道人是莫定
知道誰死誰話倘或我在今日明日今年明年死了也算是在心一輩子了在
人不等說完不說可是又瘋了别和他說話總好若和他說話不是獃話就是
瘋話喜鸞寞我來回笑道二哥〻你别這樣說等這里妹〻們果然都出了閣
横豎老太〻太〻也寂寞我來和你作伴兒李紈尤氏等都笑道姑娘也别說
獃話難道你是不出來你這話哄誰說你喜鸞低了頭當下已是起更是分大
家各自歸房安歇衆人都且不提且說鴛鴦一遥回來剛至園門前只見角門
虛掩猶未上拴此是園內無人來往只有該班的房燈光掩映微有半天

初自時也 鴛鴦又不曾有個伴〔作〕的也不曾的〔提〕灯籠獨是〔自〕一個脚步又輕所以該班的人
皆不理會偏生偏要便是因下了甬路逃〔尋〕微草處行至一湖山石後大桂樹陰下
來是八月隨筆點景 剛轉過石後只聽一陣衫〔衣裳〕响嚇了一驚不小定睛一看只見是了人在
那里見他來了便想往石後樹叢藏躲鴛鴦眼尖趁月色見準〔睄〕一個〔是〕穿紅裙子
梳鬅頭高大豐壯身林〔材〕是月下所之像故不寫至容兒也 的是迎春房里的司棋鴛鴦只當他
和別你〔的〕女孫〔孩〕子也在此方便見自巳來了故意藏躲恐嚇着要〔耍〕此見是女兒們常事觀書者自亦為如此
因便笑叫道司棋你不快出來嚇着我〻就喊〔叫〕起來當賊拿了這麼大了頭子
說〔沒〕個黑家白日的只是頑不勾〔彀〕這本〔是〕鴛鴦〔的〕戲語叫他來〔出〕誰知他賊人胆虛
更奇不何知後為事 只當鴛鴦已看見他的首尾了生恐叫喊起來使衆人知覺更不好
且素日鴛鴦又我〔和〕自巳親原〔好〕不比別人便從樹後跑出來一把拉住鴛鴦便

雙膝跪下只說好姐〻千萬別嚷（奇甚）鴛鴦反不知因和忙拉他起來笑道這
是怎麼說司棋滿臉紅脹又流下泪來鴛鴦再一回想那一個人影恍惚像個小
厮心下便猜疑了八九（是聰敏女兒妙）自己反羞的紅耳赤又怕起來（是嬌貴女兒輩〻皆到）
因定了一會忙悄問那個是誰司棋復跪下道是我姑舅兄弟（妙）鴛鴦啐了
一口道要死〻〻（如見其面 如聞其聲）司棋又回頭悄道你不用藏着姐〻已看見了快
出來磕頭那小厮聽徳只得也從樹後爬出來磕頭如搗蒜鴛鴦忙要回身司
棋拉住苦求哭道們的性命都在姐〻身上只得姐〻超生要緊鴛鴦道你
放心我橫竪不告訴一個人就是了一語未了只听角門上有人說道金姑娘
已出去了角上鎖罷鴛鴦正被司棋拉住不得脫身听見如此說便接聲
道我在这里有事且畧住手我出來了司棋听了只得鬆手讓他去了

脂硯齋重評石頭記卷之

第七十二回

王熙鳳特強羞說病　來旺婦倚勢霸成親

且說夗央出了角門臉上有紅心內突ㄟ的真是意外之事因想這事非常若說出來姦盜相連關係人命還保不住代累了傍人橫竪與自己無干且藏在心內不說與一人知道回房復了賈母的命大家安息從此凡晚間便不太往園中來因思園中尚有這樣奇事何况別處因此連別處也不大輕走動了原是那司棋因從小兒和他姑表兄弟在一處頑笑起徃特小兒戲言便都訂下將來不娶不嫁近年大了彼此又吃落的品貌風流常時司棋回家時二人眉來眼去舊情不忘只不能入手又彼此生怕父母不從二人便設法彼此裡外買

嘱园内老婆子們留門看道今日趂乱方初次入港雖未成双却也海誓山盟
私傳表記已有無限(限)風情了忽被鸳央驚散那小廝早穿花度柳從角門出
去了司棋一值不曾睡着又後悔不来直(至)次日見了鸳央自是臉上一紅一白黄(的)
百般過不去心内懷着鬼胎茶飯無心起坐忙(忽)惚挨了兩日竟不听見有動
静方畧放下了心这日晚間忽有個婆子来悄告訴他道你兄弟竟逃走了三四
天没归家如今打發人四處找他呢田(司)棋听了氣了倒迎(仰)因思道総是鬧了出
来也該死在一處他為(又)是男人先就走了可見是個没情因(意)的(因)此又添了一
層起(氣)次日便竟信(心)内不快百般支持不住一頭睡倒懨懨的成了大病鸳央
聞知那邊無故走了一個小廝园内司棋病重要往外挪心下料定是二
人惧罪之故生怕我說出来方嚇倒因此自己反過意不去指着望候司棋

支出人去反自已立身發誓與司棋說我告訴一個人立刻現死現報你只管
放心養病別白遭遢了小命兒死棋一把拉住哭道我你姐姐咱們從小耳
兒鬢斯磨的不曾拿我當外人待我也不敢待慢了如今我雖一着走錯
你若果然不告訴一個人你就是我的親娘一樣從此後我活一是庅你
給我一日我的病好之後把你立個靈位牌我天天焚香礼拜保有你一
生福寿双全我若死了時变驢变狗報荅你再俗語說千里搭長棚沒
有不散的筵席再過三二年咱們都要離這里的語又說浮萍尚有相逢
日人豈全無見面時倘或日後咱們遇見了那時我又怎庅報你的德
行一面說一面哭這一夕話反把鴛鴦說的心酸也哭起来了因點頭道
正是這話我有不是管事的人何苦我坏你的聲名我白去献勤况

且這是我自己也不便開口向人說的只放心從此養好了可要安分己
再不許胡行乱作了司棋在枕上點首不其鴛鴦又安慰了他一番
方出來因知賈璉不在家中又因這兩日鳳姐兒聲色怠惰了他
些些不似往日一樣因順路來也來望候因進日鳳姐院門二門上的
人見走他來便立身待他進去鴛鴦剛至堂屋中只見平兒從裡間出
來見了他來忙上來悄聲笑道纔吃了一口飯歇了午睡的且這屋
里略坐坐鴛鴦听了只得同平兒到連邊房里來小丫頭到了茶
來鴛鴦同悄問你奶奶這兩日是怎麼了我看他懶懶的平兒見問曰
房内無人便嘆道他這懶懶的也不止今日了這有月之便是這
樣又兼這几日忙亂了几天又受了些閑氣從新又勾起來這兩日

比先又添了些〻病所以支不住便露出馬脚來了鴛央忙道既這樣怎庅
不早請大夫來治平兒嘆道我的姐〻你還不知道他的脾氣的別說
大夫來吃藥我看不過白問了一聲身上覔怎庅樣他就動了氣反說我呪
他病了饒這樣天〻还是察三訪四自己再不肯看破些〻且養身子鴛
央道雖然如此到底該請大夫來瞧〻是什庅病也都好放心平兒道
我的姐〻說氣病來擄我看也不是什庅小症候鴛央忙道絡是什庅
病呢平兒見問又往前奏了一奏向鴛边說道只從上月行了經之後這
一個竟瀝〻淅〻的詼有之住這可是大病不是鴛央听了忙得道嗳喲
依的這話這可不成了血山盟了平兒忙啐了一口道又悄笑道你女孫
兒家這是怎庅說的到會呪人的鴛央見說不禁紅了臉又悄笑道

究竟我也不知什麽是崩不崩的你倒忘了不成先我姐姐不是害這病死了我也不知是什麽病因無心听見媽和親家媽說我還納悶後來了是听見媽細原故纔明白了一二分平兒笑道你知道我竟也忘了

人正說着只見小丫頭進來向平兒道方纔朱大娘又來了我們回了他奶奶纔歇午覺他往太太上頭去了平兒听了點頭鴛鴦問那一個朱大娘平兒道就是官媒婆那朱嫂子因有什麽孫大人家來和偺們求親所以他這兩日天天弄個帖子來賴死賴活一語未了小丫頭跑來說二爺進來了說話之間賈璉已走至堂屋門口內喚平兒平兒答應着纔迎出去賈璉已找至這間房內來至門前忽見鴛鴦坐在炕上便煞住脚笑道鴛鴦姐姐今兒貴脚踏賤地鴛鴦只坐着笑道來請爺奶奶的安偏又

不在家的不在家𪾋覔的𪾋覔賈璉笑道姐〻一年到頭辛苦伏侍〔老〕太〻我
還沒看你去那里還敢勞動来看我們正說巧的〔是〕很我纔要找姐〻去因為
穿着〔棉〕袍子熱先来換了裌袍子再過去找姐〻不想天可憐省我走這一
盪姐〻先在這里等我了一面說一面在椅上坐下鴛鴦問〔道〕因又有什麼
說的賈璉未語先笑道因有一件事我竟忘了只怕姐〻还記得上年
老太〻生日曾有一個外路和尚来孝敬一個臘油凍的佛手因老太〻
愛就即刻拿過来擺着了因前日老太〻生日〔要擺〕老太〻我有〔将古〕故董賬〔一查〕还有這
一筆卻不知此時這件〔東西〕有落何方〔古〕故董房里的人也回〔過〕故我兩次等我問
準了好註上一筆〔這〕所以我問姐〻如今还是老太〻擺着呢還是交到
誰手里去了呢鴛鴦听說便道太〻擺了几日厭煩了就給你們奶〻你這

拿子又問我来我連日子還記得还是我打發了老王家的送来你忘
忘了或是問你們奶〻和平兒正拿衣服听見如此說忙出来回說交過
来了現在樓上放着呢奶〻已經打發過給去說過給了這屋里他們
發昏沒記上又来叨登這些沒要緊的事賈璉說笑道既然給
了你奶〻我怎麼不知道你們就昧下了平兒道奶〻告訴二爺〻〻还
要送人奶〻不肯好容易留下的這會子自已忘了到說我們昧下那
是什麼好東西什麼沒有的物此那強十倍的東西也沒昧下一遭這会
子愛上那不值錢的賈璉垂頭含笑想了一想拍手道我如今竟糊塗
了丟三忘四惹人抱怨竟大不像先了平兒笑道也怨不得事情又多
口舌又雜你再吃兩盃酒那里清楚的許多一面說就起身要去買

璉忙也立身回道好姐〻再坐一坐兄弟还有事相求說着便罵小丫頭
怎庅不灌好茶来快拿干净盖碗把昨兒進上的新茶㴴一碗来說着
向鴛鴦道這前日因前日老太〻秋囬所有的几千兩銀子都司了几
處房租地稅通在九月纔得會子竟接不上明兒下要送南安府里
的礼又要預俻娘〻的重陽節礼还有几家紅白大礼至少还得三二
千個銀用一日難去支借俗語說求人不如求已說不得姐〻担個不是暫
且把老太〻查不着的金銀傢伙偷着運出一箱子来暫押千数兩
銀子支騰過去不上半年的先景銀子来了我就贖了交还斷不能教
姐〻落不是鴛鴦听了笑道你倒會变法兒虧你怎庅想了賈璉
笑道不是我扯謊若論除了姐〻也还手里管的起千数兩銀子的

〔東西也只因他〕只是他你們為人都不如你〔姐姐〕明白有胆量我我〔若合〕他們一說反嚇住了
他們所以我寧撞金鐘一下不打破鼓三千一語未了忽又〔有〕賈母那边〔的〕
小丫頭子忙忙走來找鴛鴦說老太太找姐姐半日我們那里沒找到
〔却〕都在這理〔鴛〕鴦听說忙的且去見賈母賈璉見他去了只得回來瞧鳳姐誰
知鳳姐已醒了听他和鴛鴦借当自己不便答話只淌在榻上听見鴛鴦去
了賈璉進來鳳姐因問道他可應準了〔嗎〕賈璉笑道雖然未應准却有几
分成手須得的〔你〕晚上再和他一說就十成了鳳姐笑道我不管這事倘或
說准了這會子說得好聽到有了錢的時節你就丟在脖子後頭誰去
和你打飢荒去若〔倘〕或老太太知道了到把我這几年的臉面都丟了賈璉
笑道好人的〔奶奶你〕若說定了我謝你如何鳳姐笑道你說要什麼就要〔給你〕什麼

平兒一傍笑道奶〻到不要謝的昨兒正說要作一件什麼事恰少一三百銀子使不如借了來奶〻拿一三百銀子豈不兩全其姐鳳笑道幸虧提起我來就是這樣也罷璉賈了笑道你們太也狠了你們這拿子別說一千兩的當頭就是現銀子要三五千只怕也難不倒我不和你們借就罷了這會子煩你說一句話還要個利錢真〻了不得鳳姐聽了翻身起來說我有三千五萬不是賺的你(的)如今裡〻外〻上〻下〻背着我嚼說我的不少就羞(差)你來說了可知沒家親引不出外鬼來我們王家可那里來的錢都是你們賈家賺的別(叫)了我惡心也(了)你們看着家(這个)什麼石崇鄧通(的)把我王家的地縫子掃一掃的(還)(你)勾的們過一倍子(輩)了(呢)說出來的話也不怕燥現有對証把太〻和我的嫁粧細看〻比一比的(你)們(的)那一樣是配不上的(你)們(的)賈璉笑道說句頑話就

急了這有什庅這樣的要使一二百兩銀子值什庅多的沒這还有先拿進
来你使了再說如何鳳姐道我又不等着啣口墊背忙了什庅賈璉道何苦
来不犯着不樣肝火盛鳳姐听了又自笑起来不是我着急的說的話戳
人的心我因為我想着後日是尤二姐的周年我們好了一塲雖不能别的
到底給他上个墳燒紙也是姊妹一塲他雖沒留下个男女也要前人撒
土迷了後人的眼纔是一語倒把賈璉說沒了話低頭打算了伴晌
方道難為的想的周全我竟忘了既是後日纔用若明日得了這個
你隨便使多少就是了一語未了只見旺兒媳婦走進来鳳姐便問可
成了沒有旺兒賈璉便問又是什庅事鳳姐兒見問便說道不是什
庅大事旺兒有個小子今年十七歲了还沒得女人因要求老太〻

房里的彩霞不知太〻心里怎么樣就說有計較里前日老太〻見霞
彩大了二則又多病多哭的因此開恩打發他出去了給老子娘隨便自
已揀女婿去罷因此旺兒媳婦來求我〻想他兩家也就貧〻門當戶對
的一說去自然成的誰知他這會子來了說不中用賈璉道這是什么
大事比彩霞好的多心呢旺兒家的陪笑道爺雖如此說連他家还看
不起我們別人越發看不起我們了好容易相看准一個媳婦我只說
求爺〻奶〻恩典替作成了奶〻又說他必肯的我就煩了人走過去試
一試誰知白討了沒趣若論那孩子到好據我素日合意兒試他〻心里倒
沒有甚說的只見他老子娘兩個老東西太心高了些一語戳動了鳳姐
和賈璉因見賈璉在此且不作一聲只看賈璉的光景賈璉心中有

事那里把這點子放在心里待要不管只是看着他是鳳姐兒的陪房且又素日出過力的臉上寔在過不去因說道什麽大事只管咕〻唧〻的你放心且去我明兒作媒打發兩個有體面的人一面說一面帶着定礼去就是我的主意他十分不依叫他來見我旺兒看着鳳姐鳳姐便扭嘴兒旺兒家的會依悠爬下就給賈璉磕頭謝恩賈璉悠道你只給的姑娘磕頭我雖如此說了這樣行到底也得姑娘打發個人叫他女人上來和他好說更好些〻雖然他們必依然這事也不可霸道了鳳姐忙道連你还這樣開恩操心呢我到反袖手傍觀不成旺兒家你听見說了这事你也忙〻的給我完了事來說給的男人外頭所有的賬一槩赶今年〻底下收了進來少一個錢我也不依的我的名聲不好再放

一年都要生吃了我呢旺兒媳婦笑道奶〻也太胆小了誰敢議論奶〻若
収了時公道說我們到还省些事不大德（得）罪人鳳姐笑道我也是一場癡
心白使了我真個的還等錢作什麼不過為的是日用出的多進的少這屋里
有的沒的我我（合你）的姑爺一月的月錢再連上四個了頭的月錢通共一二十兩
銀子還不彀三五天的使用呢若不是我千湊萬挪的早不知道到什麼破
窑里去了如今到落了一個放賬破落户的名落（声）可知放賬乃發所謂此家兒如耻恶之事也既這樣
我就収了回來我比誰不會花錢偺們（從今以）巴後簡坐着花到多早晚是多早晚
这不是樣兒老太〻生日太〻急了兩個月想不出法兒來還事（是）我提了
一句後樓上現有些沒要緊的大銅錫傢伙四五箱子拿去弄了三百銀
子纔〻把太〻遮羞礼兒搪過去了我自（是你）的們知道的那一個金自鳴鐘賣

了五百六十兩銀子有月半月的工夫大事小事没有十件白填在里頭今兒外頭

也知道住了不知是誰的主意搜尋上老太々了明兒再過一年各人搜尋到

頭面衣服可就好了旺兒媳婦笑道那一位太々奶々的頭面衣服折變了不

句過一輩子的只是不肯罷了 閒語補出近日諸事 鳳姐道不是我說沒了能奈的話

要像這樣我竟不能了昨晚上忽然作了一個夢說來也可笑 反說可笑則思返落

妙甚若必以此夢為凶兆套非紅樓之夢矣 夢見一個人雖然面善却又不知名姓 是以前授方相之舊數十年後矣

找我我問他作什麼他說娘々打發他來要一百疋錦我問他是那一位娘

々他說的又不是偺們家的娘々我就不肯給他々就上來奪正奪着就醒

了 妙寔家常觸景間夢必有之理却是江淹才盡之兆也可傷 旺兒家的說道這是奶々的日間操心常應

候宮里的事 淡々抹去妙 一語未了人回夏太府打發了一個小內監來說

話賈璉听了忙皺眉道又是什庅話一早(年)他們也撇勾了鳳姐道你藏起來
䒭我見他若是小事罷了若是大事我自有話回他賈璉便躲入內套間去這
里鳳姐命人帶進小太監來讓他椅子上坐吃了坐(茶)因問何事那小太監便
說夏爺〻因今年兒偶見一所房子如今竟短二百兩銀子打發我來問
舅奶〻家的(說)有現成的銀子暫借一二百過一兩日就送過來 可謂寄處不用針
鳳姐兒聽了笑道什庅是送過來有的是銀子只管先兑了去改日䒭我
們短了再借去也是一樣小太監道夏(爺)〻還說了上兩回還有一千二百兩
銀子沒送來䒭今年〻底下自然一齊都送過來鳳姐笑道的(你)夏爺
〻好小氣這也值約(得)提在心上我說一句話不怕他多心去(若)都這樣記清
了還我們不知還了多少了只怕沒有若有只管拿去因叫旺兒媳

婦来出去不管那里先支二百兩来〔銀子〕旺兒媳婦会意因咲道我纔〻因別處支不動纔〻来和奶〻支的鳳姐道你們只会里頭来要錢呌你們外頭筭去就不能了説着呌半日〔平兒〕果然拿了一个錦盒子来里面兩个錦袱包着打開時一個金纍絲攢珠的〔項圈〕那珠〔子〕都有蓮子大小一個點翠嵌宝石的兩个都與宮中之物不离上下〔是太監眼中看心中評〕一時拿去果然拿了四百兩銀子来鳳姐命與小太監打叠起一半月〔銀子〕来那一半命人與了旺兒媳婦命他拿去辦八月中秋節〔過下伏脉〕那小太監便告辞他拿着銀子送出大門去了这里賈璉出来笑道这一起外祟何日是了鳳姐笑道剛説着就来了〔一〕股子賈璉道昨兒周太監来張口一千兩我畧慢了些他〔就〕不自在〔起〕来得罪人之處不少这會子再發个〔上〕三二百萬的財就好了一面

說一面平兒伏侍鳳姐另洗了面更衣往賈母處去伺候晚飯這里賈璉出來到至外書房忽見林之孝走來賈璉因問和事林之孝說道方听得雨村降却不知因和事只怕未必真賈璉道真不真他那官兒也未必保得長將來有事怕偺們寧可揀遠着他好林之孝道何嘗不是只是一時難以踈遠如今東府大爺和他更好老爺又喜劝他時常來往那个不知賈璉道橫豎不和他謀事也不相干的去再打听真了是為什庅林之孝答應了却不同心坐在下面椅子上且說些閑話因又說起家道艱難便趁勢有說人口太重了不如揀宝日回明老太々老爺把這些出過力的老人家用不着的開恩放几家出去一則他們各有營運二則家里一年也省些口糧月錢再者裡頭的姑娘太多俗語說一時比不得一

時如今說不得先的例了少不得大家委屈些該使八個的使六個使使（該使四个的）兩個若各房算起來一年也可以省得許多月米月錢況且裡頭的女孫（孩）子們一半都太大了也該配人的配人成了房豈不又支（資）生出人來賈璉道我也這樣想着只是老爺纔回家來多少大事未回那里議到這個上頭前兒官媒拿了個庚帖來求親太太還說老爺纔來家每日歡天喜地的說骨肉完聚忽然就提起這事恐老爺又傷心所以且不叫提這事林之孝道這也是正理太太想的周道賈璉道正是提起這話我想了一件事來我們旺兒底（的）小子要說太太房里彩霞他昨兒求我我想什麼大事不管誰去說一聲去這會子有誰閑着我打發個人去說一聲就（說）我的話林之孝聽了只得應着半晌笑

道依我說二爺竟別管這件事旺兒的那小兒子雖然年輕在外頭吃酒
賭錢無所不知[至]雖然都是奴才們到底是一倍[輩]子的是[事]彩霞那孫[孩]子這几
年我雖沒見聽得越發出條的好了和[何]苦來白遭塌一個人賈璉道他小
兒子原為[未]吃酒不成人林之孝道[的]吟笑道豈只吃酒賭錢在外頭無所不
為我們看他是奶奶的人也只見一半不見一半罷了賈璉道我竟不知道
這些事既這樣那里還給他老婆且給他一頓棍鎖起來再問他孝[老子]之娘[林]
之孝[家的]笑道何[也]不在這一時那是[?]錯也等他再生事我們是[自]然回爺處[置]此如
今且奴[隨]他賈璉不語一時林之孝[家的]不去[了]晚間鳳姐已命人喚了彩霞之母來說
媒那彩霞之母滿心縱不願意見鳳姐親自和他說何等體面[今時人女兒]
　便心不由意的滿口應了出去今鳳姐問賈璉可說
因圖此現在體面悮了多少
此正是回今時女兒一笑

了沒有賈璉因說我原要說的打听得他小厮子大不成人故還不曾說
若故(果)然不成人且管教他兩日再給他老婆子不遲鳳姐听說便說你听見
誰說他不成人賈璉道不過是家里的人还有誰鳳姐笑道我們王家的
人連我还不中你們的意何况奴才呢我纔已竟和他母親說了他娘已經
歡天喜地應了難到又叫進他來不要了不成賈璉道既你說了又何必退明
兒說給他老子好生管他就是了這果(里)說話不提且說彩霞因前日出去
等父母擇人心中雖事(是)與賈環有旧尚未作准今日又見旺兒每每來求親
早聞得旺兒之子酗酒賻賭而且容顏醜陋一技不知自此心中越發懊惱生
恐旺兒使鳳姐之勢一時作成於身為患(累)不免心中急燥遂至晚間悄命他
妹子小霞（霞大小奇奇怪怪之文更覺有趣）進二門來找趙姨娘問了端的趙姨娘素日

深與彩霞契合他巴不得與了賈环方有個勝背不承望王夫人放了出去了每
唆叫賈环去討一則賈环羞口難開二則賈环也不大甚在意不過是個了
頭他去了將來自然還有 此是世人之情 亦是丈夫之情 遂遷延住着不說意思便沒肯便丟開
無奈趙姨娘又不捨又見他妹子來問是晚得空便先求了賈政 此是使却是大遲
想不到之文 家必有之事 賈政因說道且忙什麼等他們再念一二年書再放大人不悮
我已經看中了兩个了頭一個與宝玉一個給环兒只是年紀還小又怕他們悮了
書所以再等一二年 妙丈又寫出賈老兒女寫賈老則不然丈若不如此寫 之情細思一部書總不則又非賈老
趙姨娘道宝玉已有了二年了老爺还不知道麼賈政听了忙問道誰
給的趙姨娘方欲說話只听外面一声响不知何物大家吃了一驚
不小要知端的且听下回分解

脂硯齋重評石頭記卷之

第七十三回

痴丫頭悮拾綉春囊　懦小姐不問纍金鳳

話説那趙姨娘和賈政説話忽听外面一声响不知何物忙問時原来是外
間窗屜（户）不曾扣好塌了屜戍了吊下来趙姨娘罵了個頭几句自己帶領了
妳上好方進来打發賈政安歇不在話下却説怡紅院中宝玉正纔睡下了
妳們正欲各散安歇忽听有人擊院門老婆子開了見是趙姨娘房内
的丫妳名喚小鵲的問他什麽事小鵲不得（言語）直往房内来找宝玉（奇從未見此婢也）只
見宝玉纔睡下晴雯等猶在床边坐着大家頑笑見他来了都問什麽
事这時候又炮（跑）了来作什麽（又是補出前文矣非只張一回也）　小鵲笑向宝玉（道）我来告訴你一個

信兒放繞我們奶〻这般如此在老爺前說了你仔細明兒老爺問你話
着而身就去了襲人命宙他吃茶因怕閑門遂一直去了这里宝玉听了
便如孫大聖听見了緊箍咒一般登時四肢五內一齊皆不自在起來想
去別無他熟了書預偹明兒盤考上內不外錯不有他事也可搪塞一
半想罢忙披衣未要讀書心中又自後悔这些日子只說不提了偏又丟
生早知該天〻好歹温習些的如今打算〻〻肚子內現可背誦的不過
只有學庸二論是帶註背得出的至上本孟子就有一半是夾生的
若憑空提一句斷不能接背的至下孟就有一大半了算起五經來因
近來作詩常把詩經讀雖不甚精闡还可塞責妙宝玉讀書原係別的
雖不記得素日賈政也幸未吩咐過讀的縱不知也还不妨至於古文

這是那几年所讀過的几篇連左傳國策公羊穀梁漢唐等文不過几十篇這
几年竟未曾(温)得半篇片語雖闌(間)時也曾遍閱不過一時之興隨看隨忘未
下苦工夫如何記得這是斷難塞責的更有時文八股一道因平素日惡此
道原非聖賢孔(孔)子剖撰焉(焉)能闡發聖賢之微奥不故(過)偶(作)後人餌名釣祿之階
雖賈政當日起身的選(時節)了百十篇命他讀的不過偶因見其中或一二股內
或承起之中有作的或精文(警)或流蕩或戲或(諧)悲感稍能同(適)性者偶(述)一讀書不
過供一時之興趣究竟何曾成篇潛(潛)心玩索 妙寫寶玉讀書非為功名也 如今若温君這
个(又)有恐明日盤結那个若温君那个又恐盤駁這這(个況)功一夜之(的工夫)功亦不能全然
之(温)功君因此越添了焦燥(燥)自己讀書不致緊要却帶累着一房(的)了环們皆
不能睡襲人麝月晴雯等几丈(个)大的是不用說在傍剪燭斟茶那此小的

都因眼朦朧前仰後合起来睛雯因罵道什麽蹄子們一個〻黑日白夜

挺尸挺不勾偶然一次睡遲了些就粧出這腔調来了再這樣我拏針戳給

兩下子話猶未了只听外間咕咚一聲急忙看時原来是一个小丫頭子坐

着打盹一頭撞到壁上了從夢中驚醒恰正是睛雯說這話之時他怔〻的

只當睛睛打了他一下遂哭央說好姐〻我再不敢了衆人都發起笑来宝

玉忙勸道饒他去罷原該叫他們都睡去纔是的們也該替換着睡去襲

人忙道小祖宗的是顧的你罵通共這一夜的工夫的把心替且用在這幾

本書上等過了這関由的再張羅别的也不算悮了什麽宝玉聽他說的

懇切只得又讀了設有說句麝月又鍵了一杯茶来潤舌宝玉接茶吃了

因見麝月只穿着短襖解了裙子宝玉道夜靜了吟到底穿一件大衣

襲才是麝月哭指着書道你暫且把我們忘心且略對着他此罷此處豈是讀書之處又豈是伴讀之人古今天下惧盡多少紈袴何况又是此等時之怡紅院此等之姬婢又是此等一个宝玉哉話有未了之听金星玻璃從後房門跑進來口內喊說不好了一个人從墻上跳下來了衆人听說忙問在那里即喝起身人來各處尋我晴雯因見宝玉讀書苦惱勞費一夜神思明日也未必妥當心要替宝玉想出一个主意來脫此难正好忽一此逢此一驚在便生起向宝玉道趂这個兒當快粧病只說唬着了正中宝玉心懷而遂傳起上夜人等來打着灯籠各處搜尋並無踪跡都說小姑娘們想是睡花了眼出去風摇的樹枝兒錯認也又晴雯搜便道別放謅屁你們查的不嚴怕得不是还拿这話來支吾才剛並不是一個人見的宝玉和我們出去有事大家見親的如今宝玉唬的

的顔色都変了滿身發熱我如今还要上房里去安魂丸藥去太ミ問
起来是要回明白的难道依你説就罢了不成衆人听了嚇的不敢則声
只得又各處找晴雯和玻璃二人果出去要藥故依是的衆人空知皆
丕知宝玉着嚇了王夫人听了忙命人来看是給藥又吩咐各上夜人仔細
搜查又一吽查二門外憐園墻上夜的小厮們于是園内灯籠火把單
闹了一夜至五更天就傳管家男女命仔紬細查一査拷問内外上夜男
女等人賈母聞知宝玉被嚇細問原由不敢再隐只得回明賈母道我
必料道有此事如今各處上夜都不小心还是小事只怕他們就是賊也
未可知道下邢夫人並尤氏等都過来請安鳳姐及紈姝妹等皆賠
侍听賈母如今純都點無所荅獨探春出位笑道近因鳳姐ミ身

子大好几日園內的人別今放肆了許多先前不過是大家偷着一是半刻
或夜里坐更時三四个人聚在一處或擲骰或鬬牌小小的頑意不過爲熬
困邀近來漸次放誕竟開了賭局甚至有頭家局主或三十吊五十吊三百吊
的大輸贏半月前竟有爭鬬相打之事賈母聽了忙說你既知道爲何不
早回我們來探春道我因想着太太事多且連日是不多所以無回只告
訴了大嫂子和管事的人們戒飭過幾次近日好些賈母忙道你姑娘家
如何知道這里頭的利害你自爲要錢常事不故怕起爭端除不知夜間
既要就保不住不吃酒既吃酒就免不得門戶任意開鎖或買東西尋張
木見李中夜靜人稀趂便藏賊引賢引盜何等事作不出來況且園內
的姊妹們起居所伴者皆係了頭媳婦們賢愚混雜賊盜事小再有

别事尚畧沾帶此關係不小這事豈可輕恕探春聽說便默然歸坐鳳
姐雖未大愈精神固比常稍減看他漸次寫來從不作一年易安之筆况阿风之丈哉今見賈母如此
說便忙道偏生我又病了遂回頭命人速傳林之孝家的總理家事
四個媳婦到來當着賈母深說了一頓家母命即刻查了頭家賭家来
有人出首者賞隐情不告者罰林之孝者的等見賈母跪在院内磕响頭
動怒誰敢徇私忙至園内傳齊又一一盤查雖不免大家賴一回終不回水落
石出查得大頭家三人小頭家八人聚賭者通共二十多人都帶來見賈母
跪在院内磕响頭求饒賈母先問大頭家名姓和錢之多少原来這三個
大頭家一个就是林之孝的兩姨親家一個就是園内廚房内柳家媳婦
之妹一個就是迎春之乳母這是三個為首的餘者不能多記賈母便

命將骰子牌一並燒毀所有的錢入官分散與眾人將為首者每人四十大板
攆出總不許再入從者每人二十大板革去三月月錢撥入圊廁行內又將林
之孝家的申飭了一番林之孝家的見他的親戚又與他打嘴自己也覺沒趣迎
春在坐也覺沒意思代玉寶釵探春等見迎春的乳母如此也是物傷其
類的意思遂都起身笑向賈母討情說這個媽媽素日原不頑的不知
怎麼也偶然高興求看二姐姐面上饒他這次罷賈母道你們不知大約
這些奶子們一個個仗着奶過哥兒姐兒原比別人有些體面他們就生事
比別人更可惡專管調唆主子護短偏向我都是經過的況且要拿一個
作法恰好果然就遇見了一個你們別管我自有道理寶釵等聽說只
得罷了一時賈母歇晌大家散出都知賈母今日生氣皆不敢各散

回家只得在此暫候尤待鳳姐兒處來閒話了一面因他也不自在只得
園內尋衆姑嫂閒談刑夫人在王夫人處坐了一回也因他也就往園內
散〻心來到只園門前至見賈母房內的小丫頭子名喚傻大姐的笑嘻
〻走來手內拿着個花紅鍒的東西低頭一壁瞧着一壁只管走不妨迎頭
撞見刑夫人抬頭看見方才跕住刑夫人因談這痴丫頭又個什広狗
不識兒這磨觀喜拿來我瞧〻原來這傻大姐年方十四五歲是新挑
上來的與賈母這边提水桶掃院子專作粗話的一個丫頭只因他生得
體把面濶兩隻大家作粗活簡捷爽利且心牲愚頑一無知識行事出
出言常在規短之外賈母因喜觀他爽利便捷又喜出言可以發笑
便超名為獃大姐常悶來便行他取笑一毫無避忌因此又呌他作痴

丫頭他總有說理之處見賈母喜歡他們依然不去苛責這丫頭了得了
這個力苦賈母不喚他是便入園內来頑要今日正在園內掏促織忽在山
石背外得了一個五彩繡香囊其華麗精致固是可愛但上面繡的並非花
鳥等物一面却是兩个人赤條條的盤踞相盤一面是幾個是這痴丫頭原
不認得是親意便心下盤算敢是兩个妖精打架不然必是兩口子相打
左右猜解不来正要拿去與賈母看 險極妙極榮富堂堂詩礼之家且大觀官園又何等嚴肅清幽之地金閨玉閣尚有此等穢妙天下淺閱浦慕之家寧不慎乎雖然但此等偏出大官世族之中者蓋因其房室香窗嬛婢混殺鳥保其个个守礼特郎哉此正為大官世族而告戒其淺閱浦慕之屬毋如主婢日夕耳鬢交磨一止一動悉在耳目之中又何必諄諄再四焉 以笑嘻嘻一壁有正走忽見了刑夫人
如此說便笑道太太真個說的巧真個是狗不識呢 妙寓言也大凡知此交媾之情者真狗畜之說耳縱肆言惡罵凡識此事者即狗矣然則云與賈母看則先罵賈母矣此處刑夫人亦看然則又罵刑夫人乎故作者又難

太〻請瞧一瞧說着便送過去刑夫人接来一看嚇得連忙死緊攥住妙這一嚇字方

是寫世家夫人之筆雖前文明書邢夫人之為人稍劣然不在情理之中若不用
慎重之筆則刑夫人直係一小家卑汚極輕賤極輕之人已〻得與栄府聯房哉
所謂此書針錦慎密處全在無意中
一字一句之間耳看者細心方得

忙問你是那里得的傻大姐道我掏促

織兒在山石子後揀的刑夫人道快休告訴一人這不是好東西連你也要該

打死皆因你素日是傻子已後再別提起了這傻大姐听了反嚇的黃了

臉說再不敢了磕了個頭呆〻而去刑夫人回頭看時都是些女孩兒

不便遞与自已便攥在袖内心内十分罕異揣摩此物從何而至且不形

于声色且未至迎春室中迎春正因他乳母獲罪是覺無趣心中不自

在忽报母親来了遂接入內室奉茶畢刑夫人因說道你這麼大

了由着你的那奶子行此事你也不說〻他如今別人都好〻的偏偺們的人

做出這事来什麽意思偺們二字便見自懷異心迭上丈生离異發瀝而来謹寒之至更有人於此者君未知也一笑

迎春位首負衣帶伴晌得道（着頭美衣 半 方）我說他兩次他不听也無法況且他是媽

〻只有他說我的沒有我說（嬤嬤的）媽極一直画出一個懦弱小姐来刑夫人道胡說你不好了他原

該說如今他犯了法的（你）就該拿出小姐的身分来他敢不從你就回我去

才是如今直等外人共知是什麽意思〻人為誰我發問外再者放頭兒还恐怕他

巧言花語的和你借貸些簪环衣履作本錢你这心活面軟未必不周接（濟）

他些若被他騙去我自（是）一個不沒（再給）有的看你明日急（怎）麽過節迎春不語

只低頭（美）算依帶刑夫人見他這般因冷笑道總是你好哥〻好嫂子一

对兒嚇了揚〻璉二哥鳳奶〻兩口子遮天蓋日百事週到竟通（叙）共这一（机）

个妹子全不在意有私意加在于璉鳳的是父母常情極是何必敘如此說来便見又

但凡是我身上吊下来的又有一話説只好凴他們罢了如何此皆婦女私假之意大不可者
況且的有不是我養的更不的虽然不是同他一娘所生到的是同出
一父也該彼此瞻顧些也免別人笑活又問別人為誰又問彼二人虽不同毋絲是同父被二人既同父其父又係居
之何人吁婦人私心今古有之
我想天下的事也难較定你是大老爺跟前人養
的这里探了頭也是二老爺跟前是養的出身一樣如今的娘死了從前
着来的兩个的娘只有你娘比如今趙姨娘强十倍的你該比探了頭强
才是怎庅反不及他一半誰知竟不然这可不是以事到是我一生無
兒無女的一生干錆兮不能落人笑語議論為高最可恨婦人無字者引此話是説
傍边伺候的媳婦們也迹机道我們的姑娘老寔仁德里像德他們三
姑娘伶牙倒齒会要姝二們的强他們明知姐二这樣他竟不顧恤一

点兒敎ゝゝ此輩悉生離異余因寔受其蠱今讀此文直欲拔劍劈紙又不知作者多少眼淚灑出此回也又問不知如何顧恤此又不知有何可顧恤之處直令人不解愚奴賤婢之言酷肖

之至刑夫人道連他哥ゝ嫂子如(還)是別人(這麼着)又作什麼呢一言未了人回璉二奶ゝ來了刑夫人听了冷笑兩声命人出去說請他是去養病我這里不用他伺候接着又有探事的小丫頭來報說老太ゝ醒了刑夫人方起身前边來迎春送至院外方位(回)綉橘因說道如何前兒我回姑娘那一個攢珠纍(絲)金凤竟不知那里去了回了姑娘姑娘竟不問一声兒我說不(別)是老奶ゝ拿去典了良子放頭兒的姑娘不信只說司棋收着呢問司棋司棋出病着(雖然病着)心里却明白我去問他ゝ說沒有收起來还在書家(架)上匣內暫放着預備八月十五日恐怕要帶呢姑娘(就)該問老奶ゝ一声只是臉軟(怕)人惱如今竟(自)怕無着(沒了看)明兒要都(帶)時独偺們不帶是何(什麼)

意思呢这個㑇們使得恰是女兒喁〻私語非前問之一例可比者寫得出批
迎春道和用問是然自他拿去替時借一肩了我只説忘今日偏又
鬧出来問他想他無蓋綉摘道何曾是忘記他是試准了姑娘的性
格所以在這樣如今我有個主意我竟走到二奶〻房里将此事回了他
或他着人去或他省是拿几吊錢来替他賠補如何寫女兒各有机变
迎春忙道罷〻〻省些事罷寧可没有了又何必生事懦語綉摘
道姑娘怎这樣軟弱都要省起事来将来連姑娘还騙了去呢我竟
去的是説着便走迎春便不言語只好誰到知迎春乳母子媳王住兒媳
婦正因他婆〻得了不是来求迎春去討情听他們正説金凤一事且不進
去也因素日迎春懦弱他們都不放在心上如今見綉摘立意去回凤

姐估着这事脱不去的去且又有求春之特只得進来賠笑先向編橘說姑娘你别去生事姑娘的金絲鳳原是我們老奶〻老糊塗了輸了几个不没的捞稍所以暫借了去原說一日半晌就贖的曰總未捞過本就遲住了可巧今兒又不知是誰走了风声弄出事來虽然这樣到底主子的東西我們不敢遲悞下終丸是要贖如今还要求姑娘看坐小兒吃奶的情常往老太〻那边去是個情面救出他老人家来才好迎春先便說道好嫂子的趁早兒打了这思想要等我去說情兒等到明年也不中的方才連宝姐〻林妹〻大夥兒說情老太〻还不依我況是我一个人我是已愧还愧不来反去討臊去編橘便說贖金风是一件是說情是一件事别絞在一處說难道姑娘不去說情你就不贖了不成嫂子

且去了金凤来再說王住兒家的听見迎春如此拒絕他綉橘的又鋒
利無可面得一時臉上過不去也明欺迎春素日好性乃向綉橘發話
道姑娘的別太張勢了的滿家文笇一算誰的媽々奶子不伏着主子
哥兒多得些意偏偺們就这樣丁卯是卯的只許你們偷々摸々的哄
騙了去自從邢姑娘來了太々吩咐一个月儉省出一両良子來与旧太々去
这里饒添了邢姑娘的使費反少了一両子常時短了这个少了那个那
不是我們供給誰又要去不過大家將就些去了算到今日少說些也有三
十両了我們这一句不豈白填了限呢綉橘不待說完便啐了一口道作什
麼的白填了三十両我且和你算々張姑娘要了些什麼東西迎春听見
這媳婦發邢夫人之私意大書此句誅心之筆忙止道罷々々你不能拿了金鳳

来不必牽三扯四乱嚷我也不要那凤了便是太〻們問是我只說丢了也
妨碍不着你什庅的出去歇息〻〻到好一面吽繡橘倒茶来繡橘又气
又急因說道姑娘虽不怕我們是作什庅的把姑娘的東西丢了他到来
說姑娘死了他們的不達如今竟要准折起来倘或太〻問姑娘為什
庅便了的此不敢是我們就中取势了迠还了得一行繼一行就哭了司棋
听不過只得勉強過来帮着繡橘問着那媳婦迎春勸止不住自拿
了一本太上崴应篇来看（神妙之其出一位懦弱小姐 從是上挑且書又有哥大妙）三人正沒開交可巧
宝釵代玉宝琴探春等因恐迎春今日不自在都約来安慰他走至院
中听得兩个〻〻〻較口探春從紗窓内一看只見迎春倚在床上看書
若有不聞之狀（看他寫迎春雖稍劣然 亦大家千金之格也）探春也笑了小了头們忙打起簾子

報道姑娘們来了迎春方放下書起身那媳婦見有人来且又有探春在内

不好而自止了遂趁便要去探春坐下便問才（剛）到誰在这里說話倒像拌

嘴似的（瞧他寫探春氣字）迎春笑道沒有說什庅左不過是他們小題大作罢

了何必問他探春笑道我才听見什庅金凤（說）下（哩又）是什庅沒有錢（使）之合我們

奴才要誰（哩）和（合）奴才要錢了（未着）难道姐〻何（合）奴才要錢了不成难道姐〻不是和（合）

我的一樣有月錢的一樣有用度不成司棋繡橘道姑娘說的是了姑娘

們都是一様的那一位姑娘的錢不自（由）有着奶〻媽〻們使連我們也不

知道怎樣是算賬不過要東西只說得一声兒如今他偏要說姑娘使

過了頭兒他賠出許多来了究竟姑娘何曾和（合）他要什庅了探春笑

道姐〻既沒有和（合）他要必是（定）是我們（戒）或者和（合）他們要了（什庅）不成你叫他進

来我到要問〻他迎春笑道这話又何笑的們又無沾碍何帯累於他
探春笑道这到不然和姐〻听見也即同怨姐〻是理咱們是主子自
然不理論那些錢財小是只知想起什庅要什庅他是用的事但不知金
累然凤因何又夹在里頭那王住媳婦生恐繡擒芧告出他来遂忙進
来用話掩飾探春探知其意因笑道的們所以糊塗如今你奶奶已
得了不是趁此求〻二奶〻把方的錢尚未散人的拿出些来贖取了就
完了比不得没鬧出来大家都藏有畄臉面如今既是没了臉趁此
時總有十個罪也只一人受罰没有砍兩顆的礼你我竟是和二奶〻說
說在这里大声小氣如何便得这媳婦被探春說出真病也無可顆
了只不敢往凤姐處自首探春笑道我不听見便罢既听見少不得

替你們分解〻〻誰知探春早使個眼色與侍書出去了這裡正這話忽
見平兒進來寶琴拍手笑說道三姐〻〻敢是有驅神召將的符術代玉
笑道這到不是道家玄術到是用兵最精的所謂守如處女脫如
狡兔出其不備之妙策也二人取笑寶釵便使眼色與之令其不可遂以
別話岔開探春見平兒來了遂問你奶〻可好些了真是病糊塗了
事〻都不心上吽我們受這樣的委曲平兒忙道姑娘怎麼委曲誰敢
給姑娘氣受姑受快吩咐我當時住兒媳婦兒方慌了手腳遂上來赶
着平兒吽姑娘坐下讓我說原故聽平兒正色道姑娘這里說話也有
的我話羞口礼的你但凡知的只該在外頭伺候不吽你進不來的
地方有外頭的媳婦子們無故到姑娘們房里來的繡橘道你不

知我們这屋里是没礼的誰愛來就來平兒道都是你門的不是姑娘好
性兒的們就該打出去然後再回太〻是才是去來媳婦兒見平兒出了
言紅了臉方退出去探春接着道我且告訴你若是便人得罪了我到
还去了如今那住兒媳婦和他婆〻伏着是媽〻又聽着二姐〻好性如
此这般私自拿了首飾去賭錢而且不捏造假脹妙算威逼着还要去
討情和这兩個丫頭在臥房里大嚷大吽二姐〻竟不能轄治所以我看
不故才請的來問一声还是他原是天外的事不知道理还是誰主使
他如此先把二姐〻制伏然後就要治我和私姑娘了平兒忙陪笑道
俗語說的物傷其類齒竭唇亡我自然有些驚心平兒道若論
此事还不是大事極好處但他現是姑娘的奶嫂據姑娘怎麽樣

為是當下迎春只合宝釵閱感應篇故事究竟連探春之語亦不曾聞得忽見平兒如此說仍笑道問我我也沒什麼法子他們的不時自作自受我也不能討情我也不去苛責就是了至於私自拿去的東西送來我收下不送來我也不要了太太們要問我可也隱瞞遮飾過去是他的造化若瞞不住我也沒法有個為他們反欺枉太太們的理少不得直說你們若說我好性兒沒個決個決斷竟有好主意可以八便周全不使太太們生氣任憑你們處治我總不知道家人听了都好笑起來代玉笑道真是虎狼屯於階陛尚談因果若使二姐姐是個男人這一家上下若許人又如此裁治太們迎春笑道正是多少男人尚如此何況我哉一語未了只見又有一人道來正不知道是那個且听下回分解

（清）曹雪芹 著

脂硯齋重評石頭記庚辰本

第五册

國家圖書館出版社

第五册目録

石頭記

櫳翠庵茶品梅花雪　怡紅院劫遇母蝗蟲

蘅蕪君蘭言解疑癖　瀟湘子雅謔補餘香

閒取樂偶攢金慶壽　不了情暫撮土為香

變生不測鳳姐潑醋　喜出望外平兒理粧

金蘭契互剖金蘭語　風雨夕悶製風雨詞

尷尬人難免尷尬事　夗央女誓絕夗央女侶

獃霸王調情遭苦打　冷郎君懼禍走他鄉

濫情人情誤思遊藝　慕雅女雅集苦吟詩

瑠璃世界白雪紅梅　脂粉香娃割腥啖羶

蘆雪广爭聯即景詩　暖香塢創製灯謎春

第四十一回至五十回

脂硯齋凡四閱評過

庚辰秋月定本

脂硯齋重評石頭記

此回櫳翠品茶怡紅遇劫蓋妙玉雖以清淨無為自守而怪潔之癖未免有過老嫗只汚得一盃見而勿用豈似玉兄日享洪福竟至無以復加而不自知故老嫗眠其床卧其席酒屁燻其屋却被人襲遮過則仍用其床其蓆其屋亦作者特為轉眼不知身後事寫來作戒紈袴公子可不慎哉

脂硯齋重評石頭記卷之

第四十一回

櫳翠菴茶品梅花雪　怡紅院刦遇母蝗蟲

話說劉姥姥兩隻手比着說道花兒落了結個大倭瓜衆人聽了鬨堂大笑起來於是吃過門杯因又逗趣笑道實告訴說罷我的手脚子粗笨又歛了酒仔細失手打了這磁杯有木頭的酒杯取个子來我便失了手掉了地下也無碍衆人聽了又笑起來鳳姐兒聽如此說便忙笑道果真要木頭的我就取了來可有一句先說下這木頭的可比不得磁的他都是一套定要吃遍一套方使得劉姥姥聽了心下敁敠道我方才不過是趣話取笑兒誰知他果真竟有我時常在村庄鄉紳大家也赴過席金杯銀杯倒都也見過從來沒見有木頭杯之

說哦是了想必是小孩子們使的木碗兒不過誆我多喫兩碗別管他橫豎这酒蜜水兒似的多喫點子也無妨（為登廁伏脉）想畢便說取来再商量鳳姐乃命豐兒到前面裡間屋書架子上有十个竹根套杯取来豐兒聽了答應才要去鴛鴦笑道我知道你这十个杯還小况且你才說是木頭的这會子又拿了竹根子的来到不好看不如把我們那里的黃楊根整摳的十个大套杯拿来灌他十下子鳳姐兒笑道更好了鴛鴦果命人取来劉姥姥一看又驚又喜驚的是一連十个挨次大小分下来那大的足似个小盆子第十个極小的還有手里的杯子兩个大喜的是雕鏤奇絕一色山水樹木人物並有草字以及圖印因忙說道拿了那小的来就是了怎庅这樣多鳳姐兒笑道这个杯沒有喫一个的理我們家因沒有这大酒量的人所以沒人敢使他姥姥既要好容易尋了出来

必定要挨次吃一遍纔使得劉姥〻唬的忙道這个不敢好姑奶〻饒了我罷
賈母薛姨媽王夫人知道他年上了紀的人禁不起忙笑道說是說笑是笑不可多
吃了只吃這頭一杯罷劉姥〻道阿弥陀佛我還是小杯吃罷把這大杯收着
我帶了家去慢〻的吃罷說的衆人又笑起来鴛鴦無法只得命人滿斟了一
大杯劉姥〻兩手捧着歛賈母薛姨媽都道慢些不要嗆了薛姨媽又命鳳姐
兒佈了菜来鳳姐笑道姥〻要吃什庅說出名兒来我搛了喂你劉姥〻道我知道
什庅名兒樣〻都是好的賈母笑道你把茄鮝搛些喂他鳳姐兒听說依言搛
些〻茄鮝送入刘姥〻口中因笑道你們天〻吃茄子也嚐〻我們的茄子弄的
可口不可口劉姥〻笑道别哄我了茄子跑出這个味兒来了我們也
不用種粮食只種茄子了衆人笑道真〻是茄子我们再不哄你刘姥〻詫意道

真是茄子我白吃了半日姑奶〻再喂我些〻這一口細嚼〻鳳姐兒来又搛了些
放入口内劉姥〻細嚼了半日笑道雖有一點〻茄子香只是還不像是茄子告
訴我是个什庅法子弄的我也弄着吃去鳳姐兒笑道這也不難你把纔下来
的茄子把皮刴了只要淨肉切成碎釘子用雞油炸了再用鷄脯子肉並香菌
新笋蘑菰五香腐乾各色乾果子俱切成釘子用鷄湯煨乾將香油一收外加
糟油一拌盛在磁罐子里封嚴要吃時拿出来用炒的鷄爪一拌就是劉姥〻
听了摇頭吐舌説道我的佛祖到得十来支鷄来配他怪道這个味兒一面説
笑一面慢〻的吃完了酒還只管細玩那杯鳳姐笑道還是不足興再吃一杯罷
刘姥〻忙道了不得那就醉死了我因為爱這樣範虧他怎庅作了鸳鸯
笑道酒吃完了到底這杯子是什庅木頭的劉姥〻笑道怨不得姑娘不認得

你們在這金門綉戶的如何認得木頭我们成日家和樹林子作街坊困了枕着他睡乏了靠着他坐荒年閙餓了還吃他眼睛裏天〻見他耳朵裡天〻聽他口兒裡天〻講他所以好歹真假我是認得的讓我認一認一面說一面細〻端詳了半日道你们這樣人家斷沒有那賤東西那容易得的木頭你们也不收着了我掂着這杯体重斷乎不是楊木這一定是黄松的衆人听了鬨堂大笑起来只見一个婆子走来請問賈母說姑娘們都到了藕香榭請示下就演罷還是再等一回〔会〕子賈母忙笑道可是倒忘了他们就吽他们演罷那个婆子答應去了不一時只聽得簫管悠揚笙笛并發正值鳳〔風〕清氣爽之時那樂聲穿林度水而来自然使人神移心曠寶玉先禁不住拿起壺来斟了一杯一口飲盡復又斟上才要飲只見王夫人也要飲命人換煖酒寳玉連忙将自己的杯

捧了過来送到王夫人口邊妙極忽寫宝玉如此便是天地間母子之至情至性獻芹之民之意令人酸鼻王夫人便就他手内吃了兩口一時煖酒来了寶玉仍歸舊坐王夫人提了煖壷下席来衆人皆都出了席薛姨媽也立起来賈母忙命李鳳二人接過壷来讓你姑媽坐了大家纔便王夫人見如此説方将壷提與鳳姐自巳歸坐賈母笑道大家吃上兩杯今日自寔有趣説着擎杯讓薛姨媽又向湘雲宝釵道你姐妹兩个也吃一杯你妹〃雖不大會吃也别饒他省自巳巳乾了湘雲宝釵代玉也都乾了當下劉姥〃听見這般音樂且又有了酒越發喜的手舞足蹈起来宝玉因下席過来向代玉笑道你瞧刘老〃的樣子代玉笑道當日聖樂一奏百獸率舞如今纔一牛耳衆姐妹都笑了須臾樂止薛姨媽出席笑道大家的酒想也都有了且出去散〃再坐罷賈母也正要散〃於是大

家出席都随着賈母遊玩賈母因要帶着刘老〻散悶遂携了刘姥〻至山前
樹下盤桓了半晌又說與他这是什庅樹这是什庅石这是什庅花刘姥〻一
一的領會又向賈母道誰知城裡不但人尊貴連雀兒也是尊貴的偏这雀兒
到了你们这里他也变俊了也會說話了衆人不解因問什庅雀兒变俊了會
講話刘姥〻道那廊下金架子上站的緑毛紅嘴是鸚哥兒我是認得的那籠
子裡黑老鴰子怎〻又長出鳳頭来也會說話呢衆人听了都笑將起来一時
只見丫環们来請用點心賈母道吃了两杯酒到也不餓也罷就拿了这裡来
大家隨便吃些罷丫環便去抬了兩張几来又端了兩个小捧盒揭開看時每
个盒內兩樣这盒內一樣是藕粉桂糖糕一樣是松穰鵞油捲那盒內一樣
是一寸来大的小餃兒賈母因問什庅餡兒婆子們忙回是螃蟹的賈母

聽了皺眉說这油膩膩的誰吃这个那一樣是奶油炸的各色小麵果也不喜歡因讓薛姨媽吃薛姨媽只揀了一塊糕賈母揀了一个捲子只嚐了一嚐剩的半個遞與了環了刘姥姥因見那小麵菓子都玲瓏剔透便揀了一朵牡丹花樣的笑道我们那里最巧的姐兒们也不能鉸出这麼个紙的来我又愛吃又捨不得吃包些家去給他们做花樣子去到好衆人都笑了賈母道家去我送你一罈子你先趂熱吃这个罷别人不過揀各人愛吃的一兩點就罷了刘姥姥原不曾吃過这些東西且都作的小巧不顯盤堆的他和板兒每樣吃了些就去了半盤子剩的鳳姐又命攢了兩盤並一个攢盒與文官等吃去忽見奶子抱了大姐兒来大家哄他頑了一會那大姐兒因抱着一个大柚子頑的忽見板兒抱

有一个佛手便也要佛手小児常情遂成千里伏線了環哄他取去大姐児等不得便哭了衆人忙把柚子與了板児将板児的佛手哄過来與他綫罷那板児因頑了半日佛手此刻又两手抓着些〻果子吃又忽見这柚子又香又圓更覺好頑且當毬踢着頑去也就不要佛手了柚子即今香團之属也應與緣通佛手者正指迷津者也以小兒之戲暗透前後通部脉絡隱〻約〻毫無一絲漏洩豈獨為刘姥〻之俚言博笑而有此一大回文字哉當下賈母等吃過茶又帶了刘姥〻至攏翠菴来妙玉忙接了進去至院中見花木繁盛賈母笑道到底是他们修行的人沒事常〻修理比别處越發好看一面說一面便往東禅堂来妙玉笑往裡讓賈母道我们才都吃了酒肉你这裡頭有菩薩冲了罪過我们这里坐〻把你的好茶拿来我们吃一杯就去了妙玉听了忙去烹了茶来宝玉留神看他是怎庅行事只見妙玉親自捧了一个海棠花式雕漆填金雲龍獻

壽的小茶盤裡面放一个成窰五彩小蓋鐘捧與賈母賈母道我不吃六安茶妙玉笑說知道这是老君眉賈母接了又問是什庅水妙玉笑回是舊年蠲的雨水賈母便吃了半盞便笑着遞與劉姥々說你嚐々这个茶刘姥々便一口吃盡笑道好是好就是淡些々再熬濃些々更好了賈母衆人都笑起来然後衆人都是一色官窰脫胎填白蓋碗那妙玉便把寶釵和代玉的衣襟一拉二人隨他出去寶玉悄々的隨後跟了来只見妙玉讓他二人在耳房内宝釵坐在榻上代玉便坐在妙玉的蒲團上妙玉自向風爐上煽滚了水另泡一壺茶宝玉便走了進来笑道偏你们吃梯已茶呢二人都笑道你又赶了来餮茶吃这里並沒你的妙玉剛要去取杯只見道婆收了上面的茶盞来妙玉忙命将那成窰的茶杯別收了擱在外頭去罷宝玉會意知為刘姥々吃了他嫌腌臟不要了又

見妙玉另拿出兩支杯來一个傍邊有一耳杯上鐫着𤓰瓟斝三個隸字後有一行小真字是晉王愷珍玩又有宋元豐五年四月眉山蘇軾見于秘府一行小字妙玉便斟了一斝遞與寶釵那一支形似鉢而小也有三个垂珠篆字鐫着杏犀𪾔妙玉斟了一𪾔與黛玉仍將前番自己常日吃茶的那支綠玉斗來斟與寶玉寶玉笑道常言世法平等他兩个就用那樣古玩奇珍我就是个俗器了妙玉道這是俗器不是我說狂話只怕你家里未必找的出這庅一个俗器來呢寶玉笑道俗說隨鄉入鄉到了你這里自然把那金玉珠寶一槩貶為俗器了妙玉聽如此說十分歡喜遂又尋出一支九曲十環一百二十節蟠虬整雕竹根的一个大𥁋出來笑道就剩了這一个你可吃的了這一海寶玉喜的忙道吃的了妙玉笑道你雖吃的了也沒些茶遭塌 茶下遭塌二字成窯杯已不屑再要妙玉真清潔高雅然

亦怪譎孤僻甚矣寔有此等人物但罕耳
豈不聞一杯為品二杯即是解渴的蠢物三杯便是飲牛飲騾了你吃這一海便成什庅說的寶釵代玉寶玉都笑了妙玉執壺只向海內斟了約有一杯寶玉細細吃了果覺輕浮無比賞讚不絕妙玉正色道你這遭吃的茶是托他兩個福獨你來了我是不給你吃的寶玉笑道我深知道的我也不領你的情只謝他二人便是了妙玉聽了方說這話明白代玉因問這也是舊年的雨水妙玉冷笑道你這庅個人竟是大俗人連水也嘗不出來這是五年前我在玄墓蟠香寺住着收的梅花上的雪共得了那一鬼臉青的花甕一甕總捨不得吃埋在地下今年夏天纔開了我只吃過一回這是第二回了你怎庅嘗不出來隔年蠲的雨水那有這樣輕浮如何吃得代玉知他天性怪僻不好多話亦不好多坐吃完茶便約着寶釵走了出

来宝玉和妙玉陪笑道那茶杯雖然髒了白撂了豈不可惜依我說不如就給
那貧婆子罷他賣了也可以度日你道可使得妙玉听了想了一想點頭說道
這也罷了幸而那杯子是我沒吃過的我就砸碎了也不能給他你要給他我
也不管你只交給你快拿了去罷宝玉笑道自然如此你那里和他說話授受
去越發連你也髒了只交與我就是了妙玉便命人拿來遞與宝玉宝玉接了
又道等我們出去了我叫几个小么兒来河里打几桶水来洗地如何妙玉笑
道這更好了只是你嘱咐他們抬了水只搁在山門外頭墻根下別進門来宝
玉道這是自然的說着便袖着那杯遞與賈母房中小丫頭拿着說明日刘姥
姥家去給他帯去罷交代明白賈母已經出来要回去妙玉亦不甚留送出山
門回身便將門閉了不在話下且說賈母因覺身上乏倦便命王夫人和迎春

姊妹陪了薛姨媽去吃酒自已便往稻香村來歇息鳳姐忙命人將小竹椅子抬來賈母坐上兩个婆子抬起鳳姐李紈和衆了環婆子圍隨着去了不在話下這里薛姨媽也就辭出王夫人打發文官等出去將攢盒散與衆了環們吃去自已便也乘空歇着隨便歪在方纔賈母坐的榻上命一个小了頭放下簾子來又命他搥着腿吩咐他老太太那里有信你就叫我說着也歪着睡着了寶玉湘雲等看着了環们將攢盒擱在山石上也有坐在山石上的也有坐在草地下的也有靠着樹的也有傍着水的倒也十分熱鬧一時又見鴛鴦來了要帶着刘姥姥各處去逛衆人也都赶着取笑一時來至省親別墅的牌坊底下刘姥姥道噯呀這里還有个大廟呢說着便爬下磕頭衆人笑彎了腰刘姥姥道笑什麽這牌樓上字我都認得我们那里這樣的廟宇最多都是這樣的牌

坊那字就是廟的名字衆人笑道你認得這是什庅廟刘姥〻便抬頭指那字
道這不是玉皇寶殿四字衆人笑的拍手打脚還有拿他取笑刘姥〻覺得腹
内一陣亂響忙的拉着一个小丫頭要了两張紙就觧衣衆人又是笑又忙喝
他這里使不得忙命一个婆子帶了東北上去了那婆子指與地方便樂得走
開去歇息那刘姥〻因喝了些酒他脾氣不與黄酒相宜且吃了許多油膩飲
食發渴多歠了几碗茶不免通瀉起来蹲了半日方完及出厠来酒被風禁且
年邁之人蹲了半天忽一起身只覺得眼花頭眩辨不出路徑四顧一望皆是
樹木山石楼臺房舍却不知那一處是往那里去的了只得認着一條石子路慢
慢的走来及至到了房舍跟前又找不着門再找了半日忽見一帶竹籬刘姥
〻心中自忖道這里也有扁豆架子一面想一面順着花障兒走了来得了一个

月洞門進去只見迎面忽有一帶水池只有七八尺寬石頭砌〔的〕岸裡面碧瀏清
水〔流〕往那邊去了上面有一塊白石横架在上面刘姥〻便度石過去順着石子
甬路走去轉了兩个湾子只見有一房門于是進了房門只見迎面一个女孩
兒滿面迎〔是〕笑迎了出来刘姥〻忙笑道姑娘们把我丢下来了要我磞頭磞到
這里来說了只覺那女孩兒不答刘姥〻便赶来拉他的手咕咚一聲便撞到
板壁上把頭磞的生疼細瞧了一瞧原来是[illegible]畫兒刘姥〻自忖道原来畫兒
有這樣活凸出来的一面想一面看一面又用手摸去却是一色平的點頭嘆
了兩聲一轉身方得了一个小門門上掛有葱緑撒花軟幭〔簾〕刘姥〻掀簾進去
抬頭一看只見四面墻壁玲瓏剔透琴劍瓶鑪皆貼在墻上錦籠紗罩金彩珠
光連地下踹的磚皆是碧緑鑿花竟越發把眼花了找門出去那〔里〕有門左一架

書右一架屏剛從屏後得了一門轉去只見他親家母也從外面迎了進来刘姥〻詫意忙問道你想是見我這几日沒家去虧你找我来那一位姑娘帶你進来的他親家只是笑不還言刘姥〻笑道你好沒見識面見這園裡的花好你就沒死活帶了一頭他親家也不答便心下忽然想起常听見說大富貴人家有一種穿衣鏡這别是我的影兒在鏡子裡頭呢罷說畢伸手一摸再細一看可不是四面雕空紫檀板壁将鏡子嵌在中間因說這已經攔住如何走出去呢一面說一面只管用手摸這鏡子原是西洋机括可以開合不意刘姥〻乱摸之間其力巧合便撞開消息掩過鏡子露出門来刘姥〻又驚又喜邁步出来忽見有一副最精緻的床帳他此時又帶了七八分醉又走乏了便一屁股坐在床上只說歇〻不承望身不由己前仰後合的朦朧着兩眼一歪身就睡熟在床上且

說衆人等他不見板兒沒見了他姥〻急的哭了衆人都笑道别是弔在茅廁里了快叫人去瞧〻〻因命兩个婆子去找回来說沒有衆人各處搜尋不見襲人敠其道路是他醉了迷了路順着這一條路往我們後院子里去了若進了花障子到後房門進去雖然碻頭還有小了頭們知道若不進去花障子再往西南上去若繞出去還好若繞不出去可殼他繞回子好的我且瞧〻去一面想一面回来進了怡紅院便叫人誰知那几个房子里小了頭已偷空頑去了襲人一直進了房門轉過集錦槅子就聽的鼾齁如雷忙進来只聞見酒屁臭氣滿屋一瞧只見刘姥〻扎手舞脚的仰卧在床上襲人這一驚不小慌忙趕上来将他沒死活的推醒那刘姥〻驚醒睜眼見了襲人連忙爬起来道姑娘我失錯了並沒弄臟了床帳一面說一面用手去担襲人恐驚動了人被宝玉知

道了只向他摇手不叫他説話忙将鼎内貯了三四把合香仍用罩子罩上些〻須收拾收拾所喜不曾嘔吐忙悄〻的笑道不相干有我呢你随我出来刘姥〻赶了襲人出至小丫頭们房中命他坐了向他説道你説醉倒山子石上打了个盹耳刘姥〻答應知道又與他两碗茶吃方覺酒醒了因問道這是那个小姐的綉房這樣精致我就像到了天宫裡的一樣襲人微〻笑道這个麽是宝二爺的卧室那刘姥〻嚇的不敢作聲襲人帶他從前面出去見了衆人只説他在草地下睡熱了帶了他来的衆人都不理會也就罷了一時賈母醒了就在稻香村擺晚飯賈母因覺懶〻的也不吃飯便坐了竹椅小敞轎回至房中歇息命鳳姐兒等去吃飯他姊妹方復進園来要知端的

脂硯齋重評石頭記

釵玉名雖二个人却一身此幻筆也今書至三十八回時已過三分之一有餘故寫是回使二人合而爲一請看代玉逝後寶釵之文字便知余言不謬矣

脂硯齋重評石頭記卷之

第四十二回

蘅蕪君蘭言解疑癖　瀟湘子雅謔補餘香

話說他姊妹復進園來吃過飯大家散出都無別話且說劉姥〻帶着板兒先来見鳳姐兒說明日一早定要家去了雖住了两三天日却不多把古往今来沒見過的沒吃過的沒聽見過的都經驗了難得老太〻和姑奶〻並那些〻小姐们連各房裡的姑娘们都這樣憐貧惜老照看我我這一回去後沒別的報答惟有請些高香天〻給你们念佛保佑你们長命百歲的就筭我的了鳳姐兒笑道你別喜歡都是為你老太〻也被風吹病了睡着說不好過我们大姐兒也着了凉在那里發熱呢劉姥〻听了忙嘆道老太〻有年紀

的不慣十分勞乏的鳯姐兒道從来沒像昨兒高興往常進也園子狂去不過
到一二處坐々就来了昨兒因爲你在這里要叫你逛々一个園子到走了多半
个大姐兒因爲找我去太々遞了一塊給他誰知風地里吃了就發起热来刘
姥々道小姐兒只怕不大進園子生地方兒小人兒家原不該去比不得我们
的孩子會走了个坟圈子里不跑去一則風撲了也是有的二則只怕他身上
干淨眼睛又淨或是遇見什庅神了依我說給他瞧々祟書本子仔細撞客着
了一語提醒了鳯姐兒便叫平兒拿出玉匣紀着彩明来念彩明翻了一回
念道八月二十五日病者在東南方得遇花神用五色紙錢四十張向東南方
四十步送之大吉鳯姐兒笑道果然不錯園子裡頭可不是花神只怕老太々
也是遇見了一面命人請兩分錢紙来着兩个人来一个與賈母送祟一个與

大姐兒送祟果見大姐兒安穩睡了〔些着〕豈真送了就安穩哉蓋婦人之心意皆如此即不送豈有一夜不睡之理作者正描愚人之見耳

鳳姐兒笑道到底是你們有年紀的經〔人〕歷的多我這大姐兒時常肯病也不知是个什麼原故刘姥姥道這也有的事富貴人家養的孩子多太〔有〕嬌嫩〔的〕自然禁不得一些些兒委曲再他小人兒家過于尊貴了也禁不起已後姑奶奶少疼他些就好了鳳姐兒道這也有理我想起来他還沒个名字你就給他起个名字一則借借你的壽二則你們是庄家人不怕你惱到底〔些我們〕貧苦些你貧苦人起个名字只怕壓的住他一篇愚婦無理之談寔是世間必有之事刘姥姥听說便想了一想笑道不知他几時生的鳳姐兒道正是生日的日子不好呢可巧是七月初柒〔七〕日刘姥姥忙笑道這个正好就叫他是巧哥兒這叫作〔做〕以毒攻毒以火攻火的法子姑奶奶定要依我這名字他必長命百歲日後大了各人成家立業或一時有不

遂心的事必然是遇難成祥逢凶化吉却從這巧字上来鳳姐兒听了自是歡

喜忙道謝又笑道只保佑他應了你的話就好了說着叫平兒来吩咐道明兒〻

偺们有事恐怕不得閒兒你這空兒把送姥〻的東西打點他明兒一早就好

走的便宜了刘姥〻忙說不敢多破費了已徑遭擾了几日又拿着越發心

里不安越来鳳姐兒道也沒有什麼不過隨常的東西好也罷歹也罷帶

了去你们街坊鄰舍看着也熱鬧些〻也是上城一次只見平兒走来說姥

〻過這邊瞧〻刘姥〻忙越了平兒到那邊屋裡只見堆着半炕東西平

兒一〻的拿與他瞧着說道這是昨日你要的青紗一疋奶〻另外送

你一个實地子月白紗作裡子這是兩个繭紬作襖兒裙子都好這包

袱裡是兩疋紬子年下做件衣裳穿這是一盒子各樣内造點心也有你

吃過的也有沒[你]吃過的拿去擺碟子請客比你们買的強些這兩條口袋
是你昨日裝瓜菓子來的如今這一个裡頭裝了兩斗御田稉米熬粥是
難得的這一條里頭是園子里菓子和各樣干菓子這一包是八兩銀子
這都是我们奶ニ[給你]的這兩包每包里頭五十兩共是一百兩是太ニ給的[你]叫
你拿去或者作个小本[兒]買賣或者置几畝地已[以]後再别求親靠友的說着
又悄ニ笑道這兩件襖兒和兩條裙子還有四塊包頭一包絨線可是我送姥
ニ的衣裳雖是旧的我也不[沒]大狠穿[過]你要棄嫌我就不敢說了平兒說一樣
刘姥ニ就念一句佛已經念了几千聲佛了又見平兒也送他這些東西又
如此謙遜忙念佛道姑娘說那里話這樣好東西我還棄嫌我便有銀子也
沒處去買這樣的呢只是我怪燥的收了又不好不收又辜負了姑娘的心

平兒笑道休說外話偺们都是自已我總這樣你放心收了罷我還和你要東西吃到年下你只把你们晒的那个灰條菜根子和豇扁豆茄子葫芦條兒各樣乾菜帶些我们這里工工下下都愛吃个就算了别的一槩不要别罔費了心刘姥姥千恩萬謝答應了平兒道你只管睡你的去我替你收拾妥當了就放在這里明兒一早打發小厮们僱輛車裝上不用你費一點心的刘姥姥越發感激不盡過来又千恩萬謝的辞了鳳姐兒過賈母這一邊睡了一夜次早梳洗了就要告辞因賈母欠安衆人都過来請安出去傳請大夫一時婆子回大夫来了老嬤嬤請賈母進幔子去坐賈母道我也老了那里養不出那阿物兒来還怕他不成不要放幔子就這樣瞧罷衆婆子听了便拿過一張小桌来放下

一个小枕頭便命人請一時只見賈珍賈璉賈蓉三个人将王太醫領来
王太醫不敢走甬路只走傍階跟着賈珍到了階磯上早有兩个婆子在
兩邊打起簾子兩个婆子在前導引進去又見宝玉迎了出来只見賈母
穿着青縐紬一斗珠的羊皮褂子端坐在榻上兩邊四个未留頭的小
丫環都拿着蠅帚漱盂等物又有五六个老嬤〻雁翅擺在兩傍碧紗
厨後隱〻約〻有許多穿紅着緑戴宝簪珠的人王太醫便不敢抬頭
忙上来請了安賈母見他穿着六品服色便知御醫了也便含笑問供
奉好因問賈珍這位供奉貴姓賈珍等忙回姓王賈母道當日太醫
院正堂王君效好脉息王太醫忙躬身低頭含笑回說那是晚〻生
家叔祖賈母听了笑道原来這樣也是世交了一面說一面慢〻的伸

手放在小枕上老嬤〻端着一張小杌連忙放在小桌前畧偏些〻王太醫便
屈一膝坐下歪着頭胗了半日又胗了那隻手忙欠身低頭退出賈母笑
說勞動了珍兒讓出去好生看茶賈珍賈璉等忙答了几个是復領王
太醫出到外書房中王太醫說太夫人並無別症偶感一點風凉究竟不用
吃藥不過畧清淡些〻煖着一點兒就好了如今寫个方子在這里若老人家
愛吃便按方煎一劑吃若懶待吃也就罷了說着吃過茶寫了方子剛要
告辭只見奶子抱了大姐兒出來笑說王老爺也瞧〻我们王太醫听說
忙起身就奶子懷中左手托着大姐兒的手右手胗了一胗又摸了一摸
頭又叫伸出舌頭來瞧〻笑道我說姐兒又罵我了只是要清〻淨〻的
餓兩頓就好了不必吃煎藥我送丸藥来臨睡時用薑湯研開吃下去

就是了說畢作辭而去賈珍等拿了藥方来回明賈母原故將藥方放在
桌上出去不在話下這里王夫人和李紈鳳姐兒宝釵姊妹等見大夫出去
方從橱後出来王夫人畧坐一坐也回房去了刘姥々見無事方上来和賈母
告辭賈母說閑了再来又命鴛鴦来好生打發刘姥々出去我身上不好
不能送你刘姥々道了謝又作辭方同鴛鴦出来到了下房夗央指炕上
一个包袱說道這是老太々的几件衣服都是往年間生日節下衆人孝
敬的老太々從不穿人家做的收着也可惜却是一次也沒穿過的昨日
吽我拿出两套兒送你帶去或是送人或是自己家裡穿罷别見笑這盒
子裡是你要的麵果子這包子里是你前兒說的藥梅花點舌丹也有紫
金錠也有活絡丹也有催生保命丹也有每一樣是一張方子包着總包在

裡頭了這是兩个荷包代着須罷說着便抽繫子掏出兩个筆錠如意的錁子来給他瞧又笑道荷包拿去這个留下給我罷刘姥〻已意出望外早又念了几千聲佛听死央如此說便說道姑娘只管留下罷死央見他信以為真仍與他裝工笑道哄你須呢我有好些〻呢留着年下給小孩子们罷說着只見一个小了頭拿了个成窑鍾子来遞與刘姥〻〻這是宝二爺給你的刘姥〻道這是那里說起我那一世修了来的今兒這樣說着便接了過来死央道前兒我叫你洗澡換的衣裳是我的你不棄嫌我還有几件也送你罷刘姥〻又忙道謝死央果然又拿出兩件来與他包好刘姥〻又要到園中辞謝宝玉和衆姊妹王夫人等去死央道不用去了他们這回子也不見人回来我替你說罷閑了再来又命

了一个老婆子吩咐他二門上呌兩个小厮来帮着姥〻拿了東西送出去婆子答應了又和刘姥〻到了鳳姐兒那邊一併拿了東西在角門上命小厮們搬了出去直送刘姥〻上車去了不在話下且說寶釵等吃過早飯又往賈母處問過安回園至分路之處宝釵便呌代玉道顰兒跟我来有一句話(要)問你代玉便同了宝釵来至蘅蕪院中進了房(屋子)宝釵便坐了(下)笑道我(你)跪下我要審你代玉不解何故因笑道你瞧(这)宝了頭瘋(可)了審問我什庅宝釵冷笑道好个千金小姐好个不出閨門的女孩兒滿嘴說的是什庅你只實說便罷代玉不觧只管發笑心里也不免疑惑起来口裡只說我何曾說什庅你不過要捏我的錯耳(兒)罷了你到說出来我听〻宝釵笑道你還装憨耳(兒)昨兒行酒令你說的是什庅我竟不知那(是)里来(个上頭)的代玉一想方想起来昨兒失於檢

點那牡丹亭西廂紀(記)說了兩句不覺紅了臉便上来摟着宝釵笑道好姐〃原是我不知道隨口說的你交給我再不說了宝釵笑道我也不知道所你說的怪生的所以請教你代玉道好姐〃你別說與別人我已(以)後再不說了宝釵見他羞得滿臉飛紅滿口央告便不肯再往下追(向)因拉他坐下吃茶款〃的告訴他道你當我是(个)淘氣的從小七八歲上也勾个人纏的我们家也筭是个讀書人家祖父手裡也愛藏書先時人口多姊妹弟兄都在一處都怕看正(經)書弟兄们也有要(愛)詩的也有愛詞的諸如這些西廂琵琶以及元人百種無所不有他们是偷〃(的)背着我们看我们却也偷〃(兒的)背着他们看後来大人知道了打的打罵的罵燒的燒丢開了所以咱們女孩兒家不認(得)字的倒好男人们讀書不明理尚且不如不讀書的好

何况你我就連作詩寫字等事這原不是你我分内之事究竟也不是男人
分内之事男人们讀書明理輔國治民這便好了只是如今並不听見有這
樣的人讀了書倒更坏了這是書悮了他可惜他也把書遭塌了所以竟
不如耕讀買賣倒没有什麽大害處你我只該做些針黹紡績的事纔是
是偏又認得了字既認得了字不過揀那正經的看也罷了最怕見了這些
些雜書移了性情就不可救了一席話說的代玉垂頭吃茶心下暗伏只有
答應是的一字忽見素雲進来說我们奶奶請二位姑娘商議要緊的事呢
二姑娘三姑娘四姑娘史姑娘宝二爺都在那里等着呢宝釵道又是什麽事
代玉道偺们到了那里就知道了說着便和宝釵往稲香村来果見衆人
都在那里李紈見了他兩个笑道社還没起就有脫滑兒的了四丫頭要告

一年的假呢代玉笑道都是老太〻昨兒一句話又吽他畫什庅園子圖兒
惹得他樂得告假了(吠)探春笑道也別要怪老太〻都是(那个)刘姥〻一句話林
代玉忙笑道可是呢都是他一句話他是那一門子的姥〻直吽他是个母
蝗虫就是了說着大家都笑起来宝釵笑道世工的話到了鳳丫頭嘴
裡也就盡(情)了幸而鳳丫頭不認得字不大通不過一槩是市俗取笑更有
顰兒這促(侠)刼嘴他用春秋的(筆)法子(將)市俗的粗話撮其(要)删其繁再加潤色比方
出来一句是一句這母蝗虫三字把昨兒那些形景都現出来了虧他想的
到也快衆人听了都笑道你這一註解也就不在他兩个以下李紈道我
請你们大家商議給他多少日子的(呢)我給了他一个月他嫌少你们怎庅
說代玉道論理一年也不多這園子蓋纔蓋了一年如今要畫自然(也)得

二年工夫呢又要研墨又要蘸筆又要鋪紙又要着顏色又要剛說到怎樣代玉也自已拿不住笑道又要照着這樣兒慢慢的畫可不得二年的工夫衆人听了都拍手笑个不住笑道又要照着這个慢慢的畫這落後一句最妙所以昨兒那些笑話兒雖然可笑回想是沒味的你们細想顰兒這几句話雖是淡的回想却有滋味我倒笑的動不得了看他刘姥姥笑後復一笑亦想不到之文也听宝卿之評亦千古定論惜春道都是宝姐姐讚的他越發逞強這會子拿我也取笑兒代玉忙拉他笑道我且問你還是单畫這園子呢還是連我们衆人都畫在上頭呢惜春道原說只畫這園子的昨兒老太太又說单畫了園子成个房樣子了叫連人都畫上就像行樂似的纔好我又不會這工細樓臺又不會畫人物又不好駁回正為這个為難呢代玉道人物還容易你草虫上不能李紈道你又說不通的話

了這个上頭那里又用的着草虫或者翎毛倒要点綴一兩樣代玉笑道别的草虫不画罷了昨兒母蝗虫不画上豈不缺了典衆人听了又都笑起来代玉一面笑的兩手捧着胸口一面說道你快画罷我連題跋都有了起个名字就呌作携蝗大嚼圖衆人听了越發閧然大笑前仰後合只听咕咚一聲响不知什麽倒了急忙看時原来是湘雲伏在椅子背後那椅子原不曾放稳被他全身伏着背子大笑他又不提防兩下里錯了勁向東一歪連人帶椅都歪倒了幸有板壁檔住不曾落地衆人一見越發笑个不住宝玉忙赶上去扶了起来方漸漸止了笑宝玉和代玉使个眼色兒代玉會意便走至裡間將鏡袱揭起照了一照只見兩鬢略鬆了些忙開李紈的粧奩拿出抿子来對鏡抿了抿仍就收拾好了方出来指着李紈道這是呌你帶着我们作針線都你反招我们来

大頑大笑的李紈笑道你们聽他這刁話他領着頭兒閙引着人笑了倒賴我
的不是真〻恨的我只保佑着明兒你得一个利害婆〻再得几个千刁萬惡
的大姑子小姑子試〻你那會子還這麼刁不刁了林代玉早紅了臉拉着
宝釵說偺們放他一年的假罷宝釵道我有一句公道話你们听〻藕了頭
雖會畫不過是几筆寫意如今畫這園子非離了肚子裡頭有几副丘壑的
纔能成畫這園子却是像畫兒一般山石樹木樓閣房屋遠近疏密也不多
也不少恰〻的是這樣你又照樣兒往紙上一畫是必不能討好的這要看
紙的地步遠近該多該少分主分賓該添的要添該減的要減該藏的要
藏該露的要露這一起了稿子再端詳斟酌方成一幅圖樣第二件這些
樓台房舍是必要用界劃的一點不留神欄杆也歪了柱子也塌了門窗

也倒竪過来皆礙也離了縫甚至于桌子擠到墻裡去花盆放在簾子工

来豈不到成了一章（張）笑話兒了第三要插人物也要有疎密有高低衣摺裙帶

手指足步最是要緊（的）一筆不細不是腫了手就是跏了腿染臉撕髮倒是小事

依我看来竟難的狠如今一年的假也太多一（个）月的假也太少竟給他半年的

假再派了寶兄弟幫着他並不是為宝兄弟知道教着他画那就更悮了事

為的是有不知道的或難安插的宝兄弟好拿出去問問那會画的相公

就容易了宝玉听了先喜的説這話極是詹子亮的工細樓臺就極好程

日興的美人是絶技如今就問他们去宝釵道我説你是無事忙説了一

聲你就問去等着商議定了再去如今且拿什庅畫宝玉道家裡有雪

浪紙又大又托墨宝釵冷笑道我説你不中用那雪浪紙寫字画寫意画

兒或是會山水的畫南宋山水托墨禁得皴搜拿了画這个又不托色
又難渲〔烘染〕画也〔掌集〕不好紙也可惜我交你一个法子原先蓋這園子就有一張
細致圖樣雖是近人描的那地步方向是不錯的你和太〻要了出来也
比着那紙〔的〕大小和鳯了頭要一塊重絹叫相公〔們〕攢了叫他照着這圖樣刪補着
立了稿子添了人物就是了就是配這些〻青綠顏色並泥金泥銀也得他
們配去你們也得另爖上風爐子預備化膠出膠洗筆還得一張粉油大案
鋪上氈子你們那些〻碟子也不全筆也不全都得從新再添〔置〕一〔分〕兒纔好惜
春道我何曾有這些〻画器不過隨手寫字〔的〕筆画〻罷了就是顏色只有
赭石廣花籐黃胭脂這四樣再有〔的〕不過是兩支着色筆就完了寶釵道
你不該早說我這些〻東西我却還有只是你也用不着給你也白放着如

令我且替你收着等你用着这个時候我送你些〻也只可留着画扇子若
画這大幅的也就可惜了的今兒替你開个单子照着单子和老太〻要
去你们也未必知道的全我說着宝兄弟寫宝玉早已預备下筆硯了
原怕記不清白要寫了記着听宝釵如此說喜的提起筆来静听宝釵
說道頭号排筆四支二号排筆四支三号排筆四支大染四支中染四支
小染四支大南蟹爪十支小蟹爪十支鬚眉十支大著色二十支小著色二十
支開面十支柳條二十支箭頭硃四兩南赭四兩石黄四兩石青四兩石綠
四兩管黄四兩廣花八兩蛤粉四匣胭脂十斤大赤飛金二百帖青金二百
帖廣勻膠四兩淨礬四兩礬絹的膠礬在外别管他们你只把絹交出
去叫他们礬去這些顏色咱們淘澄飛跌着又頑了又使了包你一倍

子都勾使了再要頂細絹籮四个粗絹籮四个担筆四支大小乳鉢四个大
粗碗二十个五寸粗碟十个三寸粗白碟二十个風爐兩个沙鍋大小四个
新磁罐二口新水桶四支一尺長白布口袋四條浮炭二十斤柳木炭一斤三
屜木箱一个直地紗一丈生薑二兩醬半斤代玉忙道鉄鍋一口鍋鏟一个宝
釵道這作什庅代玉笑道你要生薑和醬這些〻作料我替你要鉄鍋
來好炒顏色吃的衆人都笑起來宝釵笑道你那里知道那粗色碟子
保不住不上火烤不拿薑汁子和醬預先抹在底子上烤過了一徑了大
是要乍的衆人听說都道原来如此代玉又看了一回单子笑着拉探春
悄〻的道你瞧〻画个画兒又要這些〻水缸箱子来了想必他糊塗了把
他的嫁粧单子也寫上了探春嗳了一聲笑个不住說道宝姐〻你還不

掙他的嘴你問〻他編排你的話宝釵笑道不用問狗嘴裡還有象牙不
成一面說一面走〻来把代玉按在炕上便要掙他的臉代玉笑道忙央告
好姐〻饒了我罷顰兒年紀小只知說不知道輕重作姐〻的教道我
姐〻不饒我還求誰去衆人不知話内有因都笑道說的好可憐見的
連我們也軟了饒了他罷宝釵原是和他頑忽听他又拉扯前番說他胡看雜
書的話便不好再和他厮鬧放起他来代玉笑道到底是姐〻要是我再
不饒人的宝釵笑指他道怪不得老太〻疼你衆人愛你伶俐今兒我也
怪疼你的了過来我替你把頭髮籠一籠代玉果然轉過身来宝釵用手
籠上去宝玉在傍看着只覺更好不覺後悔頭里不該令他抿上鬢去也該
留着此時呌他替他抿去正自胡思只見宝釵說道寫完了明兒回老

太〻去若家裡有的就罷若沒有的就拿了些〻錢去買了來我幫着你們配寶玉忙收了单子大家又説了一回閑話至晚飯後又往賈母處來請安賈母原沒有大病不過是勞乏了兼着了些〻涼溫存了一日又吃了一劑藥疎散一疎散至晚也就好了不知次日又有何話且听下回分解

脂硯齋重評石頭記卷之

第四十三回

閒取樂偶攢金慶壽　不了情暫撮土為香

話說王夫人因見賈母那日在大觀園不過着了些々風寒々不是什么大病請醫生吃了兩劑藥也就好了命鳳姐来吩咐他預偹給賈政帶送去的東西正商議着只見賈母打發人来請王夫人忙引着鳳姐兒過来王夫人又請問這會子可又覺大安些々賈母道今日可大好了方纔々你們送来的野鷄崽子湯我嘗了一嘗到有味兒又吃了兩塊肉心裡狠受用王夫人笑道這是鳳了頭孝敬老太々的算他的孝心虔不枉了素日老太々疼他賈母點頭笑道難為他想着若是還有生的再炸上兩塊鹹浸々的吃粥有味兒那湯雖好就

只不對稀飯鳳姐听了連忙答應命人去厨房傳話這里賈母又向王夫人笑道我打發人請你来不爲别的初二是鳳丫頭的生日上兩年我原早想替他做生日偏到跟前有大事就混過去了今年人又齊全料着又沒事咱們大家好生樂一日賈母猶云好生樂一日可見逐日雖樂皆還不趁心也所以世人無論貧富各有愁腸終不能時時遂心如意此是至理非不足語也王夫人笑道我也想着呢既是老太太高興何不就商議定了賈母笑道我想往年不拘誰作生日都是各自送各自的禮這个也俗了也覺生狠的是似的今兒我出个新法子又不生分又可取笑王夫人忙道老太太怎庅想着好就是怎庅樣行賈母笑道我想着咱們也學那小家子大家湊分子原来請分子是小家的事近見多少人家紅白事一出且筭分子之多寡不知如何說多少儘着這錢去辦你道好頑不好頑看他寫與宝釵作生

日後又偏寫與鳳姐作生日阿鳳何人也豈不為彼之華誕大用一回筆墨哉只是虧也如何想來特寫于宝釵之後較姊妹勝而有餘于賈母之前較諸父母相去不遠一部書中若一个一个只管寫過生日復成何文哉故起用宝釵盛用阿鳳終用賈母名有妙文若有妙景餘者諸人或一筆不寫或偶因一諸帶過或豊或簡其情當理合不表可知豈必諄〻死筆按教而寫衆人之生日哉 迴不犯宝釵

王夫人笑道這个狠好但不知怎庅湊法賈母听說益發高興起來忙遣人去請薛姨媽邢夫人等又叫請姑娘們等並宝玉那府裡珍兒媳婦並賴大家的等有頭臉管事的媳婦也都叫來了衆丫頭婆子見賈母十分高興也都高興忙〻的各自分頭去請的請傳的傳沒頓飯的工夫老的少的上的下的烏壓〻擠了一屋子只薛姨媽和賈母對坐邢夫人王夫人只坐在房門前兩張椅子上宝釵姊妹等五六个人坐在炕上宝玉坐在賈母懷前地下滿〻的站了一地賈母忙命拿几个小杌子來給賴大母親等几个高年有体的面媽〻

坐了賈府風俗年高伏侍過父母的家人比年輕的主子還有体面所以尤氏鳳姐兒等只管地下站着那賴大的母親等三四个老媽〻告个罪都坐在小杌子上了賈母笑着把方纔一夕話說與衆人听了衆人誰不湊這趣兒再也有和鳳姐兒好的有情愿這樣的有畏惧鳳姐兒的巴不得来奉承的况且都是拿的出来的所以一聞此言都欣然應諾賈母先道我出二十兩薛媽媽笑道我隨着老太〻也是二十兩了邢夫人王夫人道我们不敢和老太〻並肩自然矮一等每人十六兩罷了尤氏李紈也笑道我们自然又矮一等每人十二兩罷賈母忙和李紈道你寡婦失業的那里還拉着你出這个錢我替你出了罷鳳姐忙笑道老太〻别高興且筭一筭賬再攬事老太〻身上已有

必如是方妙

兩分(子了)呢這會這(子)又替大嫂子出十六兩說着高興一會子回想又心疼了過後
兒又說都是爲鳳了頭花了錢使个巧法子哄着我拿出三四分子来
暗裡補上我還做夢呢說的衆人都笑了賈母笑道依你怎庅樣呢又(爲)
阿鳳一詳更妙若一筆直下有何趣哉鳳姐笑道生日沒到我這會子已經折受的不受
用了我一个錢饒不出驚動這些人實在不安不如大嫂子這一分我替
他出了罷了我到了那一日多吃些東西就向(享)了福了邢夫人等听了都說
𤞑是賈母方允了鳳姐兒又笑道我還有一句話呢我想老祖宗自己二十兩又
有林妹妹寶兄弟的兩分子姨媽自己二十兩又有寶妹妹的一分子這到也公
道只是二位太太每位十六兩自己又少又不替人出這有些不公道老祖宗吃
了虧了賈母听了忙笑道到(底)是我的鳳姐兒向着我這說的𤞑是要不是你

我吽他们又哄了去了鳳姐笑道老祖宗只把他姐兒兩个交給兩位太〻一位占一个派多派少每位替出一分就是了賈母忙說這狠公道就是這樣賴大的母親忙站起來笑說道這可反了我替二位太〻生氣在那邊是兒子媳婦在這邊是內侄女兒到不向著婆〻(合)姑(姑)娘到向着別人這兒(子)媳婦成了陌路人內侄女兒竟成了个外侄女兒了說的賈母與衆人都大笑起來了向鳳鳳全付精神虽一戲亦人想不到之文賴大之母因又問道少奶〻们十二兩我们自然也該矮一等了賈母听說這使不得你(们)雖該矮一等我知(道)你们这几个都是財主果位雖低錢却比他们多(要)(全)驚魂奪魄只此一句所以一部書全是老婆舌頭全是諷刺世事反面春秋也所謂痴子弟正照風自鑑若单看了家常老婆舌頭豈非痴子弟乎你们和他们一例纔使得衆媽〻听了連忙答應賈母又道姑娘们不過應个景兒每人照一个月的月例就是了

又回頭吽死央来你们也湊几个人商議湊了来死央荅應着去不多時伮
兒(會了)平兒襲人彩霞等還有几个小了環来也有二两的也有一两的賈母因問
平兒你難到不替你主子作生日還入在(这)裡頭平兒笑道我那个私自另外
有了這是官中的也該出一分賈母笑道这總是好孩子鳳姐又笑道上下
都全了還有二位姨奶〻他出不出也問一聲兒儘到他们是理不然他们
(又該說)只管小看了他们了(純寫阿鳳以襯後文)賈母听了忙說可是呢怎庅到忘了他们只怕
他们不得閑兒吽一个了頭問〻去說着早有了頭去了半日回来說道每位
也出二两賈母喜道拿筆硯来筭明共計多少尤氏因悄駡鳳姐道我把你
你這沒足厭的小蹄子這庅些婆〻嬸子来湊銀子給你過生日你還不足又
拉工两个苦瓠子作什庅鳳姐也悄笑道你少胡說一會子離了這裡我終和

你筭賬他们两个為什麽苦呢有了錢也是白填送別人不如拘来偺们樂純為阿鳳以襯後文二人形景如見語言如聞真描畫的到說着早已合筭了共湊了一百五十兩有餘賈母道一日戲酒用不了尤氏道既不請客酒席又不多兩三日的用度都够了頭等戲不用錢省在這頭上賈母道鳳丫頭說那一班好就傳那一班鳳姐兒道偺們家的班子都听熟了到是花几个錢叫一班来听听罷賈母道這件事我交給珍哥媳婦了越性叫鳳丫頭別操一點心受用一日纔筭所以特受用了纔有璉卿之变樂極生悲自然之理尤氏答應着又說了一回話都知賈母乏了纔漸漸的都散出来尤氏等送邢夫人王夫人二人散去便往鳳姐房裏来商議怎麽辦生日的話鳳姐兒道你不用問我你只看老太太的眼色行事就完了尤氏笑道你這阿物兒也特行了大運了我

當有什庅事吽我们去原来单為這个出了錢不筭還要我来操心你怎庅謝我鳳姐笑道你别拉燥我又没吽你来謝你什庅你怕操心你這會子就回老太〻去再派一个就是了尤氏笑道你瞧他興的這樣兒我勸你収肖些兒好太满了就要潑出来的二人又說了一回方散次日将銀子送到寧國府来尤氏方䌫起来梳洗因問是誰送過来的丫環们回說是林大娘尤氏便命吽了他来丫環走至下房吽了林之孝的過来尤氏命他脚踏上坐了一面忙肖梳洗一面問他這一包銀子共多少林之孝的回說這是我们底下人的銀子湊了来先送過来老太〻和太〻们的還没有呢正說着丫環们回說那府里太〻和姨太〻打發人送分子来了尤氏笑駡道小蹄子们専會記得這些没要緊的話昨兒不過老太〻一時高興故意的

要學那小家子湊分子款們就記得了你們嘴里當正槩的說還不快接
了進来好生待茶再打發他們去了環應自忙進了進来一共兩封連寶釵
代玉的都有了尤氏問還少誰的林之孝道還少老太々太々姑娘們的和
底下姑娘們的尤氏道還有你們大奶々的呢林之孝道奶々過去這銀子都
從二奶々手裡發一共都有了說着尤氏已梳洗了命人伺候車輛一時来至
榮府先来見鳳姐只見鳳姐已將銀子封好正要送去尤氏問都齊了鳳姐
兒笑道（笑字就有神情）都有了快拿了去罷丢了我不管尤氏笑道我且些信
不及到要當面點一點說着果然按數一點只沒有李紈的一分尤氏笑道我
說你侖鬼呢怎沒你大嫂子的沒有鳳姐兒笑道那庅些々還不勾使短一
分兒也罷了等不勾了我再給你（可見阿鳳處々心机）尤氏道昨兒你在人跟前作

人今兒又来和我賴這个斷不依你我只和老太〻要去鳳姐兒笑道我看你利害明兒有了事我也丁是丁卯是卯的你也别抱怨尤氏笑道你一般的也怕不看你素日孝敬我我𢇁是不依你呢說着把平兒的一分拿了出来說道平兒来把你的收起去等不𡿨了我替你添上平兒會意因說道奶〻先使着若剩下了再商〔賞〕我一樣尤氏笑道只許你那主子作弊就不許我作情兒平兒只得收了尤氏又道我看着你主子這麽細致弄這些錢那里使去使不了明兒帶了棺材裡使去（此言不假伏下後文短命尤氏亦能干事矣惜不能劝夫治字惜哉痛哉）一面說着一面又往賈母處来先請了安大槩說了兩句話便走到鴛央房中和鴛央商議只听鴛央的主意行事何以討賈母的喜歡二人計議妥當尤氏臨走時也把鴛央二兩銀子還他說這還使不了呢說着一經出

来又至王夫人跟前一时把周趙二人的也還了他兩个還不敢收阿鳳声势亦甚矣

尤氏道你们可怜見的那里有這些閑錢鳳丫頭便知道了有我應首

呢二人听說千恩萬謝的方收了尤氏亦可謂有才矣論有德比阿鳳高十倍惜乎不能諫夫治家所謂人各有當也此方是至理至情最恨近之野史中惡則無往不惡美則無一不美何不近情理之如是耶䁳眼已是九月初二

日園中人都打听得尤氏辦得十分熱閙不但有戲連耍百戲並說書的男女

先兒全有都打點取樂頑耍李紈又向衆姊妹道今兒是正緊(經)社日可别

忘了看書者已忘批書者亦已忘了作者竟未忘忽寫此事真忙中愈忙緊處愈緊也宝玉也不來想必他只圖

熱閙把清雅就丟開了此獨宝玉乎亦罵世人余亦為宝玉忘了不然何不来耶說着便命丫環去瞧丫作什

麽(呢)快請了來丫環去了半日回說花大姐〻說今兒一早就出門去了奇文衆人听

了都詫異說再沒有出門之理這丫頭糊塗不知說話因又命翠雲去一时

翠墨（雲）回来說可不真出了門了說有个朋友死了出去探喪（喪）去了（奇文信有之乎花團錦簇之日偏如此寫法）探春道斷然沒有的事憑他什麽再沒今日出門之理你叫襲人来我問他剛說着只見襲人走来李紈等都說道今兒憑他有什麽事也不該出門頭一件你二奶（奶）奶的生日老太太都這等高興兩府上下衆人来湊熱鬧他倒走了第二件又是頭一社的正日子他也不告假就私自去了襲人嘆道昨兒晚上就說了今兒一早起（有）要緊的事到北靜王府里去就趕回来的歡（勸）他不要去他必不依今兒一早起来又要素衣裳穿想必是北靜王府里的要緊姬（姬）妾沒了也未可知李紈等道若果如此也該去走走只是也該回来了說着大家又商議偺們只管作詩等（他）回来罰他剛說着只見賈母已打發人来請便都往前頭来了襲人回明寶玉的事賈母不樂便命人

去接原来宝玉心裡有件私事於頭一日就吋茗煙明日一早要出門備下兩
疋馬在後門口等着不要别一个跟着説給李貴我往北府里去了倘或
要有人找我吋他攔住不用找只説北府里留下了横竪就来的茗煙也摸
不着頭腦只得依言説了今兒一早果然備了兩疋馬在園後門等着天
亮了只見宝玉遍体純素從角門出来一語不發跨上馬一彎腰順着街
就趲下去了茗煙也只得跨馬加鞭赶上在後面忙問往那里去宝玉道這
條路是往那里去的茗煙道這是出北門的大道出去了冷清清沒有可
頑的宝玉听説点頭道正要冷清清的地方好説着越性加了鞭那馬早
已轉了兩个灣子出了城門茗煙越發不得主意只得緊緊跟着一氣
跑了七八里路出来人煙漸漸稀少宝玉方勒住馬回頭問茗煙道這里

可有賣香的茗煙道香到有不知是那一樣寶玉想道別的香不好須得檀芸降三樣茗煙笑道這三樣可難得寶玉為難茗煙見他為難因問道要香作什麼使我見二爺時常小荷包有散香何不找一找一句題醒了寶玉便回首衣襟上掛出一个荷包來摸了一摸竟有兩星沉素心內歡喜只是不恭些〻再想自己親身帶的到比買的又好些〻于是又問炉炭茗煙道這可罷了荒郊野外那里有用這些〻何不早說帶了來豈不便宜寶玉道糊塗東西若可帶了來又不這樣沒命的跑了（奇〻怪〻不知為何看他下文怎樣）茗煙想了半日笑道我得了个主意不知二爺心下如何我想二爺不止用這个呢只怕還要用別的這也不是事如今我們往前再走二里地就是水仙菴了寶玉听了忙問水仙菴就在這里更好了我們就去說着就加鞭前行一面

回道向茗煙道這水仙菴的姑子長往俗門家去俗門這一去到那里和他借香炉使〻他自然是肯的茗煙道别説他是俗們家的香火院就是平白不認識的廟裡和他借他也不敢駁回只是一件我常見二爺最厭這水仙菴的何如今兒又這樣喜歡了宝玉道我素日狠恨俗人不和原故混供神混蓋廟這都是當日有錢的老公們和那些有錢的愚婦們听見有个神就蓋起廟来供着也不知那神是何人因听些野史小説便信真了比如這水仙菴里面因供的是洛神故名水仙菴殊不知自古来並没有个洛神那原是曹子建的謊話誰知這起愚人就塑了像供着今兒却合我的心事故借他一用説着早已来至門前那老姑子見宝玉来了事出意外竟像天上掉下个活龍来的

近聞剛丙庙又有三教菴以如来為尊太上為次先師為末真殺有餘辜所謂此書救世之溺不假

一般忙上来問好命老道来接馬宝玉進去也不拜洛神之像却只管賞鑒雖是泥塑的却真有翩若驚鴻婉若游龍之態荷出綠波日映朝霞之姿妙極用洛神賦讃洛神本地風光愈覺新奇宝玉不覺滴下淚来老姑子獻了茶宝玉因和他借香炉那姑子去了半日連香供紙馬都預備了来宝玉道一槩不用說道命茗煙捧着炉出至後院中揀一塊干淨地方兒竟揀不出茗煙道那井台兒上如何宝玉點頭一齊来至井台上將爐放下妙極之文宝玉心中揀定是井台上了故意使茗煙說出使彼不犯疑猜矣宝玉亦有欺人之才蓋不用耳茗煙站過一傍宝玉掏出香来焚上含淚施了半禮奇文云只施半禮然不知為何事也回身命收了去茗煙答應且不收忙爬下磕了几个頭口内祝道我茗煙跟二爺這几年二爺的心事我沒有不知道的只有今兒這一祭祀沒有告訴我我也不敢問只是這受祭的陰魂雖不知名姓想来自然是那人間有一天上無雙極聰明極俊雅的一位姐姐妹妹了二爺心事不

能出口讓我待祝若芳魂有靈香魂多情雖然陰陽間隔既是知己之間時常來望候二爺未嘗不可你在陰間保佑二爺來生也變个女孩兒和你們一處相伴再不可又托生這鬚眉濁物了說畢又磕几个頭纔爬起來（忽插入茗煙一篇流言粗看則小兒戲語亦甚無味細玩則大有深意試思宝玉之爲人豈不應有一極怜俐乖巧小童哉此一祝亦如西廂記中寠文降香第三柱則不語紅娘則待祝數語直將寠文心事道破此處若寫宝玉一祝則成何文字若不祝直成一謚謎如何散場故寫茗煙一戲直戲入宝玉心中又發出前文又可収後文又寫茗煙素日之乖覺可人且襯出宝玉直似一个守禮待嫁的女兒一般其素日脂香粉氣不待寫而全現出矣今看此回直欲將宝玉當作一个極輕俊羞怯的女兒看茗煙則極乖覺可人之丫環也）宝玉听他沒說完便掌不住笑了（方一笑蓋原可發笑且說的合心愈見可笑也）因踢他道休胡說看人听見笑話（也知人笑更奇）茗煙起來收過香爐和宝玉走着因道我已經合姑子說了二爺還沒用飯呌他隨便收拾了些東西二爺勉强吃些我知道今兒咱們里頭大排筵宴熱鬧非常二爺

為此纔躲了出来的横豎在這里清淨一天也就儘到禮了若不吃東西斷使不得寶玉道戲酒既不吃這随便素的吃些何妨茗煙道這便纔是還有一説偺們来了還有人不放心若没有人不放心便晚了進城何妨若有人不放心二爺須得進城回家去纔是第一老太太也放了心第二禮也進〔盡〕了不過如此就是家去了看戲吃酒也並不是二爺有意原不過陪着父母進〔盡〕孝道二爺若单為了這个不顧老太太太太懸心就是方纔那受祭的陰魂也不安生二爺想我這話如何寶玉笑道你的意思我猜着了你想着只你一个跟了我出来回来你怕担不是所以拿這大題目来勸我〔亦知大妙極〕這个我纔来了不過為儘个禮再去吃酒看戲並没説一日不進城這已完了心愿赶着進城大家放心豈不两進〔盡〕其道〔這是大通的意見世人不及的去處〕茗煙道這更好了説着二人来至禅堂果然那姑子收拾了一桌素菜寶玉

胡乱吃了些ミ茗煙也吃了二人便上馬仍回舊路茗煙在後面只嘱付二爺好生騎着這馬總没大騎的手裡提緊着（看他偏不寫鳳姐那樣熱鬧却寫這般清冷真世人意料不到這一篇文字也）一面說着早已進了城仍從後門進去忙ミ来至怡紅院中襲人等都不在房里只有几个老婆子看屋子見他来了都喜的眉開眼笑道說阿彌陀佛可来了把花姑娘急瘋了上頭正坐席呢二爺快去罷宝玉听說忙將素服脫了自去尋了華服換上問在什麼地方坐席老婆子回說在新蓋的大花廳上宝玉听說一徑往花廳来耳内早已隱ミ聞得歌管之聲剛至穿堂那邊只見玉釧兒獨坐在廊簷下垂淚（總是千奇百怪的文字）一見他来便收淚說道鳳凰来了快進去罷再一會子不来都反了（是平常言語却是無限文章無限情理看至後文再細思此言則可知矣）宝玉陪笑道你猜我往那里去了玉釧兒不荅只管擦淚（無限情理）宝玉忙進廳里見了賈母王夫人等衆

人真如得了鳳凰一般宝玉忙赶着與鳳姐兒行禮賈母王夫人都説他不知道好歹怎麽也不説聲就私自跑了這遭還了得明兒再這樣等老爺回家来必告訴他打你説着又駡跟的小厮们都偏听他的話説那里去就去也不回一聲兒一面又問他到底那去了可吃了什麽可唬着了（奇文畢肖）宝玉只回説北静王的一个爱妾昨日没了給他道惱去他哭的那樣不好撇（地）下就回来所以多等了一會子賈母道以後再私自出門不先告訴我们一定叫你老子打你宝玉答應着因又要打跟的小子们衆人又忙説情又勸道老太太也不必過慮了他已經回来大家該放心樂一回了賈母先不放心自然發狠（如）今兒（見他）来了喜且有餘那里還恨也就不提了還怕他不受用或者别處没吃飽路上着了驚怕反百般的哄他襲人早過来伏侍大家仍舊看戲當日演的是荆釵記賈母

薛姨媽等都看的心酸落淚也有嘆的也有罵的要知端的下回分解

脂硯齋重評石頭記卷之

第四十四回

變生不測鳳姐潑醋　喜出望外平兒理粧

話說衆人看演荆釵記寶玉和姐妹一處坐着林代玉因看到男祭這一齣上便和寶釵說道這王十朋也不通的狠不管在那里祭一祭罷了必定跑到江邊子上來作什麼俗語說覩物思人天下的水總歸一源不拘那里的水舀一碗看着哭去也就盡情了寶釵不答寶玉回頭要熱酒敬鳳姐兒原來賈母說今日不比往日定要叫鳳姐痛樂一日本来自己懶待坐席只在裡間屋里榻上歪着和薛姨媽看戲隨心愛吃的揀几樣放在小几上隨意吃着說話兒將自己兩桌席面賞那沒有席面的大小丫頭並那應差听差的婦人

等命他们在窗外廊簷下也只管坐着随意吃歖不必拘禮王夫人和邢夫人在地下高棹上坐着外面幾席是他姊妹们坐賈母不時吩咐尤氏等讓鳳了頭坐在上面你们好生替我待東難為他一年到頭辛苦尤氏答應了又笑回説道他坐不慣首席坐在上頭横不是豎不是的酒也不肯吃賈母听了笑道你不會等我親自讓他去鳳姐兒忙也進来笑説老祖宗别信他们的話我吃了好几鍾了賈母笑着命尤氏扶拉他出去按在椅子上你们都輪流着敬他他再不吃我當真的就親自去了尤氏听説忙笑着又拉他出来坐下命人拿了台盏斟了酒笑道一年到頭難為你孝順老太太太太和我我今兒没什麽疼你的親自斟杯酒乖乖兒的在我手裡歖一口鳳姐兒笑道你要安心孝敬我跪下我就歖

尤氏笑道說的你不知是誰我告訴你說好容易今兒這一遭過了後兒知道還得像今兒這樣不得了趁着儘力灌喪兩鍾罷（今兒又體面）鬧鬧一戲語伏下後文令人可傷所謂盛筵難再鳳姐兒見推不過只得喝了兩鍾接着衆姊妹也来鳳姐也只得每人的喝一口賴大媽媽見賈母尚這等高興也少不得来湊趣兒領着些嬷嬷們也来敬酒鳳姐兒也難推脫只得喝了兩口鴛鴦等也来敬鳳姐兒真不能了忙央告道好姐姐們饒了我罷我明兒再喝罷鴛鴦笑道真個的我們是沒臉的了就是我們在太太跟前太太還賞個臉兒呢往常到有些體面今兒當着這些人到拿起主子的款兒来了我原不該来不喝我們就走說着真個回去了鳳姐兒忙趕上拉住笑道好姐姐我喝就是了說着拿過酒来滿滿的斟了一杯喝干鴛鴦方笑了散去然後又入席鳳姐兒自覺酒

沉了心里突突的似往上撞往家去歇歇只見那要百戲的上来便和尤氏説預備賞錢我要洗洗臉去尤氏點頭鳳姐兒瞧人不防便出了席往房門後簷下走来平兒留心也忙跟了来鳳姐兒便扶着他纔纔(走)至穿廊下只見他房里的一个小丫頭正在那里站着見他兩个来了回身就跑鳳姐兒便疑心忙叫那丫頭先只粧听不見無奈後面連平兒也叫只得回(来)鳳姐兒越發起了疑心忙和平兒進了穿堂叫那小丫頭子也進来把槅扇関了鳳姐兒坐在小院子的台磯上命那丫頭子跪(下)了喝命平兒叫兩兩个二門上的小厮来拿繩(了)子鞭子把(来)那眼睛里沒主子的小蹄子打爛了那小丫頭子已經唬的魂飛魄散哭着只管磞頭求饒鳳姐兒問道我又不是鬼你見了我不説規規(矩)矩站住怎麽倒往前跑小丫頭子哭道我

原沒看見奶〻来我又記挂着房里無人所以跑了鳳姐兒道房里既沒人誰
叫你来的你便沒看見我〻和平兒在後頭扯着脖子叫了你十来声越
叫越跑離明又不遠你聾了不成你還和我強嘴說着便揚手一掌打在臉上
打的那小丫頭一栽這邊臉上又一下登時小丫頭子兩腮紫脹起来平兒忙勸
奶〻仔細手疼鳳姐便說你再打着問他跑什麼他再不說把嘴撕爛了他的
那小丫頭子先還強嘴後来听見鳳姐兒要燒了紅烙鉄来烙嘴方哭道〻爺
在家里打發我来這里瞧着奶〻的若見奶〻散了先叫我送信兒去的不承
望奶〻這會子就来了鳳姐兒見話中有文章叫你瞧着我作什麼難道怕
我家去不成必有別的原故快告訴我我從此以後疼你〻若不細說立刻拿
刀子来割你的肉說着回頭向頭上拔下一根簪子来向那丫頭嘴上乱戳唬

的那丫頭一行躲一行哭求道我告訴奶〻可別說我說的平兒一傍勸一
傍面推他叫他快說丫頭便說道二〻爺也是纔来房里的睡了一回(会子)醒了打
發人来瞧〻奶〻說纔〻坐席還得好一回(会子)纔来呢二爺就開了箱子拿了兩
塊銀子還有兩根簪子兩疋緞子叫我悄〻的送與鮑二的老婆去叫他進
来他収了東西就往偺們屋里来了二爺叫我来瞧着奶〻底下的事我
就不知道了鳳姐聽了已氣的渾身發軟忙立起来一逕来家剛至院門只
見有(又)一个小丫頭在門前探頭兒一見了鳳姐也縮頭就跑如見其形鳳姐兒提着
名字喝住那丫頭本来伶俐見躲不過了越(索)性跑了出来笑道我正要告訴
奶〻去呢可巧奶〻来了鳳姐兒道告訴我什庅那小丫頭便說二〻爺在家
這般如此如此將方纔〻的話也說了一遍鳳姐啐(啐)道你早作什庅了(来着)這會子

我着見你了你来推干净兒說着也揚手一下打的那丫頭一个趔趄便攝手攝脚的走至窗前往里听時只听裡頭說笑那婦人笑道多早晚你那閻王老婆死了就好了賈璉道他死了再娶一个也是這樣又怎麼樣呢那婦人道他死了你到是把平兒扶了正只怕還好些賈璉道如今連平兒他也不叫我沾一沾了平兒也是一肚子委曲不敢說我命里怎麼就該犯了夜叉星鳳姐听了氣的渾身乱戰又听見他倆都讚平兒便疑平兒素日背地里自然也有憤怨語了那酒越發湧了上来也並不忖度回身把平兒先打了兩下子一脚踢開門進去也不容分說抓着鮑二家的撕打一頓又怕賈璉走出去便堵着門站着罵道好娼婦你偷主子漢子還要治死主子老婆平兒過来你们淫婦忘八一條藤兒多嫌着我外面兒你哄我說着又把平兒打几下奇極先打平兒可是世人想得着的

打的平兒有冤無處訴只氣得干哭罵道你們做這些沒臉的事好好的
又拉上我做什麽說着也把鮑二家的撕打起来賈璉也因吃多了酒進来
高興未曾作的機密一見鳳姐来了已沒了主意又見平兒也閙起来把
酒也氣上来了[見]鳳姐兒打鮑二家的他已[自]又氣又愧只不好說的今見平
兒也打便上来踢罵道好娼婦你也動手打人平兒㤼[怕]打忙住了手哭
道你們背地里說話爲什麽拉我呢鳳姐見平兒怕賈璉越發氣[住了]了又
赶上来打着平兒偏叫打鮑二家的平兒急了便跑出来找刀子要尋
死外面衆婆子了頭忙攔住解勸這里鳳姐見平兒尋死去便一頭撞在
賈璉懷里叫道你們一條藤兒害我被我听見了到都唬起我来你
也勒死我賈璉氣的[上炕●推]墻[上]上拔出劍来說道不用尋死我也急了一齊

殺了我償了命大家干淨正鬧的不開交只見尤氏等一群人了（来）說這是怎
麼說幾〻好〻的就鬧起来賈璉見了人越發倚酒三分醉逞起威風来（天下
小人大都如是）故意要殺鳳姐兒鳳姐兒見人来了便不似先前那般潑了（天下奸雄妬婦惡婦大都
如是只是恨無阿鳳之才耳）丟下衆人便哭着往賈母那邊跑此時戲已散出鳳姐跑到賈母
跟前爬在賈母懷里只說老祖宗救我璉二爺要殺我呢（瞧他称呼）
賈母邢夫人王夫（人）等忙問怎麼了鳳姐兒哭道我幾〻家去換衣裳不防璉二爺
在家和人說話我只當是有客来了嚇的我不敢進去在窓戶外頭听了一
听原来是和鮑二家的媳婦商議說我利害要拿毒藥給我吃了治死我
把平兒扶了正我原氣了（注了）又不敢和他炒（吵）原打了平兒兩下（子）問他為什麼（要）害
我他燥了就要殺我賈母听了都信以為真說這還了得快拿了那下流種

子来一語未完只見賈璉拿着劍赶来後面許多人跟着賈璉明仗着賈
母素習疼他们連〔又有〕母親孀母也無礙〔在这里断不至于闹出事来〕故逞強鬧了来邢夫人王夫人見了氣
的忙攔住罵道這下流種子你越發反了老太太在這里呢賈璉也斜着眼
道都是老太太慣的他他纔這樣連我也罵起来了邢夫人氣的奪下劍
来只管喝他快出去那賈璉撒嬌撒痴涎言涎語的還只乱説賈母氣的
説道我知道〔你也〕不把我们放在眼睛里呌人把他老子呌来賈璉听見這話
方趔趄着脚兒出去了賭氣也不往家去便往外書房来這里邢夫人
王夫人也説鳳姐兒賈母笑道什么要緊的事小孩子们年輕饞嘴猫兒
似的那里保的〔住〕不這么着從小兒世人都打這么過的都是我的不是
他多吃了兩口酒又吃起醋来〔了〕説的衆人都笑了賈母又道你放心等

明兒我叫他来替（給）你賠不是你今兒别要過去臊着他因又罵平兒那蹄子素日我到看他好怎麽暗（背）地里這麽壞尤氏等笑道平兒沒有不是々鳳了頭拿着人家出氣兩口子不好對打都拿着平兒煞性子平兒委曲的什麽是的呢老太々還罵人家賈母道原来這樣我説那孩子到不像那狐媚魘道的既這麽着可憐見的白受他的（們）氣因叫琥珀来你出去告訴平兒就説我的話我知道他受了委曲明兒我叫鳳姐兒替（給）他賠不是今兒是他主子的好日子不許他胡鬧原来平兒早被李紈拉入大觀園去了（可知吃蠏一回非閑文也）平兒哭的哽咽難抬宝釵勸道你是个明白人（必用宝釵評出方是身分）素日鳳丫頭何等待你今兒不過他多吃一口酒他可不拿你出氣難到々拿别人出氣不成别人又笑話他吃醉了你只管這會子委曲素日你的

好處豈不都是假的了正說着只見琥珀走来說了賈母的話平兒自覺
面上有了光輝方才漸漸的好了也不往前頭来寶釵等歇息了一回方
来看賈母鳳姐寶玉便讓平兒到怡紅中院来襲人忙接着笑道我先
原要讓你的只因大奶奶和姑娘們都讓你我就不好讓的了平兒也陪笑
說多謝因又說道好好兒的從那里說起無緣無故白受了一塲氣襲人
笑道二奶奶素日待你好這不過是一時氣急了平兒道二奶奶倒沒說的只
是那淫婦治的我他又偏拿我湊趣況還有我們那糊塗爺倒打我說
着便又委曲禁不住落淚寶玉忙勸道好姐姐別傷心我替他兩個賠不
是罷平兒笑道與你什麽相干寶玉笑道我們弟兄姊妹都一樣他
們得罪了人我替他賠個不是也是應該的又道可惜這新衣裳也

沾了這裡有你花妹〻的衣裳何不換了下來拿些燒酒噴了熨一熨把頭也
另梳一梳洗〻臉毋面洗毋面便吩咐了小丫頭子們舀洗臉水燒熨斗來平兒素習
只聞人說寶玉專能和女孩兒們接交寶玉素日因平兒是賈璉的愛妾又是
鳳姐兒的心腹故不肯和他廝近因不能盡心也常為恨事平兒今日見他這般
心中也暗〻的敁敪果然話不虛傳色〻想的週到又見襲人特〻的開了箱
子拿出兩件不大穿的衣裳來與他換便趕忙的脫下自己的衣服忙去洗了
臉寶玉一傍笑勸道姐〻還該擦上些脂粉不然到像是你和鳳姐〻賭氣了似
的況且又是他的好日子而且老太〻又打發了人來安慰你平兒聽了有理
便去找粉只不見粉寶玉忙走至粧台前將一个宣窰磁盒揭開裡面盛着一
排十根玉簪花棒拈了一根遞與平兒又笑向他道這不是鉛粉這是紫茉莉

花種研碎了兑上香料製的平兒倒在掌上看時果見輕白紅香四樣俱美攤
在面上也容易勻淨且能潤澤肌膚不是(像)別的粉青重澀滯然後看見胭脂也
不是成張(的)却是一个小〻的白玉盒子裡面盛着一盒如玫(玫)瑰膏子一樣宝玉
笑道那市(外頭)賣的胭脂都不干淨顏色也薄這是上好的胭脂擰出汁子來淘澄
淨了渣滓配了花露蒸疊成的只用細簪子挑一點兒抹在手心里用一點水
化開抹在唇上手心里就敷打結腮了平兒依言粧飾果見鮮艷異常且又(甜)
香滿頰宝玉又將盆內的一枝並蒂秋蕙用竹剪刀擷了下來與他簪在
鬢上忽見李紈打發了頭來喚他方忙〻的去了

忽使平兒在絳芸軒中梳粧非世人想不到宝玉亦想不到者也作者費盡心機了

寫宝玉最善閨閣中事諸如胭粉等類不寫成別致文章則宝玉不成宝玉矣然要寫又不便特為此費一番筆墨故思及借人發端然借人又無人若襲人輩則逐日皆如此又何必揀一日細寫似覺無味若宝釵等又係姊妹更不便來細搜襲人之粗夯況也是自幼知道的了因

左想右想須得一個又甚親又甚踈又可唐突又不可唐突又和襲人等極親
又和襲人等不大常屬又得襲人輩之美又不得襲人輩之修飾一人來方可
發端故思及平兒一人方如此故放手細寫絳
芸閨中之什物也　寶玉因自來從未在平兒前盡
過心且平兒又是个極聰明極清俊的上等女孩兒比不得那起俗蠢拙物深
爲恨怨今日是金釧兒的生日故一日不樂　原來爲此寶玉之私祭玉釧之潛
哀俱針對矣然于此刻補明又一
法也真十變萬化之文萬法
俱偹毫無脱漏真好書也　不想落後鬧出這件事來竟得在平兒前稍盡
片心亦今生意中不想之樂也因歪在床上心內怡然自得忽又思及賈璉
惟知以淫樂悅己並不知作養脂粉又思平兒並無父母兄弟姊妹
獨自一人供應賈璉夫婦二人賈璉之俗鳳姐之威他竟能週全妥
貼今兒還遭塗毒想來此人薄命似〔比〕代玉猶甚想到此間便又
傷感起來不覺洒〔凄〕然泪下因見襲人等不在房內盡力落了幾

點痛淚復起身又見方纔的衣裳上噴的酒已半乾便拿熨斗熨了疊好見他的手帕子忘去上面猶有淚漬又拿至臉盆中洗了晾上又喜又悲悶了一回也往稻香村來說一回閑話掌灯後方散平兒就在李紈處歇了一夜鳳姐兒只跟着賈母賈璉晚間歸房冷清清的又不好去叫只得胡亂睡了一夜次日醒了想昨日之事大沒意思後悔不來邢夫人記挂着昨日賈璉醉了忙一早過來叫了賈璉過賈母這边來賈璉只得忍愧前來在賈母面前跪下賈母問他怎麽了賈璉忙陪笑說昨兒原是吃了酒驚了老太太的駕了今兒來領罪賈母啐道下流東西灌了黃湯不說安分守己的挺尸去到打起老婆來了鳳丫頭成日家說嘴霸王似

的一个人昨兒唬得可怜要不是我你要傷了他的命這會子
怎麽樣賈璉一肚子的委屈不敢分辯只認不是賈母又道那鳳了
頭和平兒还不是个美人胎子你还不足成(还)日家偷雞摸狗髒的臭的
都拉了你屋裡去為這起淫婦打老婆又打屋里的人你还虧是大家
子(的)公子出身活打了嘴了若你眼睛里有我你起來我饒了你乖乖的
替(給)你媳婦陪个不是拉了他家去我就喜歡了要不然你只管出去我
也不敢受你的跪賈璉听如此說又見鳳姐兒站在那边也不盛粧哭
的眼睛腫着也不施脂粉黃黃(的)臉兒
大妙大奇之文此一句便伏下病根了
章章看去便可惜了作者行文苦心
比往常更覺可怜可愛想着不如賠了不是彼此也好了又討老太太
的喜歡了想畢便笑道老太太的話我不敢不依只是越發縱了他

了賈母笑道胡說我知道他最有禮的再不会冲撞人他日後得罪
了你我自然也作主叫你降伏就是了賈璉听說爬起来便與鳳姐兒作
了一个揖笑道原来是我的不是二奶々饒過我罷滿屋里的人都笑了
賈母笑道鳳丫頭不許惱了再惱我就惱了說着又命人去叫了平兒
来命鳳姐兒和賈璉兩个安慰他平兒賈璉見了平兒越發顧不得了
所謂妻不如妾々不如偷听賈母一說便赶上来說道姑娘昨日受了
委屈了都是我的不是奶々得罪了你也是因我而起我陪了不是不
筭外還替你奶々賠个不是說着也作了一个揖引的賈母也笑了鳳
姐兒也笑了賈母又命鳳姐兒来安慰他平兒忙走上来給鳳姐兒磕
頭說奶々的千秋我惹了奶々生氣是我該死鳳姐兒正自愧悔昨

日酒吃多了念素日之情浮躁起来為听了傍人(的)話無故給平兒沒臉今反見他如此又是慚愧又是心酸忙一把拉起来落下淚来平兒道我伏侍了奶奶這麼幾年也沒彈我一指甲就是昨兒打我我也不怨奶奶都是那淫婦治的顧不得奶奶生氣說着也滴下淚来了婦人女子之情畢有但世之大英雄羽翼偶推尚按劍生悲況阿鳳與平兒哉所謂此書真是哭成的賈母便命人將他三人送回房去有一個再提此事即刻来回我我不管是誰拿拐棍子給他一頓三个人沒新給賈母邢王二位夫人磕了頭老嬤嬤答應了送他三人回去至房中鳳姐兒見無人方說道我怎麼樣(个)你閻王又(像)條夜叉那淫婦(咒)咒我死(你)我也幫着咒我千日不好也有一日好可憐我熬的連个淫婦也不如了我还有什

庅臉來過這个日子說着又哭了轄治丈夫此是首計懦夫來看此句賈璉道你還不足你

细想々昨兒誰的不是多妙不敢自說没不是只論多少懦夫來者今兒當着人還是我跪了

一跪又賠不是你也爭足了光了這會子還叨々難道還叫我替

你跪下纔罷太要足了強也不是好事說的鳳姐兒無言可對平

兒嗤的一聲又笑了賈璉也笑道又好了真々我也没法了正說着

只見一个媳婦來回說鮑二的媳婦吊死了到也有氣性只是又是情累一个可怜賈璉鳳

姐兒都吃了一驚鳳姐忙收了怯色反喝道死了罷了有什庅大

驚小怪的寫阿鳳如此一時只見林之孝家的進來悄回鳳姐道鮑二媳婦吊

死了他娘家的親戚要告呢鳳姐兒笑道偏于此處寫阿鳳咲悚哉阿鳳這倒好了我

正想要打个官私呢林之孝的道我纔和衆人勸了他們又威赫了

一陣又許了他幾个錢也就依了鳳姐兒道我沒一个錢有錢也不給
只管叫他告去也不許勸他也不用震嚇他只管讓他告去告不成到
問他个移（以）尸訛詐（寫阿鳳如此）林之孝家的正在為难見賈璉和他使眼
色兒心下明白便出来等着賈璉道我出去瞧瞧看是怎麽樣鳳姐兒
道不許（保）給他錢賈璉一逕出来和林之孝来商議着人去作好作歹
許了二百兩發送纔罷賈璉生恐有變又命人去和王子騰說將番
役仵作人等叫了幾名来帮着辦喪事那些人見了如此縱要
復辨亦不敢辨只得忍氣吞聲罷了賈璉又命林之孝將那二百
銀子入在流年賬上分别添補開消過去（大敞小敞要一不到）又梯己給鮑二
些銀兩安慰他說另日再挑个好媳婦給你鮑二又有体面又

有銀子有何不依便仍然奉承賈璉為天下夫妻一哭不在話下裡面鳳姐心中雖不安面上只管佯不理論因房中無人便拉平兒咲道我昨兒灌喪了酒了你必懊惱抱怨打了那裡讓我瞧瞧平兒道也沒打重只听得說奶奶姑娘們都進來了要知端的下回分解

脂硯齋重評石頭記卷之

第四十五回

金蘭契互剖金蘭語　風雨夕悶製風雨詞

話說鳳姐兒正撫恤平兒忽見衆姊妹進來忙讓坐了平兒斟上茶來鳳姐兒笑道今兒來的這麽齊倒像下帖子請了來的探春笑道我們有兩件事一件是我的一件是四妹妹的还夾着老太太的話鳳姐兒笑道有什麽事這麽要緊探春笑道我們起了个詩社頭一社就不齊全衆人臉軟所以就乱了我想必得你去作个監社御史鉄面無私纔好再四妹妹為畫園子用的東西這般那般不全回了老太太老太太說只怕後頭樓底下还有當年剩下的找一找若

有呢拿出來若沒有叫人買去鳳姐咲道我又不會作什庅濕的
乾的要我吃東西去不成探春道你雖不爲(会)作也不要你作你只
監察着我們里頭有偷安怠惰的該怎庅樣罰他就是了鳳姐兒
笑道你們必哄我〻(也)猜着了那里是請我作監社御史分明是叫
我作个進銅錢的銅商你們弄什庅社必是要輪流作東道的你
們的月錢不殼花了想出這个法子來拘(拉)了我去好和我要錢可
是這个主意一夕話說的衆人都咲起來了李紈咲道真〻你
是个水晶心肝玻璃人鳳姐兒咲道虧你是个大嫂子呢把姑
娘們原教給你帶着念書學規矩針線的他們不好你要勸這
會子他們起詩社能用幾個錢你就不管了老太〻太〻罷(了)都是

老封君你一个月十兩銀子的月錢比我們多兩倍銀子老太太〻还說你寡婦失業的可憐不彀用又有个小子足的又添了十兩和老太〻太〻平等又給你園子地各人取租子年中分年例你又是上〻分兒你娘兒們主子奴才共總沒十個人吃的穿的仍舊是官中的一年通共筭起来也有四五百銀子這會子你就每年拿出一二百兩銀子来賠他們頑〻能几年的限期他們各人出了閣難道还要你賠不成這會子你怕花錢調唆他們来鬧我〻樂得去吃一個河涸海乾我还通不知道呢李紈笑道你們听〻我說了一句他就瘋了說了兩車的無賴泥腿市俗富會打細筭盤分斤撥兩的話出来心直口拙之人急了恨不得將萬句話来併成一句說死那人畢肯這東西虧他托生在詩書大宦名門之

家做小姐出了嫁又是這樣他還是這麼着若是生在貧寒小戶人家作個小子还不知怎麼下作貧嘴惡舌的呪(呢)天下人都被你算記了去昨兒还打平兒呢虧你伸的出手来那黄湯難道灌傷(喪)了狗肚子里去了氣的我只要給平兒打報不平兒忖奪了半日好容易狗長尾巴尖兒的好日子又怕老太太心里不受用因此沒来究竟氣还不平你今兒又招我来了給平兒拾鞋不要你們兩个只該換一个過子纔是說的衆人都笑了鳳姐兒忙笑道竟不是為詩為画来找我這臉(樣)子竟是為平兒来報仇的竟不承望平兒有你這一位仗腰子的人早知道便有鬼拉着我的手打他我也不打了平姑娘過来我當着大奶奶姑娘們替你賠个不是担待我酒後無德罷說着衆人又都笑起来了李紈笑問平兒道如何我說必定要給你爭爭氣纔罷平兒

笑道雖如此奶〻們取笑我禁不起李紈道什庅禁不起有我呢快拿了鑰匙叫你主子開了樓房找東西去鳳姐兒笑道好嫂子你且同他們回園子里去纔要把這米賬和他們算一算那邊大太〻又打發人來叫又不知有什庅話説須得過去走一趟還有年下你們添補的衣服還沒打點給他們做去李紈笑道這些事我都不管你只把我的事完了我好歇着去省得這些姑娘小姐鬧我鳳姐忙笑道好嫂子賞我一點空兒你是最疼我的怎庅今兒爲平兒就不疼我了往常你還勸我説事情雖多也該保養身子撿点着偷空兒歇〻你今兒反到逼我的命了況且悮了别人的年下衣裳無碍他姊妹們的若悮了却是你的責任老太〻豈不怪你不管閑事這一句現成的話也不説我寧可自己

賠不是豈敢帶累呢（你）李紈笑道你們听〻說的好不好把他爲（会）說話的
我且問你這詩社你到底管不管鳳姐兒笑道這是什麽話我不入社
花幾個錢不成了大觀園的反叛了還想在這里吃飯不成明兒一早就
到任下馬拜了印先放下五十兩銀子給你們慢〻作會社東道過
後兒（卄日子）又我又不（会）作詩作文只不過是个俗人罷了監察也罷不監察也
罷有了錢了你們還攆（要）出我來說（呢）的衆人又都笑起來鳳姐兒道過
會子我開了樓房凡有這些東西都叫人搬出來你們〻看若使得
留着使若少什麽照你們單子我叫人替你們買去就是了畫絹
我就裁出來那圖樣没有在太〻跟前還在那邊珍大爺那里呢
說給你們别礙釘子去我打發人取了來一併叫人連絹交給相

公們攆去如何李纨点首笑道這雖為你果然這樣還罷了既如此偺們家去罷等着他不送了去再来閙他說着便帯了他姊妹就走鳳姐兒道這些事再沒兩個人都是宝玉生出来的李纨听了忙回身笑道正是為宝玉来反忘了他頭一社是他悮了我們臉軟你說該怎麽罰他鳳姐想了一想說道沒有别的法子只叫他把你们各人屋子里的地罰他掃一遍纔好衆人都笑道這話不差說着纔要回去只見一个小丫頭扶了賴嬷〻進来鳳姐兒等忙站起来笑道大娘坐着又都向他道喜賴嬷〻向炕沿上坐了笑道我也喜主子們也喜若不是主子們的恩典我們這喜從何来昨兒奶〻又打發彩哥兒賞東西我孫子在大門上朝上磕了頭了李纨笑道多早

晚上任去賴嬤嬤嘆道我那里管他們由他們去罷前兒在家裡給
我磕頭我沒好話我說哥哥兒你別說你是官兒了橫行霸道的你今
年活了三十歲雖然是人家的奴才一落娘胎胞主子的恩典就放你出來
上托着主子的洪福下托着你老子娘也是公子哥兒似的讀書認
字也是丫頭老婆奶子捧鳳凰似的長了這麼大你那里知道那奴
才兩字是怎麼寫的只知道享福也不知道你爺爺和你老子受的那
苦惱熬了兩三輩子好容易熬出你這麼個東西來從小兒三災八
難花的銀子也照樣打出你這麼個銀人兒來了到二十歲上又蒙
主子的恩典許你蠲個前程在身上你看那正根正苗的忍饑挨餓
的要多少你一個奴才秧子仔細折了福如今樂了十年不知怎

应弄神弄鬼的求了主子又選了出来州縣官兒雖小事情却大為
那一州的州官就是那一方的父母你不安分守己盡忠報國孝敬主
子只怕天也不容你李紈鳳姐兒都笑道你也多慮我們看他也就
好了先那几年还進来了兩次這有好几年沒来了年下生日只見他
的名字就罷了前兒給老太〻太〻磕頭来在老太〻那院里見他又穿
着新官的服色到發的威武了比先時也胖了他這一得了官正該你
樂呢反到愁起這些来他也不好还有他父親呢你只受用你的就完
了閑了坐个轎子進来和老太〻鬬一日牌說一天話兒誰好意思
的委屈了你家去一般也是樓房厦厅誰不敬你自然也是老封君似
的了平兒斟上茶来賴嬤〻忙站起来接了笑道姑娘不管叫那個

孩子到來罷了又折受我說着一面吃茶一面又道奶々不知道這些小孩子們全要管的嚴饒這麼嚴他們還偷空兒閙個乱子來呌大人操心知道的說小孩子們淘氣不知道的人家就要仗着財勢欺人連主子名聲也不好恨的我沒法兒常把他老子呌來罵一頓纔好些因又指宝玉道不怕你嫌我如今老爺不過這麼管你一管老太々護在頭里當日老爺小時挨你爺々的打誰沒看見的老爺小時何曾像你這麼天不怕地不怕的了還有那大老爺雖然淘氣也沒像你這扎窩子的樣兒也是天々打還有東府里你珍哥兒的爺々那纔是火上澆油的性子說声惱了什麼兒子竟是審賊如今我眼里看着耳躲里听着那珍大爺管兒子到也像當日老祖宗的規

矩只是管的到三不着兩的他自己也不管一管自己這些兄弟侄

兒怎麼怨的不怕他你心里（要）明白（就）喜歡我說（這个話要）不明（白）嘴裡不好意思心里

不知怎麼罵我呢正說着只見賴大家的來了接着周瑞家的張

材家的都進來回事情鳳姐兒笑道媳婦來接婆婆來了賴大

家的笑道不是接他老人家到是打聽打聽奶奶姑娘們賞臉不

賞臉賴嬤嬤聽了笑道可是我糊塗了正緊（經）（特來）說的話且不說且說

陳穀子爛芝蔴的混搗熟（鬼）因為我們小子選了出來衆親友要給

他賀喜少不得家裡擺个酒我想擺一日酒請這个也不是請那个也

不是又想了一想托主子洪福想不到的這樣榮耀就傾了家我也

是願意的因此分付他老子連擺三日（酒）頭一日在我們破花園子里擺

幾席酒一台戲請老太々太々們奶々姑娘們去散一日悶外頭大厛上一台戲擺几席酒請老爺們爺們去爭々光第二日再請親友第三日再把我們兩府里的伴兒們請一請熱鬧三天也是托着主子的洪福一場光輝々々李紈鳳姐兒都笑道多早晚的日子我們必去只怕老太々高興要去也定不得賴大家的忙道擇了十四的日子只々看我們奶々的老臉罷了鳳姐笑道別人不知道我是一定去的先說下我是沒有賀礼的呢賴大家的道奶々要賞我們三二萬銀子就有了賴嬷々笑道我纔去請老太々老太々也說去可笑我這臉還好說畢又叮嚀了一回方起身要走因々看見周瑞家的便想起一事來因說道可是還有一句話問奶々這周嫂子的兒子犯了什麼不是攆了他不

周鳳姐兒听了咲道正是我要告訴你媳婦事情多也忘了賴嫂子回去說給你老頭子兩府里不許收留他小子叫他各人去罷賴大家的只得答應着周瑞家的忙跪下央求賴嬷嬷忙道什庅事說給我評評鳳姐兒道前日我生日裡頭还沒吃酒他小子先醉了老娘那邊送了礼來他不說在外頭張罷（羅）他到坐着罵人礼也不送進來兩個女人進來了他纔帶着小么們往里抬小么們倒好他們的一盒子到失了手撒了一院子饅頭人去了打發彩明去說他他到罵了彩明一頓這樣無法無天的忘八羔子不攆了作什庅賴嬷嬷笑道我當什庅事情原來為這个奶奶听我說他有不是打他罵他使他改過攆了去斷乎使不得他又比不得是偺們家的家生子兒他現是太太的陪房

奶〻只催攆了他太〻臉上不好看依我說奶〻教導他幾板子以戒下次仍舊留着他纔是不看他娘也看太〻鳳姐兒听說便問向賴大家的說道既這樣打他四十棍以後不許他吃酒賴大家的答應了周瑞家的磕頭起來又要與賴嬤〻磕頭賴大家的拉着方罷然後他三人去了李紈等也就回園中來至晚果然鳳姐命人找了許多舊收的畫具出來送至園中寶釵等選了一回各色東西可用的只有一半將那一半又開了單子與鳳姐兒去照樣置買不必細說一日外面礬了絹起了稿子進來寶玉每日便在惜春這里幫忙（自忙不暇又加工一幫字何笑可笑所謂春秋筆法）探春李紈迎春寶釵等也常往那里閑坐一則觀畫二則便于會面寶釵因見天氣涼爽夜復漸長（復字妙補出寶釵每年夜長之事皆春秋字法也）遂至母親房中商議打点些針線來日間及至賈母處王

夫人處肴(定省)後两次不免又承色(歡)陪坐閒話半時園中姊妹處也要度(畢)時閒話

一回故日間不大得閒每夜燈下女工必至三更方寝(代下收夕)寫針線下商議二字直將寡母訓女多少溫存活現在紙上不寫阿獃兄已見阿獃兄終日醉飽優游怒則吼喜則躍家務一槩無聞之形景畢露矣春秋筆法

代玉每歲至春分秋分之後必犯嗽疾今秋(歲)又遇賈母高興多遊玩了两次未免過勞了神近日又復嗽起來覺得比往常又重所以總不出門只在自己房中將養有時悶了又盼個姊妹來說些閒話排遣及至寶釵等來望候他說不得三五句話又厭煩了衆人都体諒他病中且素日形体態(太)弱禁不得一些委屈所以他接待不周礼數粗忽也都不苛責這日寶釵來望(看)他因說起這病症來寶釵道這里走(的)幾个太醫雖都还好只是你吃他們的藥總不見效不如再請一个高明的人來瞧一瞧治好了豈不好每年間鬧一春(一)夏又

不老又不小成什庅不是个常法代玉道不中用我知道我这樣病是不能
好的了且别說病只論好的日子我是怎庅形景就可知了寶釵點頭道
可正是这話古人說食穀者生你素日吃的竟不能添養精神氣血
也不是好事代玉嘆道生死有命富貴在天也不是人力可强的今
年比往年反覺又重了些似的說話之間已咳嗽了兩三次寶釵道昨兒我
看你那藥方上人參肉桂覺得太多了雖說益氣補神也不宜太热依
我說先以平肝建胃為要肝火一平不能尅土胃氣無病飲食就可
以養人了每日早起拏上等燕窩一兩氷糖五錢用銀銚子熬出粥来
若吃慣了比藥还强最是滋陰補氣的代玉嘆道你素日待人固然是
極好的然我最是个多心的人只當你心里藏奸從前日你說看襍書

不好又勸我那些好話竟大感激你往日竟是我錯了實在悮到如今細
細筭来我母親去世的早又無姉妹兄弟我長了今年十五歲代玉纔十五歲記清
竟沒一個人像你前日的話教導我怨不得雲了頭說你好我往日
見他讚你我還不受用昨兒我親自經過纔知道了比如若是你說了
那個我再不輕放過你的你竟不介意反勸我那些話可知我竟自悮
了若不是從前日看出来今日这話再不對你說你方纔說叫我吃燕窩
粥的話雖然燕窩易得但只我因身上不好了每年犯这個病也沒
什庅要緊的去處請大夫熬藥人參肉桂已經閙了個天翻地覆這會子我
又興出新文来熬什庅燕窩粥老太太太太鳳姐姐這三個人便沒話說
那些底下的老婆子了頭們未免不嫌我太多事了你看這里這些人

因見老太〻多疼了寶玉和鳳丫頭兩個他們尚虎視眈〻背地里言
三語四的何況於我況我又不是他們這里正緊經主子原是無依無靠
投奔了来的他們已經多嫌着我了如今我還不知進退何苦叫他們
呪我寶釵道這樣說我也是和你一樣代玉道你如何比我你又有
母親又有哥〻這里又有買賣地土家里又仍舊有房有地你不
過是親戚的情分白住了這里一應大小事情又不沾他們一文半
個要走就走了我是一無所有吃穿用度一草一紙皆是和他們家
的姑娘一樣那起小人豈有不多嫌的寶釵笑道將来也不過多
費得一付嫁庄罷了如今也愁不到這裡寶釵此一戲直抵過通部代玉之戲寶釵矣又懇切
又真情又平和又雅致又不穿鑿又不牽强代玉因識得寶釵後方吐真情寶釵亦識得代玉後方肯戲也此是大關節大章法非細心看不出
細心二人此時好看之極真

是兒女小意中喁々也

代玉聽了不覺紅了臉笑道人家纔拏你當個正經人把心里的煩難告訴你聽你反拿我取笑兒寶釵笑道雖是取笑兒却也是真話你放心我在這里一日我與你消遣一日你有什庅委屈煩難只管告訴我々能解的自然替你解一日我雖有個哥々你也是知道的只有個母親比你畧強些僧們也筭得同病相怜你也是個明白人何必作司馬牛之嘆通部衆人必從寶釵之評方定然寶釵亦必從顰兒之評始可何妙之至你纔說的也是多一事不如省一事我明日家去和媽々說了只怕我們家里還有與你送幾両每日吖了頭們就熬了又便宜又不驚師動衆的代玉忙笑道東西事小難得你多情如此寶釵道這有什庅放在口里的只愁我人々跟前失于應候罷了只

怕你煩了我且去了罷代玉道晚上再來和我說句話兒寶釵答應着便去了不在話下這里代玉喝了兩口稀粥仍歪在床上不想日未落時天就變了淅淅瀝瀝下起雨來秋霖脉脉陰晴不定那天漸漸的黄昏且陰的沉黑兼着那雨滴竹梢更覺凄凉知寶釵不能来便在燈下隨便拿了一本書却是樂府襍稿有秋閨怨別離怨等詞代玉不覺心有所感亦不禁發于章句遂成代別離一首擬春江花月夜之格乃名其詞曰秋窗風雨夕其詞曰

秋花慘淡秋草黄　耿耿秋燈秋夜長　已覺秋窗秋不盡
那堪風雨助凄涼　助秋風雨來何速　驚破秋窗秋夢綠
抱得秋情不忍眠　自向秋屏移淚燭　淚燭搖搖爇短檠

牽愁照恨動離情　誰家秋院無風入　何處秋窗無雨聲
羅衾不奈秋風力　殘漏聲催秋雨急　連宵脉脉復颼颼
燈前似伴離人泣　寒烟小院轉蕭條　疏竹虛窗時滴瀝
不知風雨幾時休　已教淚洒窗紗濕

吟罷擱筆方要安寢丫鬟報說寶二爺來了一語未完只見寶玉頭上帶着大箬（斗）笠身上披着簑衣代玉不覺笑了那里來的漁翁寶玉忙問今兒好些（一句）吃了藥沒有（兩句）今兒一日吃了多少飯（三句）一面說一面摘了笠脫（了）簑（衣）忙一手舉起燈來（用手）遮住燈光向代玉臉上照了一照覷着眼細瞧了一瞧笑道今兒氣色好了些代玉看脫了簑衣里面只穿半舊紅綾短襖繫着綠汗巾

子膝上露出撒花褲子底下是掐金滿繡的綿紗襪子靸著蝴蝶
落花鞋代玉問道上頭怕雨底下这鞋襪子是不怕雨的也到乾淨
宝玉笑道我这一套是全的有一雙棠木屐纔穿了来脫在廊
簷上了代玉又看那簑衣斗笠不是尋常市上賣的十分細緻輕
巧因說道是什庅草編的怪道穿上不像那刺蝟似的寶玉
道这三樣都是北靜王送的他閒了下雨時在家里也是这樣
你喜歡這個我也弄一套来送你别的都罷了惟有这斗笠
有趣竟是活的頭上的這頂兒是活的冬天下雪帶上帽子就
把竹信子抽了去下頂子来只剩了这圈子下雪時男女都帶
得我送你一頂冬天下雪帶代玉笑道我不要他帶上那個就

成了個畫兒上畫的和戲上扮的漁婆兒了及許了出来方想起話未忖奪度與方總說寶玉的話相連後悔不及羞的臉飛紅便伏在桌子上嗽個不住〔妙極之文使代玉自己直說出夫妻来却又云畫的扮的本是閒談却是暗隐不吉之兆所謂畫兒中愛寵是也誰曰不然〕寶玉却不留心〔必云不留心方好方是宝玉若着心又有何文字且直是一時〻獵色一賊矣〕因見案上有詩遂拿起来看了一遍又不禁叫好代玉聽了忙起来奪在手内向燈上燒了寶玉笑道我已背熟了燒也無碍代玉道我也好了許多謝你一天来幾次瞧我下雨還来這會了夜深了我也要歇着你且請回去明兒再来寶玉聽說回手向懷中掏出一個核桃大小的一個金表来瞧了一瞧那針已指到戌末亥初之間忙又揣了說道原該歇了又攪鬧的你勞了半日神說着披簑帶笠出去了又番身進来問道你想什庅吃告訴我〻明兒一早回老太〻豈不比老婆子們說的

明白直與後部寶釵之文遥々針對　想彼姊妹房中婆子丫環皆有隨便喈可遣使令寶玉獨云婆子而不云丫環者心内已度定丫環之為人一言一事無論大小是方無錯謬者也一何可笑

代玉笑道等我夜里想着了明兒早起告訴你你聽雨越發緊了快去罷可有人跟着沒有々兩個婆子答應有人外面拿着傘點着燈籠呢代玉笑道这個天點燈籠寶玉道不相干是明瓦的不怕雨代玉聽說回首向書架上把個玻璃綉毬燈拏了下来命點一支小蠟来遞與寶玉道这個又比那個亮正是雨地里點的寶玉道我也有這庅一個怕他們失脚滑倒了打破了所以沒點来代玉道跌了燈值錢跌了人值錢你又穿不慣木屐子那燈籠命他們前頭照着這個又輕巧又亮原是雨地里自己拿着的你自己手里拿着這個豈不好明兒再送来就是失了手也很有限的怎庅樣忽然又變

出在這里剖腹藏珠的脾氣來寶玉聽說連忙接了過來前頭兩個婆
子打着傘提着明瓦燈後頭還有兩個小丫嬛打着傘寶玉
便將這個燈遞與一個小丫頭捧着寶玉扶着他的肩一逕去了就
有蘅蕪苑的一個婆子也打着傘提着燈送了一大包上等燕
窩來還有一包子潔粉梅片雪花洋糖說這比買的強姑娘說
了姑娘先吃着完了再送了代玉回說費心命他外頭坐了吃茶
婆子笑道不吃茶了我還有事呢代玉笑道我也知道你們忙
如今天又涼夜又長越發該會個夜局痛賭兩場子婆子笑道
不瞞姑娘說今年我大沾光兒了橫豎每夜各處有幾個上
夜的人悮了便也不好不如會夜局又坐了更又解悶今兒又是

我的頭家如今園門關了就該上場了几句閑話將渾々大宅夜間所有之事描寫一畫雖偌大一園且值秋冬之夜豈不寥落哉今用老嫗數語更寫得每夜深人定之後各處光燦爛人烟簇集柳陌之巷之中或提燈同酒或寒月烹茶者竟仍有絡繹人跡不絕不但不見寥落且覺更勝于日間繁華矣此是大宅妙景不可不寫出又伏下後文且又趁出後文之冷落此閑話中寫出正是不寫之寫也脂硯齋評

代玉聽說笑道難為你悮了你發財冒雨送来命人給他几百錢打些酒吃避々雨氣那婆子笑道又破費姑娘賞酒吃說着磕了一個頭外面接了錢打傘去了紫鵑收起燕窝然後移燈下簾伏侍代玉睡下代玉自在枕上感念宝釵一時又羨他有母兄一面又想宝玉雖素習和睦終有嫌疑又聽見窓外竹稍蕉葉之上雨聲淅瀝清寒透幕不覺又滴下泪来直到四更將闌方漸々的睡了暫且無話要知端的

脂硯齋重評石頭記

此回亦有本而筆非泛〻之筆也

只看他題綱用尷尬二字于邢夫人可知包藏含蓄文字之中

莫能量也

脂硯齋重評石頭記卷之

第四十六回

尷尬人難免尷尬事　鴛鴦女誓絕鴛鴦偶

話說林代玉直到四更將闌方漸漸的睡去暫且無話如今且說鳳姐兒因見邢夫人叫他不知何事忙另穿帶了一番坐車過來邢夫人將房內人遣出悄向鳳姐兒道叫你來不為別事有一件為難的事老爺托我我不得主意先和你商議老爺因看上了老太太的使鴛鴦要他在房里叫我和老太太討去我想這倒平常有的事只是怕老太太不給你可有法子鳳姐兒聽了忙道依我說竟別碰這個釘子去老太太離了鴛鴦飯也吃不下去的那里就捨得了況且平

日說起閒話来老太〻常說老爺如今上了年紀作什庅左一個小老
婆右一個小老婆放在屋里沒的躭悞了人家放着身子不保
養官兒也不好生作去成日家和小老婆喝酒太〻聽這話很
喜歡老爺呢这會子廻避还恐廻避不及到拿草棍兒戳老
虎的鼻子眼兒去了太〻别惱我是不敢去的明放着不中用.
而且反招出沒意思来老爺如今上了年紀行事不妥太〻該
勸纔是比不得年輕作这些事無碍如今兄弟姪兒〻子孫
子一大群還這庅鬧起来怎樣見人呢邢夫人冷笑道大
家子三〻房四妾的也多偏偺們就使不得我勸了也未必依
就是老太〻心愛的了頭這庅鬍子蒼白了又作了官的一

個大兒子要了作房里人也未必好駁回的我吽了你來不過
商議〻〻你先派上了我一篇不是也有吽你要去的理自然是我說去
你到說我不勸你還不知道那性子的勸不成先和我閙(惱)了鳳姐兒
知道邢夫人稟性愚強只知承順賈赦以自保次則婪取財貨
為自得家下一應大小事務俱由賈赦擺佈凡出入銀錢事務
一經他手便剋嗇異常以賈赦浪費為名須得我就中儉省
方可償補兒女奴僕一人不靠一言不聽的如今又聽邢夫人
如此的話便知他又弄左性子勸了不中用連忙陪笑說道太〻
這話說的極是我能活了多大知道什庅輕重想來想(相)父
母跟前別說一個了頭就是那庅大的諾(活)宝貝不給老爺給

誰背地里的話那里信得我竟是個獃子璉二爺或有日得了
不是老爺太々恨的那樣恨不得立刻拿来一下子打死及至
見了面也罷了依舊婣着老爺太々心愛的東西賞他如今
老太々代老爺自然也是那樣了依我說老太々今兒喜歡
要討今兒就討去我先過去哄着老太々發笑等太々過去了
我搭赸着走開把屋子〔里〕的人我也代〔帶〕開太々好和老太々說的
給了更好不給也沒方碍衆人也不知道邢夫人見他這般說便
又喜歡起来又告訴他道我的主意先不和老太々要老太々要
說不給這事便〔作〕死了我心里想着先悄々的和鴛鴦說他雖害
燥我細々的告訴了他々自然不言語就妥了那時一冉和老太

太說老太〻雖不依擱不住他愿意常言人去不中留自然這就安了鳳姐兒笑道到底是太〻有智謀這是千妥萬妥的別說是夗央憑他是誰那一個不想巴高望上不想出頭的這半個主子不做倒愿意做個丫頭將来配個小子就完了邢夫人笑道正是這個話了別說夗央就是那些執事的大丫頭誰不愿意這樣呢你先過去別露一点風聲我吃了晚飯就過来鳳姐兒暗想夗央素習是个可惡的雖如此說保不嚴他就愿意我先過去了太〻後過去若他依了便沒話說倘或不依太〻是多疑的人只怕就疑我走了風聲使他拿腔作勢的那時太〻又見了應了我的話羞惱變成怒拿我出起氣来到沒意思不如同着一齊過去了他依也罷不依也罷就疑不到我身上了想畢因笑道方纔臨来的時候舅母那邊送了兩籠子鵪鶉我吩咐他們炸了原要赶太〻晚飯上送

過来的我纔進大門時見小子們抬車説太々的車抜了纔拿去収拾去了不
如這會子坐了我的車一齊過去到好邢夫人聽了便命人来換衣服鳳姐忙
着伏侍了一回娘兒兩个坐車過来鳳姐兒又説道太々過老太々那里去我
若跟了去老太々若問起我過去作什麽的到不好不如太々先去我脱了衣
裳再来邢夫人聽了有理便自往賈母處和賈母説了一回閒話便出来假托
往王夫人房裡去從後門出去打夗央的卧房前過只見夗央正然坐在那裏做
針線見了邢夫人忙站起来邢夫人笑道做什麽呢我瞧々你植的花兒越發
好了一面説一面便接他手内的針線瞧了一瞧只嘗讚好放下針線又渾身
打量他只見他穿着半新的藕合色的綾子襖兒青緞子掐牙子背心下面水緑裙子蜂腰削
背鴨蛋臉面烏油頭髮高々的鼻子兩邊腮上微々的幾点雀班鴛鴦見這般

看他自已到不好意思起来心里便覺咤意因笑問道太〻這田子不早不晚的過来做什麼邢夫人使個眼色兒跟的人退出去邢夫人便坐下拉着夗央的手笑道我特来給你道喜来了夗央聽了心中已猜着三分不覺紅臉低了頭不發一言听邢夫人道你知道你老爺跟前竟没有個可靠的人（說浔浔体我正想開口一句不知如何說如此則妙極是極如聞如見）心里再要買一個又怕那些人牙子家出来的不干不净也不知道毛病兒買了来家三日兩日又要肏鬼吊猴的因滿府裏要挑一個家生女兒収了又没個好的不是模樣兒不好就是性子不好有了這个好處没了那個好處因此冷眼選了半年這些女孩子里頭就只是你是个尖兒模様兒行事作人温柔可靠一概是齊全的意思要和老太〻討了你去収在屋裡你比不淂外頭新買的你這一進去了進門就開了臉就封你姨娘又体面

又尊貴你又是個要强的人俗語說的金子終淂金子換誰知竟被老爺看重了你如今這一來你可遂了素日志大心高的願了也堵一堵那些嫌你的人的嘴跟了我囬老太〻去說着拉了他的手就要走夗央紅了臉奪手不行邢夫人知他害燥因又說道這有什麽燥處你又不用說話只跟着我就是了夗央只低了頭不動身邢夫人見他這般便又說道難道你不愿意不成若果然不愿意可真是個傻丫頭了放着主子奶〻不作到愿意作了頭三年二年不過配上一個小子還是奴才你跟了我們去你知道我的性子又好又不是那不容人的人老爺待你們又好過一年半載生下個一男半女你就和我並肩了家里人你要使喚誰〻還不動現成主子不做去錯過這個機會後悔就遲了夗央只管低了頭仍是不語邢夫人又道你這麽個響快人怎麽又這樣積粘起

来有什麼不稱心之處只管說與我〻〻管你遂心如意就是了夗央仍不語邢夫人又笑道想必你有老子娘你自已不肯說話怕燥你等他們問你這也是理讓我問他們去叫他們来問你有話只管告訴他們說畢便往鳳姐兒房中来鳳姐兒早換了衣服因房内無人便將此話告訴了平兒平兒也搖頭笑道據我看此事未必妥當平常我們背着人說起話来聽他那主意未必是肯的也只說着瞧罷了鳳姐兒道太〻必来這屋裏商議依了還可若不依白討個燥當着你們豈不臉上不好看你說給他們炸鵪鶉再有什麼配几樣預備吃飯你且別處逛〻去估量着去了再来平兒聽說照樣傳給婆子們便逍遥自在的往園子裏来這里夗央見邢夫人去了必在鳳姐兒房里商議去了必定有人来問他的不如躲了這里終不免女兒氣不知躲在那里方無人来羅皂寫得可憐可愛因找了琥珀說道老太

太要問我只說我病了没吃早飯往園子里俇々就来琥珀答應了丫头也往園子里来各處遊玩不想正遇見平兒平兒因見無人便笑道新姨娘来了丫头聽了便紅了臉說道怪道你們串通一氣来筭計我等着我和你主子鬧去就是了平兒聽了自悔失言便拉他到楓樹底下（随筆帶出妙景正愁園中草木黄落不想看此一句便恍如值身于千霞萬錦絳雪紅霜之中矣）坐在一塊石上越性把方纔鳳姐過去回来所有的形景言詞始末原由告訴於他丫头紅了臉向平兒冷笑道這是偺們好比如襲人琥珀素雲紫綃彩霞玉釧兒麝月翠墨跟了史姑娘去的翠縷死了的可人和金釧去了的茜雪（余按此一算亦是十二釵真鏡中花水中月雲中豹林中之鳥穴中之鼠無數可考無人可指有跡可追有形可據九曲八折遠響近影迷離烟灼縱橫隱現千奇百怪眩目移神現千手千眼大遊戲法也脂硯齋）連上你我這十来個人從小兒什麼話兒不說什麼事兒不作這如今因都大了各自幹各自的去了（此語已可傷犹未各自幹各自）

去後日更有各自之處也知之乎然我心裏仍是照舊有話有事並不瞞你們這話我且放在
你心里且別和二奶〻說別說大老爺要我做小老婆就是太〻這會子死了
他三媒六聘証的娶我去作大老婆我也不能去平兒方欲笑荅道只聽山石背
後哈〻的笑道好個沒臉的丫頭虧你不怕牙磣二人聽了不免吃了一驚忙
起身向山子石背後找尋不是別個却是襲人笑着說了出來問什麼事情告訴
我說着三人坐在石上平兒又把方纔的話說與襲人听道真〻這話論理不
該我們說這個大老爺太好色了畧平頭正臉的他就不放手了平兒道你既
不愿意我教你個法子不用費事就完了鴛鴦道什麼法子你說來我聽平兒
笑道你只和老太〻說就說已經給了璉二爺了大老爺就不好要了鴛鴦啐
道什麼東西你還說呢前兒你主子不是這麼混說的誰知應到今兒了襲人

笑道他們兩個都不愿意我就和老太〻說叫老太〻說把你已經許了寶玉了大老爺也就死了心了夗央又是氣又是燥又是急因罵道兩個蹄子不得好死的人家有為難的事拿着你們當正經人告訴你們與我排解排解你們到替換着取笑兒你們自為都有了結果了將来都是做姨娘的據我看天下的事未必都遂心如意你們且收着些兒別特樂過了頭兒二人見他急了忙陪笑央告道好姐〻別多心偺們從小兒都是親姊妹一般不過無人處偶然取個笑兒你的主意告訴我們知道也好放心夗央道什麼主意我只不去就完了平兒摇頭道你不去未必得干休大老爺的性子你是知道的雖然你是老太〻房裡的人此刻不敢把你怎樣將来難道你跟老太〻一輩子不成也要出去的那時落了他的手到不好了夗央冷笑道老太〻在一日我一日不離

這里若是老太〻歸西去了他橫豎還有三年的孝呢沒個娘纔死了他先放小老婆的筭過三年知道又是怎麼個光景那時再說總到了至急為難我剪了頭髮作姑子去不然還有一死一輩子不嫁男人又怎麼樣樂得干淨呢平兒襲人笑道真這蹄子沒了臉越發信口兒都說出来了死央道事到如此燥一會怎麼樣你們不信慢〻的看着就是了太〻纔說了找我老子娘去我看他南京找去平兒道你的父母都在南京看房子沒上来終久也尋的着現在還有你哥〻嫂子在這里可惜你是這里的家生女兒不如我們兩個人是單在這里死央道家生女兒怎麼樣牛不吃水强按頭我不願意難道殺我的老子娘不成正說着只見他嫂子從那邊走来襲人道當時找不着你的爹娘一定和你嫂子說了死央道這個娼婦尚嘗是個九國販駱駝的聽了這話他有

個〔不〕奉承去的說話之間已来到跟前他嫂子笑道那里没我到姑娘跑了這里来你跟了我来我和你說話平兒襲人都忙讓他坐〔着他〕嫂子說姑娘們請坐我找我們姑娘說句話襲人平兒都裝不知道笑道什麼〔話〕這樣忙我們這里猜謎兒贏手〔到〕批子打呢等猜了這個再去兒央道什麼話你說罷他嫂子笑道你跟我来到那里我告訴你横竪有好話兒兒央道可是大太太和你說的那話他嫂子笑道姑娘既知道還奈何我快来我細細的告訴你可是天大的喜事兒央聽說立起身来照他嫂子臉上下死勁啐了一口指着他罵道你快夹着毴〔你那〕嘴離了這里好多着呢什麼好話宋徽宗的鷹趙子昂的馬都是好畫兒什麼喜事状元痘兒灌的漿〔兒足〕又滿是喜事怪知道成日家羡慕人家女兒作了小老婆一家子都仗着他横行霸道的一家子都成了小老婆了看的眼

熱了也把我送在火坑裏去我若得臉呢你們在外頭橫行霸道自己就封自
己是舅爺了我若不得臉敗了時你們把忘八脖子一縮生死由我一面說
一面哭平兒襲人攔着勸他嫂子臉上下不来因說道愿意不愿意你也好說
不犯着牽三掛四的俗語說當着矮人別說短話姑奶〻罵我〻不敢還言這
二位姑娘並沒惹着你小老婆長小老婆短人家臉上怎麼過得去襲人平兒
忙道你到別這麼說他也並不是說我們你到別牽三掛四的你听見那位太
〻太爺們封了我們做小老婆了況且我們兩個也沒有爹娘哥〻兄弟在這門子
里仗着我們橫行霸道的他罵的人自有他罵的我們犯不着多心鴛央道他
見我罵了他〻燥了沒的盖臉又拿話挑唆你們兩個幸虧你們兩個明白
原是我急了也沒分別出来他就挑出這個空兒来他嫂子自覺沒趣賭氣去

了夗央氣得還罵平兒襲人勸他一回方纔罷了平兒因問襲人道你在那里
藏着做甚麼的我們竟沒看見你襲人道我因為往四姑娘房里瞧我們寶二爺
去的誰知遲(去)了一步說是来家里来了我疑惑怎么不遇見呢想要往林
姑娘家里找去又遇見他的人說也沒去我這里正疑惑是出園子去了可巧
你從那里来了我一閃(你)他也沒看見後来他又来了我從這樹(後)頭走到山子石
後我却見你兩個說話来了誰知你們四個眼睛沒見我一語未了又听身後
笑道四個眼睛沒見你〻們六個眼睛竟沒(有睛)見我(全)三人唬了一跳回身一看
不是别個正是寶玉走来（通部情案皆必從石兄挂號然各有各稿穿插神妙）襲人先笑道(叫)我好找你(往)
那里(去)来(着)寶玉笑道我從四妹〻那里出来迎頭看見你来了我就知道是找我
(来了)去的我就藏了起来(要)哄你看你(低)着頭過去了進了院子就出来了逢人就

問我在那里好笑只䒤你到了跟前唬你一跳的後来見你也藏〻躲〻的我就知道也是要哄人了我探頭往前看了一看却是他兩個所以我就遶到你身後你出去我就躲在你躲的那里了平兒笑道偺們再往後找〻去只怕還找出兩個人来也未可知寶玉笑道這可再沒了鴛鴦已知話俱被寶玉聽了只伏在石頭上粧睡寶玉推他笑道這石頭上冷偺們回房里去睡豈不好說着拉起鴛鴦来又忙讓平兒来家坐吃茶平兒和襲人都勸鴛鴦走鴛鴦方立起身来四人竟往怡紅院来寶玉將方纔的話俱已聽見心中自然不快只默〻的歪在床上任他三人在外間說笑那邊邢夫人因問鳳姐兒鴛鴦的父母姐因回說他爹的名字叫金彩（姓金名彩由鴛鴦二字化出因文而生文也）兩口子都在南京看房子從不大上京他哥〻名叫金文翔妙更現在是老太太那邊的買辦他嫂子也是老

太〻那邊漿洗的頭兒只夗央一家寫的榮府中人各有各職如目已睹邢夫人便令人叫了他嫂子金文翔媳婦来細〻說與他金家媳婦自是喜歡興〻頭〻找夗央只望一說必妥不想被夗央搶白一頓又被襲人平兒說了几句羞惱回来便對邢夫人說不中用他到罵了我一場因鳳姐兒在傍不敢提平兒說了襲人也帮着他搶白我也說了許多不知好歹的話回不得主子的太〻和老爺商議再買罷諒那小蹄子也沒有這麼大福我們也沒有這麼大造化邢夫人聽了因說道又與襲人什麼相干他們如何知道的又問還有誰在跟前金家的道還有平姑娘鳳姐兒忙道你不該拿嘴巴子打他回来我一出了門他就逛去了回家来連一個影兒也摸不着他〻必定也帮着說什麼呢金家的道平姑娘沒在跟前遠〻的看着到像是他可也不真切不過是我白忖度鳳姐便命人去快打了

他来告訴他我来家了太〻也在這里請他来帮個忙兒豐兒忙上来回道林
姑娘打發了人下請字請了三四次他才去了奶〻一進門我就呌他去的林
姑娘説告訴你奶〻我煩他有事呢鳳姐兒聽了方罷故意的還説天〻煩他
有些什麼事邢夫人無計吃了飯回家晚間告訴了賈赦賈赦想了一想即刻
呌賈璉来説南京的房子還有人看着不止一家即刻呌上金彩来賈璉回道
上次南京信来金彩已經得了痰迷心殺那邉連棺材銀子都賞了不知如今
是死是活便是活着人事不知呌来也無用他老婆子又是個聾子賈赦听了喝
了一聲又罵下流囚攮的偏你這麼知道還不離了我這里唬得賈璉退出一
時又呌傳金文翔賈璉在外書房伺候着又不敢家去又不敢見他父親只得
聽着一時金文翔来了小幺兒們直帶入二門里去隔了五六頓飯的工夫才

出来去了賈璉暫且不敢打聽隔了一會又打聽賈赦睡了方纔過来至晚間
鳳姐兒告訴他方纔明白鴛鴦一夜没睡至次日他哥々回賈母接他家去逛
々賈母允了命他出去鴛鴦意欲不去又怕賈母疑心只得勉强出来他哥々只
得將賈赦的話說與他又許他怎麼體面又怎麼當家作姨娘鴛鴦只咬定牙
不愿意他哥々無法少不得去回覆了賈赦賈赦怒起来因說道我這話告訴
你叫你女人向他說去就說我的話自古嫦娥愛少年他必定嫌我老了大約
他戀着少爺們多半是看上了寶玉只怕也有賈璉果有此心叫他早々歇了
心我要他不来此後誰還敢収此是一件第二件想着老太々疼他將来自然
往外聘作正頭夫妻去叫他細想憑他嫁到誰家去也難出我的手心除非他
死了或是終身不嫁男人我就伏了他若不然時叫他趁早回心轉意有多少

好處賈赦說一句金文翔應一般是賈赦道你別哄我〻明兒還打發你太〻
過去問鴛鴦你們說了他不依便沒你們的不是若問他〻再依了仔細你的
腦袋金文翔忙應了又應退出回家也不等得告訴他女人轉說竟自己對面
說了只〔這些〕話把個鴛鴦氣的無話可回想了一想便說道便愿意去也須得你們
帶了我回般老太〻去他哥嫂聽了只當回想過來都喜之不勝他嫂子即刻
帶了他上來見賈母可巧王夫人薛姨媽李紈鳳姐兒寶釵等姊妹並外頭的
几個執事有頭臉的媳婦都在賈母跟前湊趣兒呢鴛鴦喜之不盡拉了他嫂
子到賈母跟前跪下一行哭一行說把邢夫人怎麼來說園子里他嫂子又如
何說今兒他哥〻又如何說因為不依方纔大老爺越性說我恋着寶玉不
然要等着往外聘我到天上這一輩子也跳不出他的手心去終久要報仇我

是横〔恒〕了心的當着衆人在這里我這一倍〔輩〕子莫説是寶玉便是寶金寶銀寶天
王寶皇帝〔我〕横竪不嫁人就完了就是老太〻逼着我〻一刀抹死了也不能從
命若有造化我死在老太〻之先若没造化該〔是〕討吃的命伏侍老太〻歸了西
我也不跟着我老子娘哥〻去我或是尋死或是剪〔鉸〕了頭髮當尼姑去若説我
不是真心暫且拿話来支吾日後再圖天〔别的〕地鬼神日頭月亮照着膝子從膝子
里頭長疔爛了出来爛化成醬在這里原来他一進来時便袖了一把剪子一
面説着一面左手打開頭髮右手便鉸衆婆娘丫鬟忙来拉住已剪下半綹
来了衆人看時幸而他的頭髮極多鉸的不透連忙替他挽上賈母听了氣的
渾身亂战口内只説我通共剩了這麽一個可靠的人他們還要来筭計因見
王夫人在傍便向王夫人道你們原来都是哄我的外頭孝敬暗地里盤筭我

有好東西也来要有好人也要剩了這麼個毛了頭見我待他好了你們自然氣不過弄開了他好擺弄我王夫人忙站起来不敢還一言（千奇百怪王夫人亦有罪乎老人家遷怒之言必應如此）薛姨媽見連王夫人怪上反不好勸的了李紈一聽見夗央的話早帶了姊妹們出去探春有心的人想王夫人雖有委曲如何敢辯薛姨媽也是親姊妹自然也不好辯的宝釵也不便為姨母辯李紈鳳姐寶玉一槩不敢辯這正用着女孩兒之時迎春老實惜春小因此窓外聽了一聽便走進来陪笑向賈母道這事與太太什麼相干老太太想一想也有大伯子要收屋里的人兒小嬸子如何知道便知道也推不知道猶未說完賈母笑道可是我老糊塗了姨太太別笑話我你這個姐姐他極孝順我不像我那大太太一味怕老爺婆婆跟前不過應景兒可是委屈了他薛姨媽只答應是又說老太太偏心多疼

小兒子媳婦也是有的賈母道不偏心因又說道寶玉我錯怪了你娘你怎麼
也不提我看着你娘委屈寶玉笑道我偏着娘說大爺大娘不成通共一個不
是我娘在這里不認卻推誰去我到認是我的不是老太太又不信賈母笑道
這也有理你快給你娘跪下你說太太到委屈了老太太有年紀了看着寶玉
罷寶玉听了忙走過便跪下要說王夫人忙笑着拉他起來說快起來快起來
斷乎使不得終不成你替老太太給我賠不是不成寶玉听說忙站起來
了賈母又笑道鳳姐兒也不提我阿鳳也有了罪文所謂名頭記不是作出來的奇奇怪怪之鳳姐兒笑道
我到不派老太太的不是老太太到尋上我了賈母听了與衆人都笑道奇也
奇了到要聽聽這不是鳳姐兒道誰教老太太會調理的水葱兒似的怎麼怨
得人要我拿虧是孫子媳婦若是孫子我早要了還等到這會子呢賈母笑

道這到是我的不是了鳳姐兒笑道自然是老太〻的不是了賈母笑道這樣我也不要了你帶了去罷鳳姐兒道等着修了這輩子來生托生男人我再要罷賈母笑道你帶了去給璉兒放在屋里看你那沒臉的公〻還要不要了鳳姐兒道璉兒不配就只配我和平兒這一對燒胡了的捲子和他混罷說的衆人都笑起來了丫鬟回說大太〻來了王夫人忙迎了出去要知端的

脂硯齋重評石頭記卷之

第四十七回

獃霸王調情遭苦打　冷郎君懼禍走他鄉

話說王夫人聽見邢夫人来了連忙迎了出去邢夫人猶不知賈母已知鴛鴦之事正還要来打听信息進了院門早有几個婆子悄悄的回了他他方知道待要回去裏面已知道是来了又見王夫人接了出来少不得進来先與賈母請安賈母一聲兒不言語自己也覺得愧悔鳳姐兒早指一事迴避了鴛鴦也自回房去生氣薛姨媽王夫人等恐礙着邢夫人的臉面也都漸漸的退了邢夫人且不敢出去賈母見無人方說道我听見你替你老爺說媒来了你到也三從四德只是這賢慧也太過了你們如今也是孫子滿眼了你還怕他

勸兩句都使不淂還由着你老爺性兒鬧那夫人滿面通紅回道我勸過幾次不依老太〻還有什麼不知道呢我也是不得已兒賈母道他逼着你殺人你也殺去如今你也想〻你兄弟媳婦本來老寔又生得多病多痛上〻下〻那不是他操心你一個媳婦雖然帮着也是天〻丟下笆兒弄掃帚凡百事情我如今都自己減了他們兩個就有一些不到的去處有鴛鴦那孩子還心細些我的事情他還想着一點子該要去的他就要了來該添什麼的他就瞧空兒告訴他們添了鴛鴦再不這樣他娘兒兩個里頭外頭大的小的那里不忽畧一件半件我如今反到自己操心去不成還是天〻盤筭和你們要東西去我這屋裏有的沒的剩了他一個年紀也大些我凡百的脾氣性格兒他還知道些二則他還投主子們的緣法也並不指着我和這位太〻要衣裳去又和那位

奶〻要銀子去所以這几年一應事情他說什麼從你小嬸兒和你媳婦起以至

家下大〻小小沒有不信的所以不單但我得靠連你小嬸兒媳婦也都省心我有

了這麼個人便是媳婦和孫子媳婦有想不到的我也不得缺了也沒氣可生

了這會子要他去了你們弄個什麼人來我使你們就弄他那麼一個真珠的人

來不會說話也無用我正要打發人和你老爺說去他要什麼人我這裏有錢

叫他只管一萬八千的買就這個了頭不能留下他伏侍我几年就比他日夜

伏侍我盡了孝的一般你來的也巧你就去說更妥當了說畢命人來請

了姨太〻你姑娘們來說個話兒纔高興怎麼又都散了了頭們忙答應着

去了衆人忙赶的又來只有薛姨媽向了鬟道我纔來了又作什麼去呢你就

說我睡了覺了那了頭道好親〻的姨太太姨祖宗我們老太〻生氣呢你

老人家不去没個開交了只當疼我們罷你老人〔家〕嬸么我背了你老人家去薛
姨媽道你鬼頭兒你怕些什麼不過罵几句完了說着只得和這小了頭子走
来賈母忙讓坐又笑道咱們鬭牌〔呀〕姨太太的牌也生咱們一處坐着別叫鳳姐
兒混了我們去薛姨媽笑道正是呢老太太替我看着些兒就是咱們娘兒四
個鬭呢還是再添〔那〕個呢王夫人笑道可不只四個（老寔人言語）鳳姐兒道再添一個
人熱鬧些賈母道叫夗央来叫他在這下手里坐着姨太太眼花了咱們兩個
的牌都叫他瞧着些兒鳳姐兒嘆〔咳了〕了一聲向探春道你們〔白〕知書識字的到不〔会〕覺
筭命探春道這又奇了這會子你到不打點精神贏老太太幾個錢又想筭命
鳳姐兒道我正要筭筭命〔今〕兒該輸多少呢我還想想贏呢你瞧瞧〔这〕場子〔兒上下〕沒上左右
都埋伏下了說的賈母薛姨媽都笑起来一時夗央来了便坐在賈母下手

鴛鴦之下便是鳳姐兒紅毡洗牌告么五人起牌鬭了一回鴛鴦見賈母的牌已十嚴只等一張二餅便遞了暗號與鳳姐兒鳳姐兒正該發牌便故意躊躇了半晌笑道我這一張牌定在姨媽手里扣着呢我若不發這一張再頂不下来的薛姨媽道我手裡並沒有你的牌鳳姐兒道我回来是要察的薛姨媽道你只管察你且發下来我瞧瞧是張什麼鳳姐兒便送在薛姨媽跟前薛姨媽一看是個二餅便笑道我道倒不稀罕他只怕老太太滿了鳳姐兒聽了忙笑道我發錯了賈母笑的已擲下牌来說你敢拿回去誰叫你錯的不成鳳姐兒道可是我要算一算命呢這是自己發的也怨埋伏别人賈母笑道可是呢你自己該打着你那嘴問着你自己纔是又向薛姨媽笑道我不是小器愛贏錢原是個彩頭兒薛姨媽笑道可是不過是這樣那里有那樣糊塗人說老太太愛錢呢鳳姐兒正

数着錢听了這話忙又把錢穿上了向衆人笑道彀了我的了竟不為贏錢單為贏彩頭兒我到底小器輸了就数錢快收起來罷賈母規矩是夗央代洗牌因和薛姨媽說笑不見夗央動手賈母道你怎麼惱了連牌也不替我洗夗央拏起牌來笑道二奶奶不給錢賈母道他不給錢那是他交運了便命小丫頭子把他那一吊錢都拿過來小丫頭子真就拿了擱在賈母傍邊鳳姐兒笑道賞我罷我照数兒給就是了薛姨媽笑道果然是鳳丫頭小器不過是頑兒罷了鳳姐听說便站起來拉着薛母媽回頭指着賈母素日放錢的一個木匣子笑道姨媽瞧瞧那個里頭不知頑了我多少去了這一吊錢頑不了半個時辰那里頭的錢就招手兒叫他了只等把這一吊也叫進去了牌也不用鬪了老祖宗的氣也平了又有正經事差我辦去了話說未完引的賈母衆人笑個

不住偏有平兒怕錢不彀又送了一吊来鳳姐兒道不用放在我跟前也放在
老太ゝ的那一處罷一齊叫進去到省事不用做兩次開箱子里装的錢費事賈母
笑的手裡的牌撒了一桌子推着鴛鴦快叫撕他的嘴平兒依言放下錢也笑
了一回方回来至院門前遇見賈璉問他太ゝ在那里呢老爺叫我請過去呢
平兒忙笑道在老太ゝ跟前呢站了這半日還沒動呢趂早兒丢開手罷老
太ゝ生了半日氣這會子虧二奶ゝ湊了半日趣兒纔畧好了些賈璉道我過
去只說討老太ゝ的示下十四往賴大家取錢去好預備轎子的又請了太ゝ
又湊了趣兒豈不好平兒笑道依我說你竟不去罷合家子連太ゝ寶玉都有
了不是這會子你又填限去了賈璉道已經完了難道還找補不成況且
與我又無干二則老爺親自吩咐我請太ゝ的這會子我打發了人去倘

我知道了正沒好氣呢指着這個拿我出氣罷說着就走平兒見他說得有理也便跟了過来賈璉到了堂屋裡便把脚步放輕了往里間探頭只見那夫人站在那里鳳姐兒眼尖先瞧見了使眼色兒不教他進来又使眼色與那夫人夫人不便就走只得倒了一碗茶来放在賈母跟前賈母一回身賈璉不防便沒躲伶俐賈母便問外頭是誰到像個小子一伸頭鳳姐兒忙起身說我也恍惚看見一個人影兒讓我瞧瞧去一面說一面起身出来賈璉忙進去陪笑道打听老太太十四可出門好預備轎子賈母道既這麼樣怎麼不進来又作鬼作神的賈璉陪笑道見老太太頑牌不敢驚動不過叫媳婦出来問問賈母忙道這一時等他家去你問多少問不得那一遭兒你這麼小心来着又不知是来作耳報神的也不知是来作探子的鬼鬼祟祟的到

唬了我一跳什麽好下流種子你媳婦和我頑牌呢還有半日的空兒你家去
再和那趙二家的商量治你媳婦去罷說着衆人都笑了尤氏笑道鮑二家的
老祖宗又拉上趙二家的賈母也笑道可是我那里記得什麽抱着背着的提
起這些事来不由我不生氣我進了這門子作重孫子媳婦起到如今我也有
了重孫子媳婦了連頭帶尾五十四年憑着大驚大險千奇百怪的事也
經了些〻從沒經過這些事還不離了我這裡呢賈璉一聲兒不敢說忙退了
出来平兒站在窓外悄〻的笑道我說着你不聽到底碰在網裡了正說着只
見邢夫人也出来賈璉道都是老爺鬧的如今都搬在我和太〻身上邢夫人
道我把你沒孝心雷打的下流種子人家還替老子死呢白說了几句（仰.）話你就
抱怨了你還沒遇見他不生氣的時候呢這几日肯生氣仔細他捶你賈璉道太〻快過去罷叫

我来請了好半日了說着送他母親出来過那邊去邢夫人將方纔的話只畧
說了几句賈赦無法又含愧自此便告病且不敢見賈母只打發邢夫人及賈
璉每日過去請安只得又各處遣人購求尋覓終久費了八百兩銀子買了一
個十七歲的女孩子来名喚嫣紅収在屋内不在話下這里鬬了半日牌吃晚
飯纔罷此一二日間無話展眼到了十四日黑早賴大的媳婦又進来請賈母高
興便帶了王夫人薛姨媽及寶玉姊妹等到賴大花園中坐了半日那花園雖
不及大觀園却也十分齊整寬濶泉石林木楼閣亭軒也好幾處驚人駭目的
外面廳上薛蟠賈珍賈璉賈蓉並几個近族的很遠的也没来賈赦也没来賴
大家内也請了几個現任的官長並几個世家子弟作陪因其中有柳湘蓮薛
蟠自上次會過一次已念〻不忘又打聽他最喜串戲且串的都是生旦風

月戲文不免錯會了意悞認他作了風月子弟正要與他相交恨沒有個引進
這日可巧遇見無可不可且賈珍等也慕他的名酒盞住了臉就求他串了兩
齣戲下来移席和他一處坐着問長問短說此說彼那柳湘蓮原是世家子弟
讀書不成父母早喪素性爽俠不拘細事酷好要鎗舞劍賭博吃酒以至眠花
卧柳吹笛彈箏無所不為因他年紀又輕生得又美不知他身分的人却悞
認作優伶一類那賴大之子賴尚榮與他素習交好故他今日請来作陪
不想酒後别人猶可獨薛蟠又犯了舊病他心中早已不快得便意欲走開
完事無奈賴尚榮死也不放賴尚榮又說方纔寶二爺又囑付我纔一進門雖
見了只是人多不好說話叫我囑付你散的時候别走他還有話說呢你既一定
要去等我叫出他来你兩個見了再走與我無干說着便命小厮們到裡頭

找一個老婆子悄々告訴請出寶二爺來那小廝去了沒一盞茶時果見寶玉
出来了賴尚榮向寶玉笑道好叔々把他交給你我張羅人去了說着一逕去
了寶玉便拉了柳湘蓮到廳側小書房中坐下問他這几日可到秦鍾的坟上
去了（忽提此人使我墮淚近几回不見提此人自謂不表矣乃忽于此處柳湘蓮提及所謂方以類聚物以群分也）湘蓮道怎麽不去
前日我們几個人放鷹去離他坟上還有二里我想今年夏天的雨水勤恐怕
他的坟站不住我背（着）衆人走去瞧了一瞧果然又動了一點子回家来就便弄
了几百錢第三日一早出去僱了兩個人収拾好了寶玉道怪道（道）上月我們大
觀園的池子裡頭結了蓮蓬我摘了十個叫茗烟出去到坟上供他去回来我
也問他可（的坟）被雨冲壞了沒有他說不但不冲且比上回又新了些我想着不過
是這几個朋友新築了我只恨我天々圈在家裏一點兒做不淂主行動就有

人知道不是這個擱就是那個劝的能說不能行雖然有錢又不由我使湘蓮
道這個事也用不着你操心外頭有我（呢）你只心裏有了（就好）就是眼前十月一我已
經打點下上坟的花消你知道我一貧如洗家裡是沒的（有）積聚㧾有几個錢賣（來）
隨手就光的不如趂空兒留下這一分省得到了跟前扎（干）手（撒着）寶玉道我也正為
這個要打發茗烟找你〻〻又不大在家知道你天〻萍踪浪跡沒個一定的去
處湘蓮道這也不用我〻這個事不過各盡其道眼前我還要出門去走〻
外頭逛個三年五載再回來寶玉听了忙問道這是為何柳湘蓮冷笑道你不
知道我的心事等到跟前你自然知道我如今要（先走）別過了寶玉道好容易會着
晚上同散豈不好湘蓮道你那令姨表兄還是那樣再坐着未免有事不如我
迴避了到好寶玉想了一想道既是這樣到是迴避他為是只是你要果

真遠行必須先告訴我一聲千萬别悄悄的去了說着便滴下淚来柳湘蓮道自然要辭的你只别和别人說就是說着便站起来要走又道你們進去不必送我一面說一面出了書房剛至大門前早遇見薛蟠在那里亂嚷亂叫說誰放了小柳兒走了柳湘蓮聽了火星亂迸恨不得一拳打死復思酒後揮拳又碍着賴尚榮的臉面只得忍了又忍薛蟠忽見他走出来如得了珍寶忙趔趄着上来一把拉住笑道我的兄弟你往那里去了湘蓮道走走就来薛蟠笑道好兄弟你一去都没興了好歹坐一坐你就疼我了憑你有什麽要緊的事交給哥你只别忙有你這個哥你要做官發財都容易湘蓮見他如此不堪心中又恨又愧早生一計便拉他到避人之處笑道你真心和我好假心和我好呢薛蟠聽這話喜的心癢難撓乜斜着眼忙笑道好兄弟你怎麽問起我這話来

我要是假心立刻死在眼(你跟)前湘蓮道(道)既如此這裏不便等坐一坐我先走你隨後出來跟到我下處咱們替另喝一夜酒我那裏還有兩個絕好的孩子從沒出門(過)去(呢)你可連一個跟的人也不用帶到了那里伏侍(的)人都是現成的薛蟠听如此說喜得酒醒了一半說果然如此湘蓮道如何人拿真心待你〻到不信了薛蟠忙笑道我又不是獃子怎麼有個不信的呢既如此我又不認得你先去了我在那里找你湘蓮道我這下處在北門外頭你可捨得家城外住一夜去薛蟠笑道有了你我還要家做什麼湘蓮道既如此我在北門外頭橋上等你咱們席上且吃酒去你看我走了之後你再走他們就不留心了薛蟠听了連忙答應于是二人復又入席飲了一回那薛蟠難熬只拿眼看湘蓮心內越發樂(歡)樂左一壺右一壺並不用人讓自己便吃了又吃不覺酒已八九分

了湘蓮便起身出来聽人不妨[防]去了至門外命小廝杏奴先家去罷我到城外就来說畢已跨馬直出北門橋上等候薛蟠沒頓飯時工夫只見薛蟠騎着一匹大馬遠遠的赶了来張着嘴瞪着眼頭似撥浪鼓[子]一般不住左右亂瞧及至從湘蓮馬前過去只顧望遠處瞧不曾留心近處反踩過去了湘蓮又是笑又是恨便也撒馬隨後赶来薛蟠往前看時漸漸人烟稀少便又圈馬回来再找不想一回頭見了湘蓮如獲奇珍忙笑道我說你是個再不失信的湘蓮笑道快往前走仔細人看見跟了来就不便了說着先就撒馬前去薛蟠也緊緊的跟来湘蓮見前面人跡已稀且有一帶葦塘便下馬將馬拴在樹上向薛蟠笑道你下来偺們先設個誓日後要變了心告訴人去的便應了誓薛蟠笑道這話有理連[連]忙下了馬也拴在樹上便跪下說道我要日久變

心告訴人去的天誅地滅一語未了只聽噹的一聲頭後好似鉄鎚砸下來只覺得一陣黑滿眼金星乱迸身不由已便倒下来湘蓮走上来瞧瞧知道他是個怵家不慣捱打只使了三分氣力向他臉上拍了幾下登時便開了菓子鋪薛蟠先還要掙挫起来又被湘蓮用脚尖點了兩點仍旧跌倒口内說道原是兩家情愿你不依只好說為什麼哄出我来打我一面說一面乱罵湘蓮道我把你瞎了眼的你認認柳大爺是誰你不說哀求你還傷我我打死你也無益只給你個利害罷說着便取了馬鞭過来從背至脛打了三四十下薛蟠酒已醒了大半覺得疼痛難禁不禁有噯喲之聲湘蓮冷笑道也只如此我只当你是不怕打的一面說一面又把薛蟠的左腿拉起来朝葦中濘泥處拉了几步滾的滿身泥水又問道你可認得我了薛蟠不應只伏着哼哼湘蓮又擲

下鞭子用拳頭向他身上擂了几下薛蟠便乱滚乱叫説肋條折了我知道你是正緊(經)人應(因)為我錯聽(了)傍人的話了湘蓮道不用拉别人你只説現在的薛蟠道現在沒什麼説的不過你是個正緊(經)人我錯了湘蓮道還要説軟些纔饒你薛蟠哼〻着道好兄弟湘(蓮)便又一拳薛蟠噯了(喲)一聲道好哥〻湘蓮又連兩拳薛蟠忙噯喲叫道好老爺饒了我這沒眼睛的瞎子罷從今以後我敬你怕你了湘蓮道你把那水喝兩口薛蟠一面听了一面皺眉道那水臟得狠怎麼喝得下去湘蓮舉拳就打薛蟠忙道我喝〻説着説着只得俯頭向葦根下喝了一口犹未嚥下去只听哇的一聲把方纔吃的東西都吐了出来湘蓮道好臟東西你快吃盡了饒你薛蟠听了叩頭不迭道好歹積陰功饒我罷這至死不能吃的湘蓮道只(这)樣氣瘜到薰壞(了)我説着丢下薛蟠便牽馬認鐙去了

這里薛蟠見他已去心内方放下心来後悔自已不該悞認了人待要掙扎起来無柰遍身疼痛難禁誰知賈珍等席上忽不見了他兩個各處尋找不見有人說恍惚出北門去了薛蟠的小厮們素日是懼他的他吩咐不許跟去誰還敢找去亦如泰法自悞後来還是賈珍不放心命賈蓉帶着小厮們尋踪問跡的直找出北門下橋二里多路忽見葦坑邊薛蟠的馬拴在那里衆人都道可好了有馬必有人一齊来至馬前只听葦中有人呻吟大家忙走来一看只見薛蟠衣衫零碎面目腫破没頭没臉遍身内外滚的似個泥猪一般賈蓉心内已猜着九分了忙下馬令人攙了出来笑道薛大叔天天調情今兒調到葦子坑裏来了必定是龍王爺也愛上你風流要招駙馬去你就碰到龍犄角上了薛蟠羞的恨没地縫兒鑽不進去那裏爬的上馬去賈蓉只得命人赶到關廂里僱了

二乘小轎子薛蟠坐了一齊進城賈蓉還要擡往賴家去赴席薛蟠百般央告
又命他不要告訴人賈蓉方依允了讓他各自回家賈蓉仍往賴家回覆賈珍
也知為湘蓮所打也笑道他須得吃個虧纔好至晚散了便來問候薛蟠自在
外房將養推病不見賈母等回來各自歸家時薛姨媽與寶釵見香菱哭得眼
睛腫了問其原故忙趕來瞧薛蟠時臉上身上雖有傷痕並未傷筋動骨薛
姨媽又是心疼又是發恨罵一回薛蟠又罵一回柳湘蓮意欲告訴王夫人遣
人尋拿柳湘蓮寶釵忙勸道這不是什麼大事不過他們一處吃酒〻後反臉
常情誰醉了多挨几下子打也是有的況且偺們家無法無天也是人所共知
的媽不過是心疼的緣故要出氣也容易等三五天哥〻養好了出的去時
那邊珍大爺璉二爺只干人也未必白丟開了自然備個東道叫了那人來当

着衆人替哥〻賠不是認罪就是了如今媽先當件大事告訴衆人到顯淂媽
偏心溺愛縱容他生事招人今兒偶然吃了一次虧媽就這樣興師動衆倚着
親戚之勢欺壓常人薛姨媽听了道我的兒到底是你想的到我一時氣糊塗
了宝釵笑道這纔好呢他又不怕媽又不听人劝一天縱似一天吃過兩三個
虧他到罷了薛蟠睡在炕上痛罵柳湘蓮又命小厮們去拆他的房子打死他
和他打官廝薛姨媽禁住小厮們只說柳湘蓮一時酒後放肆如今酒醒後悔
不及懼罪逃走了薛蟠聽見如此說了要知端的

題曰柳湘蓮走他鄉必謂寫湘蓮如何走今却不寫反細寫阿獃兄之游
藝了心却湘蓮之分内走者而不細寫其走反寫阿獃不應走而寫其走
文牽岐路令人不識者如此
至情小妹回申方寫湘蓮文字真神化之筆

脂硯齋重評石頭記卷之

第四十八回

濫情人情誤思游藝　慕雅女雅集苦吟詩

且說薛蟠聽見如此說了氣方漸平三五日後疼痛雖愈傷痕未平只粧病在家愧見親友展眼已到十月因有各鋪面夥計內有筭年賬要回家的少不得家內治酒餞行內有一个張德輝年過六十自幼在薛家當鋪內攬總家內也有二三千金的過活今歲也要回家明春方來因說起今年紙劄香料短少明年必是貴的明年先打發大小兒上來當鋪內照管自己趕端陽前我順路販些紙劄香扇來賣除去關稅花銷亦可以剩得几倍利息薛蟠听了心中忖度我如今捱了打正難見人想着要躲他個一年半載又沒處去躲天天粧病也不

是事况且我長了這麼大文又不文武又不武雖說做買賣究竟戲子筭盤
從没拿過地土風俗遠近道路又不知道不如也打点几个本錢和張德輝逛
一年来賺錢也罷不賺錢也罷且躲々羞去二則逛々山水也是好的心内主
意已定至酒席散後便和張德輝說知命他等一二日一同前往晚間薛蟠告
訴了他母親薛姨媽听了雖是欢喜但又恐他在外生事花了本錢倒是末
事因此不命他去只說好歹你守着我々々還能放心些况且也不用做這買賣
也等不着這几百銀子来用你在家里安分守已的就強似這几百銀子了薛
蟠主意已定那里肯依只說天々々又說我不知世事這個也不知那個也不學
如今我發狠把那些没要緊的都斷了如今要成人立事學習着買賣又不准
我了叫我怎麼樣呢我又不是个了頭把我關在家里何日是個了日况且那

張德輝又是個年高有德的偺們和他世交我同他去怎麽淂有舛錯我就一時半刻有不好的去處他自然說我勸我就是東西貴賤行情他是知道的自然色〻問他何等順利到不叫我去過兩日我不告訴家裏私自打點了一走明年發了財回家那時纔知道我呢說畢賭氣睡覺去了薛姨媽聽他如此說因和寶釵商議寶釵笑道哥〻果然要經歷正事正是好的了只是他在家時說着好聽到了外頭舊病復犯越發難拘束了了但也愁不得許多他若是真改了是他一生的福若不改媽也不能又有別的法子一半盡人力一半聽天命罷了這麼大人了若只管怕他不知世路出不淂門幹不淂事今年関在家里明年還是這個樣兒他既說的名正言順媽就打諒着丢了八百一千銀子竟交與他試一試橫豎有夥計們帮着也未必好意思哄騙他的二則他出去

了左右沒有助興的人又沒了倚仗的人到了外頭誰還怕誰有了的吃沒了

的餓着纍眼無靠他見這樣只怕比在家里省好些了事也未可知作書者曾吃此虧批書者亦曾吃此虧故特于此註明使後人深思默戒脂硯齋薛姨媽听了思忖半晌說道到是你說的是花兩個

錢叫他學些乖来也值了商議已定一宿無語至次日薛姨媽命人請了張德

輝来在書房中命薛蟠款待酒飯自己在後廊下隔着窓子向裏千言萬語囑

托張德輝照管薛蟠張德輝滿口應承吃過飯告辭又回說十四日是上好出

行日期大世兄即刻打點行李僱下騾子十四一早就長行了薛蟠喜之不盡

將此話告訴了薛姨媽姨媽便和宝釵香菱並兩個老年的嬷々連日打點行

裝派下薛蟠薛蟠之乳父老蒼頭一名當年諸事舊僕二名外有薛蟠隨身常

使小廝二人主僕一共六人僱了三輛大車々上拉行李使物又僱了四個長行

騾子薛蟠自騎一疋家內養的鉄青大走騾外備一疋坐馬諸事完畢薛姨媽寶釵等連夜勸戒之言自不必備說至十三日薛蟠先去辭了他舅舅然後過来辭了賈宅諸人賈珍等未免又有餞行之說也不必細述至十四日一早薛姨媽宝釵等直同薛蟠出了儀門母女兩個四隻淚眼看他去了方回来薛姨媽上京帶来的家人不過四五房並兩三個老嬷〻小丫頭今跟了薛蟠一去外面只剩了一兩個男子因此薛姨媽即日到書房將一應陳設玩器並簾幔等物盡行搬了進来收貯命那兩個跟去的男子之妻一並也進来睡覔又命香菱將他屋裏也收拾嚴緊將門鎖了晚間和我去睡宝釵道媽既有這些作伴不如叫菱姐〻和我作伴去我們園裏又空夜長了我每夜作活越多一個人豈不越好薛姨媽听了笑道正是我忘了原該叫他同你去纔是我前日還同

你哥〻說文杏又小道三不着兩鶯兒一個人不彀伏侍的還要買一個丫頭来使使宝釵道買的不知底裡倘或走了眼花了錢小事沒的淘氣到是慢〻的打听着又知道来歷的買個還罷了閑言過耳無跡然已伏下一事矣一面說一面命香菱収拾了衾褥奩妝命一個老媼〻並臻兒送至蘅蕪苑去然後宝釵和香菱纔同回園中来細想香菱之為人也根基不讓迎探容貌不讓鳳秦端雅不讓紈釵風流不讓湘黛賢惠不讓襲平所惜者青年罹禍命運乖蹇足為側室且雖曾讀書不能與林湘輩並馳于海棠之社耳然此一人豈可不入園哉故欲令入園終無可入之隙籌畫再四欲令入園必獃兄遠行後方可然阿獃兄又如何方可遠行曰名不可利不可正事不可必淂萬人想不到自已忽一發機之事方可因此思及情之一字及獃素所惧者故借情惧二字生出一事使阿獃遊藝之志已堅則菱卿入園之隙方妥回思因欲香菱入園是寫阿獃情惧因欲阿獃情誤先寫一賴尚華寔委婉嚴密之甚也脂硯齋評香菱道我久要和姑娘作伴兒去又恐怕奶〻多心說我貪着園里来頑誰知你竟說了宝釵笑道我知道你心裏羨慕這園子不是一日兩日了只是沒個空

只淂陪笑相問ㄍ有無限驚慌作者摹擬神情無不周

兒就每日来一猗荒ㄍ張ㄍ的也沒趣兒所以趂着机會越性住上一年我也多個作伴的你也遂了心香菱笑道好姑娘你趂着這個工夫交給我作詩罷寫淂何其有趣今忽見菱卿此句合卷從紙上另走出一姣小美人来並不是湘林探鳳芋一樣口氣聲色真神駿之技雖馳驅萬里而不見有倦怠之色宝釵笑道我說你淂隴望蜀呢我劝你今兒頭一日進来先出園東角門從老太ㄍ起各處各人你都瞧ㄍ問候一聲兒也不必特意告訴他們說搬進園来若有提起因由你只帶口說我帶了你進来作伴兒就完了回来進了園再到各姑娘房里走ㄍㄍ香菱應着纔要走時只見平兒忙ㄍ的走来忙ㄍ二字奇不知有何妙文香菱忙問了好平兒只淂陪笑相問宝釵因向平兒笑道我今兒帶了他来作伴兒正要去回你奶ㄍ一聲兒平兒笑道姑娘說的是那里話我竟沒話答言了宝釵道這纔是正理店房也有個主人廟裏也有個住持雖不是大事到底

告訴一聲便是園裏坐更上夜的人知道添了他兩個也好関門候戶的了你回去告訴一聲罷我不打發人去了平兒答應着因又向香菱笑道你既來了也不拜一拜街坊鄰舍去（是極恰是戲言寔欲支出香菱去也）宝釵笑道我正叫（要）他去呢平兒道你且不必往我（們）家去二爺病了在家裏呢香菱答應着去了先從賈母處來不在話下且說平兒見香菱去了便拉宝釵忙說道姑娘（听見）我們的新文（聞）了新（沒有）文可宝釵道我沒听見新（什麼）文因連日打發我哥哥出門所以你們這裏的事一槩也不知道連姊妹們這兩日也沒見平兒笑道老爺把二爺打了個動不得難道姑娘就沒聽見宝釵道早起恍惚听見了一句也信不真我也正要瞧你奶奶去呢不想你來了又是為了什麼打他平兒咬牙罵道都是那賈雨村什麼風村半路途中那里來的餓不死的野雜種認了不到十年生了多少事出來今

年春天老爺不知在那個地方看見了几把舊扇子回家看家里的所有收着的這些好扇子都不中用了立刻叫人各處搜求誰知就有一個不知死的寃家混號兒世人叫他作石獃子窮的連飯也沒的吃偏他家就有二十把舊扇子死也不肯拿出大門來二爺好容易煩了多少情見了這個人說之再三把二爺請到他家里坐着拿出這扇子畧瞧了一瞧據二爺說原是不能再有的全是湘妃棕竹麋鹿玉竹的皆是古人寫畫真跡因来告訴了老爺老爺便叫買他的要多少銀子給他多少偏那石獃子說我餓死凍死一千兩銀子一把我也不賣老爺沒法子天天罵二爺沒能為已經許了他五百兩先兌銀子後拿扇子他只是不賣只說要扇子先要我的命姑娘想想這有什麼法子誰知雨村那沒天理的听見了便設了個法子訛他拖欠了官銀拿他到衙門里去說所

欠官銀變賣家產賠補把這扇子抄了來作了官價送了来那石獃子如今不
知是死是活老爺拿着扇子問着二爺說人家怎麼弄了来二爺只說了一句
為這點子小事弄淂人坑家敗業也不筭什麼能為老爺听了就生了氣說二
爺拿話堵老爺因此這是第一件大的這几日還有几件小的我也記不清所
以都湊在一處就打起来了也沒拉倒用板子棍子就站着不知拿什麼混打
一頓臉上打破了兩處我們听見姨太太這里有一種丸藥上棒瘡的姑娘快
尋一丸子給我宝釵听了忙命鶯兒去要了一丸来與平兒宝釵道既這樣替
我問候罷我就不去了平兒答應着去了不在話下且說香菱見過衆人之後
吃過晚飯宝釵等都往賈母處去了自己便往瀟湘館中来此時代玉已好了
大半見香菱也進園来住自是欢喜香菱因笑道我這一進来了也淂了空兒

好歹教給我作詩就是我的造化了代玉笑道既要作詩你就拜我作師我雖不通大畧也還教得起你香菱笑道果然這樣我就拜你作師你可不許膩煩的代玉道什庅难事也值得去學不過是起承轉合當中承轉是兩付對子平聲對仄聲虛的對實的實的對虛的若是果有了奇句連平仄虛實不对都使得的香菱笑道怪道我常弄一本舊詩偷空兒看一兩首又有对的極工的又有不对的又听見說一三五不論二四六分明看古人的詩上亦有順的亦有二四六上錯了的所以天天疑惑如今听你這一說原来這些格調規矩竟是末事只要詞句新奇為上代玉道正是這個道理詞句究竟還是末事第一主意要緊若意趣真了連詞句不用修飾自是好的這叫做不以詞害意香菱笑道我只愛陸放翁的詩

古硯微凹聚墨多
重簾不捲留香久

說的真有趣代玉道斷不可學這樣的詩你們因不知詩所以見了這淺近的就愛一入了這個格局再學不出来的你只听我說你若真心要學我這里有王摩詰全集你且把他的五言律讀一百首細心揣摩透熟了然後再讀一二百首老杜的七言律次再把李青蓮的七言絶句讀一二百首肚子裏先有了這三個人作了底子然後再把陶淵明應瑒謝阮庾鮑等人的一看你又是一個極聰敏伶俐的人不用一年的工夫不愁不是詩翁了香菱听了笑道既這樣好姑娘你就把這書給我拿出来我帶回去夜里念几首也是好的代玉听說便命紫鵑將王右丞的五言律拿来遞與香菱又道你只看有紅圈的都是我選的有一首念一首不明白的問你姑娘或者遇見我〻講與你就是了香菱

拿了詩回至蘅蕪院中諸事不顧只向燈下一首〻首的讀起来宝釵連催他數次睡覺他也不睡宝釵見他這般苦心只得随他去了一日代玉方梳洗完了只見香菱笑吟〻的送了書来又要换杜律代玉笑道共記得多少首代玉〔香菱〕笑道凡紅圈選的我盡讀了代玉道可領畧了〔些〕滋味沒有香菱笑道領畧了些滋味不知可是不是說與你听〻代玉笑道正要講究討論方能長進你且說来我听香菱笑道據我看来詩的好處有口裏說不出来的意思想去却是逼真的有似乎無理的想去竟是有理〔有〕情的代玉笑道這話有了些意思但不知你從何處見得香菱笑道我看他塞上一首那一聯云

大漠孤烟直　長河落日圓

想来烟如何直日自然是圓的這直字似無理圓字似太俗合上書一想到

像是見了這景的若說再找兩個字換這兩個竟再找不出兩個字来再還有

日落江湖白　潮来天地青

這白青兩個字也似無理想来必得這兩個字纔形容得盡念在嘴裏到像有几千斤重的一個橄欖還有

渡頭餘落日　墟里上孤烟

這餘字和上字難為他這麽想来我們那年上京来那日下晚便灣住船岸上又沒有人只有几棵樹遠遠的几家人家作晚飯那個烟竟是碧青連雲直上誰知我昨日晚上讀了這兩句到像我又到了那個地方去了正說着寶玉和探春也来了也都入坐听他講詩宝玉笑道既是這樣也不用看詩會心處不在多听你說了這兩句可知三昧你已得了代玉笑道你說他這上孤烟好你

還不知他這一句還是套了前人的來我給你這一句瞧〻更比這個淡而現
成說着便把陶淵明的
暧〻遠人村　依〻墟里烟
翻了出來遞與香菱〻瞧了點頭嘆賞笑道原來上字是從依〻兩個字上
化出來的宝玉笑道你已得了不用再講越發倒學雜了你就作起來必是
好的探春笑道明兒我補一個柬來請你入社香菱笑道姑娘何苦打趣我〻
不過是心裏羨慕纔學着頑罷了探春代玉都笑道誰不是頑難道我們是認
真作詩呢若說我們認真成了詩出了這園子把人的牙還笑倒了呢宝玉道
這也算自暴自棄了前日我在外頭和相公們商議話兒他們聽見偺們起詩
社求我把稿子給他們瞧〻我就寫了几首給他們看〻誰不真心嘆服他們

都抄了刺去了探春代玉忙問道這是真話麼宝玉笑道說謊的是那架上的鸚哥代玉探春听說都道你真〻胡鬧且別說那不成詩便是成詩我們的筆墨也不該傳到外頭去宝玉道這怕什麼古来閨閣中的筆墨不要傳出去如今也沒有人知道了說着只見惜春打發了入畫来請宝玉宝玉方去了香菱又逼着代玉換出杜律来又央代玉探春二人出個題目讓我謅去謅了来替我改正代玉道昨夜的月㝡好我正要謅一首竟未謅成你竟作一首来十四寒的韻由你愛用那几個字去香菱听了喜的拿回詩来又苦思一回作兩句詩又捨不得杜詩又讀兩首如此茶飯無心坐卧不寧宝釵道何苦自尋煩惱都是顰兒引的你我和他筭賬去你本来獃頭獃腦的再添上這個越發弄成個獃子了獃頭獃腦的有趣之至㝡恨野史有一百个女子皆曰聰敏伶俐究竟看来他行為也只平〻今以獃字為香菱定評何等嫵媚之至也

香菱笑道好姑娘別混我〔如聞如見〕一面說一面作[illegible][illegible][illegible]作了一首先與寶釵看了笑道這個不好不是這個作法你別怕燥只管拿了給他瞧去看他是怎麽說香菱听了便拿了詩找代玉代玉看時只是寫道是

月桂中天夜色寒　清光皎〻影團〻
詩人助興常思玩　野客添愁不忍觀
翡翠樓邊懸玉鏡　珍珠簾外掛冰盤
良宵何用燒銀燭　晴彩輝煌映畫欄

代玉笑道意思却有只是措詞不雅皆因你看的詩少被他縛住了把這首丟開再作一首只管放開膽子去作香菱听了默〻的回来越性連房也不入只在池邊樹下或坐在山石上出神或蹲在地下摳土来往的人都詫異李紈宝

釵探春寶玉等听得此信都遠〻的站在山坡上瞧看他只見他皺一回眉又自己含笑一回宝釵笑道這個人定要瘋了昨夜嘟〻噥〻直鬧到五更天纔睡下沒一頓飯的工夫天就亮了我就听見他起來了忙〻碌〻梳了頭就找顰兒去一回來了獃了一日作了一首又不好這會子自然另作呢宝玉笑道這正是地靈人傑老天生人再不虛賦情性的我們成日嘆說可惜他這麼個人竟俗了誰知到底有今日可見天地至公宝釵笑道你能勾像他這苦心就好了學什麼有個不成的寶玉不答只見香菱興〻頭〻的又往代玉那邊來了探春笑道偺們跟了去看他有些意思沒有說着一齊都往瀟湘館來只見代玉正拿着詩和他講究衆人因問代玉作的如何代玉道自然笑難他了只是還不好這一首過于穿鑿了還得另作衆人因要詩看時只見作道

非銀非水映窓寒　試看晴空護玉盤
淡〻梅花香欲染　絲〻柳帶露初乾
只疑残粉塗金砌　恍若輕霜抹玉欄
梦醒西楼人跡絶　餘容猶可隔簾看

寶釵笑道不像吟月了月字底下添一個色字到還使淂你看句〻到是月色這也罷了原来詩從胡說来再遲几天就好了香菱自為這首玅絶听如此説自己掃了興不肯丢開手便要思索起来因見他姊妹們説笑便自己走至堦前竹下閑步挖心搜胆耳不傍聽目不别視一時探春隔窓笑説道你閒〻罷香菱怔〻荅道閒字是十五删的你錯了韵了衆人听了不覺大笑起来宝釵道可真是詩魔了都是顰兒引的他代玉道聖人説誨人不倦他又来問我〻

豈有不說之理李紈笑道偺們拉了他往四姑娘房裏去引他瞧〻畫兒叫他
醒一醒纔好說着真個出来拉了他過藕香榭至煖香塢中惜春正乏倦在床
上歪着睡午覺畫繒立在壁間用紗罩着衆人喚醒了惜春揭紗看時十
停方有了三停香菱見畫上有几個美人因指着笑道這一個是我們姑娘那
一個是林姑娘探春笑道凡會作詩的都畫在上頭快學罷說着頑笑了一回
各自散着香菱滿心中還是想詩至晚間對燈出了一回神至三更以後上床
卧下兩眼鰥〻直到五更方纔朦朧睡去了一時天亮宝釵醒了听了一听他
安穩睡了心下想他翻騰了一夜不知可作成了這會子乏了且別叫他正想
着只听香菱從夢中笑道可是有了難道這一首還不好宝釵听了又是可嘆
又是可笑連忙喚醒了他問他得了什麽你這誠心都通了僊了斈不成詩還

美出病来呢一面說一面梳洗了會同姊妹往賈母處来原来香菱苦志学詩精血誠聚日間做不出忽于梦中得了八句梳洗已畢便忙録出来自己並不知好歹便拿来又找代玉剛到沁芳亭這見李紈與衆姊妹方從王夫人處回来宝釵正告訴他們說他梦中作詩說梦話（一部大書起是梦宝玉情是梦賈瑞淫又是梦秦之家計長策又是梦今作詩也是梦一並風月鑑亦從梦中所有故紅樓梦也余今批評亦在梦中特為梦中之人特作此一大梦也　脂硯齋）衆人正笑抬頭見他来了便都争着要詩看且聽下回分解

脂硯齋重評石頭記

此回係大觀園集十二正釵之文

脂硯齋重評石頭記卷之

第四十九回

琉璃世界白雪紅梅　　脂粉香娃割腥啖膻

話說香菱見衆人正說笑他便迎上去笑道你們看這一首若使得我便還學若還不好我就死了這作詩的心了說着把詩遞與代玉及衆人看時只見寫道是

精華欲掩料應難　影自娟娟魄自寒
一片砧敲千里白　半輪雞唱五更殘
綠蓑江上秋聞笛　紅袖樓頭夜倚欄
博得嫦娥應借問　緣何不使永團圓

衆人看了笑道這首不但好而且新巧有意趣可知俗語說天下無難事只怕有心人社里一定請你了香菱听了心下不信料着是他們瞞哄自己的話還只管問代玉宝釵芶正說之間只見几個小了頭並老婆子忙忙的走来都笑道来了好些姑娘奶奶們我們都不認得奶奶姑娘們快認親去李紈笑道這是那里的話你到底說明白了是誰的親戚那婆子了頭都笑道奶奶的兩位妹子都来了還有一位姑娘說是薛大姑娘的妹妹還有一位爺說是薛大爺的兄弟我這會子請姨太太去呢奶奶和姑娘們先上去罷說着一逕去了宝釵笑道我們薛蝌和他妹妹来了不成李紈也笑道我們嬸子又上京来了不成他們也不能湊在一處這可是奇事大家納悶来至王夫人上房只見烏壓壓一地的人原来邢夫人之兄嫂帶了女兒岫烟進京来投邢夫人的可巧鳳姐

之兄王仁也正進京兩親家一處打帮来了走至半路泊船時正遇見李紈之寡嬸帶着兩個女兒大名李紋次名李綺也上京大家叙起来又是親戚因此三家一路同行後有薛蟠之従弟薛蝌因當年父親在京時已将胞妹薛宝琹許配都中梅翰林之子為婚正欲進京發嫁聞得王仁進京他也帶了妹子隨後趕来所以今日會齊了来訪投各人親戚于是大家見礼叙過賈母王夫人都歡喜非常賈母因笑道怪道昨日晚上燈花兒爆了又爆結了又結原来應到今日一面叙些家常一面收看帶来的礼物一面命留酒飯鳳姐兒自不必説忙上加忙李紈宝釵自然和嬸母姊妹叙離别之情代玉見了先是歡喜次後想起衆人皆有親眷獨自己孤单無個親眷不免又去垂淚宝玉深知其情十分劝慰了一番方罷然後宝玉忙忙来至怡紅院中向襲人麝月晴雯等笑道

你們還不快看人去誰知宝姐〻的親哥〻子是那個樣子他這叔伯弟兄形
容舉止另是一樣了到像是宝姐〻的同胞弟兄似的更奇在你們成日家只
說宝姐〻是絕色的人物你們如今瞧〻他這妹子更有大嫂〻這兩個妹子
我竟形容不出了老天老天你有多少精華靈秀生出這些人上之人来可知
我井底之蛙成日家自說現在的這几个人是有一無二的誰知不必遠尋就
是本地風光一個賽似一個如今我又長了一層學問了除了這几個難道還
有几個不成一面說一面自笑自嘆襲人見他又有了魔意便不肯去瞧晴雯
等早去瞧〻了遍回来夾〻笑向襲人道你快瞧〻去大太〻的一个姪女兒宝
姑娘一个妹〻大奶〻兩个妹〻到像一把子四根水蔥兒一語未了只見探
春也笑着進来找宝玉因說道偺們的詩社可興旺了宝玉笑道正是呢這是

你一高興起詩社所以鬼使神差來了這些人但這一件不知他們可學過作詩不曾探春道我纔都問了問他們雖是他們自謙看其光景沒有不會的便是不會也沒難處你看香菱就知道了襲人笑道他們說薛大姑娘的妹〻更好三姑娘看着怎麼樣探春道果然的話據我看連他姐〻並這些人總不及他襲人听了又是咤意又笑道這也奇了還從那里再好的去呢我到要瞧〻去探春道老太〻一見了喜歡的無可不可已經逼着太〻認了乾女兒了老太〻要養活纔剛已經定了寶玉喜的忙問這話果然的探春道我几時說過謊又笑道有了這個好孫女兒就忘了這孫子了寶玉笑道這到不妨原該多疼女兒些纔是正理明兒十六偺們起社了社了探春道林了頭剛起來了二姐〻又病了終是七上八下的宝玉道二姐〻又不大作詩沒有他又何妨探春

道越性等几天他們新来的混熟了偺們邀上他們豈不好這會子大嫂子宝
姐〻心裏自然沒有詩興的况且湘雲後来顰兒剛好了人〻不合式不如等
着雲了頭来了這几个新的也熟了顰兒也大好了大嫂子和宝姐〻心也閑
了香菱詩也長進了如此邀一滿社豈不好咱們兩個如今且往老太〻那里
去听〻除寶姐〻的妹〻不筭外他一定是在偺們家住定了的倘或那三个
要不在偺們這里住偺們央告着老太〻留下他們在園子里住下偺們豈不
多添几个人越發有趣了宝玉听了喜的眉開眼笑忙說道到是你明白我終
久是個糊塗心腸空喜歡一會子却想不到這上頭来說着兄妹兩個一齊往
賈母處来果然王夫人已認了寶琴作乾女兒賈母歡喜非常連園中也不命住
晚上跟着賈母一處安寢薛蝌自向薛蟠書房中住下賈母便和邢夫人說你

姪女兒也不必家去了園裏住几天逛逛再去邢夫人兄嫂家中原艱難這一上京原仗的是邢夫人與他們治房舍帮盤纏听如此說豈不願意邢夫人便将岫烟交與鳳姐兒鳳姐兒籌筭得園中姊妹多性情不一且又不便另設一處莫若送到迎春一處去倘日後邢岫烟有些不遂意的事縱然邢夫人知道了與自己無干從此後若邢岫烟家去住的日期不筭若在大觀園住到一個月上鳳姐兒亦照迎春的月例送一分與岫烟鳳姐兒冷眼敁敪（音顛奪心內忖度也）岫烟心性為人竟不像邢夫人及他的父母一樣却是是溫厚可疼的人因此鳳姐兒又憐他家貧命苦比別的姊妹多疼他些邢夫人到不大理論了賈母王夫人因素喜李紈賢惠且輕年守節令人敬伏今見他寡嬸來了便不肯令他外頭去住那李嬸雖十分不肯無奈賈母執意不從只得帶着李紋李綺在稻香村

住下來當下安揷既定誰知保齡侯史鼐又遷委了外省大員不日要帶了家眷去上任賈母因捨不得湘雲便留下他了接到家中原要命鳳姐兒另設一處與他住史湘雲執意不肯只要與宝釵一處住因此就罷了此時大觀園中比先更熱鬧了多少李紈為首餘者迎春探春惜春宝釵代玉湘雲李紋李綺宝琴邢岫烟再添上鳳姐兒和宝玉一共十三個叙起年庚除李紈與鳳姐兒年紀最長他十二個人皆不過十五六七歲或有這三個同年或有那五個共歲或有這兩个同月同日那兩個同刻同時所差者大半是時刻月分而已連他們自已也不能細細分晰不過是弟兄姊妹兩個字隨便亂叫如今香菱正滿心滿意只想作詩又不敢十分囉唕宝釵可巧来了个史湘雲那史湘雲又是極愛說話的那里禁得起香菱又請教他談詩越發高了興沒晝夜高談闊論起來宝

釵因笑道我寔在聒噪的受不得了一个女孩兒家只管拿着詩作正緊〔經〕事講
起来叫有學問的人听了反笑話說不守本分的一个香菱沒閙清偏又添了
你這庅个話口袋子滿嘴里說的是什庅怎庅是杜工部之沉鬱韋蘇州之淡
雅又怎麼是温八之綺靡李義山之隱僻放着兩个現成的詩家不知道提那
些死人做什庅湘雲听了忙笑問道是那兩个好姐〻你告訴我宝釵笑道獃
香菱之心苦瘋湘雲之話多湘雲香菱听了都笑起来正說着只見宝琴来了
披着一領斗篷金翠輝煌不知何物宝釵忙問這是那里的宝琴笑道因下雪
珠兒老太〻找了這一件給我的香菱上来瞧道怪道這庅好看原来是孔雀
毛織的湘雲道那里是孔雀毛就是野鴨子頭上的毛作的可見老太〻疼你
了這樣疼宝玉也沒給他穿宝釵道真俗語說各人有〔帶来的〕緣法他也再想不到他

這會子来既来了又有老太〻這庅疼他湘雲道你除了在老太〻跟前就在
園裏来這两處只管頑笑吃喝到了太〻屋里若太太在屋里只管和太〻說
笑多坐一回無妨若太〻不在屋里你别進去那屋里人多心壞都是要害偺
們的說的宝釵宝琴香菱鶯兒等都笑了宝釵笑道說你没心却又有心雖然
有心到底嘴太直了我們這琹兒就有些像你〻天〻說要我作親姐〻我今
兒竟叫你認他作親妹〻罷了湘雲又瞧了宝琴半日笑道這一件衣裳也這
配他穿别人穿了寔在不配正說着只見琥珀走来笑道老太〻說了叫宝姑
娘别管緊了琴姑娘他還小呢讓他爱怎麽樣就怎庅樣要什麽東西只管要
去别多心宝釵忙起身荅應了又推宝琴笑道你也不知是那里来的福氣你
到去罷仔細我們委屈着你我就不信我那些兒不如你說話之間寶玉代玉

都進来了宝釵猶自嘲笑湘雲曰笑道宝姐〻你這話雖是頑話恰有人真心是這樣想呢琥珀笑道真心惱的再沒別人就這[只]是他口裏[里]說手指着寶玉宝釵湘雲都笑道他到不是這樣人琥珀又笑道不是他就是他說着又指着代玉湘雲便不則聲（是不知道代玉病中相送贈燕窩之事也脂硯）宝釵忙笑道更不是了我的妹〻和他的妹〻一樣他喜歡的比我還疼呢那里還惱你信口兒混說他的那嘴有什麼寔據宝玉素習深知代玉有些小性兒且尚不[知]近日代玉和宝釵之事正恐賈母疼宝琴他心中不自在今見湘雲如此說了宝釵又如此答再審度代玉聲色亦不似往時果然與宝釵之說相符心中悶〻不樂曰想他兩个素日不是這樣的好今看来竟更比他人好十倍一時林代玉又赶着宝琴[叫]做妹〻並不提名道姓直是親姊妹一般那宝琴年輕心熱（四字道盡不犯宝釵脂硯齋評）且本性聰

敏自幼讀書識字我批此書竟得一秘訣以告諸公凡埜史中所云才貌雙全佳人者細ㄟ通審之只得一個粗知筆墨之女子耳此書凡云知書識字者便是上等才女不信時只看他通部行為及詩詞詼諧皆可知妙在此書從不肯自下評註云此人係何等人只借書中人閑評一二語故不得有未審之縫被看書者指出真狡猾之筆耳今在賈府住了兩日大槩人物已知又見諸姊妹都不是他輕薄脂粉且又和姐ㄟ皆和契故也不肯怠慢其中又見林代玉是個出類拔萃的便更與代玉親敬異常宝玉看着只是暗ㄟ的納罕一時宝釵姊妹往薛姨媽房內去後湘雲往賈母處來林代玉回房歇着宝玉便找了代玉来笑道我雖看了西廂記也曾有明白的几回說了取笑你曾惱過如今想来竟有一句不解我念出来你講ㄟ我听代玉听了便知有文章因笑道你念出来我听ㄟ宝玉笑道那闘簡上有一句說得最好是几時孟光接了梁鴻案這句最妙孟光接了梁鴻案這五個字不過是現成的典難為他這是几時三個虛字

問的有趣是几時接了你說〻我听〻代玉听了禁住也笑起来因笑道這
原問的好他也問的好你也問的好宝玉道先時你只疑我如今你也沒的說
我反落了單代玉笑道誰知他竟真是個好人我素日只當他藏奸因把說錯
了酒令起連燕窩病中所談之事細〻告訴了宝玉宝玉方知緣故因笑道我
說呢正納悶是几時孟光接了梁鴻案原來是從小孩兒口沒遮攔就接了案
了代玉因又說起寶琴来想起自己沒有姊妹不免又哭了寶玉忙勸道你又
自尋煩惱了你瞧〻今年比舊年越發瘦了你還不保養每天好〻的你必是
自尋煩惱哭一會子纔筭完了這一天的事代玉拭淚道近来我只覺心酸眼
淚恰像比旧年少了些的心里只管酸痛眼淚恰不多宝玉道這是你哭慣了
心里疑的豈有眼淚會少的只說着只見他屋里的小丫頭子送了猩〻毡斗

篷来又説大奶〻纔打發人来説下了雪要商議明日請人作詩呢一語未了只見李紈的丫頭走来請代玉宝玉便邀着代玉同往稻香村来代玉換上掐金掐雲紅香羊皮小鞋(褂)罩子一件大紅羽紗面白狐狸裏的鶴氅束一條金(心)盒閃綠雙環四合如意縧頭上罩了雪帽二人一齊踏雪行来只見衆姊妹都在那邊都是一色大紅猩〻氈與羽毛緞斗篷獨李紈穿一件青哆囉呢(呢)对襟褂子薛宝釵穿一件蓮青斗紋錦上添花洋線番羓絲的鶴氅邢岫烟仍是家藏(常)旧衣並無避雪之衣一時史湘雲来了穿着賈母與他的一件貂鼠腦袋面子大毛黑灰鼠裏子裡外發燒大褂子頭上帶着一頂挖雲鵝(子)黃片金裏大紅猩〻氈昭君套又圍着大貂鼠風領代玉先笑道你們瞧〻孫行者来了他一般的他拿着雪褂子故意粧出個小騷達子来湘雲笑道你們瞧〻我裏頭打扮

的一面說一面脫了褂子只見他裏頭穿着一件半新的靠色三鑲領袖秋香色盤金五色繡龍窄褙小袖掩衿銀鼠短襖裡面短短的一件水紅粧緞狐肷褶子腰裏緊緊束着一條蝴蝶結子長穗五色宮縧脚下也穿着麂皮小靴越顯的蜂腰猿背鶴勢螂形（近之拳譜中有坐馬勢使似螂之蹲立昔人愛輕捷便俏閑取一螂觀其仰頸疊胸之勢今四字無出處却寫盡矣脂硯齋評）衆人都笑道偏他遠愛打扮成個小子的樣兒原比他打扮女兒更俏麗了些湘雲道快商議作詩我听听是誰的東家李紈道我的主意想來昨兒的正日已過了再等正日又太遠可巧又下雪不如大家湊個社又替他們接風又可以作詩你們意思怎麼樣宝玉先道這話很是只是晚了晚了若到明兒晴了又無趣衆人看到這雪未必晴縱晴了這一夜下的也勾賞了李紈道我這裡雖好又不如蘆雪广好我已經打發人籠地炕去了偺們大家擁

爐作詩老太〻想来未必高興况且偺們小頑意兒单給鳳丫頭個信兒就是了你們每人一兩銀子就彀了送到我這裏来指着香菱寶琴李紋李綺岫烟五個不筭外偺們裏頭二丫頭病了不筭四丫頭告了假也不筭你們四分子送了来我再拿出五六兩銀子来也儘彀了宝釵等一齊應諾因又擬題限韻李紈笑道我心里自已定了等到了明日臨期橫豎知道說畢大家又閑話了一回方往賈母處来本日無話到了次日一早寶玉因心裡記掛着這事一夜沒好生冔睡天亮了就爬起来揿開帳子一看雖門窓尚掩只見窓上光輝奪目心内早躊躇起来怨是晴了日光已出一面忙起来揭起窓屉從玻璃窓内往外一看原来不是日光竟是一夜大雪下將有一尺多厚天上仍是搓綿扯絮一般宝玉此時歡喜非常忙喚人起来盥漱已畢只穿一件茄色哆囉呢狐

皮袄子罩一件海龍皮小〻鹰膀褂束了腰披了玉針蓑戴上金籐笠登上沙
棠屐忙〻的往蘆雪广来出了院門四顧一望並無二色遠〻的是青松翠竹
自已却如裝在玻璃盒内一般于是走至山坡之下順着山脚剛轉過去已聞
得一股寒香拂鼻回頭一看恰是妙玉門前櫳翠庵中有十數株紅梅如（花開的）胭脂
一般映着雪色分外顯得精神好不有趣寶玉便立住細〻的賞玩一回方走
只見蜂腰板橋上一個人打着傘走来是李紈打發了請鳳姐兒去的人寶玉
来至蘆雪广只見了鬟婆子正在那里掃雪開逕原来這蘆雪广盖在傍山臨
水河灘之上一帶几間茅簷土壁（草）槿籬竹牖推窗便可垂釣四面都是蘆葦掩
覆一條去逕逶迤穿蘆度葦過去便是藕香榭的竹橋了衆了鬟婆子見他披
蓑戴笠而来却笑道我們纔說正少一个漁翁如今都全了姑娘們吃了飯纔

来呢你也太性急了宝玉听了只得回来剛至沁芳亭見探春正從秋爽齋来
圍着大紅猩氈斗篷戴着觀音兜扶着小丫頭後面一个婦人打着青油紬傘
宝玉知他往賈母處去便立在亭邊等他来到二人一同出園前去宝琴正在
裏間房内梳洗更衣一時衆姊妹来齊宝玉只嚷餓了連〻催飯好容易等擺
上来頭一樣菜便是牛乳蒸羊羔賈母便說這是我們有年紀的人的藥沒見
天日的東西可惜是你們小孩子們吃不得今兒另外有新(鮮)鹿肉你們等着吃衆
人答應了宝玉却等不得只拿茶泡了一碗飯就着野雞瓜虀(兒)忙〻的咽完了
賈母道我知道你們今兒又有事情連飯也不顧吃了便叫留着鹿肉與他晚
上吃鳳姐忙說還有呢方纔(已經吩咐了留着呢)罷了史湘雲便悄和寶玉計較道有新(鮮)鹿肉不如
偺們要一塊自己拿了園裡弄着又頑又吃寶玉听了巴不得一聲兒便真和

鳳姐要了一塊命婆子送入園去一時大家散後進園齊往芦雪广来听李紈出題限韻独不見湘雲宝玉二人代玉道他倆個再到不了一處若到一處生出多少故事来這會子一定筭計那塊鹿肉去了聯詩極雅之事偏于雅前寫出小兒㗖膻茹血極腌臢的事来為錦心繡口作配正說着只見李嬸也走来看熱鬧因問李紈道怎庅一个帶玉的哥兒和那一个掛金麒麟的姐兒那樣干净清秀又不少吃的他兩个在那裡商議着要吃生肉呢說的有来有去的我只不信肉也生吃淂的衆人听了都笑道了不淂快拿了他兩個来代玉笑道這可是雲丫頭鬧的我的卦再不錯李紈等忙出来找着他兩个說道你們兩个要吃生的我送你們到老太〻那里吃去那怕吃一隻生鹿撐病了不與我相干這庅大雪怪冷的替我作禍呢宝玉笑道沒有的事我們燒着吃呢李紈道這還罷了只見老婆們拏了鉄炉鉄叉鉄

緣緣来李紈道仔細割了手不許哭說着同探春進去了鳳姐打發了平兒来回覆不能来為發放年例忙忙湘雲見了平兒那里肯放平兒也是個好頑的素日跟着鳳姐兒無（不能）所不至見如此有趣樂得頑笑因而褪去手上的鐲子三個圍着火爐兒便要先燒三塊吃那邊宝釵代玉平素看慣了不以為異宝琴等及李嬸深為罕事探春與李紈等已議定了題韻探春笑道你聞〻香氣這里都聞見了我也吃去說着也找了他們来李紈也隨来說客已齊了你們還吃不彀湘雲一面吃一面說道我吃這个方愛吃酒吃了酒纔有詩若不是這鹿肉今兒斷不能作詩說着只見宝琴披着鳧靨裘站在那里笑湘雲笑道傻子過来嚐〻宝琴笑說怪髒的宝釵道道你嚐〻去好吃的你林姐〻弱吃了不消化不然他也愛吃宝琴听了便過去吃了一塊果然好吃竟好吃便也吃

起来一時鳳姐兒打發小丫頭来叫平兒平兒說史姑娘拉着我呢你先走罷小丫頭去了一時只見鳳姐也披了斗蓬走来笑道吃這樣好東西也不告訴我說着也湊着一處吃起来代玉笑道那裏找這一群花子去罷了罷了今日蘆雪广遭劫生々被雲丫頭作踐了我為蘆雪广一大哭大約此話不独代玉觀書者亦如此湘雲冷笑道你知道什麽是真名士自風流你們都是假清高最可厭的我們這會子腥羶大吃大嚼回来却是錦心繡口宝釵笑道你回来若作的不好了把那肉掏了出来就把這雪壓的蘆葦子揌上些以完此劫說着吃畢洗浴了一回平兒帶鐲子時却少了一箇左右前後亂找了一番踪跡全無衆人都咤噫鳳姐兒笑道我知道這鐲子的去向你們只管作詩去我們也不用找只管前頭去不出三日包管就有了說着又問你們今兒作什庅詩老太々說了

離年又近了正月裡還該作些燈謎兒大家頑笑衆人听了都笑道可是呢到忘了如今赶着作几個好的預備正月裡頑說着一齊来至地炕屋内只見杯盤菓菜俱已擺齊墻上已貼出詩題韵脚格式来了宝玉湘雲二人忙看時只見題目是即景聯句五言排律一首限二蕭韵後面尚未列次序李紈道我不大會作詩我只起三句罷然後誰先得了誰先聯宝釵道到底分個次序要知端的且聽下回分解

勾出者似是批語不宜混入

脂硯齋重評石頭記卷之

第五十回

蘆雪广争聯即景詩　暖春塢創製春燈謎

話說薛宝釵道到底分個次序讓我寫出来說着便令衆人拈鬮為序起首恰是李氏●定要按次序恰又不按次序似脫落處而不脫落文章岐路如此然後按次各〻開出鳳姐兒說道既是這樣說我也說一句在上頭衆人都笑說道更妙了宝釵便将稻香老農之上補了一个鳳字李紈又将題目講與他听鳳姐兒想了半日笑道你們别笑話我〻只有一句粗話下剩的我就不知道了衆人都笑道越是粗話越好你說了只管幹正事去罷鳳姐兒笑道我想下雪必刮北風昨夜听見了一夜的北風我有了一句就是一夜北風緊可使得

衆人听了都相視笑道這句雖粗不見底下的這正是會作詩的起法不但好而下留了多少地步與後人就是這句為首稻香老農快寫上續下去鳳姐和李嬸平兒又吃了兩盃酒自去了這里李紈便寫了一夜北風緊

自已聯道

開門雪尚飄　入泥憐潔白

香菱道

匝地惜瓊瑶　有意榮枯艸

探春道

無心飾萎苕　價高村釀熟

李綺道

年稔府粱饒　葭動灰飛管

李紋道

陽回斗轉杓　寒山已失翠

岫烟道

凍浦不聞潮　易掛疎枝柳

湘雲道

難堆破葉蕉　麝煤融寶鼎

寶琴道

綺袖籠金貂　光奪窓前鏡
黛玉道
香粘壁上椒　斜風仍故〻
寶玉道
清梦轉聊〻　何處梅花笛
寶釵道
誰家碧玉簫　鰲愁坤軸限
李紈笑道我替你們看熱酒去罷宝釵命宝琴續聯只見湘雲起来道
龍鬬陣雲銷　野岸迴孤棹
宝琴也站起道

吟鞭指灞橋　　賜裘憐撫戍

湘雲那里肯讓人且別人也不如他敏捷都看他揚眉挺身的說道

加絮念征徭　　坳垤審夷險

寶釵連聲讚好也便聯道

枝柯怕動搖　　皚皚輕趁步

黛玉忙聯道

翦翦舞隨腰　　煮芋成新賞

一面說一面推宝玉命他聯宝玉正看宝釵宝琴黛玉三人共戰湘雲十分有趣那里還顧得聯詩今見黛玉推他方聯道

撒鹽是舊謠　　葦蓑猶泊釣

湘雲笑道你快下去你不中用到躭擱了我一面只听寶琴聯道

林斧不聞樵　伏象千峰凸

湘雲忙聯道

盤蛇一逕遙　花緣經冷緒

寶釵與衆人又忙讚好探春又聯道

色豈畏霜凋　深院驚寒雀

湘雲正渴了忙忙的吃茶已被岫烟道

空山泣老鴞　堦墀隨上下

湘雲忙丟了茶盃忙聯道

池水任浮漂　照耀臨清曉

黛玉聯道

繽紛入永宵　誠忘三尺冷

湘雲忙笑聯道

瑞釋九重焦　僵卧誰相問

宝琴也忙笑聯道

狂遊客喜招　天機斷縞帶

湘雲又忙道

海市失鮫鮹

林代玉不容他出再說接着便道

寂寞對臺榭

湘雲忙聯道

　清貧懷簞瓢

宝琴也不容情也忙道

　烹茶冰漸沸

湘雲見這般自為淂趣又是笑又忙聯道

　煮酒葉難烧

代玉也笑道

　沒帚山僧掃

宝琴也笑道

　埋琴稚子挑

湘雲笑的灣了腰忙念了一句衆人問到底說的什麽湘雲喊道

石樓閒睡鶴

黛玉笑的握着胸口高聲嚷道

錦罽煖親猫

寶琴也忙笑道

月窟翻銀浪

湘雲忙聯道

霞城隱赤標

代玉忙笑道

沁梅香可嚼

宝釵笑稱好也怡䏝道
淋竹醉堪調
宝琴也忙道
或濕鴛鴦帶
湘雲忙䏝道
時凝翡翠翹
黛玉又忙道
無風仍脉脉
宝琴又忙笑䏝道
不雨亦瀟瀟

湘雲伏着已笑軟了衆人看他三人對搶也都不顧（顧）作詩看着也只是笑代玉還推他往下聯又道你也有才盡之時我听ミ還是（有）什麼舌根嚼了湘雲只伏在宝釵懷里笑个不住宝釵推他起来道你有本事把二蕭的韵全用完了我纔伏你湘雲起身笑道我也不是作詩竟是搶命呢衆人笑道到是你說罷探春早已料定沒有自己聯的了便早寫出来曰說還沒収住呢李紈听了接過来便聯了一句道

欲誌今朝樂

李綺収了一句道

憑詩祝舜堯

李紈道彀了彀了雖沒作完了韵賸的字（腳的字）若生扭用了到不好了說着大家来

細〻評論一回獨湘雲的多都笑道這都是那塊鹿肉的功勞李紈笑道逐句評去都還一氣只是宝玉又落了第了宝玉笑道我原不會聯句只好擔待我罷李紈笑道也没有社〻擔待你的又說韵險了又整悞了又不會聯句了今日必罰你我才看見櫳翠庵的紅梅有趣我要折一枝来插瓶可厭妙玉為人我不理他如今罰你去取一枝来衆人都道這罰的又雅又有趣宝玉也樂為答應着就要走湘雲代玉一齊說道外頭冷得狠你且吃盃熱酒再去湘雲早執起壺来代玉遞了一个大盃滿斟了一杯湘雲笑道你吃了我們的酒你要取不来加倍罰你宝玉忙吃一杯冒雪而去李紈命人好〻跟着代玉忙攔說不必有了人反不得了李紈点頭說是一面命丫鬟將一箇美女聳肩瓶拏来貯了水准備插梅因又笑道回来該咏紅梅了湘雲忙道我先作一首宝釵

忙道今日斷手不容你作再了你都搶了去别人都閑着也沒趣回来還罰宝玉他説不會聯句如今就叫他自已作去（想此刻宝玉已到庵中矣）代玉笑道這話很是我還有個主意方才聯句不彀莫若揀着聯的少的人作紅梅宝釵笑道這話是極方纔邢李三位屈才且又是客琴兒和顰兒雲兒三个人也搶了許多我們一概都别作只讓他三個作纔是李紈因説綺兒也不大會作還是讓琴妹作罷宝釵只淂依允（想此刻二玉已會不知肯見賜否）又道就用紅梅花三個字作韻每人一首七律邢大妹作紅字你們李大妹作梅字琴兒作花字李紈道饒過寶玉去我不服湘雲忙道有個好題目命他作衆人問何題目湘雲道命他就作訪妙玉乞紅梅豈不有趣衆人听了都説有趣一語未了只見宝玉笑欣〻擎了一枝紅梅進来衆丫鬟忙已接過挿入瓶内衆人都笑稱謝宝玉笑道你們如今賞

罷也不知費了我多少精神呢説着探春早又遍過一鍾煖酒来衆丫鬟走上来接了簑笠撣雪各人房中丫鬟都添送衣服来冬日午後景况襲人也遣人送了半舊的狐腋褂来李紈命人將那蒸的大芋頭盛了一盤又將硃橘黄橙橄欖等物盛了兩盤命人帶與襲人去湘雲且告訴宝玉方纔的詩題又催宝玉快作宝玉道姐〻妹〻們讓我自已用韻罷别限韵了衆人都説隨你作去罷一面説一面大家看梅花原来這枝梅花只有二尺来高傍有一横枝縱横而出約有五六尺長其間小枝分岐或如蟠螭或如僵蚓或孤削如筆或密聚如林花吐胭脂香欺蘭蕙一篇紅梅賦各〻稱賞誰知邢岫烟李紋薛宝琴三人都已吟成各自寫了出来衆人便依紅梅花三字之序看去寫道是

咏紅梅花 得紅字　邢岫烟

桃未芳菲杏未紅　沖寒先已笑東風　魂飛庾嶺春難辨
霞隔浮羅梦未通　綠萼添粧融寶炬　縞仙扶醉跨殘虹
看來豈是尋常色　濃淡由他冰雪中

咏紅梅花得梅字　李紋

白梅懶賦〻紅梅　逞艷先迎醉眼開　凍臉有痕皆是血
酸心無恨亦成灰　誤吞丹藥移真骨　偷下瑤池脫舊胎
江北江南春燦爛　寄言蜂蝶漫疑猜

咏紅梅花得花字　薛寶琴

疎是枝條艷是花　春粧兒女競奢華　閑庭曲檻無餘雪
流水空山有落霞　幽梦冷隨紅袖笛　遊仙香泛絳河槎

前身定是瑶臺種　無復相疑色相差
衆人看了都笑称賞了一番　又指末一首説更好宝玉見宝琴年紀最小才又
敏捷深爲奇異代玉湘雲二人斟了一小盃酒齊和寶琴宝釵笑道三首各有
各好　你們兩個天〻捉弄厭了我如今捉弄他来了李紈又問宝玉你可有了
宝玉忙道我到有了才一看見那三首又嚇忘了等我再想湘雲听了便拿了
一支銅火箸擊着手炉笑道我擊鼓了若鼓絶　不成又要罰的宝玉笑道我已
有了代玉提起筆来説道你念我寫湘雲便擊了一　下笑道一鼓絶宝玉笑道
有了你〻寫罷筆衆人听他念道
酒未開罇句未裁
代玉寫了摇頭笑道起的平〻　湘雲又道快着宝玉笑道

尋春問臘到蓬萊

代玉湘雲都點頭笑道有些意思了宝玉又道

不求大士瓶中露　為乞嫦娥檻外梅

代玉偏了又搖頭道湊巧而已湘雲忙催二鼓宝玉又笑道

入世冷挑紅雪去　離塵香割紫雲来

槎枒誰惜詩肩瘦　衣上猶沾佛院苔

代玉寫畢湘雲大家纔評論時只見几个丫鬟跑進来道老太〻来了衆人忙迎出来大家又笑道怎麽這等高興說着遠〻見賈母圍了大斗篷帶着灰鼠煖兜坐着小竹轎打着青紬油傘鴛鴦琥珀等五六個丫鬟每人都是打着傘擁轎而来李紈等忙往上迎賈母命人止住說只在那里就是了來至跟前賈

母笑道我瞞着你太〻和鳳丫頭来了大雪地下坐着這個無妨没的叫他們
来踹雪衆人忙迎一面上前接斗蓬攙扶着一面答應着賈母来至室中先笑道好
俊梅花你們也會樂我来着了說着李紈早自己拿了一個大狼皮褥来鋪在當
中賈母坐了因笑道你們只管頑笑吃喝我因為天短了不敢睡中覺抹了一
回牌想起你們来了我也来湊個趣兒李紈早又捧過手炉来探春另拿了一
付盃箸来親自斟了煖酒奉與賈母賈母便飲了一口問那個盤子里是什麽
東西衆人忙捧了過来回說是糟鵪鶉賈母道這倒罷了撕一兩點腿子来李
紈忙答應了要水洗手親自来撕賈母又道你們仍舊坐下笑說我听又命李
紈你也坐下就如同我沒来的一樣纔好不然我就去了衆人听了方依次坐
下這李紈便挪到儘下邊賈母因問作何事来着衆人便說作詩来賈母道有作詩

的不如作些燈謎大家正月裏好頑的衆人答應了說笑了一回賈母便說這里潮濕你們别久坐仔細受了潮濕因說你四妹々那裏煖和我們到那里瞧々他的畫兒赶年可有了衆人笑道那里能年下就有了只怕明年端陽有了賈母道這還了得他竟比盖這園子還費工夫了說着仍坐了竹椅轎大家圍隨過了藕香榭穿入一條夾道東西兩邊皆有過街門々樓上裏外皆嵌着石頭匾如今進的是西門向外的匾上鑿着穿雲二字向外的鑿着度月兩字来至當中進了向南的正門賈母下了轎惜春已接了出来從裏邊遊廊過去便是惜春卧房門斗上有煖香塢三個字（看他又寫出一處從起至末一筆一部之文也有千萬筆成一部之文也有一二筆成一部之文也有如試才一回起若都說完以後則索然無味故留此几處以為後文之點染也此方活潑不板眼目屢新）早有几個人打起猩紅氊簾已覺溫香拂臉（各処皆如此非獨因煖香二字方有此景載註于此以博一笑耳）大家進入房中

賈母並不歸坐只問画兒在那里惜春因笑回天氣寒冷了膠性皆凝澀不潤画了恐不好看故此收起来了賈母笑道我年下就要的你别托懶兒快拿出来給我快盡一語未了忽見鳳姐兒披着紫羯褂笑吟吟的来了口内說道老祖宗今兒也不告訴人私自就来了要叫我好找賈母見他来了心中自是喜悅道我怕你們冷着了所以不許人告訴你們去你真是個鬼灵精兒到底找了我来以論理孝敬也不在這上頭鳳姐兒笑道我那裏是孝敬的心找了来我因為到了老祖宗那里鴉没雀静的這四个字俗語中常聞但不能落紙筆且便欲寫時究竟不知係何四字今如此寫来真是不可移易問小丫頭子們他又不肯說叫我找到園裏来我正疑惑忽然来了兩三個姑子我心裡纔明白我想姑子必是来送年疏或要年例香例銀子老祖宗年下的事也多一定是躲債来了如今来回老祖宗債主兒已去了不用躲着了已預備下

希嫩的野雞請用晚飯去再遲一回就老了他一行笑衆人一行笑鳳姐兒也不等賈母說話便命人擡過轎子來賈母笑着攙了鳳姐的手仍舊上轎帶着衆人說笑出了夾道東門一看四面粉粧銀砌忽見宝琴披着鳧靨裘站在山坡上遥等身後一個丫嬛抱着一瓶紅梅衆人都笑道少了兩個人他却在這裡等着也弄梅花去了賈母喜的忙笑道你們瞧這山坡上配上他的這个人品又是這件衣裳後頭又是這梅花像個什麼衆人都笑道就像老太太屋里掛的仇十洲畫的艷圖賈母搖頭笑道那畫的那里有這件衣裳人也不能這樣好一語未了這見宝琴背後轉出一個披大紅猩毡的人來賈母道那又是那個女兒兒寶人笑道我們都在這里那是宝玉賈母笑道我的眼越發花了說話之間來至跟前可不是宝玉和宝琴宝玉笑向宝釵代玉等道我纔又到

了櫳翠庵妙玉每人送你們一枝梅花我已經打發人送去了衆人都笑說多
謝你費心說話之間已出了園門來至賈母房中吃畢飯大家又說笑了一回
忽見雪姨媽也來了說好大雪一日也沒過來望候老太〃今日老太〃到不
高興正該賞雪纔是賈母笑道何曾不高興我被了他們姊妹們去頑了一會
子薛姨媽笑道昨日晚上我原想着今日要和我們姨太〃借一日園子擺兩
桌粗酒請老太〃賞雪的又見老太〃安息的早我聞得女兒說老太〃心下
不大爽因此今日也沒敢驚動早知如此我正該請賈母笑道這纔是十月裡
頭場雪往後下雪的日子多呢再破費不遲薛姨媽笑道果然如此算我的孝
心處了鳳姐兒笑道姨媽仔細忘了如今先秤了五十兩銀子來交給我收着
一下雪我就預備下酒了姨媽也不用操心也不得忘了賈母笑道既這麼說

姨太〻給他五十兩銀子收着我和他每人分二十五兩到下雪的日子我粧心里不快混過去了姨太〻更不用操心我和鳳了頭到得了実惠鳳姐將手一拍笑道妙極了這和我的主意一樣衆人都笑了賈母笑道呸没臉的就順着竿子爬上去了你不說說姨太〻是客在嗒們家受屈我們該請姨太〻纔是那里有破費姨太〻的理不這樣說呢還有臉先要五十兩子真不害燥鳳姐兒笑道我們老祖宗最是有眼色的試一試姨媽若鬆呢拿出五十兩来就和我分這會子估着不中用了翻過来拿我做法子說出這些大方話来如今我也不和姨媽要銀子竟替姨媽出銀子治了酒請老祖宗吃了我另外再封五十兩銀子孝敬老祖宗算是罰我個包攬閑事這可好不好話未說完衆人已笑倒炕上賈母因又說及宝琴雪下折梅比画兒上還好因又細問他的年

庚八字并家内景况薛姨媽度其意思大約是要與宝玉求配薛姨媽心中固
也遂意只是已許過梅家了因賈母尚未明説自己也不好擬定遂半吐半露
告賈母道可惜這孩子没福前年他父親就没了他從小兒見的世面到多跟
他父母四山五岳都走遍了他父親是个好樂的各處因有買賣帶着家眷這一
省逛一年明年又往那一省逛半年所以天下十停走了有五六停了那年在
這裡把他就許了梅翰林的兒子偏第二年他父親就辭世了他母親又是痰症
鳳姐也不等説完便嗐聲跺脚的説偏不巧我正要作个媒呢又已經許了人
家賈母笑道你要給誰説媒鳳姐兒説道老祖宗别管我心裏看準了他們兩
個是一對如今已許了人説也無益不如不説罷了賈母也知鳳姐兒之意听
見已有了人家也就不提了大家又閒話了一會方散一宿無話次日雪晴賈

後賈母又親囑惜春不管冷煖你只畫去赶到年下十分不能便罷了第一要
緊把昨日琴兒和丫頭梅花照模照樣一筆別錯快快添上惜春听了雖是為
難只得應了一時衆人都来看他如何畫惜春只是出神李紈因笑向衆人道
讓他自己想去偺們且說話兒昨兒老太太只叫作燈謎回来家和綺兒紋兒
睡不着我就編了兩個四書的他兩個每人也編了兩個衆人听了都笑道這
到該作的先說了我們猜猜李紈笑道觀音未有世家傳（打）四書一句湘雲接着
就說在止于至善湘（宝）釵笑道你也想一想世家傳三個字的意思再猜李紈笑
道再想代玉笑道哦是了是雖善無徵衆人都笑道這句是了李紈又道一池
青草草何名（也打四書一句）湘雲忙道這一定是蒲蘆也再不是不成李紈笑道這難為你猜
紋兒的是水向池邊流出（去）冷打一古人名探春笑問道可是山濤李紋笑道是

李紈又道綺兒的是個萤字打一个字衆人猜了半日寶琴笑道這個意思却
深不知可是花艸的花字李綺笑道恰是了衆人道萤與花何干代玉笑道妙
得狠萤可不是艸化的衆人會意都笑了道萤與花說好宝釵道這些雖好不
合老太太的意思不如作些淺近的物兒大家雅俗共賞纔好衆人都道也要
作些淺近的俗物纔是湘雲笑道我編了一枝點絳唇恰是俗物你們猜猜說
着便念道溪壑分離紅塵遊戲真何趣名利猶虛後事終難繼衆人不解想了
半日也有猜是和尚的也有猜是道士的也有猜是偶戲人的宝玉憋了半日
道都不是我猜着了一定是耍的猴兒湘雲笑道這個正是了衆人道前頭都
好末後一句怎麼解湘雲道那一個耍的猴子不是剁了尾巴去的衆人听了
都笑起来說他編個謎兒也是刁鑽古怪的李紈道昨日姨媽說琴妹見的世

面多走的道路也多你正談編謎兒正用着了你的詩且又好何不編幾個我
們猜一猜宝琴聽了點頭含笑自去尋思宝釵也有了一個念道

鏤檀鍥梓一層層　豈係良工堆砌成　雖是半天風雨過
何曾聞得梵鈴聲　打一物

衆人猜時宝玉也有了一個念道

天上人間兩渺茫　琅玕節過謹隄防　鸞音鶴信須凝睇
好把唏噓答上蒼

代玉也有了一個念道是

騄駬何勞縛紫繩　馳城逐塹勢猙獰　主人指示風雷動
鰲背三山獨立名

探春也有了一個方欲念時寶琴走過来笑道我從小兒所走的地方的古蹟不少我今揀了十個地方的古蹟作了十首懷古的詩〻雖粗鄙却懷往事又暗隱俗物十件姐〻們請猜一猜衆人聽了都說這到巧何不寫出来大家一看要知端的

（清）曹雪芹 著

脂硯齋重評石頭記庚辰本

第六册

國家圖書館出版社

第六册目録

石頭記

第五十一回　至六十回

石頭記

薛小妹新編懷古詩　胡庸醫亂用虎狼藥

俏平兒情掩蝦鬚鐲　勇晴雯病補雀金裘

寧國府除夕祭宗祠　榮國府元宵開夜宴

史太君破陳腐舊套　王熙鳳效戲彩班衣

辱親女愚妾爭閑氣　欺幼主刁奴蓄險心

敏探春興利除宿弊　時寶釵小惠全大體

慧紫鵑情辭試忙玉　慈姨媽愛語慰癡顰

杏子陰假鳳泣虛凰　晒紗牕真情揆癡理

柳葉渚邊嗔鶯咤燕　絳雲軒裏召將飛符

茉莉粉替去薔薇硝　玫瑰露引出茯苓霜

第五十一回　至六十回

脂硯齋凡四閱評過

庚辰秋定本

脂硯齋重評石頭記卷之

第五十一回

薛小妹新編懷古詩　胡庸醫亂用虎狼藥

衆人聞得寶琴將素習所經過各省內的古跡為題作了十首懷古絕句內隱十物皆說這自然新巧都争着看時只見寫道是

赤壁懷古　其一

赤壁沉埋水不流　徒留名姓載空舟
喧闐一炬悲風冷　無限英魂在內遊

交趾懷古　其二

銅鑄金鏞振紀綱　聲傳海外播戎羌

馬援自是功劳大　鉄笛無煩說子房

鍾山懷古　其三

名利何曽伴汝身　無端被詔出九塵
牽連大抵难休絶　莫怨他人嘲笑頻

淮陰懷古　其四

壮士須防悪犬欺　三齊位定蓋棺時
寄言世俗休輕鄙　一飯之恩死也知

廣陵懷古　其五

蟬噪鴉栖轉眼過　隋堤風景近如何
只缘占得風流號　惹得紛紛口舌多

桃葉渡懷古　其六

衰草閑花映淺池　桃枝桃葉総分离

六朝梁棟多如許　小照空懸壁上題

青塚懷古　其七

黑水茫茫咽不流　冰絃撥尽曲中愁

漢家制度誠堪嘆　樗櫟應慚萬古羞

馬嵬懷古　其八

寂寞脂痕漬汗光　溫柔一旦付東洋

只因遺得風流跡　此日衣衾尚有香

蒲東寺懷古　其九

小紅骨賤最身輕　私掖偷携強撮成
雖被夫人時吊起　已經勾引彼同行

梅花硯懷古　其十

不在梅边在柳边　個中誰拾画嬋娟
團圓莫憶春香到　一别西風又一年

衆人看了都稱奇道妙宝釵先説道前八首都是史鑑上有據的後二首却無考我們也不大懂得不如另作兩首為是如何必得宝釵此駁方是好文後文若真另作亦必無趣若不另作又有何法省之看他下文如何代玉忙攔道好極非代玉不可脂硯这宝姐姐也忒膠柱鼓瑟矯揉造作了这兩首雖是史鑑上無考偺們雖不曾看这些外傳不知底理难道偺們連兩

本戲也沒有見過不成那三歲孩子也知道何况俗們探春便道这話正是了

余謂顰兒必有尖語来諷不望竟有此飾詞為為解釋

李紈又道況且他原是

此則真心以待宝釵也

到这個地方的這兩件事雖無考古往今来以訛傳訛好事者竟故意的弄出這古蹟来以愚人比如那年上京的時候節単是関夫子的坟到見了三四処関夫子一生事業皆是有據的如何又有許多的坟自然是後来人敬爱他生前為人只怕從这敬爱上穿鑿出来也是有的及至看廣輿記上下止関夫子的坟多自古来有些名望的坟就不少無考的古蹟更多如今这兩首雖無考凡説書唱戲甚至于求的籤上皆有註批老小男女俗語口頭人人皆知皆説的況且又並不是看了西廂牡丹的調曲怕看了邪書这竟無妨只着宝釵听説方罷了

此為三染無痕也妙極天花無縫之文

大家猜了一回皆不是冬日天短不覺

又是前頭吃晚飯之時一齊前来吃飯因有人回王夫人説襲人的哥哥花自芳進来説他母親病重了想他女兒他来求恩典接襲人家去走走王夫人听了便道人家母女一場豈有不許他去的一面就叫了鳳姐兒来告訴了鳳姐兒命酌量去辦理鳳姐兒荅應了回至房中便命周瑞家的去告訴襲人原故又吩咐周瑞家的再將跟出門的媳婦傳一個你兩個人再帶兩個小了頭子跟了襲人去外頭派四個有年紀跟車的要一輛大車你們帶着坐要一輛小車給了頭們坐周瑞家的荅應了才要去鳳姐兒又道那襲人是個省事的你告訴説我的話叫他穿几件顏色好衣裳大大的包一包袱衣裳拿着包袱也要好好的手炉也要拿好的臨走時叫他先来我瞧瞧周瑞家的荅應去了半日果見襲人穿帶来了兩個了頭與周瑞家的拿着手炉與衣包鳳姐兒看襲

人頭上帶着几枝金釵珠釧到華麗又看身上穿着桃紅百子刻絲銀鼠襖子
葱綠盤金彩綉綿裙外面穿着青緞灰鼠褂鳳姐兒笑道这三件衣裳都是太
太的賞了你到是好的但只这褂子太素了些如今穿着也冷你該穿一件大
毛的襲人笑道太太就只給了这灰鼠的還有一件銀鼠的説赶年下再給大
毛的還沒有得呢鳳姐兒笑道我道有一件大毛的我嫌封毛兒出不好了正
要改去也罷先給你穿去罷等年下太太給作的時節我再作罷只等你還我
一樣衆人都笑道奶奶慣會説这話成年家大手大脚的替太太不知背地裡
賠墊了多少東西真真的賠的是説不出来那里又和太太算去偏會子又説
这小氣話取笑兒鳳姐兒笑道太太那里想的到这些究竟这又不是正緊事
再不照管也是大家的体面説不得我自己吃些虧把衆人打扮体統了寧可

我得個好名也罷了一個一個像燒糊的捲之似的人先笑話我當家到把人
丟出了花子來眾人听了都嘆說誰大奶奶這樣聖慈在上体貼太太在下又
疼顧下人一面說一面只見鳳姐兒命平兒將昨日那件石青刻絲八團天馬
皮褂子拿出來與了襲人又看包袱只得一個彈墨花綾水紅綢裏的夾包袱
里面只包着兩件半旧棉襖與皮褂鳳姐兒又命平兒把一個玉色綢裏的哆
囉呢的包袱拿出來又命包上一件雪褂子平兒走去拿了出來一件是半旧
大紅猩猩氈一件是大紅羽紗的襲人道一件就當不起了平兒笑道你拿這猩
猩氈的把這件順手拿將出來叫人給邢大姑娘送去昨兒那么大雪人人都
是有的不是猩猩氈就是羽緞羽紗的十來件大紅衣裳映着大雪好不齊整
就只他穿着那件旧氈斗篷越發顯的拱肩縮背好不可憐見的如今把這件

一二

給他罢鳳姐兒笑道我的東西他私自就要給人我一個還花不勾再添上你
提着更好了衆人笑道這都是奶奶素日孝敬太太疼愛下人若是奶奶素日
是小氣的只以東西為事不顧下人的姑娘那里還敢這樣了鳳姐兒笑道所
以知道我的心的也就是他還知三分罷了說着又囑咐襲人道你媽若好了
就罷若不中用了只管住下打發人來回我我再另打發人給你送鋪蓋去可
別使人家的鋪蓋和梳頭的傢伙又吩咐周瑞家的道你們自然也知道这里
的也不用我囑咐了周瑞家的荅應都知道我們这去到那里總叫他們的人廻
避若住下必是另要一兩間內房的說着跟了襲人出去又吩咐預備灯籠遂
坐車往花自芳家來不在話下这里鳳姐又將怡紅院的嬷嬷喚了两個來分
付道襲人只怕不來家你們素日知道那大了頭們那两個知好歹派出來在

寶玉屋里上夜你們也好生照管着别由着宝玉胡鬧兩個嬷嬷去了一時来回說派了晴雯和麝月在屋里我們四個人原是輪流着帶管上夜的鳳姐兒听了点頭道晚上催他早睡早上催他早起老嬷嬷們答應了自回園去一時果有周瑞家的帶了信回鳳姐兒說襲人之母業已停床不能回来鳳姐兒回明了王夫人一面着人往大觀园去取他的鋪蓋粧奩宝玉看着晴雯麝月二人打点妥當送去之後晴雯麝月皆卸罷殘粧脫換過裙襖晴雯只在薰籠上圍坐麝月笑道你今兒别粧小姐了我劝你也動一動兒晴雯道等你們都去尽了我再動不遲有你們一日我且受用一日麝月笑道好姐姐我鋪床你把那穿衣鏡的套子放下来上頭的划子划上你的身量比我高些說着便去了給宝玉鋪床晴雯嗐了一聲咲道人家纔坐煖和了你就来鬧此時宝玉正坐着納

悶想襲人之母不知是死是活忽听見晴雯如此説便自己起身出去放下鏡
套划上消息進来咲道你們煖和罷都完了晴雯咲道終久煖和不成的我又
想起来湯婆子還沒拿来呢麝月道这难為你想着他素日又不要湯婆子偺
們那薰籠上煖和比不得那屋裡炕冷今兒可以不用寶玉笑道这個話你們
两個都在上頭睡了我这外边沒個人我怪怕的一夜也睡不着晴雯道我是
在这裡晴雯麝月往他外边睡去説話之間天色二更麝月早已放下簾幔移
灯炷香伏侍寶玉卧下二人放睡晴雯自在薰籠上麝月便在煖閣內外邊至
三更已後寶玉睡夢之中便叫襲人叫了两聲無人荅應自己醒了方想起襲
人不在家自己也好咲起来晴雯已醒因咲喚麝月道連我都醒了他守在傍
边還不知道真是個挺死尸的麝月翻身打個哈氣咲道他叫襲人與我什麽

相干因問作什庅宝玉要吃茶麝月忙起来单穿紅紬小棉袄兒宝玉道披上
我的袄兒再去仔細冷着麝月听説回手便把宝玉披着起夜的一件貂（鼠卞）頦子
（訥爾庫）襟煖袄披上下去向盆内洗手先到了一鍾温水拿了大漱盂宝玉漱了一口
然後纔向茶槅上取了茶碗先用温水灂了一灂向煖壺中倒了半碗茶遞與
寶玉吃了自己也漱了一漱吃了半碗晴雯咲道好妹子也賞我一口兒麝月
笑道越發上臉兒了晴雯道好妹妹明兒晚上你别動我伏侍你一夜如何麝
月听説只得也伏侍他漱了口倒了半碗茶與他吃过麝月咲道你們兩個别
睡説着話兒我出去走走回来晴雯咲道外頭有個鬼等你（着呢）宝玉道外頭自然
有大月亮的我們説話你只管去一面説一面便嗽了兩声麝月便開了後門
揭起毡簾一看果然好月色晴雯等他出（去）便欲唬他頑耍仗着素日比别人氣

壮不畏寒冷也不披衣只穿着小袄便蹑手蹑脚的下了薰笼随後出来宝玉咲劝道看凍着不是頑的晴雯只擺手随後出了房門只見月光如水忽然一陣微風只覚侵肌透骨不禁毛骨森然心下自思道怪道人説熱身子不可被風吹这一冷果利害一面正要唬麝月只听宝玉高声在内道晴雯出去了晴雯忙回身進来咲道那裡就唬死了他偏你慣会这蝎蝎螫螫老婆寒像的宝玉咲道到不為唬坏了他頭一則凍着也不好二則他不妨不勉一喊倘或唬醒了别人不説偺們是頑意到反説襲人纔去了一夜你們就見神見鬼的你来把我的这边被掖一掖晴雯听説便上来掖了掖伸手進去渥一渥時宝玉咲道好冷手我説看凍着一面又見晴雯两腮如胭脂一般用手摸了一摸也覚氷冷宝玉道快進被来渥渥罷一語未了只听咯噔的一声門响麝月慌慌

張張的笑了進来說道嚇了我一跳好的黑影子裡山子石後頭只見一個人
蹲着我纔要叫喊原来是那個大錦鷄見了人一飛飛到亮處来我纔看真了
若冒冒失失一嚷到鬧起人来一面說一面洗手又笑道晴雯出去我怎庅不
見一定是要唬我去了寶玉笑道這不是他在這裡渥呢我若不叫人快可是
到唬一跳晴雯笑道也不用我唬去這小蹄子已經自恠自驚的了一面說一
面仍回自己被中去了麝月道你就這庅跑解馬的打扮得伶伶俐俐的出去
了不成寶玉笑道可不就這庅丁麝月道你死不揀好日子你出去站一站把
皮不凍破了你的說着又將火盆上的銅罩揭起拿灰鍬重將熟炭埋了一埋
拈了兩塊素香放上仍旧罩了至屏後重剔了灯方纔睡下晴雯因方才一冷
如今又一煖不覺打了兩個噴嚏寶玉嘆道如何到底傷了風了麝月笑道他

早起就嚷不受用一日也沒吃飯他这會還不保養些還要捉弄人明兒病了

叫他自作自受宝玉問頭上熱不熱晴雯嗽了兩声說着只听外間房中十錦隔上

的自鳴鐘噹噹兩声外間值宿的老嬷嬷嗽了兩聲因說道姑娘們睡罢明兒再

說罷宝玉方悄悄的咲道偺們別說話了又惹他們說話說着方大家睡了至

次日起来晴雯果覔有些鼻塞声重懶怠動彈宝玉道快不要声張太太知道

又叫你搬了家去養息家去雖好到底冷些不如在這裡你就在里間屋裡倘

着我叫人請了大夫悄悄的從後門来瞧瞧就是了晴雯道雖如此說你到底

要告訴大奶奶一聲兒不然一時大夫来了有人問起来怎庅說呢宝玉听了有

理便換一個老嬷嬷吩咐道你回太太去就說晴雯白冷着了些不是什庅大

病襲人又不在家他若家去養病這里更沒有人了傳一個大夫悄悄的從後門

進来瞧瞧別回太太罷了老嬷嬷去了半日来回說大奶奶知道了說兩劑藥
吃好了便罷若不好時還是出去為是如今時氣不好恐沾染了別人事小別姑
娘們的身子要緊的晴雯睡在煖閣裡只管咳嗽听了這話氣的喊道我那里
就害瘟病了只怕過了人我离了這裡看你們這一輩子別都頭疼腦熱的說
着便真要起来宝玉忙按他咲道別生氣這原是他的責任惟恐太太知道了
說他不是白說一句你素習就好生氣如今肝火自然盛了正說時人回大夫来
了宝玉便走過来避在書架之後只見兩三個後門口的老嬷嬷代了一個大
夫進来这裡的了环都廻避了有三四個老嬷嬷放下煖閣上的大紅綉幔晴
雯從幔中单伸出手去那大夫見這隻手上有兩根指甲足有三寸長尚有金
鳳花染的通紅的痕跡便忙回過頭来有一個老嬷嬷忙拿了一塊手帕掩了

那大夫方胗了一回脉起身到外間向嬷嬷們説道小姐的症是外感内滯近日時氣不好還筭是個小傷寒幸喜是小姐素日飲食有限風寒也不大不過是血氣原弱偶然沾染了些吃兩劑藥踈散踈散就好了説着便又隨婆子們出去彼時李紈已遣人知會過後門上的人及各処了妚迴避那大夫只見了园中的景致並不曾見一个女子一時出了园門就在守园門的小厮們的班房内坐了開了藥方老嬷嬷道你老且别去我們小爺囉唆恐怕還有話説大夫忙道方纔不是小姐是位爺不成那屋子竟是綉房一樣又是放下幔子来的如何是位爺呢老嬷嬷悄悄咲道我的老爺怪道小厮們纔説今兒請了一位新大夫來了真不知我們家的事那屋子是我們小哥兒的那人是他屋裡的了頭到是個大姐那里的小姐若是小姐的綉房小姐病了你那麽容易就進去

了説着拿了藥方進去宝玉看時上面有紫蘇桔梗防風荆芥等藥後面又有枳实麻黄宝玉道該死該死他拿着女孩兒們也像我們一樣的治如何使得凭他有什庅内滞這枳实麻黄如何禁得誰請了来的快打發他去罷再請一個熟的来老婆子道用藥好不好我們不知道這个理如今再叫小廝去請王太醫去到容易只是这大夫又不是告訴總管房里請来的这轎馬錢是要給他的少婆子道少了不好看也得一兩銀子總是我們這門户的礼宝玉道王太醫来了給他多少婆子笑道王太醫和張太醫每常来了也並没个給錢的不過每年四節大送礼那是一定的年例這人新来了一次須得給他一兩銀子去宝玉听説便命麝月去取銀子麝月道花大奶奶還不知擱在那里呢宝玉道我常見他在螺甸小櫃子里取錢我和你找去説着二人来至宝玉堆東西的

寫痴子
畢首
鑑堂

房子開了螺甸櫃子上一槅子都是筆墨扇子香餅各色荷包汗巾等物下一槅却是几串錢於是開了抽屜纔看見一個小簸籮内放着几塊銀子到也有一把戥子麝月便拿了一塊銀子提起戥子来問宝玉那是一兩的星兒宝玉笑道你問我有趣你到成了纔来的了麝月也笑了又要去問人宝玉道揀那大的給他一塊就是了又不作買賣筭這些做什麼麝月听了便放下戥子揀了一塊掂了一掂笑道这一塊只怕是一兩了寧可多些好别少了叫那穷小子笑話不說偺們不識戥子到說偺們有心小器是的那婆子站在外頭台磯上笑道那是五兩的錠子夾了半边這一塊至少還有二兩呢這會子又没夾剪姑娘收了這塊再揀一塊小些的罷麝月早掩了櫃子出来笑道誰又找去多了些你拿了去罷宝玉道你只快叫茗烟再請王大夫去就是了婆子接了

無風亂響喻寶玉無事忙也　鑑堂

銀子自去料理一時茗烟果請了王太醫来胗了脉後說病症與前相倣只是方上果没有枳实麻黄芍藥到有当帰陳皮白芍等藥之類的分量較先也减了些宝玉喜道这才是女孩兒們的藥虽然踈散也不可太過旧年我病了却是傷寒内里飲食停滞他瞧了還說我禁不起麻黄石膏枳实的狼虎藥我和你們一比我就如那野坟圈子里長的几十年的一棵老楊樹你們就如秋天芸兒進我的那綫開的白海棠連我禁不起的藥你們如何禁得起麝月等咲道野坟只有楊樹不成难道就没有松柏我最嫌的是楊樹那庅大林樹葉子只一点子没一絲風他也是乱響你偏比他也太下流了宝玉笑道松柏不敢比連孔子都說歲寒然後知松柏之後凋也可知這兩件東西高雅不怕羞燥的才拿他混比呢說着只見老婆子取了藥来宝玉命把煎藥的銀盂子找了

詳細

鑑查

出来找字神理乃不常用之物也就命在火盆上煎晴雯因説正經給他們茶房里煎去

美淂這屋裡藥氣如何使淂宝玉道藥氣比一切的花香果子香都雅神仙採

藥燒藥再者高人逸士採藥治藥最妙的一件東西這屋裡我正想各色都齊

了就只少藥香如今恰好全了一面説一面早命人煨上又囑咐麝月打点東西

遣老嬷嬷去看襲人劝他少哭一〻妥当方過前边来賈母王夫人處問安吃

飯正值鳳姐兒和賈母王夫人商議説天又短又冷不如以後大嫂子帶着姑娘

們在园子里吃飯一樣等天長煖和了再来回的跑也不妨王夫人咲道這也

是好主意刮風下雪倒便宜吃些〻東西受了冷氣也不好空心走来一肚子冷

風壓上些〻東西也不好不如後园門里頭的五間大房子横竪有女人們上值

的挑兩個厨子女人在那里单給他姊妹們美飯新鮮菜蔬是有分例的在總

管房里支去或要錢或要東西那些野鷄獐麅各樣野味分些給他們就是了賈母道我也正想着呢就怕又添一個厨房多事些鳳姐道並不多事一樣的分例這里添了那里减了就便多費些事小姑娘們冷風朔氣的朔字又妙朔作韶此音也用此音奇想奇想別人還可第一林妹妹如何禁得住就連寶兄弟也禁不住何況衆位姑娘賈母道正是這話了上次我要說這話我見你們的大事太多了如今又添出這些事来要知端的

脂硯齋重評石頭卷之

第五十二回

俏平兒情掩蝦鬚鐲　勇晴雯病補雀金裘

賈母道正是這話了上次我要說這話我見你們的大事多如今又添出这些、事来你們固然不敢抱怨未免想着我只顧疼這些小孩子孫女兒們就不体貼你們這当家人了你既這庅說出来更好了因此時薛姨媽李嬸都在座邢夫人及尤氏婆媳也都過来請安還未過去賈母向王夫人等說道今兒我才說這話素日我不說一則怕逞了鳳了頭的臉二則衆人不伏今日你們都在這里都是經過妯娌姑嫂的还有他這様想的到的沒有薛姨媽李嬸尤氏等齊咲說真个少有别人不過是礼上面子情兒寔在他是真疼小叔子小姑子就是老太〻跟前也是真孝順賈母点頭嘆道我雖疼他我又怕他太伶俐也不是好事鳳姐兒忙笑道這話老祖宗說差了世人都說太伶俐聰明怕活不長世人都說得人人都信獨老祖宗不当說不当信老祖宗只有伶俐聰明過我十倍的怎庅如今這樣福寿双全的只怕我明兒還勝老祖宗一倍呢我活一千歲後等老祖宗歸了西我才死呢賈母笑道衆人都死了单剩下偺們兩個老妖精有什庅意思說的衆人都笑了宝玉因記掛着晴雯襲人等事便先回園里來到房中蘭香滿屋一人不見只見晴雯独卧于炕上臉面燒的飛紅又摸了一摸只覔盞手忙又向炉上將手烘煖伸進被去摸了一摸身上也是火燒因說道別人去了也罷麝月秋紋也這樣無情各自去了晴雯道秋紋是我攆了他去吃飯的麝月是方才平兒來衆找他出去了兩人鬼〻祟〻的不知說

妙緒縝絲此是書中之筆妙靈巧處不可沒也 鑑堂

什庅必是說我病了不出去宝玉道平兒不是那樣人况且他並不知你病特来瞧你想來一定是麝月来説話偶然見你病了隨口説特瞧你的病這也是人情乖覔取和的常事便不出去有不是與他何干你們素日又好斷不肯為這無干的事傷和氣晴雯道這話也是只是疑他為什庅忽然瞞起我来

宝玉一篇推情度理之談以射正事不知何如

宝玉咲道讓我從門出去那窓根下听〻説些什庅来告訴你說着果然從後門出去至窓下潛听麝月悄問道你怎庅就得了的

妙這才有神理是平兒說过一半了若此時從宝玉口中從頭說起一原一故直是二人特苛宝玉来听方說起也

平兒道那日彼時洗手時不見了二奶〻就不許吵嚷出了園子即刻就傳給園里各処的媽媽們小心查訪我們只疑惑邢姑娘的了頭本来又窮只怕小孩子家沒見过拿了起来有的再不料定是你們這里的幸而二奶〻沒有在屋里你們這里

的宋媽〻的去了着這支鐲子說是小了頭子墜兒偷起来的被他看見来回

二奶〻的（妙極紅玉既有归結墜兒豈可不表哉可知奸賊二字是相連的故情字原非正道墜兒原不情也不过一愚人耳可以傳姦即可以為盜二次小竊皆出于宝玉房中亦大有深意在焉）

我赶着忙接了鐲子想了一想宝玉是偏在你們身上留心用意爭勝要強的

那一年有一个良兒偷玉剛冷了一二年間還有人提起来趁愿這會子又跑

出一個偷金子的来了而且更偷到街房家去了偏是他這樣偏是他的人打

嘴所以我趕忙叮嚀宋媽千萬別告訴宝玉〻只当沒有這事別和一个人題起

第二件老太〻太〻听了也生氣三則襲人和你們也不好看所以我回二奶

奶〻說我往大奶〻那里去的誰知鐲子褪了口丟在草根底下雪深了沒看

見今兒雪化盡了黃澄〻的映着日頭還在那里呢我就揀了起来二奶〻也

就信了所以我来告訴你們〻〻以後防着他些別使喚他到別処去等襲人

回来你們商議省变个法子打發他出去就完了麝月道這小娼婦也見過些東西怎庅這庅眼皮子淺平兒道究竟這鐲子能多少重原是二奶奶說的這叫做蝦鬚鐲到是這顆珠子還罷了晴雯那蹄子是塊爆炭要告訴了他他是忍不住的一時氣了或打或罵依旧嚷出来不好所以单告訴你留心就是了說着便作辭而去宝玉听了又喜又氣又嘆喜的是平兒竟能体貼自己氣的是墜兒小窃嘆的是墜兒那樣一個伶俐人作出這醜事来因而回至房中把平兒之話一長一短告訴了晴雯又說他說你是個要強的如今病着听了這話越發要添病等好了再告訴你晴雯听了果然氣的蛾眉倒蹙鳳眼圓睁那時就叫墜兒宝玉忙劝道你這一喊出来豈不辜負了平兒待你我之心了不如領他這个情過後打發他就完了晴雯道雖如此說只是這口氣

如何忍得宝玉道這有什麼生氣的你只養病就是了晴雯服了藥至晚間又服二

和夜間雖有些、汗還未見效仍是發燒頭疼鼻塞声重次日王太醫又来胗

視另加減湯剤虽然稍减了燒仍是頭疼宝玉便命麝月取鼻烟来給他

嗅些、痛打几个嚏噴就通了関竅麝月果真去取了一個金廂双扣金星玻璃

的一個扁盒来遞與宝玉ゝゝ便揭翻閘盒扇盖看上里面有西洋琺瑯的黃髮赤身女

子兩肋又有肉翅盒里面盛着些、真正汪恰洋烟汪恰西洋一等宝烟也晴雯只顧看画兒

宝玉道嗅些、走罷了氣就不好了晴雯听說忙用指甲挑了些、嗅入鼻中不怎樣

便有又多ゝ挑了些、嗅入忽覺鼻中一股酸辣透入顖門接連打了五六個嚏噴

眼淚鼻涕登時齊流寫得出晴雯忙収了盒子笑道了不得好爽快拿紙來早

有小丫頭子遞過一搭子細紙晴雯便一張ゝゝ的拿來醒鼻子宝玉笑問如

何晴雯咲道果竟通快此〻只是太陽还疼宝玉咲道越性尽〻用西洋藥治一治
只怕就好了說着便命麝月和二奶〻要去就說我說了姐〻那里常有那西
洋貼頭疼的膏子藥叫作依弗哪找尋一点兒麝月答應了去了半日果拿了半
節來便去找了一塊紅緞子角兒鉸了兩塊指頂大的圓式将那藥烤和了用
簪挺攤上晴雯自拿着一面靶鏡貼在兩太陽上麝月咲道病的蓬頭鬼一様
如今貼了这个到俏皮了二奶〻貼慣了到不大顕說畢又向宝玉道二奶〻
說了明日是旧老爺生日太〻說了叫你去呢明兒穿什庅衣裳今兒晚上好
打点〻齊備了省得明兒早起費手宝玉道什庅順手就是什庅罷了一年鬧生
日也鬧不清說着便起身出房往惜春房中去看画剛到院門外边忽見宝琴
的小丫𡛟名小螺者從那边過去宝玉忙赶上問那去小螺咲道我們二位姑

娘都在林姑娘房里呢我如今也往那里去宝玉听了轉步也便同他往瀟湘舘来不但宝釵姊妹在此且連邢岫烟也在那里四人圍坐在薰籠上序家常紫鵑到坐在煖閣里臨窓作針黹一見他来都咲說又来了一个可潑了你的坐処了宝玉咲道好一付冬閨集艷圖可惜我遲来了一步横竪这屋子比各屋子煖这椅子坐着並不冷說着便坐在代玉常坐的搭着灰鼠椅搭的一張椅上因見煖閣之中有一玉石條盆里面攢三聚五栽着一盆单瓣水仙点着宣石便極口讚好花这屋子越發煖这花香的越清香昨日未見代玉回說道这是你家的大總管頼大嬸子送薛二姑娘的两盆臘梅两盆水仙他送了我一盆水仙他送了蕉丫頭一盆臘梅我原不要的又恐辜負了他的心你若要我轉送你如何宝玉道我屋里却有两盆只是不及这个琴妹〻送的如何又轉

送人这个断使不得代玉道我一日藥盄子不離火我竟是藥培着呢那里还
擱的住花香来燻越發弱了况且这屋子里一股藥香反把这花香攙坏了不
如你抬了去这花也清淨了没雜味来攙他宝玉咲道我屋里今兒也有病人
煎藥呢你怎庅知道的代玉咲道这話奇了我原是無心的話誰知你屋里的
事你不早来听説古記（蹟）这会子来了自驚自怪的宝玉咲道偺們明兒下（約）一社
又有了題目了就咏水仙臘梅代玉听了咲道罢〻我再不敢作詩了作一回
罰一回没的怪羞的説着便两手握起臉来宝玉咲道何苦来又奚落我作什
庅我还不怕臊呢你倒握起臉来了宝釵因咲道下次我邀一社四个詩題四
个詞題每人四道（首）詩四闋詞頭一个詞題咏太極圖限一先的韵五言律要把
一先的韵都用尽了一个不許剩宝琴咲道这一説可知是姐〻不是真心起

社了这分明难人若論起來也強扭的出來不過顛來倒去弄些、易經上的話
生塡究竟有何趣味我八歲時節跟我父親到西海沿子上買洋貨誰知有个
眞、國的色女孩子纔十五歲那臉面就和那西洋画上的美人一樣也披着黃
頭髮打着聯垂滿頭帶的都是珊瑚猫兒眼祖母綠这些、宝石身上穿着金絲
織的鎖子甲洋錦袄袖帶着倭刀也是廂金嵌宝的實在画兒上的也没他好
看有人說他通中國的詩書会讲五經能作诗塡詞因此我父親央煩了一位
通事官煩他寫了一張字就寫的是他作的詩衆人都稱奇道異宝玉忙咲道
好妹、你拿出來我瞧、、宝琴咲道在南京収着呢此時那里去取來宝玉听
了大失所望便說没福得見这世面代玉咲拉宝琴道你别哄我們我知道你
这一來你的这些、東西未必放在家里自然都是要帶了來的这会子又扯謊

此等変彩
令人着急
鑑堂

激語也
奴作頓撻
以免直學
知
鑑堂

說沒帶来他們雖信我是不信的宝琴便紅了臉低頭微咲不語宝釵咲道偏这个顰兒慣說这些〻白話把你就伶俐的代玉道若帶了来就給我們見識〻〻也罢了宝釵咲道箱子籠子一大堆还没理清知道在那个里頭呢等过日收什清了找出来大家再看就是了又向宝琴道你若記得何不念〻我們听〻宝琴方答道記得是首五言律外國的女子也就难為他了宝釵道你且别念等把雲兒叫了来也叫他听〻說着便叫小螺来分付道你到我那里去就說我們这里有一个外國美人来了作的好詩請你这詩瘋子来瞧去再把我們詩獃子也帶来小螺咲着去了半日只听湘雲咲問那一个外国美人来了一頭說一頭果和香菱来了衆人咲道人未見形先已聞聲宝琴等忙讓坐遂把方緫的话重序了一遍湘雲咲道快念来听〻宝琴因念道

詩句好使頗壯觀〻玉　鑑堂

昨夜朱樓夢　今宵水国吟　島雲蒸大海　嵐氣接叢林

月本無今古　情緣自淺深　漢南春歷〻　焉得不関心

衆人听了都道难為他竟比我們中国人还強一語未了只見麝月走来說太太打發人来告訴二爺明兒一早往旧〻那里去就說太〻身上不大好不得親自来宝玉忙站起来答應道是因问宝釵宝琴可去宝釵道我們不去昨兒单送了礼去了大家說了一回方散宝玉因讓諸姊妹先行自己落後代玉便又叫住他問道襲人到底多早晚回来宝玉道自然等送了殯纔来呢代玉还有話說又不曾出口出了一回神便說道你去罷宝玉也覺心里有許多話只是口里不知要說什庅想了一想也笑道明日再說罷一面下了堦磯低頭正欲迈步復又忙回身问道如今的夜越發長了你一夜咳嗽几遍醒几次　此皆好笑之極

無味扯淡之極回思則皆瀝血滴髓之至情至神也豈别部偷寒送煖私奔暗約一味淫情浪態之小説可比哉

代玉道昨兒夜里好〔些兒〕了只〔咳〕嗽了两遍却只睡了四更一个更次就再不能睡了宝玉又咲道正是有句要緊的話这会子纔想起来一面说一面便挨過身来悄々道我想宝姐々送你的燕窩一語未了只見趙姨娘走了進来瞧々代玉問姑娘這两天好〔些了〕代玉便知他是從探春処来從門前过順路的人情代玉忙陪咲讓坐说难得〔為〕姨娘想着怪冷的親身走来又忙命倒茶一面又使眼色与宝玉々々会意便走了出来正值吃晚飯時見了王夫人々々又囑他早去宝玉回来看晴雯吃了藥此夕宝玉便不命晴雯挪出煖閣来自己便在晴雯外边又命将薰籠抬至煖閣前麝月便在薰籠上一宿無話至次日天未明時晴雯便叫醒麝月道你也該醒了只是睡不彀你出去叫人給他預備茶水我叫

醒他就是了麝月忙披衣起来道偺們叫起他来穿好衣裳抬过这大箱去再叫他們進来老嫲〻們已経説过不叫他在這屋里怕过了病氣如今他們見偺們擠在一処又該唠叨了晴雯道我也是这庅説呢二人才叫時宝玉已醒了忙起身披衣麝月先叫進小丫頭子来収什妥當了才命秋紋檀雲等進来一同伏侍宝玉梳洗畢麝月道天又陰〻的只怕有雪穿那一套毡子的罷宝玉点頭即時換了衣裳小丫頭便用小茶盤捧了一盖碗建蓮紅棗兒湯来宝玉喝了兩口麝月又捧过一小碟法製紫薑来宝玉噙了一塊又嘱咐了晴雯一回便往賈母処来賈母猶未起来知道宝玉出門便開了房門命宝玉進去宝玉見賈母身後宝琴面向里也睡未醒賈母見宝玉身上穿着荔色哆羅呢的天馬箭袖大紅猩毡盤金彩綉石青妝緞沿边的排穗褂子賈母道下雪呢庅宝玉

道天陰着还没下呢賈母便命鴛鴦来把昨兒那一件烏雲豹的敞衣給他罢氅
鴛鴦答應了走去果取了一件来宝玉看時金翠輝煌碧彩閃灼又不似宝琴
所披之鳧靨裘只听賈母咲道这叫作雀金呢这是哦囉斯国拿孔雀毛拈了
線織的前兒把那一件野鴨子的給了你小妹々小字更妙盖王夫人之末女也
这件給你罢宝玉磕了一个頭便披在身上賈母笑道你先給你娘瞧々去再
去宝玉答應了便出来只見鴛鴦跕在地下揉眼睛因自那日鴛鴦發誓决絶
之後他總不合宝玉講話宝玉正自日夜不安此時見他又要廻避宝玉便上
来咲道好姐々你瞧々我穿着这个好不好鴛鴦一摔手便進賈母房中来了
宝玉只得到了王夫人房中與王夫人看了然後又回至房園中與晴雯麝月
看过後又至賈母房中回说太々看了只说可惜了的叫我仔細穿别遭塌了他

賈母道就剩下了這一件你遭塌了也再沒了這会子特給你做這个也是沒有的事説着又囑咐他不許多吃酒早些回来宝玉應了几个是老嬷〻跟至所上只見宝玉的奶兄（嬷〻奇〻）李貴和王荣張若錦趙亦華錢啓周瑞六个人帶着茗烟伴鶴鋤藥掃紅四个小廝背着衣包抱着坐褥籠着一匹雕鞍彩轡的白馬早已伺候多時了老嬷〻又吩咐了他六人些話六个人忙答應了几个是忙捧鞭墜鐙宝玉慢〻的上了馬李貴和王荣籠着嚼环錢啓周瑞二人在前引導張若錦趙亦華在兩边緊貼宝玉後身宝玉在馬上笑道周哥錢哥偺們打這角門走罷省得到了老爺的書房門口又下来周瑞側身笑道老爺不在家書房天〻鎖着的爺可以不用下来罷了宝玉笑道雖鎖着要下来的錢啓李貴和都笑道爺説的是便托懶不下来倘或遇見賴大爺林二爺雖不好説爺

也劝两句有的不是都泒在我們身上又说我們不教爺礼了周瑞錢啟便一直出角門来正说話時頂頭果見頼大爺走来宝玉忙籠住馬意欲下来頼大忙上来抱住腿宝玉便在鐙上站起来笑携他的手说了几句話接着又見一个小厮带有二三十个拿掃帚簸箕的人進来見了宝玉都順墻垂手立住独那為首的小厮打千兒請了一个安宝玉不識名姓只微笑点了点頭兒馬已过去（總為後文伏線）那人方带人去了于是出了角門〻外又有李貴和等六人的小厮並几个馬夫早預偹下十来匹馬尚候一出了角門李貴等都各上了馬前引傍圍的一陣烟去了不在話下這里晴雯吃了藥仍不見病退急的乱罵大夫说只会騙人的錢一剂好藥也不給人吃（奇文真妖憨女兒之語也）麝月笑劝他道你太性急了俗语说病来如山倒病去如抽丝又不是老君的仙丹那

有这樣靈藥你只淨養几天自然好了你越急越着手晴雯又罵小丫頭子們
那里鑽沙去了瞧我病了都大胆子走了明兒我好了一个ゝゝ的纔揭你們
的皮呢唬的小丫頭子篆兒忙進来問姑娘作什庅此姑娘亦姑ゝ娘ゝ之称亦如賈璉処小厮呼平兒
皆南北互用一語也脂硯晴雯道別人都死絕了就剩了你不成説着只見墜兒
也偵了進来晴雯道你瞧ゝ这小蹄子不問他还不来呢这里又放月錢了又
散果子了你该跑在頭里了你往前些我不是老虎吃了你墜兒只淂前凑晴
雯便冷不防欠身一把将他的手抓住是病卧之時向枕边取了一丈青向他
手上乱戳口内罵道要这爪(爪)子作什庅拈不淂針拿不動線只会偷嘴吃眼皮
子又淺爪子又輕打嘴現世的不如戳爛了墜兒疼的乱哭乱喊麝月忙拉開
墜兒按晴雯睡下笑道纔出了汗又作死等你好了要打多少打不的(得)这会子

鬧什麽晴雯便命人叫宋媽〻進來説道宝二爺緫告訴了我叫我告訴你們
墜兒很懶宝二爺當面使他〻撥嘴兒不動連襲人使他〻背後罵他今兒務
必打發他出去明兒宝二爺親自回太〻就是了宋媽〻听了心下便知鐲子
事發因笑道雖如此説也等花姑娘回來知道了再打發他晴雯道宝二爺今
兒千叮嚀万囑咐的什麽花姑娘草姑娘我們自然有道理你只依我的話快叫
他家的人来領他出去麝月道這也罷了早也去晚也去帶了去早清淨一日
宋媽〻听了只得出去喚了他母親来打點了他的東西又来見晴雯等説道
姑娘們怎麽了你侄女兒不好（侄女二字妙余前注不謬）你們教導他怎麽攆出
去也到底給我們留个臉兒晴雯道你這話只等宝玉来〻爺問他与我們無干那
媳婦冷笑道我有胆子問他去他那一件事不是听姑娘們的調停他總依了

姑娘們不依也未必中用比如方纔说话雖是背地里姑娘就直叫他的名字
在姑娘們就使得在我們就成了野人了晴雯聽说亦發急紅了臉说道我叫
了他的名字了你在老太々跟前告我去说我撒野也攆出我去麝月忙道嫂
子你只管代了人出去有话再说这个地方豈有你叫喊講礼的你見誰和我
們講过礼别说嫂子你就是賴奶々林大娘也得担代我們三分便是叫名字
從小兒直到如今都是老太々吩咐过的你們也知道的恐怕难養活巴々的
寫了他的小名兒各处貼着叫万人叫去為的是好養活連挑水挑糞花子都
叫得何况我們連昨兒林大娘叫了一聲爺老太々还说他呢此是一件二則
我們这些々人常回老太太的话去可不叫着名子回話难道也称爺那一日不
把宝玉两个字念二百遍偏嫂子又来挑這个了过一日嫂子閑了在老太々

太〻跟前听〻我們當着面兒叫他就知道了嫂子原也不得在老太〻太〻
跟前當此〻体統差事成年家只〻在三門外頭混怪不得不知我們里頭的規矩
这里不是嫂子久站的再一会不用我們说話就有人来問你了有什么分证
話且帶了他去你回了林大娘叫他来找二〻爺说話家里上千的人你也跑来
我也跑来我們認人問姓还認不清呢说着便叫小丫頭子拿了擦地的布来
擦地那媳婦听了無言可对亦不敢久立堵氣帶了墜兒就走宋媽〻〻忙道怪
道你這嫂子不知規矩你女兒在這屋裡一場臨去時也給姑娘們磕個頭沒有
别的謝礼便有謝礼他們也不希罕不過磕個頭尽了心怎么說走就走墜
兒听了只〻得翻身進来給他兩個磕了兩个頭又找秋紋等他們也不採他那
媳婦嗐声嘆氣不敢言抱恨而去晴雯方纔又閃了風着了氣反覺更不好

了翻騰至掌灯剛安淨了些只見宝玉回来進門就嗐声跺脚麝月忙問原故宝玉道今兒老太〻喜〻欢〻的給了這个褂子誰知不妨後襟子上燒了一塊幸兒天晚了老太〻太〻都不理論一面說一面脫下来麝月瞧時果見有指頭大的燒眼說這必定是手炉里的火迸上了這不值什么赶着叫人悄〻的拿出去叫個能幹織補匠人織上就是了說着便用包袱包了交與一個媽媽送出去說赶天亮就有纔好千萬别給老太〻太〻知道婆子去了半日仍旧拿回来說不但織補匠人能幹就連裁縫綉匠並作女工的問了都不認得這是什么都不敢攬麝月道這怎麼樣呢明兒不穿也罷了宝玉道明兒是正日子老太〻太〻說了還叫穿這个去呢偏頭一日燒了豈不掃興晴雯听了半日忍不住翻身說道拿来我瞧〻罷没個福氣穿就罷了這

會子又着急宝玉咲道這話到說的是說着便遞與晴雯又移過灯来細看了一會晴雯道這是孔雀金線織的如今偺們也拿孔雀金線就像界線似的界密了只怕還可混得過去麝月咲道孔雀線現成的但這里除了你還有誰會界線晴雯道說不得我掙命罷了宝玉咲道這如何使得纔好了些如何做得活晴雯道不用你蝎蝎螫螫的我自知道一面說一面坐起来挽了一挽頭髮披了衣裳只覺頭重身輕滿眼金星乱迸實實掌不住若不做又怕宝玉着急少不得恨命咬牙捱着便命麝月只幫着拈線晴雯先拿了一根比一比咲道這雖不狠像若補上也不狠顯宝玉道這就狠好那里又找哦囉嘶國的裁縫去 妙談 晴雯先將裡子拆開用茶盃口大的一個竹弓釘牢在背面將破口四邊用金刀刮的散鬆鬆的然後把針紉了兩條分出經緯亦如界線之

法先界出地子後依本衣之紋来回織補〻兩針又看〻織補兩針又端詳〻〻無奈頭暈眼黑氣喘神虚補不上三五針伏在枕上歇一會宝玉在傍一時又問吃些〻滚水不吃一時又命歇一歇一時又拿一件灰鼠斗蓬替他披在背上一時又命拿个拐枕與他靠着急的晴雯央道小祖宗你只〻管睡罷再熬上半亱眀兒把眼睛摳摟了怎庅処宝玉見他着急只〻得胡乱睡下仍睡不着一時只〻听自鳴鍾已敲了四下（按四下乃寅正初刻寅此樣法避讳也）剛〻補完又用小牙刷慢〻的剔出毴毛来麝月道這就狠好若不留心再看不出的宝玉忙要了瞧〻說道真〻一樣了晴雯已嗽了几陣好容易補完了說了一声補雖補了到底不像我也再不能了噯喲了一声便身不由主倒下到地要知端的且听下回分解

脂硯齋重評石頭記卷之

第五十三回

寧國府除夕祭宗祠　榮國府元宵開夜宴

話說宝玉見晴雯將雀裘補完已使得的力尽神危忙命小丫頭子来替他搥着彼此搥打了一會歇下沒一頓飯的工夫天已大亮且不出門只叫快傳大夫一時王太醫来了胗了脉疑惑說道昨日已好了些今日如何反虛微浮縮起来敢是吃多了飲食不然就是勞了神思外感却到清了這汗後失于調養非同小可一面說一面出去開了藥方進来宝玉看時已將疎散驅邪諸藥減去了倒添了茯苓地黃当帰等益神養血之劑宝玉忙命人煎去一面嘆說這怎庅處倘或有个好歹都是我的罪孽晴雯睡在枕上嗐道

好太爺你幹你的去罷那里就得勞病了宝玉無奈只得去了至下半天說身上不好就回來了晴雯此症雖重幸亏他素習是個使力不使心的再素習飲食清淡飢飽無傷這賈宅中的風俗秘法無論上下只一畧有些傷風咳嗽揔以淨餓為主次則服藥調養故于前日一病時淨餓了兩三日又謹慎服藥調治如今勞碌了些又加倍培養了几日便漸漸的好了近日園中姊妹皆各在房中吃飯炊爨飲食亦便宝玉自不更湯（旁：点便於）要湯要羹調停不必細說襲人送毋殯後業已回來鳳月便將平兒所說宋媽墜兒一事並晴雯攆逐出去等話一一也曾回過宝玉襲人也沒別說只說太性急了些只因李紈亦因時氣感冒邢夫人又正害火眼迎春岫烟皆過去朝夕侍藥（妙在一人不落事事皆到）李嬸之弟又接了李嬸和李紋李綺家去住几日（来的也有理去的也有情）宝玉又見襲人常常

思毋含悲晴雯犹未大愈因此詩社之日皆未有人作興便空了几社当下已
是臘月离年日近王夫人與鳳姐治办年事王子騰陞了九省都檢点賈
雨村補授了大司馬協理軍機叅讚朝政不題且說賈珍那邊開了宗祠
着人打掃收什供器請神主又打掃上房以偹懸供遺真影像此時榮寧二
府内外上下皆是忙忙碌碌這日寧府中尤氏正起来閒賈蓉之妻打点送
賈母這边針線礼物正值丫頭捧了一茶盤押歲錁子進来回說興兒回奶
奶前兒那一色碎金子共是一百五十三兩六錢七分里頭成色不等共
総傾了二百二十個錁子說着遞上去尤氏看了看只見也有梅花式的也
有海棠式的也有必錠如意的也有八宝聯春的尤氏命收起這個来叫他
把銀錁子快快交了進来丫鬟答應去了一時賈珍進来吃飯賈蓉之

自可卿死後未見賈蓉續娶此回有蓉妻迴避語是書中遺漏處　綺園

妻迴避了賈珍因問尤氏咱們春祭的恩賞可領了不曾尤氏道今兒我打發蓉兒關去了賈珍道咱們家雖不等這几兩銀子使多少是皇上天恩早關了来給那边老太太見過置[買]了祖宗的供[物]上領皇上[的]恩下則是托祖宗的福咱們那怕用一萬銀子供祖宗到底不如這个又体面又是沾恩錫福的除咱們這様一二家之外那些世襲窮官兒家若不仗着這銀子拿什麼上供过年真正皇恩浩大想的週到尤氏道正是這話二人正説着只見人回哥兒来了賈珍便命叫他進来只見賈蓉捧了一個小黄布口袋進来賈珍道怎麼去了這一日賈蓉陪笑回説今兒不在礼部関領又分在光禄寺庫上因又到了光禄寺纔領了下来光禄寺的官兒們都説問父親好多日不見都着实想念賈珍笑道他們那是想我這又到了年下了不

是想我的東西就是想我的戲酒了一面說一面瞧那黃布口袋上有印就是
皇恩永錫四個大字那一邊又有礼部祠祭司的印記又寫着一行小字道是
寧國公賈演榮國公賈法恩賜永遠春祭賞共二分淨折銀若干兩某年月日
龍禁尉候補侍衛賈蓉當堂領訖值年寺丞某人下面一個硃筆花押賈珍吃
過飯盥漱畢換了靴帽命賈蓉捧着銀子跟了來回過賈母王夫人又至這邊
回過賈赦邢夫人方回家去取出銀子命將口袋向宗祠大炉內焚了又命賈
蓉道你去問〻你璉二嬸子正月裡請吃年酒的日子擬了沒有若擬定了叫
書房里明白開了单子來咱們再請時就不能重犯了旧年不留心重了几家
不說咱們不留神到像兩宅商議定了送虛情怕費事一樣賈蓉忙答應了過
去一時拿了請人吃年酒的日期单子來了賈珍看了命交與賴昇去看了

請人別重這上頭日子因在所上看着小廝們抬圍屏擦抹几案金銀供器只
見小廝手里拿着個稟帖並一篇賬目回說黑山村的烏庄頭来了賈珍道這
個老砍頭的今兒纔来說着賈蓉接過稟帖和賬目忙展開捧着賈珍倒背着
兩手向賈蓉手内只看紅稟帖上寫着門下庄頭烏進孝叩請爺奶奶萬福金
安併公子小姐金安新春大喜大福榮貴平安加官進祿萬事如意賈珍笑
道庄家人有些意思賈蓉也忙笑說別看文法只取個吉利罷了一面忙展開
单子看時只見上面寫着大鹿三十隻獐子五十隻麅子五十隻暹猪二十個湯
羊二十個龍猪二十個野猪二十個家臘猪二十個野羊二十個青羊二十個家
湯羊二十個家風羊二十個鱘鰉魚二個各色雜魚二百斤活鷄鴨鵝各二
百隻風鷄鴨鵞二百隻野鷄兔子各二百對熊掌二十對鹿筋二十斤海參五

十斤鹿舌五十條牛舌五十條蟶干二十斤榛松桃杏穰各二口袋大对蝦五
十对干蝦二百斤銀霜炭上等選用乙千斤中等二千斤柴炭三萬斤御田胭脂
米二石在園雜字曾有此說碧糯五十斛白糯五十斛粉杭五十斛雜色粱穀各五十斛下
用常米一千石各色干菜一車外賣粱穀牲口各項之銀共折銀二千五百兩
外門下孝敬哥兒姐兒頑意活鹿兩对活白兔四对黑兔四对活錦鷄兩对西
洋鴨兩对賈珍便命帶進他來一時只見烏進孝進來只在院内磕頭請
安賈珍命人拉他起來笑說你還硬朗烏進孝咲回托爺的福還能走
得動賈珍道你兒子也大了該叫他走走也罷了烏進孝咲道不瞞爺說
小的們走慣了不來也悶的慌他們可不是都愿意來見見天子脚下世面他
們到底年輕怕路上有失再過几年就可放心了賈珍道你走了几日烏

進孝道回爺的話今年雪大外頭都是四五尺深的雪前日忽然一煖一化路上竟难走的狠躭擱了几日雖走了一個月零兩日因日子有限了怕爺心焦可不赶省来了賈珍道我說呢怎麼今兒纔来我纔看那单子上今年你這老貨又来打擂台来了烏進孝忙進前了兩步回道回爺說今年年成实在不好從三月下雨起接接連連直到八月竟沒有一連晴過五日九月里一場碗大的雹子方近一千三百里地連人帶房并牲口粮食打傷了上千上萬的所以纔這様小的並不敢說謊賈珍皺眉道我算定了你至少也該有五千兩銀子来這彀作什麼的如今你們一共只剩了八九個庄子今年到有兩処报了旱澇你們又打擂台真真是又教別過年了烏進孝道爺的這地方還算好呢我兄弟离我那里只一百多里誰知竟大差了他現

管着那府里八處庄地比爷這邊多着几倍今年也只這些東西不過多
二三千两銀子也是有飢荒打呢賈珍道正是呢我這邊都可已沒
有什厶外項大事不過是一年的費用費些我受些委屈就省些再者
年例送人請人我把臉皮厚些可省些也就完了比不得那府里這几年添
了許多花錢的事一定不可免是要花的却又不添些銀子産業這一二
年到賠了許多不和你們要找誰去烏進孝咲道那府里如今雖添了
事有去有来娘娘和萬歲爺豈不賞的（是庄頭口中語氣脂硯）賈珍听了咲向賈蓉
芍道你們听他這說話可咲賈蓉等忙咲道你們山坳海沿子上的人那里
知道這道理娘娘難道把皇上的庫給了我們不成他心里縂有這心他也不
敢長作主豈有不賞之理按時到節不過是些彩緞古董頑意兒縂賞金銀子不

過一百两金子纔值了一千两銀子彀一年的什麽這二年那一年不多賠出
几千銀子来頭一年省親連蓋花园子你筭〻那一注共花了多少就知道
了再两年再一回省親只怕就净穷了賈珍笑道所以他們庄家老实
人外頭不知裡（内）暗的事黄栢木作磬搥子外頭体面裡頭苦（新鮮趣语）賈蓉
又笑向賈珍道果真那府（裡）穷了前兒我所見鳳姑娘（此亦南北互用之文前注不謬）
和死央悄〻商議要偷出老太〻的東西去当銀子呢賈珍笑道那有（又是）你鳳
姑娘的鬼那里就穷到如此他必定是見去路太多了实在賠的狠了不知
又要省那一項的錢先設此法使人知道説穷到如此了我心里却有一個
筭盤還不至如此田地説着命人帶了烏進孝出（去）好生待他不在話下
這里賈珍〻分付将方纔各物留出供祖的来将各樣取了些〻命賈蓉

送過荣府里然後自己留了家中所用的餘者派出等例来一分〃〃的堆在月台下命人将族中的子侄喚来與他們接着荣国府也送了許多供祖宗之物及與賈珍之物賈珍看着收拾完備供器靸着鞋披着猞猁猻大裘命人在廳柱下石磯上太陽中鋪了一個大狼皮褥子負暄閑看各子弟們来領取年物因見賈芹亦来領物賈珍叫他過来說道你作什麽也来了誰叫你来的賈芹垂手回說听見大爺這里叫我們領東西我没等人去就来了賈珍道我這東西原是給你那些〃闲着無事的無進益的小叔〃兄弟們的那二年你閑着我也給過你的你如今在那府里管事家廟里管和尚道士們一月又有你的分例外這些和尚的分例艮子都從你手里過你還来取這個太也貪了你自己瞧〃你穿的像個手里使錢办事的

先前說你沒進益如今又怎么了此先倒不像了賈芹道我家里原人口多
費用大賈珍冷咲道你還支吾我你在家庙里幹的事打諒我不知道呢你到
了那里自然是爺了沒人敢違拗你〻手里又有了錢离着我們又遠你就
為王称霸起来夜〻招聚匪類賭錢（這一回文字斷不可少）養老婆小子這會子
花的這個形像你還敢領東西来領不成東西領一頓馱水棍去才罷等過
了年我必和你璉二叔說換回你来賈芹紅了臉不敢荅應人回北府水
王爺送了字聮荷包来了賈珍听咲（說）忙命賈蓉出去款待只說我不在
家賈蓉去了這里賈珍〻看着領完東西回房与尤氏吃畢晚飯
一宿無話至此日更比往日更忙都不必細說已到了臘月二十九日了各色
齊備两府中都換了門神聮对掛牌新油了桃符煥然一新寧国府從大

門儀門大廳煖閣內廳內三門內儀門並內塞直到正堂一路正門大開兩邊堦下一色硃紅大高照燈點的兩條金龍一般次日由賈母有誥封者皆按品級着朝服先坐八人大轎代領着衆人進宮朝賀行礼領宴畢回來便到寧國府煖閣下轎諸子弟有未隨入朝者皆在寧府門前排班伺侯然後引入宗祠且說寶琴是初次一面細細留神打諒這宗祠原來寧府西邊另一個院子里油柵欄內五間大門上懸一塊匾寫着是賈氏宗祠四個字傍書衍聖公孔繼宗書兩傍有一付長聯寫道是

肝腦塗地兆姓賴保育之恩

功名貫天百代仰蒸嘗之盛　　亦衍聖公所書

此聯宜掉轉

進入院中白石甬路兩邊皆是蒼松翠柏月台上設着青綠古銅鼎彝等器抱

廈前上面懸一九龍金匾寫道是

星輝輔弼　乃先皇御筆兩邊一付对聮寫道是

勲業有光照日月　亦是御筆五间正殿前懸一鬧龍填青

功名無間及兒孫

匾寫道是

慎終追遠　傍邊一付对聮寫道是

已後兒孫承福德

至今黎庶念榮寧

俱是御筆裡邊香烛輝煌錦幢繡幙雖列着神主却看不真切只見

賈府人分昭穆排班立定賈敬主祭賈赦陪祭賈珍獻爵賈璉賈琮獻帛宝玉捧香賈菖賈菱展拜毯守焚池青衣樂奏三獻爵拜興畢焚帛奠酒礼畢樂止退出衆人圍随着賈母至正堂上影前錦幔高掛彩屏張護香烛輝煌上面正居中懸着寧荣二祖遺像皆是披龍腰玉兩邊還有几軸列祖遺影賈荇賈芷等從内儀門挨次列站直到正堂廊下檻外方是賈敬賈赦檻内是各女眷衆家人小厮皆在儀門之外每一道菜至傳至儀門賈荇賈芷等便接了按次傳至堦上賈敬手中賈蓉係長房長孫獨他随女眷在檻内每賈敬捧菜至傳于賈蓉〃〃便傳于他妻子又傳于鳳姐尤氏諸人直傳至供桌前方傳于王夫人王夫人傳于賈母〃〃方捧放在桌上邢夫人在供桌之西東向立同賈母供放直至將菜飯湯点心酒茶傳完賈蓉方退出

下階归入賈芹階位之首凡從文傍之名者賈敬為首下則從玉者賈珍為首在下從草頭者賈蓉為首左昭右穆男東女西俟賈母拈香下拜衆人方一齊跪下將五间大厛三间抱厦内外廊檐階上階下兩丹墀内花團錦簇塞的無隙空地鴉雀無聞只听鏗鏘叮噹金鈴玉珮微微搖曳之声並起跪靴履颯沓之響一時礼畢賈敬賈赦等便忙退出至荣府専候與賈母行礼尤氏上房早已襲地鋪滿紅毡当地放着象鼻三足鰍沿流金琺瑯大火盆正面炕上鋪新猩紅毡設着大紅彩綉雲龍捧寿的靠背引枕外另有黑狐皮的袱子搭在上面大白狐皮坐褥請賈母上去坐了兩邊又鋪皮褥讓賈母一輩的兩三個妯娌坐了這邊横頭排插之後小炕上也鋪了皮褥讓邢夫人等坐了地下兩面相对十二張雕漆椅上都是一色灰鼠椅搭小褥每

一張椅下一個大銅脚炉讓宝琴等姊妹坐了尤氏用茶盤親捧茶与賈
母蓉妻捧與衆老祖母然後尤氏又捧与邢夫人等蓉妻又捧与衆姊妹鳯
姐李紈等只在地下伺候茶畢邢夫人等便先起身来侍賈母〻〻吃
茶與老妯娌閑話了两三句便命看轎鳯姐兒忙上去挽起来尤氏咲回說
已經預備下老太〻的晚飯每年都不肯賞些体面用過晚飯過去果然我
們就不濟鳯了頭不成鳯姐兒挽着賈母咲道老祖宗快走偺們家去吃飯别
理他賈母咲道你這里供着祖宗忙的什麽似的那里擱得住我鬧况且
每年我不吃你們也要送去的不如還送了去我吃不了留着明兒再吃豈
不多吃些說的衆人都咲了又分付他好生派妥当人夜里照看〻火不是大意
得的尤氏答應了一面走出来至煖閣前上了轎尤氏等閃过屏風後小厮們

緣領轎夫請了轎出大门尤氏亦隨邢夫人等同至荣府這里轎出大门这
一條街上東一邊合面設列着寧國府的儀仗執事樂器西一面合面設
列着荣国公的儀仗執事樂器来往行人皆屏退不從此過一時来至
荣府也是大门正廳直開到底如今便不在煖閣下轎了过了大廳便轉
灣向西至賈母這邊正廳上下轎衆人圍隨同至賈母正室之中亦是錦
繡綉屏煥然一新当地火盆内焚着松柏香百合草賈母归了坐老嬷嬷
来回老太太們來行礼賈母忙又起身要迎只見兩三个妯娌已進來了
大家挽手笑了一回讓了一回吃茶去後賈母只送至内儀门便回来归正
坐賈敬賈赦等領諸子弟進來賈母笑道一年價难為你们不行礼罢一面
说着一面男一起女一起一起一起俱行过了礼左右兩傍設下交椅然後又

六八

按長幼挨次归坐受礼両府男婦小厮了杯亦按差役上中下行礼畢散

押歲錢荷包金艮錁擺上合歡宴来男東女西帰坐献屠蘓酒合欢湯

吉祥菓如意糕畢賈母起身進内間更衣衆人方各散出那晚各处佛堂

皂王前焚香上供王夫人正房院内設着天地紙馬香供大觀园正門上也挑

着大明角灯両溜高照各处皆有路灯上下人等皆打扮的花團錦簇一夜

人聲嘈雜語笑喧闐爆竹起火絡繹不絕至次日五鼓賈母等又按品(級)大粧(飾)

擺全付執事進宮朝賀兼(並)祝元春千秋領宴回来又至寧府祭过列祖方回

来受礼畢便換衣歇息所有賀節來的親友一槩不會只和薛姨媽李嬸

二人說話取便或者同宝玉宝琴釵玉等姊妹赶圍棋抹牌作戲王夫人與鳳

姐是天忙有情(請)人吃年酒那边所上院内皆時(設著)戲酒親友絡繹不絕一連忙了

七八日纔完了早又元宵將道(近)寧榮二府皆張灯結彩十一日是賈赦請
賈母等次日賈珍又請賈母皆去隨便領了半日王夫人和凤姐兒連日
被人請去吃年酒不能勝(全)記至十五日之夕賈母便在大花所上命擺几席
酒定一班小戲滿掛各色佳灯帶領榮寧二府各子侄孫男孫媳等家宴
賈敬素不茹酒也不去請他于後十七日祖祀已完他便仍出城去修養
便这几日在家内亦是淨室默处一槩無(不)听(見)無(不)聞不在話下賈赦畧領
了賈母之賜也便告(退)而去賈母知他在此彼此不便也就隨他去了
賈赦自到家中与衆門客賞灯吃酒自然是笙歌聒耳錦繡盈眸其
取便快樂另与这边不同的(个)又交代一这边賈母花所之上共擺了十來
席每一席傍边設一几ミ上設炉瓶三色(事)焚有御賜百合宮香又有

八寸來長四五寸寬二三寸高的点有山石佈滿青苔的小盆景俱
是新鮮花卉又有小洋漆茶盤内放着旧窑茶杯並十錦小茶盃裡
面泡着上等名茶一色皆是紫檀透雕嵌着大紅沙透綉花卉
並草字詩詞的瓔珞原來綉這瓔珞的也是个姑蘇女子名喚
慧娘因他亦是書香宦门之家他原精于書画不过偶然綉一
两件針線作耍並非市賣之物凡这屏上所綉之花卉皆倣的
是唐宋元明各名家的折枝花卉故其格式配色皆從雅本而來
非一味濃艷匠工可比每一枝花側皆用古人題此花之旧句或詩詞歌
賦不一皆用黑絨綉出草字來且字跡勾踢轉折輕重連斷皆与
筆草無異亦不比市繡字跡板强可恨他不伏此技獲利所以

天下虽知得者甚少凡世宦富遺[貴]之家無此物者甚多当今便
称為慧綉竟有世俗射利者近日倣其針迹愚人獲利偏这慧
娘命夭十八歲便死了如今竟不能再得一件的了凡所有之家
縱有一两件皆珍藏不用有那一干翰林文魔先生们因深惜慧
綉之佳便说这綉字不長[能]尽其妙這樣筆跡說一繡字反似乎
唐突了便大家商議了將綉字便隐去換了一个紋字所以如
今都称為慧紋若有一件真慧紋之物價則無限賈府之荣也
只有两三件上年將那两件已進了上日下只剩这一付瓔珞一共
十六扇賈母愛如珍宝不入在請客各色陳設之内只留在自
己这边高興擺酒时賞玩又有各色旧窑小瓶中都点綴着

歲寒三友玉堂富貴等鮮花草上面兩席是李嬸薛姨媽二位賈母于東边設一綉雕夔龍護屏矮足短榻靠背引枕皮褥俱全榻之上一頭又設一个極輕巧洋漆描金小几几上放着茶盃茶碗漱盂洋巾之類又有一个眼鏡匣子賈母歪在榻上与衆人說笑一回又自取眼鏡向戲台上照一回又向薛姨媽李嬸笑说恕我老了骨頭疼放肆容我歪着相陪罢因又命琥珀坐在榻上拿着美人拳搥腿榻下並不擺席面只有一張高几却設着瓔珞花瓶爐香等物外另設一精緻小高棹設着酒杯箸將自己這一席設於榻傍命宝琴湘雲代玉宝玉四人坐着每一饌一菓来先捧与賈母看了喜則留在小棹上嘗一嘗仍撤了放在他四人席上只

算他四人是跟着賈母坐故下面方是邢夫人王夫人之位在下便是尤氏李紈风姐賈蓉之妻西边一路便是宝釵李紋李綺岫烟迎春姊妹等两边大梁上掛着一对聯三聚五玻璃芙蓉彩穗灯每一席前竪一柄漆幹倒垂荷葉葉上有燭信插着彩燭这荷葉乃是鏨琺瑯的活信可以扭轉如今皆將荷葉扭轉向外將灯影逼住全向外照看戲分外真切窗隔门户一齐摘下全掛彩穗各種灯廊簷内外及两边遊廊罩棚將各色羊角玻璃戳紗料絲或綉或画或堆或摳或絹或紙諸灯掛滿廊上几席便是賈珍賈璉賈杯賈琮賈蓉賈芹賈芸賈菱賈菖等賈母也曾差人去請衆族中男女柰他們或有年

迈懒于热闹的或有家内没有人不便来或有疾病淹缠欲来竟
不長來的或有羞一等妬富愧貧不來的甚至于有一等憎畏
凤姐之為人而賭氣不來的或有羞口羞脚不慣見人不敢來的
因此族中虽多女客來者只不过賈菌之母娄氏帶了賈菌來
了男子只有賈芹賈芸賈菖賈菱四个現是在凤姐麾下辦事的
來了当下人虽不在家庭間小宴中數來也筭是鬧熱的了当
又有林之孝之妻帶了六个媳婦抬了三張炕棹每一張上搭有
一條毡毡上放有選淨一般大新出局的銅錢用大紅彩繩串
有每二人搭一張共三張林之孝家的指示將那兩張擺至薛姨
媽李嬸的席下將一張送至賈母榻下來賈母便說放在当

地㧉这媳妇们都素知規矩的放下棹子一並将朩都打開将彩繩抽去散堆在棹上正唱西楼楼會这齣将終于叔夜回睹氣去了那文豹便發科渾道你睹氣去了恰好今日正月十五荣国府中老祖宗家宴待我騎了这馬赶進去討些〻菓子吃是要緊的說畢引的賈毋等都笑了薛姨媽等都說好个鬼頭孩子可怜見的凤姐便說这孩子纔九歲子了賈毋笑說难為他說的巧便說了一个賞字早有三个媳婦已經手下預備下簸籮听見一个賞字走上去向棹上的散錢堆内每人便撮了一簸蘿走出來向戲台說老祖宗姨太〻親家太〻賞文豹買菓子吃的說着向台上便一撒只听豁啷〻滿台的錢响賈珍賈璉已命小厮們抬了大簸蘿的錢

來暗暗的預備在那里听見賈母一賞要知端的

脂硯齋重評石頭記

首回楔子内云古今小説千部共成一套云云猶未洩真今借老太君一寫是劝後來胸中無机軸之諸君子不可動筆作書鳳姐乃太君之要緊陪堂今題斑衣戲彩是作者酬我何鳳之劳特貶賈珍璉輩之無能耳

脂硯齋重評石頭記卷之

第五十四回

史太君破陳腐旧套　王熙鳳傚戲彩斑衣

却說賈珍賈璉暗〻預偹下大簸籮的錢听見賈母說賞他也忙命小厮們快撒錢自听滿台錢响賈母大悦二人随起身小厮們忙将一把新煖銀壶捧在賈璉手内随了賈珍趋至里面賈珍先至里李嬸席上躬身取下杯来回身賈璉忙斟了一盏然後便至薛姨媽席上也斟了二人忙起身笑說二位爺請坐着罷了何必多礼于是除邢王二夫人滿席都离了席俱垂手傍侍賈珍等至賈母榻前因榻矮二人便屈膝跪了賈珍在先捧杯賈璉在後捧壶虽止二人奉酒那賈環弟兄等却也是

排班按序一溜随着他二人進来見他二人跪下也都一溜跪下宝玉也忙跪下了史湘雲悄推他笑道你这会又帮着跪下作什庅有这樣你也去斟一巡酒豈不好宝玉悄笑道再等一会子再斟去説着等他二人斟完起来方起来又与邢夫人王夫人斟过来賈珍笑道妹々們怎庅樣呢賈母等都説你們去罷他們到便宜些説了賈珍等方退出當下天未二鼓戲演的是八義中观灯八齣正在熱鬧之際宝玉因下席往外走賈母因説你往那里去外頭爆竹利害仔细天上吊下火纸来燒了宝玉回説不往遠去只出去就來賈母命婆子們好生跟着于是宝玉出來只有麝月秋紋並几个小丫頭随着賈母因説襲人怎庅不見他如今也有些拿大了单支使小女孩子出来 王夫人忙起身笑

回道他媽前日沒了因有熱孝不便前頭來賈母听了点頭又笑道跟
主子却講不起这孝与不孝若是他还跟我难到这会子也不在這里不
成皆因我们太寬了有人使不查這些竟成了例了凤姐兒忙過來
笑回道今兒晚上他便没孝那园子里也須得他看着灯燭花炮最
是耽險的這里一唱戲园子里的人誰不偷來瞧〻他還細心各处照
看〻〻況且這一散後宝兄弟回去睡覺各色都是齊全的若他再
來了衆人又不經心散了回去鋪盖也是冷的茶水也不齊備各色都
不便宜所以我叫他不用來只看屋子散了又齊備我們這里也不耽心又
可以全他的礼豈不三處有益老祖宗要叫他來就是了賈母听了這話你〻
說你這話狠是比我想的週到快别叫他了但只他媽几時沒了我怎麽不知

道鳳姐咲道前兒襲人去親自回老太、、的怎広到忘了賈母想了一想咲說
想起來了我的記性竟平常了衆人都咲說老太、、那里記得这些、事賈母
因又嘆道我想着他從小兒伏侍了我一場又伏侍了云兒一場末後給了一
個魔王宝玉兒他魔了這几年他又不是偺們家的根生土長的奴才沒受過偺
們什麼大恩典他媽沒了我想着要給他几兩銀子發送也就忘了鳳姐兒道
前兒太、、賞了他四十兩銀子也就是了賈母听說点頭道這還罷了正好
央的娘前兒也死了我想他老子娘都在南邊我也沒叫他家去走、、守孝如
今叫他兩個一処作伴兒去又命婆子將些、菓子菜饌点、心之類與他兩卩吃
去琥珀咲說還等這會子呢他早就去了說着大家又吃酒看戲且說宝玉
一逕來至園中衆婆子見他回房便不跟去只坐在園門裡茶房里烤火和管

茶的女人偷空飲酒鬪牌宝玉至园中雖是灯光燦爛却無人声麝月道他們
都睡了不成咱們悄悄的進去唬他們一跳于是大家躡足潛踪的進来鏡壁
一看只見襲人和一人二人对面都歪在地炕上那一頭有兩三個老嬷嬷打
盹宝玉只当他兩个睡着了纔要進去忽听鴛鴦嘆了一声説道可知天下事
难定論理你单身在這里父母在外頭每年他們東去西来没个定準想来你
是不能送終的了偏生今年就死在這里你道出去送了終襲人道正是我也
想不到能彀看父母回首太太又賞了四十兩銀子這倒也筭養我一場我也不
敢妄想了宝玉听了忙轉身悄向麝月等道誰知他也来了我這一進去他
又賭氣走了不如咱們回去罷讓他兩個清清静静的説一回襲人正一個人悶的慌
他幸而他来的好説着仍悄悄的出来宝玉便走過山石之後去站着撩衣麝月秋

紋皆跕住背過臉去口内笑説蹲下爯解小衣仔細風吹了肚子後面兩个小了頭子知是小鮮忙先出去茶房預備去了這里宝玉剛轉過来只見兩个媳婦子迎[走]来了問是誰秋紋道宝玉在這里你大呼小叫仔細唬着罷那媳婦們忙咲道我們不知道大[二]爺下来[了别]惹禍了姑娘們可連日幸苦了説着已到了跟前麝月等問手里拿的是什麽媳婦们道是老太ˋ賞金花二位姑娘吃的秋紋笑道外頭唱的是八義沒唱混元盒那里又跑出金花娘ˋ来了宝玉咲命揭起来我瞧ˋ秋紋麝月忙上去將兩个盒子揭開兩个媳婦忙蹲下身子（細膩之極一部大觀園之文皆若食肥蟹至此一句則又三月于鎮江江上啖出網之鮮鰣矣）宝玉看了兩盒内都是席上所有的上等菓品菜蔬点ˋ了一点頭迈步就走麝月二人忙胡乱擲了盒蓋跟上来宝玉笑道这兩个女人到和氣會説話他們天ˋ乏

了到說你們連日辛苦到不是那矜功自伐(代)的麝月道這好的也狠好那不
知礼的也太不知礼宝玉笑道你們是明白人就代他們是粗体可怜的人就
完了一面說一面来至園门那儿ケ婆子與吃酒鬪牌却不住出来打探宝玉
来了也都跟上了花廳後廊上只見那兩個小丫頭一個捧着小沐盆一個搭
着手巾又拿着漚子壺在那里久等秋紋先忙伸手向盆内試了一試說道你
越大越粗心了那里弄的這冷水小丫頭笑道姑娘瞧々這ケ天我把(怕)水冷巴
々的倒的是(還)滚水這還冷了正說着可巧見一個老婆子提着一壺滚水走来
小丫頭便說好(好)々過来給我倒上些那婆子道哥々兒這是太々泡茶的劝你
走了舀去罷那里走(就)大了脚秋紋道憑你是(誰)的你不給我管把老太々茶盄
子倒了洗手那婆子回頭見是秋紋忙提起壺来就倒秋紋道彀了你這么大

年紀也沒个見識誰不知是老太〻的水要不着的人就敢要了婆子咲道我
眼花了設認出這姑娘来宝玉洗了手那小丫頭子拿小壷倒了些〻漚子在他
手内宝玉漚了秋紋麝月也趂熱水洗了一回漚了跟進宝玉来宝玉便要了
一壷煖酒也從李嬸斟起二人也讓坐賈母便說他小讓他斟去大家到要干
过這杯説着便自己干了那王二夫人也忙干了讓他二人薛李也只得干了
賈母又命宝玉道連你姐〻妹〻一齊斟上不許乱斟都要叫他干了宝玉
听説荅應着一〻按次斟了至代玉前偏他不飲拿起杯来放在宝玉脣上边
宝玉一氣飲干代玉咲説多謝宝玉〻替他斟上一杯鳳姐兒便咲道宝玉
别喝冷酒仔細手顫明兒寫不得字拉不得弓宝玉忙道没有吃冷酒鳳姐兒
咲道我知道没有不過白囑咐你然後宝玉将里面斟完只除賈蓉之妻是

了頭們斟的復出至廊上又與賈珍等斟了坐了一回方進来仍归旧坐一時
上湯後又接献元宵来賈母便命將戲暫歇〻〻小孩子們可怜見的也給他們
些〻滚湯滚菜的吃了再唱又命將各色果子元宵等物拿些与他們吃去一時
歇了戲便有婆子帶了兩個門下常走的女先生兒進来放兩張杌子在那
一邊命他坐了將絃子琵琶遞過去賈母便问李薛听何書他二人都回說
不拘什庅都好賈母便问近来可又添些什庅新書那兩個女先兒回說道
倒有一段新書是殘唐五代的故事賈母問是何名女先兒道叫做鳳求鸞賈
母道這一個名字到好不知因什庅起的先大槩說〻原故若好再說女先
道這書上乃說殘唐之時有一位鄉紳本是金陵人氏名喚王忠曾做過兩朝宰
輔後来告老還家膝下只有一位公子名喚王熙鳳衆人听了笑將起来賈母

咲道這重了我們鳯了頭了媳婦忙上去推他這是二奶〻的名字少混說賈母咲道你說〻〻女先生忙咲着站起来說我們該死了不知是奶〻的諱鳯姐兒咲道什庅怕你們只管說罷重名重姓的多呢女先生又說道這年王老爺打發了王公子上京赶考那日遇見大雨進到一個庄上避雨誰知這庄上也有個鄉紳姓李与王老爺是世交便留下這公子住在書房里這李鄉紳膝下無兒只有一位千金小姐這小姐芳名叫作雛鸞琴棋書画無所不通賈母忙道這道叫作鳯求鸞不用說我猜着了自然是這王熈鳯要求這雛鸞小姐為妻女先兒咲道老祖宗原来听過這一回書衆人都道老太〻什庅沒听過便沒听過也猜着了賈母咲道這些〻書都是一個套子左不過是些〻佳人才子最沒趣兒把人家女兒說的那樣坏還說是佳人編的連影兒也沒有了開

口都是書香門第父親不是尚書就是宰相生一個小姐必是愛如珍宝這小姐必是通文知礼無所不曉竟是個絶代佳人只一見了一個清俊的男人不管是親是友便想起終身大事来了父母也忘了書礼也忘了鬼不成鬼賊不成賊那一点兒是佳人便是滿腹文章做出這些事来也筭不得是佳人了比如男人滿腹文章去作賊難道那王法就說他是才子就不入賊情一案不成可知那編書的是自己塞了自己的嘴再者既說是世宦書香大家小姐都知礼讀書連夫人都知書識礼便是告老還家自然這樣大家人口不少奶母丫嬛伏侍小姐的人也不少怎麽這些書上凡有這樣的事就只小姐和緊跟的一個丫嬛你們白想想那些人都是管什麽的可是前言不荅後語衆人听了都笑說老太太這一説是謊都批出来了賈母笑道這有個原故編這樣書的

有一等妒人家富貴或有求不遂心所以編出来汚穢人家再一等他自己看了這些書看魔了他也想一個佳人所以編了出来取樂何嘗他知道那世宦讀書家的道理別說他那書上那些世宦書礼大家如今眼下真的拿我們這中等人家說起也沒有這樣的事別說是那些大家子可謂掉下巴的話所以我們從不許說這些書了頭們也不懂這些話這几年我老了他們姊妹們住的遠我偶然悶了說几句听听他們一来就忙歇了李薛二人都笑說這正是大家的規矩連我們家也沒這些雜話給孩子們听見鳳姐兒走上来斟酒笑道罷罷酒冷了老祖宗喝一口潤潤嗓子再辦謊這一回就叫作辦謊記就出在本朝本地本年本月本日本時老祖宗一張口难說兩家話花開兩朶各表一枝是真是謊且不表再整那觀灯看戲的人老宗且讓這二位親戚吃一

杯酒看两出戲之後再從昨朝話言辨起如何他一向斟酒一向咲說未曾說完衆人俱已咲倒两個女先生也咲個不住都說奶〻好剛口奶〻要一說書真連我們吃飯的地方也沒了薛姨媽咲道你少興頭些外頭有人比不得往常鳳姐兒咲道外頭的只有一位珍大爺我們还是論哥〻妹〻從小兒一處淘氣了這庅大這几年因做了親我如今立了多少規矩了便不是從小兒的兄妹便以伯叔論那二十四孝上班衣戲綵他們不長来戲綵引老祖宗咲一咲我這里好容易引的老祖宗咲了一咲多吃了一点兒東西大家喜欢都該謝我纔是难到反咲話我不成賈母咲道可是两日我竟沒有慟〻的咲一場到是亏他纔一路咲的我心里通快了些〻我再吃一鐘酒吃着酒又命宝玉也敬你姐〻一杯鳳姐兒咲道不用他敬我討老祖宗的寿罷說着便将賈母的

拿起來將半杯剩酒吃了將杯進了妳另將溫水浸的杯換了一個上來于是各席上的杯都徹去另將溫水浸着換的杯斟了新酒上來然後归坐女先生回說老祖宗不听這书或者弹一套曲子听〻罢賈母便說道你們兩個对一套將軍令罷二人听說忙和弦按調撥弄起來賈母因问天有几更了衆婆子忙回三更了賈母道怪道寒浸〻的起來早有衆了妳拿了添換的衣裳送來王夫人起身咲說道老太〻不如挪進煖阁里地炕上倒也罷了這二位親戚也不是外人我們陪着就是了賈母听說咲道既這樣說不如大家都挪進去豈不煖和王夫人道恐里间坐不下賈母咲道我有道理如今也不用這些桌子只用兩三張併起來大家坐在一处擠着又親香又煖和衆人都道這纔有趣說着便起了席衆媳婦忙徹去殘席里面直順併了三張大桌另有添換

了的菓餅擺好賈母便說這都不要拘礼只听我分派你們就坐纔好說着便讓
薛李正面上坐自己西向坐了叫宝琴代玉湘雲三人皆緊依左右坐下向宝
玉說你挨着你太〻于是邢夫人王夫人之中夾着宝玉宝釵等姊妹在西邊
挨次下去便是婁氏帶着賈菌尤氏李紈夾着賈蘭下面橫頭便是賈蓉之妻
賈母便說珍哥兒帶着你兄弟們去罷我也就睡了賈珍忙答應又都進來賈
母道快去罷不用進來纔坐好了又都起來你快歇着明日還有大事呢賈珍
忙答應了又笑說留下蓉兒斟酒纔是賈母笑道正是忘了他賈珍答應了一
個是便轉身帶領賈璉等出來二人自是歡喜便命人將賈琮賈璜各自送回
家去便邀了賈璉去追欢買笑不在話下這里賈母笑道我正想着雖然這些
人取樂竟沒一对双全的就忘了蓉兒這可全了蓉兒就合你媳婦坐在一处

到也團圓了回有媳婦回說開戲賈母笑道我們娘兒們正說的興頭又要吵起來況且那孩子們熬夜怪冷的也罷叫他們且歇歇把偺們的女孩子們叫了來就在這台上唱兩齣給他們瞧瞧媳婦聽了答應了出來忙的一面着人往大觀園去傳人一面二門口去傳小厮們伺候小厮們忙至戲房將班中所有的大人一概帶出只留下小孩子們抱着几個軟包回不及抬廂故料着賈母愛聽的是三五齣戲的綵衣包了來婆子們帶了文官等進去見過只垂手跕着賈母笑道大正月裡你師父也不放你們出來逛逛你等唱什麽剛纔八齣八義鬧得我頭疼偺們清淡些好你瞧瞧薛姨太太這李親家太太都是有戲的人家不知聽過多少好戲的這些姑娘都比偺們家的姑娘見過好戲聽過好曲子如今這小戲子又是那有名頑戲家的班子雖是小孩們都比大班

還強偺們好叉別落了褒貶少不得弄個新樣兒的叫芳官唱一齣尋夢只提

琴至管簫合笙笛一槩不用文官笑道這也是的我們的戲自然不能入姨太

太和親家太〻姑娘們的眼不過听我們一個發脫口齒再听一個喉嚨罷了

賈母笑道正是這話了李嬸薛姨媽喜的都笑道好個靈透孩子他也跟着老

太〻打趣我們賈母笑道我們這原是隨便的頑意兒又不出去做買賣所以

竟不大合時說着又道叫葵官唱一齣惠明下書也不用抹臉只用這兩齣叫

他們听個跡異罷了若省一点力我可不依文官等听了出來忙去扮演上台

先是尋夢次是下書衆人都鴉雀無聞薛姨媽因笑道實在虧他也看過几百

班從沒見用簫管的賈母道有只是像方纔西樓楚江晴一支多有小生吹簫

合的這大套的實在少這也在主人講究不講究罷了這算什麼出奇指湘云

道我像他這麽大的時節他爺爺有一班小戲偏有一個彈琴的湊了來即如西廂記的听琴玉簪記的琴挑續琵琶的胡笳十八拍竟成了真的了比這个更如何衆人都道這更難得了賈母便命個媳婦來吩咐文官等叫他們吹一套灯月圓媳婦領命而去当下賈蓉夫妻二人捧酒一巡鳳姐兒因見賈母十分高興便笑道趁着女先兒们在這里不如叫他們擊鼓偺們傳梅行一個春喜上眉梢的酒令如何賈母笑道這是個好令正对時对景忙命人取了一面黑漆銅釘花腔令鼓来与女先兒們擊着席上取了一枝紅梅賈母笑道若到誰手里住了吃一杯也要說个什麽纔好鳳姐兒笑道依我說像老祖宗要什麽有什麽呢我們這不会的豈不没意思依我說也要雅俗共賞不如誰輸了誰說个笑話罷衆人听了都知道素日善說笑話最是他肚内有無限的新鮮趣談今兒

如此說不但在席的諸人喜歡連地下伏侍的老小人等無不欢喜那小丫頭
子們都忙出去找姐喚妹的告訴他們快来听二奶〻又說笑話兒了衆丫頭
子們便擠了一屋子于是戲完樂罷賈母命將些湯点菓菜与文官等吃去便
命响鼓那女先兒們皆是慣的或緊或慢或如殘漏之滴或如迸豆之疾或如
驚馬之乱馳或如疾電之光而忽暗其鼓聲慢傳梅亦慢鼓声疾傳梅亦疾恰
恰至賈母手中鼓声忽住大家呵〻一笑賈母忙上来斟了一杯衆人都笑道
然老太〻先喜了我們纔托賴些〻喜賈母笑道這酒也罷了只是這笑話到有
些個难說衆人都說老太〻的比鳳姐兒的還好還多賞一個我們也笑一笑
兒賈母笑道並沒什庅新鮮發笑的少不得老臉皮子厚的說一個罷了因說
道一家養了十個兒子娶了十房媳婦惟有第十個媳婦聪明伶俐心巧嘴乖

公婆最疼戒日家說那個不孝順這九個媳婦委屈便商議說偺們九個心里
孝順只是不像小蹄子嘴巧所以公公婆婆老了只說他好這委屈向誰訴去
大媳婦有主意便說道偺們明兒到閻王庿去燒香和閻王爺說去问他一问
叫我們托生人為什庅单单的給那小蹄子一張乖嘴我們都是体的衆人听
了都喜欢說這主意不錯第二日便都到閻王庿里来燒了香九個人都在供
桌底下睡着了九個魂常等閻王駕到左等不来右等也不到正着急只見孫
行者駕着筋斗雲来了看見九個魂便要拿金箍棒打唬得九個魂忙跪下央
求孫行者问原故九個人忙細細的告訴了他孫行者听了把脚一跺嘆了一
口氣道這原故幸虧遇見我等着閻王来了他也不得知道的九個人听了就
求說大聖發个慈悲我們就好了孫行者笑道這却不難那日你們妯娌十個那

日托生時可巧我到閻王那里去的因為撒了泡尿在地下你那小嬸子便吃了你們如今要伶俐嘴乖有的是尿再撒泡你們吃了就是了說畢大家都笑起来鳳姐兒笑道好的幸而我們都笨嘴笨腮的不然也就吃了猴兒尿了尤氏婁氏都笑向李紈道偺們這里誰是吃過猴兒尿的別裝沒事人兒薛姨媽笑道笑話兒不在好歹只要對景就發笑說着又擊起鼓来小丫頭子們只要听鳳姐兒的笑話便悄悄的和女先兒說明以咳嗽為暗号須臾傳至兩遍剛到了鳳姐兒手里小丫頭子們故意咳嗽女先兒便住了衆人齊笑道這可拿住他了快吃了酒說一個好的別太逗的人笑的腸子疼鳳姐兒想了一想笑道一家子也是過正月半合家賞灯吃酒真真的熱鬧非常祖婆婆太婆婆婆婆媳婦孫子媳婦重孫子媳婦親孫子侄孫子重孫子灰孫子滴滴搭搭的孫子

孫女兒外孫女兒姨表孫女兒姑表孫女兒嗳喲〻真好熱鬧衆人听他說着
已經笑了都說听数貧嘴又不知編派那一個呢尤氏笑道你要招我〻可撕
你的嘴鳳姐兒起身拍手笑道人家費力說你們混我就不說了賈母笑道你
說〻〻底下怎麽樣鳳姐兒想了一想笑道底下就團〻的坐了一屋子吃了
一夜酒就散了衆人見他正言厲色的說了別無他話都怔〻的還等下話他性說只
覺冰冷無味史湘雲看了他半日鳳姐兒笑道再說一個過正月半的几个人
抬着個房子大的炮燎往城外放去引了上万的人跟着瞧去有一個性急的
人等不得便偷着拿香點着了只听噗哧一聲衆人閧然一笑都散了這抬炮
燎的人報怨賣炮燎的捍的不結實没等放就散了湘雲道难道他本人没听
見嚮鳳姐兒道這本人原是聾子衆人听說一回想不覺一齊失声都大笑起

来又想着先前那一個都没完的问他先一個怎庅樣也該說完鳳姐兒将桌子一拍說道好囉唆到了第二日是十六日年也完了節也完了我看着人忙着收東西還鬧不清那里還知道底下的事了衆人听說復又笑將起来鳳姐兒笑道外頭已經四更依我說老祖宗也乏了偺們也該聾子放炮㷮散了罷尤氏等用手帕子握着嘴笑的前仰後合指他說道這個東西真会數貧嘴賈母笑道真〻這鳳丫頭越發貧嘴了一面說一面吩咐道他提炮㷮来偺們也把烟火放了解〻酒賈蓉听了忙出去帶着小厮們就在院内安下屏架將烟火設吊齊備這烟火皆係各處進貢之物雖不甚大却極精巧各色故事俱全夾着各樣花炮林代玉稟氣柔弱不禁熚駁之聲賈母便摟他在怀中薛姨媽摟着湘雲〻〻笑道我不怕宝釵等笑道他專愛自己放大炮㷮还怕這個呢王夫

人便将宝玉摟入怀内鳳姐兒笑道我們是沒有人疼的了尤氏笑道有我呢我摟着你也不怕燥你這孩子又撒嬌了听見放炮燵吃了蜜蜂兒屎的今兒又輕狂起來鳳姐兒笑道等散了咱們園子里放去我比小厮們還放的好呢說話之间外面一色〃〃〃的放了又放又有許多的滿天星九龍入雲一聲雷飛天十响之類的零碎小爆竹方罷然後又命小戲子打了一回蓮花落撒了滿台錢命那孩子們滿台搶錢取樂又上湯時賈母說道夜長覺的有些〃餓了鳳姐兒忙回說有預備的鴨子肉粥賈母道我吃些〃清淡的罷鳳姐兒忙道也有東〃兒熬的杭米粥預備太〃們吃齋的賈母笑道不是油膩〃的就是甜的鳳姐兒又忙道還有杏仁茶只怕也甜賈母道到是這個還罷了說着又命人撒去殘席外面另設上各種精緻小菜大家隨便隨意吃了些用過漱口茶方散十九六

日有歡一早又過寧府行礼伺候掩了祖宗收過影像方回来此日便是姨家
請吃年酒十八日便是賴大家十九日便是寧府賴昇家二十日便是林之孝
家二十一日便是單大良二十二日便是吳新登家這几家賈母也有去的也
有不去也有高興直帶眾人散方回的也有興盡半日一時就来的凡諸親友
来請或来赴席的賈母一槩怕拘束不會自那夫人王夫人姐兒三人料理連
宝玉只除王子騰家去了餘者亦皆不会只說賈母留下解悶所以倒是家下
人家来請賈母可以自便之處方高興去逛逛閑言不提且說當下元宵已過

脂硯齋重平石頭記卷之

第五十五回

辱親女愚妾爭閑氣　欺幼主刁奴蓄險心

且說元宵已過只因当今以孝治天下目下宮中有一位太妃欠安故各嬪妃皆為之減膳謝粧不獨不能省親亦且將宴樂俱免故榮府今歲元宵亦無灯謎之集剛將年事忙過鳳姐兒便小月了在家一月不能理事天天两三個太醫用藥鳳姐兒自恃強壯雖不出門然籌畫計筭想起什庅事來便命平兒去回王夫人任人諫劝他只不听王夫人便覺失了膀背一人能有許多的精神凡有了大事自己主張將家中瑣碎之事一應都暫令李紈協理李紈是個尚德不尚才的未免逞縱了下人王夫人便命探春合同李紈裁處只說過了一

月鳳姐將息好了仍交与他誰知鳳姐禀賦氣血不足兼年幼不知保養平生争強鬪志心力更虧故雖係小月竟着虧虚下来一月之後復添了下紅之症他誰(雖)不肯說出来衆人看他面目黄瘦便知失于調養王夫人只令他好生服養不令他操心他自己也怕成了大症遺笑于人便想偷空調養恨不得一時復旧如常誰知一直復(服)藥調養到八九月间纔漸漸的起復過来下紅也漸漸止了此是後話如今且說目今王夫人見他如此探春与李紈暫难謝事園中人多有(又)恐失于照管因又時(特)請了宝釵来托他各處小心老婆子們不中用得空兒吃酒鬪牌白日里睡覺夜里鬪牌我都知道的鳳了頭在外頭他們還有個懼怕如今他們又該取便了好孩子你還是個妥当人你兄弟妹妹們又小我又没工夫你替我辛苦两天照看照看凡有想不到的事你来告訴

我別等老太〻问出来我没話回那些〻人有不好你只管說他们不聽你来回我別弄出大事来纔好宝釵聽說只得答應了時届孟春代玉又犯了嗽疾湘雲亦因時氣所感亦卧病于蘅蕪苑一天醫藥不斷探春同李紈相住間隔二人近日同事不比往年来往回話人等亦不便故二人議定每日早晨皆到園门口南邊的三间小花廳上去會齊办事吃過早飯於午錯方回房這三间廳原係預備省親之事時衆執事太監起坐之處故省親之後也用不着了每日只有婆子們上夜如今天已和暖不用十分修飾只不過畧〻的鋪陳了便可他二人起坐這所上也有一匾題着補仁諭德四字家下俗呼皆只叫議事廳兒如今他二人每日卯正至晚午正方散凡一應執事媳婦等来往回話者絡繹不絕衆人先廳听見李紈独办各〻心中暗喜以為李紈素日原是個厚道多恩

無爵的自然比鳳姐兒好搪塞便添了一個探春也却想自不過是个未出閨閣的輕年小姐且素日也最平和恬淡因此都不在意比鳳姐兒前更懈怠了許多只三四日後几件事過手漸覺探春精細處不讓鳳姐只不過事言語沉靜性情和順而已（這是小姐身分耳阿鳳未出閣想亦如此）可巧連日有王公侯伯世襲官員十几處皆係榮寧非親即友或世交之家或有陞遷或有黜降或有婚喪紅白等事王夫人賀弔迎送應酬不暇前邊更無人他二人便一日皆在所上起坐寶釵便一日在上房監察至王夫人回方散每于夜间針線暇時臨寢之先坐了小轎帶領園中上夜人等各處巡察一次他三人如此一理更覺比鳳姐兒當差時到更謹慎了些因而里外下人都暗中抱怨說剛了的倒了一個巡海夜叉又添了三個鎮山太歲越性連夜里偷着吃酒頑的工

夫都沒了這日王夫人正是往錦鄉侯府去赴席李紈与探春早已梳洗伺候出門去後回至廳上坐了剛吃茶時只見吴新登的媳婦進来回說趙姨娘的兄弟趙國基昨日死了昨日回過太太太太說知道了叫回姑娘奶奶来說畢便垂手傍侍再不言語彼時来回話者不少都打听他二人办事如何若办得妥当大家則安个畏懼之心若少有嫌隙不当之處不但不畏伏出二門還要編出許多笑話来取笑吴新登的媳婦心中已有主意若是鳳姐前他便早已獻勤說出許多主意又查出許多旧例来任鳳姐兒揀擇施行（可知雖有才幹亦必有羽翼方可）如今他藐視李紈老實探春是青年的姑娘所以只說出這一句話來試他二人有何主見探春便问李紈李紈想了一想便道前兒襲人的媽死了听見說賞銀四十兩這也賞他四十兩罷了吴新登听了忙答應了是接了

對牌就走探春道你且回來吳新登家的只得回來探春道你且別支銀子我
且問你那几年老太太屋里的几位老姨奶奶也有家里的也有外頭的這兩樣也有
個分別家里的若死了人是賞多少外頭的死了人是賞多少你且說兩
個我們听听一向吳新登家的便都忙了忙陪笑回說這也不是什麼大事賞
多少誰還敢爭不成探春笑道這話胡鬧依我說賞一百到好若不按例別說
你們笑話明兒也難見你二奶奶吳新登家的笑道既這麼說我查旧賬去
此時却記不得探春笑道你办事办老了的还记不得倒來難我們你素
日回你二奶奶也說現查去若有這道理鳳姐姐还不筭利害也就是筭寬厚
了还不快找了來我瞧再遲一日不說你們粗心反相我們沒主意了吳新登
家的滿面通紅忙轉身出來衆媳婦們都伸舌頭這里又回別的事一時

吴家的取了旧賬来探春看時兩個家里賞過皆二十四兩兩个外頭的皆賞過四十兩外还有兩個外頭的一个賞過一百兩一個賞過六十兩这兩筆底下皆有原故一個是隔省遷父母之柩外賞六十兩一個是現買葬地外賞二十兩探春便递与李紈看了探春便說給他二十兩銀子把这賬留下我們細看〻吴新登家的去了忽見趙姨娘進来李紈探春忙讓坐趙姨娘開口便說道這屋里的人都踩下我的頭去还罷了姑娘你也想一想該替我出氣才是一面說一面眼淚鼻涕哭起来探春忙道姨娘這話說誰我竟不觧誰踩姨娘的頭說出来我替姨娘出氣趙姨娘道姑娘現踩我〻告訴誰探春听說忙站起来說道我並不敢李紈也站起来劝趙姨娘道你們請坐下听我說我這屋里熬油似的熬了这庅大年紀又有你和你兄弟這会子連袭人都不如

了我還有什麽臉連你也沒臉面則〔倒〕說我了探春笑道原來為這个我說我並不敢犯法違理一面便坐了拿賬番与趙姨娘看又念与他听又說道這是祖宗手里旧規矩人々都依着偏我改了不成也不但襲人將来怀兒收了外頭的自然々也是同襲人一樣這原不是什庅爭大爭小的事講不到有臉沒臉的話上他是太々的奴才我是按着旧規矩办說办的好領祖宗的恩典太太的恩典若說办的不均那是他糊塗不知福也只好凴他抱怨去太々連房子賞了人我有什麽有臉之處一文不賞我也沒什庅沒臉之處依我說太太不在家姨娘安靜些養神罷了何苦只要操心太々滿心疼我因姨娘每々生事几次寒心我但凡是個男人可以出得去我必早走了立一番事業那時自有我一番道理偏我是女孩兒家一句多話也沒有我亂說的太々

滿心里都知道如今因看重我總叫我照管家務还沒有做一件好事姨娘到
先来作踐我倘或太〻知道了怕我為難不叫我管那總正經沒臉連姨娘也真
沒臉一面說一面不禁滚淚下来趙姨娘沒了別話荅對便說道太〻疼你
你越發拉扯〻〻我們你只顧討太〻的疼就把我們忘了探春道我怎麽忘
了叫我怎麽拉扯這也问你們各人那一個主子不疼出力得用的人那一个
好人用人拉扯的李紈在傍只管劝說姨娘別生氣也怨不得姑娘他滿心
里有要拉扯口里怎麽說的出来探春忙道這大嫂子也糊塗了我拉扯誰〻
家姑娘們拉扯奴才了他们的好歹你们該知道与我什麽相干趙姨娘氣
的问道誰叫你拉扯別人去了你不当家我也不来问你〻如今現說一是一
說二是二如今你旧〻死了你多給了二三十兩銀子難道太〻就不依你分

明太〻是好太〻都是你們尖酸尅薄可惜太〻有恩無處使姑娘放心這也使不着你的銀子明兒等你出了閣我還想你額外照看趙家呢如今没有長羽毛就忘了根本只揀高枝兒飛去了探春没听完已氣的臉白氣噎抽〻咽〻的一面哭一面问道誰是我旧〻我旧〻年下纔陞了九省檢点那里又跑出一個旧〻来我過素習按理尊敬越發敬出這些親戚来了既這說环兒出去為什麼趙國基又站起来又跟他上學為什庅不拿出旧〻的款来何苦来誰不知道我是姨娘養的必要過两三個月尋出由頭来徹底来番騰一陣生怕人不知道故意的表白〻〻也不知誰給誰沒臉幸虧我还明白但凡糊塗不知理的早急了李紈急的只管劝趙姨娘只管还唠叨忽听有人說二奶〻叫平姑娘說話来了趙姨娘听說方把口止住只見平兒進来趙

姨娘忙陪笑讓坐又忙問你奶〻好些我正要瞧去就只没得空兒李紈見平兒進来因问道你来做什庅平兒笑道奶〻說趙姨奶〻的兄弟没了恐怕奶〻和姑娘不知有旧例若照常例只得二十两如今请姑娘裁奪着再添些〻也使得探春早已抹去淚痕忙说道又好〻的添什庅谁又是二十四個月養下来的不然也是那出兵放馬背着主子逃出命来過的人不成你主子真个倒巧吗我開了例他做好人拿着太〻不心疼的錢樂得做人情你告訴他我不敢添減混出主意他添他施恩等他好了出来愛怎庅添去平兒一来時已明白了对半今听这一番话越發會意見探春有怒色便不敢以往日喜樂之時相待只〻一边垂手默〻侍時值宝釵也從上房中来探春等忙起身讓坐未及開言又有一个媳婦進来回事因探春纔哭了便有三四个小丫環捧了沐盆巾

帕靶鏡等物来此時探春曰盤膝坐在矮板榻上那捧盆的丫环走至跟前便双膝跪下高捧沐盆那两个小丫环也都在傍屈膝捧着巾帕並靶鏡脂粉之飾平兒見侍書不在这里便忙上来与探春挽袖卸鐲又接過一條大手巾来将探春面前衣襟掩了探春方伸手向面盆中盥沐那媳婦便回道回奶奶姑娘家學里支环爺和蘭哥兒的一年公費平兒先道你忙什麼你睁着眼看見姑娘洗臉你不出去伺候着先说話来二奶奶跟前你也这麼没眼色来着姑娘雖然恩寬我去回了二奶奶只说你们眼里都没姑娘你们都吃了虧可别怨我唬的那个媳婦忙陪笑道我粗心了一面说一面忙退出去探春一面匀臉一面向平兒冷笑道你遲了一步还有可笑的連吳姐姐这麼個辦老了事的也不查清楚了就来混我们幸虧我们问他他竟有臉说忘了我说他回你主

子事也忘了再找去我料着你那主子未必有耐性兒等他去找平兒忙笑道他有这一次管包腿上的筋早折了两根姑娘别信他們那是他們瞧着大奶〻是个菩薩姑娘又是个腼腆小姐固然是托懶来混說道又向门外說道你們只管撒野等奶〻大安了咱們再說门外的衆媳婦都笑道姑娘你是个最明白的人俗语說一人作罪一人當我們並不敢欺蔽小姐如今小姐是嬌客若認真惹惱了死無葬身之地平兒冷笑道你們明白就好了又陪笑向探春道姑娘知道二奶〻本来事多那里照看的这些保不住不忽略俗语說傍觀者清这几年姑娘冷眼看着或有该添该減的去处二奶〻没行到姑娘竟一添減頭一件于太〻的事有益第二件也不枉姑娘待我們奶〻的情義了話未說完宝釵李紈皆笑道好了頭真怨不得鳳了頭偏疼他本来無可添減的事

如今听你一说到要找出两件来斟酌斟酌不辜負你这话探春笑道我一肚子氣没人煞性子正要拿他奶奶出氣去偏他碰了来说了这些话叫我也没了主意了一面说一面叫進方纔那媳婦来問环爺和蘭哥兒家學里这一年的銀子是做那一項用的那媳婦便回说一年學里吃點心或者買纸筆每位有八兩銀子的使用探春道凡爺們的使用都是各屋領了月錢的环哥的是姨娘領二兩宝玉的是老太太屋里襲人領二兩蘭哥兒的是大奶奶屋里領怎広學里每人又多这八兩原来上學去的是為这八兩銀子從今兒起把这一項蠲了平兒回去告诉你奶奶我的话把这一條務必免了平兒笑道早就该免旧年奶奶原说要免的因年下忙就忘了那个媳婦只得答應着去了就有大觀園中媳婦捧了飯盒来侍書素雲早已抬过一張小飯桌来平兒也忙着

上菜探春咲道你说完了话幹你的去罢在这里忙什庅平兒咲道我原没事的二奶ゝ打發了我来一则说话二则恐这里人不方便原是叫我帮着妹ゝ們伏侍奶ゝ姑娘的探春因問宝姑娘的飯怎庅不端来一处吃了环們听说忙出至簷外命媳婦去说請宝姑娘如今在厛上一处吃叫他們把飯送了这里来探春听说便高声说道你别混支使人那都是辦大事的管家娘子們你們支使他要飯要茶的連个高低都不知道平兒这里站着你叫ゝ去平兒忙答应了一声出来那些媳婦們都忙悄ゝ的拉住咲道那里用姑娘去叫我們已有人叫去了一面说一面用手帕撣石矶上说姑娘站了半天乏了这太陽影里且歇ゝ平兒便坐下又有茶房里的两个婆子拿了个坐褥鋪下说石頭冷这是極乾淨的姑娘将就坐一坐兒罢平兒忙陪咲道多谢一个又捧了一碗

精緻新茶出来也悄悄笑说这不是我们的常用茶原是伺候姑娘们的姑娘且润一润罢平兒忙欠身接了回指衆媳婦悄悄说道你們太闲的不像了他是个姑娘家不肯發威動怒这是他尊重你們就藐視欺負他果然招他動了大氣不過说他个粗糙就完了你們就现吃不了的虧他撒姣太太也得讓他一二分二奶奶也不敢怎樣你们就这庅大胆子小看他可是雞蛋往石頭上碰衆人都忙道我們何嘗敢大胆了都是趙姨奶奶鬧的平兒也悄悄的说罢了好奶奶們墙倒衆人推那趙姨奶奶原有些倒三不着两有了事都就賴他你們素日那眼里没人心術利害我这几年难道还不知道二奶奶若是略差一点兒的早被你們这些奶奶治倒了饒这庅着得一点空兒还要难他一难好几次没落了你们的口声衆人都道他利害你們都怕他惟我知道他心里也

就不算不怕你们呢前兒我們还議論到这里再不能依頭順尾必有兩塲氣
生那三姑娘雖是个姑娘你们都横看了他二奶〻这些〻大姑子小姑子里頭
也就只单畏他五分你们这會子到不把他放在眼里了正説着只見秋紋走
来衆媳婦忙赶着問好又説姑娘也且歇一歇里頭擺飯呢等撤下飯桌子再
回话去秋紋咲道我比不得你们我那里等得説着便直腰上厅去平兒忙叫
快回来秋紋回頭見了平兒咲道你又在这里充什庅外圍的防護一面回身
便坐在平兒褥上平兒悄問回什庅秋紋道問一問宝玉的月銀我们的月錢
多早晚總領平兒道这什庅大事你快回去告訴襲人説我的话憑有什庅事
今兒都别回若回一件管駁一件回一百件管駁一百件秋紋听了忙問这是
為什庅了平兒與衆媳婦等都忙告訴他原故又説正要找几件利害事與有

体面的人開例作法子鎮壓與衆人作榜樣呢何苦你們先来碰在這釘子上你這一去說了他們若拿你們也作一二件榜樣又碍着老太〻太〻若不拿着你們作一二件人家又說偏一个向一个仗着老太〻太〻威勢的就怕也不敢動只拿着軟的作鼻子頭你听〻罢二奶〻的事他还要駁兩件纔壓的衆人口声呢秋紋听了伸舌笑道幸而平姐〻在這里沒的燥一鼻子灰我趁早知会他們去說着便起身走了接着宝釵的飯至平兒忙進来伏侍那時趙姨娘已去三人在板床上吃飯宝釵面南探春面西李紈面東衆媳婦皆在廊下静候里頭只有他們緊跟常侍的丫嬛伺候別人一概不敢擅入這些媳婦們都悄〻的議論說大家省事罢別安着沒良心的主意連吳大娘纔〻都討了沒意思偺們又是什麽有臉的他們一邊悄議等飯完回事只覺里面鴉雀無声

並不聞碗箸之声一時只見一个丫环将簾櫳高揭又有两个将棹抬出茶房
内早有三个丫頭捧着三沐盆水見飯桌已出三人便進去了一回又捧出沐
盆並漱盂来方有侍書素雲鶯兒三个每人用茶盤捧了三盖碗茶進去一時
等他三人出来侍書命小丫頭子好生伺候着我们吃飯来換你们别又偷坐
着去衆媳婦們方慢〻的一个〻〻的安分回事不敢如先前輕慢踈忽了探
春氣方漸平因向平兒道我有一件大事早要和你奶〻商議如今可巧想起
来你吃了飯快来宝姑娘也在这里偺們四个人商議了再細〻问你奶〻可
行可止平兒荅應回去鳳姐因問為何去这一日平兒便笑着将方纔的原故
細〻说與他听了鳳姐兒笑道好〻〻好个三姑娘我说他不錯只可惜他命
薄没托生在太〻肚里平兒笑道奶〻也说糊塗活了他便不是太〻養的难

道谁敢小看他不與别的一様看了鳳姐兒嘆道你那里知道雖然庶出一様
女兒却比不得男人将来攀親時如今有一種輕狂人先要打听姑娘是正出庶
出多有為庶出不要的除不知别说庶出便是我們的丫頭比人家的小姐还
強呢将来不知那个没造化的挑庶正悮了事呢也不知那个有造化的不挑庶
正的得了去说着又向平兒咲道我这几年生了多少省儉的法子一家子大
約也没个不背地里恨我的我如今也是騎上老虎了雖然看破些、無奈一時
也难寛放二則家里出去的多進来的少凡百大小事仍是照着老祖宗手里
的規矩却一年進的産業又不及先時多省儉了外人又咲话老太〻太〻也
受委屈家下人也抱怨剋薄若不趂早兒料理省儉之计再几年就都賠盡了
平兒道可不是这话将来还有三四位姑娘还有两三个小爺一位老太〻这

几件大事未完呢鳳姐兒咲道我也慮到这里到也勾了宝玉和林妹〻他两个一娶一嫁可以使不着官中的錢老太〻自有梯已拿出来二姑娘是大老爺那边的也不算剩了三四个满破着每人花上一萬銀子环哥娶親有現花上三千兩銀子不拘那里省一抿子也就勾了老太〻事出來一應都是全了的不过零星雜項便費也滿破三五千兩如今在儉省些陸續也就勾了只怕如今平空又生出一兩件事来可就了不得了咱們且别慮後事你且吃了飯快听他商議什庅这正碰了我的机会我正愁没个膀背雖有个宝玉他又不是这里頭的貨總収伏了他也不中用太奶〻是个佛爺也不中用二姑娘更不中用亦且不是这屋里的人四姑娘小呢蘭小子更小环兒更是个燎毛的小凍猫子只等有熱灶火坑讓他鑽去罷真〻一个娘肚子里跑出这个天懸地隔

的兩个人來我想到這里就不伏再者林丫頭和宝姑娘他兩个到好偏又都是親戚又不好管偺家務事況且一个是美人灯兒風吹〻就坏了一个是拿定了主意不干己事不張口一問搖頭三不知也难十分去問他到只剩了三姑娘一个心里嘴里都也來的又是偺家的正人太〻又疼他雖然面上淡〻的皆因是趙姨娘那老東西鬧的心里却是和宝玉一樣呢比不得环兒實在令人难疼要依我的性早攆出去了如今他既有這主意正該和他協同大家做个膀背（阿鳳有才処全在擇人收納膀背羽翼並非一味倚以才自恃者可知這方是大才）我也不孤不獨了按正理天理良心上論偺們有他這个人幫着偺們也省些〻心于太〻的事也有些〻益若按私心藏奸上論我也太行毒了也該抽頭退步回頭看了看再要窮追苦尅人狠極了暗地里咲里藏刀偺們兩个纔四个眼精

两个心一時不防到弄坏了趂着紧淘（溜）之中他出頭一料理衆人就把往日偺
們的恨暫可觧了还有一件我雖知你極明白恐怕你心里挽不过来如今囑
咐你他雖是姑娘家心里却事〻明白不過是言语謹慎他又比我知書識字
更利害一層了如今俗语擒賊必先擒王他（如）今要作法開端一定是先拿我
開端倘或他要駁我的事你可别分辯你只越恭敬越说駁的是纔好千万别
想着怕我没臉和他一𢴤就不好了平兒不等说完便咲道你太把人看糊塗
了我纔已經行在先这會子又反囑咐我鳳姐兒咲道我是恐怕你心里眼里
只有了我一槩没有别人之故不得不囑咐既已行在先更比我明白了你又
急了满口里你我起来平兒道偏说你〻不依这不是嘴巴子再打一頓难道
这臉上還没嘗过的不成鳳姐兒笑道你这小蹄子要掂多少過子纔罷看我

病的這樣还来漚我过来坐下横竪没人来咱們一处吃飯是正經說着豐兒等三四个小丫頭子進来放小炕桌鳳姐只吃燕窝粥兩碟子精緻小菜每日分例菜已暫减去豐兒便將平兒的四樣分例菜端至桌上與平兒盛了飯来平兒屈一膝於炕沿之上半身猶立于炕下陪着鳳姐兒吃了飯（鳳姐之才又在能罰邀人心）伏侍漱盥漱畢囑咐了豐兒些話方往探春处来只見院中寂靜人已散出要知端的

脂硯齋重評石頭記卷之

第五十六回

敏探春興利除宿弊　　時宝釵小惠全大體

話說平兒陪着鳳姐兒吃了飯伏侍盥漱畢方往探春處來只見院中寂靜只有丫环媳婦子諸內壼近人在窗外听候平兒進入廳中他姊妹三人正議論些家務說的便是年內賴大家請吃酒他家花園中事故見他来了探春便命他脚踏上坐了因說道我想的事不為別的因想着我們一月有二兩月銀外丫頭們又另有月錢前兒又有人回要我們一月所用的頭油脂粉每人又是二兩這又同纔剛學裏的八兩一樣重重疊疊事雖小錢有限看起来也不妥當你奶奶怎麼就沒想到這个呢平兒笑道這有个原故姑娘們所用的這些東西

自然是該有分例每月買辦買了令女人們各房交與我們收管不過預備姑
娘們使用就罷了沒有一个我們天〻各人拿錢找人買頭油又是脂粉去的
理所已外頭買辦總領了去按月使女人按房交與我們的姑娘們的每月这
二兩原不是為買这些〻的原為的是一時當家的奶〻太〻或不在或不得閑
姑娘們偶然一時可巧要几個錢使省得找人去这原是恐怕姑娘們受委屈
可知这个錢並不是買这个纔有的如今我冷眼看着各房里的我們的姊妹
都是現拿錢買这些〻東西的竟有一半我就疑惑不是買辦脫了空遲些〻日子
就是買的不是正經貨弄些〻使不得的東西来搪塞探春李紈都笑道你也留
心看出来了脫空是沒有的也不敢只是遲些〻日子催急了不知那里弄些来
不過是个名兒其實使不得依然得現買就用这二兩銀子另叫別人的奶媽

子的或是弟兄哥〻的兒子買了来總使得若使了官中的人依然是那一樣的不知他們是什麼法子是鋪子里坏了不要的他們都弄了来单預備給我們平兒咲道買辦買的是那樣的他買了好的來買辦豈肯合他善開交又説他便坏心要奪這買辦了所以他們也只得如此能可得罪了里頭不肯得罪了外頭辦事的人姑娘們只能可使奶媽〻們他們也就不敢閑话了探春道因此我心中不自在錢費兩起東西又白丢一半通算起来反費了兩折子不如竟把買辦的每月蠲了為是此是一件事第二件年里往頼大家去你也去的你看他那小园子比偺們這个如何平兒咲道还没有偺們這一半大樹木花草也少多了探春道我因和他家女兒説閑话兒誰知那麼个园子除他們帶的花吃的笋菜魚蝦之外一年还有人包了去年終足有二百兩銀子剩遗

那日我纔知道一个破荷葉一根枯草根子都是值錢的宝釵咲道真〻膏粱纨袴之談雖是千金小姐原不知这事但你們都念過書識字的竟没看見朱夫子有一篇不自棄文不成探春咲道雖看過那不過是勉人自勵虚比浮詞那里都真有的宝釵道朱子都有虚比浮詞那句〻都是有的你纔辦了兩天時事就利欲薰心把朱子都看虚浮了你再出去見了那些〻利弊大事越發把孔子也看虚了探春咲道你这樣一个通人竟没看見子書當日姬子有云登利祿之塲處運籌之界者窮堯舜之詞背孔孟之道宝釵笑道底下一句呢探春笑道如今只断章取意念出底下一句我自己罵我自己不成宝釵道天下没有不可用的東西既可用便值錢难為你是個聦敏人這些〻正事大節目事竟没經歷也可惜遲了（反点題文法中又一变休也）李紈笑道叫了人

家来不説正事且你們對講學問寔敘道學問中便是正事此刻于小事上用學问一提那小事越發作高一層了不拿學问提着便都流入世俗去了三人只是取笑之談説了笑了一回便仍談正事（作者又用金蟬脱殼之法）探春因又接説道咱們這園子只算比他們的多一半加一倍算一年就有四百銀子的利息若此時也出脱生發銀子自然小器不是咱們這樣人家的事若派出兩个一定的人来既有許多值錢之物一味任人作戲也似乎暴殄天物不如在園子里所有的老媽々中揀出几个本分老誠能知園圃的事派準他們収什料理也不必要他們交租納税只问他們一年可以孝敬些什么一則園子有專定之人修理花木自有一年好似一年的也不用臨时忙乱二則也不至作踐白辜負了東西三則老媽々們也可借此小補不枉

年日在園中辛若四則亦可以省了這些花兒匠山子匠打掃人等的工費將此有餘以補不足未為不可宝釵正在地下看盤上的字画听如此說一則便点一回頭說完便笑道善哉三年之內無飢饉矣李紈笑道好主意這果一行太〻必喜觀省錢事小第一有打掃專司其職又許他人去賣錢使之以權動之以利再無不盡職的了平兒道這件須得姑娘說出来我们奶〻雖有此心也未必好出口此刻姑娘在園里住着不能多美些頑意兒倍襯反叫人去監管修理圖省錢這話斷不好出口宝釵忙走過来摸着他的臉笑道你張開嘴我瞧〻你的牙齒舌頭是什么作的從早起来到這會子你說這些話一套一個樣子也不奉承三姑娘也沒見你說奶〻才短想不到也並沒有三姑娘說一句你就說一句是橫

監三姑娘一套說出你就有一套話進去總是三姑娘想的到的你奶〻也想到了只是必有個不可办的原故這會子又是因姑娘們住在的園子裡不好因省錢令人去監管你們想〻這話若果真交與人弄錢去的時侯人自然是一枝花也不許掐一個菓子也不許動了姑娘們分中自然不敢天〻與小姑娘們就吵不清他這遠愁近慮不抗不卑他奶〻便不是和偺們好聽他這一番話也必要自愧的变好了不和也变和了探春笑道我早起一肚子氣聽他来了忽然想起他主子来素日當家使出来的好撒野的人我見了他便生了氣誰知他来了避猫鼠兒是的跕了半日怪可怜的接着又說了那麼些話不說他主子待我好到說不枉姑娘待我們奶〻素日的情意了這一句不但沒了氣我到愧了又傷起心来我細想我一個女孩兒家自己還鬧得沒人疼沒人顧的我

那里還有好處去待人口内説到這里不免流下淚来李紈等見他説的懇切
又想他素日因趙姨娘每生誹謗在王夫人跟前亦為趙姨娘所累亦都不免流
下淚来都忙劝道趂今日清浄大家商議两件興利剔獘的事也不枉太〻委託
一場又提這沒要緊的事做什麽平兒忙道我已明白了姑娘竟説誰好竟一
派人就完了探春道雖如此説也須淂回你奶〻一聲我們這里搜剔小遺已
經不當皆因你奶〻是個明白人我纔這様行若是糊塗多蟲多妬的我也不
肯倒像抓他的乖一般豈可不商議了行平兒笑道旣這様我去告訴一聲説
着去了半日方回来笑説我説是白走一淌這様好事奶〻豈有不依的探春
聽了便和李紈命人將園中所有婆子的名单要来大家恭度大槩定了几個又
将他們一齊傳来李紈大概告訴與他們衆人聽了無不願意也有説那一

片竹子单交給我一年工夫明年又是一片除了家里吃的笋一年還可交些〻
錢粮這一個說那一片稻地交給我一年這些頑的大小雀鳥的粮食不必動
官中錢粮我還可以交錢粮探春終要說話人回大夫来了進園瞧姑娘衆婆
子只得去接大夫平兒忙說单你們有一百個也不成個体統难道沒有兩個
管事的頭腦帶進大夫来回事的那人說有吴大娘和单大娘他兩個在西南
角上聚錦門等着呢平兒聽說方罷了衆婆子去後探春問宝釵如何宝釵笑
荅道幸于始者怠于終繕其辭者嗜其利探春聽了点頭稱讚便向册上指出
几人来與他三人看平兒忙去取筆硯来他三人說道這一個老祝媽是個妥
當的况他老頭子和他兒子代〻都是管打掃竹子如今竟把這所有的竹子
交與他這一個老田媽本是種庄家的稻香村一帶凡有菜蔬稻稗之類雖有

禎意兒不必認真大治大耕也須得他去再一按時加些培埴豈不更好採春
又笑道可惜蘅蕪院和怡紅院這兩處大地方竟沒有出利息之物李紈忙笑
道蘅蕪院更利害如今香料鋪並大市大庙賣的各處香料香草兒都不是
這些東西算起來比別的利息更大怡紅院別說別的单只說春夏天一季玫
瑰花共下多少花還有一帶籬笆上薔薇月季宝相金銀藤单這沒要緊的草
花乾了賣到茶葉鋪藥鋪去也值几個錢探春笑道原來如此只是美花草
的沒有在行的人平兒忙笑道跟宝姑娘鶯兒他媽就是會美這個的上回他
還採了些晒乾了辮成花藍葫芦給我頑的姑娘到忘了不成宝釵笑道我終
讚你〻到來捉弄我了三人都叱意都問這是為何宝釵道断〻使不得你们
這里多少得用的人一個〻〻闲着沒事办這會子我又美個人來叫那起

人連我也看小了我到替你们想出一個人来怡紅院有個老葉媽他就是茗烟的娘那是個誠实老人家他又合我们鶯兒的娘極好不如把這事交與葉媽他有不知的不必偺們說他就找鶯兒的娘去商議了那怕葉媽全不管竟交與那一個那是他们私情兒有人說閑話也就怨不到偺們身上了如此一行你們辦的又至公道了事又甚妥李紈平兒都道是極（寳釵此等非與鳳姐一樣此時隨時俯仰彼則逸才踰蹈也）探春笑道雖如此只怕他們見利忘義（這是探春敏智過人處此諷亦不可少）平兒笑道不相干前兒鶯兒還認了葉媽做乾娘請吃飯吃酒兩家和厚的好的狠呢（夾寫大观園中多少兒女家常閑景此亦補前文之不足是也）探春聽了方罷了又共公斟酌出几人来俱是他四人素昔冷眼取中的用筆圈出一時婆子們来回大夫已去將藥方送上去三人看了一面遣人送出去取藥監派調服一面探春與

李紈明示諸人某人管某處按四季除家中定例用多少外餘者任憑你們
採取了去取年例終筭賬探春笑道我又想起一件事若年終筭賬歸錢時自
然歸到賬房仍是上頭又添一層管主還在他們手心里又剝一層皮這如今
我們興出這事來派了你們已是跨過他們的頭去了心里有氣只說不出來
你們年終去歸賬他們還不捏弄你們等什麼再者這一年間管什麼的主子
有一全分他們就得半分這是家里的舊禮人所共知的別的偷着的在外如
今這園子裡是我的新創竟別入他們手每年歸賬竟歸到里頭來才好寶釵
笑道依我說里頭也不用歸賬這個多了那個少了倒多了事不如問他們誰
領這一分的他就攬一宗事去不過是園里的人的動用我替你們筭出來了
有限的几宗事不過是頭油胭粉香紙每一位姑娘几個了頭都是有定例

的再者各處笘帚撮簸撣子並大小禽鳥鹿兔吃的粮食不過這几樣都是他們包了去不用賬房去領錢你筭〻就省下多少來平兒笑道這几宗雖小一年通共筭了也省的下四百兩銀子宝釵笑道却又來一年四百二年八百兩取租的房錢也能看得了几间薄地也可添几畝雖然還有輻餘的但他们既辛苦鬧一年也要叫他們剩些粘補〻〻自家雖是興利節用為綱然亦不可太嗇總再省上二三百銀子失了大体統也不像所以如此一行外頭賬房里一年少出四五百銀子也不覺得狠難嗇了他们里頭却也得些小補這些没營生的媽〻們也寬裕了園子里花木也可以每年滋長蕃盛你们也得了可使之物這庶几不失大体若一味要省時那里不搜尋出几個錢來几有些餘利的一概入了官中那時里外怨聲載道豈不失了你们這樣人家的大

体如今這園里几十個老媽〻們若只給了這個那剩的也必抱怨不公我終
説的他们只供給這個几樣也未免太寬裕了一年竟除這個之外他每人不
論有餘無餘只叫他拿出若干貫錢來大家湊齊单散與園中這些媽〻们他
们雖不料理這些却日夜也是在園中照看当差之人関門閉户起早睡晚大
雨大雪姑娘們出入抬轎子撑船拉冰床一應粗糙伙(活)計都是你(他)们的差使一
年在園里辛苦到頭這園内既有出息也是分内該沾(的)帶些的还有一句至小(氣)
的話越發説破了你们只顧了自已寬裕不分與他们些〻他们雖不敢明怨心
里却都不服只用假公借私的多摘你们几個菓子多掐几枝花兒你們有
冤還沒處訴他們也沾帶(補)了些〻利息你們有照顧不到他们就替你照顧了衆
婆子聽了這個議論又去了賬房受轄制又不與鳳姐兒去筭賬一年不過多

拿出若干貫錢来各々歡喜異常都齊説愿意強如出去被他揉搓着还得拿
出錢来呢那不得管也的聽見每年終又無故得分錢也都喜欢起来口内説
他們辛苦收拾是該剩些々錢粘補的我們怎庅好穩坐吃三注的宝釵咲道媽
媽們也别推辞了這原是分内應當的你們只要日夜辛苦些别躲懶縱放人
吃酒賭錢就是了不然我也不該管這事你們一般听見姨娘親口囑託我三
五回説大奶々如今又不得閒兒别的姑娘又小託我照看々々我若不依分
明是叫姨娘操心我們奶々又多病多痛家務也忙我原是個閑人便是個街
坊隣居也要帮着些々何况是親姨娘托我々免不得去小就大講不起衆人嫌
我尚或我只顧了小分沽名弔譽那時酒醉賭博生出事来我怎庅見姨娘你
們那時後悔也遲了就連你們素日的老臉也却丢了這些々姑娘小姐們這庅

一所大花園都是你們照看皆因看得你們是三四代的老媽〻最是循規尊
矩的原該大家齊心顧些〻体統你們反縱放別人任意吃酒賭博姨娘聽見了
教訓一場猶可倘若被那几個管家娘子聽見了他們也不用回姨娘竟教導
你們一番你們這年老的反受了年小的教訓雖是他們是管家管的着你們
何如自己存些体統他們如何得來作踐所以我如今替你們想出這個額外
的進益來也為大家齊心把這園里週全得謹〻慎〻使那些〻有權執事的看
見這般嚴肅謹慎且不用他們操心他們心里豈不敬伏也不用替你們籌畫
進益既能奪他们之權生你们之利豈不能無為之治分他們之憂你們去細
想〻這話家人都欢声鼎沸說姑娘說的狠是從此姑娘奶〻只管放心姑娘
奶〻這樣疼顧我们〻〻再要不体上情天地也不容了剛說着只見林之孝

進来說江南甄府里家眷昨日到京今日進宮朝賀此刻先遣人来送礼請安
說着便将礼单送上去探春接了看道是上用的粧緞蟒緞十二疋上用雜色
緞十二疋上用各色紗十二疋上用宮紬十二疋官用各色緞紗紬綾二十四
疋李紈也看過說上用等封兒賞他因又命人回了賈母〻〻便命人叫李紈
探春宝釵等也都過来将礼物看了李紈收過一邊分付内庫上人說等太〻
回来看了再收賈母因說這甄家又不與别家相同上等賞封賞男人只怕展
眼又打發女人来請安預備下尺頭一語未完果然人回甄府四個女人来請
安賈母聽了忙命人帶進来那四個人都是四十往上的年紀穿帶之物皆比
主子不甚差别請安问好畢賈母命拿了四個脚踏来他四人謝了坐待宝釵
等坐了方都坐下賈母便问多早晚進京的四人忙起身回說昨日進的京今

日太〻帶了姑娘進宮請安去了故令女人們來請安問候姑娘們賈母問道這些〻年沒進京也不想到今年來四人也都笑回道正是今年是奉旨進京的賈母問道家眷都來了四人回說老太〻和哥兒兩位小姐並別位太〻都沒來就只太〻帶了三姑娘來了賈母道有了人家沒有四人道尚沒有呢賈母笑道你們大姑娘和二姑娘這兩家都和我們家甚好四人笑道正是每年姑娘們有信回去說全虧府上照〻看賈母笑道什麼照〻看原是世交又是老親原應當的你們二姑娘更好更不自尊自大所以我們纔走的親密四人笑道這是老太太過謙了賈母又問你這哥兒也跟着你們老太〻四人回說也是跟着老太太賈母道幾歲了又問上學不曾四人笑說今年十三歲因長得齊整老太〻狠疼自幼淘氣異常天〻逃學老爺太〻也不便十分管教賈母笑道這不成

了我們家的了你这哥兒教什庅名字四人道因老太〻当作宝貝一樣他又
生的白老太〻便叫他作宝玉賈母便向李紈等道偏也叫作個宝玉李紈忙欠
身咲道從古至今同時隔代重名的狠多四人也咲道起了這小名兒之後我
們上下都疑惑不知那位親友家也倒似曾有一個的只是这十来年没進京
来却記不得真了賈母咲道豈敢就是我的孫子人来衆媳婦〻頭答應了一
聲走近几步賈母笑道園里把偺們的宝玉叫了来給这四个管家娘子瞧〻
比他們的宝玉如何衆媳婦听了忙去了半刻圍了宝玉進来四人一見忙起
身笑道唬了我們一跳若是我們不進府来倘若别處遇見还只道我們的宝玉
後趕着也進了京了呢一面說一面都上来拉他的手問長問短宝玉忙也咲
問好賈母咲道比你們的長的如何李紈等咲道四位媽〻緣一說可知是模

樣相訪了賈母咲道那有這樣巧事大家子孩子們再養的姣嫩除了臉上有
殘疾十分黑醜的大概看去都是一樣的齊整這也沒有什麽怪處四人笑道
如今看来模樣是一樣據老太〻說淘氣也一樣我们看来这位哥兒性情却
比我們的好些賈母忙問怎見得四人笑道方纔我们拉哥兒的手說話便知
我們那（說話我們）一個只說我们糊（塗别）慢說拉手他的東西我們略動一動也不依所使
喚的人都是女孩子們四人未說完李紈嫂（婶）妹等禁不住都失聲笑出来賈母
也笑道我們這會子也打發人去見了你們寶玉若拉他的手他也自然免強
忍耐一時可知你我這樣人家的孩子們憑他們有什麽刁鑽古怪的毛病兒
見了外人必是要還出正緊（經）礼数来的若他不還正緊（經）礼数也斷不容他刁鑽
去了就是大人溺爱的是他一則生的得人意二（兒）則見人礼数竟比大人行出

来的不錯使人見了可愛可怜背地里所以緫縱他一點子若一味他只管沒里沒外不與大人爭先憑他生的怎樣也是該打死的四人听了都笑說老太太這話正是雖然我們宝玉淘氣古怪有時見了人客規矩礼数更比大人有所以無人見了不愛只說為什庅還打他除不知他在家里無法無天大人想不到的話偏會說想不到的事他偏要行所以老爺太太恨的無法就是弄性也是小孩子的常情胡乱花費這也是公子哥兒的常情怕上學也是小孩子的常情都還治的過来第一天生下来這一種刁鑽古怪的脾氣如何使得一語未了人回太太回来了王夫人進来問過安他四人請了安大概說了兩句賈母便命歇歇去王夫人親捧過茶方退出四人告辭了賈母便往王夫人處来說了一會家務打發他们回去不必細說這里賈母喜的逢人便告訴也有

一个宝玉也却一般行景衆人都為天下之大世宦之多同名者也甚多祖母溺愛孫者也古今所有常事耳不足什庅罕事故皆不介意独宝玉是個迂闊獃公子的性情自為是那四人承悦賈母之詞後至苑去看湘雲病去史湘雲説他你放心閙罷先是单絲不成綫独樹不成林如有了個對子閙急了再打狠了你逃走到南京找那一個去寶玉道那里的謊話你也信了偏又有個宝玉了湘雲道怎庅列國有個藺相如漢朝又有个司馬相如呢寶玉笑道這也罷了偏又模樣兒也一樣這是没有的事湘雲道怎庅匡人看見孔子只當是陽虎呢寶玉笑道孔子陽虎雖同貌却不同性藺與司馬雖同名而又不同貌偏我和他就兩樣俱同不成湘雲没了話答對因笑道你只會胡攪我也不和你分証有也罷没也罷与我無干説着便睡下了寶玉心中便又疑惑起來若

說必無然亦似必有若說必有又並無目覩心中悶了回至房中榻上默〻盤算不覺就忽〻的睡去不覺竟到了一座花園之內宝玉咤意道除了我们大觀園更又有這一個園子(偶園可知)正疑惑間從那邊来了几個女兒都是了妚寶玉又咤意道除了夗央襲人平兒之外也竟還有這一干人(偶人可知妙在更不說更強二字)只見那些了妚笑道宝玉怎麼跑到這里来了宝玉只當是說他自己忙来陪笑說道因我偶步到此不知是那位世交的花園好姐〻們帶我狂〻衆了妚都笑道原来不是偺家的宝玉他生的到也还干净(妙在玉卿身上只落了這兩個字亦不奇了)嘴兒也到乖覺宝玉听了忙道姐〻們這里也更还有個宝玉了环们忙道宝玉二字我们是奉老太〻太〻之命為保佑他延寿消災的我叫他〻听見喜欢你是那里遠方来的臭小厮也乱叫起他来仔細你的臭肉打不爛你的又

一個了環笑道偺們快走罷别叫宝玉看見又說同這臭小廝說了話把偺熏、臭了說着一逕去了宝玉納悶道從來沒有人如此塗毒我他們如何更這樣真亦有我這樣一個人不成一面想一面順步早到了一所院内宝玉又咤意道除了怡紅院也更還有這麽一個院落忽上了台磯進入屋内只見榻上那個少年嘆了一聲一個了嬛笑問道宝玉你不睡又嘆什麽想必為你妹、病了你又胡愁乱恨呢宝玉听說心下也便吃驚只見榻上少年說道我听見老太、說長安都中也有個宝玉和我一樣的性情我只不信我纔作了一個夢都夢中到了都中一個花園子里頭遇見几個姐、都叫我臭小廝不理我好容易找到他房里頭偏他睡覺空有皮囊真性不知那去了宝玉听說忙說道我因找宝玉來到這里究來你就是宝玉榻上的忙下來拉住原來你就是宝

玉這可不是夢里了宝玉道這如何是夢真切而又真了一語未了只見人来説
老爺叫宝玉唬得二人皆慌了一個宝玉就走一個宝玉便忙叫宝玉快回来
快回来襲人在傍听他夢中自喚忙推醒他笑问道宝玉在那里此時宝玉雖
醒神意尚忽因向門外指説才出去了襲人笑道那是你夢迷了你揉眼細瞧瞧
是鏡子裡照的你影兒宝玉向前瞧了一瞧瞧原是那嵌的大鏡对面相照自已
也笑了早有人捧過漱盂茶滷来漱了口麝月道怪道老太太常囑咐説小人屋
里不可多有鏡子小人魂不全有鏡子照多了睡覺驚恐作胡夢如今到在大
鏡子那里安了一張床有時放下鏡套還好往前去天熱困倦不定那里想的
到放他比如方才就忘了自然是先淌下照着影兒頑的一時合上眼自然是
胡夢顛倒不然如何得看着自已叫着自已的名字不如明兒挪進床来是正

經一語未了只見王夫人遣人來叫寶玉不知有何話説此下緊接慧紫鵑試忙玉

脂硯齋重評石頭記卷之

第五十七回

慧紫鵑情辭試忙玉　慈姨媽愛語慰癡顰

話說寶玉聽王夫人喚他忙至前邊来原来是王夫人要帶他拜甄夫人去寶玉自是欢喜忙去換衣服跟了王夫人到那里見其家中形影自與榮寧不甚差別或有一二稍盛者細問果有一寶玉甄夫人留席竟日方回寶玉方信因晚間回家来王夫人又吩咐預備上等的席面定名班大戲請過甄夫人母女後二日他母女便不作辭回任去了無話這日寶玉因見湘雲漸愈然後去看代玉正值代玉纔歇午覺宝玉不敢驚動因紫鵑正在廻廊上手里做針黹便来問他昨日夜里咳嗽可好了紫鵑道好些了宝玉笑道阿弥陀佛寧可好了

罷紫鵑笑道你也念起佛来真是新聞宝玉笑道所謂病篤乱投醫了一面說一面見他穿着彈墨綾薄綿襖外面只穿着青緞夾背心宝玉便伸手向他身上模了一模說穿這樣单薄还在風口里坐着看天風饞時氣又不好你再病了越發难了紫鵑便說道從此偺們只可說話别動手動脚的一年大二年小的叫人看着不尊重打緊的那起混賬行子們背地里說你〻總不留心还只管和小時一般行為如何使得姑娘常〻吩咐我們不叫和你說笑你近来瞧他遠着你還恐遠不及呢說着便起身攜了針線進别房去了宝玉見了這般景况心中忽像澆了一盆冷水一般只瞅着竹子發了一回獃因祝媽正来挖竹修竿便怔〻的走出来一時魂魄失守心無所知随便坐在一塊山石上出神不覺滴下淚来直獃了五六頓飯的工夫千思萬想揔不知如何是好偶值雪雁從

王夫人房中取了人参来從此經過忽扭項看見𦻏花樹下石上一人手托着腮頰出神不是別人却是寶玉（画出宝玉来却又不画阿颦何等筆力便不從鵑寫却寫一雁更奇是仍歸寫鵑）雪雁疑惑道怪冷的他一個人[生]在這里作什麼春天凡有殘疾的人都犯病敢是他犯了獃病了（寫妍憨女兒之心何等新巧）一邊想一邊便走過来蹲下笑道你在這里作什庅呢宝玉忽見了雪雁便說道你又作什庅来找我你難道不是女[孩]兒他既防嫌不許你們理我你又来尋我倘被人看見豈不又生口舌你快家去罷了雪雁聽了只当是他又受了代玉的委屈只得回至房中代玉未醒將人参交與紫鵑〻〻因問他太〻做什庅呢雪鴈道也歇中覺所以等了這半日姐〻你听笑話兒我因等太〻的工夫和玉釧兒姐〻坐在下房里說話兒誰知趙姨奶〻招手兒叫我〻只當有什庅話說原来他何[合]太〻告了假出去

給他兄弟伴宿坐夜明兒送殯去跟他的小丫頭子小吉祥兒沒衣裳要借我的月白緞子襖兒我想他們一般也有兩件子的衣裳往髒地方兒去恐怕弄髒了自己的捨不得穿故此借別人的借我的弄髒了也是小事只是我想他素日有些些什庅好處到偺們跟前所以我說了我的衣裳簪環都是姑娘叫紫鵑姐姐收着呢如今先得去告訴他還得回姑娘呢姑娘身上又病着更費了大事誤了你老出門不如再轉借罷紫鵑笑道你這個小東西子到也巧你不借給他你往我和姑娘身上推叫人怨不着你他這會子就下去了還是等明日一早纔去雪鴈道這會子就去的只怕此時已去了紫鵑点點頭雪鴈道姑娘還沒醒呢是誰給了寶玉氣受坐在那里哭呢紫鵑聽了忙問在那里雪鴈道在沁芳亭後頭桃花底下呢紫鵑聽說忙放下針線又囑咐雪鴈好生聽叫若

問我答應我就来說着便出了瀟湘館一經来尋寶玉走至宝玉跟前含笑說
道我不過說了那兩句話為的是大家好你就賭氣跑了这風地里来哭作出
病来唬我宝玉忙笑道誰賭氣了我因為听你說的有理我想你們既这樣說
自然々別人也是这樣說將来漸々的都不理我了我所以想着自己傷心紫鵑也
便挨他坐着宝玉笑道方纔對面說話你尚走開这會子如何又来挨我坐着紫
鵑道你都忘了几日前你們姨妹兩个正說話趙姨娘一頭走了進来我纔
听見他不在家所以我来問你正是前日你和他纔說了一句燕窩就歇住了
總沒提起我正想着問你宝玉道也沒什庅要緊不過我想着宝姐々也是客
中既吃燕窩又不可間斷若只管和他要太也托实雖不便和太々要我已經
在老太々跟前畧露了个風声只怕老太々和鳳姐々說了我告訴他的竟沒

告訴完了他如今我听見一日給你們一兩燕窩这也就完了紫鵑道原來是你說了这又多謝你費心我們正疑惑老太太怎么忽然想起來叫人每一日送一兩燕窩來呢这就是了宝玉笑道这要天天吃慣了吃上三二年就好了紫鵑道在这里吃慣了明年家去那里有这閑（燕）錢吃这個宝玉听了吃了一驚忙問誰往那個家去（这句不成寫細讀細嚼方有無限神清咏味）紫鵑道你妹妹回蘇州家去宝玉笑道（咲字奇甚）你又說白話蘇州雖是原籍因沒了姑父姑母無人照看纔就來的明年回去找誰可見是扯謊（此論極是不个意）紫鵑冷笑道你太看小了人（渾）你們賈家獨是大族人口多的除了你家別人只得一父一母房族中真个再無人了不成我們姑娘來時原是老太太心疼他年小雖有叔伯不如親父母故此接來住

几年大了該出閣時自然要送还林家的終不成林家的女兒在你賈家一世不成林家雖貧到沒飯吃也是世代書宦之家斷不肯將他家的人丟在親戚家落人的耻笑所以早則明年春天遲則秋天這里總不送去林家亦必有人來接的前日夜里姑娘和我說了叫我告訴你將從前小時頑的東西有他送你的叫你都打點出來还他々也將你送他的打疊了在那里呢宝玉聽了便如頭頂上响了一個焦雷一般紫鵑看他怎樣回答只不作聲忽見晴雯找來說老太々叫你呢誰知道在這里紫鵑笑道他這里问姑娘的病症我告訴了他半日他只不信你倒拉他去罷說着自己便走回房去了晴雯見他獃々的一頭熱汗滿臉紫脹忙拉他的手一直到怡紅院中襲人見了這般慌起來只說時氣所感熱汗被風撲了無奈宝玉發熱事猶小可更覺兩個眼珠兒直々的

起来口角邊津液流出皆不知覺給他個枕頭他便睡下扶他起来他便坐着
到了茶来他便吃茶衆人見他這般一時忙起来又不敢造次去回賈母先便
差人出去請李嬷〻〻一時李嬷〻〻来了看了半日問他几句話也無回答用手
向他脉門摸了摸嘴唇人中上邊着力掐了两下掐的指印如許来深竟也不
覺疼李嬷〻只說了一聲可了不得了呀的一聲便摟着放聲大哭起来急的
襲人忙拉他說你老人家瞧〻可怕不怕且告訴我們去回老太〻去你
老人家怎庅先哭起来李嬷〻搥床搗枕說這可不中用了我白操了一世心
了襲人等以他年老多知所以請他来看如今見他這般一說都信以為實也
都哭起来晴雯便告訴襲人方纔如此這般襲人聽了便忙到瀟湘館来見紫
鵑正伏侍代玉吃藥也顧不得什庅便走上来問紫鵑道你纔和我們宝玉說

了些什麽你瞧他去你回老太〻去我也不管了說着便坐在椅上黛玉忽見襲人滿面急怒又有淚痕舉止大变便不免也慌了忙問怎麽了襲人定了一回哭道不知紫鵑姑奶〻說了些什麽話那個獃子眼[睛]也直了手脚也冷了話也不說了李媽〻掐着也不疼了已死了大半個了（奇極之語從急怒妒癡口中描出不成話之語來方是千古奇文五字是一口氣來的）連李媽〻都說不中用了那里放聲大哭只怕这會子都死了代玉一聽此言李媽〻乃是經過的老嫗說不中用了可知死[必]不中用[了]哇的一聲將腹中之藥一槩嗆出抖腸搜肺熾胃扇肝的痛聲大嗽了幾陣一時面紅髮亂目腫筋浮喘的抬不起頭來紫鵑忙上來搥背代玉伏枕喘息半晌推紫鵑道你不用搥你竟拏繩子來勒死我是正經紫鵑哭道我並沒說什麽不過是說了幾句頑話他就認真了襲人道你还不知道他那傻子每〻頑話認[都要]

了真代(的)玉道你說了什么話趁早兒解(法)說他只怕就醒過了(來)紫鵑聽說忙下
了床同襲人到了怡紅院誰知賈母王夫人等已都在那里了賈母一見了紫
鵑眼内出火罵道你這小蹄子和他說了什么紫鵑忙道並沒說什么不過說(了)
几句頑話誰知宝玉見了紫鵑方噯呀了一聲哭出來了衆人一見方都放下
心來賈母便拉住紫鵑只當他得罪了宝玉所以拉紫鵑命他打誰知宝玉一
把拉住紫鵑死也不放說要去連我也帶了去衆人不解細問起來方知紫鵑
說要回蘇州去一句頑話引出來的賈母流淚道我當有什么要緊大事原來
是這句頑話又向紫鵑道你這孩子素日最是個伶俐聰敏的你又知道他有
個獃子(病)平白的哄他作什么薛姨媽勸(道)見寶玉本來心寔可巧林姑娘又是從
小兒來的他姊妹兩個一處長了這么大比別的姊妹更不同這會子熱刺刺

的說一個去別說他是個寔心的孩子便是冷心腸的大人也要傷心這並不是什麼大病老太太和姨太太只管萬安吃一兩劑藥就好了正說着人回林之孝家的單大娘家的都來瞧哥兒來了賈母道難為他們想着叫他們來瞧瞧寶玉聽了一個林字便滿床鬧起來說了不得了林家的人接他們來了快打出去罷賈母聽了也忙說打出去罷又忙安慰說那不是林家的人林家的人都死絕了沒人來接他的你只放心罷寶玉哭道憑他是誰除了林妹妹都不許姓林的賈母道沒姓林的來凡姓林的我都打走了一面吩咐眾人已後別叫林之孝的進園來你們也別說林字好孩子們你們聽我這句話罷眾人忙答應又不敢笑一時寶玉又一眼看見了十錦格子上陳設的一隻金西洋自行船便掯着亂叫說那不是接他們來的船來了灣在那里呢賈母忙命拿

下来襲人忙㪺下来寶玉伸手要襲人遞過寶玉便掖在被中笑道可去不成
了一面說一面死拉着紫鵑不放一時人回大夫来了賈母忙命快進来王夫
人薛姨媽寶釵等暫避在裡間賈母便端坐在寶玉身傍王太醫進来見許多的
人忙上去請了賈母的安㪺了寶玉的手胗了一回脉那紫鵑少不得低了頭王
大夫也不解何意起身說道世兄這症乃是急痛迷心古人曾云痰迷有~~別~~几樣有
氣血虧柔飲食不能鎔化痰迷者有怒惱中痰果而迷者有急痛壅塞者此亦
痰迷之症係急痛所致不過一時壅蔽較諸痰迷似輕賈母道你只說怕不怕
誰同你背藥書呢王太醫忙躬身咲說不妨〻〻賈母道果真不妨王太醫道
寔在不妨都在晚生身上賈母道既如此請到外面坐開藥方若吃好了我另
外預備好謝禮叫他親自捧来送去磕頭若躭悞了我打發人去拆了太醫院

大堂王太醫只躬身咲說不敢〻〻他原聽了說另具上等謝礼命寶玉去磕頭故滿口說不敢竟未聽見賈母後来說拆太醫院之戲語猶說不敢賈母與衆人反道(倒)咲了一時按方煎了藥来服下果覺比先安静無奈寶玉只不肯放紫鵑只說他去了便是要回蘇州去了賈母王夫人無法只得命紫鵑守着他另將琥珀去伏侍代玉代玉不時遣雪鴈来探消息這邊事務盡知自己心中暗嘆幸喜衆人都知寶玉原有些獃氣自幼是他二人親密如今紫鵑之戲語亦是常情寶玉之病亦非罕事因不疑到別事(上)去晚間寶玉稍安賈母王夫人等方回房去一夜還遣人来問訊(詢)几次李奶母帶領宋媽〻等几個年老人用心看守紫鵑襲人晴雯等日夜相伴有時寶玉睡去必從夢中驚醒不是哭了說代玉已去便是有人来接每一驚時必得紫鵑安慰一番方罷彼時賈母又

命將袪邪守灵丹及開竅通神散各樣上方秘製諸藥按方飲服次日又服了王太醫藥漸次好起来寶玉心下明白因恐紫鵑回去故有或作佯狂之態紫鵑自那日也着實後悔如今日夜辛苦並沒有怨意襲人等皆心安神定因向紫鵑咲道都是你鬧的還得你來治也沒見我們這獃子聽了風就是雨往後怎麼好暫且安下因此時湘雲之症已愈天天過来瞧看見寶玉明白了便將他病中狂態形容了與他瞧到的寶玉自己伏枕而咲原来他起先那樣竟是不知的如今聽人說還不信無人時紫鵑在側寶玉又拉他的手問道你為什麼唬我紫鵑道不過是哄你頑的你就認真了寶玉道你說的那樣有情有理如何是頑話紫鵑笑道那些頑話都是我編的林家實沒了人口縱有也是極遠的族中也都不在蘇州住各省流寓不定縱有人来接老太太必不放去的

寶玉道便老太〻放去我也不依紫鵑笑道果真的你不依只怕是口里的話你如今也大了連親也定下了過二三年再娶了親你眼里還有誰了寶玉聽了又驚問誰定了親定了誰紫鵑笑道年里我聽見老太〻說要定下琴姑娘呢不然那么疼他寶玉笑道人〻只說我傻你比我更傻不過是句頑話他已經許了梅翰林家了果然定下了他我還是這個形景了先是我發誓賭咒砸這撈什子你都沒勸過說我瘋的了剛〻的這几日纔好了你又来慪我一面說一面咬牙切齒的又說道我只願這會子立刻我死了把心迸出来你們瞧見了然後連皮帶骨一概都化成一股灰〻還有形跡不如再化一股烟〻還可凝聚人還看見須得一陣大乱風吹的四面八方都登時散了這纔好一面說一面又滾下淚来紫鵑忙上来握他的嘴替他擦眼淚又忙笑解說道你不用着急

這原是我心里着急故来試你寶玉聽了更有（又）咤意問道你又着什庅急紫鵑

咲道你知道我並不是林家的人我也和襲人鴛央是一夥的偏把我給了林

姑娘使偏生他又和我極好比他蘇州帶来的还好十倍一時一刻我們兩個

離不開我如今心里却愁他倘或要去了我必（必）要跟了他去的我是合家在這

里我若不去辜負了我們素日的情常若去又棄了本家所以我疑惑故設出

這謊話来問你誰知你就傻閙起来寶（本）来是愁這個所以你是傻子從此後再

别嚷（提）了我只告訴你一句（打）蔓話（的）活着偺們一處活着不活着偺們一處化灰化

烟如何紫鵑（宝玉）聽了心下暗ゝ籌畫忽有人回環爺蘭哥兒問候寶玉道就說

難為他們我纔睡了不必進来婆子答應去了紫鵑笑道你也好了該放我回

去瞧ゝ我們那一個去了寶玉道正是這話我昨日就要叫你去的偏又忘了

我已経大好了你就去罷紫鵑聽說方打疊鋪蓋粧奩之類寶玉咲道我看見

你文具裡頭有三两面鏡子你把那面小菱花的給我留下罷我擱在枕頭傍

邊睡着好照明兒出門帶着也輕巧紫鵑聽說只得與他留下先命下[手人]將東西

送過去然後别了衆人自回瀟湘館來林代玉近日聞得寶玉如此形景未免

又添些病症多哭几場今見紫鵑來了問其原故已知大愈仍遣琥珀去伏侍

賈母夜間人定後紫鵑已寬衣卧下之時悄向代玉咲道寶玉的心到寔[在]聽見

偺們去就那樣起來代玉不荅紫鵑停了半晌自言自語的說道一動不如一

靜我們這里就筭好人家別的都容易最難得的是從小兒一處長大脾氣情

性都彼此知道的了代玉啐道你這几天還不乏趁[這]會子[也該]歇一歇還嚼什庅

蛆紫鵑咲道到不是白嚼蛆我到是一片真心為姑娘替你愁了這几年了無[上]

父母無兄弟誰是知疼着熱的人趁早兒老太〻還明白硬朗的時節作定了大事要緊俗語說老健春寒秋後熱倘或老太〻一時有個好歹那時雖也完事只怕躭悮了時光还不得趁心如意呢公子王孫雖多那一個不是三房五妾今兒朝東明兒朝西要一個天仙来也不過三夜五夕也丢在脖子後頭了甚至于為妾為了頭反目成讐的若娘家有人有勢的还好些若是姑娘这樣的人有老太〻一日还好一日若沒了老太〻也只是凴人去欺負了所以說娉主意要緊姑娘是個明白人豈不聞俗語說萬兩黃金容易得知心一個也難求代玉听了便說道這了頭今兒不瘋了怎庅去了几日忽然變了一個人我明兒必回老太〻退回去我不敢要你了紫鵑笑道我說的是好話不過叫你心里留神凴不叫你去為非作歹何苦回老太〻叫我吃了虧又有何好處

說着竟自睡了代玉聽了這話口內雖如此說心內未嘗不傷感待他睡了便直泣了一夜至天明方打了一個盹兒次日勉强盥漱了吃了些燕窝粥便有賈母等親來看視了又囑咐了許多話目今是薛姨媽的生日自賈母起諸人皆有祝賀之礼代玉亦早備了两色針線送去是日也定了一本小戲請賈母王夫人等獨有宝玉與代玉二人不曾去得至散時賈母等順路又瞧他二人一遍方回房去次日薛姨媽家又命薛蝌陪諸夥計吃了一天酒連忙了三四天方完備了因薛姨媽看見邢岫烟生得端雅稳重且家道貧寒是個釵荆裙布的女兒便欲說與薛蟠為妻因薛蟠素習行止浮奢又恐遭遢人家的女兒正在躊躇之際忽想起薛蝌未娶看他二人恰是一對天生地設的夫妻因謀之于鳳姐兒鳳姐兒嘆道姑媽素知我們太〻有些左性的這事等我慢謀因賈

母去瞧鳳姐兒時鳳姐兒便和賈母說薛姑媽有件事求老祖宗只是不好啟齒的賈母忙問何事鳳姐便將求親一事說了賈母笑道這有什庅不好啟齒這是極好的事等我和你婆婆說了怕他不依因回房來即刻就命人來請邢夫人過來硬作保山邢夫人想了一想薛家根基不錯且現今大富薛蝌生得又好且賈母硬作保山將机就計便應了賈母十分喜歡忙命人請了薛姨媽來二人見了自然有許多謙辭邢夫人即刻命人去告訴邢忠夫婦他夫婦原是此來投靠邢夫人的如何不依早極口的說妙極賈母笑道我愛管個閑事今兒又管成了一件事不知得多少謝媒錢薛姨媽笑道這是自然的縱抬了十万良子來只怕不希罕但只一件老太太既是主親還得一位才好賈母笑道別的沒有我們家折腿爛手的人還有兩個說著便命人去叫過賈珍婆媳

二人来賈母告訴他原故彼此忙都道喜賈母吩咐道偺們家的規矩你是盡知的從沒有兩親家争礼争面的如今我替我在當中料理也不可太嗇也不可太費把他兩家的事週全了回我尤氏忙答應了薛姨媽喜之不盡回家来忙命寫了請帖補送過寧府尤氏深知邢夫人情性本不欲管無奈賈母親囑咐只得應了惟有忖度邢夫人之意行事薛姨媽是個無可無不可的人到還易說這且不在話下如今薛姨媽既定了邢岫烟為媳合宅皆知邢夫人本欲接出岫烟去住賈母因說這又何妨兩個孩子又不能見面就是姨太〻和他一個大姑一個小姑又何妨況且都是女兒正好親香呢邢夫人方罷蝌岫二人前次途中皆曾有一面之遇大約二人心中也皆如意只是邢岫烟未免比先時拘泥了些不好與寶釵姊妹共處閑語又兼湘雲是個愛取戲的更覺不

好意思幸他是個知書達礼的雖有女兒身分还不是那種佯羞詐愧一味輕薄造作之輩寶釵自見他時見他家業貧寒二則別人之父母皆年高有德之人獨他父母偏是酒糟透之人于女兒分中平常邢夫人也不過是面臉之情亦非真心疼愛且岫烟為人雅重迎春是個有氣（老寔）的人連他自己尚未照管齊全如何能照管到他身上凡閨閣中家常一應需用之物或有虧乏無人照管他又不與人張口宝釵到暗〻每相體貼接濟也不敢與邢夫人知道亦恐多心閑話之故耳如今却出人意料之外奇緣作成這門親事岫烟心中先取中寶釵然後方取薛蝌有時岫烟仍與宝釵閒話宝釵仍以姊妹相呼這日宝釵因來瞧代玉恰值岫烟也來瞧代玉二人在半路相遇宝釵含咲喚他到跟前二人同走至一塊石壁後宝釵咲問他這天還冷的狠你怎広到全換了裌的岫烟

見問低頭不答寳釵便知道又有了原故因又笑問道必定是這個月的月錢
又沒得鳳丫頭如今也這樣沒心沒計了岫烟道他到想着不錯日子給因姑
媽打發人和我說一個月用不了二兩銀子叫我省一兩給爹媽送出去要使
什麽横豎有二姐〻的東西能着些兒搭着就使了姐〻想二姐〻也是個老
實人也不大留心我使他的東西他雖不說什麽他那些媽〻丫頭那一個是
省事的那一個是嘴里不尖的我雖在那屋里却不敢狠使他們過三天五天
我到得拏出錢來給他們打酒買点心吃纔好因一月二兩銀子還不彀使如
今又去了一兩前兒我悄〻的把綿衣服叫人當了几吊錢盤纏寳釵聽了愁眉
嘆道偏梅家又合家在任上後年才進來若是在這里琴兒過去了好再商議
你這事離了這里就完了如今不先定了他妹〻的事也斷不敢先娶親的如

今到是一件難事再遲兩年又怕你熬煎出病來等我和媽再商議有人欺負你〻只管耐些煩兒千萬别自己熬煎出病出来不如把那一兩銀子明兒也越性給了他們到都歇心你已後也不用白給那些人東西吃他尖刺讓他們去尖刺很聽不過了各人走開倘或短了什庅你別學那小家兒子女氣只管找我去並不是作親後方如此你一來時偺們就好的便怕人閑話你打發小了頭悄悄的和我說去就是了岫烟低頭荅應了宝釵又指他裙上一個碧玉佩問道這是誰給你的岫烟道這是三姐〻給的宝釵点頭笑道他見人〻皆有獨你一個沒有怕人笑話故此送你一個這是他聪明細致之處但還有一句話你也要知道這些粧飾原出于大官富貴之家的小姐你看我從頭至脚可有這些〻富麗閑粧然七八年之先我也是這樣來的如今一時比不得一時了所

以我都自己該省的就省了將來我(你)這一到了我們家這些沒有用的東西只怕還有一箱子偺們如今比不得他們了總要一色從實守分為主不比他們纔是岫烟咲道姐姐既這樣說我回去摘了就是了宝釵忙咲道你也太聽說了這是他好意送你你不佩着他豈不疑心我不過是偶然提到這里以後知道就是了岫烟忙又答應又問姐姐此時那里去宝釵道我到瀟湘館去你且回去把那當票叫了頭送来我那里悄悄的取出来晚上再悄悄的送給你去早晚好穿不然風扇了事大但不知當在那里了岫烟道叫作恒舒典是鼓樓西大街的宝釵咲道這閙在一家去了夥計們倘或知道了好說人沒過来衣裳先過来了岫烟聽說便知(是)他家的本錢也不覺紅了臉一咲二人走閙宝釵就往瀟湘館来正值他母親也来瞧代玉正說閑話呢宝釵

咲道媽多早晚来的我竟不知道薛姨媽道我这几天連日忙總沒来瞧々宝玉和他所以今兒瞧々他两個人都也好了代玉忙讓宝釵坐了因向宝釵道天下的事真是人想不到的怎広想的到姨媽和大舅母又作一門親家薛姨媽道我的兒你們女孩家那里知道自古道千里姻緣一線牽管姻緣的有一位月下老人預先註定暗里只用一根紅絲把这两個人的脚絆住憑你两家隔着海隔着國有世仇的也終久有机會作了夫婦这一件事都是出人意料之外想憑父母本人都願意了或是年々在一處的已為是定了的親事若月下老人不用紅線拴的再不能到一處比如你姐妹两個的婚姻此刻也不知在眼前也不知在山南海北呢宝釵道惟有媽說動話就拉上我們一面說一面伏着他母親懷里笑說咱們走罷代玉笑道你瞧这広大了

離了姨媽他就是個最老道的見了姨媽他就撒嬌兒薛姨媽用手摩弄着宝釵嘆向代玉道你這姐〻就和鳳哥兒在老太〻跟前一樣有了正經事就和他商量沒了事幸虧他開〻我的心我見了他有這樣有多少愁不散的代玉聽說流淚嘆道他偏在這里這樣分明是氣我沒娘的人故意來刺我的眼宝釵咲道媽瞧他輕狂倒說我撒嬌兒薛姨媽道也怨不得他傷心可憐沒父母到底沒個親人又摩娑代玉咲道好孩子別哭你見我疼你姐〻你傷心了你不知我心里更疼你呢你姐〻雖沒了父親到底有我有親哥〻這就比你強了我每〻和你姐〻說心里狠疼你只是外頭不好帶出來的你這里人多口襍說好話的人少說歹話的人多不說你無依無靠為人作人可配人疼只說我們看老太〻疼你了我們也伏赴上水去了代玉咲道姨媽既這麼說我明日就

認姨媽做娘姨媽若是棄嫌不認便是假意疼我了薛姨媽道你不厭我就認了就狠好宝釵忙道認不得的代玉道怎広認不得宝釵咲問道我且問你我哥〻還没定親事為什広反将邢妹〻先説與我兄弟了是什広道理代玉道他不在家或是属相生日不對所以先説與兄弟了宝釵咲道非也我哥〻已經相準了只等来家就下定了也不必提出人来我方纔説你認不得娘你細想去説着便和他母親擠眼兒發咲代玉聽了便也一頭伏在薛姨媽身上説道姨媽不打他我不依薛姨媽忙也摟他笑道你別信你姐〻的話他是頑你呢宝釵咲道真個的媽明兒和老太〻求了他作媳婦豈不比外頭尋的好代玉便拘上来要抓他口内笑説你越發瘋了薛姨媽忙也笑勸用手分開方罷因又向宝釵道連邢女兒我還怕你哥〻遭遢了他所以給你兄弟説了別説这

孩子我也斷不肯給他前兒老太〻因要把你妹〻說給宝玉偏生又有了人家不然倒是一門好親前兒我說定了我們的一個去了雖是頑話細想来到有些意思我想宝琴雖有了人家我雖没人可給難到一句話也不說我想着你宝兄弟老太〻那樣疼他〻又生的那樣若要外頭說去斷不中意不如竟把你林妹〻定與他豈不四角俱全林代玉先還怔〻的聽後来見說道自己身上便啐了宝釵一口紅了臉拉着宝釵笑道我只打你〻為什庅招出姨媽这些〻老没正經的話来宝釵笑道这可奇了媽說你為什庅打我紫鵑忙也跑来笑道姨太〻既有这主意為什庅不和太〻說早些去薛姨媽哈〻笑道你这孩子急什庅想必催着你姑娘出了閣你也要早些寻一個小女婿去了紫鵑聽了也紅了臉笑道姨太〻真個倚老賣老的起来說着便轉身去了代玉先罵又與

你这蹄子什広相干後来見了这樣也笑起来説阿弥陀佛該〻〻也燥了一
鼻子灰去了薛姨媽母女及屋内婆子丫環都咲起来婆子們因也笑道姨太
太雖是頑話却到也不差呢到閑了時和老太〻一商議太〻竟做媒保成这
門親事是千妥萬妥的薛姨媽道我一出这主意老太〻必喜歡的一語未了
忽見湘雲走来手里拿着一張當票口内笑道这是個賬篇子代玉瞧了也不
認得地下婆子們都笑道这可是一件竒貨这個乖可不是白教人的宝釵忙
一把接了看時就知是岫烟才説的當票忙摺了起来薛姨媽忙説那必定是那
個媽〻的當票子失落了回来該急的他們找了那里得的湘雲道什広是當票子
衆人都笑道真〻是個獃子連個當票子也不知道薛姨媽嘆道怨不得他真
〻是侯門千金而且又小那里知道这個那里去有这個便是家下人有这個

他如何見過別笑他獃子若給你們家的小姐們看了也都成了獃子衆婆子咲道林姑娘方才也不認得別說姑娘們此刻宝玉他倒是外頭常走出去的只怕也還沒見過呢薛姨媽忙將原故講明湘雲代玉二人聽了方笑道原來爲此人也太會想錢了姨媽家的當鋪也有這個不成衆人咲道這又獃子了天下老鴰一般黑豈有兩樣的薛姨媽因又問是那里拾的湘雲方欲說時宝釵忙說是一張死了沒用的不知那年勾了賬的香菱拏着哄他們頑的薛姨媽聽了此話是真也就不問了一時人來回那府里大奶々過來請姨太々說話呢薛姨媽起身去了這里屋內無人時宝釵方問湘雲何處拾的湘雲咲道我見你令弟媳的丫頭篆兒悄々的遞與鶯兒々々便隨手夾在書里只當我沒看見我等他們出去了我偷着看竟不認得知道你們都在這里所以拏來大家

認〻代玉忙問怎広他也當衣裳不成既當了怎広又給你去宝釵見問不好
隐瞞他两個遂将方纔之事都告訴了他二人代玉便說有兎死狐悲物傷其類
不免感嘆起来史湘雲便動了氣說等我問着二姐〻去我罵那起老婆子丫
頭一頓給你們出氣何如說着便要走宝釵忙一把拉住咲道你又發瘋了還
不給我坐着呢代玉笑道你要是個男人出去打一個報不平兒你又充什広荆
軻聶政真〻好笑湘雲道既不叫我問他去明兒也把他料在咱們園里一處住去
豈不好宝釵咲道明日再商量說着人報三姑娘四姑娘来了三人聽了忙掩
了口不提此事要知端的且聽下回分解

脂硯齋重評石頭記卷之

第五十八回

杏子陰假鳳泣虛凰　茜紗窗真情揆癡理

話說他三人因見探春等進來忙將此話掩住不提探春等問候過大家說笑了一會方散誰知上回所表的那位老太妃已薨凡誥命等皆入朝隨班按爵守制敕諭天下凡有爵之家一年內不得筵宴音樂庶民皆三日（月）不得婚嫁賈母邢王尤許婆媳祖孫等皆每日入朝隨祭至未正已後方回在大內偏宮二十一日後方請靈入先陵地名曰孝慈縣隨事命名這陵離都來往得十來日之功（的工夫）如今請靈至此還要定（安）放數日方入地宮故得一月光景週到細膩之至真細之至不獨寫侯府得理亦且將皇宮赫赫寫得令人不敢坐閱寧府賈珍夫妻二人也少不得是要去

命名句似批語

的两府無人因此大家計議家無主少不得又大家計議便報了尤氏產育將他騰挪出来協理榮寧两處事體因又托了薛姨媽在園内照管他姊妹丫环薛姨媽只得也挪進園来因宝釵處有湘雲香菱李紈處目今李嬸母女雖去然有時亦来住三五日不定賈母又將宝琴送與他去照管迎春處有岫烟探春因家務冗雜且不時有趙姨娘與賈环来嘈聒甚不方便惜春處房屋狹小况賈母又千叮嚀万囑咐托他照管林代玉薛姨媽素習也最憐愛他的今既巧遇這事便挪至瀟湘館来和代玉同房一應藥餌飲食十分經心代玉感不盡已後便亦如宝釵之呼連宝釵前亦直以姐姐呼之宝琴前直以妹妹呼之儼似同胞共出較諸人更似親切賈母見如此也十分喜悅放心薛姨媽只不過照管姊妹禁約得了頭輩一應家中大小事務也不肯多口尤氏雖天天過来

也不過應名点卯亦不肯乱作威福且他家内上下也只剩他一個料理再
者每日要还照管賈母王夫人的下處一應所需飲饌鋪設之物所以照料奔忙應接也是操
不暇勞當下榮寧兩處主人既如此不暇并兩處執事人等或有人跟隨入朝的或
有朝外照理下處事務的又有先踩踏下處的也都各々忙乱因此兩處下人
無了正經頭緒也都偷安或乘隙結党與權暫執事者窃弄威福榮府只留得
賴大并几個管事照管外務这賴大手下常用几個人已去雖另委人都是些
生的只覺不順手且他們無知或賺騙無節或呈告無據或舉荐無因種々不
善在々生事也難備述又見各官宦家凡養優伶男女者一槩蠲免遣發尤氏
等便議定待王夫人回家回明也欲遣發那十二個女孩子又說这些人原是買
的如今雖不學唱唱儘可留着使喚令其教習們自去也罷了王夫人因說这學

戲的到此不得使喚的他們也是好人家的兒女因無能賣了做這事粧醜美
兒的几年如今有這机會不如給他們几兩銀子盤費令他們各自去罷當日祖宗手
里都是有這例的偺們如今損阴壞德而且还小器如今雖有几個老的还在那
是他們各有原故不肯回去的所以纔留下使喚大了配了偺們家的小廝們
了尤氏道如今我們也去問他十二個有願意回去的就帶了信兒叫上他們的父母
來親自來領回去給他們几兩銀盤纏方妥當若不叫上他們的父母親人來只怕
有混賬人頂名冒領出去又轉賣了豈不辜負了這恩典若有不願意回去的
就留下王夫人咲道這話妥當尤氏等又遣人吉訴了鳳姐兒（看他任意鄙俚詼諧之中必有一個礼字還清是大家形景）
一面說與總理房中每教習給銀兩令其自便凡梨香院一
應物件查清註冊收明派人上夜將十二個女孩子叫來面問到有一多半不

愿意回家的也有說父母雖有他只以賣我們為事这一去還被他賣了也有父母已亡或被叔伯兄弟所賣的也有說無人可投的也有說戀恩不捨的所愿去者止四五人王夫人聽了只得留下將去四五人皆令其乾娘領回家去單等他親父母来領將不愿去者分散在園中使喚賈母便留下文官自使將正旦芳官指與宝玉將小旦蕋官送了宝釵將小生藕官指與了代玉將大花面葵官送了湘雲將小花面荳官送了宝琴將老外艾官送了探春尤氏便討了老旦茄官去當下各得其所就如倦鳥出籠每日園中遊戲衆人皆知他們不能針黹不慣使用皆不大責備其中或有一二個知事的愁將来無應時之技亦將本技丟開便學起針黹紡績女工諸務一日正是朝中大祭賈母等五更便去了先到下處用些点心小食然後入朝早膳已畢方退至下處用過

早飯畧歇片刻復入朝待中晚二祭方出至下處歇息用過晚飯方回家可巧這下處乃是一個大官的家廟里乃比丘尼焚修房舍極多極淨東西二院榮府便賃了東院北静王府便賃了西院太妃少妃每日宴息見賈母等在東院彼此同出同入都有照應外面細事不消細述且說大觀園中因賈母王夫人天〻不在家內又送靈去一月方回各丫环婆子皆有閑空多在園中遊玩更又將梨香園內伏侍的衆婆子一槩撤回併散在園內听使更覺園內多添了几十個人因文官等一干人或心性高傲或倚勢凌下或揀衣挑食或口角鋒芒大槩不安分守理者多因此衆婆子無不含怨只是口中不敢與他們分爭証如今散了學大家稱了愿也有丟開手的也有心地狹窄犹懷舊怨的因將衆人皆分在各房名下不敢來厮侵可巧這日乃是清明之日賈璉已備

下年例祭祀帶領賈環賈琮賈蘭三人去往鐵檻寺祭柩燒帋寧府賈蓉也同族中几人各辦祭祀前往因宝玉未愈故不曾去得飯後發倦襲人因說天氣甚好你且出去逛逛省得丟下粥碗就睡存在心里宝玉聽說只得拄了一支杖鞭靸着鞋步出院外西出病勞因近日將園中分與衆婆子料理各司各業皆在忙時也有修竹的也有剔樹的也有栽花的也有種豆池中又有駕娘們行着船夾泥的種藕香菱湘雲宝琴與了环等都坐在山石上瞧他們取樂宝玉也慢慢行來湘雲見了他來忙咲說快把這船打出去他們是接林妹妹的衆人都笑起來宝玉紅了臉也咲道人家的病誰是好意的你也形容着取咲兒湘雲咲道病也比人家另一樣原招咲兒又說起人來說着宝玉便也坐下看着衆人忙乱了一回湘雲因說這里有瘋石頭上又冷坐坐去罷

宝玉便也正要去瞧林代玉便起身拄拐辞了他們從沁芳橋一帶堤上走来只見柳垂金線桃吐丹霞山石之後一株大杏樹花已全落葉稠陰翠上面已結了豆子大小的許多小杏宝玉因想道能病了几天竟把杏花辜負了不覺到綠葉成陰子滿枝了因此仰望杏子不捨又想起邢岫烟已擇了夫婿一事雖說是男女大事不可不行但未免又少了一個好女兒不過兩年便也要綠葉成陰子滿枝了再過几日這杏樹子落枝空再几年岫烟未免烏髮如銀紅顏似槁了因此不免傷心只管对杏流淚嘆息近之淫書滿紙傷春究竟不知傷春原委看他並不提傷春字樣却艷恨穠愁香流滿紙矣正悲嘆時忽有一個雀兒飛来落於枝上乱啼宝玉又發了獃性心下想道這雀兒必定是杏花正開時他曾来過今見無花空有子葉故也乱啼這声韻必是啼哭之聲可恨公冶長不在眼前不能問他但未

不知明年再發時這個雀兒可還記得飛到這里來與杏花一會了正胡思間
忽見一股火光從山石那邊發出將雀兒驚飛宝玉吃一大驚又聽那邊有人
喊道藕官你要死怎弄些紙錢進來燒我回去回奶〻們去仔細你的肉宝玉
聽了益發疑惑起来忙轉過山石看時只見藕官滿面淚痕蹲在那里手里
還拿着火守着些紙錢灰作悲宝玉忙問道你與誰燒紙錢快不要在這里燒
你或是為父母兄弟你告訴我姓名外頭去叫小廝們打了包袱寫上名姓去
燒藕官見了宝玉只不作一聲宝玉數問不答忽見一婆子恶恨〻走来拉藕
官口内說道我經已回了奶〻們了奶〻氣的了不得藕官聽了終是孩气怕
辱沒了沒臉便不肯去婆子道我說你們别太興頭過餘了如今還比你們
在外頭隨心乱鬧呢這是尺寸地方兒指宝玉道連我們的爺還守規矩

呢你是什庅阿物兒跑来胡閙怕也不中用跟我快走罷　如何必是含怨之人又拉上宝玉画出小人得意来　宝玉忙道他並没烧紙錢原是林妹〻叫他来烧那爛字紙的你没看真反錯告了他藕官正没了主意見了宝玉也正添了畏懼忽聽他反掩飾心内轉憂成喜也便硬着口說道你狠看真是紙錢了庅我烧的是林姑娘寫壞了的字紙那婆子聽如此亦發狠（恨）起来便彎腰向紙灰中揀那不曾化盡的遺紙揀了两点在手内說道你還嘴硬有據有証在这里我只和你廳上講去說着拉了袖子就拽着要走宝玉忙把藕官拉住用拄杖敲開那婆子的手說道你只管拿了那個回去實告訴你我昨夜作了一個夢〻見杏花神和我要一掛白紙錢不可叫本房人燒要一個生人替我燒了我的（病）就好的快所以我請了这白（紙）錢巴〻兒的和林姑娘（說）煩了他来替我燒了祝讚原不許一

個人知道的所以我今日才能起来偏你看見了我这會子又不好了都是你
冲了你還要告他去藕官只管去見了他們你就照依我这話說等老太〻回
来我就說他故意来冲神祇保祐我早死藕官聽了亦發得了主意反到拉着
婆子要走那婆子聽了這話忙丢下紙錢陪笑央告宝玉道我原不知道二爺
若回了老太〻我这老婆子豈不完了我如今回奶〻們去就說是二爺祭神我
看錯了宝玉道你也不許再回去了我便不說婆子道我已經回了叫我来帶他
我怎好不回去的也罷就說我已經叫到了他林姑娘叫了去了宝玉想一想
方点頭應允那婆子只得去了这里宝玉問他到底是為誰燒紙我想来若
是為父母兄弟你們皆煩人外頭燒過了这里燒这几張必有私自的情
理藕官因方纔護庇之情感激于衷便知他是自己一流的人物便含

淚說道我這事除了你屋里的芳官並寶姑娘的蕊官並沒第三個人知道今日被你遇見又有這段意思少不得也告訴了你只不許再對人言講又哭道我也不便和你面說你只回去背人悄問芳官就知道了說畢佯常而去寶玉聽了心下納悶 連覩書 者亦 納悶 只得踱到瀟湘館瞧代玉亦發瘦的可憐問起來比往日已算大愈了 好若只曾病 亦不好 代玉見他也比先大瘦了想起往日之事不免流下淚來些微談了談便催寶玉去歇息調養寶玉只得回來因記挂着要問芳官那原委偏有湘雲香菱來了正和襲人芳官說笑不好叫他恐人又盤詰只得耐着一時芳官又跟了他乾娘去洗頭他乾娘偏又先叫了他親女兒洗過了後纔叫芳官洗芳官見了這般便說他偏心把你女兒剩水給我洗我一個月的月錢都是你拏着沾我的光不算反到給我剩東剩西的他干娘羞

二〇〇

愧变成惱便罵他不識抬舉的東西怪不得人〻説戲子没一個好纏的凴你
甚庅好人入了這一行都弄壞了這一点子屁崽子也挑么挑六鹹屎淡話咬
羣的騾子似的娘兒兩個吵起来襲人忙打發人去説少乱嚷瞧着老太〻不
在家一個〻連句安静話也不説晴文因説都是芳官不省事不知狂的什庅
也不是會兩出戲到像殺了賊王擒了反叛来的襲人道一個巴掌拍不响老
的也太不公些小的也太可惡些〻宝玉道怨不得芳官自古説物不平則鳴自来
經語未遭如是用也
他少親失眷的在這里没人照看了賺了他的錢又作踐他如
何怪得因又向襲人道他一月多少錢已後不如你收了過来照管他豈不省
事襲人道我要照看他那里不照看了又要他那几個錢纔照看他没的討人
罵去了説着便起身至那屋里取了一瓶花露油並些〻鷄卵香皂頭繩之類叫

一(中)婆子来送給芳官去叫他另要水自洗不要吵鬧了他干娘亦發羞愧便說
芳官沒良心花辦(掰)我尅扣你的錢便向他身上拍了几把芳官便哭起来寶玉
便走出襲人忙勸作什庅我去說他晴雯忙先過来指他干娘說道你老人家
太不省事你不給他洗頭的東西我們饒給他東西你不自燥(臊)還有臉打他〻
要還在學里學藝你也敢打他不成那婆子便說一日叫娘終身是母他排塲
我〻就打得襲(他)人喚麝月道我不會和人辯嘴晴雯性(子)太急你快過去震嚇
他兩句麝月听了忙過来說道你且別嚷我且問你別說我們這一處你看滿
園子里誰在主子屋里教道過女兒的便是你的親女兒既分了房(地方)有了主子
自有主子打得罵得再者大些〻的姑娘姐〻們打得罵得誰許老子娘又半中
間管閑事了都這樣管又要叫他們跟着我們學什庅越老越沒了規矩你見

前兒墜兒的來吵你也來跟他學你們放心因連日這個病那個病老太〻又不得閒心所以我沒回等兩日閒咱們痛一回大家把威風煞〻一煞兒纔〻好宝玉纔好了些連我們不敢大聲說話你反打的人狼號兒叫的上頭能出了几日門你們就無法無天的眼睛里沒了我們再兩天你們就該打我們了他不要这里干娘怕糞草埋了他不成宝玉恨的用柱杖敲着門檻子說道这些老婆子都是些鐵心石頭腸子也是件大奇的事不能照看反到折挫天長地久如何是好（西出宝玉来）晴雯道什庅如何是好都攆了出去不要这些中看不中吃的那婆子羞愧難當一言不發那芳官只穿着海棠紅的小棉襖底下絲紬撒花袷褲敞着褲腿（四字奇想寫得紙上跳出一個女優来）一頭烏油似的頭髮披在腦後哭的淚人一般麝月笑道把一個鶯〻小姐反弄成拷打紅娘了

這會子又不妝扮了还是这庅鬆怠〻的宝玉道他這本来面目極好到別弄緊襯了晴雯過去拉了他替他洗净了髮用手巾擰乾鬆〻的挽了一個慵妝髻命他穿了衣服過这邊来了接着司内厨的婆子来問晚飯有了可送不送小丫頭聽了進来問襲人〻〻笑道方纔胡吵了一陣也沒留心聽鐘几下了晴雯道那勞什子又不知怎庅了又得去收說着便拿過表来瞧了一瞧說畧等半鐘茶的工夫就是了小丫頭去了麝月笑道提起淘氣芳官也該打几下昨兒是他擺弄了那墜子半日就壞了說話之間便將食具打点現成一時小丫頭子捧了盒子進来站住晴雯麝月揭開看時還是只四樣小菜晴雯笑道已經好了還不給兩樣清淡菜吃過稀飯鹹菜鬧到多早晚一面擺好一面又着那盒中却有一碗火腿鮮笋湯忙端了放在宝玉跟前宝玉便

就桌上喝了一口画出病人說好蕩聾人咲道菩薩能几日不見葷飯的就这樣
起來一面說一面忙端起輕〻用口吹画因見芳官在側便遞與芳官咲道你
也學着些〻伏侍別一味歔憨歔[illegible]口勁輕着別吹上漉沫星兒芳官依言果吹了
几口甚妥他干娘也忙端飯在門外伺候向日芳官等一到時原從外邊認的
就同往梨香院去了这干婆子原係榮府三〻等人物不過令其與他們漿洗皆
不曾入內答應故此不知內幃規矩今亦托賴他們方入園中隨女歸房这婆
子先領過麝月的排場方知了一二分生恐不令芳官認他做干娘便有許多
失利之處故心中只要買轉他們今見芳官吹湯便忙跑進來咲道他不老寔仔
細打了碗讓我吹罷一面說一面就接晴雯忙喊出去你讓他砸了碗也輪不
到你吹你什庅空兒跑在这裡槅子裡來了還不出去一面又罵小丫頭們瞎了

心的他不知道你們也不說給他小丫頭們都說我們攆他〻不出去說他〻又不信如今帶累我們受氣你可信了我們到不去的地方还不笑又去伸手動嘴的(哩)了一面說一面推他出去堦下几個等空盒家伙的婆子見他出来都咲道嫂子也沒用鏡子照一照就進去了羞的那婆子又恨又氣只得忍耐下去芳官吹了几口宝玉咲道好了仔細傷了氣你嚐一口可好了(沒有)芳官只當是頑話只是笑看着襲人等襲(龍衣)人道你就嚐一口說好了遞與宝玉〻〻喝了半碗吃了几片笋又吃了几碗(匙)粥就罷了衆人揀收出去了小丫頭捧了沐盆(盆)盥漱已畢襲人等出去吃飯宝玉使個眼色與芳官〻〻本自伶俐又學几年戲何事不知便粧說頭疼不吃飯了襲人道既不吃飯你就在屋里作伴兒把这粥給你留着一時(会兒)餓了再吃說着都去了这里宝玉和他只二人宝玉便

将方才從火光發起如何見了藕官又如何謊言護庇又如何藕官叫我問你從頭至尾細〻的告訴他一遍又問他祭的果係何人芳官聽了滿面含笑又嘆一口氣說道這事說來可笑又可嘆宝玉聽了忙問如何芳官笑道你說他祭是誰祭的是死了的葯官宝玉這是友誼也應當的芳官笑道那里是友誼他竟是瘋傻的頭說他自己是小生葯官是小旦常做夫妻雖說是假的每日那些曲文排場皆是真正温存体貼之事故此二人就瘋了雖不做戲尋常飲食起坐兩個人竟是你恩我爱葯官一死他哭的死去活来至今不忘所以每節燒紙後来補了蕊官我們一般的温柔体貼也曾問他得新棄舊的他說這又有個大道比如男子喪了妻或有必當續絃者也必要續絃為便只是不把的丟過不提便是情深意重了若一味因死的不續孤守一世妨

了大節也不是理死者反不安了你説可是又瘋又獃説來可是可咲宝玉聽説了这篇獃話獨合了他的獃性不覺又是歡喜又是悲嘆又稱奇道絶説天既生这樣人又何用我这鬚眉濁物玷辱世界因又忙拉芳官嘱道既如此説我也有一句話嘱咐他我若親對面與他講未免不便須你告訴他芳官問何事宝玉已後斷不可燒紙錢这紙錢原是後人異端不是孔子的遺訓已後逢時按節只備一個炉到日隨便焚香一心誠虔就可感格了愚人原不知無論神佛死人必要分出等例各式各例的除不知只一誠心二字為主即值蒼皇流離之日雖連香亦無隨便有土有草只以潔淨便可為祭不獨死者為祭便是神鬼來享的你瞧瞧我那案上只設一炉不論日期時常焚香他們皆不知原故我心里卻各有所因隨便有新茶便供一鍾茶有新水就供

一盞水或有鮮花或有鮮果甚至于葷羹腥菜只要心誠意潔便是佛也

都可〔以〕來享所以說只在敬不在虛名已〔以〕後快命他不可再燒紙芳官聽了

便答應着一時吃過飯便有人回老太ゝ太ゝ回來了

脂硯齋重評石頭記卷之

第五十九回

柳葉渚邊嗔鶯咤燕　絳雲軒裡召將飛符

話說宝玉多添了一件衣服拄杖前邊来都見過回每日辛苦都要早些歇息一宿無話次日五鼓又往朝中去離送靈日不遠鴛鴦琥珀翡翠玻璃四人都忙着打點賈母之物玉釧彩雲彩霞等皆打疊王夫人之物當面查點與跟隨的管事媳婦們跟隨的一共大小六個丫鬟十个老婆子媳婦子男人不筭連日收拾馱轎器械鴛鴦與玉釧兒皆不隨去只看屋子一面先几日預發帳幔鋪陳之物先有四五个媳婦並几個男人領了出来坐了几輛車遶道先至下處鋪陳安插等候臨日賈母帶着蓉妻坐一乘馱轎王夫人在後亦坐一乘馱

轎賈珍騎馬率了衆家丁護衛又有几輛大車與婆子丫鬟等坐並放些隨換的衣色等件是日薛姨媽尤氏率領諸人直送至大門外方回賈璉恐路上不便一面打發了他父母起身赶上賈母王夫人馱轎自己也隨后帶領家丁押後跟來榮府內賴大添派人丁上夜將兩处厛院都關了一應出入人等皆走西邊小角門日落時便命關了儀門不放人出入園中前後東西角門亦皆關鎖只留王夫人大房之後常係他姊妹出入之門東邊通薛姨媽的角門這兩門因在內院不必關鎖里面丫鬟和玉釧兒也各將上房關了自領丫鬟婆子下房去安歇每日林之孝之妻進來帶領十來個婆子上夜穿堂內又添了許多小厮們坐更打梆子已安插得十分妥當一日清曉宝釵春困已醒搴帷下榻微覺輕寒啟戶視之見園中土潤苔青原來五更時落了几點微雨于是喚

起湘雲等人來一面梳洗湘雲因說兩腮作癢恐又犯了杏瘢癬因問寶釵要
些薔薇硝來寶釵道前兒剩的都給了妹子因說顰兒配了許多我正要和他
要些因今年竟沒發癢就忘了因命鶯兒去取些來鶯兒應了纔去時蕊官便
說我同你去順便瞧瞧藕官說着一徑同鶯兒出了蘅蕪苑二人你言我語一
面行走一面說笑不覺到了杏葉渚順着柳堤走來因見柳葉纔吐淺碧絲若
垂金鶯兒便笑道你會拿着柳條子編東西不會蕊官笑道編什麼東西鶯兒
道什麼編不得頑的使的都可等我摘些下來帶着這葉子編個花籃兒採了
各色花放在里頭纔是好頑呢說着且不去取硝且伸手挽翠披金採了許多
的嫩條命蕊官拿着鶯兒恰一行走一行編花籃隨路見花便採一二枝編出
一個玲瓏過樑的籃子枝上自有本來翠葉滿佈將花放上却也別致有趣喜

的蕋官笑道姐〻給了我罷鶯兒道這一個偺們送林姑娘回來偺們再多採些編几个大家頑說着来至瀟湘館中代玉也正晨粧見了籃子便笑說這個新鮮花籃是誰編的鶯兒笑說我編了送姑娘頑的代玉接了笑道怪道人讚你的手巧這頑意兒却也別致一面瞧了一面便命紫鵑掛在那里鶯兒又問候了薛姨媽方和代玉要硝代玉忙命紫鵑包了一包遞與鶯兒代玉又道我好了今日要出去俇〻你回去說與姐〻不用過来問候媽了也不敢勞他来瞧我梳了頭同媽往你們那里去連飯也端了那里去吃大家熱鬧些鶯兒荅應了出来便到紫鵑房中找蕋官只見藕官與蕋官二人正說得高興不能相捨因說姑娘也去呢藕官先同我們去等着豈不好紫鵑听如此說便也說道這話到是他這里淘氣的也可厭一面說一面便將代玉的匙箸用一塊洋巾包

了文與藕官道你先帶了這个去也筭一遍差了藕官接了笑嘻ミ同他二人出来一徑順着柳堤走来鶯兒便又採些柳條越性坐在山石上編起来又命蕋官先送了硝去再来他二人只顧愛看他編那里捨得去鶯兒只顧催說你們再不去我也不編了藕官便說我同你去了再快回来二人方去了這里鶯兒正編只見何婆的小女春燕走来笑問姐ミ織什庅呢正說着蕋官二人也到了春燕便向藕官道前兒你到底燒什庅紙被我姨媽看見了要告你沒告你到被宝玉賴了他一大些不是氣的他一五一十告訴我媽你們在外頭這二三年積了些什庅讐恨如今還不解開藕官冷笑道有什庅讐恨他們不知足反怨我們了在外頭這兩年别的東西不筭只筭我們的米菜不知賺多少家去閤家子吃不了還有每日買東買西賺的錢在外逢我們使他們一使兒

就怨天怨地的你說〻可有良心 春燕咲道他是我的姨媽也不好向着外人
反說他的怨不得宝玉說女孩兒未出嫁是顆無價之宝珠出了嫁不知怎庅
就变出許多的不好的毛病来雖是顆珠子却沒有光彩宝色是顆死珠了再
老了更变的不是珠子竟是魚眼睛了分明一個人怎庅变出三樣来這話雖
是混話到也有些不差別人不知道只說我媽和姨媽他老姊妹兩個如今越
老了越把錢看的真了先時老姐兒兩個在家抱怨沒個差使沒個進益幸虧
有了這園子把我挑進来可巧把我分到怡紅院家里省了我一個人的費用
不算外每月還有四五百錢的餘剩這也還說不彀後来老姊妹二人都派到
梨香院去照看他們藕官認了我姨媽芳官認了我媽這几年着实寬裕了如
今挪進来也算散開手了還只無厭你說好笑不好笑我姨媽剛和藕官吵了

接着我媽爲洗頭就和芳官吵芳官連要洗頭也不給他洗昨日湧月錢推不去了買了東西先叫我洗我想了一想我自有錢就沒錢要洗時不管襲人晴雯麝月那一個跟前和他們說一聲也都容易何必借這個光兒好沒意思所以我不洗他又叫我妹〻小鳩兒洗了才叫芳官果然就吵起來接着又要給寶玉吹湯你說可笑死了人我見他一進来我就告訴那些規矩他只不信只要強做知道的足的討個沒趣兒幸虧園里的人到没人[illegible]記的清楚誰是誰的親故若有人記湧只有我們一家人吵什麼意思呢你這會子又跑了来矣這個一帶地上的東西都是我姑娘管着湧一湧了這地方比湧了永遠基業還利害每日早起晚睡自己辛苦了還不筭每日逼着我們来照看生怕有人遭遢又怕悞了我的差使如今進来了老姑嫂兩個照看湧謹〻慎〻一根艸也不

許人動你還掐這些花兒又折他的嫩樹他們即刻就來仔細他們抱怨鶯兒
道別人亂折亂掐使不得獨我使得自從分了地基之後每日里各處皆有分例
吃的不用算單管花草頑意兒誰管什麼每日誰就把各房里姑娘丫頭戴
的必要各色送些折枝的去還有插瓶的惟有我們說了一槩不用送等要什
麼再和你們要究竟沒有要過一次我今日便掐些他們也不好意思說的一語
未了他姑娘果然拄了拐棍走來鶯兒春燕等忙讓坐那婆子見採了許多嫩柳
又見藕官等都採了許多鮮花心內便不受用看着鶯兒編又不好說什麼便
說春燕道我叫你來照看照看你就貪住頑不去了倘或叫起你來你又說我
使你了拿我做隱身符兒你來樂春燕道你老又使我又怕這會子反說我難
道把我劈做八瓣子不成鶯兒笑道姑媽你別信小燕的話這都是他摘下來

的煩我給他編我撵他〻不去春燕笑道你可少頑兒你只顧頑兒他老人家就
認真了那婆子本是愚頑之輩兼之年近昏眊惟利是命一槩情面不管正心
疼肝斷無計可施听鶯兒如此說便以老賣老拿起拄杖來向春燕身上擊上
几下罵道小蹄子我說着你〻還和我强嘴兒呢你媽恨的牙根癢〻要撕你的
肉吃呢你還來和我强嘴柳子似的打的春燕又愧又急哭道鶯兒姐〻頑話你
老就認真打我〻媽為什麽恨我〻又沒有燒胡了洗臉水有什庅不是鶯兒本是
頑話忽見婆子認真動了氣忙上去拉住笑道我纔是頑話你老人家打他我
豈不愧那婆子道姑娘你別管我們的事難道為姑娘在這里不許我管孩子
不成鶯兒听見這般蠢話便堵氣紅了臉撒了手冷笑道你老人家要管那一
剌管不得偏我說了一句頑話就管他了我看你老管去說着便坐下仍編柳

籃子偏又有春燕出来出来找他喊道你不来舀水在那里做什庅呢那婆子
便接聲兒道你来瞧〻〻你的女兒連我也不服了在那里排揎我呢那婆子一
面走過来說姑奶〻〻又怎庅了我們丫頭眼里没娘罷連姑媽也没了不成鶯
兒見他娘来了只淂又說原故他姑娘那里容人說話便將石上的花柳與他
娘瞧道你瞧〻〻你女兒這庅大孩頑的他先領着人遭遏我〻〻怎庅說人他娘
也正為芳官之氣未平又恨春燕不遂他的心便走上来打耳刮子罵道小娼
婦你能上了几年你也跟那起輕狂浪小婦學怎庅就管不淂你們了乾的你
管不淂你是我屄里吊出来的難道也不敢管你不成既是你們這起蹄子到
的去的地方我到不去你就該死在那里伺候又跑出来浪汗一面又抓起柳
條子来直送到他臉上問道你叫作什麽這編的是你娘的屄鶯兒忙道那是

我們編的你老別指桑罵槐那婆子深妒襲人晴雯一干人亦已知凡房中大些的丫鬟都比他們有些體統權勢凡見了這一干人心中又畏又讓未免又氣又恨亦且遷怒于衆復又看見了藕官又是他令姊的寃家四處湊成一股怒氣那春燕啼哭着往怡紅院去了他娘又恐問他爲何哭怕他又說出自已打他又要受晴雯等之氣不免着起急來又忙喊道你回来我告訴你再去春燕那里肯回來急的他娘跑了去又拉他〻回頭看見便也往前飛跑他娘只顧赶他不防脚下青苔滑倒引的鶯兒三个人反都笑了鶯兒便賭氣將花柳皆擲于河中自回房去這里把个婆子心疼的只念佛又罵促狹小蹄子遭遢了花兒雷也是要打的自已且掐花與各房送去不提却說春燕一直跑入院中頂頭遇見襲人往代玉处去問安春燕便一把抱住襲人說姑娘救我

我娘又打我呢襲人見他娘来了不免生氣便說道三日兩頭兒打了乾的打
親的還是買弄你女兒多還是認真不知王法這婆子不ミ言ミ不ミ這几日見襲人不
言不語是好性的便說道姑娘你不知道別管我們閑事都是你們縱的這會
子還管什麼說着便又赶着打襲人氣的轉身進来見麝月正在海棠下晾手
巾听得如此喊鬧便說姐ミ別管看他怎樣一面使眼色與春燕ミ會意便
直奔了宝玉去衆人都笑說這可是没有的事都鬧出来了麝月向婆子道你
再略煞一煞氣兒難道這些人的臉面和你討一個情還討不下来不成那婆
子見他女兒奔到宝玉身邊去又見宝玉拉了春燕的手說別怕有我呢春燕
又一行哭又一行說把方才鶯兒等事都說出来宝玉越發急起来說你只
在這里鬧也罷了怎麼連親戚也都得罪起来麝月又向婆子及衆人道怨不

淂這嫂子説我們管不着他們的事我們雖無知錯管了如今請出一个管淂着的人来管一管嫂子就心伏口伏也知道規矩了便回頭叫小丫頭子去把平兒給我們叫来平兒不淂閑就把林大娘叫了来那小丫頭應了就走衆媳婦上来笑説嫂子快求姑娘們叫回那孩子来罷平姑娘来了可就不好了那婆子説道憑你那个平姑娘来也憑个理沒有娘管女兒大家管着娘的衆人咲道你當是那個平姑娘是二奶〻屋里的平姑娘他有情呢説你兩句他一翻臉嫂子你吃不了兜着走説話之間只見小丫頭子回来説平姑娘正有事問我作什麼我告訴了他〻説既這樣且攆他出去告訴了林大娘在角門外打他四十板子就是了那婆子听如此説自不捨淂出去便又淚流滿面央告襲人等説好容易我進来了况且我是寡婦家里沒人正好一心無掛罣的在里頭

伏侍姑娘們姑娘們也便宜我家里又有些輾〔攬〕過我這一去又要去自已生火過活將来不免又沒了過活襲人見他如此早又心軟了便說你既要在這里又不守規矩又不听說又亂打人那里弄你這个不曉事的来天天鬥口也叫人笑話失了體統晴雯道理他呢打發去了是正經誰和他去對嘴對舌的那婆子又央衆人道我雖錯了姑娘們吩咐了我已後改過姑娘們那不是行色〔好〕積德一向又央春燕道原是我為打你起的究竟沒打成你我如今反受了罪你也替我說說宝玉見如此可憐只得留下吩咐他不可再鬧那婆〔子〕赶来一一的謝過了下去只見平兒走来問係何事襲人等忙說已完了不必再提平兒笑道得饒人處且饒人得省的將就省些事也罷了能去了几日只听各處大小人兒都作起反来了一处不了又一處叫我不知管那一處

的是襲人笑道我只說我們這里反了原来還有几處平兒笑道這笑什麼正
和珎大奶〻笑呢這三四日的工夫一共大小出来了八九件了你這里是極
小的笑不起數兒来還有大的可氣可笑之事不知襲人問他果係何事且听
下回分解

脂硯齋重評石頭記卷之

第六十回

茉莉粉替去薔薇硝　玫瑰露引来茯苓霜

話說襲人因問平兒何事這等忙亂平兒笑道都是世人想不到的就[說]来也好笑等几日告訴你如今沒頭緒呢且也不得閑兒一語未了只見李紈的丫鬟来了說平姐〻可在這里奶〻等你〻怎麽不去了平兒忙轉身出来口內笑說来了〻〻襲人等笑道他奶〻病了他又成了香餑〻了都搶不到手平兒去了不提宝玉便叫春燕你跟了你媽去到宝姑娘房里給鶯兒几句好話聽〻也不可白得罪了他春燕答應了和他媽出去宝玉又隔窗說道不可當着宝姑娘說仔細反叫鶯兒受教導娘兒兩個應了出来一壁走着一面說閑話

兒春燕回向他娘道我素日勸你老人家再不信何苦鬧出沒趣来才罷他娘
笑道小蹄子你走罷俗語道不經一事不長一智我如今知道了你又該来技
問着我春燕笑道媽你若安分守已在這屋里長久了自有許多的好處呢且
告訴你句話宝玉常說將来這屋里的人無論家里外頭的一應我們這些人
他都要回太々全放出去與本人父母自便呢（補前文不足處）你只說這一件可好不
好他娘聽說喜的忙問這話果真春燕道誰可扯這謊做什麼婆子听了便念
佛不絕當下来至蘅蕪院中正值宝釵代玉薛姨媽等吃飯鶯兒自去泡茶春
燕便和他媽一逕到鶯兒前陪笑說方纔言語冒撞了姑娘莫嗔莫怪特来陪
罪等語鶯兒忙笑讓坐又到茶他娘兒兩個說有事便作辭回来忽見蕊官赶
出叫媽々姐々畧站一站一面走上来遞了一個紙包與他們說是薔薇硝帶

與芳官去擦臉春燕笑道你們也太小氣了還怕那里沒這個與他巴巴的你
又美一色給他去蕊官道他是他的我送的是我的好姐姐千萬帶回去罷春
燕只得接了娘兒兩個回来正值賈環賈琮二人来問候寶玉也纔進去春燕
便向他娘說只我進去罷你老不用去他娘听了自此便百依百随的不敢倔
强了春燕進来宝玉知道回復便先點頭春燕知意便不再說一語畧站了一
站便轉身出来使眼色與芳官芳官出来春燕方悄悄的說與他蕊官之事並
與了他硝宝玉並無與琮環可談之語因笑問芳官手里是什麽芳官便忙遞
與寶玉瞧又說是擦春癬的薔薇硝宝玉笑道虧他想得到賈環听了便伸着
頭瞧了一瞧又聞得一股清香便彎着腰向靴桶内掏出一張紙来把着笑說
好哥哥給我一半兒宝玉只得要與他芳官心中因是蕊官之贈不肯與別人

連忙攔住笑說道別動這個我另拿些来宝玉會意忙笑包上說道快取来芳官接了這個自去收好便從奩中去尋自己常使的啟妝看時盒内已空心中疑惑早間還剩了些些如何沒了因問人時都說不知麝月便說這會子且忙着問這個不過是這屋里人一時短了你不管拿些什麽給他們他們那里看得出来快打發他們去了偺們好吃飯芳官听了便將些些茉莉粉包了一包拿来賈環見了就伸手来接芳官便忙向炕上一擲賈環只得向炕上拾了揣在懷内方作辭而去原来賈政不在家且王夫人等又不在家賈環連日也便粧病逃學如今得了硝興興頭頭来找彩雲正值彩雲和趙姨娘閑談賈環笑嘻嘻向彩雲道我也得了一包好的送你擦臉你常說薔薇硝擦癬比外頭的銀硝強你且看看可是這個彩雲打開一看嗤的一聲笑了說道你是合誰要来

的賈環便將方纔之事說了彩雲笑道這是他們哄你這鄉老呢這不是硝這是茉莉粉賈環看了一看果然比先的帶些紅色聞〻也是噴香因笑道這也是好的硝粉一樣留着擦罷自是比外頭買的高便好彩雲只得收了趙姨娘便說有好的給你誰叫你要去了怎怨他們耍你依我拿了去照臉摔給他去趁着這回子撞屍的撞屍去了挺牀的便挺牀吵一出子大家別心淨也算是報仇莫不是兩個月之後還找出這個渣兒來問你不成便問你〻也有話說寶玉是哥〻不敢沖撞他罷了難道他屋裡的猫兒狗兒也不敢去問〻不成賈環聽說便低了頭彩雲忙說這又何苦生事不管怎樣忍耐些罷了趙姨娘道你快休管橫豎與你無干乘着抓住了理罵給那些浪淫婦們一頓也是好的又指賈環道呸你這下流沒剛性的也只好受這些毛崽子的氣

平白我説你一句兒或無心中錯拿了一件東西給你〻到會扭頭暴筋

瞪着眼𠺕摔娘這會子被那起𡱁崽子耍美也罷了你明兒還想這些〻家里人

怕你呢你沒有𡱁本事我也替你羞賈環听了不免又愧又急又不敢去只摔

手説道你這麽會説你也〻不敢去指使了我去鬧倘或往學里告去捱了打你

敢自不疼呢遭〻兒調唆了我鬧去鬧出了事来我捱了打駡你一般也低了

頭這會子又調唆我去閙𩠐們〻去鬧你不怕三姐〻你敢去我就伏你只這

一句話便戳了他娘的肺便喊説我腸子爬出来的我再怕不成這屋里越發

有个活頭兒了一面説一面拿了那包子便飛也似往園中去来彩雲死勸不住只

溜躲入別房賈環便也躲出儀門自去頑耍趙姨娘直進園子正是一頭火頂

頭正遇見藕官的乾娘夏婆子走来見趙姨娘氣〻来〻恨的〻走来回問姨奶〻那

二三二

去趙姨娘又説你瞧〻這屋里連三日兩日進来的唱戲的小粉頭們都三般
兩樣掂人分兩放小菜碟兒了若是別一个我还不恼若叫這些小娼婦捉弄了
还成个什庅夏婆子听了正中己懐忙問因何趙姨娘悉將芳官以粉作硝輕
侮賈環之事説了夏婆子道我的奶〻你今日纔知道這筭什庅事連昨日這
個地方他們私自燒紙錢宝玉還攔到頭裡人家還沒拿進個什麼兒来就説使
不得不干不淨的忌諱這燒紙到不忌諱你老想一想這屋里除了太〻誰还
大似你〻老自己拿不起来但凡拿起来的誰还不怕你老人家如今我想乘
着這几個小粉頭兒恰不是正頭貨得罪了他們也有限的快把这兩件事抓
着理扎個筏子我在傍作証見你老把威風抖一抖以後也好争別的礼便是
奶〻姑娘們也不好為那起小粉頭子説你老的趙姨娘听了這話亦發有理

便說燒紙的事不知道你却細〻的告訴我夏婆子便將前事一〻的說了又說你只管說去倘或鬧起还有我們帮着你呢趙姨娘听了越發得了意仗着胆子便一逕到了怡紅院中可巧宝玉听見代玉在那里便往那里去了芳官正與襲人等吃飯見趙姨娘來了便都起身笑讓姨奶〻吃飯有什麼事這麼忙趙姨娘也不答話走上來便將粉照着芳官臉上撒來指着芳官罵道小淫婦你是我銀子錢買來學戲的不過娼婦粉頭之流我家里下三等奴才也比你高貴些的你都會看人下菜碟兒宝玉要給東西你攔在頭里莫不是要了你的了拿这個哄他你只當他不認得呢好不好他們是手足都是一樣的主子那里有你小看他的芳官那里禁得住這話一行哭一行說沒了硝我纔把這個給他的若說沒了又恐他不信難道這不是好的我便學戲也沒往外頭

去唱我一個女孩兒家知道什麼是粉頭麪頭的姨奶〻犯不着来罵我〻又
不是姨奶〻家買的梅香拜把子都是奴幾呢襲人忙拉他說休胡說趙姨娘
氣的便上来打了兩個耳刮子襲人等忙上来拉勸說姨奶〻別和他小孩子
一般見識等我們說他芳官捱了兩下打那里肯依便拾頭打滚潑哭潑鬧起
来口内便說你打淂起我麼你照〻那模樣兒再動手我叫你打了傢去我還活
着便撞在懷里叫他打衆人一面勸一面拉他晴雯悄拉襲人說別管他們
讓他們鬧去看怎麼開交如今乱為王了什麼你也来打我也来打都這樣起
来還了淂呢外面跟着趙姨娘来的一干的人听見如此心中各〻稱愿都念
佛說也有今日又有那一干懷怨的老婆子見打了芳官也都稱愿當下藕官
蕊官等正在一處作耍湘雲的大花面葵官寶琴的荳官兩個聞了此信慌忙

找着他兩個說芳官被人欺侮偺們也沒趣須得大家破着大鬧一場方爭過
氣来四人終是小孩子心性只顧他們情分上義憤便不顧别的一齊跑入怡
紅院中荳官先便一頭幾乎不曾將趙姨娘撞了一跌那三個也便擁上来放
聲大哭手撕頭撞把個趙姨娘裹住晴雯等一面笑一面假意去拉急的襲人
拉起這個又跑了那個口内只說你們要死有委曲只好說這沒理的事如何使得
趙姨娘反沒了主意只好亂罵蕊官藕官兩個一邊一個抱住左右手葵官荳
官前後頭頂住四人只說你只打死我們四個就罷芳官直挺挺倘在地下哭
得死過去正沒開交誰知晴雯早遣春燕回了探春當下尤氏李紈探春三人
帶着平兒與衆媳婦走来將四個喝住問起原故趙姨娘便氣的瞪着眼粗
了筋一五一十說個不清尤李兩個不荅言只是凛喝禁他四人探春便嘆氣說這

是什麽大事姨娘也太肯動氣了我正有一句話要請姨娘商議怪道了頭說
不知在那里原来在這里生氣呢快同我来尤氏李氏都笑說姨娘請到廳上
来偺們商量趙姨娘無法只得同他三人出来口内猶說長說短探春便說那些
小丫頭子們原是些〻頑意喜歡呢和他說〻笑〻不喜歡便可以不里他便他
不好了也如同猫兒狗兒抓咬了下〻子可恕就恕不恕時也只該叫了管家
媳婦們去說給他去責罰何苦自己不尊重大吆小喝失了體統你瞧周姨娘
怎不見人欺他〻也不尋人去我勸姨娘且回房去煞〻性兒別听那些〻
混帳人的調唆沒的惹人笑話自己獃白給人作粗活心里有二十分的氣也
忍耐這几天等太〻回来自然料理一夕話說得趙姨娘閉口無言只得回房
去了這里探春氣的和尤氏李紈說這麽大年紀行出来的事總不叫

人敢伏這是什麼意思值得吵一吵並不留體統耳躲又軟心里又沒有計筭這又是那起沒臉面的奴才們的調停作美出個獃人替他們出氣越想越氣因命人查是誰調唆的媳婦們只得答應着出来相視而笑都說是大海里那里尋針去只得將趙姨娘的人並園中喚来盤詰都說不知道衆人沒法只得回探春一時難查慢慢訪查凡有口舌不妥的一總来回了責罰探春氣漸漸平服方罷可巧艾官便悄悄的回探春說都是夏媽和我們素日不對每每的造言生事前兒賴藕官燒紙幸虧是寶玉叫他燒的寶玉自己應了他總沒話說今兒我與姑娘送手帕去看見他和姨奶奶在一處說了半天嘁嘁喳喳的見了我纔走開了探春聽了雖知情弊亦料定他們皆一黨本皆淘氣異常便只答應也不肯據此爲實誰知夏婆子的外孫女兒蟬姐兒便

是採春處當後[差]的時常與房中了鬟們買東西呼喚人衆女孩兒都和他好這
日飯後採春正上廳理事翠墨在家看屋子因命蟬姐[兒]出去叫小么兒買糕去
蟬[姐]兒便說我纔掃了個大園子腰腿生疼的你叫個別的[人]去罷翠墨笑說我又
叫誰去你趂早兒去我告訴你一句好話你到後門順路告訴你老娘防着些
兒說着便將艾官告他老娘話告訴了他蟬姐[兒]听了忙接了錢道這个小蹄子
也要捉弄人等我告訴去說着便起身出來至後門邊只見厨房内此刻手閑
之時都坐在堦砌上說閑話呢他老娘亦在内蟬[姐]兒便命一個婆子出去買糕、
他且一行罵一行說將方纔之話告訴與夏婆子听了又氣又怕便欲去找艾
官問他又欲往採春前去訴冤蟬[姐]兒忙攔住說你老人家去怎麽說呢這話怎
淂知道的可又叨登不好了說給你老防着就是了那里忙到這一時兒正

說着忽見芳官走来扒着院門笑向厨房中柳家媳婦說道柳嫂子宝二爺說了晚飯的素菜要一樣凉〻的酸〻的東西只别擱上香油弄膩了柳家的笑道知道了今兒怎麼遣你来了告訴這庅一句要緊的話你不嫌髒進来逛〻兒不是芳官纔進来忽有一個婆子手里托了一碟糕来芳官便戲道誰買的熱糕我先嚐一塊兒蟬姐兒一手接了道這是誰人家買的你們還稀罕這個柳家的見了忙笑道芳姑娘你喜吃這個我這里有纔買下給你姐〻吃的他不曾吃還收在那里乾〻淨〻沒動呢說着便拿了一碟子出来遞與芳官又說你等我進去替你頓口好茶来一面進去現通開火頓茶芳官便拏着熱糕問到蟬姐兒臉上說希罕吃你〻那糕〻這个不是糕〻不成我不過說着頑罷了你給我磕個頭我也不〻吃說着便將手内的糕〻一塊一塊的掰了擲着打雀兒頑口内笑說柳

嫂子你別心疼我回来買二斤給你小蟬氣的怔〻的瞅着冷笑道雷公老爺
也有眼睛怎不打這作孽的他還氣我呢我可拿什麼比你們又有人
進貢又有人作乾奴才溜你們好上好兒幫襯着說句話兒衆媳婦
都說姑娘們罷呀天〻見了就咕唧有几个伶透的見了他們對了口
怕又生事都拏起脚来各自走開了當下蟬兒也不敢十分說他一面咕嘟着
去了這裏柳家的見人散了忙出来和芳官說前兒那話兒說了不曾芳官道
說了等一二日再提這事偏那趙不死的又和我鬧了一塲前兒那玫瑰露姐
〻吃了不成他到底可好些〻柳家的道可不都吃了他愛的什麼是的又不好
問你再要的芳官道不值什麼等我再要些来給他就是了原来這柳家的有
個女兒今年纔十六歲雖是厨役之女却生的人物與平襲紫鴛皆類因他排

行第五回叫他是五兒五月之柳春色可知因素有弱疾故沒得差使因柳家的見宝玉房中的丫鬟差使人多且又聞得宝玉將來都要放他們故如今要送他到那里應名兒正無頭路可巧這柳家的是梨香院的差役他最小意殷勤伏侍得芳官一干人比别的乾娘還好芳官等亦待他們極好如今便和芳官說了央芳官去與寶玉說宝玉雖是依允只是近日病着又見事多尚未說得前言少述且說當下芳官回至怡紅院中回復了寶玉宝玉正在听見趙姨娘廝吵心中自是不悅說又不是不說又不是只得等吵完了打听着探春勸了他去後方從蘅蕪院回來勸了芳官一陣方大家安靜今見他回來又說還要些玫瑰露與柳五兒吃去宝玉忙道有的我又不大吃你都給他去罷說着命襲人取了出來見瓶中亦不多遂連瓶與了他芳官便自攜了瓶與他去正值柳家的

帶進他女兒來散悶在那邊畸角子上一帶地方兒逛了一回便回到廚房內正吃茶歇脚兒芳官拿了一個五寸來高的小玻璃瓶來迎亮照、看裡面小半瓶胭脂一般的汁子還道是寶玉吃的西洋葡萄酒母女兩個忙說快拿鏇子盪滚水你且坐下芳官笑道就剩了這些連瓶子都給你們罷五兒聽了方知是玫瑰露忙接了謝了又謝芳官又問他好些五兒道今兒精神些進来逛〻這後邊一帶也沒什麼意思不過見些大石頭大樹和房子後墻正經好景致也沒看見芳官道你為什麼不往前頭去柳家的道我沒叫他往前去姑娘們也不認得他倘有不對眼的人看見了又是一番口舌明兒托你携帶他有了房頭怕沒有人帶着他逛呢只怕逛膩了的日子還有呢芳官听了笑道怕什麼有我呢柳家的忙道嗳喲〻我的姑娘我們的頭皮兒薄比不得你們說着又

到了茶来芳官那里吃這茶只漱了一口就走了柳家的說道我這里占着手
五丫頭送〻五兒便送出来因見無人又拉着芳官說道我的話到底說了沒
有芳官笑道難道哄你不成我听見屋裡正經還少兩個人的窩兒並沒補上
一個是紅玉的璉二奶〻要去還沒給人来一個是墜兒的也還沒補如今要
你一个也不筭過分皆因平兒每〻的和襲人說凡有動人動錢的事得挨的
且挨一日更好如今三姑娘正要拏人扎筏子呢連他屋里的事都駁了兩三
件如今正要尋我們屋里的事沒尋着何苦来往網里碰去倘或說些話駁了
那時老了，到難回轉不如等冷一冷老太〻太〻心閑了憑是天大的事先和
老的一說沒有不成的五兒道雖如此說我却性急等不得了趂如今挑上来
了一則給我罵媽爭口氣也不枉養我一塲毋為二則添上月錢家里又從容些〻為二

家中三則我的心開一開只怕這病就好了便是請大夫吃藥也省了家里的錢芳官道我都知道了你只放心二人別過芳官自去不提單表五兒回来與他娘深感芳官之情他娘回說再不承望得了這些東西雖然是個珍貴物兒却是吃多了也冣動熱竟把這個到些送個人去也是個大情五兒問送誰他娘道送你舅ゝ的兒子昨日熱病也想這些東西吃如今我到半盞與他去五兒听了半日沒言語隨他媽倒了半盞子去將剩的連瓶便放在家伙廚内五兒冷笑道依我說竟不給他也罷了倘或有人盤問起来倒又是一塲事了他娘道那里怕起這些来還了得了我們辛ゝ苦ゝ的裡頭賺些東西也是應當的難道是賊偷的不成說着一逕去了直至外邊他哥ゝ家中他姪子正倘着一見了侄男他哥嫂姪男無不歡喜現從井上取了凉水吃了一碗心中一

暢頭目清涼剩的半盞用紙覆着放在桌上可巧又有家中几个小廝同他外甥（姪兒）

素日相好的走来問候他的病內中有一小夥名喚錢槐者乃係趙姨娘之內姪他父母

現在庫上管賬他本身又派跟賈環上學因他有些錢勢尚未娶親素日看上了柳家的

五兒標緻和父母說了欲娶他為妻也曾央中保媒人再四求告柳家父母卻也情愿爭奈

五兒執意不從雖未明言卻行止中已帶出父母未敢應允近日又想往園內去越發將此

事丟開只等三五年後放出来自向外邊擇婿了錢家見他如此也就罷了怎奈錢槐不得五

兒心中又氣又愧發恨定要弄取成配方了此愿今也同人来瞧望柳侄不期柳家的在內柳

家的忽見一羣人来了內中有錢槐便推說不得閑起身便走了他哥嫂忙說姑媽怎麼

不吃茶就走到難為姑媽記掛柳家的因笑道只怕裡面傳飯再閑了出来瞧姪子罷他嫂

子因向抽替（屜）內取了一個紙包出来拿在手內送了柳家的出来至墻角邊遞與柳家的又

笑道這是你哥哥昨兒在門上該班兒誰知這五日一班竟偏冷淡一個外財沒發只有昨兒有粵東的官兒來拜送了上頭兩小簍子茯苓霜餘外給了門上人一簍作門禮你哥哥分了這些這地方千年松栢最多所以单取了這茯苓的精液和了藥不知怎麼弄出這怪俊的白霜兒來說第一用人乳和着每日早起吃一鍾最補人的第二用牛奶子萬不得滚白水也好我們想着正宜外甥女兒吃原是上半日打發小丫頭子送了家去的他說鎖着門連外甥女兒也進去了本來我要瞧瞧他去給他帶了去的又想主子們不在家各處嚴緊我又沒甚麼差使有要沒緊跑些什麼况且這兩日風般聞得里頭家反宅亂的倘或沾帶了倒值多的姑娘來的正好親自帶去罷柳氏道了生受作別回來剛到了角門前只見一個小么兒笑道你老人家那里去了裏頭三次兩趟叫人傳呢我們三四個人都找你老去了還沒來你老人家却從那里來了這條路又不是

家去的路我到疑心起來那柳家的笑罵道□猴兒崽子要知端的且听下回分解

（清）曹雪芹　著

脂硯齋重評石頭記庚辰本

第八册

國家圖書館出版社

第八册目録

脂硯齋重評石頭記卷之

第七十四回

惑奸讒抄揀大觀園　矢孤介拄（杜）絶寧國府

話說平兒聽寧（迎）春說了正自好笑忽見寶玉也來了原來管厨房柳家媳婦
之妹也因放頭開賭得了不是這園中有素與柳家不睦的（前文已卯之伏線）便又告
出柳家來說他和（合）他妹子是夥記（計）雖然他妹子出名其實是賺了錢兩個人平分
因此（此）凤姐要治柳家之罪那柳家的因得此信便慌了手脚因思素與怡
紅院人最為探（深厚）後故走來悄悄的央求晴雯金星破（玻）璃等人金星破（玻）璃告
訴了寶玉因思内中迎春之乳母也現有此罪不若來約同迎春討情此（比）自己
獨去單為柳家（的）說情有（又）更妥當故此前來忽見許多人在此見他來的都

問你的病可好了跑来作什庅要玉不便說出討情一事只說看來二姐〻當下
象人也不在意且說此見話平兒見便出去辦累絲金凤一事那王住兒媳婦
緊跟在後口內百般央求只說姑娘好歹口內超生我橫竪去贖了來平兒笑
道你遲也贖早也贖既有今日何必當初你的意思得過去了就過去了
既是這樣我也不好意思告人趁早去贖了来交給我送去我一字不提王住兒
媳婦听說方放下心來就拜謝又說姑娘自去貴幹我赶着拿了来先回了姑娘
再送去如何平兒道赶晚不来可别怨我說畢二人分路各自散了
平兒到房风姐問他三姑娘叫你作什庅平兒道三姑娘怕奶〻生氣
叫我勸着奶〻些問奶〻這兩天可吃些什庅风姐笑道到是他还記罣着我剛
才又出来了一件事有人來告柳二媳婦和他妹子通同開局凡妹子所為都

是他作主我想媳婦你素日肯勸我多一事不如省一事前可閑一事心自己保
養〻〻也是好的我因听不進去果然應了此話先把太〻得罪了而且是己反
賺了一塲病如今我也看破了隨他們鬧去罷横竪还有許多人呢我白操
一會子心到惹的萬人咒罵我且養病要緊便是好了我也作個好〻先生
生得樂且樂得笑且笑一概是非都憑他們去罷（歷了世人到此作此想 但悔不及矣可傷可嘆）所以我只
得應着知道了白不在我心上平兒笑道奶〻果然如今便是我們的造化
一語未了只見賈璉進來拍嘆氣道好〻的又生事前兒我和鴛鴦借當那边
太〻怎知道了才剛太太叫過我去叫我不管那先還挪二百銀子做八月十五日
節間使用我回沒處還挪太〻就說你沒有錢就有地方還挪我白我你商
量你就搪塞我你就沒地方前兒一千銀子的當是那里的連老太〻的東

西的都有神通弄出來這會子二百銀子你就這樣幸虧我沒和別人說

去我想太太分明不短何苦來要尋事奈何人風姐兒道那日並沒一个外人

但晚上送來誰來這個平兒听了也細想那日有誰在此想了半日笑道是

了那日說話時沒一个外人但晚上說東西來的時節老太太那邊傻大姐的娘

也可巧來送漿洗衣服他在下房里坐了一面子見一大想子東西自然要問

必是小了頭們不知道說了出來了未可知因此便喚了

几個小了頭來問那日未告訴獃大姐的娘衆小了頭慌了都跪下賭咒發

誓說自來了不敢多說一句話有人凡問什么都荅應不知道這事如何敢

多說到別委屈了他們如今且把這事靠後且把太太打發了去要緊寧可

偺們短些又別討沒意思因叫平兒把我的金項圈拿來且去暫押二

百銀子來送去完事賈璉道越性多押二百偺們也要使呢风姐道狠不必我
沒去使錢這一去还不處指那一項贖呢平兒拿去吩咐一個人喚了旺兒媳婦
来領去不是拿了銀子來賈璉自然去在話下這里风姐和平兒猜疑終是
誰人走的风聲竟擬不出人來风姐兒又道知道这事还事小事怕的是
小人趂便又造非言生別出的事来打緊那邊正和鴛鴦結有䊚了如今
听得他私自借給璉二爺東西那起小人眼饞肚飽連沒縫兒还有要下蛆
的如今有了這個曰有恐怕又造出些沒天理的話来了定不得在的璉二
爺还無妨只是鴛鴦正緊女兒帶来了他受屈豈不是偺們的故說平
兒笑道這也無妨鴛鴦借東西看的是奶々並不為的是二爺一則鴛
鴦雖應名是他私情其寔他是回過老太々的老太々曰怕孫女兒多

这个也借那個也要到跟前撒野稅兒和誰要去回此只糊不知道豈世人余相得示者前文云一想子若私是拿出賈母其睡夢中之人矣蓋此等事作者曾經批者曾經寔係一寫牲是非特造出故弄新筆究經不記不神也○篤鶯借物一回挑此便結繳總鬧了出來究竟那也無碍风姐兒道理如此只是你我知道的不知道的馬得不生疑呢一語未來人报太〻來了风姐听了吃意不知為甚事親平兒等忙迎出來只見王夫人氣色更变只帶一個貼已小了頭走來一語不發走至里間坐下风姐忙奉茶回賠笑向同太〻今日高興到这里逛〻王夫人喝命平兒出去平兒見了這般着慌不知怎庅樣了忙应了一声帶着衆小了頭一齊出去在房門外站住越性將房們掩了自己坐在台磯上所有的人一個不許進去风姐也着了慌不知有何等事只見王夫人含着淚從袖內擲出一个香袋子來說你瞧风姐忙拾起一看見是十錦

春意香袋也嚇了一跳忙問太〻是那里得来王夫人見問越發淚如雨下顫聲說
道我從那里得来我天〻坐在井里拿你當個細心人所以我才偷個空兒
誰知你也我一樣這樣的東西大天白日明擺在園里山石上被老太〻的了
頭拾着不虧的婆〻遇見早已送到老太〻跟前去了我且問你這個東西如
知道在那里來鳳姐得也更了顏色忙問太〻怎知是我的王夫人又
哭又嘆說道你反問我你想一家子除了的們小夫小妻餘者老婆子們要
這个何用再女孫子們是從那里得来自是那璉兒不長進下流種子那里
得来你們又何氣當作一件頑意兒年輕人兒女閨房私意是有的你還
和我賴幸兒園內上下人还不解事尚未揀得倘或了頭們揀着你姊
妹看見还了得不然有那小了頭們揀着出去說是園內揀着的外人

知道這性命臉面要也不要风姐聽說又急又愧得登時紫漲了面皮便
便依炕沿双膝跪下也含淚訴道太〻說的固然有我也不敢辯我並無這樣
的東西但其中还要求太〻細詳其理那香袋是外頭僱工做着内工繡的帶
這穗子一槩是市賣貨我便年輕不尊重些也不要这捞什子自然都是
好的此其一二者这東西也不是常帶着你我縱有也只好在家里焉肯
帶在身上各處況且有在園里去了個〻姊妹我們都肯拉〻扯〻倘或露出
来不但在姊妹前就是奴才看見我有什麽意思我年輕不尊重〻不
能糊塗至此三則倫住之内我自年輕媳婦算起奴才来便我更也年輕
的又不止一個人了況且他們也常進園晚間各人家去焉知不是他們身上
的四則除我常在園里〻外还有那边太太常帶過幾個小姨娘来

保不定老太太不知道且平心靜氣暗暗訪察才得確寔縱然訪不着
姐手里得的把我氣了個死凤姐道太太快别生氣若被衆人覺察了
但如今却怎麽處你婆婆才打發人封了這個給我瞧説是前日從傻大
也知道咱們家小姐出身焉得輕薄至此不過我氣急了拿了話激你
以下保的太太請細想王夫人聽了這一夕話大近情理因嘆道你起來我
打牙犯嘴外頭得了來的也未可知如今不但我没此事就連平兒我也可
或者一時半刻人查問不到偷着出去或借着因由同二門上小么兒們
園内了頭太多保的住住都是正緊的不成也知年紀大些的知道了人事
嫂子他不算甚老外他也常帶過佩凤等人來焉知又不是他們的再則
比如嫣紅翠雲等人皆係年輕侍妾他們更該有這個了还有那边珍大

外人也不能知道這吽作胳膊折在袖内如今惟有趁着賭錢的因由

革了許多的人這空兒把周瑞媳婦旺兒媳婦等四五个貼近不能走話的

人安插在園里以查賭為由再如今他們的丫頭也太多了保不住人

大心大生事作耗等鬧出事来反悔之不及如今若無故裁革不但姑

娘們委屈煩惱就連太太和我也過不去不如趁此机会以後凡年紀大

些的或有些咬牙难纏的拿個錯兒攆出去配了人一則保得住說有

別的事二則也可省些用度太太想我這話如何王夫人嘆道你說

的何嘗不是但從公細想我這幾個姊妹也甚可憐了先云可憐妙人在別人視之今古無此移若在栄府論寔不能比先矣也不用遠比只說如今林妹妹的母親未出

閣時是何等的嬌生慣養是何等的金尊玉貴那纔像個千金小

姐的體統如今這几個姊妹不過(比)別人家的丫頭略強些罷了所謂貴子海者难為水俗子謂王夫人不知足是不可矣又認作太過真𡠋姑鳩堯之見也通共每人只有兩三个(的)丫頭像個

人樣餘者總有四五个小丫頭子竟是廟里的小鬼如今还要裁革了去

不但于我心不忍只怕老太太未必就(依)意雖然难(艱)难不至(此)此我(雖沒)难無受(罪)

大榮華富貴比你們是強的如今我寧可省(自己)些別委屈了他們以(省)後要省

儉先從我來剄使的如今且叫人傳了周瑞家的等人進來就吩咐他們

快快暗地訪拿這事要緊鳳姐聽了即喚平兒進來吩咐出去一時周

瑞家的與吳興家的鄭華家的來旺家的來喜家的現在五家賠房

進來餘者皆在南方各有執事又伏一筆王夫人正嫌人少不能(詳細)搜家忽見

邢夫人的賠房王(善)喜保家(的)走來方才正是他送香囊來的王夫人向

来看視刑夫人之得立(力)心服人等原無二意 大書看下人猶如此可知待刑夫人矣
今見他来打聽此事十分關切 小人外是内罪委 皆如此 便向他說你去回了太〻也
進園內照管〻〻不比別人又強些這王善保家正因素日進園去那些
了鬟們不大物(侍)奉他〻心裡大不自在要尋太(他)們的故又(事)尋不着恰好生
出這事来以為得(抓住)来把柄有(又)聽王夫人委托正撞在心坎上這个客(容)易
不是奴才多話論理這是誒(該)早(是)麗(如此)的太〻也大(不)往園里去這些女孩(狡)子們
〻不〻到像受了封誥𡟣的他們就成了千金小姐了鬧下天来誰敢哼一声
兒不然就調咬(唆)姑娘的了頭們說欺負了姑娘們了誰還躭得了起
王夫人道這也有的常情跟姑娘的了頭原比別的嬌貴些你(保)們該勸
他們連主子們的姑娘不教道尚且不堪何況他們王善保家的道

别的都還罢了太〻不知道一个宝玉屋里的晴雯那丫頭伏〔仗〕着他生
的模樣兒比别人標緻些〻又生了一張巧嘴〔嘴〕天〻扮〔打〕的像个西施的樣子在
人跟前能說慣道掐〔抓〕尖要強一句話不投機他就立起兩個騷眼睛來
罵人妖〻趫〻大不成個體統（活畫晴雯出来可知已前知晴雯必應遭妬者可憐可傷竟死矣）王夫人聽了
這話猛然觸動往事便問凤姐道上次我們跟了老太〻進園逛去有
一个水蛇腰（妙〻好腰）削肩膀（妙〻好肩。俗云水蛇要則遊曲小也又云美人無肩又曰前威昔之美之刑也凡寫美人偏用俗筆反筆與他書不同也）
眉眼又有些像的〔你〕林妹〻的（更好刑容尽矣）正在那里罵小丫頭我的
心里跟〔很〕看不上那狂樣子曰同老太〻走我不曾說得後來要問是
誰又偏忘了全〔今〕日对了檻〔坎〕兒這丫頭想是〔必〕就是他了鳳姐道〔道〕若論這些丫頭們
共總比起来都〔却是〕說晴雯生得好論〔若〕舉止〔止〕言語他原此〻〔有〕薄輕方才太〻說的

到跟像他我也忘了那日的事不敢乱說王善保家的便道不用这樣此刻不难叫了来太太瞧瞧王夫人道宝玉房裡常見我的只有襲人麝月这兩個笨笨的到好若有这個他自不敢来見我的我一生最嫌这様人况且又出来这個事好好的宝玉倘或叫这蹄子勾引坏了那還了得因叫自已的丫頭来吩咐他道到園裡去只說我說有話問他們留下襲人麝月伏侍宝玉不必来有一個晴雯最伶俐叫他即刻快来的不許和他們說什庅小丫頭子荅應了走入怡紅院正值晴雯身上不自在

音神之至所謂魂早魄會矣将死之兆也。若俗筆必云十分粧飾金云不自在想無挂心之罷更不入王夫人之眼也

睡中覺才起来正發悶聽如此說只得隨了他們素日这些丫鬟們都知道王夫人最嫌趫粧艶飾語薄言輕故晴雯不敢出頭因連日不自在並沒十分粧飾自為無碍

生美人原不在粧飾使人一見不覺心驚目駭可恨也之塗脂抹粉真同鬼魅而不見覺

反到了鳳姐房中王夫人一見他釵軃鬢鬆衫垂帶褪有春睡捧心之遺風而且形
容面貌恰是上月的那人不覺勾起方才的火來王夫人原是天真爛熳之
人喜怒出於心臆不比那些飾詞掩意之人今既真怒攻心又勾起往事便
冷笑道好個美人真像個病西施了你天天作這輕狂樣兒給誰看你幹
的事打量我不知道呢我且放着你自然明兒揭你的皮宝玉今日可
好些晴雯一听如此說心內大異便知有人暗算了他雖然着惱只不敢
作声他本是個聰敏過的人（深罷聰明到應不錯一筆）見問宝玉可好些他便不肯以寔
話對只說我不大到宝玉房里去又不常和宝玉在一處好歹我不能知道
只問襲人麝月兩個王夫人道這就該打嘴你的難道是死人要你們作

什庅晴雯道我原是跟老太太的人因老太太説園里空大人少宝玉害怕
所以撥了我去外間屋里上夜不過看屋子我原回過我体不能伏侍老
太太罵了我有一頓說又不叫你管他的事要伶俐的作什庅我听了這話才去的
不過十天半個月之内宝玉悶了大家頑一會子就散了至於宝玉飲食起居
生上一層有老奶奶老媽媽們下一層又有襲人麝月秋紋幾個人我閑着
还要作老太太屋里的針線所以宝玉的事竟不曾留心太太既怪從此後
我留心就是了王夫人信以為真了忙說阿弥陀佛你不近宝玉是我
的造化竟不劳你費心既是老太太給宝玉的我明兒回了老太太再攆
你因向王善保家的道你們進去好生防他几日不許他在宝玉房里
睡覺等我回過老太太再處治他喝声去站在這里我看不上這浪樣

兒誰許這樣花紅柳綠妝扮精雯只得出來這一氣非同小可一出門便拿手
帕子握臉一頭走哭直哭到园門内去這里王夫人向鳳姐等自怨道这
幾年我越發精神短了照顧不到這樣妖精似這東西竟沒看見只怕
這樣的还有明日倒得查查鳳姐見王夫人盛怒之際又因王善保家
是邢夫人的耳目常調唆着邢夫人生事縱有千百樣言詞此刻也不
敢說只低頭荅應着王善保家的道太太請養息心体要緊這些小
事只交與奴才如今這要查這個主兒也極容易等到晚上园門關了的
時節内外不通風我們竟給他們個猛不妨代着人到各處了頭們
房里搜尋想來誰有這個斷不单只有这個自然还有別的東西那
時翻出別的來自然這個也是他的王夫人道这話到是若不如此

断不能請的請白的自然鳳姐如何鳳姐只得答應説太〻説是就行
罢了王夫人道的主意跟是不然一年也查不出来於是大家商議已
定至晚飯後待賈母安寢了宝釵等入园時王善保便請了鳳姐一併入
园喝命将角門皆上鎖便從上也的婆子處〻抄揀起不過不揀出
此〻多於攢下燭蠋燈油等物　畢真　王善保家的道这也是贜不許動等
明兒回過太〻再動於是先就到怡紅院中喝命閂門當下宝玉正因
晴雯不是有些見這一干人来不知為何直撲了了頭們的房門去
因迎出鳳姐来問是何故鳳姐道丢了一件要緊的東西因大家混
賴恐怕有了頭們偷了所以大家都查一查去疑一面説一面坐下吃茶
王善保等搜了一面又細問这几個箱子是誰的都叫本人来親自

打開襲人曰見晴雯是樣知道必有異事又見這番抄揀只得自已先出打
開了箱子並匣子任其搜臉一番不過是常動用之物隨放下又搜別人
的挨次都一一搜過到了晴雯的箱子曰問是在的怎不開了讓搜襲人
等放欲代晴雯開時只見晴雯挽着頭髮闖進来嚓一声將箱子掀開
両手捉着底子朝天往地下尽情一倒將所有之物尽都倒出王善保家
也竟没趣兒看了一看也無人私弊之物回了鳳姐往別處去鳳姐見道
你們可細細的查若的一番查不出来难回話的衆人都道都細翻看了
没什庅差錯東西雖有几樣男人物件都是小孩子的東西想是保玉的
旧物件没甚関係的鳳姐听了笑道既如此偺們就走再瞧別處去說
着一逕出来曰向王善保家的道有一句話不知是不是要抄揀的

偺家的人薛大姑娘屋里断手揀抄不得的王善保的笑道这個自然

豈有抄起親戚家来（的人）鳳姐点頭道我也这樣説呢

寫阿鳳心灰意懶且避
禍從時迫又是一个人矣

一頭説一頭到了瀟湘館内代玉已睡了忽報的（有）些人来也不知為甚事纔

要起来只見鳳姐已走進来忙按住他不許起来只説睡（着罷）起我們就走这

边且説些閒話那個王善保家的帶了衆人到了㚷房中也一ゝ開箱倒攏

抄揀了一番回（来）些從紫鵑房中抄出两件宝玉常换下来的寄名符兒一

副束帶上的披帶两個荷包並扇套ゝ内有扇子看是（時）皆是宝玉往

年往（夏天）日手内曾拿過的王家（善）保家的是為得了意（竝）遂忙請鳳姐過

来驗是又説这些東西從那里来的鳳姐笑道宝玉和他們從小兒在一

處混了几年这自然宝（是）玉的旧東西这也不算什麽罕事撂下（再）在往别

處去是正紫紫鵑笑道直到如今我們兩下里的也笑不清要問的一個連
我也忘了是那年月日有的了王善保家的风姐如此說也只得罷了一
樣又到探春院内誰知早有人保與探春了探春也就猜着本有原故
所以引云这醜態来遂命衆了嬛秉燭開門而待一時衆人来了
探春故問何事鳳姐笑因罢了一件東西連日妨察不出人来恐怕傍人
賴這些女孩子們所以越大家搜一搜使人去疑到是洗净到閘的好法
探春冷笑道我們的了頭自然都是些賊我就是頭一個窩主既如此
先来搜的箱櫃他們所偷了来的都交給我藏着呢說着便命個了
嬛們把箱一齊打開將鏡奩粧盒衾袱之包若大若小之物一齊打開請
鳳姐去抄閱鳳姐陪笑道我不過是奉太太的命来妹妹別錯怪我何

必生氣因命丫嬛們快〻関上平兒豊兒等忙着替侍書等関的関収
的収探春道我的東西到許你們搜閲要想搜我的丫頭这却不能我
原比衆人歹毒凡丫頭所有的東西我都知道都在我这里間収着一針一
線他們也没的収藏要搜所以只来搜我你們不依只管去回太〻只説
我違背了太〻該怎麼處治我自領你們別忙自然連你們抄的日子
有呢你們今日早起不曾議論甄家自己家里好〻的抄家果然今日真抄
了偺們也漸〻的来了可知这樣大族人家若從外頭殺来一時是
殺不死这是古人曾説的百足之蟲死而不僵必須先從家里自殺自
滅起來纔能一敗塗地説着不覺流下淚来鳳姐只看着衆媳婦們周
瑞家的便道既是女孩子的東西全在這里奶〻且請到別處

奇極此日甄家事

説得遠

去罵也謙姑娘好安寢鳳姐便起身辭探春道可細搜明白了告明日
再來我說不依了鳳姐笑道既然了頭們的東西都在那里就不必
了探春冷笑道果然到乖連我的包袱都打開了還說沒翻明
敢說我護着了頭們不許你們翻了的越早說明若还要翻不妨再
翻一遍鳳姐笑道探春素日與衆不同的只得陪笑道我已經連你
的東西都搜察明白了探春又問衆人的們也都搜明白了不曾周
瑞家的都陪笑說都翻明白了那王善保不是個心内沒成算的人
素日雖聞探春的那是為衆人沒量罷了那里一個姑娘
家就的樣起来況且又是庶出他敢怎麼他自恃是邢夫人陪房連
王夫人尚另眼相看況何別個今見探春如此他只當是探春認

真單憎鳳姐他們無干他便要越勢作臉現好因越衆向前拉起探
春的衣襟故意掀一嘻笑道連姑娘身上我都翻了果然沒有什麽
鳳姐見他這樣忙說媽媽走罷別瘋瘋顛顛的一語未了只听怕的
一声王家連上早着了探春一掌探春等是大怒指王家的問道你
是什麽東西敢來拉扯我的衣裳我不過看着太太的面上又有年
紀叫你一声媽媽你就狗仗人勢天天作耗專管生事如今越性了不
得了你打諒我是同你們姑娘的樣好性兒由着你們欺負他就
錯了主意的搜揀東西我不惱你不該拿我取笑說着便親自解衣
卸裙拉着鳳姐兒細細的翻看叫奴才來翻我身上鳳姐兒平兒
等忙與探春束裙整衣口内喝着王保家的說媽媽吃兩口

酒就瘋〻顛〻起來前兒把太〻也冲撞了快出去不要提起了劝探春休
得生氣探春冷笑道我但凡有氣早一頭碰死了不然就許奴才来我身
上翻賊了明兒一早我先過回老太〻太〻然後過去給大娘賠礼該怎么著
我就領王善保家的討了家沒意思只說窓外只說去了迭也是顛
一遭捱打我明兒回了太〻奶〻回了老娘家去罢这个老命還要他做什么探
春喝命了丫道你們听他說話还等我和他对嘴去不成侍書等听說便
出去的道說過果然回老娘家去到是我們的造化了只怕捨不得去鳳姐
笑道好了頭真是有其主必有其僕探春冷笑道我們作賊的人嘴里
都有三言兩語的还算体的背地里就只不回調唆主子平兒忙也賠笑解
劝一面又拉了侍書進来周瑞家的等人劝了一翻鳳姐直待伏侍探春

幰下方帯肖人往对過腰春塢來彼時李紈猶病在床上他與探春是
紫嫏有與探春相近過順先到迠兩處囙李紈纔吃了藥幰肖不好驚動
只到了妳妳們房中一一的搜了一遍也的搜沒有什庅東西遂到惜春房
中来曰惜春年力尚未說事嚇的不知当有有什庅故鳳姐也少不得安
慰他誰此竟在入畫箱中夜出一寔大包金銀来錁子来約共三四十个為
察姦情反得賊贜又有一付玉帯板子並一包男人的靴韈苛物入畫也
黄了臉熱問是是那里来的入畫只得跪下哭訴真情說的是珍大爺
賞我哥哥的（妙極事極盖入畫本係寧府之人也）因我們老子娘在都南方如今只跟着
叔叔過日文我叔叔嬸子只要吃酒賭錢我哥哥怕交給他們又花了所以
每常得了悄悄得煩了老媽媽帯進来叫我収着的惜春胆小見了迠

似此語故刪之

个也害怕說我竟不知道这还了得二嫂子奶要打他又帶他出去罢我听
不慣的鳳姐笑道倘話若果真呢也倒可恕只是不該私自傳送進来
这个可以傳的說広不可傳遞这到是傳遞人的不是了若的話不真
倘是偷来的你可就别想活了入画跪着哭道我不敢撒謊奶ミ只管明日
問我們奶ミ和大爺去若說不是賞的就拿我和哥ミ一同打死無怨
鳳姐道这个自然要問的只是真賞的也有不是誰許你私自傳送東西
的你且說是誰作接應我便饒你下次萬ミ不可惜春道嫂子别饒他
这次方可下次这里人多若不拿一个人作法那些大的听見了又不知怎
様呢嫂子若饒他我也不依这是自己反不依的各得自然之理各有　鳳姐
道素日我看他还好誰没个錯呢这一次二次犯下二罪俱罰但不知

傳遞是誰惜春道若説的傳遞再無別個必是土門上的張媽他
常肯和這些丫頭們鬼〻祟〻的這些丫頭們也都肯照顧他鳳姐听
説便命人記下將東西且交結周瑞家的暫拿着等明日對明再議於
是別了惜春方往迎春房内來迎春已經睡着了丫鬟們也纔要睡衆
人扣門拌日纔開鳳姐吩咐不必驚動小姐遂往丫鬟們房里來因司棋是王
善保的外孫女兒鳳姐要道看王家的可藏私不藏遂留心看他
搜撿先從別人箱子搜起皆無物及到了司棋箱子中搜了一面王善保家
的説也沒有什麼東西纔箱時周瑞家的道且住這是有什麼説着便伸
手掣出一奴男子錦帶韈並一双緞鞋來　又有一個小包袱打開看是里
面有一個同心如意並一個是帖兒一總遞與鳳姐鳳姐回道家理事每〻看

開帖並賬目也頗識得几個字了便看那帖子字大紅双喜箋帖
上面寫道上月你連家後父母已覺察的我之意但姑娘未出閣上不能
完你我之心愿若園內可以相見的可託張媽給一信息若苛在园內見
到此来家得說話千万千万再所賜香袋二個今已查収外特寄香珠
一串略表我心千万収好表弟潘又安拜具鳳姐看罢不怒而又樂
别人並不識字王家的素日並不知道姑表姊弟有这一節風流故
事見了的襪心内已是有些毛病又是有一紅帖鳳姐又看看笑地便說
道不睹他們故寫的賬目不成個是所以奶奶見笑鳳姐笑道正是
这個賬竟算不過来你是司棋的老娘的表弟也該姓王怎広又姓
潘呢王善家的見問的奇闌只得免強告道司棋的姑媽給了潘

家所以他姑表兄弟姓潘上次逃走了的潘又安就是他表弟鳳姐咲
道這就事了曰我念給你听了說着從頭念了一遍大家都唬了一跳這王
家的一心只要拿人的錯兒不想反拿着住了他外孫女兒又氣又臊周瑞家
的四人又都問着他的老哥見了明ㄟ白ㄟ再沒的話說了如今據你老
人家該怎麼樣這王家的只怕沒地縫兒鑽進去鳳姐只聰着他嘻ㄟ
的笑 惡毒之至 向周瑞家的笑道這到也好不用你們老娘的操一点兒心
他鴉雀不聞的給你們弄了個好女婿來大家到心着 刻毒極鳳姐雖係刻毒之至然亦不應在
下人前爲不尋次等人前不得 周瑞家的也笑着湊趣兒王家的氣無
取洩自己回手打已的臉罵道老不死的娼婦怎麼造下孽了說嘴
打嘴現世現報在人眼里衆人見這般俱笑個不住又半勸調的鳳姐

見司棋低頭不語他並無畏懼慚愧之意到覺可異料此時夜深具不
必盤問此怕他夜間自去尋拙指遂喚兩個婆子監守起他來帶了人
拿了識証回來且自安歇等待明日料理誰知到夜里又連起來几次下
面淋血不止至次日便覺身体十分軟弱起來發暈遂掌不住請太醫
來診脉畢遂立藥案云看得少奶〻係心氣不足虛火乘脾皆由憂勞
所傷以致嗜卧好眠胃虛土弱不思飲食今聊用升陽養榮之劑寫畢遂
開了几樣藥名不故是人參当帰黃芪等類之劑一時退去有老嬤〻
們拿了方子回過王夫人不免又添一番愁悶遂將司棋等是暫未理
到可巧这日尤氏來看鳳姐坐了一回到园中去又看過里紈了要望後
姊妹去忽見惜春遣人來請尤氏遂到了他房中來惜春便將昨晚

一事細〻告訴與尤氏又命將入画的東西一槩要來與尤氏過目尤氏道寔是你哥〻賞他哥〻的只不該私自傳送如今官鹽竟成了私鹽了因罵入画胡塗脂油蒙了心的惜春道你們管教不嚴反罵了頭這些姊妹独我的了頭這樣沒臉我如何去見人昨兒我立逼着鳳姐〻帶了他去他只不肯我想他原是那邊的人鳳姐〻不帶他去也原有礼我今日正要送過去嫂子來的恰好快帶了他去或打或殺或賣一槩不管入画听說又跪下哭求說再不敢了只求姑娘看從小兒情常好在生死一處罷尤氏和奶娘等人也都十分〻解說他不過一時糊塗了下次再不敢的他從小兒伏侍你一塲到底留着他為是誰知惜春雖然年幼却天生的一種百折不回的廉介孤獨僻性任人怎說他只以為丟

了他的体面咬定牙断乎不肯便有說的好不但不要入画如今我也大了
連我也便徃的們那邊去了况且近日我每每風聞得有人背地議論什庅
多少不堪的閑話我若再去連我也編上了尤氏道誰議論什庅又有什
庅可議論的姑娘是誰我們是誰姑娘既听見人議論我們就該問
着他纔是惜春冷笑道你这話問自我到好我一個姑娘家只有躲是
非的我反去尋是非成個什庅人了还有一句話我不怕你惱好歹自
有公論有何必去問人古人說得好善悪生死父子不能有所最助何
况的我二人之間我只知道保得住我就勾了不管的們我後此以後
的們有事别累我尤氏听了又氣又好笑因向地下衆人道怪道人
都說这四了頭年輕糊塗我只不心的們听絲一篇話無原無故又

不知好歹又沒個輕重雖然是小孩子的話却又能寒人的心象姑〻笑
道姑娘年輕奶〻自然吃些虧的說春冷笑道我雖年輕这話却不
年輕的們不看書不識几個字所以都是些獃子看看明白人到說
我年輕糊塗尤氏道的是狀元探花难道就說有糊塗的不成可知
他們更有不能了語底更多尤氏笑道的到好幾是才子这会子又
作大和尚了又講起了語来說春道我不了語得也入画了尤氏道可
知你是個冷口冷心狠的說春道古人曾也說的不作狠心人难得是
了漢我請〻白〻的一個人為什庅教你們帶累坏了我尤氏心内原
有病怕說這些話听說有人議論已是心中羞怯激射只是在惜
春分上不好發作忍耐就累了你〻的〻頭的不是無故說我〻到

忍了这半日你到越發得了意只管說这些話你是千金萬金的

小姐我們已後就不親近仔細帶累了小姐的美名即刻就叫人將

入画帶了過去就省便賭氣起身去了惜春道若果然不來到也省

了口舌是非大家到还清淨尤氏也不荅話一逕往前边不知後事

如何

乾隆二十一年五月初七日對清

缺中秋詩俟雪芹

開夜宴　發悲音

賞中秋　得佳讖

□□□

□□□

脂硯齋重評石頭記卷之

第七十五回

開夜宴異兆發悲音　賞中秋新詞得佳讖

話說尤氏從惜春處賭出氣來正欲往王夫人處跟從的老嬷嬷們因悄悄的回道奶奶且別往上房去纔有甄家的几個人來還有些東西不知是作什麼机密事奶奶這一去恐不便氏听了道昨日听見爺說說看邸報甄家犯了罪現今抄沒家事調取進京治罪怎麼又有人來老嬷嬷道正是呢纔來了几個女人氣色不成氣色慌慌張張的想必有什麼瞞人的事情也是有的尤氏听了便不往前去仍往李氏這邊來了

前只有探春一語過至此回又用尤氏畧為陪点且輕輕談染出甄家事故此畫家未落墨之法也

恰好太醫纔診了脉去李紈

近日也畧竟精爽了些擁衾歌枕坐在床上正欲一二人来說些間話曰
見氏進来不似往日和靄可親只呆〻的坐着李紈因問道你過来了這
半日可在有在別屋里吃些東西沒有只怕餓了命素雲瞧有什庅新鮮
点心揀了來尤氏忙止道不必〻〻你這一向病着那里有什庅新鮮東西
況且我也不餓李紈道昨日他姨娘家送来的好茶麵子到是对碗來
你喝罢說畢便吩咐人去对茶尤氏出語無跟的了頭媳婦們因問奶
〻今日中晌尚未洗臉这會子趁便可浄一浄好尤氏点頭李紈忙命素
雲来取自已粧奩素雲一面取来一面将自已的胭粉拿來笑道我們
奶〻就說少個奶〻不嫌臟这是我的能着用些李紈道我雖沒有你
就誅往姑娘們那里取些怎庅公然拿出你的来幸而是他若是別

人豈不惱呢尤氏笑道这又妨是来我凡過来誰你使過今日忽然有嬈

贜了一面說盤膝坐在炕沿上銀蝶上来忙代為卸去腕鐲戒指又将一大

袱手巾盖袱在下截将衣裳護嚴小了娇炒豈兒捧了一大盆温水走至

尤氏跟前只灣腰捧着銀蝶笑道說一個〻沒截便的說一個葫蘆就

是一個瓢奶〻不過待咱們寬些在家的不管怎樣罷了你就得了益

不管在家出外當着親戚也只随着便了尤氏道你随他去罷横竪洗

了就完事了炒豈兒忙赶着跪下尤氏笑道你們家下大小的人只會講

外面假礼假体面究竟作出来的事都句使的了

按尤氏犯七出之條不過只是過于從夫四字此世間婦人之常情耳其心術慈厚寬順竟可出于阿凤之上時用之名犯七出之人從公一論可之賈宅中暗犯七出之人亦不少似明犯者反可宥恐其什已非而揭人惡者陰昧僻譎之流寔不能容于世者也

李紈听如此說便知巴

○此為打草驚蛇法寔寫邢夫人也

知道昨夜的事因笑道你這話有因誰作事究竟旬使了尤氏道你
道問你敢是病着死過去了一語未了只見人寶姑娘來忙說快請時寶
釵已走進來尤氏忙擦臉起身讓坐因問怎庅一個人忽然走來別的
姊妹都怎不見寶釵道正是我也沒有見他們只因今日我們奶〻身
上不是在家里兩個女人也都因時症未出炕的別靠不得我今兒要
出去伴着老人家夜里作伴兒要去回老太〻太〻我想有不時什庅
大事且不用提等好了我橫竪進來的所告訴大嫂子一声李紈听
說只看着尤氏笑尤氏也只看着李紈笑一時尤氏與沐巳畢大家吃
麵茶李紈因笑道既這樣且打發人去請姨娘的安問是何病我也
病着不能親自來的好妹〻你去只管去我自打發人去到你那里去

看屋子你好歹住一兩天还進来别交我落不時宝釵笑道落什麽不
是呢这也是通共常情你又不曾賣放了賊依我的生意也不必添人
過去竟把雲了頭請了你和他住一兩日豈不省事尤氏道可是史大妹
〻往那里去了宝釵道我纔打發他們找你們探了頭去了吽他同到
这里来我也明白告訴他正說着果然報雲姑娘和三姑娘来了大家
讓坐已畢宝釵便說要出去一事探春道狠好不但姨媽好了还来的
就便好了不来也使得尤氏笑道这語奇怪怎撵起亲戚来了探春
冷笑道正是吽有呢人撵的不如我先撵亲戚們好也不在必要死
住着纔好偺們到是一家子亲骨肉呢一個〻不像烏眼鷄恨不得你
吃我〻吃了你尤氏忙笑道我今兒是那里来的晦氣偏都𥇦着你

姊妹們的氣頭兒子探春道誰叫你趕熱灶來了曰問誰又得罪
了你呢曰又尋思道丫頭了頭不犯啰唣你郤是誰呢尤氏只含糊塗
荅應探春之他畏事不肯多言曰笑道你別粧老实了除了朝廷治
罪沒有坎頭你的不必畏頭畏尾实告訴你罢我罪日把王保善那老婆
子打了我还頂着個罪呢不過背地里說我些閑語難道他还打我一
頓不成宝釵忙問曰何又打他探春委把昨夜怎的抄揀怎的打他
一〻云来尤氏見探春已經說了云来便把說春方才之事也說了云来
探春道这是他的僻性孤介太過我們再傲不過他你又告訴他們說
今日一早不見動静打听鳳辣子又病了我就打發我媽〻出去打听
王保善是怎様回來告訴我說王保善家的挨了一頓打嗔着他

多事尤氏李紈道这到也是正礼探春冷笑道这種掩飾誰不會作

且再瞧就是了尤氏李紈皆點[頭不語]無所得一[時]是估着前頭用飯湘雲和

宝釵回房打点衣衫不在話下尤氏等道[辭]了李紈往賈母这边来賈

母歪在榻上王夫人說甄家因何獲罪如今抄[没]了家産回京治在[罪]

等語賈母听的[心里]不[自]在恰好見他姊妹来了因問從那里来的可知

鳳姐妯娌兩個的病今日怎樣尤氏等忙回道今日都好些賈母点

頭嘆道偺們别管人家的事且商量偺們八月十五日賞月是正

[徑]緊(賈母已看破孤悲鬼死故不改已聊未自遣耳)王夫人笑道都已預備下了不知老太太揀那里

好[就]知是園里空夜晚風冷賈母笑道多穿兩件衣服何妨那里正

是賞月的地方豈可倒不去的說話之間早有媳婦了妳們抬過

飯棹来王夫人尤氏等忙上来放着(快子)捧飯賈母見是(自)已的几色菜
已擺完另有両大捧盒内捧了几色菜来便知是各房另外季(孝)敬
的旧規矩賈母因問都是些什庅上几次我就吩咐如今可以把这些
蠲(免)了罢你們还不听如今比不得先(在)軏轐的時老(侯)了鸳央忙道我説過(好)
几次都不听也只罢了王夫人笑道不過都是家常東西今日我吃斋
没有別的他些(不過是)麵觔荳付老太〻又不大甚愛吃只揀了一樣椒油蓴韭
醬来賈母笑道这樣正好(我)正想这個吃鸳央听説便将碟子挪在跟前
宝琴一〻的譲了方帰坐賈母便命探春来同吃探春也都譲過了便
和宝琴对面坐下侍書忙取去了碗来鸳央又指(有)他几樣菜道这両
樣看不出是什庅東西来大老爺送来的这一碗是鷄髓笋是外

頭老爺送上来的一面說一面就只將這碗筍送至棹上賈母略嘗了兩
点便命將那兩樣着人送回去就說我吃了後不必天天送我想吃自
然来要媳婦們得應着仍送過去不在話賈母因問有稀飯出此、
罢了尤氏早捧過一碗来說是紅稻米粥賈母接来吃了半碗便吩咐
將這粥送給鳳哥兒吃去又指着這一碗筍和這一盤風醃果子狸給
顰兒寶玉兩个吃去那一碗肉給蘭小子吃去又向尤氏道我吃了保的
就来吃了罢尤氏答應待賈母漱口洗手畢賈母便下地和王夫人說
閒話行食尤氏告坐探春寶琴二人也起来了笑道失陪失陪尤氏笑道
剩我一个人大排棹的不慣賈母笑道央琥珀来趣勢也吃些又作了
陪客尤氏笑道好好好我正要說呢賈母咲道看着多多的人吃飯

取有趣的又指銀蝶道這孩子也好也来同的主子一塊来吃等的們离

了我再立規矩去尤氏道快過来不必粧假賈母負手看着取樂因見伺

候添飯的人手内捧着一碗下人的米飯尤氏吃的仍是白粇飯賈母

問道伯怎広昏了盛一個飯来給的奶々那人道老太々的飯完了今日

添了一位姑娘所以短了些夗央道如今都是可着頭做帽子了要一

点兒福餘也不能的夫人忙回道這一三年旱個不定田上的米都不能

按數交的這几樣細米更艱難了所以都可着吃的多少関去生恐

一時短了買的不順口賈母笑道這正是巧媳婦做不出没来粥衆

人都笑起来夗央道既這樣的就去把三姑娘的飯拿来添也是

一樣就的樣体尤氏笑道我的个就句了也不用取去夗央道你句

了我不會吃的地下的媳婦們听説方忙着取去了[總伏下文]一時王夫人也

去用过飯里尤氏直陪賈母説話取笑[笑]到起更的時候賈母説黑了[似]

過去罷尤氏方告辭[辞]出來走至大門前上了車銀蝶坐在車沿上衆媳

婦放下簾子來便帶小了頭們[自]先直走過那边大門口等着去了回[東西]

二府之門相隔沒有一箭之路每日家常來往不必定要走[坐車]俻況天

黑夜晚之間回來的遭數更多所以老嬷嬷帶着小了頭只几步便走

了過來兩邊大門上的人都在東西街口早把行人断住尤氏大車

上也不用牲口只用七八個小廝挽環拽輪輕輕的便推拽過这边堦

磯上于是衆小廝退過獅子巳[以]外衆嬷嬷打起簾子銀蝶先下來

然後衆[入攙]下尤氏來大小七八個灯籠照的十分真切尤氏回[頭]見兩边

獅子下放着四五輛大車便知係來赴賭之人所乘向銀蝶衆人道

的着坐車的是騎馬的还不知有几个呢馬自然在圈里拴着

偺看不見子不知道他娘老子掙下多少錢与他們这底開心兒一

面說一面已到了所上賈蓉之妻帶家來下媳婦們了頭也都秉燭

接了出來尤氏笑道成日家我要偷着瞧瞧他們也沒得便今兒到

巧就順便打他們窗戶跟前走過去衆媳婦答應着提灯引路

又有一個先去悄悄的知會伏侍的小廝門不要失驚打怪于是尤

氏一行人悄悄的來又窓下只听里面稱三讚四要笑之音雖多

又兼有恨五罵六忿怨之声亦不少原來賈珍近因居喪每

不得遊玩曠朗不得觀優悶樂作遣無聊之極便生了破悶之法

日間以習射為由請了各世家弟兄及諸富貴親友來較射因說白〻
的只管乱射終無裨益不但不能長而且壞了式樣必須立個罰約賭
個利物大家纔有勉力之心因此天香樓下箭道內立了鵠子皆約定了
每日早飯後來射鵠子賈珍不肯出名便命賈蓉作局家這些來的人
皆係世襲公子人〻家道豐富且都在少年正是鬥雞走狗問柳評花
的一干游蕩紈袴因此大家議定每日輪流作晚飯之主每日來射不便
獨擾賈蓉一人之意于是天〻宰猪割羊屠鵝戮鴨好似臨潼鬥寶的
一般都要賣弄自己家的好廚役好烹炮不到半月工夫賈赦賈政
听見這般不知就理反說這是正理文既誤矣武事當亦該習況在武
之蔭兩處遂也命賈環賈琮寶玉賈蘭等四人于飯後過來跟着

賈珍習射一面方許回去賈珍之在不此再過一日便漸此以歌背養另
為由晚或抹；骨牌賭個東酒而已至後漸此至錢如今三四月的光景
竟一日一日賭勝于射了公然鬪葉擲骰放頭開局夜賭起來家下人借
此各有些益已不得的如此所以竟成了勢了外人皆不此下是近日邢
夫人之胞弟邢得全也酷好如此故也在其中又有薛蟠頭一個慣喜
送錢與人的見此豈不快樂也邢德全雖係邢夫人之胞弟却居心行
事大不相同這個邢德全只知吃酒賭錢眠花宿柳為樂手中濫漫
使錢待人無二心好酒者喜之不飲者則亦不去親近無論上下主
僕皆出自一意並無貴賤之分因此都喚他傻大舅薛蟠早已出名
的獃大爺今日二人皆湊在一處都愛搶新快爽利便又會了兩家在

外間炕上搶新快別的又有几家在當地下大㨾上打公番里間的又一起
斯聞此的抹骨牌打天九此間伏侍的小厮都是十五岁已下的孩子若
成了的男子到不了这里故尤氏方潜至窗外偷看其中有兩個十六七岁
孌童以備奉酒的都打扮的粉粧玉琢今日薛蟠又輸了一張正沒好
氣幸而擲第二張完了𥮅來除香過來到反贏了心中只是興頭起
來賈珍道且打住吃了東西再來因問那兩處怎樣裡頭打天九的
也作了賬等吃飯打公番的未清且不肯吃于是各不能催先擺下
一大㨾賈珍陪着吃命賈蓉落後陪的一起薛蟠頭ゝ興了便摟着
一個孌童吃酒又命將酒去敬邢傻舅ゝゝ輸家沒心緒吃了兩碗便有
些ゝ醉意嗔着兩個孌童只赶贏家不理輸家了因罵道你們这起

此一段孌童語
句太真反不得
其為錢為勢
之神尚改以
委曲認罷這
方妥

兎子就是这樣專役上水天〻在一處誰的恩你們不沾只不过这一
会子輸了几兩銀子你們就三六九等了难到從此以後再沒有求肖
我們的事了衆人見他帶酒忙說狠是〻果然他們風俗不好因喝
命快敬酒賠罪兩個孌童都是演就的局套忙都跪下奉酒說我
們这行人師父教的不論遠近厚薄只看一是有錢勢就親敬便是
活佛神仙一是沒了錢勢了不好去理他况且我們又年輕又居这個行
次求旧太爺体恕些我們就過去了說着便舉着酒俯膝跪下
世人不是罵 刑大舅心内雖軟了只还故作怒意不理衆人有功道这孩子是說的
寔情說話老舅是久慣憐香惜玉的如何今日反这樣起来若不吃这
酒他兩個怎樣起来邢大舅已掌不住了便說道若不是衆位說我

我再不理說着方接過來一起唱了乾又斟一碗來的邢大舅便酒勾往
事醉露真情起來乃怕条对賈珍嘆道怨不的他們是錢如命多
少世官大家出身的若提起錢勢二字連骨肉都認不了老賢甥昨
日我和你那边的令伯母都起的可知道否賈璉道不曾听見邢大旧
嘆道就為錢这件混賬東西利害〻〻賈珍深知他與邢夫人不睦每
遭邢夫人棄悪故出怨言因劝道老旧你也太散漫些若只管花去有
多少給老旧花的邢大旧道老賢甥你不知我邢家底理我母親去世時
我那時尚小世事不知他姊妹三個人只有你令伯母年長出閣一分家私都
是他把持帶來如今二家姐雖也出閣他家也很艱難三家姐尚在家
里一應用度都是这里賠房王保善家的掌管我便來要錢也非要

你是你賈府的私我家〻私也就勾我花也無奈竟得到手所以有
寃無處訴 衆惡之必察也今邢夫人一人賈母先惡之恐賈母心偏亦可解之若賈璉阿鳳之怨恕兒女之私亦〻可解之若探春之怒女子不識大而知小亦可解之今又忽用乃弟一怨吾不知將又何如矣 賈珍見他酒後叨〻恐人听見不雅連忙用
話解劝外面尤氏等听得十分真切乃悄向艮蝶笑道你听見了這
是北遠里太太〻的兄弟抱怨他呢可怜他親兄弟還是樣説他就
怨不得的人了因还要听是〻正真打公耆者也歇住了要吃酒因
有一个向道方才是誰得罪了老旧我們竟不曾听明白且告訴我評
〻理邢德全見問便把兩个孌童不理輸的只赶贏的話説了一遍
這一个年少的就誇道這樣説原可惱的怨不得旧太爺生氣我
且問你兩个旧太爺虽然輸了輸的不過是銀子錢並没有輸丢

了毬毛怎就不理他了說着衆人大笑起來連那德全來噴了一地飯
尤氏在外面悄悄的啐了一口罵道你听听这一起子沒廉耻的小挨刀
的才丟了腦袋骨子就胡唚嚼毛了再合攮下黄湯去还不知唚出
些些什麽來呢一面說一面便進去卸粧安歇至四更時賈珍方散往佩
鳳房里去了次日起來就有人回西瓜月餅都全了只待分派送人
賈珍吩咐佩鳳道你請你奶奶看着送罢我还有別的事呢佩鳳
答應去了回了尤氏尤氏只得一一分派遣人送去一時佩鳳又來說爺
問奶奶今兒出門不出說偺們是孝家明兒十五過不得節今兒晚
上到好可以大家應个景兒吃些瓜餅酒尤氏道我到不愿出門
呢那边珠大奶奶又病了凤了頭又睡倒了我再不過去越發無

个人了児不得間應什庅景佩鳳了道爺說了今免已辭了乘人直
等十六才来呢好歹定要請奶〻吃酒的尤氏笑道請我〻沒的还
席佩风笑肖去了一時又来笑道爺說連晚飯也請奶〻吃好歹早
些回来叫我跟了奶〻去呢尤氏道这樣早飯什庅快些吃了我好
走的佩鳳道爺說早飯在外頭吃請奶〻自巳吃罢尤氏問道今日
外頭有誰佩风道听見說外頭有两个南京新来的到不知是誰
說話一是賈蓉之妻也梳粧了来見過少事摆上飯来尤氏在上賈
蓉之妻在外陪婆媳二人吃畢飯尤氏便換了衣服仍過荣府来至
晚方回去果然賈珍煑了一口猪燒了腔羊餘者桌菜及菓品之
類不可勝紀就在彙芳園中叢綠堂中屏開孔雀褥設芙蓉

帶領妻子姬妾先飯後酒開怀賞月作樂將一更時分真是風清月朗上下如銀賈珍因要行令尤氏便叫佩鳳等四个人也都入席下面一溜坐下猜枚划拳飲了一回賈珍有了几分酒亦發高興便命取了一枝紫竹簫來命佩鳳吹簫文化唱曲喉清嗓嫩真令人魄醉魂飛唱罢復又行令那天將有三更時分賈珍酒已八分大家正在添衣飲茶換盞更酌之際忽听那边墻下有人長嘆之声大家明明听見都悚然疑畏起來余亦悚然疑畏賈珍忙厲声叱咤問誰在那里連問几声沒有人荅應尤氏道必是墻外边家里人也未可知賈珍道胡說這墻四面皆無下人的房子况且那边又緊靠着祠堂奇絕神想余更為之悚惧矣焉得有人一語未了只听得一陣風声竟過墻去了恍惚聞得祠堂内槅扇有

開門之声只覺得風氣森森比先更覺凉颯起来月色慘淡也不
似先明朗衆女婦人都覺毛髮倒竪賈珍酒已醒了一半只比別人撑
持得住些心下也十分疑畏便大沒興頭起来勉強又坐了一會子就
歸房安歇去了次日一早起来乃是十五日帶領衆子姪開祠堂行
朔望之礼細察祠内都仍是照舊好好的並無怪異之跡賈珍自為醉
後自怪也不提此事礼畢仍閉上門看着鎖禁起来夫寫榮府慶中秋却先寫寧府開夜宴未
寫榮府數尽先寫寧府異道盖寧乃家宅凡有関于吉凶者故必先示之且列祖祠此
豈無得而警乎凡人先人雖遠然氣遠相関必有之利也非寧府之祖独有感應也
賈珍夫妻至晚飯後方過榮府来只見賈赦賈政都在賈母房
内坐着說閑話與賈母取笑賈璉寶玉賈環賈蘭皆在地下侍立
賈珍来了都一一見過說了兩句話後賈母命坐賈珍方才近門

小杌子上告了坐側身側坐賈丑笑問道的兩日你宝兄弟你箭如
何ㄓ賈珍忙起身大長進了不但樣式好而且弓也長了一個力氣賈丑
道這也句了且別貪力仔細努長賈珍忙荅應荅几個是賈丑又道你昨
日送来的月餅好西瓜看着好打開却也罢了賈珍笑道餅是新来的
一個專做点心的厨子我試了試果好纔了孝敬西瓜往年都還可也
不知今年怎庅就不好了賈政道大約今年雨水太勤之故賈丑笑
道此時月已上了偺門且去上香說着便起身扶着宝玉的肩帶領
衆人齊往園中来當下園之正門俱已大開吊着羊角大灯嘉蔭堂
前月台上焚着斗香秉着風蠋陳献着瓜餅及各色菓品邢夫人等
一干女客皆前裡面久候真是月明灯彩人氣香烟晶艷氤氳不可

形容地下鋪百拜毯錦褥賈母盥手上香拜畢于是大家皆拜過賈
母便說賞月在山上最好因命在那山脊上的大廳上去眾人聽說就
忙着在那里去鋪設賈母且在嘉蔭堂中吃茶少歇說些閒話一時人
回都齊備了賈母方扶着人上山來王夫人等因為說恐石上苔滑還
是做竹椅上去賈母道天天有人打掃況且極平穩的寬路何必不疏
散散筋骨于是賈赦賈政等在前導引又是兩個老婆子秉着
兩把羊角手罩鴛鴦琥珀尤氏等貼身攙扶邢夫人等在後圍隨從
下逶迤不過百餘步至山之峰脊上便是這座廠廳因在山之高脊
故名曰凸碧山莊于廳前平台上列下桌椅又用一架大圍屏隔作兩間
凡桌椅形式皆是圓的特取團圓之意上面居中賈母坐下左垂

首賈赦賈珍賈璉賈蓉右垂首賈政宝玉賈環賈蘭團〻圍坐只坐了桌半
壁下面還有半壁餘空賈母笑道往常日到還不覺人少今日看来还是
偺們的人也甚少筭不得甚应未飲先感人丁總是將散之兆想當年過的日子到今
夜男女三四十個何等熱鬧今日就這樣太少了待要再叫几个
来他們都是有父母的家裡去了應景不好来的如今叫女孩們来
坐那边罷于是令人向圍屏將迎春探春惜春三个請出来賈璉宝
玉等一齊出坐先儘他姊妹坐了然後在下面方依次坐定賈母便命
折一枝桂花来坐一媳婦在屏後擊鼓傳花若花到誰手中飲酒一杯罰
說笑話一個不犯前几次飲酒于是先從賈母起次賈赦一〻接过鼓数兩轉恰〻在
賈政手中住了奇妙偏在政老手中竟能使政老一謔眞大文章矣只得飲了酒衆姊妹弟兄皆你悄

悄的扯我一下悄〻的又捏你一把都含笑到要听是何笑話（余也要細听）賈
政見賈母喜悦只得承歡方欲說時賈母又笑道若說的不笑了还要罰
賈政笑道只得一个說来不笑也只好受罰了因笑道一家子一个人最
怕老婆的總說了一句大家都笑了因從不曾見賈政說過笑話所以纔
笑（是極摹神之至）賈母笑道這必是好的賈政笑道若好老太〻多吃一杯賈
母笑道自然賈政又說道這个怕老婆的人從不敢走一步偏是那
日是八月十五到街上買東西便遇見了几个朋友死活拉到家里
去吃酒不想吃醉了便在朋友家睡着了第二日纔醒後悔不及只得
来家陪罪他老婆正洗脚說既是這樣你替我舔〻就饒你這男
人只得給他舔〻未免恶心要吐他老婆便恼了要打說你這樣輕狂

唬得他男人忙跪下求說並不是奶〻的脚䑋只因昨晚吃多了黄
酒又吃了几塊月餅餡子所以今日有些作酸呢說的賈母與衆人都笑
了這方是賈政之謔亦善謔矣賈政忙斟了一杯送與賈母〻〻笑道既這樣快樂叫
人取燒酒來别叫你們受累衆人又都笑道起來于是又擊鼓便從賈
政傳起可巧傳至寶玉鼓止寶玉因賈政在坐自是踧踖不安偏又
在他手內因想說笑話倘或不好發笑又說沒口才連一笑話不能說何
況别的這有不是若說好了又說正經的不会只慣油嘴貧舌更有
不是不如不說的好実寫日徃事相乃起身辭道我不能說笑話求再限
别的罷了賈政道既這樣限一個秋字就即景作一首詩若好
便賞你若不好明日仔細賈母忙道好〻的行令如何又要作詩

了呢賈政道他能的賈母听說既這樣就作命人取了紙筆來賈
政道只不許用那些冰玉晶銀彩光明素練等樣堆砌字眼要另出己意
見試試你這几年的情思寶玉听了觸在心坎里上遂立想了四句
向紙上寫了呈與賈政賈政看道是賈政看了点頭不語賈母見這般
知無甚大不好便问怎麽樣賈政因欲賈母喜悅便說难爲他
只是不肯念書响到底詞句不雅賈母道這就罷了他能多大定
要他做才子不成這就該獎勵他已後越發上心了賈政道正
是因回頭命你老嬷嬷出去吩咐書房內的小廝把我海南帶
來的扇子取兩把給他寶玉忙拜謝仍復归座行令当下賈蘭
見獎勵寶玉他便出席也做一首遞與賈政政看時寫道是

賈政看了喜不自勝遂併講與賈赦听時賈赦也十分歡喜也忙令
賈政賞下時大家歸坐復行起令來這次賈赦手內住了只得吃了
酒說笑話因說道一家子一個兒子最孝順偏生母親病了各處求
醫不得便請了一個針灸的婆子來的婆子原不知道脉理次說
是心火如今用針灸之法針灸〻〻就好了的兒子慌了便問心見
郎死如何針得婆子道不用針心只針肋條就是了兒子道肋
條离心甚遠怎麼就好婆子道不妨事你別知天下父母心偏的
多呢衆人听說都笑起來賈母也只得吃半杯酒半日笑道我也
得這個婆子針一針就好了賈赦听說便知自己出言冒撞賈母
疑心也忙起身笑與賈母把盞以別言解釋賈母亦不可再提

且行起令来不料近次花郄在賈环手里賈环近日讀書稍進其脾味中不好務也與宝玉一樣故每常也好看些詩詞尚好奇詭仙鬼一格今見宝玉作詩受獎他便技癢只當着賈政不敢造次如今可巧花在手中便也索紙筆来立揮一絶與賈政、道是

偏立賈政戲謂已是與文而賈环作詩賈奇中又奇之奇文也總在人意料之外竟有人曰賈环如何又有好詩似前言不搭後丈矣蓋不可向說問賈环亦榮公子正脉雖少年頑劣見今玫小兒之常情年讀書豈無長進之理哉况賈政之教是弟子目已大竟跌忽矣若是賈环連一平仄也不知豈榮府是尋常膏粱不知詩書之家哉然後之宝玉之一種情思正非有益子總明不得謂此諸人皆妙者也

賈政看了亦覺罕異只是詞句終帶着不樂讀書之意遂不說道可見是弟兄了發言吐氣總屬邪派特来都是不由規矩準繩一起下流大妙在古人中有二难你兩個也可以称二难了又是的兩個难字郄是作难以教

訓难字講繼好哥〻是公然温飛卿自居如今尺弟又自為曹唐再世
了說的賈赦等都笑了賈赦乃要詩瞧一遍道連聲讚好道这詩據
我看甚是有氣骨想来偺們这樣人家原不必那起寒酸定要雪窓
螢火一日蟾宮折桂方得揚眉吐氣偺的子弟都原該讀些書不過
别人略明白些可以做得官時就跑不了一個官的何必多費了工夫
反弄出書獃子来所以我愛他這詩竟不失偺們侯門的氣槩因
回頭吩咐人去取了自己的許多玩物來賞賜與他因又拍着賈环
的頭笑道已後就这做去方是偺們的口氣将来這世襲的前程
定跑不了你襲呢賈政听說忙勸說不過他胡謅如此那里就論到
後事了說自便斟上酒又行了一回令 便又輕〻抹去也 賈世便信說你們去罷

自然外頭還有相公們候着也不可輕忽了他們况且二便多了你們散了再讓我們姑娘們多樂一回好歇着了歇賈赦等听了方止了令又大家公進了一杯酒方帶着子姪們云去了要知端詳再听下回

脂硯齋重評石頭記卷之

第七十六回

凸碧堂品笛感淒情　　凹晶館聯詩悲寂寞

話說賈赦賈政帶領賈珍等散去不提且說賈母這里命將圍屏撤
去兩席併而位（為）一（席）衆媳婦另行擦棹整菓更杯洗著陳說（設）一番賈母
等（也）添都衣盥漱吃茶方又入坐團〻圍繞賈母看時寶〻釵姊妹二
人不在坐內知（已）他們家去圓月去了且李紈鳳姐二人又病着少了四
個人便覺冷清了好些（不想這次中秋反寫得十分凄楚）賈母因笑道往年的（你）老爺們
不在家偺們越（連）性請過姨太〻來大家賞月却十分鬧熱（熱）忽一時想（想）起
你老爺來又不免想到母子夫妻兒女不能一處也都沒興及至今

年你老爺來了正該大家團圓取樂又不便請他們娘兒們來說
說笑笑況且他們今年又添了兩口人也难丢了他們跑到这里來偏又把
风了頭病了有他一（个）人來說（在这里）說笑笑还抵得十个（个）人的空兒可見天下事總
难十全說畢不竟長嘆一声遂命拿大杯來斟热酒王夫人笑道今日
得毋子團圓自比往年又（有）趣往年娘兒們雖多終不是（如）今年（都是）自己的骨
肉齊全的好賈毋笑道正是為此所以綫（纔）高興拿大杯來吃酒的（你）們
也換大杯纔是邢夫人等只得換上大杯來因夜深体乏且不能勝酒
未免都有此（些）倦意無奈賈毋興猶未闌（闌）只得陪飲賈毋又（毋）命將罽（洋）氊
鋪於堦上命將月餅西瓜菓品等類都叫搬下去令丫（了）頭媳婦們也
都團團圍坐賞月賈毋曰見月（至）中天比先越發精彩可愛曰說

如此好月不可不聞笛因命人將十番上女孩子傳來賈母道音樂多
了反失雅致只用吹笛的遠遠的吹起來就彀了說畢剛纔去吹時只見
跟邢夫人的媳婦走來向邢夫人前說了兩句話賈母便問說什麼事
那媳婦便回說方纔大老爺出去被石頭絆了一下歪了腿賈母聽說忙
命兩個婆子快看去又命邢夫人快去邢夫人遂告辭起身賈母便又
說珍哥媳婦也趁着便就家去罷我也就睡了尤氏笑道我今日不回
去了定要和老祖宗吃一夜賈母笑道使不得使不得的你們小夫妻
家今夜不要團圓團圓如何為我耽擱了尤氏紅了臉笑道老祖宗
說的我們太不堪了我們雖然年輕已經是十來年的夫妻也奔四
十歲的人了况且孝服未滿陪着老太太頑一夜還罷了豈有自去

團圓的理賈母听說笑道這話很是我到也忘了孝未滿可怜你公
公已是二年多了可是我到忘了該罰我一大杯既
這樣你就越性別送陪着我罷了你叫蓉兒媳婦送去就順便回
去罷尤氏說了蓉妻得應着送出邢夫人一同至大門各是上車回去
不在話下這里賈母仍代衆人賞了一回桂花又入換煖酒来正說着閑話
猛不妨只听那壁廂桂花樹下嗚嗚咽咽悠悠揚揚吹出笛声来越這
明月清風天空地净真令人煩心頓解万慮齊除都肅然危坐默
相賞听約兩盞茶時方纔止住大家稱讚不已于是遂又斟上煖酒来
賈母笑道果然可听庅衆人咲道寔在可听我們也想不到這樣
樣須得太太代領着我們也得開些心胸賈母道這還不大好須得

揀那曲譜越慢的吹來越好說着便將自己吃的一個内造瓜仁油松穰
月餅又命斟一大杯熱酒送給譜笛之人慢〻的吃了再細〻的吹一套來
媳婦們荅應了方送去只見方纔瞧賈赦的兩個婆子回來了説右脚面
上白腫了些〻如今調服了藥疼的好些〻了也不甚大關係賈母点頭
嘆道我也太操心打緊說我偏心我反這樣因就將方纔賈赦的笑
話說與王夫人尤氏等听王夫人等因笑功(功)道這原是酒後大家説
笑不留心也是有(的)豈有敢說老太〻之理老太〻自當解釋纔是只
見鴛鴦拿了軟巾兜與大斗蓬來說夜深了恐(怕)露水下來風吹了頭
須要添了這個坐〻也該歇(了)也賈母道偏今兒高興你又來催難道
我醉了不成偏到天亮因命再斟酒來一面代(帶)上兜巾披了斗蓬

大家陪着又聞說些笑話只听桂花陰里嗚〻咽〻裊〻悠〻又發出一縷
笛音來果真比先越發淒凉大家都寂然而坐夜靜月明隨下相來 各人心想向
衆人彼此都不禁淒凉寂歷之意半日方知賈母傷感纔忙轉身陪
笑發語解釋 月听笛如痴如 轉身妙画出对呆不竟尊長在上之形景來 又命暖酒且住了
笛尤氏咲道我也就李一個笑話說與老太〻解〻悶賈母免强咲
道这樣更好快說來我听尤氏乃說道一家子養了四個兒子大兒
子只一個眼睛二兒子只一個耳朵三兒子只一個鼻子四兒子到都齊全
偏又是個啞叭正說有到这里只見賈母已朦朧双眼是又睡去之態
來 總寫出淒凉無興景况 尤氏方住了忙和王夫人輕〻的請醒賈母睁眼
笑道我不困白閉〻眼養神你們只管說我听着呢 活畫王夫人等

笑道夜已四更了風露也太清老太太歇罷了明日再賞十六也不辜負
這月色賈母道那里就四更了王夫人笑道實已四更他們姊妹們熬
不過都去睡了賈母聽說細看了一看果然都散了只有探春在此
賈母笑道也罷你們也熬不慣況且弱病的病去了到省心只是三個
了頭何怕尚还等着你也去罷我們散了說着便起身吃了一口清茶
便有預備下的竹椅小轎便圍着斗篷坐上兩個婆子搭起衆人圍
隨出园去了不在話下这里衆媳婦收什杯盤碗盞時却少了個細茶
杯各處尋覓不見又問衆人必是誰失手打了撂在那里告訴我
拿了磁瓦去交收是証見不然又說偷起来衆人都說沒有打了
只怕跟姑娘的人打了未可知的細想了或問了他們去一語提醒

了這管傢伙的㘞媳婦回笑道是了那一會記得是翠縷拿着的
我去問他說着便去找時剛下了甬路就遇見了紫鵑和翠縷來了
个翠縷便問道老太太散了可知我們姑娘那去了這媳婦道
我來問那一個茶鍾往那里去了你們問我要姑娘翠縷笑道我聞
到茶給姑娘吃的展眼回頭就連姑娘也沒了那媳婦道太太纔說都
睡覺去了那不知那里頑去了還不知道呢翠縷向紫鵑道斷乎沒
有情情的睡去之理只怕在那里走走如今見老太太散了赶過前
边送去也未可知我們且往前边找找去有了姑娘自然你的茶鐘也
有了你明日一早再找有什麽忙的媳婦笑道有了下落就不必忙
了明兒就你要罢說畢回去查收傢火那里紫鵑和翠縷便往賈

丗處來不在話下原來代玉和湘雲二人並未去睡覓只見代玉見
賈府中許多人賞月賈丗猶嘆人少不是當年熱鬧又提寶釵姊
妹家去丗女弟兄自去賞月等語不覺対景感怀自去俯欄垂泪寶
玉近因晴雯病勢甚重諸務無心（不漏代一筆妙更覓謹密）王夫人再遣四他
去睡他從丗去了探春又因近日家事惱着無暇遊玩雖有迎春
惜春二人偏又素日不大甚合所以只剩了想雲一人寬慰他因說你
是個明白人何必作此形像自苦我也和你一樣我就不似你这樣心
窄何况你又多病还不自己保養可恨寶姐〻妹妹天〻說諸道熱
早已說今年中秋要大家一處賞月必要起社大家聯句到今日
便棄了偺們自己賞月去了社也散了詩也不作了到是他們父

子叔侄縱橫起来你可知宋太祖說的好卧榻之側豈許他人酣睡他們不作偺們兩個竟聯起句来明日羞他們一羞代玉見他們这般劝慰不肯負他的豪興因笑道你看这里等人声嘈雜有何詩興湘雲笑道这山上賞月雖好終不及近水賞月便妙你知道这山坡底下就是池沿山坳里近水一個所在就是凹晶館可知当日蓋这園子時就有學問这山之低窪近水處就叫作凹晶这凸凹二字歷来用的人最少如今直用作軒館之名更覔新鮮不落俗套可知这兩處一上一下一明一暗一高一矮一山一水竟特是因玩月而設此處有愛那山高月小的便往这里来有愛那皓月清波的便往那里去只是这兩個字没念作窪拱二音便說俗了不大見用

只陸放翁用了一个凹字說古硯微凹聚墨多還有人批他俗豈不可笑
林代玉道也不只放翁纔用古人中用者太多如青苔賦東方朔神異
経以致画記上云張僧繇畫一乘人的故事不可勝舉只大今人不知悮
作俗字用了实和你說罢这兩個是还字我呢擬曰那年試宝玉因他
擬了几處也存的也有删改的也有尚未擬的这是後来我們大家把
这忽有名色的也都擬出来了註了出處寫了这房屋的坐落一併帶
進去與大姐〻瞧了他又帶出来命給旧旧瞧過誰知旧〻到喜吹起
来又說早知这樣那日該就叫妹妹一併擬了豈不有趣所以凡我擬
的一字不改都用了如今就往凹晶館去看了說着二人便同下了山
坡只一轉湾就是池沿〻上一帶竹欄相接直通着那邊藕香榭

的路徑點明妙不然此園竟有多大地　因这幾間房子在此山怀抱之中乃凸碧

山庄之退步因窪而近水故見其額凹晶溪館因此處房子不多且又

矮小故只有兩個老婆子上夜今日打听得凸碧山庄的人應差與

他們無干这兩個老婆子関了月餅菓品并搞賞的酒食来二人

吃得既醉且飽早已息灯睡了

妙極此書又往一步寫法如王夫人云他姊妹可怜那里像当日林姑媽那樣有如賈母云如今人少那里日当日人多等数此謂進一步法也有退一步法如宝釵之对刑岫烟此一時也彼一時也如今此不得先的活了只好随是十分又如风姐之对平児云如今我也我明白了我如今也要作好〻先生罢等類此謂退一步法也今有方权拾故賈母高樂却有寫出二婆子高樂此一步之実也如前丈海棠詩四手以足忽又用湘雲独戎二律反厭春此又進一步实事也所謂法〻皆全然〻不丧也

代玉湘雲見息了灯湘雲笑道到是他們睡了好偺們就在这捲棚

底下近水赏月如何二人遂在兩個湘妃竹墩子上坐下只見天上一輪皓

月池中一輪水月上下爭輝如值身于晶宮鮫室之内微風一過粼粼然
池面皺碧鋪紋真令人神清氣淨湘雲笑道怎得這會子作上般吃
酒到好這要是我家里這樣我就立刻坐般了代玉笑道正是古人常說
的好事若求全何所樂據我說這也罷了偏要坐般起來湘雲笑道得
隴望蜀人之常情可知那些老人家說的不錯說窮之家自為富貴之
家事事趁心告訴他說竟不能隨心他們不肯信的不得親歷其境
他方知竟了就如何俗們兩個雖父母不在然却也忝在富貴之鄉
只你我竟有許多不遂心的事代玉笑道不但你我不能趁心就連
老太太太太以至寶玉探了頭等人無論事大事小有理無理其不能
各遂其心者同一理也何况你我旅居客寄之人了哉
以立未不怡然得享
自然之樂者矣書

湘雲听說恐怕代

中若干女子從生及婢未有必各有所㩁各有所試各有所長
者皆未如宝宝無可閑切籌画可嘆

玉又傷感起来忙道休說这些閒話偺們且聯詩正說間只听笛韻悠
揚起来代宝(玉)笑道今日老太〃太〃高興了的(的狠这)笛子吹的有趣到是助
偺們的興趣了 妙正是吹笛之時分認作人一處之笛也 偺兩個都愛五言就
还是五言排律罢湘雲道限何韵代玉笑道偺們数这個欄杆的真(直)
棍这頭到那頭為止他是第几根就用第几韵若(是)十六根便是一先
起这可新鮮(么)湘雲笑道这到别致于二人(是)起身便從頭数至尽頭止
得十三根湘雲道偏又是十三元(的韻)個这個少(韵狠)作排律只怕牵強不能
壓韵呢少不得你先起一句罢了代玉笑道到要試〃偺們誰強(誰)弱
只是没了(有)紙筆記(下)湘雲道不妨明兒再寫只怕這一点聰明还有

代玉道我先起一句現成的俗語罷因念道

三五中秋夕

湘雲想了一想道

清遊擬上元　撒天箕斗燦

林代玉笑道

匝地管絃繁　幾處狂飛盞

湘雲笑道这一句幾處狂飛盞有些意思这到要对的好呢想了一想笑道

誰家不啟軒　輕寒風剪剪

代玉道好对的比我的却好只是这句又說就該加勁說了去纔是湘雲

道詩多韵險也要鋪陳此總是縱有好的且留在後頭代玉笑道到

後頭沒有好的我看你羞不羞回聯道

良夜景暄〻　争餅嘲黄髮

湘雲笑道你下句不好杜[是你]撰用俗事来难我了代玉笑道我說你不曾

見過書呢吃餅是旧典唐書唐志你看了来再說湘雲笑道这也

难不倒我〻也有了回聯道

分瓜笑綠媛　香新栄玉桂

代玉笑道分瓜二字可是実〻是你的杜撰了湘雲笑道明日偺們对查了出

来大家看〻这会子别躭悮工夫代玉笑道雖如此下句也不好不犯着

又用玉桂金蘭等字樣来塞責回聯道

色健茂金萱　　蠟燭輝瓊宴

湘雲笑道金萱便宜二字便宜了你省看多少力的這樣現成你偏被你想得

了只是不犯着替他們送聖去况且下句你也是塞責了代玉笑道你

不說玉桂我难到強对了金萱罢再也要鋪陳些富麗方才是即

景之实事湘雲只得又聯道

觥籌乱綺園　　分曹尊一令

代玉笑道下句好只难得对些日想了一想聯道

射覆听三喧　　骰彩紅成点

湘雲笑道三宣有趣竟化俗成雅了只是下句又說上骰子少不得

聯道

傳花鼓濫喧　晴光摇院宇

代玉笑道对的却好下句又洫了些嘗拿只風月來塞責雲道究竟没說到上也要点綴〻〻方不落題代玉道且姑存之明日再斟酌因聯道

素彩接乾坤　賞罰無賓主

湘雲道又說他們作什庅不如說偺們只得聯道

吟詩序仲昆　構思時倚檻

代玉道这可以入上你我也因聯道

擬景或以門　酒尽情猶在

湘雲說道这侯了乃聯道

一更殘樂已諗　漸聞語笑道近

代玉道說這時候可知一步難似一步了因聯道

空剩雪痕　堦露團朝菌

湘雲笑道這一句怎麽押韻讓我想想因起身負手想了一想笑道夠了

幸而想出一個字來幾乎敗了因聯道

庭烟歛夕棔　秋湍瀉石髓

代玉听了不禁也起身叫妙說這促狹鬼果然留下好的這會子才說棔

字虧你想得出湘雲道幸而昨日看歷朝閒文選見了這個字我不知

是何樹因要查一查寶姐姐說不用查這就是如今俗語叫作明開夜合

你我信不及到底查了一查果然不錯看來寶姐姐知道的竟多代

玉笑道棔字因在此時更恰也还罢了只是秋湍一句虧的好想这

一句别这都要抹倒我少不得打起精神来对一句只是再不能似这

一句了因想了一想道

風葉聚雲根　　宝婺情孤潔

湘雲道这時的也还好只是一句你也溜了而是景中情不且用宝婺

来塞責因聯道

銀蟾氣吐吞　　藥經灵兎搗

代玉不語点頭半日再念頭

人向廣寒奔　　犯斗邀牛女

湘雲也望月点手聯道

晦朔魄空存　壺漏声将涸

湘雲方欲聯時代玉指池中黑影與湘雲看道你看那河里怎麽像个人在黑影里去了敢是個鬼罢湘雲笑道可是又見鬼了我是不怕鬼的打他一下回湾腰拾了一塊小石片向那池中打去只听打得水响不大圓圈將月影蕩散後聚者幾次 寫得出試思若非親歷其竟者如何莫寫得如此 只听那黑影里嘎然一声却飛起一个白鶴来 寫得出 直往藕香榭去了代玉笑道原来是他猛然想不到反嚇了一跳湘雲笑道这个鶴有趣到助了我了因聯道

窓灯焰已昏　寒塘渡鶴影

林代玉听了又叫好又跺足說了不得这鶴真是助他的了这一句更比

秋湍不同叫我对什么纔好影字只有一个魂字可对况且寒塘渡鶴

何等自然何等现成何等有景且又新鲜我竟要擱笔了湘雲笑道

大家細想就有了不然就放着明日再聯也可代玉只看天不理他半日

猛然笑道你不必說嘴我也有了你听听曰对道

冷月葬詩魂

湘雲拍手讚道果然好極非此不能对好个葬詩魂因又嘆道詩固

新奇只是太頹喪了些你現病着不該作此過於清奇詭譎之語代玉笑

道不如此如何壓倒你下句竟还未做到只為用工在这一句了一語未了

只見欄杆外山石後轉出一个人来笑道好詩好詩果然太悲涼了不必再

往下聯若底下只这樣去反不顯这兩句了倒得堆砌牽強二人不

妨到唬了一跳細看時不是别人却是妙玉二人皆咤意原可咤意余未咤意因問
你如何到了這里妙玉笑道我听見你們大家賞月又吹的好笛我也出
来玩賞這清池皓月順脚一走到這里忽听見你兩个聯詩更覺清雅異
常故此听住了只是方纔我听見這一首詩中句雖好只是過于頹敗淒楚
此亦關人之氣數有所以我出来止住如今老太太都已早散了滿園
的人想俱已睡熟了你兩个的丫頭還不知在那里找你們呢也不怕冷
了快同我来到我那里去吃杯茶只怕就天亮了代玉笑道誰知道就
這个時候了三人遂一同来至攏翠菴中只見龕焰猶青炉香未燼几
个老嬷嬷也都睡了只有小丫頭在蒲團上打盹呢妙玉喚他起来現
去烹茶忽听叩門之声小丫頭忙去開門看時却是紫鵑翠縷與幾个

老嫋〻來找他姊妹兩个進來見他們正吃茶回都笑道要我們好
找一个園里走遍了連姨太〻那里都找到了那山坡底下小庭里找
時可巧那里上夜的人正睡醒了我們問他們〻〻說方纔庭外頭棚下兩
个人說話後來又添了一个听見說大家往菴里去我們就知是這里
了妙玉忙命小了妳引他們到那边去坐着歇息吃茶自取了筆硯
紙墨出來將方纔的詩命他二人念着遂從頭寫出來代玉見他今
日十分高興便笑道從來沒說見你這樣高興我也不敢唐突請教這
還可以見教否若不堪時便就燒了若或可以教政即請改正〻〻妙玉笑道也
不敢忘加評讚只是這纔有了二十二韻我意思想着你二位警句已有
出讚若續時恐後力不加我竟要續貂又恐有玷代玉從沒見妙玉作

過詩今見他高興如此忙說果然如此我們你(的)雖不好亦可以帶好了妙玉道如今収結(拾)(字句)到的外該歸到本来面目上去若只管丟(丢)了真情(慎)真事且去搜奇撿(攬)怪一則說(托)了咱們的閨閣面(的)目二則也與題目無涉了二人皆道極是妙玉遂題筆一揮而就遞与他二人道休要見哄依我必須如此方番轉過(的)来雖前頭有凄楚之句亦無甚碍了二人接了看(床)是只見他讀道

香篆鎖金鼎　脂冰膩玉盆　簫憎嫠婦泣
衾倩侍兒温　空帳(帳)懸文鳳　閒屏掩彩鴛
露濃苔更滑　霜重竹難捫　猶步縈行沼
还寺寂歷原　石奇神鬼搏　木怪虎狼蹲

贔屭朝光透　罘罳賭露屯　振林千樹鳥
啼玉一声猿　岐熟焉忘徃　泉知不問原
鐘鳴櫳翠寺　鵰唱稻香村　有興悲何継
無愁意豈煩　芳情只自遣　雅趣向誰言
徹旦休云倦　烹茶更細論

後書右中秋夜大观園郎仏聯三十五韵代玉湘雲二人皆讚賞不已紙
可見我們天天是舍近而求遠現有這様詩仙在此却天〻去紙上談
兵妙玉笑道明日再潤色此時想明天明了到底要歇息〻〻纔是
史二人听説便起身告辞帶領了妳出妙玉送至們外看他們送遠
方掩們進來不在話下這里翠縷向想雲道奶〻那里还有人等

肴倃們睡去呢如今還是那里去好湘雲笑道你順路告訴他們叫他們睡罷巴去未免驚動病人不如鬧林姑娘半夜去罷說肴大家走至瀟湘館中有一半人已睡去二人進去方然卸粧寬衣與漱已畢方上床安歇鵑放下綃帳移灯掩門出去誰知湘雲有擇息之病雖在枕上只怕睡不肴代玉又是個心血不足常々心眠的今日又錯過困頭自然也是睡不肴二人在枕上番来復去代玉因問道麽还沒睡肴笑雲微笑道我有擇息的病况且去了困只好倘々罷的怎也睡不肴代玉嘆道（一笑一嘆只二字便寫出平日之行景）我这睡不肴也並非今日也大約一年之中通共也只好睡日夜滿足你想雲道却是你病的原故所以不知下文什麽

脂硯齋重評石頭記卷之

第七十七卷

俏丫鬟抱屈夭風流　　美優伶斬情歸水月

話說王夫人見中秋已過鳳姐病已比先減了雖未大愈可以出入行走得了仍命大夫每日診脉服藥又開了丸藥方來配調經養榮丸因用上等人參二兩王夫人取時翻尋了半日只香小匣內尋了几只簪挺粗細的王夫人看了嫌不好命再找去又找了一大包鬚沫出來王夫人焦燥道用不着偏有但用着了再找不着成日家我說叫你們查一查都歸攏在一處的們白不就隨手混撂你們不知他的好處用起來得多少換買來還不中使呢彩雲道想是沒了就只有這

個上次那边的太〻來尋了些去太〻都給過去了王夫人道你沒有

的話你再細找〻彩雲只得又去找(一会子)已拿了几包藥來來說我們不

認得你(这)個請太〻自(已)看除这個再沒有了王夫人打開看時也都忘

了不知都是什么并(藥)沒有一枝人參有一面遣人(向)有鳳姐有無鳳姐

來說也只有些參膏蘆鬚雖有枝(几)也不是上好的每日还要煎藥

里用呢王夫人听了只得向邢夫人那里問去因上次沒了才往这里來

尋早已用(完)换了王夫人沒法只得親身過來請問賈母忙命鴛鴦取

出當日所(收)以的來竟还有一包(大)皆有手指頭粗細的迗得遂称二两

与王夫人王夫人出來交与周瑞家的拿去令小厮送与医生家去

(認)又命將那几包不(認)能得辨的也(藥)帶了去命医生(認)了各(包上)說号(了)來

一時周瑞家的又拿了進來說這一包都各色包記的計
此寺家常細是豈事揣拿
得此皆者
上名手了但一包人參固然是上好的就連三十換也不能得這樣了但
年代太陳了這東西比別的不同憑是怎樣好的只過一百年後便是
已就成了灰了如今這個雖未成灰然已成了朽糟爛木也無性力的
了請太太收了這個倒不拘粗細好歹再換些新的倒好夫人听了低
頭不語半日纔說這可沒法了只好去買二兩來罷也無心看那些只命
都收了罷因問周瑞家你的就去說給外頭人們揀好換二兩來倘
一時老太太問你們只說用的是老太太的不必多說周瑞家的方纔
要去時寶釵因在坐乃笑道姨娘且住如今外頭賣的人參都
沒好的雖有一枝全的他們也必截做兩三段鑲嵌蘆泡鬚枝摻

匀了好賣看不得粗細我們鋪子的常和參行交易如今我去和媽

説了咔哥去託了夥計過去和參行商議説明咔他把未作的原枝好

參兑二兩來不妨偺們多使几兩銀子也得了好的王夫人笑道到是的

明白就难為的親自走一淌明白于是宝釵去了半日回來説已遣人去赶

晚就有回信的明日一早去配也不遅王夫人自是喜悦因説道賣油的

娘子水梳頭自來家里有的好妳不知給了人多少这會子輪到自己

用反到各處求人去了説畢長嘆宝釵笑道这東西雖然值錢究竟

不過是藥原該濟众散是絶事偺門比不得那説見識面的人家得

了这個就珍藏密劍的 王夫人点頭道这極是一時宝釵去後因

覓無别人在説遂唤周瑞家的來前日園中搜撿的事情可得了

下落周瑞家的是已和鳳姐等人商議定妥一字不隱遂回明王夫人王
夫人听了雖驚且怒卻又作难回思司棋係迎春之人皆係那边的人只
得令人去回邢夫人周瑞家的回道前日那边太太嗔着王善家的多
事打了几個嘴巴子如今他也粧病在家不肯出頭了况且又是他外孫女
兒自己打了嘴他只好粧個忘了日久平服了再說如今我們過去回時
恐怕又多心到像似偺們多事的不如直把司棋帶過去一併連臟証与
那边太太瞧了不過打一頓配了人再指個了頭來豈不省事如今白告
訴去那边太太再推三阻四的又說既这樣你太太就該料理又來說什么
豈不反躭擱了倘那了頭聽空尋了死了不好了如今看了两三天人
都又個偷懶的倘一時不到豈不到弄出事來王夫人想了一想說这也

到是快辦了这一件再辦咱們家的那些妖精周家道的听說会齊
了那几個媳婦先到迎春房里回迎春道太〻們說了司棋大了連日
他娘求了太〻太〻已賞了配人今日叫他出去另挑好的与姑娘使說
着便命司棋打点走路迎春听了含泪似有不捨之意因前日夜里別的
了嬛悄〻的說了原故虽數年之情难捨但是関係風化亦無可如何了
那司棋也曾求了迎春实指望迎春能死保赦下的不知迎春語言
遲慢耳軟心活是不能作主的司棋見了这般知不能免因哭道姑
娘好狠心哄了我这兩日如今怎連一句話也沒有周瑞家的等說道你还
要姑娘留下你不成便留下你也难見園里的人了依我們的好話快〻的
收了这樣子到是人不知鬼不覺的去罢大家体面些迎春含泪道我

知道的幹了什庅大不事我还十分說情留下豈不連我也完了你瞧入
完画也是几年的怎庅說去就去了自然不止你兩個想迭園里几大的
都要去呢依我說將来終有一散不如你各人去罷周瑞家的道所以到底
自姑娘明白明兒还有打發的人呢你放心罷司棋無發只得含泪与
迎春磕頭和衆姊妹告別又向迎春耳根說好歹打听我受罪替我個說
個情兒就是主僕一場迎春亦含泪答應放心于是周家的人等帶了司
棋出去院門又命兩個婆子將司棋所有的東西都与他拿着走了沒
几步後頭只見繡橘赶来一面也擦着泪一面也与使棋一個絹包說迭
是姑娘給你的主僕一場如今一旦分里迭個与你作個想念罷司棋
接了不覺更哭起来了又和繡橘哭了一同周瑞家的不耐煩只管催

促二人只得散了司棋曰又哭告道嬸子大娘們好歹略徇個情兒如
今且歇一歇讓我到相好的姊妹跟前辭一辭也是我們这几年好了
一搗周瑞家的等人皆各有事務作这些事便是不得已了况且又深恨
他們素日大樣如今那里工夫听他的話因冷笑道我功你罢别拉扯
的了我們还有正緊事呢誰是你一個衣包里爬去来的辞他們作什
庅他們看你的笑声还看不了呢你不過是挨会是一会罢了难道就算
了不成依我快走罢一面說一面總不住脚直帰着們角門去了司棋無
柰有不敢再說只得跟了出来可巧正值從宝玉從外而入一見代了
司棋出去後見後面包着些東西料着此去再不能来了因聞得上
夜之事又晴雯之病亦因那日加重細問晴雯有不說是為何上日

又見他画已去今有見司棋亦走不覔如喪魂魄一般因忙攔住問道那里去周瑞家的等皆知宝玉素昔行為又恐劳叨悮事為笑道不干你事快念書去罷宝玉笑道好姐姐們且站一站我有道理周瑞家的便道太太不許少捱一刻又有什麽道理我們只知尊太太的話管不得許多司棋見了宝玉因拉住哭道他們做不得主的好歹求求太太去宝玉不禁了傷心含泪說道我不知你作了什麽大事晴雯也病了如今你又去都要去了这却怎麽的好（宝玉之語全作圖圖意最是極無未之是極濃極有情之語也只合如此寫方字宝玉稍有真切則不是宝玉了）周瑞家的發燥向司棋道你如今不是副小姐了若不听話我就打得你別想着往日姑娘護着你們作耗越着還不好好走如今和小爺們拉拉扯扯成個什麽体統那几個媳婦不由分說拉着司棋

染了男人氣味寔有此情理非躬親閱歷者亦不知此語之妙

便出去了宝玉又恐他們去告舌根的只他着瞪着他們看已去遠方指着恨道奇怪〻〻怎麽這些人只一嫁了嘆子染了男人的氣味就這樣混帳起來比男人更可殺了守園門的婆子听了也不禁好笑起來因問道這樣說凡女兒各〻是好的了女人各〻是壞的了宝玉点頭道不錯〻〻婆子門笑道遠有一句話我門糊塗不解到要請問方欲說時只見其個老婆子走來忙說道你們小心傳齊了伺候此剋太〻親是來園裡在那裡查人呢只怕遠查到這裡來呢又吩咐快叫怡紅院的睛雯姑娘的多娘來在這里等着領出他妹〻去因笑道阿弥陀佛今日天睜了眼把這一個禍害妖精退送了大家清淨些宝玉一聞得王夫人進來請查便料定睛雯也保不住了早飛似赶來

去所以这後来趂愿之語竟未得所見宝玉及到了怡紅院只見好些人在那
里王夫人在屋裡坐自一臉怒色見宝玉也不理晴雯四五日水米不曾沾牙
如今現從炕上拉了下来蓬頭垢面兩個女人纔架起来去了王夫人吩咐
只許他把貼身的衣服撂出去餘者好衣服留下給好了頭們穿又命把
这里所有的丫頭們都叫来一一過目原来王夫人自那日着恼之後王保善
家的就去趂势告倒了晴雯本處有人和園中不睦的也就随在几趂便下了
些話王夫人皆記在心中是郎閣有碍故忽也兩日頭故今日特来親自
閱人一則為晴雯犹可二則因竟有人指宝玉為由說他大由了已解
人事都由屋里的了頭們不長進教習坏了因这事更比晴雯一人
較盛 暗伏一段更比竟烟迷霧罩之中 更有無根溪山矣　乃從襲人起以至于極小的粗活小丫

頭們個親々自看了一遍回問誰是和宝玉一日的生日本人不敢說老嬷々
指道这一個蕙香又叫作四兒的是同宝玉一日生日的王夫人細看了一看
雖比不上晴雯一半却有几分水秀視其行止總明皆露在外面且也打扮
的不同王夫人冷笑道这也是個怕臊的他背地里說的同日生日就是夫
妻这可是事你就的打我隔的遠都不知道呢可知道我身子雖不
大来我的心耳神意時々都在这里难道我通共一個宝玉就白放心憑你
們勾引坏了不成这個四兒見王夫人說自他素日和宝玉的私語不禁紅
了臉低頭垂泪王夫人即命也快把他家的人叫来領出去配人又問誰
是耶律雄奴老嬷々們便将芳官指出王夫人道唱戲的女孩子自然
是狐狸精了上次放你們々々又懶待去可就該安分守已終是你就成

精鼓搗起來調唆着宝玉無所不為勞管笑辯道並不敢調唆什麼了
王夫人笑道你还嬓嘴我且問你前年間我們往皇陵上去是誰調唆宝玉
要柳家的丫頭五兒了再而那乡頭短命死了不然進來了你們有連
夥聚黨遭他外頭是尋個吉園子的你連乾娘都欺倒了豈止別
人因喝命喚他乾娘來領去就賞他外頭自尋個女壻去罢把他的東
西一槩給他又吩咐上有几年姑娘分的戲女孩子們一槩不許流在園里
都令其各人乾娘帶出自行聘嫁一語傳出这些乾娘皆感恩趁願不
不尽都約齊与王夫人又滿屋里搜撿宝玉之物凡畧有眼生之物並
命収的収捲的捲着人拿到自巳房內去了因說这些干净省得傍人
口舌因又吩咐襲人麝月等人你們小心往後再有一点分外之事我

一槩不饒因叫人查看了今年不宜遷挪暫且挨過今年一年給我仍旧攆出去心净

且前文隱隱約約已有無限口舌漫潤之潛原非一日矣若無此一番更變不獨終無散場之局且亦大不近乎情理況此亦此余旧日目覩親聞作者身歷之現成文字非搜造而成者故迥不与小說之離合悲歡窠旧相对想遭遇零落之大族見乎見此难事有各殊然其情理似亦有點契于心者焉此一段不独批此真从妙臉大观园及贾母对月興尽生悲皆可附者也

說畢茶也不吃遂帶領眾人又往别去處查人暫且說不到後文如今且說宝玉只当王夫人不過來搜檢搜檢無甚大事誰知竟這樣雷嗔電怒的來了所責之事皆係平日之語一字不爽料必不能挽回的雖心下恨不能一死但王夫人盛怒之際自不敢多言一句多動一步一直跟送王夫人到沁芳亭王夫人命回去好生念念那書之際仔細明兒問你纔已發下恨了宝玉听如此說回來一路打算誰这樣犯舌况这里事也無人知道如

何就都説省了一面想一面進来只見襲人在那里(垂)淚且去了第一等的人
豈不傷心便倒在床上也哭起来襲人知他心内别的还(猶)有可独有情雯(去了)
是第一件大事乃推他(説)道哭(也)不中用了你起来我告訴你晴雯已經好
了他这一家去到心(淨)情養几天(你)里(果)然捨不得等太々氣消了你再求
老太々慢々的叫進来也不難不過太々偶然信了人的(誹)言一時氣頭上
如此罷了宝玉哭道我究竟不知晴雯犯了何等滔天大罪(余亦不知蓋此等寃實非晴雯)
(一人)也襲人道太々只嫌(他)太生的太好(未)免輕佻些在太々是深知这様美人
似的人不(能)安净所以恨嫌他像我們这粗々(笨)々的到好宝玉道这
也罷了偺門私自頑話怎麼也(都)知道了又没外人走風的这可奇怪襲
人道你有甚(麽)忌諱的(你)一時高興了(不)就管有人無人了我也曾使過(合你)個

眼色也曾遞過暗号被那人已知道了你反不覓宝玉道怎広人々的不
是太々都知道单不道单不挑出的和龐月秋紋来襲人听了这話心
怎広人々的不是的不是太々都知道肉一動低頭半日無可回答回便笑
道正是呢若論我們也有頑笑不留心的猛浪去處怎広太々竟忘了
想是还有的事等完了再發放我也未可知宝玉笑道你是頭個
出了名里至善至矣之人他両個又有陶冶教育的也得还有孟浪該罰
之處只是放官之小過于伶倒些々未免倚強壓倒了人若又厭四兒是
我悞了他还是那年我何你辦嘴的那日起叫上来作些細話未免
奪占了地位今有故日只是情雯也是和你一様從小兒在老太々屋里
過来的雖然他生得比人強也没又方碍去只就是他的性情爽利

口角鋒鋩此究竟也不罪得(沒有得)曾你們想是他過于生得好了反被
这好所悮說畢復又哭起来襲人細揣此話好似宝玉有疑他之意
竟不好再劝(劝)因嘆道天知道罢了此時(時)也查不出人来了白哭一会子
也無益(益)了到是養着精神(精神)老太〻喜欢時回明白了再要(他進)来是
正理宝玉冷笑道你不必虛寬我的心等到太〻平服了再瞧勢頭
去要時(他到那時)知他的病等得等不得他自幼(幼)上来嬌生惯養何嘗受過
一日(的)委屈連我知道他的(的)性格还時常衝撞(冲撞)了他〻一下(这)去就如同
一盆(盆)纔抽出嫩箭来的蘭花送到猪窩裡去一般况又(泥)是(是)一身重(的重)病
里頭一肚子的悶氣他又說(沒)有親爺熟娘只有一個醉泥鰍姑舅哥
〻他的(这)一去一時也不惯的那里还等得几日知道还能見他一面兩

而不能了說着又越發心起來襲人笑道可是你自許州官放火
不許那百姓点灯我們偶然說一句略妨碍些你話說不利之談你如
今好〻的走他是該的了他便比別人姣些也不至樣起來宝玉道不是
我忘口咒他今年春天已有兆頭的襲人忙問何兆宝玉道迭堦下好
〻的探一梅棠花竟無故死了半边我就知有異事果在應他身上襲
人听了又笑起來因笑道我待不說又掌不住你太也婆〻媽〻的了
迭樣你話起白你讀書的男人說木草木怎又関係起人來若不婆
〻媽〻的真也成了個獃子了宝玉嘆道你們那里知道不但草木凡
天下之物皆是有情有理的也和人一樣得了知已便極又灵驗的若
用大題本因比就有孔子廟前之桧玟前之墻諸葛祠前之栢岳

武穆坟前之松这都堂了事大随人之正氣千古不磨之物世乱則萎世
治則荣几千百年了枯而後生者几次这豈不是兆應小題目比就揭太
真沉香亭之木芍藥材正樓之相思樹王昭君塚上之草豈不也有灵
驗所以这海棠亦應其人欲忘故先就死了半边襲人听了篇这痴話
又可嘆回笑道其〻的这話發說上我的氣来了的睛雯是個什
庅東西就貴这樣心思比出的此正緊人来还有一説他總好也減不過我
的次序去便是这海棠也該先我也还輪不到他想我是要死了宝玉
听說忙握他的嘴劝道这是何苦一個未講的又这樣起来罢了再別提
这事別算的去了三個又饒上一個襲人听說心下暗喜道若不如此你
也不能了局宝玉乃道從此休提起全当他們三個死了不過如此況

且死了的也曾有ㄋ也没見我怎庅此一礼也宝玉至終一有全作如是想所以此于情終于語者既能終于悟而止則情不得濫漫而涉于淫佚之事矣一人前事一人了法皆非棄竹而復閑管之意如今且說現在的倒是你

把他的東西作睛上不睛下悄ㄟ的打發人送出去与了他再或有偺們常

時積讃下ㄋ的錢拿几吊出去給他養病也是你們姊妹好了一塲襲人

听了笑道你太把我他看的又小器又没人心了这话还等你說我纔巳

將他素日所有衣裳ㄟ以至各什各物總打点下ㄋ都放在那里如今白日

里人多眼雜又恐生事且等晚上悄ㄟ的叫宋媽給他拿出去我有

还攢下的几吊也給他罷宝玉听了感謝不尽襲人笑道我原是久

出了名的賢人連这一点子好名兒还不會買来不成宝玉听他方纔的

話忙陪笑撫慰一時晚間果密遣宋媽送去宝玉將一切人穩住便独自

得便去了後角門央一個老婆子帶他到晴雯家去瞧瞧先是此婆子百般不肯只說不是知道回來太太我还吃飯不吃飯無奈宝玉死活央告又許他些錢那婆子方帶了他來這晴雯當日係賴大家用銀子買的那是晴雯總得十歲尚未留頭因常跟賴嬤嬤進來賈母見他生得伶俐標緻十分喜愛故此賴嬤嬤就孝敬了賈母使喚後來所以到了宝玉房里这晴雯進來時也不記得家鄉父母只知有姑舅哥哥專能庖宰也淪落在外故又求了賴家的收買進來吃工食賴家的見晴雯雖得賈母跟前千伶百俐嘴尖性大卻到还不忘旧

口此一句便是晴雯正傳可知無晴雯為聰明風流可書也一篇為晴雯寫傳是哭晴雯也非哭晴雯乃哭風流也

故又將他姑舅哥哥收買進來家里一個女孫子配了他成了房後誰

知他姑旧哥一朝身安泰就忘却當年流落時任意吃死酒家小也
不顧偏又娶了個多情美色之妻見他不顧身命不知風月一味死吃酒
便不免有蒹葭倚玉之嘆紅顔寂寞之悲又見他器量寬宏 趣極量器 寬紅如此
用真 掃 並無嫉衾妒挑之意这媳婦遂姿情重慾滿宅內便延攬雄
地臭 田 府里
权内村俊上丶下丶竟一半時是他考試過的若問他夫妻姓甚名誰便是
上面貫璉所接見的多渾虫灯姑娘兒的便是了 奇丶怪丶左盤右旋千絲方緣 皆自一体也
目今晴雯只有这一個親戚所以出来就在他家此事時多渾虫外頭去了
那灯姑娘吃了飯去串門子只剩下晴雯一進来一眼就看見晴雯睡在
芦蓆土炕上 芦蓆土炕 在外間房内爬着 総哭晴雯 宝玉命那婆子在院門前瞭
哨他独自掀起草簾 草簾 進来有眼就看見晴雯睡在芦蓆土炕

芦蓆土炕

奄而衾褥还是旧日铺的心内不知自已怎広纔好因上来含泪伸手輕〻拉他悄唤两声当下晴雯又因着了风又受了嫂的歹話病上加病嗽了一日纔朦朧睡了忽聞有人唤他強展星眸一見是宝玉又驚又喜又悲又痛忙一把死攥住他的手哽咽了半日方説出半句話来我只当不得見的了接着便嗽个不住宝玉也只有哽咽之分晴雯道阿弥陀佛你来的好且到那茶到半碗我喝渴了这半日叫半個人也叫不着宝玉听説忙拭泪問茶在那里晴雯道那芦台上就是宝玉看時雖有個黑妙銚子却不像個茶壺得桌上去拿一個碗也甚大甚粗不像個茶碗未到手内先就問得有羶之氣（不独為晴雯一哭且為宝玉一哭亦可）宝玉只得拿了來先拿此水洗了兩次復又用水汕過方提妙壺斟了半碗看時絳紅的

也太不成茶晴雯扶枕道快給我喝一口罷这就是茶了那里比得偺們

的茶宝玉听說先自己嘗了一嘗並無清茶且無茶味只一味苦澀略有茶

意而已嘗畢方遞与晴雯只見晴雯如得了甘露一般一氣都灌下去了

宝玉心下暗道往常那樣好茶他尚有不如意之處今日这樣看来

可知古人說得飽飫烹宰飢厭糟糠又道是飯飽弄粥可見都不錯

了的妙通篇宝玉最要書者每因女子之所歷始信其可此謂觸類傍通之妙快矣 一面

想一面流泪問道你有什麽說的趁着沒人告訴我晴雯嗚咽道有什

麽可說的不過挨一刻是一刻挨一日是一日我已知橫豎不過三五日

的光景就好回去了只是一件我死了也不甘心的我雖生的比別人略好

些並沒有私情蜜意勾引你怎麽樣如何一口死咬定了我是個狐狸

精我太不服今日既已躭了虚名而且臨死不是我説一句後悔的話早
知如此當日也另有個道理不料痴心傻意只説大家横豎是在一處
不想平空裡生出这一節話来有冤無處訴説畢又哭宝玉拉着他
的手只覺瘦如枯柴腕上猶代着四個銀鐲因泣道且卸下这個来等
好了再代上罢因與他卸下来擱在枕下又説可惜这两個指甲好
容易長了二寸長这一病好了又損好些晴雯拭淚就伸手取了剪
刀將左指上两根葱管一般的指甲齊根鉸下又伸手向被内將貼
身穿着一件旧紅綾襖脱下平指甲都與宝玉道這個你收了已後
就如見我一般快把你襖兒脱下来我穿我將来在棺材内獨自
倘着也就像还在怡紅院的一樣了論理不敢如此只是躭了虚名

我可也是無可如何了宝玉听說忙寬依換上藏了指甲晴雯又哭
回去他們看見了要問不必撒謊就說是我的既耽了虛名越性如
此也不過這樣了一語未了只見他嫂子笑嘻嘻掀簾子進來道好呀你
兩個的話我也都听見了又向宝玉道你一個作主子的跑到下人房里
作什么看我年輕又俊敢是來調戲我么宝玉听說嚇的忙都賠笑央道
好姐姐快別大声他扶侍我一場我私自來瞧瞧他灯姑娘便一手拉了
宝玉進里面來笑道的不叫嚷也容易只是依我一件事說着便坐
在炕沿上却緊緊的將宝玉摟入懷中宝玉如何見過這個心內早突突
的跳起來了急的滿面紅漲又羞又怕只說好姐姐別鬧 如聞如見別鬧二字活跳
灯姑娘也斜醉眼咲道呸成日家听見你風月場中慣作工夫的怎么

今日就反趔起来宝玉紅了臉笑道姐〻放手有話偺們好說外頭有老
媽〻听見說什庅意思灯姑娘笑道我早進来了却叫婆子去园門等着呢
我等什庅似的今兒等着了你雖然聞名不如見面空長了一個好模樣兒
竟是沒藥性炮燎只好粧幌子罢了到此我还發趔怕羞可知人的嘴一
槩听不得的就此如方纔我們姑娘下来我也料定你們素日偷鷄盜狗的
我進来一會在窻下細听屋内只你二人若有偷鷄盜狗的事豈有不
談及于此誰知你兩個竟还是各不相擾可知天下委屈事也不少如今
我反後悔錯怪了你們既然如此你但放心已後你只管来我也不羅
皂你宝玉听說纔放下心来放起身整衣央告道好姐〻你千万照看他
兩天我如今去了說畢起来又告訴晴雯二人自是依〻不捨也少不

得一别晴雯知宝玉难行遂用被蒙頭總不理他宝玉放出来衣欲到
芳官四兒處去無奈天黑出来了半日恐裡面人找他不見又恐生事遂
且進园来了明日再作計較因乃从後角門的小厮正抱鋪盖里边嬷
々們正查一人若再遲一步也就関了宝玉進入园中且喜無人知道到了
自已房内告襲人只說在薛姨媽家去的也就罢了一時鋪床襲人不
得不問今日睡宝玉道不曾怎庅睡罢了原来一二年間襲人因王夫人
看重了他了越發自要尊重凡背人之處或夜晚之間總不与宝玉狎
昵較先幼時反到疎遠了况雖無大事辦理然一應針線並宝玉及諸
小了頭們外出入等銀錢衣履什物等事也甚煩瑣且有吐血旧症
雖愈然每因勞碌風寒所感及嗽中代血故邇来夜間總不与宝玉

同房宝玉夜間常醒又極胆小每醒必喚人因晴雯睡卧警醒且舉動輕便故夜晚一應茶水起坐呼喚之任皆悉委他一人所以宝玉外床只是他睡今他去了襲人只得要問因思此任比日間緊要之意宝玉既答不曾怎樣襲人只得还依旧年之例遂仍将自已鋪蓋撇來設於床外宝玉發了一晚上獃（一句是笑）及催他睡下襲人等也都在外後听宝玉在枕上長吁短嘆復去翻來直至三更以後方漸〻的安頓了略有鼾声襲人方放心也就朦朧睡着沒半盞茶時只听宝玉叫晴雯襲人忙睜開眼連声答應問作什麼宝玉因要吃茶襲人忙下去向盆内洗手從暖壺内到了半盞茶來吃過宝玉乃笑道（笑字好極有文章蓋思念落襲人也）我近來叫慣了他却忘了是你襲人笑道

他一乍来時你也曾睡夢中直叫我半年後纔改了我知道这晴
雯人雖去了这兩個字只怕是不能去迹看説大家又睡下宝玉又翻
轉了一個更次至五更方睡去是只見晴雯從外頭走来仍是往日形
景進来笑向宝玉道你們好生過罷我從此就别過了説畢番身便
走宝玉忙叫時又将襲人叫醒襲人还只當他慣了口乱叫却見宝玉哭
了説道晴雯死了襲人笑道这是那里話你就知道胡鬧了被人听見
什麽意思宝玉那里肯听恨不得一時亮了就遣人去問信及至天亮
時就有王夫人房里小丫頭立等叫開前角門傳王夫人的話即時叫
起宝玉快洗臉換了衣裳快来曰今兒有人請老爺尋秋賞桂花老
爺曰喜欢他前兒作得詩好故此要帶他們去這都是太太的話

一句别錯了你們快飛告訴去立副他快来老爺在上屋里还等他吃面茶
呢还哥已来了快飛〻〻再首一個人去叫蘭哥兒也要这等説里面的婆子
听一句應一句一面扣扭子一面開面一面早有兩三個人一行扣㨿一行分頭去
了襲人听得叩院門便知有事忙一面命人問時自已〻起来了听得这
得这話是人来昏了面湯促宝玉起来與漱他自去取衣回思跟賈政出
門便不肯拿出十分出色的新鮮衣履来只見那二等成色的来宝玉
此是亦無法只得忙〻的前来果然賈政在那里吃茶十分喜悦宝玉
忙又了省晨之禮賈环賈蘭二人也都見過宝玉賈政命坐吃茶向环蘭
二人道宝玉讀書不如的兩個論題聯和詩这種聰明你們皆不及
此處今日此去未面講的們不許宝玉所听便坐他們兩個王夫人等白

來不曾听見这等考語真是意外之喜一時候他父子二人等去了方過賈毋这邊來自就有芳官等三個的乾娘走來回說芳官自前日蒙太太的恩典賞了出去他就瘋了時茶也不吃飯也不用勾引上藕官蕊官三個人尋死覓話只要剪了頭髮作尼姑我只当是小孩子是一時出去不慣了是有的不過隔兩日就好了誰知越是越凶打罵自也不怕实在沒法所以來求太太或是就依他們做呢故去或教導他們一頓賞給別人作女兒去罢我們这福王夫人听了道故說那里得他們起來佛們也是輕易人進去的每日打一頓給他們看还鬧不鬧了当下因八月十五日各廟內去供去皆有各庙的呢姑來送供尖之例王夫人曾于十五日就下田水月庵的智通与地藏菴的两僖住两日之今日回听得此信又捎两個女孩

子去作話使喚曰都向王夫人道僭府上到底是善人家曰太〻好善
所以感應得这些〻小姑娘們皆如此雖説佛們家易难入也要知道佛
法平等我佛立愿原是一切衆生無論鷄犬皆要度他無奈迷人不
醒若果有善根能醒悟即可以超脱輪迴所以經上現有虎狼蛇虫得
道者又不如今这两三姑娘既然無父無母家鄉又遠他們既經了这富貴
又想從小兒命苦入了这風流行此将来知道終身怎樣所以苦海回
頭出家修〻来世也是他們的高意太〻到不要限了善念王夫人
原是個好善的先听彼等之語不肯听其自由者曰思芳官等不
過皆係小兒女一時不遂心但恐将来熬不得清净反致獲罪今
听这两个拐子話大近情理且近日家中多故又有邢夫人遣人来知

會明〔日〕接迎春家去住兩日以備人家相看且又有官媒婆來求說探
春等事心緒甚紛〔如麻〕那里着意在這些小事上既听此言便咲答道你兩
个既這等說你們就帯了作徒弟去如何〔兩个〕姑子听了念一声佛道善哉
、、若如此可是你老人家陰〔陰德〕得不小說畢便稽首拜謝王夫人道既這
樣的〔你〕們問他〔們〕去若果〔都〕心〔里愿意就〕郎上來当着我拜了師父去罷這三個女人
听了出去果然將他三人帯了〔來〕王夫人問之再三他三人已是立定主意遂
与兩个姑子叩了頭又拜辭了王夫人王夫人見他們意見決斷知不可
強了反倒傷〔傷〕心可憐忙命人來取〔取〕些〔些〕了東西來齎賞了他們又送了兩
個姑子些礼物從此芳官跟了水月庵的知通〔蕊〕官藕官二人跟了地
藏庵的圓心各自出家去了再听下回分解

脂硯齋重評石頭記卷之

第七十八回

老學士閒徵姽嫿詞　痴公子杜撰芙蓉誄

話説兩个尼姑領了芳官等去後王夫人便往賈母處省晨見賈母喜欢便趁便回道宝玉屋里有個晴雯那个丫頭也大了而且一年之間病不离身我常見他比別人分外淘氣也懶前日又病倒了十几天叫大夫瞧説是女兒癆所以我就赶着叫他下去了若養好了也不用叫他進来就賞他家配人去也罷了再那几个學戲的女孩子我也作了主放出去了一則他們都會戲口裏又會混説女孩兒們听了如何使得二則他們既唱了會子戲白放了他們也是應該的況丫頭們也太多若説不彀使再挑上几个来也是一

樣賈母听了点頭道這倒是正理我也正想着如此呢但晴雯那了頭
我看他甚好怎庅就这樣起来我的意思这些了頭們那模樣兒爽利言
談針線多不及他将来只他还可以給宝玉使唤得誰知变了王夫人笑
道老太〻挑中的人原不錯只怕他命理沒造化所以得了这个病俗
語又説女大十八变况且有本事的人未免就有些調歪老太〻还有
什庅不曾経驗過的三年前我也就留心这件事先只取中了他我便留
心冷眼看去他色〻虽比人强只是不大沉重若説沉重知大礼莫若襲人
第一虽説賢妻美妾然也要性情和順举止沉重的更好些就是襲
人模樣虽比晴雯略次一等然放在房里也算得一二等的了况且行事
大方心地老实这几年来從未逢迎着宝玉淘氣凡宝玉十分胡鬧的事他

只有死的(劝)因此品擇了二年一点不錯了我就(早以)有悄〻的他把(丫們)頭的月分錢止住我的月分銀子里批出二兩銀子来給他不過使(他)那自己知道越發小心(要)放好之意且不明説者一則宝玉年紀尚小老爺知道了又恐説躭悞了書二則宝玉再自為已是跟前的人不敢劝他説他反倒縱性起来所以直到今日纔回明老太〻賈母听了笑道原(来)様这様如此更好了襲人本来從小兒不言不語我只説他是沒嘴的葫芦既是你深知豈有大錯悞的而且你这不与宝玉的主意便好且大家別提这事只是心里知道罷了我深知宝玉将来也是个(不)一听妻妾劝的我也解不過来也從未見過这様的孩子別的掏氣都是應該只他这種和了頭們好(更叫人难懂)却是誰到我為此也躭心每心每(〻的)冷眼查看他只和了

頭們鬧頑心鬧是人大心大知道男女的事了所以愛親近他們既及至細了
查試究竟不是為此豈不奇怪想必原是个丫頭錯投了胎不成說着
大家笑了王夫人回今日賈政如何誇獎又如何打他們發去賈母听了
更加喜悅一時只見迎春粧粉了前來告辭過去鳳姐也來省晨伺
候過早飯又說笑了一回賈母歇晌後王夫人他喚了鳳姐問他丸藥可
曾配來鳳姐兒道還不曾呢如今還是吃湯藥太太只管放心我已
大好了 王夫人見他精神復初也就信了只用此一句便又後丈 回告訴攆逐
晴雯芳官又說怎麼宝玉了頭私自回家睡了等們都不知道我前兒
順路都查了一查誰知蘭小子這一个新進來的奶子也十分的妖喬我也
不喜欢他我也說與你嫂子了好不好叫他各自去罷況且蘭小子也大了

用不着他、奶子了我因問你大嫂子宝玉了頭出去难道你不知道不成他
說是告訴了他的不過兩三日等的娘媽好了就進来娘媽究竟沒
甚大病不過还是咳嗽腰疼年年是如此的他这去必有原故敢是有
人得罪了他不成那孩子心重親戚們住一塲别得罪了人反不好了
鳳姐笑道可好好的得罪着他們天天在園里左不過是他們一群
人王夫人道别是宝玉有嘴無心傻的從沒個忌諱高興了信嘴胡
說也是有的鳳姐笑道这可是太太過于操心了若說他出去幹正事
說正話去却像個傻子若只叫進来在这些姊妹跟前以至大
小的丫頭跟前他最有俗讓又怕得罪了人那是再不得有人恼
他的我想薛妹妹此去想必為着前事搜檢衆丫頭的東西的

原故他自然為心不及園里的人纔搜撿他又是親戚現也有了頭老
婆在內我們又不好去搜撿了恐我們疑他所以多了这個心自已迴避
了也是應該避嫌疑的王夫人听了这話不錯是以多了这個心自已迴
避了他自已遂低頭想了一想便命也人請了宝釵來分晰前日的事以解
他疑心又仍命他將來照舊居住宝釵賠笑道我原要早出去的只是
姨娘有許多的大事所不便來說可巧前日媽又不好了家里両个靠
得女人也病着我所以越便出去了姨娘今日既已知道了我正好明
講出情理來就從今日辭了好搬東西的王夫人鳳姐都笑道的大圓
執了正經再搬進來為自休為沒要緊的事反踈遠了親戚宝釵
笑道的話說你太不解了並沒為什麼事我出去我為的事媽近來

神思比先大減而且夜間晚上沒有得靠的人通共只我一個二則如今
我哥々眼看娶嫂子多少針線話計並家里一功動用器皿尚有未齊
備的我也須得幫着媽去料理々々娥媽和鳳妹子都知道我們家的事
不是我撒謊三則是我在園里東南上小角門子就常開着原是我
走的保不住出入的人就圖省路也從那里又沒人盤查設若從那里出
一件事來豈不兩礙臉面而且我進園里來在原不是什庅大事因前
几年々紀皆小且家里沒事有在外頭的不如進來姊妹相共減作針
線減作頑笑皆不在外頭悶坐着好如今彼此都大也彼此皆有事
況娥娘這边歷年皆遇不在心的事故那園子也太大一時照健不
到皆有關係來有少几個人就可以少操些所以今日不但我致意

辭去之外还要劝娥娘如今該藏些的就藏些也不為失了大家的
体統據我看園里这一向貴用也竟可以面的說不得当日的話娥娘
深知我家的難道我們当日也是这樣冷落不成鳳姐听了这篇話
便向王夫人笑道这話竟是不必強了王夫人点頭我也無可面荅只
好随你便罢了說話之間只見宝玉等已回来因說他父親还未散恐天
黑了所以先叫我們回来了王夫人忙問今日可有丢了醜宝玉笑道不
但不丢醜拐了許多東西来接着就有老婆子們從二門上小厮手内
接了東西来王夫人一看時只見扇子三把扇墜三個筆墨共六匣香
珠三串玉縧环三個宝玉說道这是梅翰林送的那是楊侍郎送的
這是李員外送的每人一分着說有向逐中取出一個旗檀香小護

身佛来說这是慶国公单給我的王夫人有問在席何人作何思調寺語畢只将宝玉一分令人拿省同宝玉蘭环前来見過賈毋〻了看了喜欢不尽〻不免又問些說無奈宝玉一心計省晴雯荅應完了話時便說騎馬顛了骨頭疼〻賈毋便說快回房去換了衣服跌散〻〻就好了不許睡倒宝玉听了便忙入園来當下麝月秋文已帯了兩個了頭寺来侯見宝玉辞了賈毋出来秋紋便将筆墨拿起来一同随宝玉進園来宝玉滿口里說好熱一壁便摘冠帯将外面的大衣服都脫下来麝月拿省看他用智之處 只穿省一件松花綾子夹袄〻内露出血点般大紅褲子来秋紋見这條紅褲是晴雯扠内針線因嘆道这條褲子已後扠了罢真是物件在人去了麝月忙月笑道这是晴雯的針線有

嘆道真〻物在人亡了秋紋將麝月拉了一把笑道這褲子配着松花色袄兒石青靴子越顯出這靛青的頭雪白的臉來了宝玉在前只粧听不見又走了兩步便止道我要走一走这怎麼好麝月道大白日里还怕什麼还怕丢了你不成因命兩個小丫頭跟着我們送了这些東西去再來宝玉道好姐〻等一等我再去麝月道我們去了就來兩個人手里都有東西到像擺執事的一個捧着文房四宝一個捧着冠袍帶履成個什麼樣子宝玉听見正中心懷便讓他兩個去了他便帶了兩個小丫頭到墙後也不怎麼樣只問他二人道自我去了你襲人姐〻打發人瞧晴雯姐〻去了不曾這一個答道打發宋媽〻去了宝玉道回來說什麼小丫頭道回來說晴雯姐〻直着脖子叫了

一夜今日早起就閉了眼住了口世事不知也出不得一声兒只有倒氣分的兒

免了宝玉忙道一夜叫的是誰小了頭子說一夜叫的是娘宝玉拭泪道还叫誰

叫誰小了頭子道沒有听見叫別人了宝玉道你糊塗想必沒有听真旁

边那一個小了頭最伶俐听宝玉如此說便上來說真个他糊塗又向宝玉

道不但我听得真切我还親自偷着看去的宝玉听說忙問你怎庅又

亲自看去小了頭道我因想晴雯姐〻素日与別人不同待我們極好如

今他雖受了委屈出去我們不能別的法子救他只亲去瞧〻也不枉素

日疼我們一塲就是人知道了回了太〻打我們一頓也是願受的所以我拚

着挨一頓打偷着下去瞧了一瞧誰知他平生為人聰明至死不变他應想

着那起俗人不可說話所以只閉眼養神見我去了便睜開眼拉我

的手問宝玉那去了我告訴他实情他嘆了一口氣說不能見了我就說姐々何不等一等他回來見一面豈不两完心願他就笑道你們还不知道我不死如今天上少了一位花神玉皇敕命我去司掌我如今在未正二刻到任那司花宝玉須待未正三刻纔到家只少得一刻的工夫不能見面世上凡該死之人閻王勾取了過去只差些小鬼來捉人魂若要遲延一時半刻不過燒些紙錢燒些羹飯那鬼只僅搶錢去了該死的人就可以多待些個工夫

好奇之至又捉來告說閻王注定三更死誰人留至五更之語今忽借此小女鬼一篇無稽之談反成無人敢翻之案且又寓意調侃罵尽世態豈非至之文章耶寄語覌者至此一浮一大白者已後不必看書也

我这如今是有天上的神仙來召請豈可捱得時刻我听了这話竟不大信及進來到房里留神看時辰表時果然是未正二刻他嚥了氣正三刻上就有人來叫我們說你來了这時候

到都对合宝玉忙道你不識字看書所以不知道這原是有的不但花有
一个神樣花一位神之外还有总花神但他不知是作総花不知総去了还是
単管一樣這樣了頭听了一時謅不出来恰花這是八月時節园中池上芙
蓉正開這了頭便見景性情忙荅道我也曽問他是管什麽花的告
訴我們日後也好供養的他說天机不可洩漏的既這樣更誠我只告訴
你〻只可告訴宝玉一人除他之外若洩天机五雷就来轟頂的他就告訴
我說他就是耑管這芙蓉花的宝玉听了這話不但不為怪亦且去悲而
生喜仍指芙蓉笑道此花也須得這樣一个人去司拿我就定他那樣
樣人必有一番事是業做的虽然超出苦海坐此不能相見也面不得傷
感思念因又想虽然臨終未見如今且去灵前一拜也算尽五六年的情常

想畢忙至房中又另穿帶了只說去看代玉遂一人出園來往前次之處來
意為停柩在內誰知他哥嫂見他一嚥氣便回了進去希圖早些得几兩
發送例銀王夫人聞知便命賞了十兩燒埋銀子又命即刻送到外頭焚化
了罷女兒痨死的斷不可留他哥嫂听了這話一面得銀一面就僱了人來入殮
抬往城外化人場上去了剩的衣履簪环約有三四百金之數他兄嫂自收了
為後日之計二人將門鎖上一同送殯去未回宝玉走來撲了个空收拾晴雯故為紅顏
一哭然亦大令人不堪。上云王夫人怕女兒痨不詳今則忽從宝玉心中其苦。又
樓擬出非是已悒鬱詞其母子至心中体貼春愛之情曲委已尽
宝玉自立了半天別無法術只得復身進入園中待回至房中甚覺無
味因來順路來找代玉偏宝玉不在房中問其何往了妳們回說往宝姑
娘那里去了宝玉又至蘅蕪苑中只見寂靜無人房內搬的空空落落的不

竟吃一大驚忽見個老婆子走來宝玉忙問這是什麼原故老婆子道宝
姑娘出去了這里交我們看着還沒有撤清楚我們帮着送些
東西去這也就完了的老人家請出去罷讓我們掃:灰塵也好從此你老
人家自跑着這一處的腿子了宝玉听了怔了半天因看着那院中的香
藤異蔓仍是翠:青:忽比昨日好是改作淒涼了一般更又添了傷感
默及出來又見門外的一條翠樾埭上也平日無是來往不是當日各處房
中丫頭不約而來者絡繹不絕又俯身看那埭下之水仍是脉:脉:
的流將過去心下因想天地間意有這樣無情的事悲感一翻忽又想
到司棋入画芳官等五个死了睛雯今又去了宝釵等一處迎春
雖無去然連日也不見回來且接連又媒人來求親大約園中之人不

久都要散的了縱生煩惱也無濟乃事不如還是我代玉去相伴一日回
來家還是和襲人廝混只這兩三個人只怕還是同死歸的想畢仍徃瀟
湘館來偏代玉尚未回宝玉想亦当出去候送才是無奈不忍悲感還
是不去的遂又垂頭喪氣的回來正在不知所以之際忽見王夫人的了
頭進來找他說老爺回來了找你呢又得了好題目來快走快走宝玉听
得只得跟了出來到王夫人房中他父親已出去了王夫人命出去宝玉至
書房中彼時賈政正与衆幕友們談論尋秋之勝又說快散時忽
然談及一時最是千古佳談風流儁逸忠義感慨八字皆備到是也
好題目大家要作一首酉詞衆幕賓听了都忙請教係何等妙事
賈政乃道当日曾有一位　王封曰恒王出鎮青州這恒王最喜女色

且公餘好武因選了許多美女■日習武事每公餘輒開宴連日令眾美
女以战鬥攻拔至事其姬中有姓林行四者姿色既冠且武藝更精皆呼
為林四娘恒王最得意遂超拔林四娘統轄諸姬又呼為姽嫿將軍眾
清客都稱妙極妙神奇竟以姽嫿下加將軍二字反更覺嫵媚風流
真絕世奇文也想這恒王也是千古地一風流人物了賈政笑道這話是
然是如此但更有可奇可嘆之事眾清客都愕然驚問道不知底下
有何奇事賈政道誰知次年便有黃巾赤眉一干流賊餘黨復又烏合
搶掠山左一帶 妙赤眉黃巾兩時之時今合而為一蓋云一過是此等眾類非特歷歷指名某赤某黃若云不合兩用便呆矣此書全是如此為混人也說
恒王意為犬羊之惡不足大舉因輕騎前勦不意賊眾頗有詭譎
智術兩战不勝恒王遂為眾賊所戮于是青州城內文武官員各

了皆謂王尚不勝你我何為遂將有献城之奉林四娘得聞此报遂
集聚女將發令說道你我皆向蒙王恩戴天履地不能報其萬一今王
既殯身于你等有願隨郎時同我前往有不願者亦早各散衆女將
听他這樣都一齊說願意于是林四娘帶令衆人連夜出前直殺至賊營
里頭衆賊不妨也被斬殺了几員首賊然後大家見是不過几個女人
料不能濟事遂回戈倒兵奮力一陣把林四娘一個不曾留下倒作成
了這林四娘的一片忠義之志後来報至中都自天子百官無不驚駭
想其朝中自然又有人去勦滅天兵一到化為烏有不必深論只就林四
娘一節衆位听了可羨衆幕友都嘆道实在可奇实是個妙題原該
大家輓一輓衆人是早有人取了筆硯按賈政口中之言稍加改易了几

個寧（字）便成了一篇短序遞与賈政覌（看）了賈政道不過如此他們那里已
有原序昨日因又奉恩旨着察該前代以來應加褒奨而遺落（漏）未經請
奏各項人等無論僧尼乞（道）丐与女婦人等有一事可嘉即行彙（接）送履歷
礼部備具請恩奨所以他这原序了送往礼部去了大家听見这新聞
也所以都要作一首跪嫿詞以志其忠義衆人听了都又笑道这原該
如此只是便（更）可羡者本朝皆係千古未有之曠典隆恩实歷代可（所）不及
處（者）可謂聖朝無闕事唐朝人預先竟說了竟應再本朝如今年代
方不虛此一句賈政点頭道正是說話間賈环叔侄亦（來了）他賈政命他們
看了題目他兩個雖能詩較腹中之虛实虽也去宝玉不遠但第一件
他兩個終是別路若論奉業一道似高過宝玉若論雜学則遠不

能及第二件他二人心思滞钝不及宝玉空灵涓逸每作詩亦如八股之法
未免心思擁滞那宝玉雖不算是個讀書人然虧他天性総敏
且素喜好些雜書他自為古人中也有悞失之處拘較不得許多管
怕前怕後起来總堆砌成一篇也覺得甚無趣味因心里怀着这个念頭
每見一題不拘難易他便毫無費力之處就如世上流嘴滑舌之人無風
作有信着伶口俐舌長篇大論胡扳乱扯敷演出一篇話来雖無稽考
却都說的四座春風雖有正言厲語之人亦不得壓倒這一種風流去
近日賈政年邁名利大灰然起初天性也是個詩酒放誕之人因在子侄
輩中少不得規以正路近見宝玉雖不讀書竟頗能解此細評起来也还
不算十分玷辱了祖宗就思及祖宗們各各亦皆如此雖有深精舉業

的也不曾發跡過一個看來此亦賈門之數況母親溺愛遂也不強以奉業逼他了所以近日是述芹待他又要环蘭二人舉業之餘怎得亦能同宝玉綠好所以每欲作詩必將三人一齊喚來対作（妙世事皆不可無足厭只又讀書二字是萬不可足厭的父母之心可不甚哉近只父母只怕兒子不能名利豈不可嘆乎）閑言少述且説賈政又命他三人各吊一首誰先成者賞佳者額外加賞賈环賈蘭二人竟自當多人皆作過几首了胆量愈壯今看了題目遂自去思索一時賈蘭先有了賈环生恐落後也就有了二人皆已録出宝玉尚出神（妙篇寫出鈍態來）賈政与家人且看他二人的二首賈蘭的是一首七言絶句道是

姽嫿將軍林四娘　玉為肌骨鉄為腸

捐軀自報恒王後　此日青州土亦香

衆幕賓看了便皆大讚小哥兒十三歲的人就如此可知家學淵淵真
不誣矣賈政笑道稚子口角也还難為他又看賈环的还是五言律寫
道是

紅粉不知愁　將軍意未休　掩啼離綉幕
怕恨出青州　自謂酧王德　詎能復寇仇
誰題忠義墓　千古獨風流

衆人道更佳倒底是大几歲年紀立意又自不同賈政道还不甚大錯終
不懇切衆人道这也罷了就去了三爺綠大不多兩歲在未冠之時如此用了
工夫再過几年怕不是大阮小阮了賈政笑道過獎了只是不肯讀書
過失因又問宝玉的怎麽樣了衆人道二爺細心鏤刻定又是風流悲感不用

此等的了宝玉笑道這個題目是不稱近体須得過体或竟或長篇一首方能懇切衆人听了都立身搖頭拍手道我說他立意不同毎一題到手必先度其体格宜与不宜這便是老手妙法就如裁衣一般未下剪時須度其身量这題目名曰姽嫿詞且既有了序此心是篇歌行方合体的或擬白樂天長恨歌或擬苐古詞半敘半咏流利飄逸始能尽妙賈政听說也合了主意遂自提筆向紙上要寫又向宝玉笑道如此你念我寫上不好了我搥你那肉誰許你寫大言不慚了宝玉只得念了一句道是

恒王好武兼好色

賈政寫了看時搖頭粗鄙一幕賓道要這樣方古究竟不粗且看他底下的賈政道姑存之宝玉又道

遂教美女習騎射　穠歌艷舞不成歡

列陣挽戈為自得

賈政寫出衆人都道只這第三句便古朴老健極妙這四句平叙出也

最得体賈政道休謬加獎譽且看轉的如何寶玉念道

眼前不見塵沙起　將軍俏影紅灯裡

衆人听了這兩句便都呌妙好個不見塵沙起又承了一句俏影紅灯裡

用事用句皆入神化了寶玉道

叱咤時聞口舌香　霜矛雪劍嬌難舉

衆人听了便拍手笑道亦發画出來了當日敢是寶公也在座見其嬌

且聞其香否不然何体貼至此寶玉笑道閨閣習武弃任其勇悍怎似男

人賈老在坐故不便云(想可想而知)獨物二字妙甚細甚 不得而以知姣怯知形的了賈政道你(還)不快續上

又有的(個)就(說)嘴的了宝玉只得又想了一想念道

灯香結子芙蓉絛

家人都道轉絛蕭韵更妙這纔流利飄蕩(離)而且這一句也綺靡秀媚

的妙賈政寫了看道這一句不好已寫過呂香姣难奔何必又如此這

是力量不加故又用這些堆砌貨來(字眼)唐塞宝玉笑道長歌也須得要

些詞藻点綴點綴不然便覺蕭索賈政道你只顧用(但這)這些這一句底下如何

能轉至武事若再多說兩句豈不蛇足了宝玉道如此底下一句轉煞

住想亦可矣賈政冷笑道你有多大本領上頭說了一句大開門的散

話如今(又)有要一句連轉帶煞(煞)豈不(心)心有餘而力不足些宝玉听了垂頭

想了一想說了一句道

不繫明珠繫宝刀

批問迭一句可还使得衆人不柰(拍)叫絶賈政寫了看着笑道且放着再

續宝玉道若使得我便要一氣下去了若使不得越性塗了我再想

別的意思云来再另措詞賈政听了便喝道多話不好了再作便作

十篇百篇还怕辛苦了不成宝玉听說只得想了一會便念道

戰罷夜闌心力怯　脂痕粉漬汚鮫綃

賈政道又一段底下怎么(樣呢)宝玉道

明年流寇走山東　強吞虎豹勢如蜂

衆人道好個走(字)是便見得高底了且通轉的也不板宝玉又念道

王率天兵思剿滅　一戰再战不成功

腥風吹折隴頭麦　日照旌旗虎帳空

青山寂寂水澌澌（淅）　正是恒王战死時

雨淋白骨血染草　月冷黄沙鬼守尸

衆人都道妙極妙極佈值（置）叙事（詞）藻無不尽美且看如何至四娘必另有

妙轉奇句宝玉又念道

紛紛將士只保身　青州眼見皆灰塵

不期忠義明閨閣　憤起恒王得意人

衆人都道鋪叙（叙）得委婉賈政道太多了底下只怕耒（累）贅呢宝玉又

乃念道

恒王得意數誰行
就死是将軍林四娘

號令秦姬驅趙女
艷李穠桃臨战場

勝負自然難預定
誓盟生死報前王

繞鞍有淚春愁種
鉄甲無声夜氣京

賊勢猖獗不可敵
柳折花殘実可傷

魂依城郭家鄉近
馬踐胭脂骨髓香

星馳時報入京師
誰家女兒不傷悲

天子驚慌恨失守
此時文武皆垂首

何事文武立朝綱
不及閨中林四娘

我為四娘長太息
歌成餘意尚傍徨

念畢眾人都大讚不止又都從頭看了一篇賈政笑道雖然說了几句到底不大懇切且說去罢三人如得了赦的一般一齊出來各自回房眾人皆無别話不過自去安歇而已獨有宝玉一心凄楚回至园中猛然見池上芙蓉想起小丫头說晴雯作了芙蓉之神不覺又喜歡起來乃看着芙蓉嗟嘆了一會忽又想起死後並未到他灵前一祭如今何不在芙蓉前一祭豈不尽了礼比俗人去灵前祭弔又更覺别致想畢便欲行礼忽又止住道雖如此亦不可太草率也須得衣冠正齊奠儀週備方為誠敬想了一想如今若學那世俗之奠礼断然不可竟也还别開生面另立排場風流奇異於世無涉方不負我二人之為人况且古人有云潢汙行潦蘋藻荇之賤可以羞王公薦鬼神原不在物之貴賤全在心之誠敬而已

此其一也二則棘文輓詞也須另出己見自放手眼亦不可蹈襲前人
的套頭真是唐塞耳目之丈亦不須洒涕泣一字一咽一句一啼寧使丈
不足悲有餘萬不可上丈藻而反失悲且況且古人多有微詞非自我
非是今作偏也奈今人全惑于功名二字古尚故之風一洗皆尽恐不合是
宜于功名有碍之故我又不希罕耶功名不為世人觀閱稱讚何必不
遠師楚人之大言招魂離騷九樹芳樹問难秋水大人先生傳芋法或雜
參單句或偶成短聯或用実典或設璧寓隨意所之信筆而去喜
則以便為戲悲則以言誌痛辞達意尽為止何必善世俗之拘ヽ于
方寸之間哉本室玉本是個不讀書之人再心中有了这篇歪意怎
得有好詩好閒作出来他自己却任意篡著並不為人知慕所以大

肆志誕竟杜撰成一篇長文用晴雯素日所喜之冰鮫縠一副楷字寫成名
曰芙蓉女兒誄前序後歌又備了四樣晴雯所喜之物于是夜月下命那
小丫頭捧至芙蓉花前先行礼畢將那誄文即挂于芙蓉枝上乃泣涕
念曰諸君閱厝曰至此只当一笑話看去便可醒倦

維

太平不易之元年便奇蓉桂競芳之月是八月無可奈何之日日更奇細思月何難于說真其〻今倫用如此說可則知矣怡紅院濁玉自譴的更奇蓋常以濁字許天下之男子竟自謂所謂以責人之心責己矣謹以群花之蕊奇香冰鮫之縠奇帛沁芳之泉奇莫楓露之茗奇名四
者雖微聊以達誠申信乃致祭于
白帝宮中撫司秋艷芙蓉女兒之前奇稱曰竊思女兒自臨濁世世不濁內

物所混而濁也前後便有照應○女兒称妙蓋思普天下之稱斷不能有如此二
字之清潔者亦是宝玉之真心

迄今凡十有六載 方十六歲而夭亦傷矣 其先之鄉藉姓氏湮淪而莫能考者久

矣 忽又有此文不可後來亦可傷矣 而玉得於衾枕櫛(滌)沐之間棲息宴遊之夕親暱狎

褻相与共處者僅五年八月有畸 相共不足六載一旦夭別豈不可傷 憶女兒曩生

之(自)昔其為質則金玉不足喻其貴其為性則冰雪不足喻其潔其為

神則星日不足喻其精其為貌則花月不足喻其色姊妹悉慕媖嫺

嫗媼咸仰(沾)惠德孰料鳩鴆惡其高鷹鷙翻遭罦罬 离騷鷙鳥之不群 尓又語令鴆為媒

兮鳩告余以不好雄鳩之鳴逝尓余惡直輕佻(注)鷙鳥特立不群故不群故不于鴆羽毒

殺人鴆多声有如人之多言不实罦罬音孚拙翻畢網詩經短䍦于罦尓雅罬謂之罦

賁葹妒(以)其臭茝(以)蘭竟被芟鉏(以) 君子 离騷賁葹皆惡草以便邪接茝蘭芳草以别

花原自怯豈奈狂飆(風)柳本多愁何禁驟雨偶遭蠱蠆之讒(讒遂)遂抱膏肓

之疚故爾櫻唇紅褪韵吐呻吟杏臉香枯色陳顑頷离騷長顑頷亦何傷 面黄色 詠謠
謑詬荊棘棒捺蔓延戶牖豈照尤貝替实挨詞而絡离騷朝誶夕替廢也 恐尤而相詢詒同攘恥也
既怫幽沉手不尽復含罔屈于無窮高標見嫉閨幃恨比長沙汲黯輩嫉賈誼之才謫貶長沙
貞烈遭危巾幗慘于羽野鯀剛直自命舜殛于羽山离騷曰鯀婞直以身之兮終然夭乎羽之野 自蓄辛
酸誰憐夭折仙雲既散芳趾难尋洲迷聚窟何来却死之香海失灵槎
不護回生之藥眉黛烟青昨猶我画指环玉冷倩誰温鸚炉之剩藥犹存
襟淚之餘痕尚漬鏡分鸞别愁開麝月之奩流化龍飛哀折檀雲之齒
委金鈿于草莽拾翠匐于塵埃樓空鳷鵲徒懸七夕之針帶断鴛鴦誰
續五絲之縷况乃金天屬節白帝司時孤衾有夢空室無人桐堦月暗芳
魂与倩影同銷蓉帳香残嬌喘共細言皆絶連天衰草豈独蒹葭匝地

悲声無非蟋蟀露苔晚砌穿簾不度寒砧雨荔秋垣隔院希聞怨留（笛）
芳名未泯簷前鸚鵡猶呼艷質特（将）亡檻外海棠預老 恰㧌 捉迷屏後蓮
瓣無声（元微之詩小樓深迷藏）鬥草庭前蘭芽枉（妄）待抛残繡線銀箋綵縷
誰裁摺斷冰絲金斗御香未熨昨承嚴命既趋車而遠涉芳園今犯
慈威復拄杖而抛孤匶（柩本字）及問槥棺被燹慚違共穴之盟石槨成災愧
迨同灰之誚（唐詩云光問石棺未可為棺晉揚公回詩云生回併身揚死作同之棺灰）尔乃
西風古寺淹滯青燐落日荒坵零星白骨楸榆颯颯蓬艾蕭蕭隔霧
壙以啼猿遶烟塍而泣鬼自為紅綃帳裡公子情深始信黄土隴中女
兒命薄汝南泪血斑斑洒向西風梓澤餘衷默默訴凴冷月嗚呼固鬼蜮
之為災豈神灵而亦妒箝詖奴之口討豈從寬剖悍婦之心忿猶未

釋 莊子箝揭墨之口孟子謂詖辭知其所蔽 在居子塵緣雖淺然（玉）之鄙意豈終回蓄捲々之思不禁譁々之問始知上帝垂旌花宮待詔生倚蘭蕙死轄芙蓉听小娌之言似步無稽據（濁玉）之思則深為有據何也昔業法善攝魂以撰碑李長吉被詔而為記事雖殊其理則一也故相物以配才為非其人悪乃濫于治信上帝委托權衡可謂至洽協庶不負所秉賦也曰希其不昧之灵或涉降于茲特不揣鄙俗之詞有污慧听乃歌而招之曰天何如是之蒼々兮乘玉虬以遊乎穹窿耶（楚詞駟玉虬以乘鷖兮）地何如是之忙々兮駕瑶象以降乎泉壤耶（楚詞雜瑶象以為車）望徹蓋之陛離兮抑箕尾之光耶列羽葆而為前導兮衛危虛于傍耶驅豐隆以為先從兮望舒月以離耶（危虛二星為衛護星豐隆電師舒月御也）听東軏而伊軋兮御鳶鷺以征耶問馥郁而

蔓然兮紉蘅杜以為褑耶袨褆禔之燦燦兮鏤明月以回璫耶籍葳蕤

而成壇時兮檠蓮錙以燭銀膏耶丈爬匏以為觶斝兮流醽醁以浮桂

醪耶蟾雲氣而凝眄兮彷彿有所覘耶俯竊窱而屬耳兮怳惚有所

聞耶期汗漫而無天闕兮忍捐棄余于塵埃耶逍遥遊天闕上也倩風廉之為

余驅車兮冀媵轡而攜歸耶余中心為之槩然兮莊子至樂篇我獨何能無槩然徒嗷嗷

而何為耶莊子嗷嗷善隨而哭之君樞善而長寢兮豈天運之變于斯耶莊子偃善寢于巨室謂人死也

○又变而氣，氣變而有形，形變之有生，今又变之死，是相与為春秋冬夏四時行也。○天道变其死也物化既窀穸且安穩

兮反其真而復奚花耶窀穸胣左傳窀穸之事墓穴幽堂也左貫殯楊石誄早郎窀穸莊子太宗歸而以反真囯以死為真

余犹極桔而懸附兮灵格余以嗟来耶莊子太宗帰極桔之名。○被以生為懸疣附贅以死為快疣潰癰。○嗟来桑戶乎嗟來桑戶乎囯桑戶人名孟子琴張二人招其魂而語之也。○方將不化惡知意哉言人死

犹如化去法華經云法華道師多殊方便于險道中化一誠疲極之衆人城皆生已度想安

穏想
来兮止兮君其来耶若夫鴻濛而居寂静以處雖臨于兹余亦莫覩寥
烟蘿而為步幛列鰫蒲而森行五警抑眼之貪眼繹蓮心之味吉素女約
于娃岩霞妃迊于蘭渚弄玉吹笙寒簧擊敔微嵩嶽之妃啟驪山之姥黽
呈洛浦之灵歡作咸池之舞潜赤水兮龍吟集珠林兮鳳翥爰誠匪篤笞
癹軚乎霞城及旌乎去圃阮顯微而若通復氤氳而倏阻离合兮烟雲
空濛兮霧雨塵霾劍兮星高溪山麗夘月午何心意之忭忭若寤寐之
栩栩余乃教歔悵望泣涕彷徨人語兮寂歷天籟兮篔簹鳥驚散而
飛魚唼喋以嚳誌兮是禱成礼兮期禮嗚呼哀哉尚
饗
讀畢遂焚楚帛奠茗犹依依不捨小𡥂催至再四方繞纏回身忽听五月暗日

之後處有一人笑道且請留步二人听了不免一驚那小厮回頭一看却是
人個影從芙蓉花中走出来他便大叫不好有鬼睛雯真来顯魂了唬
得宝玉也忙看時且听下回分解

脂硯齋重評石頭記卷之

第七十九回

薛文龍悔娶河東獅　賈迎春悮嫁中山狼

話說宝玉祭完了晴雯只听花影中有人声到唬了一跳既走出来細看不是別人却是林代玉滿面含笑口内說道好奇的祭文可与曹我碑並傳的了宝玉听了不覺紅了臉笑荅道我相着世上这些祭文都裝濫的狠了所以改個新樣原不過是一時我一時的頑意誰知又被你听見了有什庅大使不得的何不改削改削代玉道原稿在那里到要細細一讀長篇大論不知說的是什庅我听見中間有兩句什庅紅綃帳里公子多情黃土壠中女兒薄命这一聯意思却好只是紅綃帳里未免熟濫些放着現硯成真事為什庅不用宝玉忙問

什庅現成的真事代玉笑道偺門如今都係霞影紗糊的窗隔何不

說茜紗窗下公子多情悵[呢]寔玉听了不禁跌足笑道好極事[是]好極到底

是的[你]想[的]你出說的出可知天下古今現成的好景妙事侭多只事[是]愚人

蠢子說不出想不出罢了但只一件雖然這一個[句]新妙之極但你居此則

可在我实不敢當說着又接連說了一二百句不敢代玉笑道何妨我的

窗即可為[作]你丈[之]窗何必分晰得如此生踈古人異姓陌路[者]尚然同肥馬

衣輕裘敝之而無憾何况偺們笑道論交[之]道不在肥馬輕裘師黄金

白璧亦不當殊[錙]鎖[銖]較[較]量倒是這唐突閨閣萬〻使不得的如今我越

性将公子女兒改去竟算是你誄他你倒妙况且素日你又待他甚厚

故今寧可棄此大萬丈不可棄世[此]窗紗新句竟莫若敢作茜紗窗

下小姐多情黄土隴中丫鬟薄命如此一改雖于我涉我也是愜怀的代玉

笑道他又不是我的丫頭何用作此語况且小姐丫鬟亦不典雅等我的

紫鵑死了我再如此説还不算遲（明是為与阿顰作讖却先偏説紫鵑總用此狡猾之法）

宝玉听了忙笑道这是何苦又咒他（一嘆 又画出宝玉來究竟不知是咒誰使人一笑）

代玉笑道是你要咒的並不是我説的宝玉道又有了這一改可妥當了莫

若説茜紗窗下我本無緣（雙関句意妥極）黄土隴中卿何薄命（如此我亦為妥極 但試問當面用尔）

（我是捷究竟不知是為誰之讖一笑一嘆〇一篇誄問總因此二句而有又當知雖誄晴雯而又实誄代玉也奇絢至此若云必因請雯未則呆之至矣）

代玉听了忽然變色（慧心人可為一哭〇観此句便知誄文实不為晴雯而作也）心中雖有

無限的狐疑乱擬（用此事更妙蓋又欲瞞观者）外面却不肯露出反連忙含笑点頭

称妙説果改的好再不必乱改了快去幹正經事罢綱太、打發人叫你

明児一早快過去大舅毌那边去你二姐〻已有人家求準了想是明児那
家人来挀了所以吽你們過去呢宝玉栺手道何必不又如此忙我身上
也不但大姆明児还来不必能去呢代玉道又来了我劝你把这脾氣改〻罢一年
大二年小一面說話一面咳嗽起来 總為後文伏線阿顰之問可見不是一筆兩筆所寫
宝玉忙道这里風冷偺們只催顧獃站在这里快回去罢代玉道我也家
去歇息了明児再見罢說着便自取路去了宝玉只得悶〻的轉步又
忽想起来代玉無人跟随命小了頭子跟去了送回去自己到了怡紅院中果古
有王夫人打發老媽〻来吩他明日一早過賈赦这边来与方纔代玉
之言相对原来賈赦将迎春許与孫家了这孫家乃是大同府人氏云
大栞相同也若必云真大同府 祖上係軍官出身日乃當日寧栄府中之門
則呆

生羨未亦係此交如今孫家只有一人在京現襲指揮之職此人名喚孫紹祖生得相貌魁梧體格健壯弓馬嫻熟應酬權便年紀未滿三十且又家資饒富現在兵部候缺提陞因未有室賈赦見是世交之孫且人品家當都相稱合意遂青回擇為東床嬌婿亦曾回明賈母〻〻心中却不十分趁意想來攔阻亦非不聽兒女之事自有天意前因況且他是親父主張何必出頭多為此只說知道了三字餘不多及賈政又深惡孫家雖是交當年不過是彼祖希慕榮寧之勢有不能了結之事纔拜在門下的並非礼名族之裔因此倒諫過兩次無奈賈赦不聽只得罷了宝玉却從未會過這送紹祖一面的次日只得過去了聊一塞責只听見說娶親的日子太急不過今年就要

過門的又見邢夫人等回了賈母將迎春接出大觀園去等事越發掃擁

去了只頭每日痴〻呆〻的不知作何消遣又听得說賠四個丫頭過去

更又跌足自嘆道從今後這世上又少了五箇青潔人了因此天〻到紫

菱洲一帶地方徘徊瞻顧見其軒窓寂寞屏帳翛然不過有几個該班

上夜的老嫗（先為对竟悼洒犖兒作別）再看取那岸上的蓼花葦葉池內的翠荇香菱

也都覔搖〻落〻似有追憶故人之態迥非素常逞妍鬬色之可比

既領畧得如此寥落悽慘之景是以情不自禁乃信口吟成一個律

月（此回題上半截是反聚向東鄉今却偏連中山狠倒裝業下情工細下賦寫來可見迎春是書中正傳何數夫妻是副殯主次序嚴肅之至其婚娶俗礼一槩不及只用宝玉一人過去正是書中之大吉）

池塘一夜秋風冷　吹散芰荷紅玉影

蓼花菱葉不勝愁　吹散芰荷紅玉影（此句遺失）

不聞永晝敲棋声　燕泥（呢）点点污棋枰

古人惜别憐朋友　况我今当手足情

宝玉方纔吟罢忽聞背後有人笑道你又發什麽獃呢宝玉回頭房（方）看是

誰原来是香菱宝玉身一轉身笑問道我的姐姐你这會子跑到这里来

做什麽許多日子也不進来逛逛香菱拍手笑嘻嘻的說道我何曾不来

如今你哥哥回来了那里比先（得起）是自有（由）自在的了纔剛我們奶奶使人找

你鳳姐姐的竟没找着（說他）進来找他說往園子里来了我听見了这信我（也）

就討了这件差進来找他遇（果）見他的了頭說說在稻香討呢如今我往

稻香村（去找他）呢如會纔往稻香呢討去誰知又遇見了你我且問你襲人姐姐

这几日可好怎麽忽然把个晴雯姐姐也没了到底是什麽病二姑娘搬
出去的好快你瞧瞧这地方好空落落的宝玉應之不迭又讓他同到怡
紅院去喫茶香菱道此刻竟不能等找着璉二奶奶說完了正經事
再来宝玉道什麽正經事这麽忙香菱道爲你哥哥娶嫂子的事所
以要緊宝玉道正是說的到底是那一家的只聽見吵嚷了这半
年今兒又說張家的好明兒又要李家的後兒又議論王家的这些人家
的女兒他也不知道造了什麽罪了叫人家好端端議論香菱道这如今定
了可以不用搬扯别家了宝玉忙問定了誰家的香菱道因你哥哥上次出
門貿易時順路到了個親戚家去这門親原是老親且又和我們是
同在户部掛名行商也是數一數二的大門户前日說起来你們兩府里

都也知道的合長安城中上至王侯下至買賣人都稱他家是桂花夏
家（夏日何得有桂又桂花時節焉有得又雪三是原係風馬牛全君強奏合故終不相符来此敗運之事大都如此当局者自不解耳）
宝玉問笑道（听得桂花回歸原查新雅故不又一笑余亦欲）如何又稱為桂花夏
家香菱道本他姓夏非常的富貴其餘田地不用說單有几十頃地獨種桂
花凡这長安城裡城外桂花局子俱是他家的連宮裡一應陳設盆景亦是
他家貢奉因此總有这個渾號兒如今太爺也沒了只有老奶奶帶着一箇親
生的姑娘過活也並沒有哥兒兄弟可惜他竟这一門盡絕了宝玉忙道咱們
也別管他絕後不絕後只是这姑娘可好嗎你們大爺怎么就中意了（補出阿獃素日）
（難得中意来）香菱笑道一則是天緣二則是情人眼里出西施當年又是通家来
往從小兒都在一處廝混過的叙起親是姑舅兄妹又沒嫌疑雖離開了这几年前

兒一到他家裏奶〻又是這兒子的一見了你哥〻出落的這樣又是哭又
是笑竟比見了兒子的还勝又令他兄妹相見誰知这姑娘出落得花朵似的
了在家里也讀書寫字所以你哥〻當時就一心相準了連當鋪里老朝奉
夥計們一群人遭擾了人家三四日他們还要留多住几日好容易苦辭纔放回家
你哥〻一進們就咕〻唧〻求我們奶〻去就就我們奶〻原也是見過这
姑娘的且又門当戶对也就依了和这里姨太〻鳳姑娘商議了打發人去一說就
成了只是娶的日子太急所以我們忙乱的很而敘求婦一段文字卻從香菱口中補明省卻許多閑文累筆
我也爬不得早些過来又添一個作詩的人了妙極菱香口声段不可少看他下作死語知其心中畧無忌諱疑慮等
意直是渾然天真之 宝玉冷笑道忽曰冷笑道三字便有文章 如此說但只我所這話不知是什
余為一哭
底到替你耽心慮後呢又為香菱之識偏是此等事體等到 香菱听了不覺紅了臉正色道

这話是什庅話素日偺們都是斯抬斯敬的今日忽然起这些事是什
庅意思怪不得人人都說你是个親近不得的人一面說一面轉身走了宝
玉見他这様便悵然如何所說𢿘𢿘的站了半天思前想後不覺滴下淚
来只得說精打彩还入怡紅院来一夜不曾安穩睡夢之中猶喚晴雯或
魘魔驚怖種種不寧次日便懶進飲食身體作熱此皆近日抄揀大观
園逐司棋別迎春悲晴雯等羞辱驚恐悲悽之所致兼風寒外感故
釀成一疾卧床不起賈母聽得如此天天親来看視王夫人心中自悔不合
因晴雯過於逼責了他心中雖如此臉上却不露出只吩咐衆奶娘等
好生伏侍看守一日兩次帶進来醫生来胗脉下藥一月之後方纔漸漸
的痊愈好生保養一百日方許動葷腥油麵等物方可出門行走这

一百日內連院門前皆不許到只在房中頑笑四五十日後就把他拘約(束)的火星乱迸那里忍耐得住雖(百)般設法無奈賈母王夫人执意不從也只得罢了因此和些丫鬟們無所不知(至)姿意要(耍)笑作戲又听得薛蟠擺酒唱戲熱鬧非常已娶親入門聞得這夏家小姐十分俊俏也畧通文翰宝玉思及當時姊妹們恨不得就過(去)一見纔好再過些時又聞得迎春出了閣宝玉思及當時姊妹們一處耳鬢廝磨(斯磨)從今一別縱得相逢也必不似先前那等親密了眼前又不能去一望真令人悽惶迫切之至少不得潛心忍(忍)耐暫同這些丫鬟們斯鬧釋悶卒免賈政責備逼迫讀書之难這百日內只不曾拆毀了怡紅院和這些丫頭們無法無天凡世上所無之事都頑要(耍)出來如今且不消細說香綾(菱)自那日搶白了

宝玉之後心中自為宝玉有意唐突他怨不得我們宝姑娘不敢親近
可見我不如知宝釵玉姑娘遠矣怨不得林姑娘日日常和他角口氣的痛哭
自然唐突他也是有的了從此到要遠避而之緣好因此以後連大观園也不輕易進
来日日忙乱着薛蟠娶過親自為得了護身符自己身上分去責任到底
比先樣安寧些二則又聞得是個最有罪有貌的佳人自然是典雅和平的
因他心中盼過門的日子比薛蟠还急十倍誰知那夏家小姐今年方十七歲生得
亦頗有姿色亦頗識得几个字若論心中的邱壑經緯頗步熙鳳之後
塵只吃虧了一件從小時父親去世的早又無同胞弟兄寡母獨守此女
姣養溺愛不嗇啼珍宝凡女兒一舉一動他彼母親皆百依百随因此未免姣
養太過竟釀成个盗跖的性氣視愛自己尊若菩薩窺他人穢如糞

土外具花抑之姿內秉風雷之性在家中時常就和丫嬛們使性弄氣輕
罵重打的今日出了閣自為要作當家的奶奶比不得作女兒時腼腆
溫柔須要拿出這威來纔鈐壓得住人況且見薛蟠氣質剛硬舉止驕
奢若不趁熱竈一氣炮製熟爛將來必不得能自豎旗幟矣又見有香菱
這等一个才貌俱全的愛妾在室越發添了宋太祖滅南唐之意臥榻之
側豈容人酣睡之心因他家多桂花他小名就喚做金桂他在家是不許
人口中帶出金桂二字來凡有不留心悞道一字者他便定要苦打重
罰纔罷他因想桂花二字是禁止不住的須另換一名因想桂花曾
有廣寒嫦娥之說便將桂花改為嫦娥花又寓自己身分如此薛蟠
本是个憐新棄旧的人且是有酒胆無飯力的如今得了一个妻

子正在新鮮興頭上凡事未免低讓他些他夏金桂見了這般形景便也
試着一步緊似一步一月之中二人氣槩還都相平至兩月之後便覺薛
蟠的氣槩漸次低矮了下去一日薛蟠酒飯不知要行何事先与金桂商
議金桂執意不便薛蟠忍不住便發了几句話賭氣自行了這金桂便
氣的哭如醉人一般茶湯不進粧起病來請醫療治醫生又說氣血相逆
當進寬胸順氣之劑薛姨娘恨的罵了薛蟠一頓說如今說了親眼前
抱兒子了還是這樣胡鬧人家鳳凰似的好容易養了一个女兒比
花朵還輕巧原看的你是个人物纔給你作老婆你不說收了心安分守
已一心一記和和氣氣的過日子還是這樣胡鬧咊了黄湯折磨人家這
會子好錢吃藥白遭心一夕話說的薛蟠後悔不迭反來安慰金

桂〻〻見婆〻如此說丈夫越發得了意便粧出些張致來總不理薛
蟠〻〻沒了主意惟(諸事惟)是然而已好容易十天半月之後纔漸〻的哄轉
過金桂的心來自此便加一倍小心不免氣槩又矮了半截下來那金桂
見丈夫旗纛漸倒婆〻良善也就漸〻的持戈試馬起來先時不過挾制
薛蟠後來(倚)寄嬌詐媚將及薛姨媽後將(及)之薛宝釵久察其不軌之心每
隨机應变暗以言語彈壓其志金桂(知)如其不可犯每欲尋隙(又)有無隙
可乘只得曲意俯就一日金桂無(事)是因和香菱閑談問香菱家鄉父
毋香菱皆答忘記(回說未時太小不得深知答之)金桂便不悅說有意欺瞞了他回問他香菱之二
字是誰起的名字香菱便答(道是)姑娘起的金桂冷笑道人〻都說姑娘
通只這一个名字就不通香菱忙笑道噯喲奶〻不知道我們姑娘

的紊問連我們姨老爺時常还誇呢欲明後事且見下回

脂硯齋重評石頭記卷之

第八十回

話説金桂听了將脖項一扭嘴唇一撇[咧]（画出一個悍婦來）鼻孔里哧哧[哼了]兩声（真真追魂攝魄之筆）拍着掌[手]冷笑道菱角花誰聞見香來着[省]若説菱角香[也]了正經[把那]那些香花放[兒]在那里[呢]可是不通之極香菱道不獨菱花[角]就連荷葉蓮蓬都是有一股清香的但他那原不是花香可比若静日静夜或清早半夜細領略了去那一股香比是花兒都好聞呢就連菱角雞頭葦葉蘆根得了風露那一股清香就令人心神爽[爽]快的（説的出便是慧心人何况菱卿哉）金桂道依你就説蘭[那]花桂花到香的不好了（又一倍一個蘭花一則是自高声價二則是誘人犯法）

香菱說到熱鬧頭上忘了忌諱便接口道蘭花桂花之香可比一句未完金桂的了鬟名喚寶蟾者忙着香菱的臉兒說道的要死要死你怎麼真叫起姑娘你名子來香菱猛省了反不好意思忙賠笑賠罪說一時說順了嘴奶奶別許較金桂笑道這有什麼你也太小心了但只是我想這個香字到底不妥意思要換一個字不知你服不服香菱忙笑道奶奶說那里話此刻連一身一体俱屬奶奶何得換一名字反問我服不服叫我如何當得起奶奶說那一个字好就用那一个金桂笑道你雖說你是只怕姑娘多心說我起名字反不知你你能來了既日就駁我的回了香菱笑道奶奶有所不知當是買了我來是原老奶奶使喚的故此姑娘起得名字後來我

自伏侍了爺就與姑娘無涉了如今又有了奶奶亦發不與姑娘相干
況且姑娘又是極明白的人如何惱得這些呢金桂道既這樣說香字
竟不如秋字妥當菱角菱花皆盛於秋豈不比香字有來歷些香
菱道就依奶奶這樣罷了自此後遂改了秋字寶釵亦不在意只因薛
蟠天性是得隴望蜀的如今得娶了金桂又見金桂的丫寶蟾有
三分姿色舉止輕浮可愛便時常要茶要水的撩逗他寶蟾雖亦解事
只是怕着金桂不敢造次且看金桂的眼色金桂亦頗覺察其意
想着正要擺佈香菱無處尋隙如此他既看上了寶蟾如今且捨
出寶蟾去与他、一定就和香菱疏遠了我且乘他之時擺佈了香菱
那時寶蟾原是我的人也就好處了打定了主意伺机而發這日

薛蟠晚間微醺又命宝蟾到茶来吃薛蟠接碗時故意捏他的手宝蟾又喬粧躲閃連忙縮手兩下失悮豁啷一声茶碗落地潑了一身一地的茶薛蟠不好意思佯說宝蟾不好生拿着宝蟾說姑爺不好生接金桂冷笑道兩個人的腔調兒都勾使了便打諒誰是儍子薛蟠低頭微笑不語宝蟾紅了臉出去一時安歇之時金桂便故意的攆薛蟠別處去睡省得你饞癆餓眼薛蟠只是笑金桂道要作什庅和我說別偷偷摸摸的不中用薛蟠听了仗着酒盖臉便趁勢跪在被上拉着金桂笑道好姐姐的若要把宝蟾賞了我你要怎樣就怎樣你要人腦子也弄来給你金桂笑道這話好不通的愛誰說明了就收在房里省得別人看着不雅我可要什庅呢薛蟠得了這話喜的

称謝不保是夜曲尽丈夫之道奉承金桂（曲尽丈夫之道奇問奇語）次日也不出門只在家中厮奈越發放大了胆至午後金桂故意出去讓個空兒与他二人薛蟠便拉拉扯扯的起来宝蟾心裡也知八九也就半推半就正要入港誰知金桂是有心等候的料必在难分之際便叫丫頭小捨兒過来原来这小丫頭也是金桂從小兒在家使喚的因他自幼父母双亡無人看管便大家叫他作小捨兒專作些粗笨的生活（鋪叙小捨兒首尾亡中又点薄命二字与痴丫頭遥遥作对）金桂如今有意獨喚他来吩咐道你去告訴香菱到我屋里將手帕子取来不必說我說的（使小捨為此坏極所以獨）小捨兒听了一逕尋着香菱說菱姑娘奶奶的手帕子忘在屋裡了你去取来送上去豈不好香菱正因金桂近日每每的折挫他不知何意百般竭力挽回不暇（揣為痛心一人哭）听了这話忙往房里来取不防正遇

見他二人推就之際一頭撞了進去自己到羞的耳面飛紅忙抽身迴
避不迭那薛蟠為是過了明路的除了金桂無人可怕所以連門也不
掩今見香菱撞來故也略有些慚愧還不十分在意無奈寶蟾素日最
是說嘴要強的今遇見了香菱便恨無地縫兒可入忙推開薛蟠一逕跑了
口內還恨怨不迭說他強姦力逼等語薛蟠好容易圈哄的要上手
却被香菱打散不免一腔興頭變作了一腔惡怒都在香菱身上不容
分說赶出來啐了兩口罵道死娼婦你這會子作什麼來撞尸遊魂香
菱料事不好三步兩步早已跑了薛蟠再來找寶蟾已無蹤跡了于是
恨的只罵香菱至晚飯後已吃得醺醺然洗澡時不防水略熱了些
燙了脚便說香菱有意害他赤條精光赶着香菱踢打了兩下

香菱雖沒過這氣苦既到此時也説不得了只好自悲自怨各自走開彼時金桂已暗和寶蟾説明今夜令薛蟠和寶蟾在香菱房中去成親命香菱過來陪自己先睡先是香菱不肯金桂説他嫌髒了再必是圖安逸怕夜里勞動伏侍又罵説你那沒見世面的主子見一個愛一個把我的人霸佔了去又不叫你來到底是什麽主意想必是逼我死罷了薛蟠聽了這話又怕鬧黄了寶蟾之事忙又趕來罵香菱不識抬舉再不睡便要打了香菱無奈只得抱了鋪蓋來金桂命他在地下鋪睡香菱無奈只得依命剛睡下便叫到茶一時又叫搥腿如是一夜七八次總不使其安逸穩臥片時那薛蟠得了寶蟾如獲珍寶一槩都置之不顧恨的金桂暗暗的發恨道且叫你樂這幾天等我慢慢的擺

你了来那時可别怨我一面總忍一面設詭計摆佈香菱半月光景忽又
粧起病来只説心疼难忍四肢不能轉動半月工夫諸計安矣請醫療治不效衆
人都説是香菱氣的鬧了兩日忽又從金桂的枕頭内抖出紙人来
上面寫着金桂的年庚八字有五根針釘在心窩並四肢骨節等處
於是衆人反乱起来當作新文先报与薛蟠姨媽先忙手忙脚的薛
蟠自然更乱起来立刻要拷打衆人金桂笑道何必寃枉衆人大約
是宝蟾的鎮魘法兒 薛蟠道他這些時並沒多空兒在你房
里何苦賴好人 金桂冷笑道除了他还有誰莫不是我自己
不成雖别人誰可敢進我的房呢 薛蟠道香菱如今是天天跟着
你他自然知道先拷問他就知道了金桂冷笑道拷問誰誰肯認

依我說竟粧個不知道大家丟開手罷了橫豎治死我也沒什麽要緊
樂得再娶好的若據良心上說左不過三日多嫌我一個說着一面痛
哭起來薛蟠更被這一夕話激怒順手抓起一根門閂來
一逕搶步找着香菱不容分說便劈頭劈面打起來一口咬定是香菱所
施香菱叫屈薛姨媽跑來禁喝說不問明白就打起人來了頭伏侍
了你這几年那一点不周到不尽心他豈肯如今作這沒良心的事你且
問個清渾皂白再動粗鹵金桂听見他婆婆如此說着怕薛蟠耳軟
心活了便益發嚎啕大哭起來一面又哭喊說這半個多月把我
的宝蟾你又護到頭里你這會子又賭氣打他去治死我再揀富
貴的標緻的娶來就是了何苦作出這些把戲來薛蟠听了

这些話越發着了急薛蟠姨媽要將听見金桂句〻〻挾制着兒
子百般惡賴的樣子十分可恨無奈兒子偏不硬氣已是被他挾
持軟慣了如今有句搭了頭被他霸占了去他自己反要出溫柔
讓夫之礼這魘魔法究竟不知誰作实是俗語說的清官難斷家
務事此事正是公婆難斷床幃事了因此無法只得賭氣喝薛蟠說
不爭氣的孽障騷狗也比你體面些誰知你三不知的把陪房丫頭
也摸索上了叫老婆說嘴占了丫頭什么臉出去見人也不知誰使的
法子也不問青紅皂白好歹就打人我知道你是個得新棄旧的東
西白辜負了我當日的心他既不好你也不許打我即刻叫人牙子
来賣了他你就心淨了說着命香菱收拾了東西跟我来一面叫

人去快叫個人牙子來多少賣几兩銀子拔去肉中刺眼中釘大家過太平日子薛蟠見母親動了氣早也低下頭了金桂听了这話便隔着窓子往外哭道你老人家只管賣人不必説着一個扯着一個的我們很是那吃醋拈酸容不下人的不成怎庅拔出肉中刺眼中釘是誰的釘刺但凡多嫌着他也不肯把我的了頭也収在房里了薛姨媽听説氣的身战氣咽道这是誰家的規矩婆〻这里説話媳婦隔着窓子拌嘴虧你是旧家人家的女兒满嘴里大呼小喊説的是什庅薛蟠急的跺脚説罢喲〻〻看人听見笑話金桂意謂一不作二不休越發〻潑喊起來了説我不怕人笑話你的小老婆治我害我〻到怕人笑話了再不善着有他就賣了我他还不知道的薛家有錢行動拿錢墊人

又有好親戚挟制着別人你不趂早施為还等什庅嫌我不好誰叫你
們瞎了眼三求四告的跑了我們家作什庅去了这會子人也来了金
的艮的也賠了畧有個眼睛鼻子的也霸占去了該擠發我了一面哭
喊一面滚揉自己拍打薛蟠急的説又不好劝又不好打又不好央告
又不好只自出入咳声打氣抱怨説運氣不好当下薛姨媽早
被薛宝釵劝進去了只命人来賣香菱宝釵笑道偺們家從来只
知加買人並不知賣人之説媽可是氣的胡塗了倘或叫人听見豈不
笑哥ヽ嫂子嫌他不好留心我使喚我正也没人便呢薛姨媽道留下
他还是淘氣不如打他了他干净宝釵笑道他跟着我也是一樣横
竪不叫他到前頭去從此断絶了他那里也如賣了一般香菱早巳

跑到薛姨媽跟前痛哭哀求只不願出去情愿跟着姑娘薛姨媽
也只得罷了自從(此)後香菱果跟在宝釵(屋裡)在園内去了把前面路逕竟一
心断絕虽然如此終不(免)面对月傷悲挑灯自嘆本来性弱虽在薛蟠房
中几年皆由血分中有病是以並無胎孕(孕)今復加以氣怒傷感内外折
挫不堪竟釀成乾血之症日漸羸瘦作燒飲食懶進請醫胗視服藥
亦不效(效)驗那(時)是金桂又吵鬧了數次氣的薛姨媽母女(每)惟暗中垂泪怨
命而巳薛蟠虽曾仗着酒胆挺撞過(他)两三次持棍欲打那(金)桂便遞与他
身子隨意打这里特刀(欲)吹杀時便申与(給他)脖項薛蟠也实不能下手只得
乱鬧了(一会子)一陣罷了如今習慣成自然反使金桂越發長了威風薛蟠(反)發
軟了氣骨虽是香菱猶在却亦如不在的一搬(般)(縱)不能十分暢快了就

不覓的礙眼了且姑置不究如此又漸次尋趁宝蟾、、却不比香菱的
情性最是個烈火乾柴既和薛蟠情投意合便把金桂忘在腦後
近見金桂又作踐他、、便不肯低（抵）服容讓半点先是一冲一撞的拌嘴
後來金桂急了甚至于罵再至于廝打他虽不敢还言还手便大撒潑
性拾頭打混（滚）尋死覓活晝則刀剪夜則繩索（鎖）無所不鬧薛蟠此時一
身難以兩顧惟徘徊觀望于二者之間十分鬧的無法便出門躲在外
廂金桂不發作性氣有時歡喜便糾聚鴉鴨將肉賞人吃（自己）只以油炸
焦骨頭下酒吃的不奈煩或動了氣便肆行海罵說有別的忘八
粉頭樂的我為什么不樂薛家母女總不去理他薛蟠亦無別發（法）
惟日夜悔恨不該娶這絞家星罷了都是一時沒了主意於是（補足本題）

寧榮二宅之人上〻下〻無有不知無有不嘆者此（時）是宝玉已過了百

日出門行走亦曾過來見過金桂舉止形容也不怪厲一般是鮮花嫩

柳與他姊妹不羞（差）上下的人焉得這等樣情性可為奇（怪）之至極（別書中形容妒

婦必曰黃、髮黧面　豈不可笑）因此心下納悶這日與王夫人請安去又正遇見迎春奶

娘來家請安說起孫紹祖甚屬不端姑娘來（惟）有背（在背）地里偷眼抹淚

的只要（叫）接了來家散誕兩日王夫人為（听）說我正要這兩日接他去只因

七事八事的都不遂心（草蛇灰線後文方不見突然）所以就忘了前兒宝玉去了回

來也曾說過的（補明）明日是個好日子就接去正說賈母打發人來找

宝玉說明兒一早（早）往天齊廟還愿宝玉如今巴不得各處去逛〻听

見如今喜的一夜不曾合眼盼明不明的次日一早梳洗穿帶已畢

随了兩三個老嬷嬷坐車去西城門外天齊廟來燒香還愿這廟里已是昨日預備停妥的宝玉天性怯不敢獰猙神鬼之像這天齊廟本係前朝所修極其宏壯宝玉天性怯不敢近年深歲久又極其荒凉里面泥胎塑像皆極其兇悪是以忙忙的焚過紙馬錢粮便退至道院歇息一時吃過飯衆嬷嬷和李貴等人圍随宝玉到處散誕頑耍了一回宝玉困倦復回至室安歇衆嬷嬷生恐他睡着了便請當家的老王道士來陪他說話兒這老王道士專意在江湖上賣藥弄些海上方治人射利這庙外現掛自招牌丸散膏丹色色俱備亦長在寧榮兩宅走動熟慣都与他起了渾號喚他作王一貼言他的膏藥最驗只一貼百病皆除之意當下王一貼進來都笑道

来的好々々々王師父你極会説古詚(跡)的説一個与我們小爺听々王一
貼笑道正是呢哥兒別㮾仔細肚里麵觔作怪説的滿屋里人都
笑了（王一貼又与張道士遥々一对特犯不犯）宝玉也笑着起身整衣王一貼喝命徒弟們快泡
好釅茶来茗烟道我們爺不吃你的茶連這屋里坐着还嫌膏藥
氣息呢王一貼笑道没當家花々的(的)膏藥從不拿進(这)屋里来的知道哥(兒)
今日必来頭三五天就拿香熏了又熏的宝玉(道)可是呢天々只听見你
的膏藥好到底治(些)什么病王一貼道哥兒若問我的膏藥説来話
長其中細礼一言难尽共藥一百二十味君臣相際賓客得(宜)呢温凉兼
用貴賤殊方内則調元補氣開胃口養榮衛寧神安志去寒去暑
化食化痰外則和血脉舒筋絡出死肌生新肉去風散毒其效如

神貼過的便知宝玉道我不信一張膏藥就治這些病我且問你
到有一種病可也貼的好庅王一貼道百病千灾無不立效若不見效
哥兒只管揪首鬍子打我這老臉拆我這廟何如只說出病源來
宝玉笑道你猜若猜的着便貼的好了王一貼听了尋思一會笑道這
到难猜只怕膏藥有些不灵了宝玉命李貴等你們且出去散散這屋里人
多越發蒸臭了李貴等听說且都出去自便只留下茗烟一人這茗烟
手內点着了心一枝夢甜香 与前文一些 宝玉命他坐在身傍却倚在他身上
王一貼心有所動 四字好萬生端于心〻邪則意射則在乎邪 便笑嘻嘻走近前來悄
〻的說道我可猜着了想是哥兒如今有了房中的事情要滋
助的藥可是不是話猶未完茗烟先喝道該死打嘴宝玉猶未解

（未解妙若解則不成丈笑）忙問他說什麼茗烟道信他胡說唬的王一貼不敢再問只說哥兒明說了罷寶玉道我問你可有貼女人的妒病方子（沒有王一貼道）就是听也沒有听見過寶玉笑道這樣还算不得什麼王一貼又忙道貼妒病的膏藥到沒經過到有一種湯藥或者可醫只是慢些兒不能立竿見影的效驗寶玉問什麼湯藥怎麼吃法王一貼道這味做療妒湯用極好的秋梨一個二錢冰糖一錢陳皮水三碗梨熟為度每日清早吃這一個梨吃來吃去就好了寶玉道這也不值什麼只怕未必見效王一貼道一劑不效吃十劑今日不效明日再吃今年不效吃到明年橫豎這三味藥都是潤肺開胃不傷人的甜絲絲的又止咳嗽又好吃吃過一百歲人橫豎是要死的死了还妒什麼那時就見效了（此科渾一杖方為奇趣之至）說着

宝玉茗烟大笑不止罵油嘴的牛頭王一貼笑道不過是閑着解午
盹罷了有什麽關係說笑了你們就值錢實告你們說連膏藥也
是假的我有值我真藥我还吃了作神仙呢有真的跑到這里来
混（寓意深遠在此数目）正說着吉時已到請宝玉出去焚化錢粮散福功課完
果方進城回家那時迎春已来家好半日了孫家的婆娘媳婦等人已
待過晚飯打發回家去了迎春方哭〻啼〻的在王夫人房中訴委曲說
孫紹祖一味好色好賭酗酒家中所有的媳婦了頭将及淫遍略劝
過兩三次便罵我是醋汁子老婆擰出来的（奇文奇罵為迎春一哭の恨薛蟠何等剛霸偏不能以此語金桂使人笑〻）
（世書中全是不平又全是意外之料）又說老爺曾收着他五千銀子不該使了他的如今他来
要了兩三次不得他便指着我的臉說道你别和我充夫人娘子你

老子死了我五千銀子把的準折賣給我的好不好打一頓攆在下里
犧去當日有你爺〻在時希圖上我的富貴赶性相与的論理我和你
父親自一倍如今強壓我的頓賣了一輩又不該作了这們親到沒的吽
人看百赶勢利似的不適可笑一行說一行哭的嗚〻咽〻連王夫人并家
姊妹無不落淚王夫人只得用言語解功說已是遇見的不脫事的人
可怎庅呢想當日你叔〻也曾劝過大老爺不吽作这門親你的大老爺
執意不听一心情愿到底作不好了我的兒这也特是你的命迎春哭道
我不信我的命就这庅作不好了嗎從小兒沒了娘幸兒過嬸子
这边過了几年心淨日子如今偏又是这庅個結果王夫人一面解劝一面
問他隨意要在那里安歇迎春道乍〻的離了姊妹們只是眠思夢

想二則还記掛着我的屋子还得在園里旧房子里住得三五天死也甘心了不知下次还可能不得住了呢王夫人忙劝道快休乱説不過年輕的夫妻們閙牙閙齒亦是萬〻人之常事何必説这丧話仍命人忙〻的收拾紫菱洲房屋命姊妹們陪伴着觧釋又吩咐宝玉不許在老太〻跟前走漏一些風声倘或老太〻知道了这些事都是你説的宝玉唯〻的听命迎春是夕仍在旧館安歇衆姊妹还等更加親熱異常一連住了三日纔往邢夫人那边去先辭過賈母及王夫人然後与衆姊妹分别更皆悲傷不捨还是王夫人薛姨媽等安慰劝釋方止住了過那边去（凡迎春之文皆從宝玉眼中冩出前悔娶河東獅是实冩悞家中去狠出迎春口中可為实冩以虚〻实〻变幻體格各尽其法）又在邢夫人處住了兩日就有孫紹祖的人來接去迎春

雖不愿去無奈懼孫紹祖之惡只得免強忍情作辭了邢夫人不在意也不問其夫妻和睦家務煩難只面子情塞責而已終不知端的且听下回分解

附録

脂硯齋重評石頭記卷之

第六十四回

幽淑女悲題五美吟　浪蕩子情遺九龍珮

話說賈蓉見家中諸事已妥連忙赶至寺中回明賈珍於是連夜分派各項執事人役並預備一切應用旛杠等物擇於初四日卯時請靈柩進城一面使人知會諸位親友是日喪儀焜燿賓客如雲自鐵檻寺至寧府夾路看的何止數萬人內中有嗟嘆的也有羨慕的又有一等半瓶醋的讀書人說是喪禮與其奢易莫若儉戚的一路紛紛議論不一至未申時方到將靈柩停放正堂之內供奠舉哀已畢親友漸次散回只剩族中人分理迎賓送客等事近親只有邢舅太爺相伴未去賈珍賈蓉此時為禮法所拘不免在靈傍藉草枕塊恨苦居

喪人散後仍來空尋他小姨子廝混寶玉亦每日在寧府穿孝至晚人散方回
園裡鳳姐身體未愈雖不能時常在此或遇開壇誦經親友上祭之日亦扎挣
過來相帮尤氏料理一日供畢早飯因此時天氣尚長賈珍等連日勞倦不免
在靈傍假寐寶玉見無客至遂欲回家看視黛玉因先回至怡紅院中進入門
來只見園中寂靜無人有幾個老婆子與小丫頭們在廻廊下取便乘凉也有
睡卧的也有坐着打盹的寶玉也不去驚動只有四兒看見連忙上前來打簾
子將掀起時只見芳官自內帶笑跑出幾乎與寶玉撞個滿懷一見寶玉方含
笑站着說道你怎麽來了你快與我攔住晴雯他要打我呢一語未了只聽得
屋內唏嚁嘩喇的亂响不知是何物撒了一地隨後晴雯赶來罵道我看你這
小蹄子往那裡去輸了不叫打寶玉不在家我看你有誰來救你寶玉連忙帶

笑攔住道你妹子小不知怎麽得罪了你看我的分上饒他罷晴雯也不想寶
玉此時回來乍一見不覺好笑遂笑說道芳官竟是個狐狸精變的竟是會拘
神遣將的符咒也没有這麽快又笑道就是你真請了神來我也不怕遂奪手
仍要捉拿芳官芳官早已藏在寶玉身後寶玉隨一手拉了晴雯一手攜了芳
官進入屋内看時只見西邊炕上麝月秋紋碧痕春燕等正在那裡抓子兒贏
瓜子兒呢却是芳官輸與晴雯芳官不肯叫打跑了出來晴雯因赶芳官將懷
内的子兒撒了一地寶玉歡喜道如此長天我不在家正恐你們寂寞吃了飯
睡覺睡出病来大家尋見事頑笑消遣甚好因不見襲人又問道你襲人姐姐
呢晴雯道襲人麽越發道學了獨自個在屋裡面壁呢這好一會我們没進去
不知他作什麽呢一些聲氣也聽不見你快瞧瞧去罷或着此時參悟了也未

可定寶玉聽說一面笑一面走至裡間只見襲人坐在近窗床上手中拿着一根灰色縧子正在那裡打結子呢見寶玉進來連忙站起笑道晴雯這東西編派我什麽呢我因要赶着打完了這結子沒工夫和他們瞎鬧因哄他道你們頑去罷趁着二爺不在家我要在這裡靜坐一坐養一養他就編派了我這些混話什麽面壁了參禪了的等一會我不撕他那嘴寶玉笑着挨近襲人坐下瞧他打結子問道這麽長天你也該歇息歇息或和他們頑笑要不瞧瞧林妹妹也好恠熱的打這個那裡使襲人道我見你帶的扇套還是那年東府裡蓉大奶奶的事情上作的那個青東西除族中或親友家夏日有喪事方帶得着一年遇着帶一兩遭平常又不犯做如今那府裡有事這是要過去天天帶的所以我赶着另作一個等打完了結子給你換下那舊的來你雖不講究這個

若叫老太太回來看見又該說我們躲懶連你的穿帶之物都不經心了寶玉
笑道這真難為你想的到只是亦不可過於趕熱着了倒是大事說着芳官早
托子了一杯涼水內新湃的茶來因寶玉素昔秉賦柔脆雖暑月不敢用冰只以
新汲井水將茶連壺浸在盆內不時更換取其涼意而已寶玉就芳官手內吃了
半盞遂向襲人道我來時已吩咐了焙茗若珍大哥那邊有要緊的客來時叫
他即刻送信若無要緊的事我就不過去了說畢遂出了房門又回頭向碧痕
等道如有事往林姑娘處找我於是一逕往瀟湘館來看黛玉將過了沁芳橋
只見雪雁領着兩個老婆子手中都拿着菱藕瓜菓之類寶玉忙問雪雁道你
們姑娘從來不吃這些涼東西的拿這些瓜菓何用不是用要請那位姑娘奶奶
麽雪雁笑道我告訴你可不許你對姑娘說去寶玉點頭應允雪雁便命兩個

婆子先將瓜菓送去又與紫鵑姐姐他要問我你就說我做什麼呢就來那婆
子答應着去了雪雁方說道我們姑娘這兩日方覺身上好些了今日飯後三
姑娘來會着要瞧二奶奶去姑娘也沒去又不知想起來甚麼來了自己哭了
一回提筆寫了好些不知是詩是詞叫我傳瓜果去時又聽叫紫鵑將屋內擺
着的小琴桌上的陳設搬下來將桌子挪在外間當地又叫將那龍文鼎放在
桌上等瓜菓來聽用若說是請人呢不犯先忙着把個爐擺出來若說點香呢
我們姑娘素日屋內除擺新鮮花果木瓜之類又不大喜燻衣服就是點香亦
當點在常坐臥之處難道是老婆子們把屋子燻臭了要拿香熏熏不成究竟
連我也不知何故說畢便連忙去了寶玉這裡不由的低頭心內細想道據雪
雁說來必有原故若是同那一位姊妹們閒坐亦不必如此先設餚具或者是

姑爹姑媽的忌辰但我記得每年到此日期老太太都吩咐另外整理餚饌送去林妹妹私祭此時已過大約必是七月因為瓜菓之節家家都上秋季的墳林妹妹有感于心所以在私室自己祭奠取禮記春秋薦其時食之意也未可定但我此刻走去見傷他感必極力勸解又怕他煩惱鬱結於心若竟不去又恐他過於傷感無人勸止兩件皆足致疾莫若先到鳳姐姐處一看在彼稍坐卽回如若見林妹妹傷感再設法開解既不至使其過悲哀痛稍申亦不至抑鬱致病想畢遂出了園門一逕到鳳姐處來正有許多執事婆子們回事畢紛紛散去鳳姐兒正倚着門和平兒說話呢一見了寶玉笑道你回來了麽我緫吩咐了林之孝家的叫他使人告訴跟你的小廝若沒什麽事趂便請你回來歇息歇息再者那裡人多你那裡禁得住那些氣味不想恰好你倒來了寶玉

笑道多謝姐姐記掛我也因今日没事又見姐姐這兩日没往那府裡去不知身上可大愈否所以同來看視看視鳳姐道左右也不過是這樣三日好二日不好的老太太太太不在家這些大娘們噯那一個是安分的每日不是打架就拌嘴連賭博偷盜的事情都鬧出兩三件來了雖說有三姑娘幫着辦理他又是個没出閣的姑娘也有叫他知道得的也有望他說不得的事也只好強扎挣着罷了總不得心淨一會兒别說想病好求其不添也就罷了寶玉道姐姐雖如此說姐姐還要保重身體少操些心纔是說畢又說了些閑話别了鳳姐一直往園中走來進了瀟湘館院門看時只見爐裊殘烟奠餘玉醴紫鵑正看着人往裡收棹子搬陳設呢寶玉便知已經祭奠完了走入屋内只見黛玉面向裡歪着病體懨懨大有不勝之態紫鵑連忙說道寶二爺來了黛玉方慢

慢的起來含笑讓坐寶玉道妹妹這兩天可大好些了氣色倒覺靜些只是為何又傷心了黛玉道可是你沒的說了好好的我多早晚又傷心了寶玉笑道妹妹臉上現有淚痕如何還哄我呢只是我想妹妹素日本來多病凡事當各自寬解不可過作無益之悲若作踐壞了身子使我說到這裡覺得以下的話有些難說連忙嚥住只因他雖說和黛玉一處長大情投意合又願同生死却只是心中領會從來未曾當面說出況兼黛玉心多每每說話造次得罪了他今日原為的是來勸解不想把話又說造次了接不下去心中一急又怕黛玉惱他又想一想自己的心實在的是為好因而轉念為悲已早滾下淚來黛玉起先原惱寶玉說話不論輕重如今見此光景心有所感本來素昔愛哭此時亦不免無言對泣却說紫鵑端了茶來打諒二人又為何事口角因說道姑娘

身上纔好些寶二爺又來慪氣了到底是怎麽樣寶玉一面拭淚笑道誰敢慪
妹妹了一面搭訕着起來閑步只見硯台底下微露一紙角不禁伸手拿起黛
玉忙要起身來奪已被寶玉揣在懷内笑央道好妹妹賞我看看罷黛玉道不
管什麽來了就混翻一語未了只見寶釵走來笑道寶兄弟要看什麽寶玉因
未見上面是何面詞又不知黛玉心中如何未敢造次回答却望着黛玉笑黛
玉一面讓寶釵坐一面笑說道我曾見古史中有才色的女子終身遭際令人
可欣可羨可悲可歎甚多今日飯後無事因欲擇出數人胡亂湊幾句詩以寄
感慨可巧探丫頭來會我瞧鳳姐姐去我也心上懶懶的沒同他去纔將做了
五首一時困倦起來撂在那裡不想二爺來了就瞧見了其實給他看也到沒
有什麽但只是嫌他是不是的寫給人看去寶玉忙道我多早晚給人看來呢

昨日那把扇子原是我受那幾首白海棠的詩所以我自己用小楷寫了不過
為的是拿在手中看著便易我豈不知閨閣中詩詞字跡是輕易往外傳誦不
得的自從你說了我總沒拿出園子去寶釵道林妹妹這慮的也是你既寫在
扇子上偶然忘記了拿在書房裡去被相公們看見了豈有不問是誰做的呢
倘或傳揚開了反為不美自古道女子無才便是德總以貞靜為主女工還是
第二件其餘詩詞不過是閨中遊戲原可以會可以不會咱們這樣人家的姑
娘倒不要這些才華的名譽因又向黛玉道拿出來給我看看無妨只不叫寶
兄弟拿出去就是了黛玉笑道既如此說連你也可以不必看了又指著寶玉
笑道他早已搶了去了寶玉听了才自懷內取出湊在寶釵身傍一同細看只
見寫道

西施

一代傾城逐浪花　吳宮空自憶兒家

效顰莫笑東村女　頭白溪邊尚浣沙

虞姬

腸斷烏啼夜嘯風　虞兮幽恨對重瞳

黥彭甘受他年醢　飲劍何如楚帳中

明妃

絕艷驚人出漢宮　紅顏命薄古今同

君王縱使輕顏色　予奪權何畀畫工

綠珠

瓦礫明珠一例抛　何曾石尉重嬌嬈
都緣頑福前生造　更有同歸慰寂寥

紅拂

長劍雄談態自殊　美人巨眼識窮途
屍居餘氣楊公幕　豈得羈縻女丈夫

寶玉看了讚不絕口又說道妹妹這詩恰好只做了五首何不就命曰五美吟於是不容分說便提筆寫在後面寶釵亦說道做詩不論何題只要善翻古人之意若要隨人脚踪走去縱使字句精工已落第二藝究竟算不得好詩即如前人所咏昭君之詩甚多有悲輓昭君的有怨恨延壽的又有譏漢帝不能使畫工圖貌賢臣而畫美人的紛紛不一後來王荆公復有意態由來畫不成當

時枉殺毛延壽永叔有耳目所見尚如此萬里安能制夷狄二詩俱能各出已
見不與人同今日林妹妹這五首詩亦可謂命意新奇别開生面了仍欲往下
説時只見有人回道璉二爺回來了適纔外間傳説往東府裡去了好一會了
想必就回來的寶玉聽了連忙起身迎至大門以内等待恰好賈璉自外下馬
進來於是寶玉先迎着賈璉跪下口中給賈母王夫人等請安又給賈璉請了
安二人携手走了進來只見李紈鳳姐寶釵黛玉迎探惜等早在中堂等候一
一相見已畢因聽賈璉説道老太太明日一早到家一路身體甚好今日先打
發我來回家看視明日更五仍要出城迎接説畢衆人又問了些路途的景況
因賈璉是遠歸遂大家别過讓賈璉回房歇息一宿晚景不必細述至次日飯
時前後果有賈母王夫人等到來衆人接見已畢畧坐了一坐吃了一盃茶便

領了王夫人等人過寧府中來只聽見裡面哭聲震天却是賈赦賈璉送賈母到家即過這邊來了當下賈母進入裡面早有賈赦賈璉率領族中人哭着迎了出來他父子一邊一個挽了賈母走至靈前又有賈珍賈蓉跪着撲入懷內痛哭賈母暮年人見此光景亦摟了珍蓉等痛哭不已賈赦賈璉在傍苦勸方畧畧止住又轉至靈右見了尤氏婆媳不免又相持大哭一場哭畢衆人方上前一一請安問好賈珍因賈母纔回家來未得歇息坐在此間看着未免要傷心遂再三的勸賈母不得已方回來了果然年邁的人禁不住風霜傷感至夜間便覺頭悶心酸鼻塞聲重連忙請了醫生來胗脈下藥足足的忙亂了半夜一日幸而發散快未曾傳經至三更天些須發了點汗脈靜身凉大家方放了心至次日仍服藥調理又過了數日乃賈敬送殯之期賈母猶未大愈遂留寶

玉在家侍奉鳳姐因未曾甚好亦未去其餘賈赦賈璉邢夫人王夫人等率領
家人僕婦都送至鐵檻寺至晚方回賈珍尤氏並賈蓉仍在寺中守靈等過了
百日後方扶柩回籍家中仍託尤老娘並二姐兒三姐兒照管却說賈璉素日
既聞尤氏姐妹之名恨無緣得見近因賈敬停靈在家每日與二姐兒三姐兒
相認已熟不禁動了垂涎之意況知與賈珍賈蓉等素有聚麀之誚因而乘機
百般撩撥眉目傳情那三姐兒却只是淡淡相對只有二姐兒也十分有意但
只是眼目衆多無從下手賈璉又怕賈珍吃醋不敢輕動只好二人心領神會
而已此時出殯以後賈珍家下人少除尤老娘帶領二姐兒三姐兒並幾個粗
使的丫環老婆子在正室居住外其餘婢妾都隨在寺中外面僕婦不過晚間
巡更日間看守門户白日無事亦不進裡面去所以賈璉便欲趂此時下手遂託

相伴賈珍為名亦在寺中住宿又時常借着替賈珍料理家務不時至寧府中
來勾搭二姐兒一日有小管家俞禄來回賈珍道前者所用棚杠孝布並請杠
人青衣共使銀一千一百十兩除給銀五百兩外仍欠六百零十兩昨日兩處
買賣人俱來催討奴才特來討爺的示下賈珍道你且向庫上領去就是了這
又何必來回我俞禄道昨日已曾上庫上去領但只是老爺殯天以後各處支
領甚多所剩還要預備百日道場及廟中用度此時竟不能發給所以奴才今
日特來回爺或者爺内庫裡暫且發給或者挪借何項吩咐了奴才好辦賈珍
笑道你還當是先呢有銀子放着不使你無論那裡借了給他罷俞禄笑回道
若說一二百奴才還可巴結這五六百奴才一時那裡辦得來賈珍想了一回
向賈蓉道你問你娘去昨日出殯以後有江南甄家送來打祭銀五百兩未曾

交到庫上去家裡再找找湊齊了給他去罷賈蓉答應了連忙過這邊來回了
尤氏復轉來回他父親道昨日那項銀子已使了二百兩下剩的三百兩令人
送至家中交與老娘收了賈珍道既然如此你就帶了他去向你老娘要了出
來交給他再也瞧瞧家中有事無事問你兩個姨娘好下剩的俞祿先借了添
上罷賈蓉與俞祿答應了方欲退出只見賈璉走了進來俞祿忙上前請了安
賈璉問便何事賈珍一一告訴了賈璉心中想道趁此機會正可至寧府尋二
姐兒一面遂說道這有多大事何必向人借去昨日我方得了一項銀子還沒
有使呢若莫給他添上豈不省事賈珍道如此甚好你就吩咐了蓉兒一並令
他取去賈璉道這必得我親身取去再我這幾日沒回家了還要給老太太老
爺太太們請請安去到大哥那邊查查家人們有無生事再也給親家太太請

請安賈珍笑道只是又勞動你我心裡到不安賈璉也笑道自家兄弟這有何妨呢賈珍又吩咐賈蓉道你跟了你叔叔去也到那邊給老太太老爺太太們請安說我和你娘都請安打聽打聽老太太身上可大好了還服藥呢沒有賈蓉一一答應了跟隨賈璉出來帶了幾個小廝騎上馬一同進城在路叔姪閒話賈璉有心便提到尤二姐因誇說如何標緻如何做人好舉止大方言語溫柔無一處不令人可敬可愛人人都說你嬸子好據我看那裡及你二姨兒一零兒呢賈蓉揣知其意便笑道叔叔既這麽愛他我給叔叔做媒說了做二房如何賈璉笑道你這是頑話還是正經話賈蓉道我說的是當真的話賈璉又笑道敢自好只是怕你嬸子不依再也怕你老娘不願意況且我聽見說你二姨兒已有了人家賈蓉道這都無妨我二姨兒三姨兒都不是我老爺養的原

是我老娘帶了來的聽見說我老娘在那一家時就把我二姨兒許給皇粮庄頭張家指腹為婚後來張家遭了官司敗落了我老娘又自那家嫁了出來如今這十數年兩家音信不通我娘兒時常報怨要與他家退婚我父也要將姨兒轉聘只等有了好人家不過令人找着張家給他十幾兩銀子寫上一張退婚的字兒想張家窮極了的人見了銀子有什麼不依的再他也知道俗們這樣的人家也不怕他不依又是叔叔這樣人說了做二房我管保我老娘和我父親都願意倒只是嬸子那裡却難賈璉聽到這裡心花都開了那裡還有什麼話說只是一味呆笑而已賈蓉又想了一想笑道叔叔若有膽量依我的主意管保無妨不過多花幾個錢賈璉忙道好孩子你有什麼主意只管說給我聽聽賈蓉道叔叔回家一點聲色也別露等我回明了我父親向我老娘說妥

然後在偺們府後方近左右買上一所房子及應用家伙再撥兩窩子家人過去服侍擇了日子人不知鬼不覺娶了過去囑咐家人不許走漏風聲嬸子在裡面住着深宅大院那裡就得知道叔叔兩下裡住着過個一年半載即或鬧出來不過挨上老爺一頓罵叔叔只說嬸子總不生育原是為子嗣起見所以私自在外面作成此事就是嬸子見生米做成熟飯也只得罷了再求一求老太太没有不完的事自古道慾令智昏賈璉只顧貪圖二姐美色聽了賈蓉一篇話遂為計出萬全將現今身上有服並停妻再娶嚴父妒妻種種不妥之處皆置之度外了却不知賈蓉亦非好意素日因同他姨娘有情只因賈珍在內不能暢意如今若是賈璉娶了少不得在外居住趁賈璉不在時好去鬼混之意賈璉那裡思想及此遂向賈蓉致謝道好姪兒你果然能彀說成了我買兩個

絕色的丫頭謝你說着已至寧府門首賈蓉說道叔叔進去向我老娘要出銀

子來就交給俞祿罷我先給老太太請安去賈璉含笑點頭道老太太跟前別

說我和你一同來的賈蓉道知道又附耳向賈璉道今兒要遇見二姨兒可別

性急了鬧出事往後倒難辦了賈璉笑道少胡說你快去罷我在這裡等你於

是賈蓉自去給賈母請安賈璉進入寧府早有家人頭兒率領家人等請安一

路圍隨至廳上賈璉一一的問了些話不過塞責而已便命家人散去獨自往

裡面走來原來賈璉賈珍素日親密又是兄弟本無避忌之人自來是不等通

報的於是走至上房早有廊下伺候的老婆子打起簾子讓賈璉進去賈璉進

入房中一看只見南邊炕上只有尤二姐帶着兩個丫鬟一處做活却不見尤

老娘與三姐兒賈璉忙上前問好相見尤二姐含笑讓坐便靠東邊排插兒坐

下賈璉仍將上首讓與二姐兒說了幾句見面情兒便笑問道親家太太合三妹妹那裡去了怎麽不見尤二姐笑道總有事往後頭去了也就來的此時伺候的丫鬟因倒茶去無人在跟前賈璉不住的拿眼瞟著二姐兒二姐兒低了頭只含笑不理賈璉又不敢造次動手動脚因見二姐兒手中拿着一條拴着荷包的絹子擺弄便搭訕著往腰裡摸了摸說道檳榔荷包也忘記了帶了來妹妹有檳榔賞我一口吃二姐道檳榔倒有就只是我的檳榔從來不給人吃賈璉便笑着欲近身來拿二姐兒怕有人來看見不雅便連忙一笑撂了過來賈璉接在手中都倒了出來揀了半塊吃剩下的撂在口中吃了又將剩下的都揣了起來剛要把荷包親身送過去只見兩個丫鬟倒了茶來賈璉一面接了茶吃茶一面暗將自己帶的一個漢玉九龍玉珮解了下來拴在手絹上趁了鬟

回頭時仍撂了過去二姐兒亦不去拿只看粧不見坐着吃茶只聽後面一陣
簾子响却是尤老娘三姐兒帶着兩個小丫頭自後面來走賈璉目送與二姐
兒令其拾取這尤二姐亦只是不理賈璉不知二姐兒何意甚是着急只得迎
上來與尤老娘三姐兒相見一面又回頭看二姐兒時只見二姐兒笑着沒事
人似的再又看一看絹子已不知那裡去了賈璉方放了心於是大家歸坐後
叙了些閒話賈璉說道大娘子說前日有一包銀子交給親家太太收起來了
今日因要還人大哥令我來取再也看看家裡有事無事尤老娘聽了連忙使
二姐兒拿鑰匙去取銀子這裡賈璉又說道我也要給親家太太請請安瞧瞧
二位妹妹親家太太臉面倒好只是二位妹妹在我們家裡受委屈尤老娘笑
道俗們都是至親骨肉說那裡的話在家裡也是住着在這裡也是住着不瞞二

爺說我們家裡自從先夫去世家計也着寔艱難了全虧了這裡姑爺帮助如今姑家爺裡有了這樣大事我們不能別的出力白看一看家還有什麽委屈了的呢正說着二姐兒已取了銀子來交與尤老娘尤老娘便遞與賈璉賈璉叫一個小丫頭叫了一個老婆子來吩咐他道你把這個交給俞祿叫他那（拿）過那邊去等我老婆子答應了出去只聽得院內是賈蓉的聲音說話須臾進來給他老娘姨娘請了安又向賈璉笑道纔剛老爺還問叔叔呢說是有什麽事情要使喚原要使人到廟裡去叫我回老爺說叔叔就來老爺還吩咐我路上遇着叔叔叫快去呢賈璉聽了忙要起身又聽賈蓉和他老娘說道那一次我和老太太說的我父親要給二姨兒說的姨父就和我這叔叔的面貌身量差不多兒老太太說好不好一面說着又悄悄的用手指着賈璉和他二姨兒努

嘴二姐兒倒不好意思說什麽只見三姐兒似笑非笑似惱非惱的罵道壞透了的小猴兒崽子没了你娘的說了多早晚我纔撕他那嘴呢賈蓉早笑著跑了出去賈璉也笑著辭了出來走至廳上又吩咐了家人們不可耍錢吃酒等語又悄悄的央賈蓉回去急速和他父親說一面便帶了俞禄過來將銀子添足交給他拿去一面給賈赦請安又給賈母去請安不提却說賈蓉見俞禄跟了賈璉去取銀子自己無事便仍回至裡面和他兩個姨娘嘲戲一回方起身至晚到寺見了賈珍回道銀子已竟交給俞禄了老太太已大愈了如今已經不服藥了說畢又趁便將路上賈璉要娶尤二姐做二房之意說了又說如何在外面置房子住不使鳳姐知道此時總不過為的是子嗣艱難起見為的是二姨兒是見過的親上做親比別處不知道的人家說了來的好所以二叔再

三央我對父親説只不説是他自己的主意賈珍想了想笑道其實倒也罷了
只不知你二姨兒心中願意不願意明日你先去和你老娘商量叫你老娘問
准了你二姨娘再作定奪於是又教了賈蓉一篇話便走過來將此事告訴了
尤氏尤氏却知此事不妥因而極力勸止無奈賈珍主意已定素日又是順從
慣了的况且他與二姐兒本非一母不便深管因而也只得由他們鬧去了至
次日一早果然賈蓉復進城來他見老娘將他父親之意説了又添上許多話
説賈璉做人如何好目今鳳姐身子有病已是不能好的了暫且買了房子在
外面住着過個一年半載只等鳳姐一死便接了二姨兒進去做正室又説他
父親此時如何聘賈璉那邊如何娶如何接了你老人家養老後往三姨兒也
是那邊應了替聘説得天花亂墜不由得尤老娘不肯况且素日全虧賈珍週

濟此時又是賈珍作主替聘而且粧奩不用自己置買賈璉又是青年公子強
勝張家遂忙過來與二姐兒商議二姐兒又是水性人兒在先已和姐夫不妥
又常怨恨當時錯許張華致使後來終身失所今見賈璉有情况是姐夫將他
聘嫁有何不肯也便點頭依允當下回復了賈蓉回了他父親次日命人請了
賈璉到寺中來賈珍當面告訴了他尤老娘應允之事賈璉自是喜出望外感
謝賈珍賈蓉父子不盡於是二人商量著使人看房子打首飾給二姐兒置買
粧奩及新房中應用床帳等物不過幾日早將諸事辦妥已於寧榮街後二里
遠近小花枝巷內買定一所房子共二十餘間又買了兩個小丫鬟只是府裡
家人不敢擅動外頭買人又怕不知心腹走漏了風聲忽然想起家人鮑二來
當初因和他女人偷情被鳳姐兒打鬧了一陣含羞吊死了賈璉給了二百銀

子叫他另娶一個那鮑二向來却就合厨子多渾虫的媳婦多姑娘有一手兒後來多渾虫酒癆死了這多姑娘兒見鮑二手裡從容了便嫁了鮑二况且這多姑娘原也合賈璉好的此時都搬出外頭住着賈璉一時想起來便叫了他兩口兒到新房子裏來預備二姐兒過來時服侍那鮑二兩口子聽見這個巧宗兒如何不來呢再說張華之祖原當皇粮莊頭後來死去至張華父親時仍充此役因與尤老娘前夫相好所以將張華與尤二姐指腹為婚後來不料遭了官司敗落了家產弄得衣食不週那裡還娶得起媳婦呢尤老娘又自那家嫁了出來兩家有十數年音信不通今被賈府家人喚至逼他與二姐兒退婚心中雖不願意無奈懼怕賈珍等勢焰不敢不依只得寫了一張退婚文約尤老娘與了二十兩銀子兩家退親不提這裡賈璉等見諸事已妥遂擇了初三

黄道吉日以便迎娶二姐兒過門下回分解

脂硯齋重評石頭記卷之

第六十七回　見土儀顰卿思故里　聞秘事鳳姐訊家童

話說尤三姐自盡之後尤老娘合二姐兒賈珍賈璉等俱不勝悲慟自不必說忙命人盛殮送往城外埋葬柳湘蓮見三姐身亡癡情眷戀却被道人數句冷言打破迷關竟自截髮出家跟隨這瘋道人飄然而去不知何往暫且不表且說薛姨媽聞知湘蓮已說定了尤三姐為妻心中甚喜正是高高興興要打算替他買房子治像伙擇吉迎娶以報他救命之恩忽有家中小廝吵嚷三姐兒自盡了被小丫頭們聽見告知薛姨媽薛姨媽不知為何心甚嘆息正在猜疑寶釵從園裡過來薛姨媽便對寶釵說道我的兒你

聽見了沒有你珍大嫂子的妹妹三姑娘他不是已經許定給你哥哥的義弟柳湘蓮了麽不知為什麽自刎了那湘蓮也不知往那裡去了真正奇怪的事叫人意想不到的寶釵聽了並不在意便說道俗語說的好天有不測風雲人有旦夕禍福這也是他們前生命定前兒媽媽說為他救了哥哥商量着替他料理如今已經死的死了走的走了依我說也只好由他罷了媽媽也不必為他們傷感了倒是自從哥哥打江南回來了一二十日販了來的貨物想來也該發完了那同伴去的夥計們辛辛苦苦的回來幾個月了媽媽合哥哥商議商議也該請一請酬謝酬謝纔是別叫人家看着無理似的母女正說話間見薛蟠自外而入眼中尚有淚痕

一進門來便向他母親拍手說道媽媽可知道柳二哥尤三姐的

事麽薛姨媽說我纔聽見說正在這裡合你妹妹說這件公案呢

薛蟠道媽媽可聽見說湘蓮跟着一個道士出了家了麽薛姨媽

道這越發奇了怎麽柳相公那樣一個年輕的總明人一時糊塗

了就跟着道士去了呢我想你們好了一場他又無父母兄弟單

身一人在此你該各處找找他纔是靠那道士能往那裡遠去左

不過是在這方近左右的廟裡寺裡罷了薛蟠說何常不是呢我

一聽見這個信兒就連忙帶了小厮們在各處尋找連一個影兒

也沒有又去問人都說沒看見薛姨媽說你既找尋過沒有也算

把你做朋友的心盡了焉知他這一出家不是得了好處去呢只

二

是你如今也該張羅張羅買賣二則把你自己娶媳婦應辦的事
情倒早些料理料理偺們家沒人俗語說的夯雀兒先飛省的臨
時丟三落四的不齊全令人笑話再者你妹妹纔說你也回家半
個多月了想貨也物該發完了同你去的夥計們也該擺桌酒給
他們道道乏纔是人家陪着你走了二三千里的路程受了四五
個月的辛苦而且在路上又替你擔了多少的驚怕沉重薛蟠聽
說便道媽媽說的很是倒是妹妹想的週到我也這樣想着只因
這些日子為各處發貨鬧的腦袋都大了又為柳二哥的事忙了
這幾日反倒落了個空白張羅了會子到把正經事都悮了要不
然定了明兒後兒下帖兒請罷薛姨媽道由你辦去罷話猶未了

外面小厮進來回說管總的張大爺差人送了兩箱子東西說這
是爺各自買的不在貨賬裡面本要早送來因貨物箱子壓着沒
得拿昨兒貨物發完了所以今日纔送來了一面說一面又見兩
個小厮搬進了兩個夾板夾的大棕箱薛蟠一見說噯喲可是我
怎麽就糊塗到這步田地了特特的給媽合妹妹帶來的東西都
忘了沒拿了家裡來還是夥計送了來了寶釵說虧你說還是特
特的帶來的纔放了一二十天要不是特特帶來大約要放到年
底下纔送來呢我看你也諸事太不留心了薛蟠笑道想是在路
上叫人把魂打吊了還沒歸竅呢說着大家笑了一回便向小丫
頭說出去告訴小厮們東西收下叫他們回去罷薛姨媽和寶釵

三

因問到底是什麽東西這様細着綁着的薛蟠便命叫兩個小厮進來解了繩子去了夾板開了鎖看時這一箱都是綢緞綾錦洋貨等家常應用之物薛蟠笑道那一箱是給妹妹帶的親自來開母女看時二人却是些筆墨紙硯各色箋紙香袋香珠扇子扇墜花粉胭脂等物外有虎邱帶來的自行人酒令兒水銀灌的打金斗小小子沙子燈一齣一齣的泥人兒的戲用青紗罩的匣子裝着又有在虎邱山上泥揑的薛蟠的小像與薛蟠毫無相差寶釵見了別的都不理論倒是薛蟠的小像拿着細細看了一看又看看他哥哥不禁笑起來了因叫鶯兒帶着幾個老婆子將這些東西連箱子送到園子裏去又和母親哥哥說了一回閑話兒纔回

園子裡去這裡薛姨媽將箱子裡的東西取出一分一分的打點
清楚叫同喜送給賈母並王夫人等處不題且說寶釵到了自己
房中將那些頑意兒一件一件的過了目除了自己留用之外一
分一分配合妥當也有送筆墨紙硯的也有送香袋扇子香墜的
也有送脂粉頭油的有單送頑意兒的只有黛玉的比別人不同
且又加厚一倍一一打點完畢使鶯兒同着一個老婆子跟着送
往各處這邊姐妹諸人都收了東西賞賜來使說見面再謝惟有
林黛玉看見他家鄉之物反自觸物傷情想起父母雙亡又無兄
弟寄居親戚家中那裡有人也給我帶些土物來想到這裡不覺
的又傷起心來了紫鵑深知黛玉心腸但也不敢說破只在一旁

四

勸道姑娘的身子多病早晚服藥這兩日看着比那些日子畧好
些雖說精神長了一點兒還筭不得十分大好今兒寶姑娘送來
的這些東西可見寶姑娘素日看着姑娘狠重姑娘看着該喜歡
纔是為什麽反倒傷起心來這不是寶姑娘送東西來倒叫姑娘
煩惱了不成就是寶姑娘聽見反覺臉上不好看再者這裡老太太們
為姑娘的病體千方百計請好大夫配藥診治也為是姑娘的病好
這如今纔好些了又這樣哭哭啼啼豈不是自已遭塌了自己身子
叫老太太看着添了愁煩了麽况且姑娘這病原是素日憂慮過度
傷了血氣姑娘的千金貴體也别要自己看輕了紫鵑正在這裡
勸解只聽見小丫頭子在院內說寶二爺來了紫鵑忙說請二爺

進來罷只見寶玉進房來了黛玉讓坐畢寶玉見黛玉淚痕滿面
便問又是誰氣着你了黛玉勉強笑道誰生什麼氣傍邊紫鵑向
床後棹上一努寶玉會意往那裡一瞧見堆着許多東西就知道
是寶釵送來的便取笑說道那裡這些東西不是妹妹要開雜貨
鋪啊黛玉也不答言紫鵑笑着道二爺還提東西呢因寶姑娘送
了些東西來姑娘一看就傷起心來了我正在這裡勸解恰好二
爺來的狠巧替我們勸勸寶玉明知黛玉是這個緣故却不敢提
頭兒只得笑說道你們姑娘的緣故想來不為別的必是寶姑娘
送來的東西少所以生氣傷心妹妹你放心等我明年叫人往江
南去給你多多的帶兩船來省得你淌眼抹淚的黛玉聽了這些
五
話也知寶玉是為自己開心也不好推也不好任因說道我任憑

怎麽没見過世面也到不了這步田地因送的東西少就生氣傷心我又不是兩三歲的孩子你也忒把人看得小氣了我有我的緣故你那裡知道說着眼泪又流下來了寳玉忙走到床前挨着黛玉坐下將那些東西一件一件拿起來擺弄着細瞧故意問這是什麽叫什麽名字那是什麽做的這樣齊整這是什麽要他做什麽使用又說這一件可以擺在面前又說那一件可以放在桌棹上當古董兒倒好呢一味的將些没要緊的話來廝混黛玉見寳玉如此自己心裡倒過不去便說你不用在這裡混攪了偺們到寳姐姐那邊去罷寳玉巴不得黛玉散散悶解了悲痛便道寳姐姐送偺們東西偺們原該謝謝去黛玉道自家姐妹這倒不必只是到他那邊薛大哥回來了必然告訴他些南邊的古蹟兒我去

聽聽只當回了家鄉一輌的說着眼圈兒又紅了寶玉便站着等
他黛玉只得和他出來往寶釵那裡去了且說薛蟠聽了母親之言
急下了請帖辦了酒席次日請了四位夥計俱已到齊不免說些
販賣賬目發貨之事不一時上席讓坐薛蟠挨次斟了酒薛姨媽
又使人出來致意大家喝着酒說閒話兒內中一個道今兒這席
上短兩個好朋友衆人齊問是誰那人道還有誰就是賈府上的
璉二爺和大爺的盟弟柳二爺大家果然都想起來問着薛蟠道
怎麼不請璉二爺合柳二爺來薛蟠聞言把眉一皺嘆口氣道璉
二爺又往平安州去了頭兩天就起了身了那柳二爺竟別提起
真是天下頭一件奇事什麼是柳二爺如今不知那裡作道爺去
了衆人都詫異道這是怎麼說薛蟠便把湘蓮前後事體說了一

遍衆人聽了越發駭異道怪不的前兒我們在店裡髣髣髴髴也
聽見人吵嚷說有一個道士三言兩語把一個人度了去了又說
一陣風刮了去了只不知是誰我們正發貨那裡有工夫打聽這
個事去到如今還似信不信的誰知就是柳二爺呢早知是他我
們大家也該勸勸他纔是任他怎麼着也不叫他去內中一個道
別是這麼着罷衆人問怎麼樣那人道柳二爺那樣個伶俐人未
必是真跟了道士去罷他原會些武藝又有力量或看破那道士
的妖術邪法特意跟他去在背地裡擺佈他也未可知薛蟠道果
然如此倒也罷了世上這些妖言惑衆的人怎麼沒人治他一下
子衆人道那時難道你知道了也沒找尋他去薛蟠說城裡關城外
那裡沒有找到不怕你們笑話我找不着他還哭了一場呢言畢

只是長吁短歎無精打彩的不像往日高興衆夥計見他這樣光
景自然不便久坐不過隨便喝了幾盃酒吃了飯大家散了且說
寶玉同着黛玉到寶釵處來寶玉見了寶釵便說道大哥哥辛辛
苦苦的帶了東西來姐姐留着使罷又送我們寶釵笑道原不是
什麽好東西不過是遠路帶來的土物兒大家看着新鮮些就是
了黛玉道這些東西我們小時候倒不理會如今看見真是新鮮
物兒了寶釵因笑道妹妹知道這就是俗語說的物離鄉貴其實
可筭什麽呢寶玉聽了這話正對了黛玉方纔的心事連忙拿話岔
道明年好歹大哥哥再去時替我們多帶些來黛玉瞅了他一眼
便道你要你只管說不必拉扯上人姐姐你瞧寶哥哥不是給姐
姐來道謝竟又要定下明年的東西來了說的寶釵寶玉都笑了

三個人又閑話了一回因提起黛玉的病來寶釵勸了一回因說
道妹妹若覺着身上不爽快倒要自己勉強扎掙着出來各處走
走逛逛散散心比在屋裡悶坐着到底好些我那兩日不是覺着
發懶渾身發熱只是要歪着也因為時氣不好怕病因此尋些事
情自己混着這兩日纔覺着好些了黛玉道姐姐說的何嘗不是
我也是這麼想着呢大家又坐了一會子方散寶玉仍把黛玉送
至瀟湘館門首纔各自回去了且說趙姨娘因見寶釵送了賈環
些東西心中甚是喜歡想道怨不得別人都說那寶丫頭好會做人
很大方如今看起來果然不錯他哥哥能帶了多少東西來他挨
門兒送到並不遺漏一處也不露出誰薄誰厚連我們這樣沒時
運的他都想到了要是那林丫頭他把我們娘兒們正眼也不瞧

嗽嗽

那裡還肯送我們東西一面想一面把那些東西翻來覆去的擺
弄瞧看一回忽然想到寶釵和[係]王夫人的親戚為何不到王夫人
跟前賣個好兒呢自己便嗽嗽蹩蹩的拿着東西走至王夫人房
中站在旁邊陪笑說道這是寶姑娘纔剛給環哥兒的難為寶姑
娘這麽年輕的人想的這麽周到真是大户人家的姑娘又展樣
又大方怎麽叫人不敬奉呢怪不得老太太和太太成日家都誇
他疼他我也不敢自專就收起來特拿來給太太瞧瞧太太也喜
歡喜歡王夫人聽了早知道來意了又見他說的不倫不類也不
理他說道你只管收了去給環哥頑罷趙姨娘來時興興頭頭誰
知抹了一鼻子灰滿心生氣又不敢露出來只得訕訕的出來了
到了自己房中將東西丟在一邊嘴裡咕咕噥噥自言自語道這

個又算了什麼兒呢一面生着各自生了一回悶氣却說鶯兒帶着老婆子們送東西回來回覆了寶釵將衆人道謝的話並賞賜銀錢都回完了那婆子便出去了鶯兒走近前來一步挨着寶釵悄悄的說道剛纔我到璉二奶奶那邊看見二奶奶一臉的怒氣我送下東西出來時悄悄的問小紅說剛纔二奶奶從老太太屋裡回來不似往日歡天喜地的叫了平兒去咕咕唧唧的不知說了些什麼看那光景倒像有什麼大事的是的姑娘沒聽見那邊老太太有什麼事寶釵聽了也自己納悶想不出鳳姐是為什麼有氣各人家有各人的事咱們那裡管得你去倒茶去罷鶯兒於是出來自已倒茶不提且說寶玉送了黛玉回來想着黛玉的孤苦不免也替他傷感起來因要將這話告訴襲人進來時却只有

麝月秋紋在屋裡因問你襲人姐姐那裡去了麝月道左不過在
這幾個院裡那裡就丟了他一時不見就這樣我寶玉笑着道不
是怕丟了他因我方纔到林姑娘那邊見林姑娘又正傷心呢問
起來却是為寶姑娘送了他東西他看見是他家鄉土物不免對
景傷情我要告訴你襲人姐姐叫他過去勸勸正說着晴雯進來
了因問寶玉道你回來了你又要叫勸誰寶玉將方纔話說了一
遍晴雯道襲人姐姐纔出去聽見他說要到璉二奶奶那邊去保
不住還到林姑娘那裡去呢寶玉聽了便不言語秋紋倒了茶來
寶玉漱了一口遞給小丫頭子心中着實不自在就隨便歪在床
上却說襲人因寶玉出門自己作了回活計忽想起鳳姐上身不
好這幾天也沒有過去看看况聞賈璉出門正好大家說說話兒

九

便告訴晴雯好生在屋裡別都出去了叫二爺回來抓不着人晴雯道噯喲這屋裡單你一個人惦記着他我們都是白閒着混飯吃的襲人笑着也不答言就走了剛來到沁芳橋畔那時正是夏末秋初池中蓮藕新殘相間紅綠離披襲人走着沿堤看玩了一回猛擡頭看見那邊葡萄架底下有人拿着撣子在那裡撣什麼呢走到跟前却是老祝媽那老婆子見了襲人便笑嘻嘻的迎上來說道姑娘怎麼今兒得工夫出來逛逛襲人道可不是我要到璉二奶奶那裡瞧瞧去你在這裡做什麼呢那婆子道我在這裡趕蜜蜂兒今年三伏裡雨水少這菓子樹上都有虫子把菓子吃的疤瘌流星的弔了好些了姑娘還不知道呢這馬蜂最可惡的

一嘟嚕上只咬破兩三個兒那破的水滴到好的上頭連這

一嘟嚕都是要爛的姑娘你瞧咱們說話的空兒沒趕就落上許

多了襲人道你就是不住手的趕也趕不了多少你倒是告訴買
辦吽他多多做些小冷布口袋兒一嘟嚕套上一個又透風又不
遭蹋榻婆子笑道倒是姑娘說的是我今年總管上那裡知道這個
巧法兒呢因又笑着說道今年果子雖遭塌了些味兒倒好不信
姑娘摘一個嚐嚐襲人正色道這那裡使得不但沒熟吃不得就
是熟了上頭還沒有供鮮偺們倒先吃了你是府裡使老了的難
道連這個規矩都不懂了老祝忙笑道姑娘說的是我見姑娘很
喜歡我纔敢這麼說可就把規矩錯了我可是老糊塗了襲人道
這也沒有什麼只是你們有年紀的老奶奶們別先領着頭兒這
麼着就好了說着遂一逕出了園門來到鳳姐這邊一到院裡只
聽鳳姐說道天理良心我在這屋裡熬的越發成了賊了襲人聽

這話知道有原故了又不好回來又不好進去遂把腳步放重些隔着窗子問道平姐姐在家裡呢麼平兒忙答應着迎出來襲人便問二奶奶也在家裡呢麼身上可大安了說着已走進來鳳姐粧着在床上歪着呢見襲人進來也笑着站起來說好些了叫你惦記着怎麽這幾日不過我們這邊坐坐襲人道奶奶身上大安本該天天過來請安總是但只怕奶奶身上不爽快倒要靜靜兒的歇歇兒我們來了倒吵的奶奶煩鳳姐笑道煩是沒的話倒是寶兄弟屋裡雖然人多也就靠着你一個照看他也實在的離不開我常聽見平兒告訴我你背地裡還惦着我常常問我這就是你盡心了一面說着叫平兒挪了張杌子放在床邊讓襲人坐下豐兒端進茶來襲人欠身道妹妹坐着罷一面說閒話兒只見一個

小丫頭子在外間屋裡悄悄的和平兒說旺兒來了在二門上伺候
着呢又聽見平兒說也悄悄的道知道了叫他先去回來再來別在
門口兒站着襲人知他們有事又說了兩句話便起身要走鳳姐道
閒來坐坐說說話兒我倒開心因命平兒送送你妹妹平兒答應
着送出來只見兩三個小丫頭子都在那裡屏聲息氣齊齊的伺
候着襲人不知何事便自去了卻說平兒送出襲人進來回道旺
兒纔纔來了因襲人在這裡我叫他先到外頭等等兒這會子還是立
刻叫他呢還是等着請奶奶的示下鳳姐道叫他來平兒忙叫小
丫頭去傳旺兒進來這裡鳳姐又問平兒你到底是怎麼聽見說的
平兒道就是頭裡聽見那小丫頭子的話他說他在二門裡頭聽
見外頭兩個小廝說這個新二奶奶比咱們舊二奶奶還俊呢脾 十一

氣兒也好不知是旺兒是誰吆喝了兩個一頓說什麼新奶奶舊
奶奶的還不快悄悄兒的呢叫裡頭知道了把你的舌頭還割了
呢平兒正說着只見一個小丫頭進來回說旺兒在外頭伺候着
呢鳳姐聽了冷笑了一聲說叫他進來那小丫頭出來說奶奶叫
呢旺兒連忙答應着進來旺兒請了安在外間門口垂手侍立鳳
姐兒道你過來我問你話旺兒纔走到裡間門傍站着鳳姐兒道你二
爺在外頭弄了人你知道不知道旺兒又打着千兒回道奴才天
天在二門上聽差事如何能知道二爺外頭的事呢鳳姐冷笑道
你自然不知道你要知道你怎麼攔人呢旺兒見這話知道剛纔
的話已經走了風了料着瞞不過便又跪回道奴才實在不知就
是頭裡興兒和喜兒兩個人在那裡混說奴才吆喝了他們兩句

内中深情底理奴才不知道不敢妄回求奶奶問興兒他是長跟
二爺出門的鳳姐聽兒了死勁啐了一口罵道你們這一起沒良心
的混賬忘八崽子都是一條藤兒打量我不知道呢先去給我把
興兒那忘八崽子叫了來你也不許走問明白了他回來再問你
好好好這纔是我使出來的好人呢那旺兒連聲答應幾個是磕
了個頭爬起來出去去叫興兒却說興兒正在賬房兒裡和小厮們
頑呢聽見說二奶奶叫先唬了一跳却也想不到是這件事發作
了連忙跟着旺兒進來旺兒先進去回說興兒來了鳳姐兒厲聲
道叫他進來那興兒聽見這個聲音兒早已沒了主意了只得乍着胆
子進來鳳姐兒一見便說好小子啊你和你爺辦的好事啊你只實
十二 說罷興兒一聞此言又看着鳳姐兒氣色及兩邊了頭們的光景

早唬軟了不覺跪下只是磕頭鳳姐兒道論起這事來我也聽見
說不與你相干但只你不早來回我知道這就是你的不是了你
要實說了我還饒你再有一句虛言你先摸摸你腔子上幾個腦
袋瓜子興兒戰兢兢的朝上磕頭道奶奶問的是什麼事奴才和
爺辦壞了鳳姐聽了一腔火都發作起來喝命打嘴巴旺兒過來
纔要打時鳳姐兒罵道什麼糊塗忘八崽子叫他自己打用你打
嗎一會子你再各人打你的嘴巴子還不遲呢那興兒真個自己
左右開弓打了自己十幾個嘴巴鳳姐兒喝聲站住問道你二爺
外頭娶了什麼新奶奶舊奶奶的事你大概不知道啊興兒見說
出這件事來越發着了慌連忙把帽子抓下來在磚地上咕咚咕
咚碰頭山响口裡說道只求奶奶超生奴才再不敢撒一個字兒

的謊鳳姐道快說興兒直蹶蹶的跪起來回道這事頭裡奴才也
不道就是這一天東府裡大老爺送了殯俞祿往珍大爺廟裡去
領銀子二爺同着蓉哥兒到了東府裡道兒上爺兒兩個說起珍
大奶奶那邊的二位姨奶奶來二爺誇他好蓉哥兒哄着二爺說
把二姨奶奶說給二爺鳳姐聽到這裡使勁啐道呸沒臉的忘八
蛋他是你那一門子的姨奶奶興兒忙又磕頭說奴才該死往上
瞅着不敢言語鳳姐兒道完了嗎怎麼不說了興兒方纔又回道
奶奶恕奴才奴才纔敢回鳳姐啐道放你媽的屁這還什麼恕不
恕了你好生給我往下說好多着呢興兒又回道二爺聽見這個
話就喜歡了後來奴才也不知道怎麼就弄真了鳳姐微微冷笑
道這個自然你可那裡知道呢你知道的只怕都煩了呢是了說

十三

底下的罷與兒回道後來就是蓉哥兒給二爺找了房子鳳姐忙
問道如今房子在那裡與兒道就在府後頭鳳姐兒道哦回頭瞅
着平兒道偺們都是死人哪你聽聽平兒也不敢作聲與兒又回
道珍大爺那邊給了張家不知多少銀子那張家就不問了鳳姐
道這裡頭怎麼又拉扯上什麼張家李家咧呢與兒回道奶奶不
知道這二奶奶剛說到這裡又自己打了個嘴巴把鳳姐兒慪笑
了兩邊的丫頭也都抿嘴兒笑與兒想了想說道那珍奶奶的妹
子鳳姐兒接着道怎麼樣快說呀與兒道那珍大奶奶的妹子原
來從小兒有人家的姓張叫什麼張華如今窮的待好討飯珍大
爺許了他銀子他就退了親了鳳姐聽到這裡點了點頭兒回頭
便望丫頭們說道你們都聽見了小忘八崽子頭裡他還說他不

知道呢興兒又回道後來二爺纔叫人裱糊了房子娶過來了鳳姐道打那裡娶過來的興兒回道就在他老娘家抬過來的鳳姐道好罷咧又問沒人送親麼興兒道就是蓉哥兒還有幾個了頭老婆子們沒別人鳳姐道你大奶奶沒來嗎興兒道過了兩天大奶奶纔拿了些東西來瞧的鳳姐兒笑了一笑回頭向平兒道怪道那兩天二爺稱讚大奶奶不離嘴呢掉過臉來又問興兒誰伏侍呢自然是你了興兒趕着磕頭不言語鳳姐又問前頭那些日子說給那府裡辦事想來辦的就是這個了興兒回道也有辦事的時候也有往新房子裡去的時候鳳姐又問道誰和他住着呢興兒道他母親和他妹子昨兒他妹子自己抹了脖子了鳳姐道這又為什麼興兒隨將柳湘蓮的事說了十四一遍鳳姐道這個人還算造

化高省了當那出名兒的忘八因又問道沒了別的事了麼興兒道
別的事奴才不知道奴才剛纔說的字字是實話沒一字虛假奶
奶問出來只管打死奴才奴才也無怨的鳳姐低了一回頭便又
指着興兒說道你這個猴兒崽子就該打死這有什麼瞞着我的
你想着瞞了我就在你那糊塗爺跟前討了好兒了你新奶奶好
疼你我不看你剛纔還有點怕懼兒不敢撒謊我把你的腿不給
你砸折了呢說着喝聲起去興兒磕了個頭纔爬起來退到外間
門口不敢就走鳳姐道過來我還有話呢興兒趕忙垂手敬聽鳳
姐道你忙什麼新奶奶等着賞你什麼呢興兒也不敢抬頭鳳姐
道你從今日不許過去我什麼時候叫你你什麼時到遲一步兒
你試試出去罷興兒忙答應幾個是退出門來鳳姐又叫道興兒

興兒赶忙答應回來鳳姐道快出去告訴你二爺去是不是啊興
兒回道奴才不敢鳳姐道你出去提一個字兒隄防你的皮興兒連
忙答着纔出去了鳳姐又叫旺兒呢旺兒連忙答應着過來鳳姐
把眼直瞪瞪的瞅了兩三句話的工夫纔說道好旺兒很好去罷
外頭有人提一個字兒全在你身上旺兒答應着也慢慢的退出
去了鳳姐便叫倒茶小丫頭子們會意都出去了這裡鳳姐纔和
平兒說你都聽見了這纔好呢平兒也不敢答言只好陪笑兒鳳
姐越想越氣歪在枕上只是出神忽然眉頭一皺計上心來便叫
平兒來平兒連忙答應過來鳳姐道我想這件事竟該這麽着纔
好也不必等你二爺回來再商量了未知鳳姐如何辦理且聽下回
分解

十五

石頭記第六十七回終　按乾隆年間抄本　武裕菴補抄

不言语谁知偏不
称我的意偏打我的嘴半空里又跑出个張華来告了一狀我听見了嚇的两夜
沒合眼見又不敢声張只得求人去打听這張華是什庅人这樣大胆打听了
两日谁知是个無賴的花子我年輕不知事反咲了説他告什庅到是小子们
説原是二奶〻許了他的他如今正是急了凍死餓死也是个死現在有這个
理他抓着搃然死了死的到比凍死餓死还值些怎庅怨的他告呢这事原是
爺作的太急了國孝一層罪家孝一層罪背着父母私娶一層罪停妻再娶一

層罪俗語说捹着一身剐敢把皇帝拉下馬他窮瘋了的人什么事作不出来
況且他又拿着这滿礼不告等请不成嫂子说我便是个韓信張良听了这話
也把智谋嚇回去了你兄弟又不在家又没个商議少不得拿錢去墊補誰
知越使錢越被人拿住了刀靶越發来訛我是耗子尾上長瘡多少膿血
兒所以又急又氣少不得来找嫂子尤氏賈蓉不等说完都说不必操心
自然要料理的賈蓉又道那張華不过是窮急故捨了命纔告咱們如今
想了一个法兒竟許他些銀子只叫他應了妄告不實之罪咱們替他打
点完了官司他出来時再给他些个銀子就完鳳姐兒咲道好孩子怨不得
你顧一不顧二的作这些事出来原来你竟糊塗若你说得这話他暫且依
了且打出官司来又得了銀子眼前自然了事这些人既是無賴之徒銀子到手

一日光了他又尋事故訛詐倘又叨登起来这事偺們虽不怕也終担心擱不住他説既沒毛病為什庅反給他銀子終久不了之局賈蓉原是个明白人听如此一説便笑道我还有个主意来是〻非人去是〻非者这事还得我了纔好如今我竟去问張華个主意或是他定要人或是他愿意了事